Ebel · Produktionswirtschaft

umweltfreundlich

... weil auf chlor- und säurefrei
gefertigtem Papier gedruckt

Kompendium der praktischen Betriebswirtschaft

Herausgeber Prof. Dipl.-Kfm. Klaus Olfert

Produktionswirtschaft

von

Prof. Dr.-Ing. Bernd Ebel

9., vollständig überarbeitete Auflage

Herausgeber:

Prof. Dipl.-Kfm. Klaus Olfert
Postfach 13 26
69141 Neckargemünd

ISBN 978 3 470 **70449** 4 · 2009

Druck: Druckpartner Rübelmann, Hemsbach - mü

KOMPENDIUM DER PRAKTISCHEN BETRIEBSWIRTSCHAFT

Das Kompendium der praktischen Betriebswirtschaft soll dazu dienen, das allgemein anerkannte und praktisch verwertbare Grundlagenwissen der modernen Betriebswirtschaftslehre praxisgerecht, übersichtlich und einprägsam zu vermitteln.

Dieser Zielsetzung gerecht zu werden, ist gemeinsames Anliegen des Herausgebers und der Autoren, die durch ihr Wirken an Hochschulen, als leitende Mitarbeiter von Unternehmen und in der betriebswirtschaftlichen Unternehmensberatung vielfältige Kenntnisse und Erfahrungen sammeln konnten.

Das Kompendium der praktischen Betriebswirtschaft umfasst mehrere Bände, die einheitlich gestaltet sind und jeweils aus zwei Teilen bestehen:

- Dem **Textteil**, der systematisch gegliedert sowie mit vielen Beispielen und Abbildungen versehen ist, welche die Wissensvermittlung erleichtern. Zahlreiche Kontrollfragen mit Lösungshinweisen dienen der Wissensüberprüfung. Umfassende Literaturverzeichnisse zu jedem Kapitel verweisen auf die verwendete und weiterführende Literatur.

- Dem **Übungsteil**, der eine Vielzahl von Aufgaben und Fällen enthält, denen sich ausführliche Lösungen anschließen, die schrittweise und in verständlicher Form in die betriebswirtschaftlichen Fragestellungen einführen.

Als praxisorientierte Fachbuchreihe wendet sich das Kompendium der praktischen Betriebswirtschaft vor allem an:

- **Studierende** der Fachhochschulen und Universitäten, Akademien und sonstigen Institutionen, denen eine systematische Einführung in die betriebswirtschaftlichen Teilgebiete vermittelt werden soll, die eine praktische Umsetzbarkeit gewährleistet.

- **Praktiker** in den Unternehmen, die sich innerhalb ihres Tätigkeitsfeldes weiterbilden, sich einen fundierten Einblick in benachbarte Bereiche verschaffen oder sich eines umfassenden betrieblichen Handbuches bedienen wollen.

Für Anregungen, die der weiteren Verbesserung der Fachbuchreihe dienen, bin ich dankbar.

Prof. Klaus Olfert
Herausgeber

VORWORT ZUR 9. AUFLAGE

Innerhalb der Betriebswirtschaftslehre umfasst die Produktionswirtschaft einen wesentlichen Kernbereich des Unternehmens, in dem nach dem ökonomischen Prinzip durch möglichst optimale Kombination knapper Ressourcen kundenorientierte und marktfähige Produkte und Leistungen erzeugt werden. Die Produktion ist zentrales Element der Wertschöpfungskette, benötigt aber viele unterstützende Querschnittsfunktionen, ohne die das Gesamtziel einer nachhaltigen Gewinnerzielung nicht erreicht werden kann.

Das in der neunten Auflage vorliegende Lehrbuch wurde vollständig überarbeitet und entsprechend den Entwicklungen in Theorie und Praxis aktualisiert. Es soll in die Grundlagen und Zusammenhänge der Produktionswirtschaft einführen. Insbesondere wurde verstärkt Wert gelegt auf die Einbeziehung globaler und internationaler Aspekte und die Darstellung moderner Logistik- und Supply Chain-Ansätze. Ebenso finden die Vernetzung und Integration durch die Informationstechnik und der Einsatz von Methoden des E-Business Beachtung.

So wie die globalen Geschäfte immer enger zusammenrücken, müssen auch die Funktionsbereiche innerhalb der Wirtschaft enger miteinander kooperieren. Dieses Buch möchte einen Beitrag zum gegenseitigen Verständnis der Aufgabenschwerpunkte und zur gemeinsamen Nutzung des jeweiligen Spezial-Know-how liefern.

Zur Zielgruppe gehören zum einen Studierende und Teilnehmer an Weiterbildungsveranstaltungen, bei denen es um die Gestaltung und Optimierung von Abläufen und Prozessen in Betrieben geht. Zum anderen wendet sich das Werk an Praktiker, die Näheres über die Wirkzusammenhänge in Unternehmen und Organisationen erfahren oder eigenes Wissen gezielt auffrischen möchten oder ein Hilfsmittel für die eigene Arbeit benötigen.

Nach dem Grundlagenkapitel, in dem die wesentlichen Inhalte der Produktionswirtschaft zusammengefasst sind, folgen Schwerpunktkapitel, die sich mit der Gestaltung von Rahmenbedingungen und Prozessen beschäftigen und die Vorgehensweise bei der Planung und Steuerung beschreiben. Anschließend wird die übergreifende Sichtweise heutiger Managementansätze betrachtet, indem die Funktionen integrierter Systeme sowie die Bedeutung von Logistik und Supply Chain Management behandelt werden. Abgerundet wird der Inhalt durch die Betrachtung internationaler Aspekte und die Beschreibung von Anwendungen des E-Business.

Besonderer Wert wurde auf eine übersichtliche und deutlich strukturierte Darstellung gelegt. Zur Lernkontrolle sind deshalb zum Abschluss eines jeden Kapitels Kontrollfragen aufgeführt, anhand derer die Leser überprüfen können, inwieweit sie die Inhalte des jeweiligen Kapitels verstanden haben und in eigenen Worten wiedergeben können. Im Text wird jeweils auf korrespondierende Aufgaben mit konkreten Anwendungsbeispielen hingewiesen, die im Übungsteil zu finden sind und durch deren Lösung das Verständnis der Inhalte und Zusammenhänge verbessert werden soll.

Aus Gründen der Praktikabilität und besseren Lesbarkeit wird eine einheitliche Bezeichnung für Mitarbeiter, Vorgesetzter usw. verwendet, die sowohl für männliche als auch für weibliche Personen gilt.

Neunkirchen, im März 2009   Prof. Dr. Bernd Ebel

BENUTZUNGSHINWEIS

Kontrollfragen

Die Kontrollfragen dienen der Wissenskontrolle. Sie finden sich am Ende eines jeden Kapitels. Zur Wissenskontrolle wird folgende Vorgehensweise vorgeschlagen:

- Beantwortung der Kontrollfragen und Vermerk in der Spalte »bearbeitet«.

- Vergleich der beantworteten Kontrollfragen mit den in der Spalte »Lösungshinweis« gegebenen Textstellen.

- Vermerk in der Spalte »Lösung«, ob die beantworteten Kontrollfragen befriedigend (+) oder unbefriedigend (-) gelöst wurden.

Aufgaben/Fälle

Die Aufgaben/Fälle im Übungsteil dienen der Wissens- und Verständniskontrolle. Auf sie wird jeweils im Textteil hingewiesen:

Der Übungsteil befindet sich als »blauer Teil« am Ende des Buches. Es wird empfohlen, die Aufgaben/Fälle unmittelbar nach Bearbeitung der entsprechenden Textstellen zu lösen.

INHALTSVERZEICHNIS

Übungsteil (Aufgaben/Fälle)

ABKÜRZUNGSVERZEICHNIS

[1 bis 4]PL	[*] Party Logistics Provider
APS	Advanced Planning System
ArbNErfG	Arbeitnehmer-Erfindungs-Gesetz
ASP	Application Service Provider
AWF	Arbeitsgemeinschaft für wirtschaftliche Fertigung
B2B	Business-to-Business
B2C	Business-to-Consumer
BDE	Betriebsdatenerfassung
BGD	Bestandsgerechte Durchlaufsteuerung
BOA	Belastungsorientierte Auftragsfreigabe
BPM	Business Process Management
BPR	Business Process Reengineering
BSC	Balanced Scorecard
BVW	Betriebliches Vorschlagswesen
CAD	Computer Aided Design
CAE	Computer Aided Engineering
CAI	Computer Aided Industry
CAM	Computer Aided Manufacturing
CAO	Computer Aided Office
CAP	Computer Aided Planning
CAQ	Computer Aided Quality Assurance
CIM	Computer Integrated Manufacturing
CIP	Computer Integrated Processing
CNC	Computerized Numeric Control
CRM	Customer Relationship Management
CRP	Continuous Replenishment Program
CTQ	Critical-to-Quality
DCM	Demand Chain Management
DFÜ	Daten Fernübertragung
DIN	Deutsche Industrie Norm
DMAIC	Define, Measure, Analyze, Improve, Control
DNA	Deutscher Normungs-Ausschuss
DNC	Direct Numeric Control
DoE	Design of Experiments
DV	Datenverarbeitung
EAI	Enterprise Application Integration
ECR	Efficient Consumer Response
EDI	Electronic Data Interchange
EDIFACT	Electronic Data Interchange for Administration, Commerce and Transport
EFQM	European Foundation for Quality Management
EN	Europäische Normen
EOD	Engpassorientierte Disposition
EPK	Ereignisgesteuerte Prozesskette
ERP	Enterprise Resource Planning
EU	Europäische Union
FIFO	First-in-First-out
FMEA	Failure Mode and Effects Analysis
FSZ	Fortschrittszahlensystem
HRM	Human Resource Management
HTML	Hypertext Markup Language
ISO	International Organization for Standardization
IT	Informations-Technologie
JIT	Just-in-Time
KMU	Kleine und mittlere Unternehmen
KPI	Key Performance Indicator
KVP	Kontinuierlicher Verbesserungsprozess
LAN	Local Area Network
LEP	Ludwig Erhard Preis
LES	Logistics Execution Systems
LLP	Lead Logistics Provider
MIS	Management Information System
MIT	Massachusetts Institute of Technology
MRO	Maintenance, Repair & Operations
MRP	Material Resource Planning
MRP II	Manufacturing Resource Planning
MTM	Methods Time Measurement
NC	Numeric Control
OLAP	Online Analytical Processing
OPT	Optimized Production Technology
PERT	Program Evaluation and Review Technique
POS	Point of Sale
PPS	Produktionsplanung und -steuerung
QFD	Quality Function Deployment
QM	Qualitätsmanagement
QS	Qualitätssicherung
QSV	Qualitätssicherungsvereinbarung
RAL	(Reichsausschuss für Lieferbedingungen) Deutsches Institut für Gütesicherung und Kennzeichnung e. V.
REFA	Reichsausschuss für Arbeitsstudien
RFID	Radio Frequency Identification
RKW	Rationalisierungs-Kuratorium der Deutschen Wirtschaft
ROI	Return on Investment
RPZ	Risikoprioritätszahl
SCC	Safety Checklist Contractors
SCM	Supply Chain Management
SCOR	Supply Chain Operation Reference-Modell
SCRM	Supply Chain Relationship Management
SE	Simultaneous Engineering
SGE	Strategische Geschäftseinheit
SIPOC	Supplier - Input - Process - Output - Customer
SMED	Single Minute Exchange of Die
SPC	Statistical Process Control
SRM	Supplier Relationship Management
TBM	Time Based Management
TCO	Total Cost of Ownership
TCP/IP	Transmission Control Protocol/Internet Protocol
TMS	Transport Management Systeme
TPM	Total Productive Maintenance
TQM	Total Quality Management
TUL	Transport, Umschlag, Lager
ULS	Unit Load Sequencing
VAN	Value Added Network
VDA	Verband der Automobilindustrie
VDE	Verband Deutscher Elektrotechniker
VDI	Verein Deutscher Ingenieure
VMI	Vendor Managed Inventory
WA	Wertanalyse
WAN	Wide Area Network
WF	Work Factor System
WMS	Warehouse Management System
WWW	World Wide Web
XML	Extensible Markup Language
ZVEI	Zentralverband Elektrotechnik- und Elektronikindustrie e. V.

A. Produktion als betriebliche Funktion

Die Betriebswirtschaftslehre (BWL) ist neben der Volkswirtschaftslehre (VWL) eine Teildisziplin der Wirtschaftswissenschaften. Die **Aufgaben** der Betriebswirtschaftslehre sind generell:

Erfassungs-funktion	Betriebliches Wirtschaften in seinen realen unterschiedlichen Ausprägungen beobachten und feststellen
Beschreibungs-funktion	Grundformen und Variationen betrieblichen Wirtschaftens unterscheiden, beschreiben und darstellen
Erklärungs-funktion	Zusammenhänge/Gesetzmäßigkeiten, insbesondere Ursache-Wirkungs-Relationen zwischen Elementen betrieblichen Wirtschaftens erkennen und Erklärungen für das betriebliche Wirtschaften geben
Gestaltungs-funktion	Geeignete Instrumente für die Realisierung vorgegebener betrieblicher Ziele entwickeln und Aussagen über den Einsatz der Instrumente zur optimalen Zielerreichung ableiten

So werden auch auf dem Gebiet der **Produktionswirtschaft** zunächst die realen unterschiedlichen Ausprägungen in den Unternehmen beobachtet und **festgestellt (Erfassungsfunktion)**. Anschließend wird in einer **Beschreibungsfunktion** eine Systematisierung vorgenommen. Durch die **Erklärungsfunktion** wird versucht, Ursache-Wirkungszusammenhänge zwischen den systematisierten Grundformen herzustellen (z. B.: Wenn Kapazitäten überlastet sind, dann sollten externe Kapazitäten gesucht werden). Die **Gestaltungsfunktion** beinhaltet die Entwicklung entsprechender Aussagen über den optimalen Einsatz von Instrumenten. (z. B.: Zur Auswahl eines Standortes ist es sinnvoll eine Nutzwertanalyse durchzuführen).

Produktionswirtschaft umfasst vorrangig den **wertschöpfenden** Teil der Unternehmensleistung. Die Aufgaben der Produktionswirtschaft und die Zusammenhänge mit anderen Unternehmensfunktionen werden in diesem Kapitel erörtert.

Produktion als betriebliche Funktion	Begriffe und Einordnung
	Elemente des Produktionssystems
	Operations Management

1. Begriffe und Einordnung

Unternehmen werden zu dem Zweck betrieben, Leistungen zu erstellen und zu verwerten. Dazu werden verschiedene Produktionsfaktoren kombiniert. Das **Produktionssystem** stellt einen Teilprozess der Marktversorgung dar, der zwischen **Beschaffungsmarkt** und **Absatzmarkt** liegt.

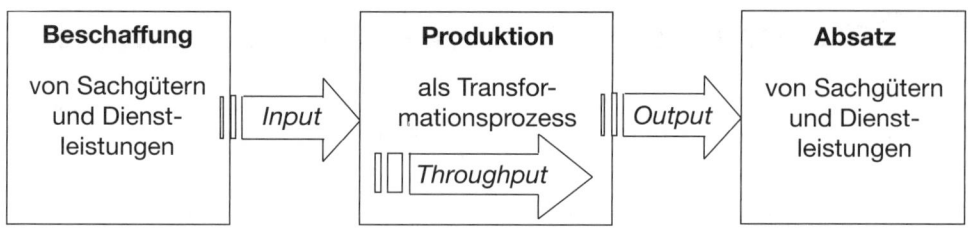

Zur Unterstützung dieses Systems werden Finanzmittel vom **Kapitalmarkt**, Produktionstechnologien vom **Technologiemarkt** und Personal vom **Arbeitsmarkt** benötigt.

1.1 ARTEN VON BETRIEBEN

Die Betriebswirtschaftslehre unterscheidet verschiedene Betriebe. Im Rahmen dieses Buches werden hauptsächlich **Produktivbetriebe** und hier insbesondere **Weiterverarbeitungsbetriebe** betrachtet, die als wesentlichen Input Materialien benötigen. Dagegen spielt der Materialfaktor im Bereich der **Dienstleistungsbetriebe** eine etwas untergeordnete Rolle. Nach einer Definition von *Kosiol* gilt:

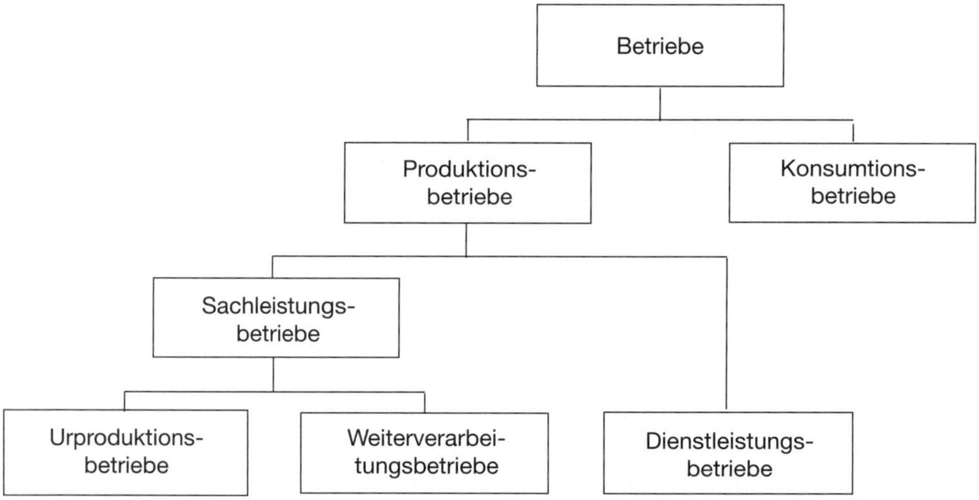

```
                          ┌─────────────┐
                          │  Betriebe   │
                          └─────────────┘
              ┌──────────────────┴──────────────────┐
      ┌───────────────┐                    ┌───────────────┐
      │ Produktions-  │                    │ Konsumtions-  │
      │   betriebe    │                    │   betriebe    │
      └───────────────┘                    └───────────────┘
         ┌──────┴──────────┐
  ┌──────────────┐
  │Sachleistungs-│
  │  betriebe    │
  └──────────────┘
  ┌─────┴────────┐                ┌──────────────┐
┌──────────────┐ ┌──────────────┐ │Dienstleistungs-│
│Urproduktions-│ │Weiterverarbei-│ │  betriebe    │
│  betriebe    │ │tungbetriebe  │ └──────────────┘
└──────────────┘ └──────────────┘
```

• Land- u. Forstwirtschaft	• Investitionsgüterindustrie	• Handelsbetriebe
• Bergbau	• Konsumgüterindustrie	• Verkehrsbetriebe
• Versorgungsbetriebe	• Baugewerbe	• Versicherungen
		• Kreditinstitute

Ein Betrieb ist eine örtliche, technische und organisatorische Einheit zum Zwecke der Erstellung von Gütern und/oder Dienstleistungen, der charakterisiert wird durch eine Organisation, die auf die Regelung des Zusammenwirkens

- von Menschen und Menschen,
- Menschen und Sachen und
- Sachen und Sachen

im Hinblick auf gesetzte Ziele (und eines angemessenen Gewinnes) gerichtet ist.

Eine weitere Unterscheidung erfolgt nach der hauptsächlichen **Art der Transformationsleistung** bei der Entstehung von Produkten und Leistungen.

Art der Transformation	Beispiele
Herstellung	Sachgüter als Investitons- und Konsumgüter
Lager/Transport	Bevorratung, Beförderung, Übernachtungen
Austausch	Handel, Banken, Büchereien
Entertainment	Film, Radio, Fernsehen, Kulturbetriebe, Freizeitparks
Kommunikation	Telefon, Internet, Kabel- oder Satellitenfernsehen
Gesundheit	Kliniken, Ärzte, Krankenkassen

1.2 EINGLIEDERUNG IN DIE UNTERNEHMUNG

In der Regel tritt das Produktionssystem nicht direkt mit den Beschaffung- und Absatzmärkten in Kontakt, sondern agiert über weitere Organisationsbereiche des Unternehmens wie Vertrieb, Beschaffung, Finanzierung, Personal oder Entwicklung.

Die Produktion ist Teil des **betrieblichen Leistungserstellungsprozesses** und wird als die Herstellung von Sachgütern und Dienstleistungen definiert.

Entsprechend der Bedeutung der Produktion als Entstehungsort der abzusetzenden Produkte mit einem hohen Anteil an Ressourcen im Bereich Mitarbeiter, Investitionen und Werkstoffen ist die Funktion Produktion immer als Organisationseinheit in der ersten Ebene vertreten.

Um den Produktionsschritt durchführen zu können, sind zunächst die zu erstellenden Produkte zu definieren. Das geschieht durch die Bereiche Forschung & Entwicklung inklusive der Konstruktion. Durch die Bereiche Marketing & Vertrieb werden die benötigten Produkte nach Art, Menge und Termin festgelegt. Die Produktion selbst kann in die **Einzelfunktionen**

- Produktionsprogrammplanung
- Arbeitsvorbereitung
- Logistik und Disposition
- Fertigung und Montage

aufgegliedert werden.

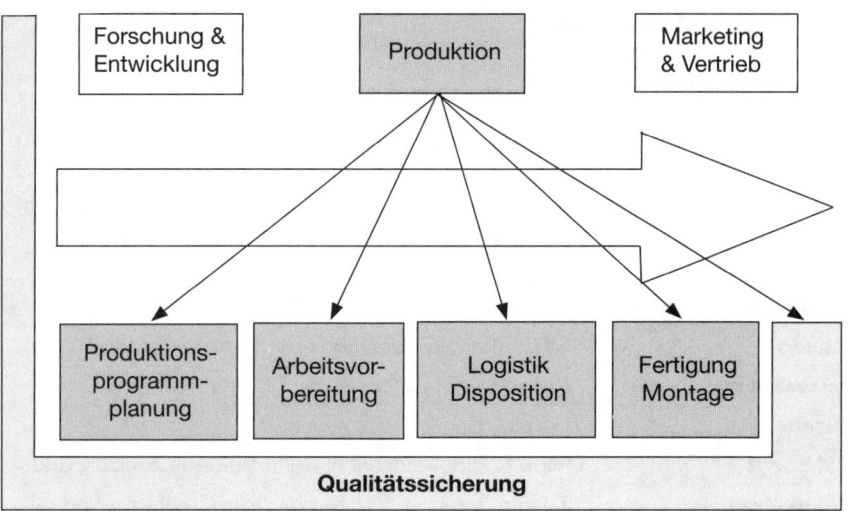

Wesentlich ist, dass das gesamte System der Produktion von einem **Qualitätssicherungssystem** umrahmt ist, das sicherstellt, dass die Qualitätsanforderungen sowohl an die Prozesse, als auch an die Produkte erfüllt werden. Dabei werden zunächst vorbeugende, dann prüfende und schließlich korrigierende bzw. verbessernde Tätigkeiten ausgeführt.

Die Einbettung des Produktionssystems in seine Umwelt wird für Unternehmensentscheidungen zu einem immer wichtigeren Faktor. Nicht nur **Technologie** und die **Wirtschaftlichkeit** sind zu berücksichtigen, sondern auch zunehmend Aspekte der **Politik**, des **Rechtes**, des **sozialen Umfeldes** und der **Ökologie**.

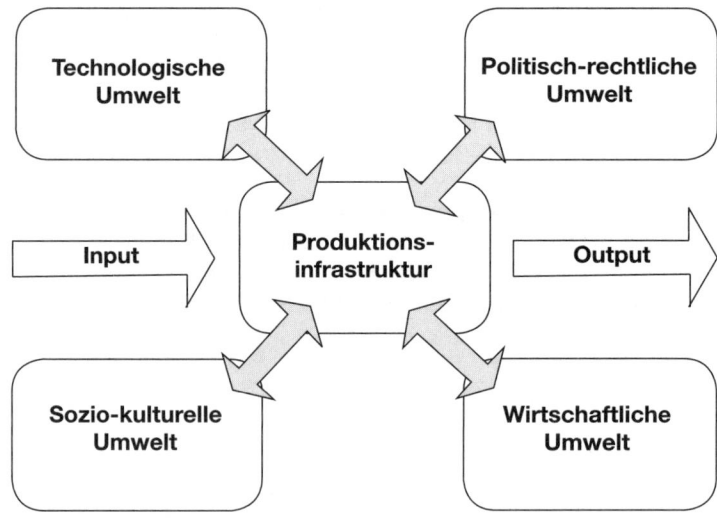

01 ⟩⟩ Seite 423

1.3 ARBEITSSYSTEME, WERTSCHÖPFUNG

Nach den Vorarbeiten und Festlegungen bezüglich der Produkteigenschaften durch Vertriebs- und Entwicklungsbereiche erzeugt die Produktion die vom Markt gewünschten Produkte oder Dienstleistungen. Man kann von einem **Arbeitssystem** sprechen, das mithilfe von Menschen und Maschinen Vorprodukte (Rohstoffe oder Zulieferteile) nach Planungsvorgaben bearbeitet, sodass als Ergebnis das gewünschte Produkt oder die geplante Dienstleistung entsteht.

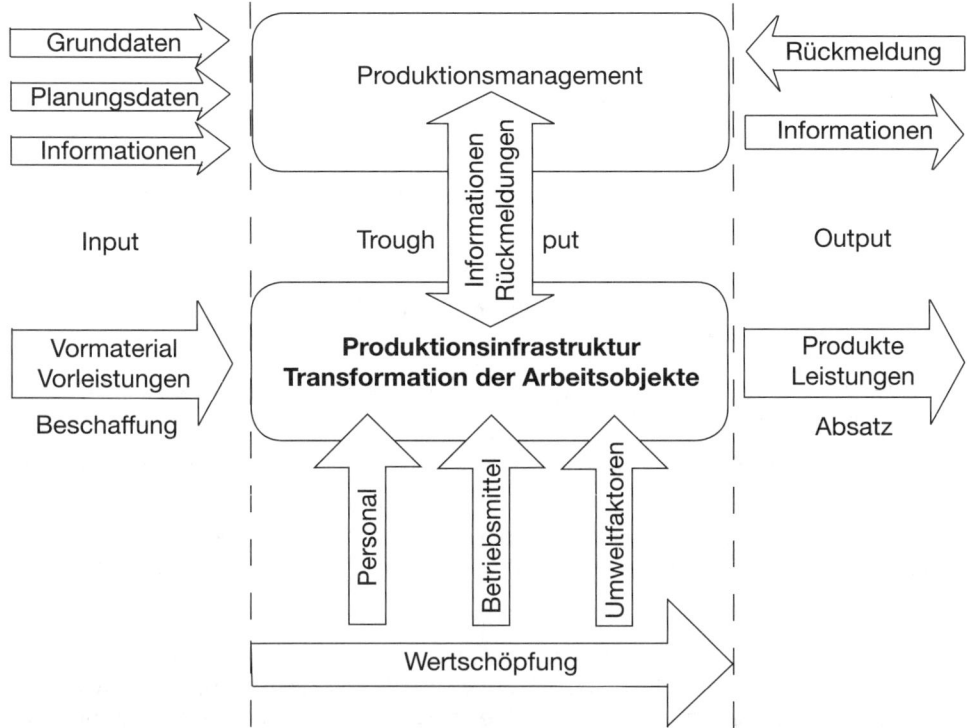

Wie diese Arbeitsschritte auszuführen sind, wird durch **Grunddaten** bezogen auf das Produkt angegeben. Dazu gehören Angaben zum konstruktiven Aufbau des Produktes sowie technische Angaben zur Ausführung der Prozessschritte.

Planungsdaten bezogen auf Menge und Termin geben an, wie viel und in welcher Reihenfolge die Produkte hergestellt werden sollen. Durch Auswertung von **Rückmeldungen** wird sichergestellt, dass der tatsächliche Ablauf auch der Planung entspricht oder dass bei Abweichung entsprechende Korrekturen erfolgen.

Eine solche organisatorische Einheit wird als **Arbeitssystem** charakterisiert, in dem durch **Transformation** der Input-Leistungen unter Einsatz der Faktoren Personal, Betriebsmittel und Umwelt der angestrebte Output erreicht wird.

Der bei diesem Produktionsprozess hinzugefügte Produktionsbeitrag wird als **Wertschöpfung** bezeichnet, der in einer Periode den von anderen Unternehmen empfangenen Vorleistungen hinzugefügt wurde. Die Ausgangsprodukte werden durch die Bearbeitung im Unternehmen **wertgesteigert**.

Das vorrangige Unternehmensziel ist, langfristig Gewinne zu erwirtschaften. Im **Streben nach Wertschöpfung** zeigt sich die pragmatische und betriebswirtschaftlich fundierte Interpretation dieses Unternehmenszieles.

Wichtige Bestimmungsgrößen einer **optimalen Wertschöpfung** sind:

- **kurze Durchlaufzeit**
  Bei der Herstellung eines Produktes sind eine Vielzahl von Einzelschritten bei Beschaffung, Vorfertigung, Montage und bei der Distribution auszuführen. Je schneller die einzelnen Aufgaben erledigt werden und um so stärker sie miteinander verflochten und überlappt sind, um so mehr Wertschöpfung kann mit denselben Produktionsressourcen erzielt werden.

  Ansatzpunkte zur Durchlaufzeitverkürzung sind:

  - Vermeiden **unproduktiver Arbeitsgänge** (Handling, Transport, Lagerung, Prüfung, administrative Arbeiten).

  - **Optimierte Infrastruktur** mit angepasster technischer und organisatorischer Auslegung der Produktionsmittel.

  - **Effizienzsteigerung** bei Planungs- und Steuerungsvorgängen vor, während und nach der Produktion.

  - Einsatz von Just-in-Time-Konzepten, bei denen durch einsatzsynchrone Anlieferung der Vorprodukte Liegezeiten verringert und Lagerbestände verkleinert werden.

- **Flexibilität**
  Ein Unternehmen muss in der Lage sein, sich in der notwendigen Zeit auf die Veränderungen der umgebenden Umwelteinflüsse wie Marktanforderungen, Kundenwünsche, Technologie und Gesetze einzustellen. Flexibilität kann auf zwei verschiedenen Ebenen realisiert werden:

  - In **strategischer Hinsicht** muss ein Unternehmen in der Lage sein, sich in angemessener Zeit auf Veränderungen einzustellen. Dazu muss zunächst einmal eine Sensibilisierung für diese Veränderungen hergestellt werden, z.B. durch Auswertungen von Marktforschung, Trendanalysen oder durch Wettbewerbsvergleiche. Daraus ergeben sich nach einem Soll-Ist-Vergleich die notwendigen Maßnahmen zur Umgestaltung und Weiterentwicklung von Produkten, Verfahren und Methoden.

  - In **operativer Hinsicht** kommt es auf die Fähigkeit der Produktion an, sich kurzfristig auf notwendige Veränderungen in Menge, Termin und Produktprogramm einstellen zu können. Zur Erfüllung der Kundenwünsche wie Lieferzeit und Termintreue bei Einhaltung der geplanten Produktionskosten werden besondere Anforderungen an die Flexibilität der Arbeitssysteme gestellt (schnell umrüstbar, Komplettbearbeitung, Mehrzweckeinrichtungen).

- **Qualität**
  Gerade bei technisch anspruchsvollen Produkten wird die Qualität zum entscheidenden Wettbewerbsfaktor. Durch vorbeugende Maßnahmen ist eine höchstmögliche Prozesssicherheit zu gewährleisten, damit geringe Ausschussraten, hohe Funktionalität, Zuverlässigkeit und Langlebigkeit gleich beim ersten Mal erzeugt werden können. Eine Aussortierung fehlerhafter Teile durch zusätzliche Prüfschritte ist nicht wertschöpfend und daher möglichst zu vermeiden.

02 >> Seite 423

2. Elemente des Produktionssystems

Ein Arbeits- oder Produktionssystem lässt sich durch die Elemente Input, Throughput und Output charakterisieren. Zusätzlich werden Informationen benötigt, die durch geeignete Kommunikation mit den jeweiligen Stellen erhoben werden.

2.1 Input

Als Input stehen unterschiedliche Produktionsfaktoren zur Verfügung. In der Basissystematik von *Gutenberg* (Begründer der modernen deutschen Betriebswirtschaftslehre [1897 - 1984]) sind das zum einen **Elementarfaktoren**, die in den Produktionsprozess direkt einfließen und zum anderen **Dispositive Faktoren**, die den Produktionsprozess gestalten.

Produktionsfaktoren können sowohl **verbraucht** werden (Fertigungsteile oder Betriebsstoffe), wodurch sie ihre produktive Wirksamkeit verlieren, oder aber **gebraucht** werden, wobei sie nach dem Prozesseinsatz immer noch vorhanden und verfügbar sind wie Werkzeuge oder Programme.

Die **Arbeitsleistung des Menschen** kann als Elementarfaktor mit direktem Objektbezug oder als dispositiver Faktor eingesetzt werden. Betriebsmittel sind Einrichtungen und technische Anlagen, die der Leistungserstellung dienen.

2.1.1 Materialien als Elementarfaktor

In industriellen Unternehmen der Sachgüterproduktion machen die Materialkosten vielfach 40 bis 70 % der gesamten Herstellkosten aus. Das bedeutet, dass im Materialbereich besonders sorgsam geplant, gesteuert und kontrolliert werden muss. Ausführliche Betrachtungen finden sich in dem Lehrbuch „Materialwirtschaft" aus dem Kiehl-Verlag.

Materialien lassen sich in folgende Gruppen gliedern:

Rohstoffe	die unmittelbar in das zu fertigende Erzeugnis eingehen und dessen Hauptbestandteile bilden.
Hilfsstoffe	die ebenfalls in das zu fertigende Erzeugnis eingehen, aber im Vergleich zu den Rohstoffen lediglich eine Hilfsfunktion erfüllen, da ihr mengen- und wertmäßiger Anteil gering ist (z. B. Leim, Schrauben, Lack bei der Möbelherstellung).
Betriebsstoffe	die selbst keinen Bestandteil des fertigen Erzeugnisses bilden, sondern mittelbar oder unmittelbar bei der Herstellung des Erzeugnisses verbraucht werden (z. B. Energie, Schmierstoffe, Büromaterialien, Betriebsmaterialien).

Rohstoffe, Hilfsstoffe und Betriebsstoffe werden zusammen als **Werkstoffe** bezeichnet.

Verschleiß-werkzeuge	Werkzeuge, die nicht der ständigen Betriebsbereitschaft zuzurechnen sind (Verbrauchsteile, die ständig neu zu ergänzen sind oder speziell für einen Auftrag angeschafft und anschließend verschrottet werden).
Zulieferteile	als Güter, die in die zu fertigenden Erzeugnisse eingehen (z. B. Motoren In der Automobilindustrie, Aggregate für Kühlschränke).
(Handels-) Waren	als gekaufte Vorräte, die das Produktionsprogramm ergänzen, aber im Unternehmen weder bearbeitet noch verarbeitet werden.

2.1.2 Dispositive Faktoren

Die **Leitung** hat die Aufgabe, das Unternehmen so zu gestalten, zu entwickeln und zu führen, dass die Unternehmensziele wirtschaftlich und qualitätsgerecht erreicht werden.

Die **Planung** unterstützt den Prozess der Zielerreichung durch vorausschauende Festlegung von Maßnahmen. Die Planungsrechnung ist die gedankliche Vorwegnahme zukünftigen Handelns und kann sich auf alle Unternehmungsbereiche beziehen (Beschaffungsplan, Produktionsplan, Absatzplan, Investitionsplan, Finanzplan).

Durch geeignete **Organisation** wird das Unternehmen in die Lage versetzt, die Anforderungen zu erfüllen, indem entsprechende Strukturen und Abläufe geschaffen und permanent verbessert werden. In der Wirtschaft hat sich die Unterscheidung zwischen Aufbau- und Ablauforganisation durchgesetzt (s. Kapitel C. 2). **Aufbauorganisation** ist die Gliederung des Unternehmens in Verantwortungsbereiche. **Ablauforganisation** ist die räumliche und zeitliche Gestaltung von Arbeits- und Bewegungsvorgängen.

2.1.3 ERGÄNZUNG DES MODELLS

In der Systematik von *Heinen* [1919 - 1996] können die Produktionsfaktoren als **Potenzialfaktoren gebraucht** (z. B. Betriebsmittel, menschliche Arbeit) bzw. als **Repetierfaktoren verbraucht** oder **umgewandelt** (z. B. Betriebsstoffe, Energie, Rohöl) werden.

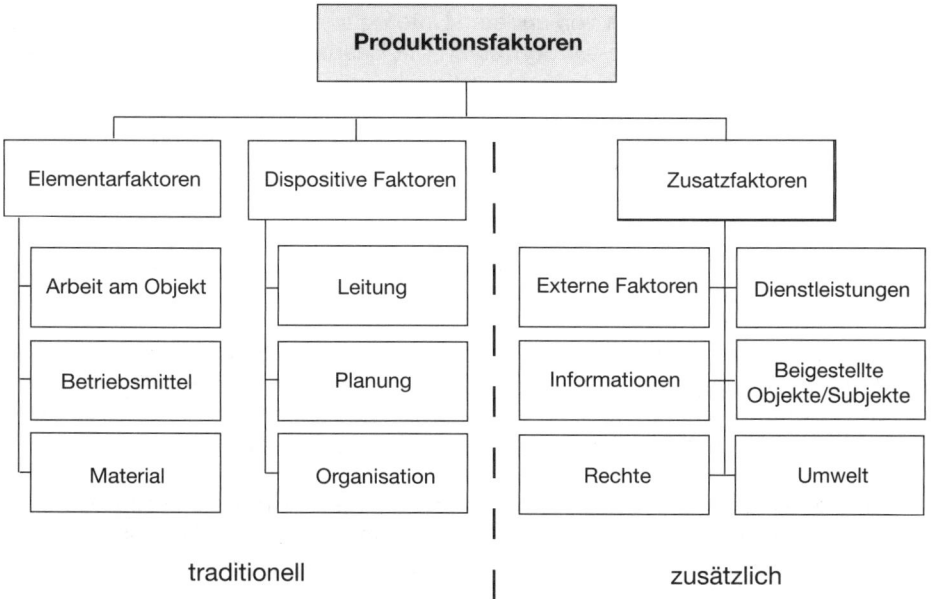

Darüber hinaus muss man zusätzliche Einflussfaktoren berücksichtigen, die als Produktionsfaktoren eine Rolle spielen:

Externe Faktoren	Leistungen von Kreditinstituten und Versicherungen, staatliche Leistungen
Informationen	Angaben über Zahlen, Daten, Fakten und deren Verknüpfung sowie Ziele, Urteile und Werte
Rechte	Lizenzen, Patente, Schutzrechte
Dienstleistungen	direkte Fremdleistung oder Arbeit innerhalb des eigenen Prozesses
beigestellte Produkte	Transporteinheiten, zu bearbeitende Produkte, z. B. ein Fahrzeug zur Wartung, aber auch eine Person, die behandelt wird (Arzt, Frisör ...)
Umwelt	z. B. Nutzung von Wasser und Wind

2.2 THROUGHPUT (WERTSCHÖPFUNG)

Im eigentlichen **Transformationsprozess** werden die eingesetzten Produktionsfaktoren kombiniert und im Unternehmen zu Produkten und Leistungen umgewandelt. Dabei entsteht ein Mehrwert (**value added**), der den bezogenen Gütern und Leistungen hinzugefügt wird. Als **Wertschöpfung** wird demnach der zusätzliche Produktionsbeitrag bezeichnet, der in einer Periode die von anderen Unternehmen empfangenen Vorleistungen ergänzt. Die Ausgangsprodukte werden durch die Bearbeitung im Unternehmen **wertgesteigert**.

Die erzielte betriebliche Wertschöpfung wird verteilt auf die Entlohnung der Arbeitnehmer, die Zinszahlungen an die Kapitalgeber, die Steuerzahlungen an den Staat und soll noch einen **Gewinnbeitrag** erbringen.

In der traditionellen Produktionstheorie werden verschiedene Ausprägungen der Kombination von Einsatzfaktoren unterschieden:

• Können die Produktionsfaktoren in unterschiedlichen Verhältnissen eingesetzt werden (z. B. Einsatz von Maschinen gegenüber Einsatz von menschlicher Arbeitskraft) spricht man von **Substitutionalität** (z. B. kann die Ausbringungsmenge erhöht werden entweder durch mehr Personal oder durch höhere Automatisierung).

• Können die Faktoren dagegen nur in einem bestimmten Verhältnis zueinander eingesetzt werden (z. B. werden immer vier Beine für einen Stuhl benötigt) handelt es sich um **Limitationalität**, die Erhöhung nur eines Faktors erhöht nicht den Output.

Grundsätzlich kann ein Unternehmen sehr viele Wertschöpfungsstufen selbst erbringen, dann spricht man von einer hohen **Produktionstiefe**. Zunehmend spezialisieren sich jedoch viele Unternehmen auf ihre **Kernkompetenzen** und vergeben Produktionsschritte und Vorprodukte an Zulieferanten mit flexibler Reaktionsfähigkeit und niedrigen Fixkosten, die sich auf diese Tätigkeiten spezialisiert haben. Diesem Outsourcing geht eine **Make or Buy-Entscheidung** voraus, bei der diejenigen Schritte identifiziert werden, die selbst erstellt werden sollen. Alles andere wird bei Partnern zugekauft.

Eine solche **Kooperationsstrategie** wird begleitet von internen Bemühungen nach einer schlanken Fertigung, die nach dem **Profit-Center-Prinzip** geführt wird. Dadurch wird zusätzlicher Wettbewerb erzeugt, aber auch erreicht, dass produktionsspezifische Strukturen mit optimiertem Overhead entstehen.

2.3 OUTPUT

Die angestrebte Ausbringungsmenge der Produktion ist der Output des Prozesses. Die **Endprodukte** können **auftragsbezogen (Investitionsgüter)** oder **marktbezogen (Konsumgüter)** hergestellt werden.

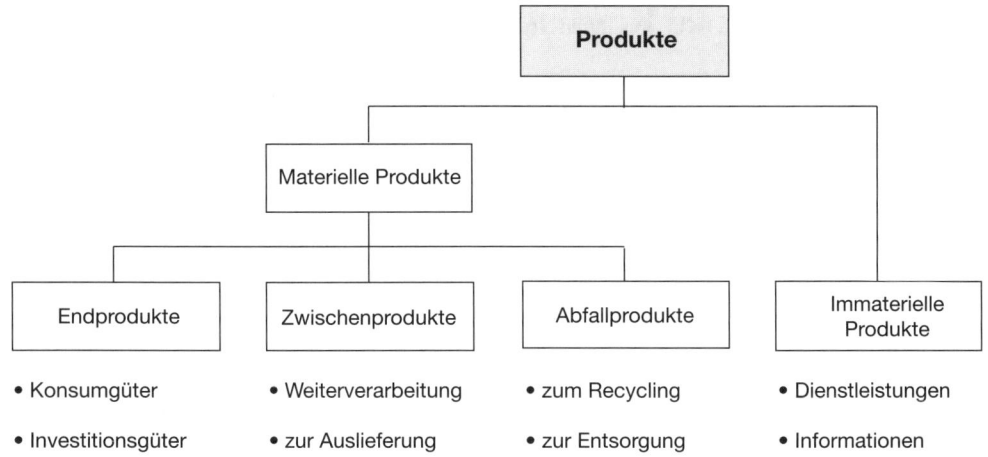

Materielle Produkte sind alle vom Unternehmen selbst gefertigten Vorräte an Gütern. Zu unterscheiden sind:

- **Endprodukte** oder Fertigerzeugnisse:
  Vom Unternehmen selbst gefertigte Vorräte, die versandfertig sind.

- **Zwischenprodukte** oder unfertige Erzeugnisse:
  Umfassen alle Vorräte an Erzeugnissen, die noch nicht verkaufsfähig sind, für die aber dem Unternehmen bereits Kosten entstanden sind. Erst mit der Fertigstellung der Erzeugnisse wird ihre (volle) Funktionsfähigkeit erreicht. Während des Prozesses entstehen aber auch Zwischenprodukte, die als Ersatzteile oder für Ausbaustufen gedacht und auch verkaufsfähig sind.

- **Abfallprodukte**
  Neben dem erwünschten Ergebnis der Produktentstehung fallen auch eine Reihe von unerwünschten Nebenprodukten an. Dazu gehören Reststoffe, die wiederverwertbar sind (z. B. Metall- und Kunststoffabfälle, Öle), aber auch Abfälle, für die keine sinnvolle Verwendungsmöglichkeit besteht (z. B. unbrauchbar gewordene Güter, Verpackungen, Schadstoffe).

  Der Umgang mit diesen Stoffen wird in einem eigenen Aufgabengebiet der **Entsorgungslogistik** organisiert. In letzter Zeit beschäftigt man sich hier auch mit der Rücknahme von Produkten, die aufgrund gesetzlicher Vorgaben zwingend wird.

Desgleichen können Dienstleistungsprozesse **immaterielle Produkte** erzeugen wie eine an Personen ausgeführte Leistung oder Ergebnisse in Form von Informationen.

03 ❯❯ Seite 423

2.4 INFORMATION UND KOMMUNIKATION

Die klassischen Produktionsfaktoren müssen um die Ressource Information ergänzt werden, da sich heute mehr als 70% der Belegschaft nicht mehr mit der Fertigung im traditionellen Sinn beschäftigen, sondern Informationen erfassen, verarbeiten und übermitteln (**Information als neuer Rohstoff**).

Für die Bestimmung der Informationsmenge gilt: **So viel wie nötig, so wenig wie möglich.** Die Festlegung der bedarfsgerechten Information kann durch folgende Fragestellungen erleichtert werden:

- Wer ist der Lieferant?
- Wer ist der Empfänger?
- Wozu dient die Information?
- Ist die Information unverzichtbar?
- In welcher Form soll die Information vorliegen?
- Zu welcher Zeit muss die Information bereitstehen?
- In welchem Umfang wird die Information benötigt?
- Muss die Information zyklisch erfolgen?

Die Information muss aktuell, vollständig und eindeutig vorliegen, sonst entstehen „Datenfriedhöfe", die zu unwirtschaftlichem Handeln führen (hohe Kosten ohne Nutzen).

Durch den Einsatz **rechnergestützter Informationssysteme** kann die Qualität und Verfügbarkeit von Information gesteigert werden. Man unterscheidet:

Administrationssysteme	z. B. Adressen, Tabellen
Dispositionssysteme	z. B. Bestellungen, Auftragsbearbeitung
Informationssysteme	z. B. Berichterstattung, Statistiken, Management Information Systeme (MIS)
Planungssysteme	z. B. Projektabwicklung, Strategieplanung

Beim Aufbau eines Informationssystems ist grundsätzlich von der betriebswirtschaftlichen Aufgabenstellung auszugehen, die dann zu einem DV-Konzept und der Auswahl geeigneter IT-(Informations-Technologie-)Anbieter führt. Vor einer Übernahme fertiger Lösungen in den eigenen Betrieb ist abzuraten, da der Mehraufwand der betrieblichen Umorganisation meist den erzielbaren Nutzen übersteigt.

04 ≫ Seite 423

3. Operations Management

In der Management-Literatur wird zunehmend der Begriff **Operations Management** benutzt. Darunter versteht man die Zusammenfassung der betrieblichen Funktionen Beschaffung, Produktion und Logistik, welche die wichtigsten **Primärelemente des Wertschöpfungsprozesses** darstellen. Operations ist in dieser Bedeutung neben Marketing, Entwicklung und Finanzen eine der vier **Hauptfunktionen** jedes Unternehmens.

Unter **Management** versteht man einen kybernetischen Prozess, der die Elemente Planung, Organisation, Ausführung und deren Kontrolle umfasst und in dem durch Rückkopplung Abweichungen zwischen Plan- und Istwerten eliminiert werden.

Operations Management ist somit die prozessorientierte Planung, Organisation und Kontrolle dieser Funktionen innerhalb eines Unternehmens. Im **Supply Chain Management** erfolgt darüber hinaus die Integration von Lieferanten und Kunden in diesen Prozess.

3.1 Prozessorientierung

Von der ursprünglichen im Taylorismus begründeten **Funktionsorientierung**, in der durch Arbeitsteilung und durch starke Spezialisierung jeder einzelne Arbeitsschritt jeweils einer Person zugeordnet wurde, hat sich die Betrachtung der Produktion weiterentwickelt zu einer **Prozessorientierung**, bei der die schnelle und flexible Reaktion auf Kundenwünsche im Vordergrund steht.

Ein **Prozess** ist definiert als eine Folge von Aktivitäten zur Erstellung einer Leistung, mit einem **Anfang**, einem **Ende** und einem **Ziel**. Beispielhaft sei genannt der Ablauf einer Telefonauskunft mit Anruf, Beratung und erhaltener Auskunft oder die Herstellung eines Gerätes mit Freigabe des Produktionsauftrags, Durchführung von Produktion, Prüfung und Verpackung und dem Versand an den Kunden.

In einer Prozessorganisation ist ein Unternehmen nach durchgehenden **Geschäftsprozessen** organisiert. Dabei unterscheidet man:

Kernprozesse	die auf den Kunden ausgerichtet sind und einen direkten Wertschöpfungsbeitrag liefern.
Management-prozesse	die der Planung, Steuerung und dem Controlling der Abläufe dienen.
Unterstützungs-prozesse	die den internen Kernprozessen zur Seite stehen und deren effektive Durchführung ermöglichen.

Beispielhafte Elemente dieser Prozesse können sein:

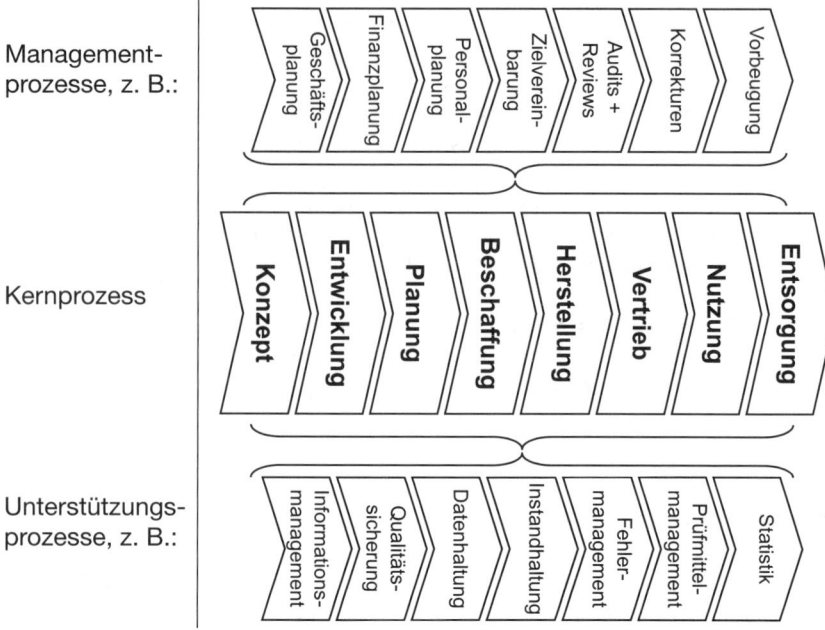

Zur Prozessbeschreibung in Unternehmen können Referenzmodelle benutzt werden, die Prozesse und deren Leistung in allgemeiner Form beschreiben. Danach werden die **Hauptprozesse** weiter in **Teilprozesse** untergliedert, welche gegebenenfalls weiter in **Subprozesse** aufgeteilt werden. Auf dieser Ebene werden elementare Aufgaben ausgeführt, welche nicht mehr als Prozess abgebildet werden können. Diese elementaren Aufgaben werden als Aktivitäten bezeichnet. Auf dieser Ebene werden auch die zur Durchführung der Prozess-Schritte benötigten **Dokumente** aufgeführt.

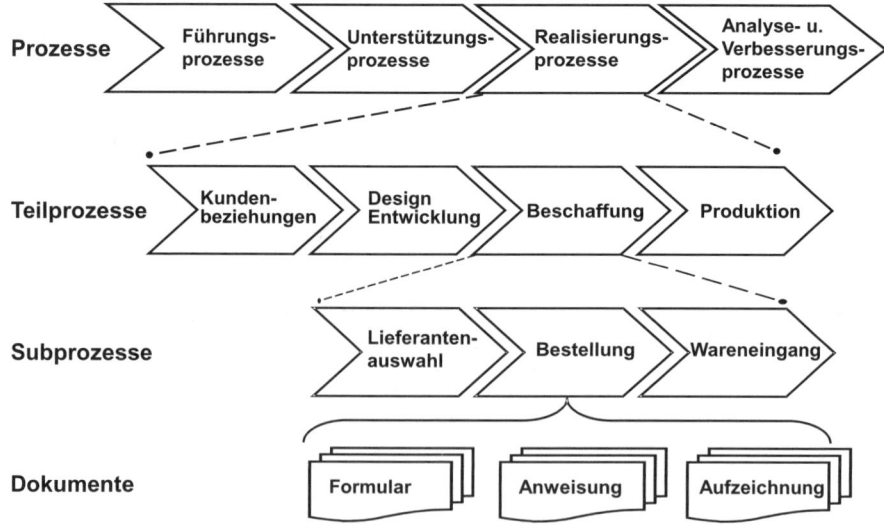

Insgesamt handelt es sich um ein System von Aktivitäten, die über einen durchgängigen Leistungsfluss miteinander verknüpft sind und in einer klar definierten Folgebeziehung zueinander stehen. Die Prozesse richten sich am Kunden aus, um für den Kunden und das Unternehmen wertschöpfend zu sein. Dadurch erreicht man eine **verbesserte Koordination** und eine **geringere Fehleranfälligkeit** aufgrund der besseren Abstimmung und der erhöhten Motivation.

05 ⟩⟩ Seite 423

3.2 Besonderheit der Dienstleistungsproduktion

In der wirtschaftlichen Entwicklung ist eine permanente Expansion des „tertiären Sektors" zu beobachten. Mittlerweile beläuft sich der Anteil der Dienstleistungen am Sozialprodukt in allen Industrienationen auf annähernd 70%.

Zur Erbringung einer Dienstleistung kann z. B. gehören:

- eine Tätigkeit, die an einem vom Kunden gelieferten materiellen Produkt ausgeführt wird (z. B. einem zu reparierenden Auto)
- eine Tätigkeit, die an einem vom Kunden gelieferten immateriellen Produkt ausgeführt wird (z. B. der für die Erstellung einer Steuerrückerstattung erforderliche Einkommensnachweis)
- die Lieferung eines immateriellen Produktes
  (z. B. die Vermittlung von Informationen im Zusammenhang mit Wissenstransfer)
- die Schaffung einer Umgebung für den Kunden
  (z. B. in Hotels und Restaurants)

Die wesentlichen Unterschiede zwischen der objektbezogenen Sachgüterproduktion und der auf ein Subjekt abzielenden Dienstleistungsproduktion sind:

Sachgüterproduktion	Dienstleistungsproduktion
▶ Output ist greifbar (materiell)	▶ Output ist nicht greifbar (immateriell)
▶ Es wird Eigentum übertragen	▶ Es wird kein Eigentum übertragen
▶ Output kann im Voraus produziert und dann gelagert werden	▶ Output kann nicht gelagert, höchstens zeitlich verschoben werden
▶ Output kann an andere weiterverkauft werden	▶ Output kann nicht ohne Weiteres weiterverkauft werden
▶ Output wird erstellt, dann dem Kunden übergeben	▶ Outputleistung entsteht häufig im Beisein des Kunden
▶ Optimierung nach ökonomischen Gesichtspunkten	▶ Optimierung nach Kundengesichtspunkten
▶ Qualitätsforderungen standardisierbar durch Regeln	▶ Qualitätsforderungen subjektiv durch den Kunden
▶ Fehler sind behebbar bevor der Kunde es merkt	▶ Fehler werden direkt vom Kunden bemerkt

Der Erfolg der Leistungsbereitstellung hängt somit von dieser Kooperation, dem Verhalten und den Eigenschaften der Kooperationspartner auf beiden Seiten ab. Die Bewertung der Dienstleistungsqualität wird sich insofern weniger auf die Erfüllung technisch-produktbezogener Merkmale richten, sondern eher auf

- den Ablauf bei der Dienstleistungsbereitstellung
  (u. a. Art des Umgangs mit den „Kunden"),
- die tatsächlich erreichten Ergebnisse
  (physisch, psychisch oder rechtlich bewirkte Veränderungen usw.)
- Veränderungen des Leistungspotenzials
  (z. B. Gebäude, technischen Einrichtungen, Personalqualifikation usw.)
- Einschätzungen des subjektiven Nutzens durch die Leistungsempfänger.

Die Lücken in der Kommunikation, die dabei auftreten können, zeigt das **Gap- oder Lücken-Modell**.

Zunächst können bei der genauen Erfassung der Kundenwünsche Schwierigkeiten entstehen (GAP 1). Dann kann die nächste Verfälschung bei der Übertragung der „vermeintlichen" Kundenwünsche in unternehmens- oder organisationsinterne Spezifikationen auftreten (GAP 2). Die tatsächlich erstellte Leistung kann wiederum davon abweichen (GAP 3) und zusätzlich dem Kunden noch fehlerhaft vermittelt werden (GAP 4). Schließlich interpretiert der Kunde die erbrachte Leistung im Spiegel seiner Erwartungen und stellt auch hier Differenzen zur erwarteten Leistung fest (GAP 5).

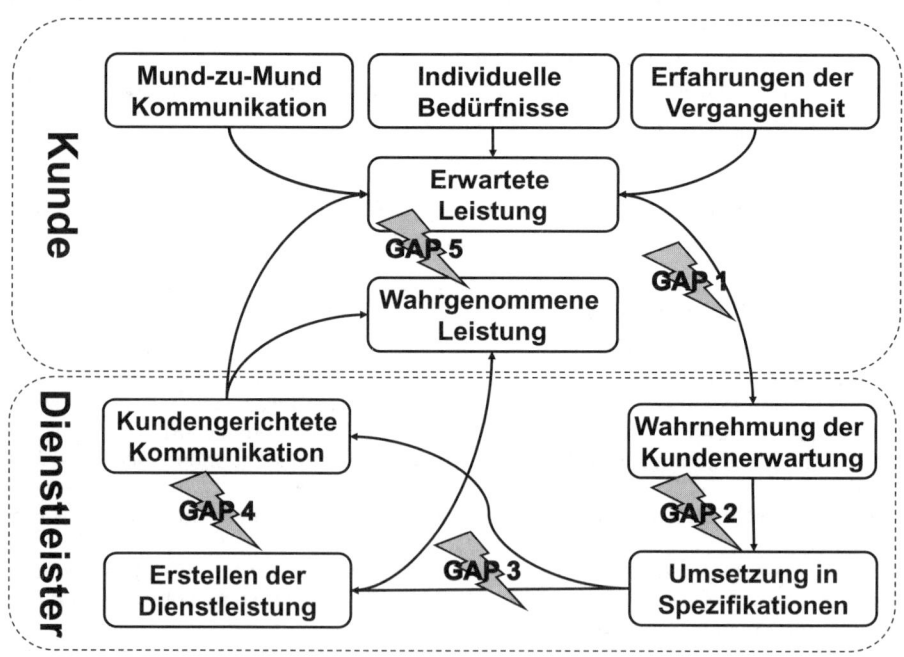

Eine klare Abgrenzung zwischen Dienstleistungs- und Sachleistungsgeschäften existiert in der Regel nicht. Die meisten Leistungen bestehen aus einem Mix von Dienstleistung und Sachleistung.

Bei unterschiedlichen Geschäften variiert der Anteil der Dienstleistung an der Gesamtleistung. Beispiele von Branchen mit unterschiedlicher Aufteilung zwischen Dienstleistungsanteil und Sachleistungsanteil finden sich in der folgenden Übersicht. Dabei können die Anteile innerhalb der jeweiligen Branche zusätzlich abweichen.

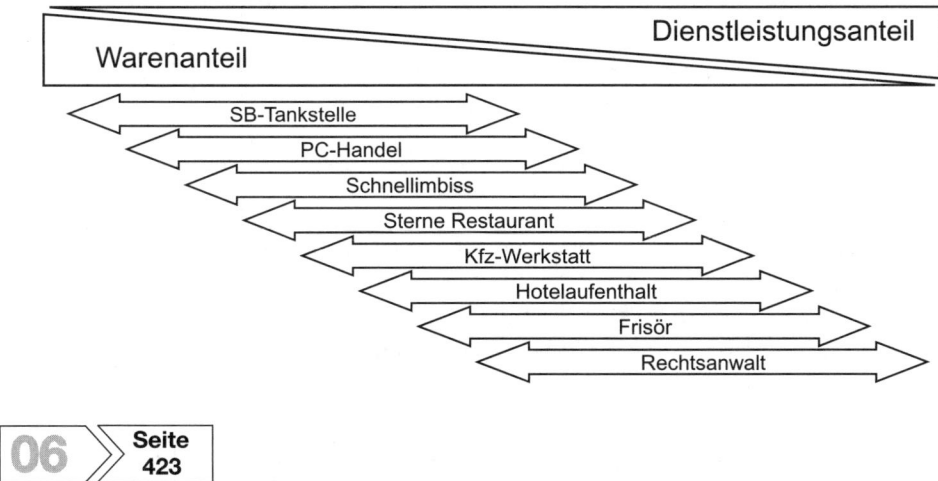

06 ⟫ Seite 423

	KONTROLLFRAGEN	bear-beitet	Lösungs-hinweise	Lö-sung	
				+	–
01	Welchen Teil der Betriebswirtschaftslehre umfasst die Produktionswirt-schaft?		21		
02	Welche generellen Aufgaben hat die Betriebswirtschaftslehre?		21		
03	Welche Märkte sind rund um das Produktionssystem von Bedeutung?		22		
04	Wie können die verschiedenen Arten von Betrieben klassifiziert werden?		22		
05	Wie unterscheiden sich Betriebe nach der Art der Transformationsleis-tung?		23		
06	Welche Organisationsbereiche im Unternehmen stehen mit der Produk-tion in Wechselbeziehung?		23		
07	Nennen Sie die Teilfunktionen der Produktion!		24		
08	Welche externen Einflüsse wirken auf das Produktionssystem?		24		
09	Skizzieren Sie die Produktion als Arbeitssystem!		25		
10	Was versteht man unter Wertschöpfung?		26		
11	Welche Größen haben Einfluss auf die Wertschöpfung und wodurch?		26		
12	Nennen Sie die elementaren Produktionsfaktoren!		27 ff.		
13	Klassifizieren Sie die Produktionsfaktoren, die als Input zur Verfügung stehen!		27		
14	Worin unterscheiden sich Elementarfaktoren und Dispositive Faktoren?		27 f.		
15	Wie ist die Arbeitsleistung des Menschen einzuordnen?		27 ff.		
16	Welche Unterteilung der Materialien hat sich eingebürgert?		28		
17	Nennen Sie die Aufgaben der Leitung, der Planung und der Organisa-tion!		28		
18	Welche zusätzlichen Einflussfaktoren neben den Elementarfaktoren und den dispositiven Faktoren spielen für die Produktion eine Rolle?		29		
19	Beschreiben Sie, welche Einflussgrößen auf den Transformationspro-zess einwirken!		30		
20	Wie kann man den Produktionsoutput untergliedern?		31		
21	Warum spricht man von „Information" als dem vierten Produktionsfak-tor?		32		
22	Welche Arten von Systemen unterstützen die Informationsverarbeitung?		32		
23	Beschreiben Sie die Hauptfunktionen eines Unternehmens!		33		
24	Wie ist ein Prozess definiert?		33		
25	Welche Hauptprozesse existieren im Unternehmen und in welche Teil-prozesse lassen diese sich aufgliedern?		34		
26	Was unterscheidet eine Dienstleistung von einer Sachleistung?		35		
27	Welche besonderen Merkmale werden zur Bewertung der Dienstleis-tungsproduktion herangezogen?		36		
28	Nennen Sie beispielhafte Geschäfte, die unterschiedliche Anteile von Dienstleistung und Wareneinsatz haben!		37		

B. STRATEGISCHE GRUNDLAGEN

Strategien sollen helfen, Erfolgspotenziale zu entdecken, um zukünftige Wettbewerbs-vorteile zu erlangen und den nachhaltigen Unternehmenserfolg zu gewährleisten. Dazu umfasst das **Strategische Management** alle Führungsaufgaben, die sich mit der Planung und der Ausführung von Strategien beschäftigen.

Strategische Grundlagen	Produktionsmanagement und Strategien
	Erfolgspotenziale und Ziele
	Management-Methoden
	Qualitätsmanagement
	Weiterentwicklung der Produktionsstrategie

1. PRODUKTIONSMANAGEMENT UND STRATEGIEN

Das Produktionsmanagement umfasst alle Ziele und Aufgaben, die sich mit der Planung, Steuerung und Kontrolle des Produktionsprozesses beschäftigen. Hierbei wird ausge-gangen von den **produktionswirtschaftlichen Zielen**, den damit verbundenen lang-, mittel- und kurzfristigen Aufgaben, sowie den Einflussgrößen des Produktionslebenszy-klus, der Produktionstiefen, der Ressourcen und des Standorts. Insbesondere sind die Entwicklungen der Internationalisierung zu berücksichtigen, die zusätzliche Anforderun-gen an das Produktionsmanagement und die zu Grunde gelegten Strategien stellt.

Eine **Strategie** dient dazu, die langfristige Entwicklung eines Unternehmens zielgerichtet zu lenken. Als zentrales Element der Gesamtstrategie umfasst das Produktionsmanage-ment alle Ziele und Aufgaben, die sich mit der Planung, Steuerung und Kontrolle des Pro-duktionsprozesses beschäftigen.

Wesentliche Ausprägungen einer strategischen Planung für Produktionsbetriebe sind:

zukunfts-orientiert	Vergangenheitswerte sind zwar wichtig zur Einschätzung der bisheri-gen Erfolge, sollten aber nicht nur fortgeschrieben werden. Es müs-sen vor allem die zukünftigen Entwicklungsmöglichkeiten betrach-tet werden.
langfristig	Wenn strategische Entscheidungen getroffen werden, sollten diese über einen Zeitraum von 3 - 5 Jahren gehen.
ganzheitlich	Das Unternehmen soll umfassend in allen Teilbereichen betrachtet werden.

stärken-orientiert	Die Stärken des Unternehmens müssen ausgebaut werden, während Schwächen nur dann beachtet werden, wenn sie die Existenz gefährden sollten. Durch Betrachtung der Stärken werden die Kernkompetenzen definiert, durch die Alleinstellungsmerkmale zu erreichen sind.
zielorientiert	Neben den Gesamtzielen für das Unternehmen müssen auch für die Teilbereiche angepasste Ziele festgelegt werden.
partner-orientiert	Im Sinne eines Supply Chain Management sind die Beschaffungs- und Absatzmärkte und die dort agierenden Partner zu betrachten.
wettbewerbs-orientiert	Die Positionierung des Unternehmens in Abhängigkeit von der Wettbewerbssituation führt zu Prioritätsbildung, um die eigene Marktstellung zu verbessern.

Insgesamt wird ausgegangen von den produktionswirtschaftlichen Zielen, den damit verbundenen lang-, mittel- und kurzfristigen Aufgaben, sowie den Einflussgrößen des Produktionslebenszykluss, der Produktionstiefen, der Ressourcen und des Standorts.

2. ERFOLGSPOTENZIALE UND ZIELE

Unter einem **Erfolgspotenzial** wird die Fähigkeit der Unternehmen verstanden, langfristig Wettbewerbsvorteile zu erzielen.

Ein **Wettbewerbsvorteil** ergibt sich, wenn ein Produkt oder eine Leistung dem Wettbewerb überlegen ist und zusätzlich so beschaffen ist, dass

- es für den Kunden ein relevantes Merkmal darstellt
- der Kunde diesen Vorteil auch tatsächlich wahrnimmt und
- der Vorteil nicht ohne Weiteres vom Wettbewerb einholbar ist.

Dazu muss das Unternehmen Ziele definieren, die es zu erreichen gilt. **Produktionswirtschaftliche Ziele** können unterschiedliche Ausprägung haben, führen aber meist nur in der Kombination zum gewünschten Erfolg. Man kann unterscheiden:

Monetäre Ziele	▶ Hohe Deckungsbeiträge (kurzfristig-operativ) ▶ Hohe Periodengewinne (mittelfristig-taktisch) ▶ Hohe Einzahlungsüberschüsse (Cashflow) (langfristig-strategisch)
Zeitziele	▶ Kurze Liefertermine ▶ Termintreue ▶ Geringe Durchlaufzeiten ▶ Maximale Kapazitätsauslastung (beinhaltet geringe Leerzeiten der Produktionsfaktoren)

Mengen- und Qualitätsziele	▶ Geringe Ausschussmengen ▶ Hoher Qualitätsstandard (beinhaltet weniger Reklamationen) ▶ Kundenzufriedenheit
Flexibilitäts-ziele	▶ Gute Anpassungsfähigkeit an Bedarfs- und Umweltveränderungen ▶ Qualifizierte Arbeitskräfte ▶ Flexible Betriebsmittelausstattung
Soziale Ziele	▶ Menschengerechte Arbeitsinhalte ▶ Ergonomisch gestaltete Arbeitsplätze ▶ Sichere Arbeitsplätze
Umweltziele	▶ Geringe Schadstoffbelastung ▶ Geringer Verbrauch der natürlichen Umwelt

Zusammengefasst sind die wesentlichen produktionswirtschaftliche Gesamtziele:

• die Maximierung der Termintreue
• die Minimierung der Durchlaufzeiten und
• die Maximierung der Kapazitätsauslastung.

Diese drei Zielsetzungen sind in der Regel nicht konfliktfrei gleichzeitig zu erreichen, sodass Kompromisse geschlossen werden müssen.

07 ⟩⟩ Seite 424

2.1 STRATEGISCHE PLANUNG

Ein wichtiger Ausgangspunkt für nachhaltigen Unternehmenserfolg ist eine sorgfältig durchgeführte strategische Planung. Hierzu kann das Modell der **EFQM (European Foundation for Quality Management)** genutzt werden, in dem die Zusammenhänge von „Mitteln und Wege" und den „Ergebnissen" für ein Unternehmen dargestellt sind (siehe Kapitel B. 4.2).

2.1.1 ZUSAMMENHÄNGE DER BEGRIFFLICHKEITEN

Um eine eindeutige Sprachregelung zu finden, sollen einige zentrale Begriffe erläutert werden, die im folgenden Schaubild positioniert sind:

Begriff	Erläuterung
Unternehmensmission	Selbstverständnis und ggf. gesellschaftlicher Auftrag. Sie vermittelt eine Grundorientierung für alles Handeln.
Unternehmenswerte	System von Wertvorstellungen, das den Umgang innerhalb des Unternehmens sowie in seinen Beziehungen zu Außenstehenden regelt.
Unternehmensvision	Vorstellung, wie sich das Unternehmen in der Zukunft selbst sieht und gesehen werden will.
Unternehmensleitbild	Es beschreibt die fundamentalen Geschäftsprinzipien einer Organisation, die Leitlinien und Ziele für die angestrebte Unternehmensentwicklung vorgeben.
Unternehmensziele	Definierter, möglichst mit messbaren Größen beschriebener Zustand, in dem sich das Unternehmen nach Ablauf einer gesetzten Zeitspanne befinden möchte.
Unternehmenspolitik	Verhalten des Unternehmens, um die Ziele zu erreichen. Schriftlicher Ausdruck der im Unternehmensleitbild enthaltenen Vorgaben.
Unternehmensstrategie	Geplante Vorgehensweise unter Berücksichtigung der Unternehmenswerte und Rahmenbedingungen, um die Unternehmensziele zu erreichen.
Unternehmensplan	Möglichst detaillierte Umsetzung der Unternehmensstrategie im kurz-, mittel- und langfristigen Bereich. Dabei werden konkrete Ziele und Maßnahmen zu deren Erreichung festgelegt.

Ausgehend von der **Unternehmensmission** entwickelt das Unternehmen unter Berücksichtigung der **Unternehmenswerte** eine **Unternehmensvision**, welche im **Leitbild** konkretisiert wird. Auf dieser Basis werden **strategische Ziele** sowie **Politik** und **Strategie** festgelegt und die daraus abgeleiteten **operativen Ziele** definiert. Im **Unternehmensplan** stehen dann die **Prozesse**, Maßnahmen und **Projekte** zur Umsetzung und Erfüllung.

Diese Schritte werden im Allgemeinen von oben nach unten (**Top-Down**) erfolgen und müssen maßgeblich vom Engagement der Führungskräfte getragen werden. Ihre Eigenidentifikation mit den Inhalten beeinflusst entscheidend die weitere Umsetzung in die operative Planung im kurz-, mittel- und langfristigen Bereich, welche in der Regel von unten nach oben (**Bottom-Up**) ausgeführt wird. Die Ergebnisse dieser Abstimmungen werden in den entsprechenden Unternehmensplänen zusammengeführt.

2.1.2 LEITBILDENTWICKLUNG AUS DEN VISIONEN

Bei der Entwicklung des Leitbilds kommt es zur Festlegung des Selbstverständnisses und der Vorstellung, wo das Unternehmen mittel- bis langfristig stehen soll. Darüber hinaus liefert es auch Hinweise auf die **Wertvorstellungen** des Unternehmens sowie ggf. aktuelles oder zukünftiges Konfliktpotenzial. Damit wird das Unternehmen in die Lage versetzt, diese Herausforderungen proaktiv anzugehen.

Eine gute Unternehmensvision soll verständlich, attraktiv, glaubwürdig und nachvollziehbar sein, vor allen Dingen keine Floskeln oder „Mode-Aussagen" enthalten. Vorrangig ist somit die Erarbeitung von Werten, die **nachvollziehbar, wünschenswert und machbar** sind.

Das Unternehmensleitbild mit seinen Wertvorstellungen und strategische Unternehmensziele münden gemeinsam in eine Gesamtpolitik, die u. a. klar regelt, welche Randbedingungen zu beachten sind.

Effektive Visionen und Leitbilder müssen von allen Mitarbeitern auch tatsächlich akzeptiert und gelebt werden. Grundaussagen der strategischen Planung, denen man häufig begegnet, befassen sich mit

• der Verantwortung des Managements und der Mitarbeiter,
• der Kundenorientierung,
• einer Null-Fehler-Zielsetzung und
• Vereinbarungen zur gegenseitigen Information und Kommunikation.

2.1.3 UNTERNEHMENSSTRATEGIE

Nachdem Ziele und Politik festgelegt wurden, kann eine Strategie entwickelt werden, welche die Umsetzung entsprechend dem Unternehmensleitbild unter den gegebenen Rahmenbedingungen auch ermöglicht. Zielsetzung ist die Schaffung und Erhaltung **langfristiger Wettbewerbsvorteile**, die den Erfolg und den Wert des Unternehmens sichern. Dazu ist eine **Organisationsstruktur** zu entwickeln und es sind die **Rahmenbedingungen** festzulegen für ein möglichst prozessorientiertes Managementsystem mit der Zielsetzung Flexibilität, Reaktionsschnelligkeit, Synergieeffekte und Integration der Prozessschritte.

Entsprechend dem Unternehmensleitbild und der Gesamtpolitik sollte auch die Unternehmensstrategie langfristig ausgelegt sein und genügend Spielraum zur Anpassung im operativen Bereich lassen.

Nach Durchdringung der Geschäftsideen auf allen Mitarbeiterebenen werden konkrete **Geschäftspläne** und **Ziele** erstellt. Nur durch Zuordnung der notwendigen Kompetenzen und **Ressourcen** kann die anschließende Prozessdurchführung erfolgreich sein.

Durch ein permanentes **Controlling** in Form von Audits, Reviews und Wirtschaftlichkeitsüberlegungen werden Schwachstellen offensichtlich und Verbesserungsmaßnahmen definierbar. Neben der Korrektur operativer Abläufe oder einer intensiven Schulung der Mitarbeiter können auch Anpassungen an den gesetzten Zielen notwendig werden.

Der Strategieprozess lässt sich vereinfacht folgendermaßen formulieren:

- Definiere die Unternehmensziele!
- Identifiziere die Kunden und ihre Anforderungen, die bedient werden müssen, um diese Ziele zu erreichen!
- Identifiziere die erfolgskritischen Prozesse und ihre Prozessbedingungen, die erfüllt werden müssen, um die Kundenanforderungen zu befriedigen und die Unternehmensziele zu erreichen!
- Ermittle die erforderlichen Qualifikationen und Fähigkeiten, die benötigt werden, um diese Prozesse optimal zu führen!

Aus dieser Wirkungskette heraus lassen sich einige wenige kritische Erfolgsfaktoren identifizieren, die den Unternehmenserfolg entscheidend beeinflussen. Die Entwicklung dieser Erfolgsfaktoren wird durch **Kenngrößen** abgebildet.

Nach den grundsätzlichen Festlegungen der Rahmenbedingungen folgt die **Definition der Unternehmensstruktur** gemäß der sie prägenden Politik und Strategie.

2.1.4 Umsetzung operativer Ziele

Unternehmenspolitik und -strategie sind in der Regel nicht als Ganzes direkt in das operative Tagesgeschäft umzusetzen. Eine Vielzahl von Mitarbeitern sorgt vielmehr durch ihre Einzelbeiträge dafür, dass die im Unternehmensleitbild dargestellten Gedanken erreicht bzw. eingehalten werden. In Abhängigkeit von Unternehmensgröße und -komplexität sind daher **Teilziele** entsprechend der Organisationsstruktur herunterzubrechen und für die Teileinheiten zu definieren.

Der zeitliche Horizont und der **Detaillierungsgrad** der mittel- und langfristigen Ziele richtet sich dabei u. a. nach den notwendigen Vorlaufzeiten für komplexe Projekte bzw. für die Verfügbarmachung von Ressourcen.

Nach Durchdringung der Geschäftsideen auf allen Mitarbeiterebenen werden konkrete **Geschäftspläne** und **Ziele** erstellt. Nur durch Zuordnung der notwendigen Kompetenzen und Ressourcen kann die anschließende Prozessdurchführung erfolgreich sein.

Wesentliche Aufgabenstellung ist eine effektive Übersetzung und Implementierung des Leitbildes mit **klaren Messgrößen**, die eine eindeutige Aussage sowie die Verfolgung der Prozesse und der Leistungsfähigkeit erlauben.

Als vorteilhafte Vorgehensweise erweist sich die **Vereinbarung von Zielen** mit den Funktionseinheiten ggf. bis hin zum einzelnen Mitarbeiter. Hierdurch wird nicht nur sichergestellt, dass die über Unternehmensleitbild und -politik kommunizierten Botschaften auch tatsächlich bei den Mitarbeitern ankommen. Über die Mitwirkung an der Ausgestaltung wird auch die für die Umsetzung unerlässliche **Eigenmotivation** erzeugt. Gleichzeitig bietet sich damit die Möglichkeit, das kreative und innovative Potenzial der Mitarbeiter freizusetzen.

Durch ein permanentes **Controlling** in Form von Audits, Reviews und Wirtschaftlichkeitsüberlegungen werden Schwachstellen offensichtlich und Verbesserungsmaßnahmen definierbar. Neben der Korrektur operativer Abläufe oder einer intensiven Schulung der Mitarbeiter können auch Anpassungen an den gesetzten Zielen notwendig werden.

08 ⟩⟩ Seite 424

2.2 STRATEGIEFINDUNG

Speziell für den Aufgabenbereich des Produktionsmanagement ergeben sich als Voraussetzung für die erfolgreiche Gestaltung und Steuerung der Produktion entsprechende Aufgaben. Zu unterscheiden sind:

• **strategische Aufgaben** zur Schaffung von Rahmenbedingungen.

Es können idealtypisch drei unterschiedliche Strategien unterschieden werden:

Offensivstrategie	ausgerichtet auf Investition und Wachstum. Sie wird verfolgt, um Marktanteile zu gewinnen.
Defensivstrategie	soll Mitbewerber vom Markt fernhalten. Dazu werden Kostensenkungsprogramme zur Realisierung einer Niedrigpreispolitik aufgelegt.
Kostenführerschaft	Hier versucht man, durch Unterbieten der Wettbewerbspreise erfolgreich zu sein.

Im Rahmen des **strategischen Produktionsmanagement** werden festgelegt:

- Produktfelder
- Kapazitätsdimensionierung

- Rohstoffversorgung
- genereller Prozessablauf.

• **taktische Aufgaben** zur Gestaltung der Infrastruktur.

Aus den strategischen Überlegungen werden einzelne Ziele herausgegriffen, die mit Maßnahmen schrittweise verwirklicht werden sollen. Dies geschieht vor allem durch die Umgestaltung und Weiterentwicklung der Produktionsinfrastruktur. Typische Aufgaben sind die Dimensionierung der Kapazitäten oder die Layoutplanung.

Im Rahmen des **taktischen Produktionsmanagement** werden festgelegt:

- konkrete Produktfelder
- Planung neuer Produkte
- Verbesserung bestehender Produkte
- technologische Verfahren
- Standortwahl
- Ressourcenfestlegung (Personal und Ausrüstung).

• **Operative Aufgaben** dienen zur laufenden Ausschöpfung und Anpassung der vorhandenen Leistungspotenziale.

Dabei handelt es sich z. B. um spezielle Anpassungen des Produktionsprogramms, um eine möglichst wirtschaftliche Nutzung der Ressourcen zu erreichen. Dies wird auf der dispositiven Planungsebene (z. B. Materialbedarfsplanung, Auftragsplanung) oder durch ereignisbezogene Steuerungsmaßnahmen konkret umgesetzt.

Im Rahmen des **operativen Produktionsmanagement** werden festgelegt:

- konkretes Produktionsprogramm
- Bereitstellen benötigter Produktionsfaktoren
- Sicherstellen des Produktionsprozesses
- Reaktionen bei Abweichungen und Änderungen.

Der Erfolg der Unternehmung wird wesentlich davon beeinflusst, inwieweit diese Ebenen des Management miteinander koordinieren und sie aufeinander abgestimmt sind. Die bestmögliche Planung nützt, wenn sie nicht umgesetzt wird, ebenso wenig wie eine engagierte Mannschaft vor Ort, die ihre Kapazität mit dem ständigen Ausregeln von Augenblicksentscheidungen ohne langfristige Zielsetzung verschwendet.

09 ⟩⟩ Seite 424

3. MANAGEMENT-METHODEN

Zukünftige Wettbewerbsvorteile werden weitgehend durch effizientes **Management von Veränderungen (Change Management)** erzielt. Somit sind Veränderungsprozesse heute ein selbstverständlicher Bestandteil der Management-Landschaft geworden.

Nicht nur die stetig wachsende Komplexität der Lebens- und Arbeitsverhältnisse macht das Management von Unternehmen und Institutionen zunehmend schwieriger, sondern vor allem die ständig steigende **Dynamik der Veränderungen** in unserem Umfeld bei gleichzeitiger **Verknappung der Ressourcen** Geld und Zeit lässt die Frage nach der Beherrschbarkeit heutiger Entwicklungen stellen. Die Schere zwischen benötigter Reaktionszeit bei wachsender Komplexität und verfügbarer Zeit bei zunehmender Dynamik öffnet sich immer weiter.

Ziel der „**Gestaltung des Wandels**" ist dabei, diese Herausforderungen durch neue Denkansätze zu meistern. Traditionelle Aufgaben, Rollen und Methoden des Management sind auf den Prüfstand zu stellen. Die grundsätzlichen Anschauungen über soziale Systemgestaltung und ihrer Lenkung durch das Management sind zu hinterfragen.

Unterschiedliche Ansätze von **Management-Konzepten** differieren in der Beantwortung der Fragestellungen,

- **was** sich ändern soll (Inhalte der Veränderung) und
- **wie** sich das ändern soll (Umgebung und Randbedingungen sowie Geschwindigkeit).

In der Praxis findet man immer **Kombinationen** mehrerer Methoden. Auch ist die Definition der einzelnen Inhalte und deren Auswirkung sowohl in der Literatur als auch bei Praktikern einer unterschiedlichen Interpretation unterworfen.

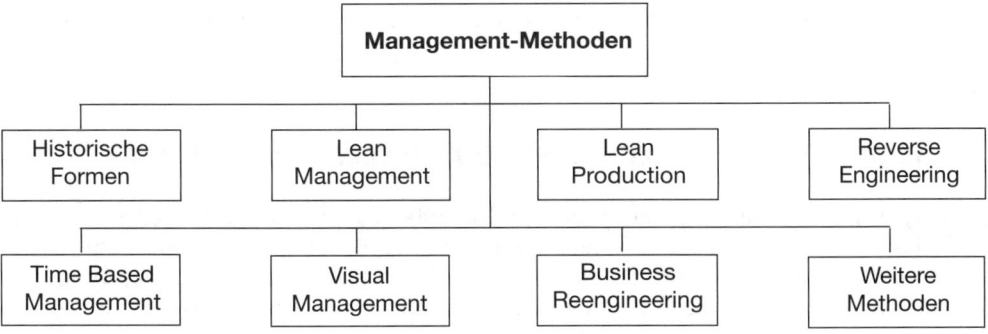

Eine grobe Klassifizierung bezüglich der Zielsetzung kann wie folgt durchgeführt werden:

Historische Formen	Ablösung der Einzelfertigung durch die erste industrielle Massenfertigung nach der Idee von *Taylor* bei Ford (Fließbandfertigung) (1908)
Lean Management	▶ Konzentration auf das Wesentliche ▶ Vermeidung jeder **Verschwendung** ▶ Unternehmensweite Verbesserung der **Effektivität** und gleichzeitig der **Effizienz** im Sinne einer Qualitätsorientierung
Lean Production	▶ schlanke Produktion bei Toyota ▶ Verknüpfung der positiven Effekte von Einzel- und Massenfertigung, flexibel umrüstbare Mehrzweckeinrichtungen ▶ Qualitätsverantwortung der Mitarbeiter
Reverse Engineering	▶ wertanalytische Betrachtung der gesamten Prozesskette ▶ Ausgangspunkt: erzielbare Marktpreise ▶ Anpassung des unternehmerischen Kostengefüges
Time Based Management (TBM)	zielt auf die Reduktion von Entwicklungs- und Durchlaufzeiten
Visual Management/Feed-back	Visualisierung wesentlicher Informationen, wie Ziele und Zielerreichungen
Business (Process) Reengineering	▶ „fundamentales Überdenken und radikales Redesign" von Unternehmen oder wesentlichen Unternehmensprozessen ▶ Ziel: weitreichende Verbesserungen von Kosten-, Qualitäts-,Service- und Zeitzielen

Die verschiedenen Ausprägungen der Management-Methoden werden im Folgenden beschrieben.

3.1 Historische Formen der industriellen Produktion

Zu Beginn der Industrialisierung stand die **Einzelfertigung** mit den Vorteilen von individuell auf den Kundenwunsch abgestimmten kleinen Produktionseinheiten mit qualifizierten und qualitätsorientierten Mitarbeitern. Die Fertigung erfolgte auf Nachfrage. Von Nachteil war, dass sich diese Produktionsform als zeit- und kostenintensiv erwies und auf regionale Märkte beschränkt war.

In den USA entwickelte sich nach dem ersten Weltkrieg, vor allem durch die Ideen von *Frederick Taylor* und *Henry Ford*, die **industrielle Massenfertigung** mit den Vorteilen der Mehrfachverwendung relativ einfacher Bauteile und der Möglichkeit einer gewissen Produktvielfalt. Es wurden Spezialwerkzeuge und -maschinen eingesetzt. Die Abstimmung der Arbeitsschritte erfolgte durch Zeitstudien und es gab Einsatzmöglichkeit für weniger qualifizierte Mitarbeiter.

Insgesamt ergaben sich damit kurze Durchlaufzeiten. Nachteilig aber wirkten sich die ressortbezogene Optimierung und die Trennung von technischem und kaufmännischem Denken aus. Dadurch entstanden Informations- und Kommunikationsprobleme. Die Trennung von Planung, Produktion und Kontrolle veranlasste einen hohen Kapital- und Platzbedarf.

3.2 LEAN MANAGEMENT

Mit Lean Management wird ein **Organisations- und Führungsprinzip** bezeichnet, das sich zum Ziel gesetzt hat:

- Vermeidung jeder **Verschwendung**
- Unternehmensweite Verbesserung der **Effektivität**, also die richtigen Dinge tun im Sinne einer Kundenorientierung
- Unternehmensweite Verbesserung der **Effizienz**, also die Dinge richtig tun im Sinne einer Qualitätsorientierung.

Der Begriff selbst ist eine Zusammenfassung vieler sich ergänzender Strategien und Methoden und ist eine westliche Schöpfung, ausgehend von der bekannten Studie des **MIT (Massachusetts Institute of Technology)**.

Die MIT-Studie „The Machine That Changed the World" wurde 1990 veröffentlicht und zeigt den wirtschaftlichen Erfolg der japanischen Automobilindustrie gegenüber den westlichen Industrienationen auf. Als Bezeichnung für das neue Management-Denkschema wurde der Begriff **Lean Production** geprägt.

Prinzipien des Lean Gedanken sind:

- Kundenorientierung
- Qualitätsorientierung
- Zuliefererintegration
- Vermeiden von Verschwendungen
- Verringern nichtwertschöpfender Tätigkeiten
- Prozessorientierung
- Zielkostenmanagement
- Flache Hierarchien
- Gruppen- und Teamarbeit
- Vorausschauende Planung.

Zusammenfassend lässt sich Lean Management übersetzen mit **„Konzentration auf das Wesentliche"**.

3.3 Lean Production

Als Synthese aus den positiven Aspekten der Produktionsmethoden Einzelfertigung und Massenfertigung und durch Vermeidung der jeweiligen Nachteile entwickelten in Japan unter dem Einfluss des Amerikaners *Deming* die Manager *Toyoda* und *Ohno* von Toyota Motor Corporation einen neuen Ansatz: **Lean Production (Schlanke Produktion).** Im Toyota-Produktionssystem sollten alle Materialien so zeitgerecht bereitgestellt werden, dass sich ein Lagerbestand von nahezu null ergibt.

Die Qualität wird sofort vor Ort überprüft, damit fallen teure Nacharbeitsaktionen weg und die Bestandssicherheit wird größer. Durch Einsatz qualifizierter und motivierter Mitarbeiter und Nutzen der Teamarbeit mit Verantwortlichkeit für die Qualität wird die Fehleranfälligkeit reduziert. Hinzu kommen Schemata zur systematischen Problemlösung und eine Simultanentwicklung von Produkt, Verfahren und Prüfmethode. Die Zulieferer werden als Qualitätslieferanten im Rahmen des **Just-in-Time (JIT)** Verfahrens einbezogen. Insgesamt wendet man sich hin zum Bedarf des Kunden und organisiert eine Produktion auf Bestellung. Wesentliche Bestandteile sind die drei Bausteine:

- **Fließproduktion**
  Lean Production bedeutet die Ausrichtung auf die Kundenbedürfnisse. Es wird eine Kette von Prozessschritten definiert, die nach einem einheitlich vorgegebenen Takt durchlaufen wird. Zum Einsatz kommen viele kleine Produktionseinheiten mit geringer Flexibilität und selbstständiger Funktionsweise, von denen mehrere durch eine Person bedient werden können und die kostengünstiger sind als Universaleinrichtungen.

- **Pull-Prinzip**
  Die Fertigung eines Produktes erfolgt nur, wenn ein Bedarf dafür besteht. Dadurch wird ein geringer Lagerbestand erreicht, da nicht auf Vorrat produziert wird oder nach einem Plan, der dann in der Realität nicht eingehalten wird. Das bedeutet ein Start-Stopp-System für die Produktion – wenn kein Auftrag mehr vorliegt, wird die Produktion abgeschaltet.

- **Vermeidung von Verschwendungen**
  Lean Production fokussiert sich sehr stark auf die Effizienz der Prozesse, indem Unnötiges, bei Lean Production als „Verschwendung" bezeichnet, eliminiert wird. Aus den Grundsätzen der Lean Production werden sehr stark effektivitätssteigernde Maßnahmen abgeleitet.

Da Lean Production aus der Automobilindustrie kommt, eignen sich viele Ansätze besonders für die Serienfertigung oder für eine Produktion mit Wiederholcharakter. Die bedarfsgerechte Lean Production basiert auf vielen Voraussetzungen, die gemeinsam erfüllt sein müssen: stabile, reproduzierbare Prozesse, hohe Qualität, wenig Streuung und kurze Reaktionszeiten.

3.3.1 VERMEIDEN VON VERSCHWENDUNG (MUDA)

Optimal einzusetzen ist die JIT-Philosophie, wenn es sich um konstante Vorgänge mit möglichst geringen Abweichungen und Störeinflüssen handelt. Deshalb sind einige Randbedingungen zu gewährleisten.

Aus der japanischen Lean Management-Philosophie hat sich Suche nach Verschwendung (muda) und deren Vermeidung als hilfreich erwiesen. Durch das Bewusstmachen des sorgfältigen Umganges mit Ressourcen werden durch Vermeidung von Verschwendungen Einsparpotenziale aufgedeckt. Als Verschwendung bezeichnet man alle Aktivitäten, die nicht wertschöpfend sind. Dazu gehören:

Überproduktion	Es wird mehr produziert als der Kunde braucht. Hohe Lagerbestände, Sicherheitsbestände, Vernichtung, hohe Kapitalbindung weisen auf eine Überproduktion hin.
Hohe Bestände	Hohe Bestände sind ein Ergebnis der Überproduktion. Lagernde End- und Zwischenprodukte, Roh- und Hilfsstoffe tragen nicht zur Wertschöpfung bei und erhöhen die Bestände unnötig. Dagegen machen niedrige Bestände Probleme sichtbar.
Warten	Warten ist Verschwendung und entsteht, wenn z. B. Teile fehlen, Maschinen ausfallen oder wenn Mitarbeiter eine Maschine beobachten, während diese eine wertschöpfende Tätigkeit ausführt.
Arbeitsfehler	Arbeitsfehler stellen Verschwendung dar, weil sie die Prozesszeiten verlängern. Die Arbeitsfehler bewirken nicht wertschöpfende Prozesse wie Nacharbeit, Reparaturaufwand, Verschrottung usw.

Hierbei handelt es sich um offene Verschwendungen, die eliminiert werden müssen.

Unnötige Prozesse	Unnötige Prozesse entstehen durch komplizierte Abläufe bzw. Methoden, schlecht genutzte Anlagen, nicht abgestimmte Kapazitäten, Mehrfacherfassung von Daten und unnötige Kopien und Ablagen.
Bewegung	Jede Körperbewegung, die nicht zur Wertschöpfung beiträgt, ist unproduktiv. Das Suchen nach Unterlagen, Material und Werkzeugen und lange Wege sind Verschwendungen und lassen sich durch genaues Beobachten in der Verwaltung und Produktion erkennen.
Transport	Der Transport von Materialien oder Produkten ist keine wertschöpfende Tätigkeit, sondern stellt nur Zeitaufwand dar. Insbesondere liegt Verschwendung vor, wenn Produkte zwischengelagert werden.

Das sind verdeckte Verschwendungen, die minimiert werden müssen.

Eine besondere Art der Verschwendung findet sich in der Nichtausnutzung von Mitarbeiterpotenzialen.

| Mensch | Der Mitarbeiter wird nicht entsprechend seinen Qualifikationen und Fähigkeiten eingesetzt. Die Entscheidungs- und Handlungskompetenz ist vielfach eingeschränkt, was sich z. B. durch Fremdkontrollen oder Rücksprachen mit dem Vorgesetzten bemerkbar macht. |

Aber auch eine zu hohe Variabilität kann zu erhöhten Kosten und stärkerer Fehleranfälligkeit führen. Aus dieser Überlegung heraus werden oft Produkte mit Ausstattungsoptionen hergestellt, obwohl dies vom Kunden nicht explizit bestellt wurde. Durch dann größere Produktionsmengen und geringeren Umstellungsaufwand rechnet sich diese Vorgehensweise wieder.

3.3.2 Ordnung und Sauberkeit 5S/5A

Ein Weg, um Übersicht und Ordnung zu schaffen, ist in den 5S/5A Prinzipien verankert. Die 5S-Methode besteht aus 5 Schritten, die nacheinander durchgeführt das Verhalten der Mitarbeiter im Hinblick auf Ordnung und Sauberkeit am Arbeitsplatz verbessern soll. Ziel der 5S-Methode ist es, den Arbeitsplatz effizienter zu gestalten. In einer sauberen und organisierten Umgebung wird das Suchen nach den benötigten Arbeitsutensilien und dadurch nicht wertschöpfende Zeit vermieden.

Die 5S-Methode besteht aus fünf Grundregeln, die sich aus dem japanischen ableiten und deren Anfangsbuchstaben alle mit S beginnen, ebenso wie die korrespondierenden Bezeichnungen in Englisch. Für die deutsche Sprache lassen sich entsprechende Ausdrücke finden, die dann alle mit A beginnen. Deshalb ist diese Methode als 5S/5A bekannt geworden.

Japanisch	Englisch	Deutsch
Seiri	Sorting	Aussortieren
Seiton	Storage	Aufräumen
Seiso	Shine	Arbeitsplatz sauber halten
Seiketsu	Standardize	Anordnungen zur Regel machen
Shitsuke	Sustain	Alle Punkte einhalten und verbessern

Nacheinander durchgeführt tragen diese Schritte dazu bei, die Arbeitsumgebung bestmöglich zu gestalten und zu organisieren. Durch die Umgestaltung der Arbeitsplätze bewirkt 5S eine steigende Arbeitszufriedenheit, da die tägliche Arbeit durch den Wegfall von Suchzeiten erleichtert wird, ebenso wie eine verbesserte Arbeitssicherheit aufgrund der Beseitigung von potenziellen Gefahrenquellen durch herumliegende Werkzeuge oder Materialien. In einer geordneten und strukturierten Umgebung können Störungen und daraus resultierende Fehler schneller erkannt werden was zu einer erhöhten Prozessqualität und damit auch zu einer höheren Produktivität führt.

Die 5S-Methode ist in jedem Unternehmensbereich einsetzbar, sodass durch die durchgeführten Maßnahmen die Leistungsfähigkeit eines jeden Mitarbeiters steigt und damit die Leistungsfähigkeit des gesamten Unternehmens.

10 ⟩⟩ Seite 424

3.4 REVERSE ENGINEERING

Entgegen den traditionellen Vorgehensweisen im **Industrial Engineering**, das von einer Einzeloptimierung der Produktions- und Zulieferfunktion ausgeht, bedeutet im Sinne des Lean Management „Reverse Engineering" die Gesamtbetrachtung des **Geschäftsprozesses vom Markt** aus.

Ausgehend von strategischen Erfolgsfaktoren im Markt wird eine **wertanalytische** Betrachtung der gesamten Prozesskette durchgeführt. Dabei sind gleichzeitig alle beteiligten Stellen einbezogen, die ein Gesamtoptimum über die komplette Wertschöpfungskette planerisch entwickeln.

Die zu erzielenden Preise werden vom Markt vorgegeben. Daran muss sich „von hinten" her das Kostengefüge des Unternehmens orientieren, um bei Einsatz des Produktes den gewünschten Ertrag garantieren zu können. Dieselben Regeln gelten auch für die Vorgabe von Terminen, die sich nach den Marktnotwendigkeiten zu richten haben.

Damit diese oft sehr ehrgeizigen Ziele erreicht werden können, sind eine Reihe von Voraussetzungen zu schaffen:

* Qualität als Ergebnis vorausgegangener Planung
* Fehlerfreiheit durch beherrschte Prozesse und Informationsabläufe
* Abbau der Komplexität und der damit verbundenen Fehleranfälligkeit zu Gunsten von Standardisierung und Baukastensystemen
* Einsatz von Planungsverfahren wie FMEA, QFD usw., um vorbeugend Fehler zu verhindern und um auf potenzielle Gefahren besser vorbereitet zu sein
* Nutzen von Erprobungen nicht als „try and error" sondern als Bestätigung der Planungsüberlegungen
* Standardisierung für alle Wiederholprozesse und ständiges Bemühen, diese Standards weiter zu verbessern.

3.5 TIME BASED MANAGEMENT – TBM

Den entscheidenden Wettbewerbsvorsprung erzielt, wer schnelle Reaktion und wachsende Vielfalt kombinieren kann. Unternehmen, die diese Vorteile nicht vereinen, sinken auf das Niveau von Preiswettbewerbern ab.

Time Based Management zielt auf die **Reduktion** und das mitlaufende Controlling von **Entwicklungs- und Durchlaufzeiten**. Ausprägungsformen sind der gezielte Einsatz von Kommunikationsmitteln, Flexibilisierung der Arbeitszeit, Fehlervermeidung und Verringerung von nicht wertschöpfenden Tätigkeiten.

Indem man weggeht von der technikzentrierten Arbeitsorganisation hin zur **humanzentrierten Vertrauensorganisation** bedeutet TBM:

* Jede einzelne Mitarbeiterin und jeder Mitarbeiter wird in die neuen Prozesse eingebunden

- Mehr Eigen- und Ergebnisverantwortung
- Höhere Entscheidungsspielräume
- Mitwirkung an der Gestaltung der Arbeitsbedingungen und Arbeitsabläufe
- Problemlösung durch Teamarbeit.

Die Strategie TBM stellt auf die **lernende Organisation** ab. Barrieren zwischen den Bereichen sollen überwunden werden, indem Projektmanagement und Simultaneous Engineering angewandt werden.

Dadurch wird erreicht:

- Steigerung der sozialen Kompetenz
- Kommunikationsfähigkeit
- Lernbereitschaft
- Vernetzung von Information und Wissen.

Gefahren einer unkritischen Anwendung des Konzepts liegen in der **Übertreibung** von **Zeitzielen**, wenn die Durchlaufzeiten mit erheblichem Aufwand verkürzt werden, der Kunde dies aber nicht als Zusatznutzen akzeptiert und honoriert.

3.6 Visual Management/Feed-back

Der Informationsfluss erfolgt zum einen entlang der Wertschöpfungskette zur begleitenden Steuerung der Abläufe. Zum anderen ist aber auch in umgekehrter Richtung Information notwendig, um den Erfolg der Arbeit und der eingeleiteten Maßnahmen messen und bewerten zu können. Dieses Feed-back spielt im Lean-System eine besondere Rolle und wird vorzugsweise in visualisierter Form praktiziert.

An allen geeigneten Stellen im Unternehmen informieren Aushänge über **Ziele** und **Zielerreichungen**. Dazu gehören Regelkarten, Soll-Ist-Karten für das Qualitätsniveau, Diagramme, Bewertungsbögen oder Produktions- und Zeitpläne. Aber auch Signallampen oder mündliche Informationen während der Gruppenarbeit oder anlässlich von Qualitätszirkeln gehören zum Feed-back.

Damit wird ein ständig **aktueller Informationsstand** erreicht, ein autonomes Kontrollsystem aufgebaut und ein offenes Arbeits- und Informationsklima geschaffen.

3.7 Business (Process) Reengineering

Business Reengineering oder Business Process Reengineering bedeutet „**fundamentales Überdenken und radikales Redesign**" von Unternehmen oder wesentlichen Unternehmensprozessen mit dem Resultat einer Verbesserung um Größenordnungen in den Bereichen Kosten, Qualität, Service und Zeit.

Kandidaten für Business Reengineering sind:

• Firmen in Schwierigkeiten, die keine andere Wahl mehr haben
• Firmen, deren Leiter sich anbahnende Probleme rechtzeitig erkennen
• Firmen der Oberklasse, die ihren Wettbewerbsvorsprung noch ausbauen wollen.

Im Vordergrund steht der Unternehmensprozess als Summe der Aktivitäten, der für den Kunden einen Wert erzeugt. Das Unternehmen muss sich auf seine **Kernkompetenzen** konzentrieren und die **Informationstechnologie** intensiv nutzen.

Die Gemeinsamkeiten zu den Ansätzen Lean Management und Total Quality Management liegen in

• der Kundenorientierung
• dem umfassenden Qualitätsverständnis
• der Prozessorientierung
• der Verbesserung im Leistungsbereich
• der Hinwendung zum Mitarbeiter
• der Dezentralisierung von Entscheidungen.

Die Unterschiede lassen sich wie folgt skizzieren:

Lean Management ist japanischer Herkunft. Schwerpunkte ist die Vermeidung von Verschwendungen, die zur Produktivitätssteigerung führt. Der Verbesserungsprozess wird durch die Mitarbeiter getragen und kann in überschaubaren Bereichen erfolgen. Der Einsatz von DV-Techniken ist eher untergeordnet.

Total Quality Management ist zwar unternehmensumfassender, aber stark auf das Qualitätsdenken bezogen. Beziehungen zwischen Kunden und Lieferanten und die Nutzung von Informationstechniken stehen im Vordergrund.

Business Reengineering dagegen zielt auf eine fundamentale Neugestaltung des Unternehmens, Konzentration auf die Kerngeschäfte und grundsätzliche Bewertung aus der Sicht des Kunden. Business Reengineering ist die radikale Methode der Erneuerung, kann aber durchaus mit den mehr evolutionären Methoden verbunden werden.

Gefahren des BPR liegen in den Beharrungswiderständen der Organisation, der leicht überbordenden Komplexität und der Unterschätzung der auftretenden Spannungsfelder. Im Rahmen des Change-Management ist BPR dann eine ergiebige Methode, wenn es mit einer strengen Projektorganisation durchgeführt wird und sich auf die Kernprozesse eines Unternehmens konzentriert.

3.8 WEITERE MANAGEMENT-METHODEN

Darüber hinaus existieren weitere Methoden und darin integrierte Strategien, die teilweise an weiteren Stellen besprochen werden, wie beispielsweise:

Total Quality Management (TQM)	▶ Hauptziel: Kundenzufriedenheit ▶ Kunde nimmt die Qualität der gesamten Dienstleistung wahr (Produkt, Lieferzeit, Service, …) ▶ Qualität soll geschaffen und erhalten werden ▶ Kriterienmodell der EFQM (European Foundation for Quality Management) als Checkliste
Kaizen	▶ „Veränderung zum Besseren" ▶ kontinuierliche Verbesserung der Produkte und Unternehmensprozesse
Six Sigma	▶ Verbesserungsprogramm ▶ Ziele: Fehlerfreiheit von Prozessen (3,4 fehlerhafte Ergebnisse bei 1 Mio. Einheiten), Vermeidung von Verschwendung

Hierzu wird ausführlich in Kapitel B 4 eingegangen.

Weitere Methoden, die in weiteren Kapiteln beschrieben werden, sind:

Just-in-Time JIT	▶ Zeitgenaues Erbringen von Leistungen für den Kunden ▶ Organisationsprinzip, das die verschwendungsfreie und bedarfsgenaue Realisation unternehmensinterner und -übergreifender Güteraustauschprozesse zum Ziel hat
Simultaneous Engineering SE	Überlappende Bearbeitung von Arbeitsschritten, die eigentlich aufeinander folgen, mit dem Effekt der Durchlaufzeitverkürzung und der partnerschaftlichen Zusammenarbeit
Total Productive Maintenance (TPM)	Konzept zur optimalen Nutzung der Produktionsanlagen aufgrund vorbeugender Ausfallvermeidung
Segmentierung	Prozessorientierte Aufteilung der Produktion in eigenständige Teilbereiche mit jeweiliger dezentraler Verantwortung
Geschäftsprozessoptimierung	Zielorientiertes Führungskonzept, dessen Anforderungen allein von den Marktanforderungen abgeleitet werden
Failure Mode and Effects Analysis (FMEA)	Mit dieser Methode werden systematisch mögliche Fehler und ihre Auswirkungen in der Phase der Produktentwicklung ermittelt. Diese Fehler werden durch entsprechende Maßnahmen vermieden. Die FMEA ist auf Produkte und Prozesse anwendbar.
Design of Experiments (DOE)	Versuche zur Entwicklung von Produkten werden systematisch geplant und auf ein Minimum reduziert.
Quality Function Deployment (QFD)	Systematische Entwicklung der vom Kunden geforderten Produkteigenschaften im Vergleich zum Wettbewerb

Qualitätszirkel	Kleine Arbeitsgruppe von Mitarbeitern eines Unternehmens, die gemeinsam in ihrem Arbeitsbereich auftretende Probleme lösen bzw. zu lösen versuchen
Wertanalyse	System zum Lösen komplexer Probleme, die nicht oder nicht vollständig algorithmierbar sind, mit dem Ziel einer Optimierung des Ergebnisses

Voraussetzung in allen Fällen, die erfolgreich verlaufen sollen, ist die vorbehaltlose **Unterstützung und der Wille des Management**, den Weg zum schlanken Unternehmen zu gehen. Je nach Ausgangssituation des Unternehmens ergeben sich unterschiedliche Vorgehensweisen, Zeitpläne und Schwerpunkte. Hilfreich ist der Einsatz der hier beschriebenen Hilfsmittel, Methoden und Strategieansätze.

Die **Betroffenen** müssen zu **Beteiligten** gemacht werden. Erfolge müssen gelobt werden und Misserfolge sollen zu verstärkter Aktivität anregen. Dabei sind der direkte Bezug zum Arbeitsplatz und eine unmittelbare und schnelle Reaktion auf Fehlleistungen ständig anzustreben. Durch andauernde Verbesserung in kleinen Schritten, durch permanenten Soll-Ist-Vergleich und durch Vergleich mit den Besten der Branche entsteht eine Eigendynamik, welche die Erreichung des Ziels fördert.

Neben der Komplexität der Einführungsaufgabe bestehen oft Unklarheiten über die gegenseitige Beeinflussung verschiedener Maßnahmen im Rahmen des Projektes. Auch die im Allgemeinen unklare Vorstellung über Ziele und Wege kann leicht zu Fehlentwicklungen, Doppelarbeiten oder einer Lähmung bis zum Stillstand und Abbruch von Verbesserungsprozessen führen.

4. QUALITÄTSMANAGEMENT

Die Qualitätsentwicklung der Neuzeit führte etwa alle zehn Jahre zu veränderten Grundbegriffen im Verständnis von Qualität. Ging es zunächst hauptsächlich um die **Verfügbarkeit der Ware** (50er-Jahre), also eine produktbezogene Sicht, wandelten sich die Anforderungen über Fehlerfreiheit mit dem Schwerpunkt auf **statistische Prüfmethoden** (60er-Jahre) zur Sicherstellung des Produktionsprozesses im Sinne einer **prozessbegleitenden Qualitätssicherung** (70er-Jahre).

In der Folge erkannte man, dass die Voraussetzungen für Erfolg im Kopf der Beteiligten geschaffen werden und gute Planung und Fehlervermeidung Vorrang vor Fehlerentdeckung besitzen. Das führte zu **präventiven** Konzepten und unternehmensweiten Strategien von Führung und Organisation (80er-Jahre). Manifestiert hat sich dieses Gedankengut in den Normen der ISO 9000-Reihe.

In den 90er-Jahren schließlich wurde das Wort „Qualitätssicherung" abgelöst durch den Begriff **„Qualitätsmanagement"**. Dabei geht es um die Planung, Gestaltung und Weiterentwicklung eines übergreifenden Systems als strategische Aufgabe der Führung.

Qualitätsmanagement umfasst alle Tätigkeiten des Gesamtmanagement, die im Rahmen des QM-Systems die Qualitätspolitik, die Ziele und Verantwortungen festlegen sowie diese durch Mittel wie Qualitätsplanung, Qualitätslenkung, Qualitätssicherung und Qualitätsverbesserung verwirklichen.

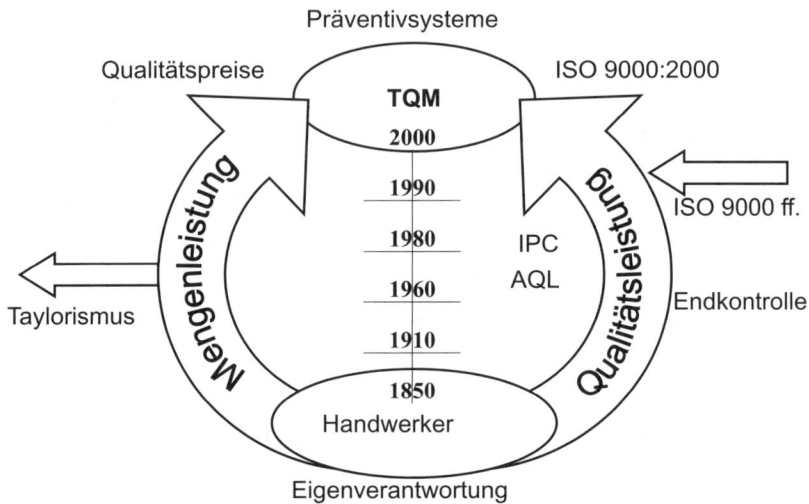

Dass dieses „Gesetz" der 10-Jahres-Schritte tatsächlich zu gelten scheint, erkennt man daran, dass wir jetzt auf dem Weg zur nächsten Entwicklungsstufe sind.

Zukunftsfähige Unternehmen orientieren sich an Begriffen wie **Business Excellence**, **lernende Organisationen** und **globale Vernetzung**. Ausprägung dieses erweiterten Qualitätsbegriffes finden wir in den **Qualitätspreisen**, die über **Self-Assessments** und mit Benchmarkingmethoden zu einer permanenten Weiterentwicklung der Organisation führen und vor allem auf die Fähigkeiten des **Human Capitals** ausgerichtet sind.

4.1 Aufgaben und Ziele

Ein **Qualitätsmanagement-System (QM-System)** wird heute als ein alle Bereiche eines Unternehmens erfassendes organisatorisches Konzept verstanden, welches die **Qualitätsfähigkeit** eines Unternehmens sichern soll. Dabei hat sich die Einsicht durchgesetzt, dass nur eine solche Strategie langfristig auch das wirtschaftliche Überleben sichert.

Das QM-System regelt:

• die organisatorischen Abläufe von Geschäftsprozessen
• die Zuständigkeiten und
• die Bereitstellung der Mittel.

Es dient dazu, die Unternehmenspolitik umzusetzen und die daraus abgeleiteten Ziele zu erreichen. Es sind vielfältige Einflussfaktoren zu berücksichtigen, die den Anforderungen und Erwartungen aller Interessenpartner gerecht werden sollen.

Zu diesen **Stakeholdern** gehören:

* **Kapitalgeber** - auch **Shareholder** genannt
* **Kunden**
* **Lieferanten**
* **Mitarbeiter**
* **Partner**
* **Wettbewerb**
* **Umwelt** und die
* **Gesellschaft**.

Die **Unternehmensleitung** trägt eine nicht delegierbare Verantwortung für die Qualitätsorientierung des Unternehmens. Eine Maßnahme, dieser Verantwortung nachzukommen, ist eine schriftlich formulierte **Qualitätspolitik**, in der Ziele und Absichten der Unternehmensleitung eindeutig und für alle verpflichtend festgelegt sind.

Die **Grundaussagen** einer solchen Qualitätspolitik, die oft in einem Mehr-Punkte-Katalog festgehalten werden, können dabei sein:

* Eigenverpflichtung der Unternehmensleitung
* Verpflichtung aller Mitarbeiter
* Einbeziehung aller Geschäftspartner
* Betrachtung des gesamten Produktlebenszyklus
* Wege zur Zielerreichung, wie z. B.:
    - Verhaltensänderungen
    - Kundennutzen im Mittelpunkt
    - ständige Verbesserung
    - Null-Fehler-Ziel
    - Excellence anstreben
    - gesellschaftliche Akzeptanz.

11 ⟩⟩ Seite 424

Vorteile, die sich durch die Einführung von QM-Systemen ergeben, sind:

* Erfüllung aktueller Kundenforderungen
* Erfüllung von Gesetzen und Vorschriften
* Risikosenkung bezüglich Produkthaftung und Umweltschutz
* Optimierung innerbetrieblicher Abläufe
* Beherrschung abteilungsübergreifender Prozesse
* Erhöhen der Mitarbeiterqualifikation
* Steigern der Mitarbeitermotivation

- Fördern des vernetzten Denkens
- Vorbeugende Fehlervermeidung
- Erschließung von Kostensenkungspotenzialen
- Werbung nach außen
- Bessere Konkurrenzfähigkeit
- Schaffung von Transparenz.

Zur Erfüllung der Anforderungen werden flexiblere Strukturen gefordert, die es erlauben, schnell und zuverlässig auf Kundenwünsche und Marktentwicklungen zu reagieren.

4.2 Total Quality Management – TQM

Die **Qualität**, die vom Kunden als fehlerfreie und dem Wettbewerb überlegene Dienstleistung wahrgenommen wird, ist ein wesentlicher Erfolgsfaktor. Für das Unternehmen bedeutet das eine **kompromisslose Qualitätsstrategie** und eine **problemlösende Organisation** ebenso wie **qualitätsorientierte Prozesse** und die **Mobilisierung der Mitarbeiter**.

Der **Qualitätsbegriff** war ursprünglich rein produktbezogen und basierte im Wesentlichen auf subjektiven Einschätzungen bei der Messung produktrelevanter Parameter. Ziel ist es heute, dem Kunden nicht nur die vereinbarte Leistung zu liefern, sondern ihn durch zusätzliche Angebote so zu begeistern, dass seine Einstellung zu einer dauerhaften Loyalität und engen Kundenbindung führt. Zunehrnend verwendet man dabei prozessorientierte Darstellungen.

Der überwiegende Anteil aller Fehler, die innerhalb des **Lebenszyklus** eines Produktes oder einer Leistung auftreten, ist bereits in den **Planungsphasen** verursacht worden. Somit sind präventive Maßnahmen der Fehlerverhütung auch von der Wirtschaftlichkeit her sehr sinnvoll.

Zur Erfüllung der Anforderungen werden flexiblere Strukturen gefordert, die es erlauben, schnell und zuverlässig auf Kundenwünsche und Marktentwicklungen zu reagieren. Bei der Entwicklung eines umfassenden Qualitätsmanagement spielen die Ansätze des **TQM (Total Quality Management)** eine besonders wichtige Rolle. Wesentliche Punkte des TQM sind:

- die Führungs- und Managementfunktion
- das Ressourcen- und Kosten-Management
- die Prozessorientierung und Organisationsstrukturen
- die Ergebnisorientierung
- die Mitarbeiterorientierung
- die Mitglieder-, Klienten-, Stakeholder- und Kundenorientierung
- die präventiven Bemühungen
- der kontinuierliche Verbesserungsansatz.

Weltweit existieren TQM-Modelle, die versuchen, den Unternehmen den Weg zur **„Business Excellence"** aufzuzeigen. Die bedeutendsten Ansätze sind:

• **Deming Application Price** in Japan
• **Malcom Baldrige National Quality Award** in den USA
• **European Quality Award** in Europa
• **Ludwig-Erhard-Preis** in Deutschland.

Im Vordergrund steht dabei die Steigerung von Wettbewerbsfähigkeit und Wirtschaftlichkeit von Unternehmen und Organisationen. Das **Kriterienmodell der EFQM** basiert auf der Annahme, dass Kundenzufriedenheit, Mitarbeiterzufriedenheit und positive Auswirkung auf die Gesellschaft durch ein Managementkonzept erzielt werden, das sich auf spezifische Strategien und Planungen und geeigneten Mitarbeiter- und Ressourceneinsatz stützt.

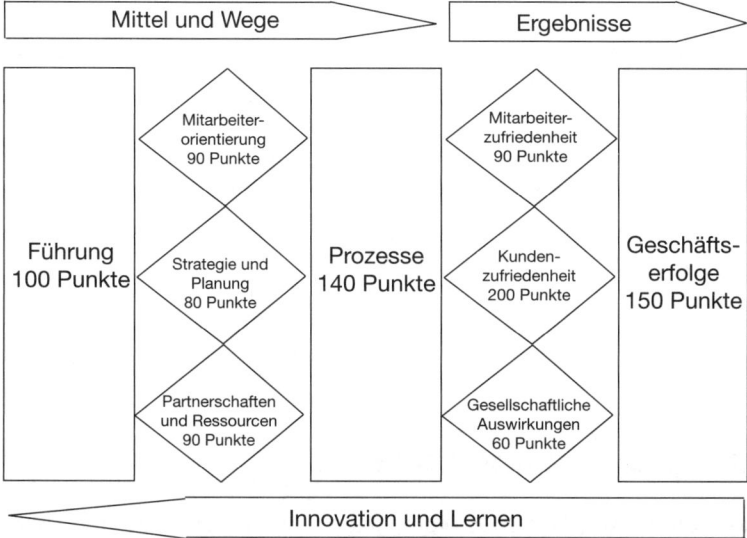

Dabei erfassen die so genannten **„Ergebnis"-Kriterien**, was die Organisation erreicht hat, und die **„Mittel und Wege"-Kriterien**, wie die Ergebnisse erzielt werden. Um den relativen Beitrag der einzelnen Kriterien beurteilen zu können, wurde ihnen jeweils ein Prozentwert bzw. eine Höchstpunktzahl zugeordnet.

Zu den **Befähigerkriterien** zählen:

Führung	Wie entwickelt die Unternehmensführung einen umfassenden Ansatz und eine Kultur der ständigen Verbesserung?
Strategie	Wie wird die Unternehmensstrategie entwickelt, kommuniziert und umgesetzt?
Mitarbeiter	Wie nutzt das Unternehmen das gesamte Mitarbeiterpotenzial zu seinem Vorteil?
Partnerschaft und Ressourcen	Wie setzt das Unternehmen seine Ressourcen und die externen Partner ein?
Prozesse	Wie gut sind die Geschäftsprozesse eingerichtet, wie werden sie betrieben und regelmäßig verbessert?

Die **Ergebniskriterien** sind:

Kunden-bezogene Ergebnisse	Welche Anforderungen der Kunden an das Unternehmen sind bekannt und aus welchen Messgrößen lässt sich die Kundenzufriedenheit ableiten?
Mitarbeiter-bezogene Ergebnisse	Wie schließt das Unternehmen auf die Mitarbeiterzufriedenheit?
Gesellschafts-bezogene Ergebnisse	Wie misst das Unternehmen das Image in der Gesellschaft?
Wichtige Ergeb-nisse der Unter-nehmen bei den Schlüssel-leistungen	Welche Finanzergebnisse hat das Unternehmen erreicht und welche nichtfinanziellen Ergebnisse signalisieren einen nachhaltigen Erfolg?

Ausführliche Informationen zum Qualitätsmanagement finden sich in dem Fachbuch „Qualitätsmanagement" aus dem Verlag nwb.

12 >> Seite 425

4.3 Normung und Zertifizierung

Das **Normensystem ISO 9000:2000** bietet einen Leitfaden zur Darlegung und zum Nachweis eines QM-Systems und ist universell anwendbar für alle Branchen und regionalen Rahmenbedingungen.

Der **Nachweis** eines QM-Systems führt gegenüber Kunden und Wettbewerbern zu einer Steigerung des Firmenimages. Die weltweite Akzeptanz der ISO-Normen 9000 ff. hat dazu geführt, dass sich ein solches QM-System in seinen Eigenschaften mindestens an den Anforderungen dieser Norm orientieren sollte, wobei dies für eine Zertifizierung zwar ausreicht, für TQM-Ansprüche jedoch zu wenig ist.

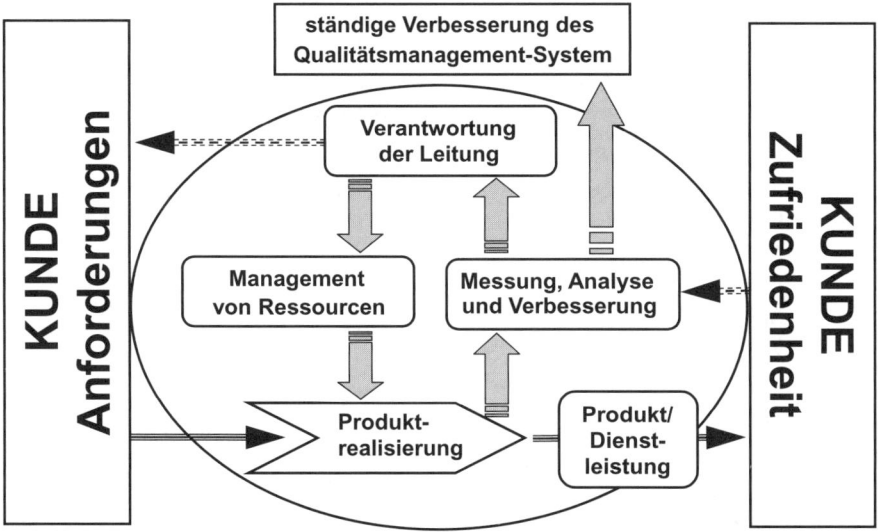

Die im Dezember 2000 vollständig überarbeitete Norm ISO 9000:2000 basiert auf dem dargestellten Prozessmodell und orientiert sich mit seinen QM-Forderungen an den Unternehmensabläufen.

Besonders wichtig ist dabei die Rolle des Kunden, dessen Anforderungen erfüllt werden sollen, was dann zur Kundenzufriedenheit führt. Innerhalb der einzelnen Prozesse besteht ein Regelkreis, der nach dem Prinzip des **Plan-Do-Check-Act-Zyklus** (Planen - Ausführen - Überprüfen - Korrigieren) zu einer kontinuierlichen Verbesserung des Systems führen soll.

Die Normenreihe ISO 9000:2000 besteht aus 4 Hauptnormen:

- **ISO 9000 - Qualitätsmanagementsysteme, Grundlagen und Begriffe** (wurde 2005 überarbeitet)
- **ISO 9001 - Qualitätsmanagementsysteme, Anforderungen** (wurde 2008 überarbeitet)
- **ISO 9004 - Qualitätsmanagementsysteme, Leitfaden zur Leistungsverbesserung** (wird derzeit überarbeitet)
- **ISO 19011 - Leitfaden für das Auditieren von Qualitätsmanagement- und/oder Umweltmanagementsystemen**

Bei den Überarbeitungen handelt es sich im Wesentlichen um Klarstellungen und eine verbesserte Kompatibilität zur Umweltnorm ISO 14001:2004.

Das Inhaltsverzeichnis spiegelt die Orientierung an den Hauptprozessen wider, die als Führungsprozesse (5), Unterstützende Prozesse (6), Realisierungsprozesse (7) und Rückkopplungsprozesse (8) beschrieben werden können.

Vorwort	**6 Management der Ressourcen**
0 Einleitung	6.1 Bereitstellung von Ressourcen
0.1 Allgemeines	6.2 Personelle Ressourcen
0.2 Prozessorientierter Ansatz	6.3 Infrastruktur
0.3 Beziehungen zu ISO 9004	6.4 Arbeitsumgebung
0.4 Verträglichkeit mit anderen	
Managementsystemen	**7 Produktrealisierung**
	7.1 Planung der Produktrealisierung
1 Anwendungsbereich	7.2 Kundenbezogene Prozesse
(Einschränkungen)	7.3 Entwicklung
	7.4 Beschaffung
2 Normative Verweisungen	7.5 Produktion und
	Dienstleistungserbringung
3 Begriffe	7.6 Lenkung von Überwachungs- und
	Messmitteln
4 Qualitätsmanagement-System	
(Dokumentation und Aufzeichnungen)	**8 Messung, Analyse und**
	Verbesserung
5 Verantwortung der Leitung	8.1 Allgemeines
5.1 Verpflichtung der Leitung	8.2 Überwachung und Messung
5.2 Kundenorientierung	8.3 Lenkung fehlerhafter Produkte
5.3 Qualitätspolitik	8.4 Datenanalyse
5.4 Planung	8.5 Verbesserung
5.5 Verantw., Befugnisse, Kommunikation	
5.6 Managementbewertung	

Die wesentlichen **Ziele der revidierten Normen** lauten:

- Prozessorientierung
- Eignung für kleine und mittlere Unternehmen (KMU)
- Eignung für Unternehmen mit immateriellen Produkten/Dienstleister/Softwareunternehmen
- Klarheit und Verständlichkeit der Sprache
- Hohe Kompatibilität mit der Umwelt-Normenreihe ISO 14000 ff.
- Gute Integrierbarkeit in vorhandene Managementsysteme
- Darlegung des kontinuierlichen Verbesserungsprozesses und der Prävention
- Einbeziehung der Kriterien Effektivität und Wirksamkeit
- Ermöglichung von Verfahren zur Selbstbewertung

Basis für die Revision sind **acht Managementprinzipien**, die eine geeignete Grundlage für kontinuierliche Verbesserung, Führungsqualität und Einbeziehung der Interessen aller Stakeholder bieten:

- Kundenorientierung
- Lieferantenorientierung
- Mitarbeiterorientierung
- Prozessorientierung
- Wertschöpfungsorientierung
- Parallelisierung
- Vereinfachung
- Veränderungsbereitschaft.

Vertrauen beim Kunden verdient, wer seine eigenen Fähigkeiten realistisch einschätzt und seine Leistungen zur Zufriedenheit seiner Partner sichert und fortlaufend verbessert. Im gesetzlich geregelten Bereich gilt es, das Vertrauen herzustellen, dass Gesetze eingehalten werden und dass das vom Gesetz angestrebte Ziel erreicht wird.

Diese Erwartungen werden bei der Zertifizierung durch einen **unabhängigen** und aner-kannten **Dritten** gleichsam stellvertretend geprüft. Zertifizierung ist also eng mit den Mo-tiven für das Qualitätsmanagement überhaupt verbunden.

Das Zertifikat sagt aus, dass das QM-System die in einem Referenzdokument und den Normen **festgelegten Anforderungen** erfüllt. Es wird bestätigt, dass ein angemessenes QM-System dokumentiert, in der Praxis wirksam eingeführt und beständig aufrecht-erhalten wird.

Die fortlaufende Überwachung der Zertifikate wirkt zum einen nach innen als **Antrieb zur Weiterentwicklung** eines lebendigen QM-Systems und nach außen als **Bestätigung ei-ner Vertrauensbasis** für die Kunden-Lieferanten-Beziehungen.

In einigen Branchen hat das Zertifikat den Charakter der **Zugangsberechtigung** zum Wettbewerb erreicht. Im gesetzlich geregelten Bereich kann damit sogar die benötigte Eintrittskarte zur Marktteilnahme verknüpft sein.

Die Normforderungen stellen aber nur einen **Mindeststandard** dar, den ein QM-System erfüllen muss. Die Zertifizierung bedeutet lediglich, dass in einer Stichprobe die Quali-tätsfähigkeit des Unternehmens überprüft und als grundsätzlich normkonform beurteilt wurde.

Der eigentliche Nutzen für die Unternehmen besteht oft darin, dass anlässlich einer Zer-tifizierung die Ablauf- und Aufbauorganisation eines Unternehmens durchleuchtet und dabei simultan verbessert wird. In **rechtlicher Hinsicht** kann ein Zertifikat hilfreich sein, wenn es um den Nachweis der geplanten und sorgfältigen Abwicklung der Leistung geht.

4.4 KAIZEN

Innerhalb von Konzepten des TQM erfolgt die Weiterentwicklung von Produkten und Ver-fahren in **kleinen Schritten**, die jeweils für sich eine geringere Gefahr des Scheiterns be-inhalten und gleichzeitig die Kosten der gegenseitigen Absicherung minimieren helfen. Je unsicherer die neuen Gebiete sind, um so kleiner sollten die Schritte gewählt werden. Durch direkte Rückmeldung auch kleiner Fortschritte bleiben die Mitarbeiter ständig mo-tiviert und stehen zu keinem Zeitpunkt vor einem unüberwindbaren Berg an Problemen.

In diesem Zusammenhang ist Kaizen ein Schlüsselwort, das aus den japanischen Füh-rungsprinzipien stammt. Übersetzt bedeutet es nichts anderes als „**Veränderung zum Besseren**". Beschrieben wird damit eine positive Lebenshaltung, die nach Verbesse-rung um der Verbesserung willen strebt - und zwar in allen Bereichen des Wirtschafts- und Berufslebens.

Kaizen bedeutet nicht nur ständige Verbesserung des Produkts, sondern auch aller Vor-gänge, die zur Fertigstellung und Vermarktung dieses Produktes führen: Entwicklung, Ein-kauf, alle Prozesse der Fertigung, des Vertriebs und des Kundendiensts. Vor allem aber bedeutet Kaizen die stete Verbesserung der für dieses Produkt arbeitenden Menschen -

vom Topmanager bis zum Werker - durch den Grundsatz des bereichsüberschreitenden Zusammenarbeitens. Die Übernahme des Prinzips erfolgte auch in westlichen Systemen, wobei Schlagworte wie **KVP (Kontinuierlicher Verbesserungsprozess)** oder **CIP (Continuous Improvement Process)** benutzt werden.

Das Management wird dabei als Trainer, Coach und Personalentwickler gesehen. Seine Hauptaufgabe ist das Aufrechterhalten und Verbessern des Erreichten. Sofern die Mitarbeiter im Sinne der vorgegebenen Qualitätspolitik arbeiten, entstehen **kontinuierliche Verbesserungen**. Aufgabe des Managements ist es aber auch, eventuelles Nichtbefolgen zu erkennen und durch Einwirken auf die Mitarbeiter die Disziplin herzustellen oder aber deren Einsicht zu stärken. Gegebenenfalls sind auch die gesetzten Ziele zu überdenken, wenn sich bei der Umsetzung unüberwindliche Schwierigkeiten herausstellen.

4.5 SIX SIGMA

Eine ähnliche Zielsetzung verfolgt Six Sigma, ein integrales Verbesserungsprogramm, das 1987 in den USA von Motorola entwickelt und erfolgreich angewendet wurde.

Six Sigma kann in mehrfacher Hinsicht als Begriff verwendet werden. Und zwar als:

• **statistische Messgröße** der Prozessleistungen oder der Leistung eines Produkts
• **Ziel**, nahezu Perfektion in Leistungsverbesserungen zu erreichen
• **Managementsystem**, um dauerhafte Leistungsverbesserungen zu erzielen.

Six Sigma fußt auf drei Säulen:

• Systematik zur Generierung eines Quantensprungs in der Leistungssteigerung
• Six Sigma-Organisation mit Champions, Black- und Green Belts
• Management-Reviews unterstützt durch geeignete Performance-Anzeigen.

Six Sigma ist ein integrales Verbesserungsprogramm, das 1987 in den USA von Motorola entwickelt und erfolgreich angewendet wurde. Die Effizienz und Effektivität von Arbeitsprozessen lässt sich mithilfe von statistischen Instrumenten quantifizieren.

Der griechische Buchstabe Sigma charakterisiert in der Statistik die Verteilung eines Prozesses um einen Mittelwert. Der Sigma-Wert ist ein **Maß für die Fehlerfreiheit** von Prozessen und somit für die Erfüllung vereinbarter Kundenanforderungen. Der oft zitierte Wert „Six Sigma" bedeutet, dass in einem Prozess unter bestimmten statistischen Rahmenbedingungen bei 1 Millionen Einheiten nur 3,4 fehlerhafte Ergebnisse auftreten. Ein Prozess ist damit zu 99,99966 % fehlerlos. Je weniger Fehler im Prozess auftreten, umso höher ist der Sigma-Wert.

Alle Aktivitäten, die keine Wertschöpfung leisten werden als Verschwendung identifiziert und sollen vermieden oder verringert werden. Zu den **sieben Verschwendungen** zählen:

Nacharbeiten	wenn ein Produkt erneut bearbeitet werden muss, weil es fehlerhaft war
Wartezeiten	Mitarbeiter von der Wertschöpfung abhalten (z. B. Maschinenausfälle)
Überbearbeitungen	Produkte über das hinaus verbessern, für das der Kunde nur zahlt
Bewegungen	unnötige Aktivitäten, um z. B. an Teile zu gelangen
Überproduktion	Produkte, die zu früh oder in zu großer Stückzahl produziert werden
Transporte	Materialbewegungen, ohne den Wert des Produktes zu steigern
Lagerbestände	die Platz einnehmen und gemanagt werden müssen

Als methodische Vorgehensweise zur Verbesserung der Prozesse wird das Modell **SIPOC** angewandt. Dabei werden die Erwartungen und Forderungen der Kunden als „Critical-to-Quality – CTQ" bezeichnet. Wird eine der Anforderungen nicht erfüllt, entstehen Fehler, die zu Kundenbeschwerden führen und damit Kosten verursachen. Dieses zu vermeiden, ist Ziel von Six Sigma.

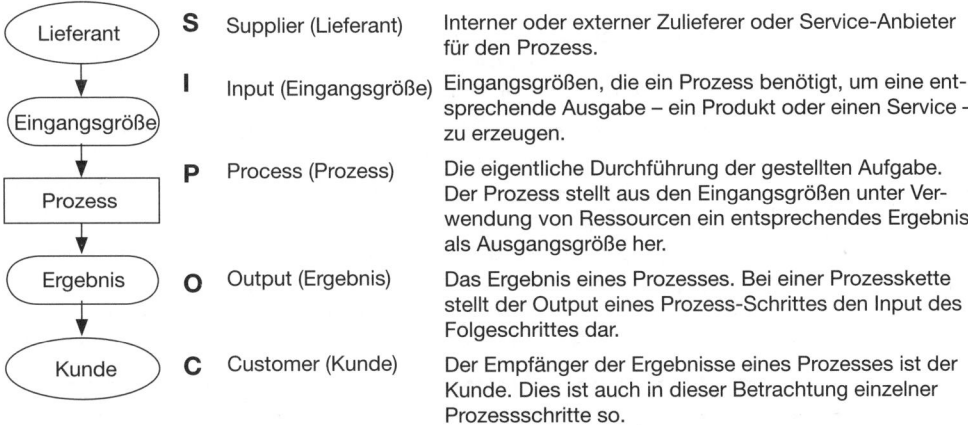

S	Supplier (Lieferant)	Interner oder externer Zulieferer oder Service-Anbieter für den Prozess.
I	Input (Eingangsgröße)	Eingangsgrößen, die ein Prozess benötigt, um eine entsprechende Ausgabe – ein Produkt oder einen Service – zu erzeugen.
P	Process (Prozess)	Die eigentliche Durchführung der gestellten Aufgabe. Der Prozess stellt aus den Eingangsgrößen unter Verwendung von Ressourcen ein entsprechendes Ergebnis als Ausgangsgröße her.
O	Output (Ergebnis)	Das Ergebnis eines Prozesses. Bei einer Prozesskette stellt der Output eines Prozess-Schrittes den Input des Folgeschrittes dar.
C	Customer (Kunde)	Der Empfänger der Ergebnisse eines Prozesses ist der Kunde. Dies ist auch in dieser Betrachtung einzelner Prozessschritte so.

Folgende Kennzeichen charakterisieren ein Six-Sigma-Programm:

- Der Kunde steht im Mittelpunkt.
- Das Management basiert auf Daten und Fakten.
- Prozesse sind die Hauptbausteine.
- Es wird vorausschauendes und aktives Management betrieben.
- Die Zusammenarbeit erfolgt über Hierarchie- und Abteilungsgrenzen hinweg.
- Es wird nach Perfektion gestrebt, gleichzeitig werden Fehler akzeptiert.
- Es werden neue Rollen für Mitarbeiter und Manager eingeführt.

Im Vergleich zu den anderen Optimierungsphilosophien konzentriert sich die Six-Sigma-Arbeitsweise auf die ausführenden Prozesse; Planung und Steuerung stehen an zweiter Stelle.

13 >> Seite 425

Um die angestrebte Prozessbeherrschung zu erreichen, werden Werkzeuge angeboten, mit denen die Prozesse verbessert werden können. Verbesserungen und Problemlösungen, um Prozesse zu gestalten, sind die wichtigsten Aufgaben im Six-Sigma-Ansatz. Six Sigma verwendet eine Standardmethode zur Problemlösung:

Zyklus für Qualitätsveränderungen DMAIC		
Phase		**Inhalte**
Define	Definieren	Kunden definieren, Anforderungen ermitteln, Ziele und Schwerpunkte formulieren
Measure	Messen	Prozessfähigkeit der beteiligten Prozesse messen und beurteilen, Sammeln und Feststellen aussagefähiger und objektiver Daten über das Maß, in dem die Kundenanforderungen bereits erfüllt werden
Analyze	Analysieren	Prozesse auf Fehler analysieren, Ursachen für die Nichterfüllung von Zielen ermitteln, Verbesserungsbedarf und Verbesserungsmöglichkeiten aufdecken
Improve	Verbessern	Prozesse durch Beherrschen der Fehlerursachen verbessern, Lösungen zur Ursachenbeseitigung erarbeiten, Kosten-/Nutzenbetrachtungen anstellen, Erstellen eines Umsetzungsplans
Continue/ Control	Fortsetzen/ Überprüfen	Überwachen des optimierten Prozesses hinsichtlich seiner Wirksamkeit zur Erfüllung der Kundenanforderungen, Integration in das Tagesgeschäft, Überprüfung auf Eintreffen des erwarteten Nutzens – ggf. Durchführung weiterer Korrekturen, um den Prozess auf dem neuen Niveau zu halten

Zyklus für Prozessveränderungen DMADV		
Phase		**Inhalte**
Define	Definieren	Kunden definieren, Anforderungen ermitteln, Ziele und Schwerpunkte formulieren
Measure	Messen	Kundenforderungen und Spezifikationen bestimmen und messen
Analyze	Analysieren	Analysieren der kritischen Prozesstreiber, um die Kundenforderungen zu erfüllen
Design	Gestalten	Produkt und Prozess entwickeln, um die Kundenforderungen zu erfüllen
Verify	Überprüfen	Beurteilen, ob Produkt und Prozess die Kundenforderungen erfüllen

Falls eine Aufgabenstellung zu lösen ist, sind definierte Schritte durchzuführen:

- Projekt identifizieren und auswählen
- Team bilden
- Aufgabe beschreiben
- Team schulen
- DMAIC durchführen und Lösungen einführen
- Lösung auf andere Produktionslinien, Einrichtungen oder Abteilungen übertragen.

Mit diesen standardisierten Problemlösungsmethoden können sich die Projektteams auf das Lösen der Probleme konzentrieren, anstatt jedes Mal eine neue Vorgehensweise zu kreieren.

Wichtig für den Erfolg von Six Sigma ist, dass die Mitarbeiter in den Unternehmen die entsprechende Verbesserung begleiten und vorantreiben. In Abhängigkeit von ihrer Verbesserungserfahrung und Ausbildung ist – angelehnt an Kampfsportarten wie Judo – ein **Green Belt (grüner Gürtel)** ein Anfänger mit ersten Erfahrungen und ein **Black Belt (schwarzer Gürtel)** ein erfahrener Prozessverbesserer, der eigenständig Projekte durchführen kann und den Methodenkasten des Six Sigma beherrscht. Der **Master Black Belt** ist ein Vollzeitverbesserungsexperte, der als Coach, Trainer und Ausbilder fungiert. Eine möglichst große Zahl der Mitarbeiter soll in den Grundlagen geschult werden und zum **White Belt (weißer Gürtel)** ausgebildet sein.

Über diese Klassifizierung und das Gesamtsystem ist sichergestellt, dass erfahrene Mitarbeiter in der Organisation bekannt sind und für komplexere Aufgaben eingesetzt werden können.

Bereichs- und Abteilungsleiter unterstützen Six Sigma Programme als „**Champions**". Sie setzen die Unternehmensvision in Ziele und Messgrößen um, definieren und genehmigen die Six Sigma Projekte und beschaffen die notwendigen finanziellen und personellen Mittel. Die Champions wählen die Personen aus, die als Green oder Black Belts die Verbesserungsprozesse vorantreiben sollen. Dabei werden auch Modelle eingesetzt, in denen die Bezahlung der Manager vom Projekterfolg abhängig gemacht wird.

Six Sigma stellt einen großen Werkzeugkasten mit Methoden zur Verbesserung zur Verfügung. Es schafft gleichzeitig einen Weg, um die Mitarbeiter in die Prozessveränderung einzubinden und den Erfolg der Verbesserungsmaßnahmen sicherzustellen. Im Gegensatz zu Lean Production und Supply Chain stellt Six Sigma nicht einen Produktionsprozess in den Vordergrund, sondern den **Veränderungsprozess** mit den zugehörigen Methoden und Hilfsmitteln. Der Schwerpunkt liegt also auf der Veränderung und deren Umsetzung, nicht auf dem Inhalt der Veränderungsmaßnahmen. Damit wird ein kontinuierlicher Verbesserungsprozess gesichert. Six Sigma lässt sich in allen Branchen und in allen Themenbereichen einsetzen.

4.6 Null-Fehler-Produktion

Um möglichst keine Störungen auftreten zu lassen, bedient man sich einer Reihe von produktionstechnischer Methoden, die vorbeugend wirken oder bei Abweichungen schnell regulieren. Dazu gehören:

Poka Yoke
Erkannte oder vermutete Abweichungen von der vereinbarten Qualität dürfen nicht stillschweigend weitergegeben werden. Sie müssen am Ort der Entstehung identifiziert und fachkundig behandelt werden. In der Praxis häufig auftretende Fehlerquellen sind unbeabsichtigte Fehler, die den Menschen im Produktionsprozess unterlaufen.

Poka Yoke sind technische Vorkehrungen, die das Auftreten von Fehlern unmöglich machen oder entstandene Fehler unmittelbar entdecken. Durch spezielle Gestaltungsmaßnahmen am Arbeitsplatz oder am Produkt werden Fehlhandlungen ausgeschlossen - zum Beispiel wird durch eine zusätzliche optische Anzeige dafür gesorgt, dass bei einer Reihe von zu montierenden Teilen keines vergessen werden kann.

Jidoka
Die Kernbedeutung von Jidoka ist eine in den Prozess eingebaute Qualität. Die Produktion wird unterbrochen, sobald eine Abweichung von einer Maschine oder dem menschlichen Bediener erkannt wird. Abweichungen werden sofort beseitigt und dienen als Beispiel, wie man es besser machen kann.

Andon
Mit Andon wird eine Kontrolleinrichtung in der Produktion bezeichnet, die z. B. mit einer Ampel den Status eines Produktionssystems ausgibt. Wenn Mitarbeiter einen Fehler entdecken oder ein Problem haben, benachrichtigen sie mit dem Andon Vorgesetzte und Kollegen, um Hilfe zu erhalten. So können beispielsweise Mitarbeiter mit einer Andon-Leine am Fließband bei Problemen das Band stoppen und mit einem Lichtzeichen auf den Fehlerort aufmerksam machen.

14 ⟫ Seite 425

5. Weiterentwicklung der Produktionsstrategie

Durch permanente Veränderung auf dem Absatzmarkt müssen sich die Strategien und Methoden der Produktionswirtschaft immer wieder anpassen. Derzeit bestimmen folgende Trends mit Auswirkung auf die Produktionswirtschaft den Markt:

Veränderungen auf dem Absatzmarkt	Produktionswirtschaftliche Auswirkungen
kürzer werdende Produktlebenszyklen	häufiger Produktwechsel weniger Zeit für Produktentwicklung weniger Zeit für Produktoptimierung
Nachfragedifferenzierung (größere Typen- und Variantenvielfalt)	häufigere Rüstvorgänge höherer Planungs- und Steuerungsaufwand höherer Entwicklungsaufwand
zunehmender internationaler Wettbewerb	wachsender Preisdruck und damit Druck auf Produktionskosten schnellere Umsetzung des technischen Fortschritts
verändertes Kundenverhalten (bzgl. Leistungsmerkmalen, Qualitätsniveau, Lieferzeiten usw.)	Nachfrage nach individualisierten, maßgeschneiderten Lösungen hohes Qualitätsbewusstsein

5.1 MASS CUSTOMIZATION

Eine Vorgehensweise, auf die Nachfrage nach individualisierten, maßgeschneiderten Lösungen zu reagieren ohne die Produktionskosten durch variantenreiche Fertigung gegenüber Massenfertigung allzu sehr zu erhöhen ist Mass Customization **(MC = Mass Production + Customization)**.

Mass Customization **(kundenindividuelle Massenfertigung)** ist die Produktion von Gütern und Leistungen für einen (relativ) großen Absatzmarkt, welche die unterschiedlichen Bedürfnisse jedes einzelnen Nachfragers dieser Produkte treffen, zu Kosten, die ungefähr denen einer massenhaften Fertigung vergleichbarer Standardgüter entsprechen.

Es handelt sich dabei nicht um eine spezielle Variantenfertigung, sondern um eine variantenreiche Fertigung, die durch Baukastensysteme, Plattformstrategien, Modularisierung, Skaleneffekte, Lerneffekte und Verbundeffekte zu vertretbaren Kosten kommt. Das individuell zusammengestellte Auto für den Endnutzer ist hierzu ein Beispiel.

15 ≫ Seite 425

5.2 GESCHÄFTSPROZESSOPTIMIERUNG

Geht die Einführung von DV-Systemen über funktionale Ansätze hinaus und berücksichtigt den Prozessablauf in der gesamten Wertschöpfungskette, spricht man von der **Optimierung** der Geschäftsprozesse.

Forderungen an die Definition **schlanker** und **transparenter** Geschäftsprozesse sind:

• Abschaffung aller Vorgänge, die für den Kunden keinen **Mehrwert** darstellen
• Rationalisierung der **Supply Chain** Prozesse

- Integration in einem funktionsübergreifenden **Workflow**
- Werksübergreifende Planung
- **Unterstützung** aller Konzeptions-, Planungs- und Einführungsaufgaben

Dazu stellen die Softwareanbieter eine Reihe von Werkzeugen und Techniken bereit. Es existiert eine Reihe von Referenzmodulen, die unter Einsatz spezieller Planungs-Software auf das jeweilige Unternehmen zugeschnitten werden können.

5.3 EINSATZ VON LOGISTIKDIENSTLEISTERN

In der Logistikbranche haben sich spezielle Unternehmen etabliert, welche die Aufgaben in der Supply Chain für ihre Kunden koordinieren und integrieren. Diese **Fourth Party Logistics Provider (4PL)** besitzen selber kein Anlagevermögen in Form von Lagerbereichen oder Fahrzeugen, sondern bedienen sich von Fall zu Fall entsprechender Ressourcen. Dadurch wird die Flexibilität sehr groß und die Fixkosten können gesenkt werden. Die Voraussetzungen zum erfolgreichen Handeln für die 4PL sind:

- Durchgängige IT-Vernetzung
- Supply Chain Know-how
- Standardisierung
- CRM-Know-how.

In diesem Zusammenhang spielen die Logistikdienstleister eine immer stärker werdende Rolle.

Dem **Total Logistic Service**-Dienstleister obliegt bei der Versorgung der **globalen Produktionsstätten** vor allem die

- systematische Abwicklung
- Koordination von Lieferanten und Sublieferanten
- Gewährleistung der Vollständigkeit
- Sendungssteuerung und -verfolgung
- frühestmögliche Informationsbereitstellung für alle Beteiligten
- Termin- und Auftragsüberwachung
- produktgerechte Verpackung
- bedarfsorientierte Anlieferung
- Dokumentation aller Prozess-Schritte.

Je nach Umfang der logistischen Dienstleistung spricht man von:

Ebene	Benennung	angebotene Dienstleistungen
First Party Logistics Provider (1PL)	Spediteure	Transport, Umschlag, Lagerung (TUL), zumeist regional tätig
Second Party Logistics Provider (2PL)	Transporteure	zusätzlich Kommissionierung, Verpackung, JIT-Steuerung und internationale Kontakte
Third Party Logistics Provider (3PL)	Systemdienstleister	Steuerung der gesamten Supply Chain, Zusatzleistungen wie Sendungsverfolgung oder Kundenbetreuung
Fourth Party Logistics Provider (4PL)	Systemintegration	strategische Netzwerkplanung, IT-Integration, dynamische Lieferketten, aber keine eigenen Assets
Lead Logistics Provider (LLP)	Systembetreiber	übernimmt Aufgaben des 4PL mit eigener operativer Kapazität wie bei den 3PL

5.4 Zukunftsentwicklungen zum Demand Network

Die Prinzipien der Produktionsstrategien werden sich von der traditionellen Ausrichtung an Kapazitäten, programmgesteuerten Aktivitäten und wirtschaftlichen Losgrößen verändern müssen zu einer materialflussorientierten, produktbezogenen und an den Kundenwünschen ausgerichteten Vorgehens- und Denkweise.

Die zukünftige Entwicklung des Supply Chain-Ansatzes wird eine noch intensivere Verknüpfung zwischen Logistik und Informationstechnologie mit sich bringen. Die notwendige Erhöhung der Verfügbarkeit, der Profitabilität und der Flexibilität werden die Struktur der Supply Chain beeinflussen.

Durch eine noch stärker kundenorientierte Sichtweise wird es eine Wandlung von der Supply Chain als gesteuerte Versorgungskette zu einem **Demand Network (nachfrageorientierter Netzwerkverbund)** geben. In einem solchen weltweiten Netzwerk müssen die Teilnehmer auf die Bedürfnisse des Marktes unmittelbar reagieren und gleichzeitig in mehrere Richtungen Aktivitäten und Transaktionen anstoßen. Nur so können die weiter wachsenden Anforderungen erfüllt werden.

Neben der informationstechnischen Versorgung der Systeme ist eine Integration der handelnden Mitarbeiter vonnöten. Nur so können eine organisatorische, kulturelle und soziale Zusammenführung erfolgen und Faktoren der **„Business Ethic"** berücksichtigt werden.

KONTROLLFRAGEN	bear-beitet	Lösungs-hinweise	Lö-sung +	-
01 Was macht eine Strategie aus?		39		
02 Wodurch können Wettbewerbsvorteile erzielt werden?		40		
03 Nennen Sie wesentliche Ausprägungen einer strategischen Planung!		39 f.		
04 Welche Schwerpunkte produktionswirtschaftlicher Ziele kann es geben?		40 f.		
05 Leiten Sie logisch aus der Unternehmensmission die Begriffe ab, die in der Unternehmensplanung benutzt werden!		42		
06 Überlegen Sie sich beispielhaft die Entwicklung eines Leitbildes aus der Unternehmensvision!		43		
07 Warum sind Ziele und Politik als Basis für die Unternehmensstrategie notwendig?		43 ff.		
08 Wie läuft der Strategieprozess ab?		43 f.		
09 Was ist bei der Umsetzung der Strategie in operative Ziele zu beachten?		44		
10 Inwieweit ist der einzelne Mitarbeiter von dem Strategieprozess betroffen?		45		
11 Unterscheiden Sie strategische, taktische und operative Aufgaben anhand der Fristigkeit!		45 f.		
12 Welche Veränderungen erschweren das Management von Unternehmen?		47		
13 Welche Vertreter moderner Management-Methoden kennen Sie?		47 ff.		
14 Beschreiben Sie den Ansatz des Lean Management!		49		
15 Welche Prinzipien bestimmen die Einführung von Lean Management?		49		
16 Nennen Sie die wesentlichen Bausteine des Lean Production!		50		
17 Welche Arten von Verschwendungen werden im Lean Management identifiziert?		51		
18 Wozu dienen die Grundregeln der 5S/5A-Methode?		52		
19 Welche Sichtweise besteht im Reverse Engineering?		53		
20 Unter welchen Voraussetzungen ist Reverse Engineering durchführbar?		53		
21 Beschreiben Sie die Strategie des Time Based Management!		53 f.		
22 Welche Ziele verfolgt man mit der Einführung des Visual Management?		54		
23 Welche Besonderheiten zeichnen das Business Reengineering aus?		54 f.		
24 Welche Gemeinsamkeiten bestehen zwischen Lean Management, Total Quality Management und Business Reengineering?		55		
25 Welche Unterschiede kennzeichnen die Methoden Lean Management, Total Quality Management und Business Reengineering?		55		
26 Beschreiben Sie die Zielsetzung von Total Quality Management!		55 ff.		
27 Welche Grundsätze sind bei der Einführung neuer Management-Methoden allgemein zu berücksichtigen?		57		

	KONTROLLFRAGEN	bear- beitet	Lösungs- hinweise	Lö- sung	
				+	–
28	Beschreiben Sie die Änderungen, die sich in den letzten fünfzig Jahren im Bereich Qualität ergeben haben!		57		
29	Welcher Faktor wird in der zukünftigen Entwicklung eine immer stärkere Bedeutung erlangen?		58		
30	Beschreiben Sie das heutige Verständnis von QM-Systemen!		58 ff.		
31	Welche Interessenpartner für das Unternehmen kennen Sie?		59		
32	Nennen Sie mögliche Inhalte einer Qualitätspolitik!		59		
33	Welche Voraussetzungen müssen für die Nutzung eines wirtschaftlich sinnvollen QM-Systems erfüllt sein?		59 f.		
34	Welche Vorteile ergeben sich durch die Einführung eines QM-Systems?		59		
35	Welche besonderen Punkte zeichnen ein TQM-System aus?		60 ff.		
36	Welche Ansätze zu „Business Excellence" kennen Sie?		61		
37	Skizzieren Sie das Kriterienmodell des Ludwig Erhard Preises (LEP)!		61 f.		
38	Beschreiben Sie die Inhalte der neun Kriterien des LEP-Modells!		61 f.		
39	Welche Bedeutung haben Normensysteme für QM-Systeme?		62 ff.		
40	Skizzieren Sie das Prozessmodell der ISO 9000:2000!		63		
41	Nennen Sie die Hauptnormen der ISO 9000:2000!		63		
42	Wie lauten die wesentlichen Ziele der revidierten Norm ISO 9000:2000?		64		
43	Zählen Sie die acht Managementprinzipien des TQM auf!		64		
44	Welche Bedeutung hat ein Zertifikat für das Unternehmen?		65		
45	Beschreiben Sie die Zielsetzung von Kaizen!		65		
46	Welche Bedeutungen hat der Begriff „Six Sigma"?		66		
47	Nennen Sie die Arten der Verschwendung, denen mit Six Sigma begegnet wird!		67		
48	Skizzieren Sie die standardisierte Vorgehensweise eines Six Sigma-Prozesses!		67		
49	Welche Schritte durchläuft ein Veränderungsprozess?		68		
50	Nennen Sie Methoden, mit denen eine Null-Fehler-Produktion unterstützt wird!		70		
51	Welche Markttrends beeinflussen die Methoden der Produktionswirtschaft?		71		
52	Beschreiben Sie die Vorgehensweise bei „Mass Customization"!		71		
53	Welche Forderungen werden an schlanke und transparente Geschäftsprozesse gestellt?		71 f.		
54	Welche Rolle spielen Logistikdienstleister im Produktionsprozess?		72 f.		
55	Benennen Sie die jeweils angebotenen Leistungen der verschiedenen Ebenen von Logistikdienstleistungen!		73		
56	Was versteht man unter dem Begriff des „Demand Network"?		73		

C. Gestaltung der Rahmenbedingungen

Jede reale Produktion hat ihre ganz individuelle Ausprägung. Die wesentlichen Faktoren, die für eine spezielle Gestaltung der Produktion notwendig sind, beeinflussen die Entscheidungen im Produktionsmanagement. Dazu sind folgende Rahmenbedingungen festzuhalten:

Gestaltung der Rahmenbedingungen	Produktpolitik
	Organisationsformen
	Personaleinsatz

1. Produktpolitik

Innerhalb der Unternehmensstrategie spielt die Produktpolitik eine wichtige Rolle. Dabei steht nicht die Entwicklung spezieller Produkte im Mittelpunkt, sondern zunächst die Überlegung, wie mit **Produktinnovationen** Wettbewerbsvorteile erzielt werden können. Daneben sind Fragen des Lebenszyklus, die Bewertung von Produktideen und die Festlegung der kaufentscheidenden Produkteigenschaften von Bedeutung.

1.1 Produktprogramm

Die Gestaltung der Produkte und die Zusammensetzung des Produktprogramms bestimmen weitgehend die Wahl der Produktionsprozesse und der Produktionseinrichtungen. Unmittelbare Anforderungen ergeben sich aus den jährlich **erwarteten Stückzahlen**, den vorgesehenen **Varianten** und dem technologischen **Innovationsgrad**. So wird mit diesen Daten z. B. festgelegt, ob es sich um Einzel-, Serien- oder Massenproduktion handelt.

Kostenmäßig günstig ist die Entwicklung einer Produktreihe im **Baukastenprinzip**. Dabei entstehen durch die unterschiedliche Zusammensetzung genormter Bauteile unterschiedliche Endprodukte. Somit ist es möglich, bis zu einer bestimmten Produktionsstufe erwartungsbezogen und danach auftragsbezogen zu planen.

Aufgabe der Produktionsprogrammplanung ist es, eine möglichst gute Deckung des Produktprofils (Programmbreite, -tiefe, -umfang) mit den Möglichkeiten der Produktionstechnik und der Produktionseinrichtungen herzustellen.

1.1.1 Produkteigenschaften

Wesentliche Produkteigenschaften, die das Kaufverhalten beeinflussen, sind:

Preis	Technisch anspruchslose Konsumgüter oder Produkte in gesättigten Märkten sind besonders preisempfindlich.
Qualität	Teure und langlebige Produkte müssen ein besonders hohes Qualitätsniveau bieten ebenso wie Produkte, die Sicherheitsfunktionen beinhalten oder bei deren Nichtfunktion hohe Folgeschäden auftreten können.
Flexibilität	Produkte, aus denen z. B. im Anlagenbau unterschiedliche Varianten entstehen sollen, müssen ohne großen Aufwand veränderbar gestaltet sein.
Lieferservice	Gefordert werden höchste Termintreue und kürzeste Lieferzeit. Nur durch hohe Prozesssicherheit kann z. B. eine Just-in-Time-Zulieferung erfolgen.
Kundendienst	Neben technischen Hilfestellungen müssen auch Beratung, Information und Dienstleistungen vor Ort sichergestellt sein.
Garantieleistung	Gewährung längerer Garantiezeiten erwecken den Eindruck hoher Zuverlässigkeit.

Bei der Festlegung der Produktpolitik muss die Bedeutung der verschiedenen **kaufentscheidenden Faktoren** abgewägt werden. Dazu ist zu beachten, ob es sich um preis- oder qualitätssensitive Produkte handelt, wie stark der Wettbewerb ist oder in welchem Stadium des Lebenszyklus sich das Produkt befindet.

Je nach Produkt, Markt und Wettbewerbssituation können diese Faktoren sehr unterschiedlich bewertet werden. Die ausgewählten Eigenschaften ergeben dann ein **spezifisches Produktprofil**.

1.1.2 Anforderung an die Produkte

Um über die gesamte Wertschöpfungskette eine wirtschaftliche Produktion sicherzustellen, ist an die Produkte selbst eine Reihe von Anforderungen zu stellen. Ein Unternehmen muss sich mit der Frage befassen, wie lange ein zu produzierendes Erzeugnis voraussichtlich im Markt absetzbar sein wird und welche Faktoren die Dauer der Absetzbarkeit des Erzeugnisses beeinflussen können.

Die **Dauer der Absetzbarkeit** eines Erzeugnisses ist um so geringer, je näher es sich in Konsumnähe befindet. Auf keinen Fall muss die Dauer der Absetzbarkeit eines Erzeugnisses identisch sein mit der technischen Lebensdauer oder der wirtschaftlichen Nutzungsdauer.

Weiterhin muss sich ein Unternehmen mit der möglichen **Umsatz- und Gewinnentwicklung** des zu produzierenden Erzeugnisses befassen, um Kosten, Deckungsbeiträge und

Erlöse planen zu können. Für die **Gesamtbeurteilung** der Frage, ob und in welchem Zeitrahmen ein Erzeugnis hergestellt werden soll, ist es unumgänglich, vergleichbare und ähnliche Erzeugnisse der Konkurrenz ebenfalls einer Analyse zu unterziehen.

1.1.3 PRODUKTLEBENSZYKLUS

Jedes Produkt hat einen typischen Lebensweg zwischen Markteintritt und Ausscheiden aus dem Markt – den **Lebenszyklus**. Der Produktlebenszyklus hat wesentlichen Einfluss auf die in der Produktion vorzunehmenden Anpassungsmaßnahmen.

In der Literatur werden vier bis sechs Phasen des Lebenszyklus eines Erzeugnisses unterschieden. Im Folgenden wird von sechs möglichen Abschnitten ausgegangen:

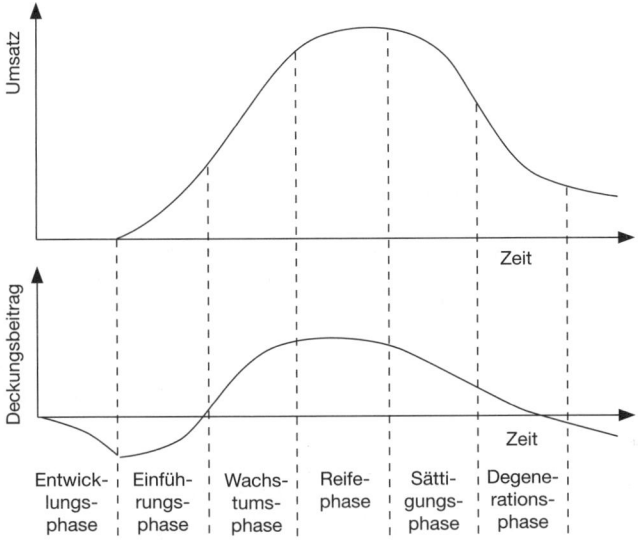

In den einzelnen Phasen sind unterschiedliche Schwerpunkte festzustellen:

Entwicklung	Bestimmt durch Forschungskosten, Konstruktionskosten und Kosten für die anlaufende Fertigung. Schwerpunkte sind Planungstätigkeiten sowie der Einsatz von Entwicklungs- und Konstruktionsprogrammen.
Einführung	Die Zeitdauer der Einführungsphase ist abhängig von ▶ Technischer Erklärungsbedürftigkeit ▶ Neuheitswert ▶ Übereinstimmung mit derzeitigem Markttrend ▶ Wettbewerbssituation. Hauptsächlich ist die Arbeitsvorbereitung und Fertigungsplanung gefordert, unterstützt von CAP- und CAQ-Programmen.

Wachstum	Das Unternehmen muss kapazitiv und vertrieblich in der Lage sein, die rasch steigende Nachfrage voll befriedigen zu können. Ebenso stehen Aufgaben der Beschaffungsoptimierung jetzt im Vordergrund.
Reife	Durch Nachahmer treten Standardisierung und ein entsprechender Preisdruck auf. Ein Gewinn kann nur noch durch **Produktionsrationalisierung** oder **Differenzierung** des Produktangebotes erzielt werden. Rationalisierungsmaßnahmen sind Automatisierung, Verlagerung in Billiglohnländer oder die Steigerung der Leistungsfähigkeit aller Mitarbeiter durch Motivations- und Qualitätsverbesserungsprogramme, eine Differenzierung des Produktes erzielt man z. B. durch produktergänzende Serviceleistungen.
Sättigung	Bei einer relativ lang anhaltenden Sättigungsphase wird der Gewinn langsamer absinken, bei einer kurzen Sättigungsphase vermindert sich der Gewinn rascher, dies insbesondere dann, wenn zusätzliche Kosten durch verkaufsfördernde Maßnahmen ergriffen werden, welche eine Bremsung des Umsatzrückganges bewirken sollen.
Degeneration	Das Erzeugnis wird aus dem Produktionsprogramm des Unternehmens herausgenommen. Gründe für die **Eliminierung** des Erzeugnisses können sein: ▶ Mangelnde Auslastung der Fertigungsanlagen bei geringerer Stückzahl, die zur Unrentabilität führt ▶ Verstärktes Aufkommen aktueller und möglicherweise preisgünstigerer Substitutionsprodukte vom Wettbewerb oder durch eigene Weiterentwicklung ▶ Der Deckungsbeitrag unterschreitet die Null-Linie.

Zusammenfassend kann der Einfluss des Produktlebenszyklus auf die Produktionswirtschaft wie folgt dargestellt werden:

	Entwicklung während des Lebenszyklus
Absatzvolumen	zunächst gering, dann steil ansteigend bis zur Sättigung, danach Aufbau von Nachfolgeprodukten
Fehleranfälligkeit	anfangs noch hoch, dann durch Lerneffekte und Korrekturen rückläufig und schließlich stabil auf niedrigem Niveau
Automatisierung	anfangs gering, danach zunehmend Suche nach ähnlichen Produkten zur Auslastung
Auslastung	zunächst gering, später zunehmend mit dem Ziel gleichmäßiger Auslastung - evtl. auch Fremdvergabe, zum Ende Leerkapazitäten
Hauptsächlich beteiligte Funktionsbereiche	anfangs Planungstätigkeiten und Arbeitsvorbereitung, dann Schwerpunkt auf Beschaffung, im eingeschwungenen Zustand Logistikaspekte, gegen Ende Fragen des optimalen Produktionsstandorts
Einsatz von Rechnerunterstützung	anfangs Entwicklung und Konstruktionsrechner (CAE, CAD), dann Planungs- und Qualitätssicherungsaufgaben (CAP, CAQ), im eingeschwungenen Zustand Produktions- und Logistikaspekte (CAM, CIM)

16 ⟩⟩ Seite 426

1.1.4 VARIANTENBILDUNG UND GLEICHTEILE

In der Regel werden Produkte in mehreren Varianten und kundenspezifischen Ausführungen hergestellt. Eine Optimierungsaufgabe ist dabei, festzulegen, bis zu welcher Fertigungsstufe eine identische Produktion erfolgt und ab wann die Variantenbildung einsetzt. Wird die endgültige Ausprägung bereits sehr früh festgelegt, entstehen bei abweichender Nachfrage entweder Ladenhüter oder Engpässe bzw. ein nachträglicher Umbau erfordert Mehrkosten.

Um die Flexibilität möglichst groß zu halten und das Bestandsrisiko zu minimieren, ist man bemüht, die Endversion möglichst spät festzulegen (**Postponement**). Allerdings erfordert dieses Vorgehen unter Umständen höhere Investitionen in Ausstattung und flexibel einsetzbares Personal. Die Abläufe werden komplexer und die Verantwortlichkeiten sind nicht mehr so eindeutig festgelegt.

Bei der **Gleichteileverwendung** wird versucht, dasselbe Teil in unterschiedliche Produkte einzusetzen. Dadurch erhöht sich die Produktionsmenge und es können die Economies of Scale genutzt werden. Ebenso sinkt die Anzahl zu entwickelnder und auf Lager zu haltender Teile. Jedoch entstehen auch Nachteile durch den erhöhten Koordinationsaufwand bei Änderungen, die für alle Anwendungen passen müssen, sowie in der Gefahr, dass für Kunden sichtbar gleiche Teile in Produkte unterschiedlicher Preisniveaus eingesetzt werden.

17 ≫ Seite 426

1.2 PRODUKTGESTALTUNG

Die entwickelten Produkte sollen sowohl am Markt gut ankommen als auch in der Produktion **kostengünstig herstellbar** sein. Daraus ergeben sich Forderungen an die **Gestaltung** der Produkte.

Verbunden mit dem **Markt** sind dies absatzbezogene Merkmale wie

Gebrauchswert	ist Maßstab für die Fähigkeit, die Kundenprobleme zu lösen
Preis	muss einerseits angemessen sein, andererseits darf er den Kunden im Wettbewerbsumfeld nicht abschrecken
Folgekosten	treten während der Nutzung beim Kunden auf, z. B. für Verbrauchsmaterial
Lebensdauer	ist am jeweiligen Verwendungszweck orientiert – je modischer ein Produkt ist oder je schneller es technisch veraltet, umso kürzer ist der Lebenszyklus
Ästhetik	spielt besonders bei modischen oder hochwertigen Produkten eine Rolle

Für die gute **Herstellbarkeit** der Produkte ist zu beachten

Material-verwendung	hat häufig eine Begrenzung der Entwicklungskreativität zur Folge.
Betriebsmittel-ausstattung	definiert die fertigungstechnischen Möglichkeiten. Zu beachten sind sowohl Kapazitätsfragen als auch Technologieforderungen.
Personal	muss von der Anzahl und von der Qualifikation her verfügbar oder zu beschaffen sein.
Umweltschutz, Recycling-forderungen	stellen Randbedingungen auf, die auch als Verkaufsargument genutzt werden können.

1.2.1 FORSCHUNG UND ENTWICKLUNG

Der Unternehmensbereich Forschung und Entwicklung (F&E) hat die Aufgabe, neue oder verbesserte Erzeugnisse und/oder Produktionsmethoden im Zusammenspiel mit den anderen Unternehmensbereichen zu generieren.

Forschung und Entwicklung soll als planvoller und systematischer Prozess erfolgen, wobei jedoch die **Kreativität** eine besondere Rolle spielt. Es muss neues Wissen erworben und möglichst vor Nachahmung geschützt werden. Diese Aufgabe ist mit einer gewissen Unsicherheit behaftet und so entsteht ein Risiko bezüglich:

- der Realisierbarkeit des Ergebnisses
- des Kostenaufwands
- der erforderlichen Zeit
- des Erfolges am Markt.

Formen der **Forschung** sind:

Grundlagenforschung, bei der Erkenntnisse grundsätzlicher Art gewonnen werden. Eine mögliche Anwendung ist nicht automatisch Folge der Forschungsarbeit.

Angewandte Forschung richtet das Augenmerk auf die kommerzielle Verwertbarkeit, wobei Ergebnisse der Grundlagenforschung weiterentwickelt werden können.

Die **Entwicklung** wertet die Forschungsergebnisse zweckgerichtet aus und wendet die Ergebnisse der Forschung, eigene Erkenntnisse sowie Erfahrungen aus dem Markt an, um wirtschaftlich sinnvolle und rechtlich zulässige Produkte zu planen und zu konkretisieren. Die so entstehende Produktkonzeption wird im Rahmen der Erzeugnisgestaltung detailliert und dokumentiert.

Um bei der Planung einzelner Entwicklungsprojekte weder Ablaufschritte noch mit einzubeziehende Personen oder Bereiche zu vergessen, bietet sich die Erstellung eines **Basisplanes** zur Entwicklung im Sinne einer Checkliste an. Ein solcher Basisplan sollte alle Tätigkeiten enthalten, die im Rahmen der Entwicklung notwendig werden können, sowie die daran beteiligten und verantwortlichen Bereiche.

Phasen	Ablaufschritt	Unterlagen	Verantwortung
Definition	Pflichtenheft erstellen	Lastenheft, Normen, Vorschriften, Standards	Vertrieb, Enwicklung, Qualitätsmanagement
	Pflichtenheft freigeben	Pflichtenheft	im Team mit Leitung und ggf. Kunden
Entwicklung	Entwicklung und Entwurf	Spezifikationen, Zeichnungen, Programme, Qualitätspläne usw.	Entwicklung in Abstimmung mit Team
Qualifikation	Muster erstellen	Berechnungen	Entwicklung mit Arbeitsvorbereitung und Qualitätssicherung
	Erprobung und Tests	Prüf- und Versuchsplanung, Erstmusterbericht	Entwicklung mit Qualitätsvorbereitung und Qualitätssicherung
	Prototyp erstellen	Werkzeuge, Stücklisten, Arbeitspläne, Prüfpläne	Produktion, Qualitätssicherung
	Verifizierung, Freigabe zur Nullserie	Prototypprüfkontrolle	Team mit Leitung
Nullserie	Herstellung einer geringen Menge unter Produktionsbedingungen	Prozessplanung, Regelkarten	Produktion mit Qualitätssicherung
	Validierung, Freigabe zur Serie	Prüfberichte	Team mit Leitung und ggf. Kunde
Serie und Nutzung	Herstellung unter Serienbedingungen	Prüfaufschriebe, Regelkarten, Statistiken	Produktion
	Beobachtung des Verhaltens im Markt	Beschwerdemanagement, Zufriedenheitsmessungen	Vertrieb, Qualitätsmanagement

Die Definitionen gemäß der Normen DIN 69905 - VDI/VDE 3694 - VDA 6.1 lauten:

Lastenheft	Gesamtheit der **Forderungen des Auftraggebers** an die Lieferungen und Leistungen eines Auftragnehmers. Das Lastenheft erfasst alle Kundenwünsche und -anforderungen an das zu entwickelnde und zu konstruierende Produkt. Im Lastenheft wird definiert, was für eine Aufgabe vorliegt und wofür diese zu lösen ist. Es enthält eine vorläufige und grobe Gesamteinschätzung des Projektes bezüglich Chancen, Risiken und Alternativen.
Pflichtenheft	Vom Auftragnehmer erarbeitete **Realisierungsvorgaben** aufgrund der Umsetzung des Lastenheftes. Das Pflichtenheft enthält das Lastenheft. Im Pflichtenheft werden die Anwendervorgaben detailliert und die Realisierungsforderungen unter Berücksichtigung konkreter Lösungsansätze beschrieben. Im Pflichtenheft wird definiert, wie und wo die Forderungen zu realisieren sind. Typische Inhalte sind: ▶ Anforderung an Funktion und Aufbau ▶ Detaillierte Leistungsdaten, Abmessungen und Designvorgaben ▶ Qualitäts- und Zuverlässigkeitsziele ▶ Terminziele mit Meilensteinen und Arbeitsinhalten ▶ Anforderung an die Werkstoffe ▶ Beachtung von Normen und Vorschriften ▶ Grobe Baukastenstruktur ▶ Vorgaben zur Kostenstruktur.
Muster	Ein Muster entspricht in der funktionellen und messtechnischen Anforderung den Pflichtenheftaufgaben und ist normalerweise noch nicht nach fertigungstechnischen Gesichtspunkten gestaltet. An ihm werden die Funktionen des Produktes nachgewiesen.
Prototyp	Der Prototyp entspricht den Funktionen, dem Verhalten, Aufbau und Erscheinungsbild des fertigen Produktes. Für die Fertigung des Prototyps stehen nicht immer endgültige Unterlagen zur Verfügung.
Nullserie	Unter Nullserie versteht man die Fertigung einer bestimmten Losgröße unter Serienbedingungen, die der Überprüfung aller Produktionsmittel bzw. Erprobung neuer Fertigungstechniken dient.

Pro Entwicklungsprojekt ist ein spezifischer Ablauf zu definieren. Die Übersicht aller laufenden Projekte bildet die **Entwicklungsplanung**. Aus diesem Entwicklungsplan muss jederzeit der Stand des Entwicklungsprojektes ersichtlich sein, d. h. welche Aufgabe abgeschlossen ist, bearbeitet wird oder noch nicht begonnen ist. Bei vielen gleichzeitig laufenden Entwicklungsprojekten kann der Einsatz einer **Projektmanagement-Software** sehr sinnvoll sein.

1.2.2 Normung und Typung

Als wesentliche Aufgabe in der Produktgestaltung sind Überlegungen anzustellen, wie Kosten durch die Standardisierung und die Analyse der Materialien eingespart werden können. Bei der **Materialstandardisierung** handelt es sich um die Vereinheitlichung von Gütern, die sich auf bestimmte Eigenschaften bzw. Mengen bezieht.

Einige der **Vorteile der Normung** sind:

- Vereinfachungen in Entwicklung, Konstruktion und Beschaffung durch einheitliche Sprachregelung und standardisierte Teile
- Kostengünstigere Beschaffung durch die Möglichkeit für den Lieferanten, hohe Stückzahlen gleicher Teile herzustellen
- Vereinfachte Lagerhaltung durch Reduzierung der Zahl unterschiedlicher Artikel
- Kostendegression durch eigene größere Serien
- Kostensenkung im Kundendienst durch geringere Vorhaltekosten für Ersatzteile
- Senkung der Distributionskosten durch standardisierte Verpackungen.

Man unterscheidet:

Internationale Normen	Die ISO-Normen werden von der **International Organization for Standardization** in Genf festgelegt und von fast allen Industriestaaten als nationale Norm übernommen. Mit dem Zweck, den internationalen Austausch von Gütern und Dienstleistungen zu erleichtern und die internationale Kooperation im Bereich der Wissenschaften zu verbessern, fördert die ISO die Erarbeitung und Verbreitung von international anerkannten Normen.
Nationale Normen	Nationale Normen werden vom Deutschen Normenausschuss (DNA) festgelegt und sind – rechtlich gesehen – Empfehlungen, können aber durch Lieferverträge, Gesetze bzw. Verordnungen, die sich auf die Normen beziehen, zwingenden Charakter erhalten.
Verbands- normen	Verbandsnormen werden von Verbänden und Vereinen als Richtlinien bzw. Vorschriften entwickelt, beispielsweise **VDE, VDI, RAL**, und haben empfehlenden Charakter. Ein Beispiel für die praktische Wirkung von Verbandsnormen ist das VDE-Gütezeichen, das für die Einhaltung bestimmter Richtlinien bei der Erstellung von elektrotechnischen Erzeugnissen gewährt wird.
Werksnormen	Werksnormen werden von einzelnen Unternehmen zur eigenen Verwendung erstellt und haben den engsten Gültigkeitsbereich. Die Aufgabe der Werksnormen ist es, den Leistungsprozess unter Berücksichtigung der besonderen Erfordernisse des Unternehmens rationell zu gestalten. ▶ **Abgeleitete** Werksnormen sind auf der Grundlage der DIN-Normen entwickelt und an die speziellen Erfordernisse des Unternehmens angepasst. ▶ **Ursprüngliche** Werksnormen werden – gegebenenfalls mangels einschlägiger DIN-Normen – eigenständig von den Unternehmen festgelegt.

Im Gegensatz zu der Normung, die für Einzelteile Anwendung findet, stellt die Typung eine Vereinheitlichung ganzer Erzeugnisse oder Aggregate hinsichtlich ihrer Art, Größe und Ausführungsform dar.

Vorteile der Typung können sein:

Steigerung der Rentabilität durch	▶ Lagervereinfachung, da weniger Materialien vorhanden sein müssen ▶ weniger Programmänderungen, da nur einige Typen gefertigt werden ▶ Personalersparnis, da die Fertigung leichter automatisiert werden kann ▶ bessere Kapazitätsausnutzung wegen längerfristiger Fertigungsplanung
Ersparnis von Kosten durch	▶ Personalumstrukturierung, da angelernte Kräfte oft Routinearbeiten übernehmen können. ▶ günstigere Beschaffung, da größere Mengen gleicher oder gleichartiger Materialien zu beschaffen sind. ▶ Vereinfachung des Kundendienstes, da nur kleine Ersatzteilmengen notwendig und standardisierte Werkzeuge einsetzbar sind.
Verringerung der Investitionen durch	relativ genaue mittel- oder langfristige Planung der Kapazitäten bei Serien- und Massenfertigung
Vereinfachung der Verwaltung durch	eine Systematisierung von Beschaffung, Lagerung und Distribution

Es lassen sich **überbetriebliche** und **innerbetriebliche** Typung unterscheiden.

Die **überbetriebliche Typung** ist möglich:

- Durch die **Kooperation branchengleicher Unternehmen**, die dazu beiträgt, die Markttransparenz, Flexibilität und Kapazitätsauslastung der kooperierenden Unternehmen zu verbessern, insbesondere wenn sie arbeitsteilig zusammenwirken.

- Durch die **Arbeit der Verbände**, beispielsweise dem Rationalisierungs-Kuratorium der Deutschen Wirtschaft (RKW) und die Arbeitsgemeinschaft für wirtschaftliche Fertigung (AWF).

- Durch **Forderungen der Großabnehmer**, die – je nach ihrer Marktstellung – mehr oder weniger Einfluss auf die Unternehmen ausüben, indem sie ausschließlich oder hauptsächlich Güter mit bestimmten standardisierten Eigenschaften beschaffen (staatliche Stellen, bedeutende Industrieunternehmen, große Kauf- oder Versandhäuser).

- Durch **Vorschriften des Staates**, die verbindliche Regelungen für die Unternehmen enthalten, was in einem marktwirtschaftlichen System allerdings nur in Ausnahmesituationen, beispielsweise in Krisen und Kriegszeiten, möglich ist.

Die überbetriebliche Typung kann mehrere Vorteile aufweisen, kann aber auch zu **Nachteilen** führen:

Vorteile	Nachteile
▶ Kostensenkung durch rationellere Fertigung ▶ Verkaufspreissenkung durch geringere Kosten ▶ Substituierbarkeit der getypten Güter ▶ Steigerung der Sicherheit der Güter	▶ Beschränkung des Wettbewerbs ▶ Hemmung des technischen Fortschritts ▶ Gefahr der Uniformierung ▶ Gefahr der Vermassung

Bei der **innerbetrieblichen Typung** handelt es sich um eine Standardisierung von Erzeugnissen, die das einzelne Unternehmen für sich vornimmt. Die Typenvielfalt eines Unternehmens muss ständig auf ihren Beitrag am wirtschaftlichen Erfolg hin überprüft und gegebenenfalls muss eine Typenbereinigung vorgenommen werden, die langfristig einen bestimmten wirtschaftlichen Erfolg gewährleistet.

Jede neue Aufgabe erfordert einen neuen Entwicklungsaufwand. Dabei ist es zweckmäßig, häufig vorkommende Aufgabenstellungen zu analysieren und zu systematisieren, sodass wiederkehrende Teilaufgaben in Form einer einmaligen Lösung festgelegt werden können. Aus der Erkenntnis der mit dieser Vorgehensweise verbundenen Vorteile wurden **Baukastensysteme** entwickelt.

Ein Baukastensystem ist ein Ordnungsprinzip, das den Aufbau einer begrenzten oder unbegrenzten Zahl verschiedener Dinge aus einer Sammlung genormter Bausteine aufgrund eines Programms oder Baumusterplanes in einem bestimmten Anwendungsbereich darstellt. Vielfach wird heute anstelle von Bausteinen auch von **Modulen** gesprochen.

Wesentliche **Kennzeichen** eines Baukastensystems sind:

• Die Bausteine sind unterschiedlich und zahlenmäßig begrenzt.
• Die Bausteine sind mehrseitig verwendbar.
• Die Bausteine ermöglichen viele Kombinationen.
• Die aus den Bausteinen erstellten Gebilde sind wieder zerlegbar.
• Die Bausteine besitzen einheitliche Passflächen oder Passstellen.

Baukästen haben für das **herstellende Unternehmen** verschiedene Vorteile:

• Senkung der Konstruktionskosten
• Senkung der Fertigungskosten
• Verminderung des Ausschusses
• Vereinfachung der Lagerhaltung
• Bildung eines Firmenimages.

Andererseits geht das herstellende Unternehmen die Gefahr ein, dass sich eine Erstarrung des Produktionsprogramms und eine verminderte Anpassungsfähigkeit an Marktveränderungen ergeben.

Den **Verwendern** von Baukästen können sich mehrere Vorteile bieten:

- Möglichkeit stufenweiser Anschaffung
- Möglichkeit einer bedarfsbedingten Anpassung
- Möglichkeit vielfältiger Kombination.

Dafür sind gegebenenfalls nicht nutzbare Funktionen der Baukästen mitzukaufen.

1.2.3 Simultaneous Engineering

Für einen optimalen Entwicklungsablauf muss sichergestellt sein, dass die jeweiligen Funktionen Vertrieb, Entwicklung, Einkauf, Produktion, Qualitätssicherung zum richtigen Zeitpunkt in das Projekt einbezogen werden. Diese Aufgabe muss von einem **Projekt- oder Produktmanager** geleistet werden.

Die zunehmend kürzeren Produktlebenszyklen fordern schnellere Produktentwicklungsverfahren. **„Time to Market"** wird zunehmend ein entscheidender Wettbewerbsfaktor. Jeder am Prozess beteiligter Mitarbeiter muss das Denken in unternehmensweiten Zusammenhängen, das Erkennen von Verknüpfungen von funktionalen Nahtstellen im Unternehmen sowie das Berücksichtigen des geforderten Endergebnisses durch sein Verhalten ermöglichen.

Im **Simultaneous Engineering** oder **Quality Engineering** wird durch gezielten Einsatz von Methoden zur parallelen Bearbeitung eines Projekts in verschiedenen Verantwortungsbereichen die Durchlaufzeit reduziert und gleichzeitig ein verstärkter Wissenstransfer ermöglicht. So werden in interdisziplinärer Teamarbeit Probleme frühzeitig erkannt und gelöst sowie der Anpassungs- und Änderungsbedarf im späteren Einsatz reduziert.

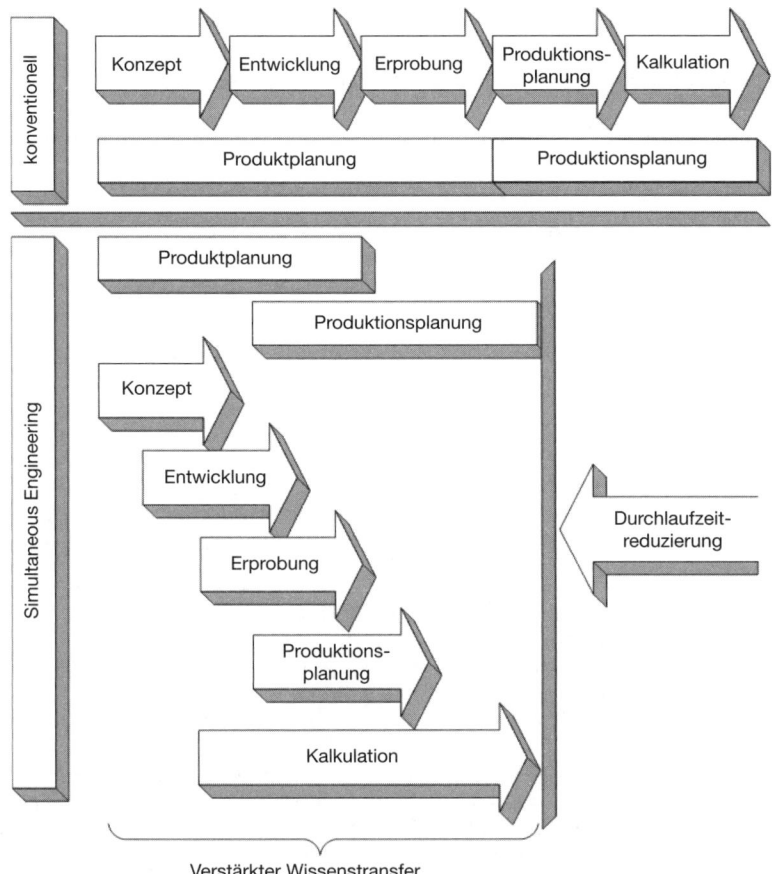

Typische **Handlungsweisen** im Simultaneous Engineering sind:

Parallelisierung	▶ zeitgleicher Beginn der technischen und kaufmännischen Aktivitäten ▶ simultane Abwicklung voneinander unabhängiger Maßnahmen ▶ Entfernen unnötiger Zeitpuffer aus den Abläufen ▶ Modularisierung der voneinander abhängigen Maßnahmen, sodass sich eindeutige und möglichst frühe Übergabepunkte ergeben
Standardisierung	▶ einheitliche Beschreibung und Dokumentation von Abläufen ▶ Standardisierung von Teilen zu Baukästen ▶ Vermeidung sich wiederholender gleichartiger Tätigkeiten
Integration	▶ aus abteilungstrennenden „Schnittstellen" - „Nahtstellen" machen ▶ Produktkomponenten zu Funktionsgruppen zusammenfassen ▶ Funktionsbereiche zu interdisziplinären Teams formen ▶ technische und betriebswirtschaftliche Daten in einen allgemein zugänglichen Datenpool einstellen

Für einen optimalen Entwicklungsablauf muss sichergestellt sein, dass die jeweiligen Funktionen zum richtigen Zeitpunkt in das Projekt einbezogen werden. Diese Aufgabe muss von einem **Projekt- oder Produktmanager** geleistet werden.

Zusammengefasst sind die **Zielsetzungen** des Simultaneous Engineering:

- Verkürzung der Entwicklungszeiten
- Verringerung zeit- und kostenintensiver Produktänderungen im späten Projektstadium
- optimierte Abstimmung zwischen Produkt- und Prozessentwicklungen
- Senken der Entwicklungskosten
- konsequente Ausrichtung der Produktqualität an die Kundenbedürfnisse.

1.2.4 METHODEN ZUR PRODUKTGESTALTUNG

Während der einzelnen Phasen können jeweils an die speziellen Anforderungen ausgerichtete Methoden zur Anwendung kommen. Im Überblick sind dies die Folgenden:

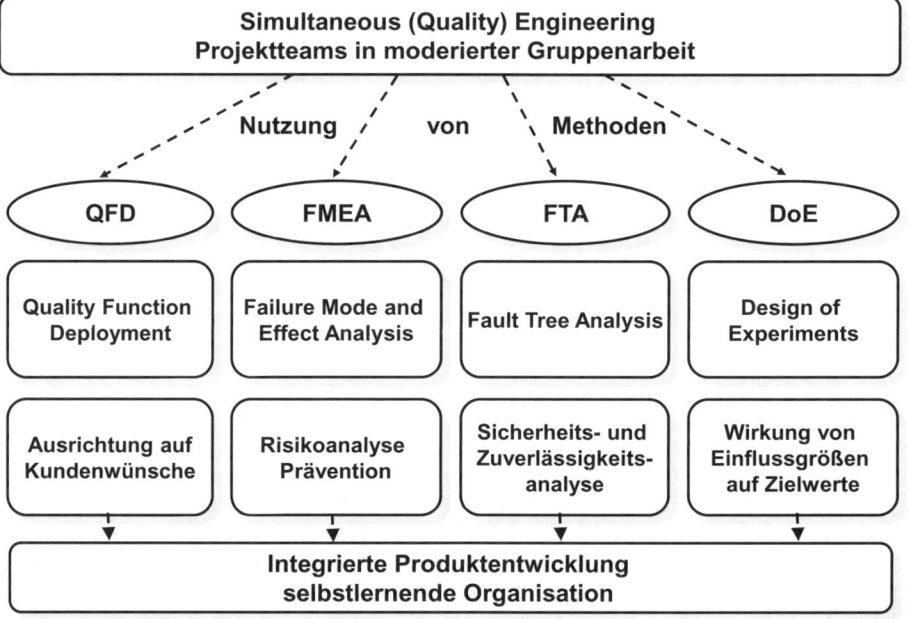

QFD - Quality Function Deployment

QFD ist eine Planungs- und Kommunikationsmethode. Sie wird bereits in der Entwicklungsphase begonnen, um möglichst alle Kundenanforderungen zu erfassen und in technische Merkmale umzusetzen. Diese Arbeitssystematik kann wesentlich zur Verkürzung der Entwicklungszeiten und zur Senkung der Entwicklungskosten beitragen.

Bei **QFD** handelt es sich um eine Methodik anhand formalisierter Dokumente zur Systematisierung der umfassenden **Qualitätsplanung** in Zusammenhang mit der Erstellung eines Angebotsprodukts unter ständiger Berücksichtigung der Erfordernisse des Kunden.

Als Werkzeug zur gezielten Umsetzung der Kundenwünsche in Produkte dient dabei das **„House of Quality"**. Es handelt sich um eine Anzahl von Matrizen, in denen der Stand des Wissens komprimiert wird. Die horizontale Achse ist auf den Markt ausgerichtet, die vertikale auf die Fähigkeiten des Unternehmens.

Die Umsetzung der Qualitätsforderung des Kunden bedeutet, das fertige Produkt oder die Leistung so gut wie vom Kunden gefordert herzustellen und zu vermarkten, also so gut wie nötig (**subjektive Qualität**) und nicht so gut wie technisch möglich.

Insgesamt erzielt man durch Anwendung der **Planungsmethode QFD**:

- Durchgängige Kundenbezogenheit
- Übersichtliche Darstellung komplexer Planungsergebnisse
- Entscheidungsgrundlage für Strategie und operationale Planung
- Konzentration auf das Wesentliche
- Identifizierung kritischer Faktoren und möglicher Konflikte
- Vermeiden späterer Änderungen
- Vermeiden von Insellösungen und Teiloptima
- Kosten- und Zeitersparnis.

FMEA (Failure Mode and Effects Analysis)

Beim Arbeiten mit der Methode des QFD werden die kritischen Pfade sichtbar. Zur **Risikoabschätzung in der Prozesskette** hat sich der Einsatz der Methode FMEA (Failure Mode and Effects Analysis oder auf Deutsch: **Fehler Möglichkeits- und Einfluss-Analyse**) bewährt.

Die FMEA identifiziert kritische Punkte eines Verfahrens und ermöglicht frühzeitig, Ursachen und Auswirkungen potenzieller Fehlermöglichkeiten zu erkennen, deren Risiken abzuschätzen sowie Vorkehrungen zur Beseitigung oder Minderung von Gefahren einzuleiten. Sie unterstützt den **Verbesserungsprozess** durch konsequente Berücksichtigung bereits gemachter Erfahrungen und verringert die Anzahl später notwendig werdender Änderungen.

Im VDA-Band 4 Teil 2 ist angeführt, welche Unternehmensziele durch die FMEA unterstützt werden:

- Steigerung der Funktionssicherheit und Zuverlässigkeit von Produkten
- Reduzierung von Garantie- und Kulanzkosten
- Kürzere Entwicklungsprozesse
- Störungsärmere Serienanläufe
- Bessere Termintreue
- Wirtschaftlichere Fertigung
- Bessere Dienstleistungen
- Bessere innerbetriebliche Kommunikation.

Nicht verschwiegen werden sollen aber auch gewisse **Schwierigkeiten** beim Einsatz einer FMEA wie

- der recht hohe Zeit- und Pflegeaufwand
- Probleme bei der exakten Definition und der subjektiven Risikoabschätzung
- die schwer quantifizierbare Kosten-Nutzen-Relation.

Um den FMEA-Anwendern eine Richtlinie an die Hand zu geben, wird vom Verband der Automobilindustrie (VDA) ein Formblatt zur FMEA vorgeschlagen, das für alle FMEA-Arten angewendet werden kann.

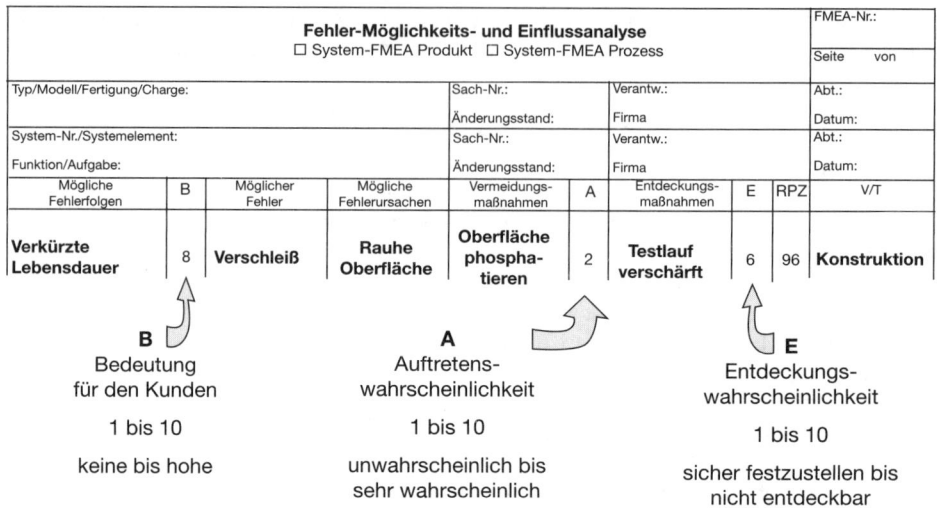

RPZ = Risikoprioritätszahl = B · A · E (1 bis 1.000)

Im Beispiel: 8 · 2 · 6 = 96 – je höher, um so größer das Risiko

Es werden durch die Anwendung der Methode systematisch Fehlermöglichkeiten ermittelt und festgestellt, welche Konsequenzen sie haben können. Für jede Fehlerart wird eine **„Risikoprioritätszahl"** ermittelt, in deren Abhängigkeit geeignete Abstellmaßnahmen erarbeitet werden.

Neben den Stammdaten im oberen Teil des Formulars, die zur Identifikation und Nachverfolgbarkeit dienen, sind zeilenweise die **möglichen Fehlerfolgen** eines denkbaren Fehlers und seine möglichen Ursachen aufgeführt.

Die Bewertungen von 1 bis 10 für

- die Bedeutung der Folgen (B)
- die Wahrscheinlichkeit des Auftretens (A) und
- die Wahrscheinlichkeit der Fehlerentdeckung (E)

werden jeweils im Team festgelegt und dann zur Gesamtbewertung multipliziert. So erhält man eine **Rangfolge der Fehlerursachen**, die als Hinweis für die Reihenfolge der Optimierung dient, wobei hohe Werte als erstes zu bearbeiten sind.

Nach Dokumentation der beschlossenen Abstellmaßnahmen muss in einem **Projektcontrolling** die Umsetzung begleitet und die Wirksamkeit der Maßnahmen beurteilt werden. Nach einer gewissen Zeit empfiehlt es sich, eine Überarbeitung der FMEA durchzuführen, um Erfahrungen zu nutzen und weitere Maßnahmen zu bestimmen.

Im Rahmen der weiteren Integration rechnergestützter Verfahren in die Unternehmensabläufe wird auch das FMEA-System sinnvollerweise mit anderen Modulen zu verknüpfen sein. Die gemeinsame Nutzung von Wissen führt zu **Synergieeffekten**, die auch unternehmensübergreifend eingesetzt werden sollten. Die gleiche Überlegung gilt für weitere Methoden im Quality Engineering.

Fehlerbaumanalyse

Nach der FMEA ist die Fehlerbaumanalyse die am weitesten verbreitete Methode zur Quantifizierung und Ausschaltung besonderer Produktrisiken. Sie ist damit ein hilfreiches Mittel bei **Sicherheits- und Zuverlässigkeitsanalysen**. Ziel ist es, eine fundierte Aussage über das Systemverhalten bei Auftreten eines bestimmten Fehlers zu machen. Dabei kommt es besonders auf die Abschätzung der Wahrscheinlichkeit eines Ausfalls an. In dieser Methode wird ein **Fehlerbaum** als grafische Darstellung der logischen Zusammenhänge zwischen den Fehlern und daraus entstehenden Ereignissen erstellt, in dem alle möglichen Ausfallkombinationen eingetragen werden, die diesen Fehler verursachen können.

- Ein **Fehlerbaum** ist die grafische Darstellung der logischen Zusammenhänge zwischen den Fehlern und daraus entstehenden Ereignissen.

- Die **Fehlerbaumanalyse** dient dazu, den Analysegegenstand (ein Projekt, ein Produkt, eine Dienstleistung) in seine Bestandteile zu zerlegen, um deren Risikopotenziale (im Sinne einer Fehleranfälligkeit bzw. zu erwartender technischer Schwierigkeiten) zu ermitteln.

Ausgangspunkt dieser Art der Risikoanalyse ist ein System, dessen Komponenten entweder intakt oder defekt sind. Es wird ein **unerwünschtes Ereignis** beschrieben, das einen Systemausfall zur Folge. Das Fehlerbaummodell findet nun alle möglichen Ausfälle oder Kombinationen von Ausfällen an Subsystemen und Komponenten heraus, die ursächlich zu diesem Systemausfall beitragen können.

Der eigentliche Fehlerbaum wird durch genormte Bildzeichen dargestellt, in denen die Wirkungen eines Ausfalls auf die nachfolgenden Stufen beschrieben werden.

Man unterscheidet zwischen

Primärausfall	bei normalen Einsatzbedingungen
Sekundärausfall	als Folgeschaden oder bei extremen Einsatzbedingungen
Kommandoausfall	durch falsche oder fehlerhafte Bedienung

Führt jeder mögliche Ausfall für sich zu einer Fehlfunktion der nächsten Stufe, spricht man von einer ODER-Verknüpfung. Muss mehr als eine Fehlfunktion vorliegen, wenn sich das auf die nächste Ebene auswirken soll, handelt es sich um eine UND-Funktion. Im Folgenden ist der Aufbau eines Fehlerbaums skizziert.

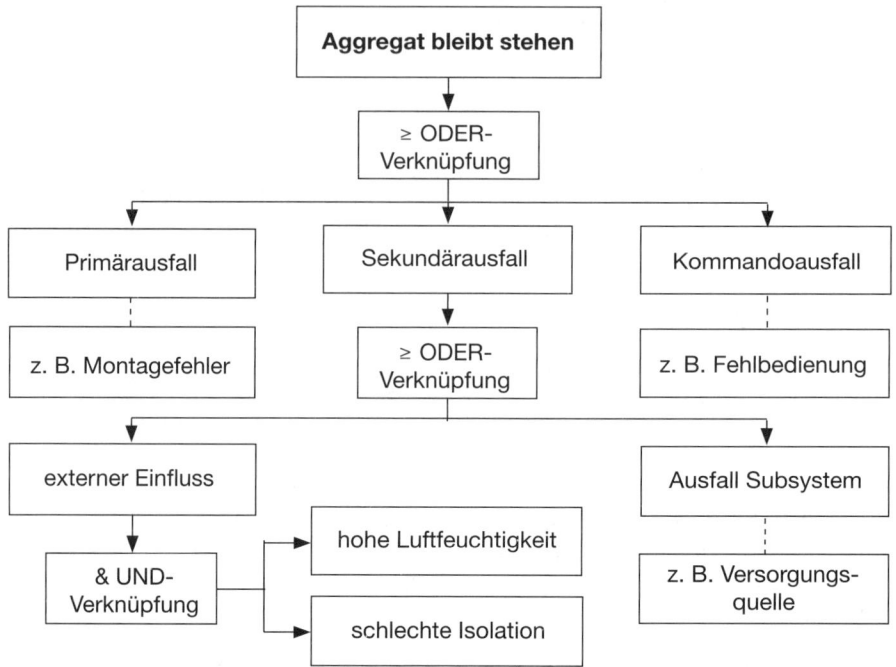

Im Rahmen der Auswertung erhält man zunächst alle Ausfallkombinationen, die zu dem unerwünschten Fehlerfall führen können. Durch **Bewertung** der Eintrittshäufigkeit ergeben sich Hinweise, welche Schwachstellen mit **oberster Priorität** zu beseitigen sind, um die Zuverlässigkeits- und Sicherheitsziele zu erreichen. Da die Auswertungen sehr komplex werden können, empfiehlt sich der Einsatz rechnergestützter Systeme, nicht zuletzt auch, um im Sinne des **Quality Engineering** Inputs für weitere Maßnahmen liefern zu können.

Statistische Versuchsplanung - DoE (Design of Experiments)

Nachdem mit Hilfe der QFD die Kundenanforderungen in Produktanforderungen umgesetzt wurden und in System-FMEAs Präventivmaßnahmen zur Fehlervermeidung eingeführt wurden, sind in der Entwicklungsphase eine Reihe von **Tests** und **Versuchen** durchzuführen. Damit möchte man die Spezifikation des Produktes und die Kenngrößen für die Prozesse optimal einstellen, sodass die nachfolgende Produktion mit möglichst geringer Abweichung sicher erfolgen kann.

Die Methode DoE vermindert die Anzahl der erforderlichen Versuche, die der Ermittlung der **Haupteinflussgrößen** für Prozesse und ihrer optimalen Einstellung dienen. Durch Einsatz statistischer Methoden wird die Wirkung veränderter Einflussgrößen auf die Zielwerte untersucht. Eine häufig angewandte Vorgehensweise ist:

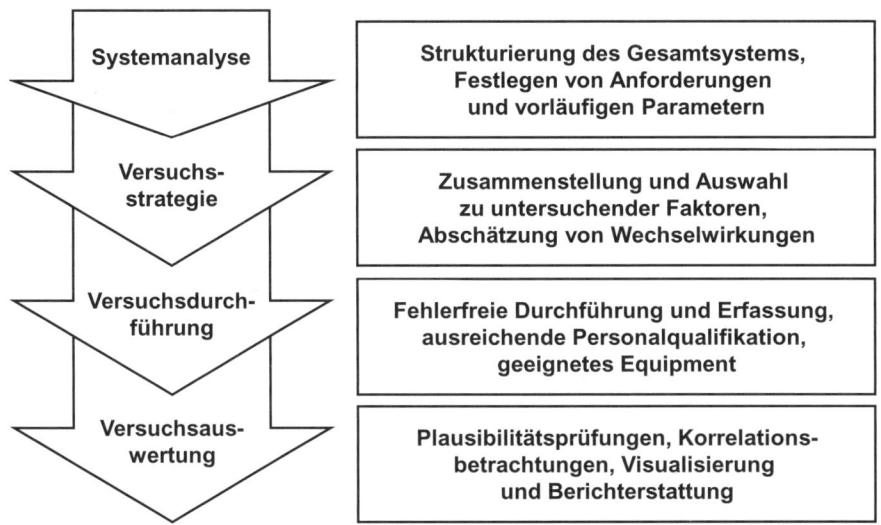

Die **Taguchi-Methode** ist eine weiterentwickelte Methode zur statistischen Versuchsplanung, welche die Anzahl notwendiger Versuche reduziert. Taguchi fordert robuste Produkte und Prozesse, bei denen eine Änderung der Störgrößen einen möglichst geringen Einfluss auf die Zielgrößen hat. Nicht die Suche nach den Fehlerursachen steht im Vordergrund, sondern deren **Verlustreduzierung** soll das Ziel der Produkt- und Prozessentwicklung sein.

Eine weitere Methode, die sich speziell auf die Verbesserung bereits vorhandener Prozesse konzentriert, ist nach dem Amerikaner **Shainin** benannt. Das Hauptziel ist die Reduzierung der vielfältigen Einflussgrößen auf nur noch drei oder vier, die dann vollständig untersucht werden können.

Wertanalyse

Die Wertanalyse entstand 1947 bei Bemühungen des Einkaufsleiters *L. D. Miles* von General Electric, die **Beschaffungskosten** zu senken. Er erkannte, dass bloße Kostenverhandlungen mit den Lieferanten nicht ausreichten, um die geforderten Verbesserungen zu erzielen.

Er bezog alle Unternehmensbereiche in die Rationalisierungsüberlegungen ein und entwickelte einen Arbeitsplan, in dem beginnend bei der Konstruktion alle Erzeugnisse auf ihre zu **erfüllenden Funktionen** hin untersucht wurden. Erst dann sollten Möglichkeiten gefunden werden, diese Funktionen optimal mit den geringsten Kosten über die gesamte Wertschöpfungskette zu erfüllen.

Diese Methode führte zu einer **kostenoptimalen Lösung** über den gesamten Prozess. Die Wertanalyse wurde zunächst 1973 in der DIN 69910 und dann 1996 in der EN 1325-1 genormt:

Wertanalyse (WA) ist ein System zum Lösen komplexer Probleme, die nicht oder nicht vollständig algorithmierbar sind.

Sie beinhaltet das Zusammenwirken der Systemelemente

- Methode
- Verhaltensweise
- Management

bei deren gleichzeitiger gegenseitiger Beeinflussung mit dem Ziel einer Optimierung des Ergebnisses.

Unter einer **Wertanalyse** versteht man die systematische Erstellung der notwendigen Funktionen eines Produktes zu möglichst niedrigen Kosten bei gleichzeitig anforderungsgerechter Produktqualität, Zuverlässigkeit und Marktfähigkeit. Folgende vier Merkmale kennzeichnen die Wertanalyse:

- **Kundenorientierung**: Die vom Kunden gewünschten Funktionen des Produktes oder des Prozesses stehen im Vordergrund. Die Funktionserfüllung wird unmittelbar durch die Hauptfunktion gewährleistet. Mittelbar können Nebenfunktionen oder so genannte Geltungsfunktionen dargestellt werden. Unnötige Funktionen werden nicht realisiert.

- **Kostenorientierung**: Durch den Einsatz der Wertanalyse soll das Kostenbewusstsein in Hinblick auf die Realisation der Funktionen bei den Teammitgliedern geschärft werden.

- **Teamorientierung**: Wesentliches Element der Wertanalyse ist die Bearbeitung der Probleme in interdisziplinären Teams. Sie sind in der Lage, umfassende Verbesserungsmöglichkeiten aufzudecken.

- **Systematisierung**: Der Wertanalyse liegen genau definierte Schritte zur Problemlösung zu Grunde. Sie stellen sicher, dass eine sinnvolle Reihenfolge aufeinander folgender Lösungsschritte eingehalten wird.

Bei der Wertanalyse wird versucht, die für die Funktionserfüllung notwendigen Materialien oder Herstellschritte eines Produktes zu minimieren.

Die Methode ist neben dem ursprünglichen Ansatz der Produktoptimierung auch einsetzbar für die **Verbesserung von Ablauf- und Aufbauorganisationen** und unterstützt die Entwicklung neuer Konzepte. Bei der Durchführung der Wertanalyse im Team nutzt man die Addition der Einzelfähigkeiten zu einer insgesamt wesentlich verbreiterten Wissensbasis. Das Wertanalyse-Objekt wird in Einzelfunktionen beschrieben und es werden auf Basis einer Zielvorgabe mögliche Lösungen ermittelt. Anhand eines standardisierten Arbeitsplans wird die Vorgehensweise strukturiert und dokumentiert.

Die charakteristischen **Merkmale der Wertanalyse** sind:

- funktionenorientiertes Arbeiten
- ganzheitliche Betrachtungsweise
- interdisziplinäre, nach einem Arbeitsplan ausgerichtete Gruppenarbeit
- Orientierung an einer genau definierten, möglichst quantifizierten Zielvorgabe
- auf menschliche Eigenarten zugeschnittene Vorgehensweise
- Problem- und Lösungssuche mithilfe systematischer Anwendung von Regeln für schöpferisches Arbeiten.

1.3 DOKUMENTATION

Als Basis der operativen Produktionsplanung müssen zunächst kunden- und auftrags-
neutrale Grunddaten der Produkte ermittelt werden, die dann in Form von **Produktzeich-
nungen**, **Stücklisten** und **Arbeitsplänen** dokumentiert werden. Aus diesen Basisdaten
werden anhand von auftragsspezifischen Angaben wie Kunde, Menge, Liefertermin und
Konditionen individuelle Aufträge erstellt und dem Planungsprozess zugeführt.

1.3.1 PRODUKTBESCHREIBENDE DATEN

Von der Konstruktionsabteilung werden **Zeichnungen** erstellt, die das Produkt grafisch
beschreiben. Bei einem mehrteiligen Produkt entsteht ein ganzer Zeichnungssatz. Die
Zeichnungsdarstellung ist aus Gründen der Verständigung und Rationalisierung **nor-
miert**.

Sinnvollerweise zieht die Konstruktion Fachleute aus Produktion und Arbeitsvorbereitung beratend hinzu. Durch deren Beiträge und die praktizierte **Teamarbeit** wird dafür
gesorgt, dass die Auslegung und Konstruktion des Erzeugnisses auch **fertigungs- und
montagegerecht** ausfällt, die Produktion rationell erfolgen kann und mögliche Fehler im
Vorfeld vermieden werden.

1.3.2 STRUKTURMERKMALE

Für jedes Produkt existieren **Stücklisten**, in denen angegeben ist, welche **Mengen** an
Material, Werkstoffen und sonstigen Hilfsmaterialien benötigt werden, um ein Exemp-
lar des Produktes herzustellen. Bei mehrstufigen, komplexen Produkten können dieselben Komponenten mehrfach in unterschiedlichen Baugruppen vorkommen. Deshalb ist
es notwendig, nach einer gesamten Stücklistenauflösung die **Gleichteile** zu einem Bedarf zusammenzuziehen.

So wie die Produktzeichnung die bildliche Darstellung eines Erzeugnisses ist, ist die
Stückliste ihre formalisierte Darstellung mit Worten und Zahlen. Inhalte sind:

Basisdaten	**Sachnummer**	zur eindeutigen Identifizierung
	Benennung	zur eindeutigen Bezeichnung
	Maßeinheit	in der das Element geführt wird
	Schlüsselangaben	für Beschaffung, Lagerung oder Art
Technische Daten	▶ Teileklassifizierung	
	▶ Erstellungs- und Änderungs-Kennzeichnung	
	▶ technische Größenangaben	
Materialdaten für die Logistik	▶ ABC-Schlüsselung	
	▶ Lagerort	
	▶ Lieferant	
	▶ Preise	
	▶ Bestandsangaben	

| Controlling-daten für die Kostenrechnung | ▶ Kontenbezeichnung
▶ Kostenträger
▶ Verrechnungspreise
▶ Inventurdaten |

Entsprechend ihrer Verwendung unterscheidet man:

Mengenstück-liste	In ihr sind alle Bauteile eines Erzeugnisses nur einmal mit der Angabe ihrer Gesamtmenge bezogen auf das Enderzeugnis enthalten, ohne einen Verwendungsort oder eine Produktstruktur anzugeben. Werden nur die fremd zu beschaffenden Elemente aufgenommen, handelt es sich um eine **Einkaufs- oder Beschaffungsstückliste**.
Strukturstück-liste	In ihr wird die Gliederung eines Erzeugnisses dargestellt. Die Einzelteile werden den jeweiligen Baugruppen zugeordnet. Dadurch wird die Hierarchieebene der Teile erkennbar. Baugruppen und Einzelteile können mehrfach in einem Enderzeugnis vorhanden sein und auf jeder Ebene vorkommen.
Baukasten-stückliste	Diese wird bei sehr komplexen Produkten und bei Wiederverwendung von Baugruppen in verschiedenen Produkten erstellt. Baugruppen werden nicht bis zur letzten Ebene aufgelöst, sondern es wird auf eigenständige Stücklisten für mehrfach verwendete Unterbaugruppen verwiesen. Dadurch erspart man sich Zusatzaufwand bei Erstellung und Änderung wiederholt auftauchender Baugruppen.
Variantenstück-liste	Variantenstücklisten werden verwendet, um mehrere geringfügig unterschiedliche Erzeugnisse listenmäßig zu beschreiben, ohne für jede Variante einen eigenen Stücklistensatz anzulegen.

1.3.3 Erstellung und Archivierung

Die hierarchische Struktur und die klare Gliederung machen eine DV-gestützte Verarbeitung der Stücklisten möglich. Je nach Verwendung werden unterschiedliche Stücklisten erstellt:

Konstruktions-stückliste	enthält alle technischen Daten für die Beschreibung des Produktes.
Dispositions-stückliste	weist die zu beschaffenden Elemente separat aus.
Bereitstellungs-stückliste	dient der Kommissionierung einzelner Fertigungsaufträge.
Auftragsbezo-gene Fertigungs-stückliste	dient als Hilfsmittel zur organisatorischen Vorbereitung und Abwicklung der Fertigungsaufträge und zur Unterstützung der Abrechnung der Fertigungsvorgänge.
Montagestück-liste	enthält Zusatzinformationen zum Montageplatz und zur Bereitstellung gefertigter Einzelteile und Zukaufteile.

Ersatzteilstück-liste	beinhaltet Bestellinformationen für Wartung und Reparatur.
Kalkulations-stückliste	enthält Daten über Verrechnungswerte und Durchschnittspreise zu Kalkulationszwecken.

Die **Archivierung** der Stücklisteninformationen erfolgt in der Regel DV-gestützt mittels Stücklistenprozessoren, die zwei Datengruppen getrennt verwalten:

* Die **Stammdaten**, die sich auf ein einzelnes Element beziehen.
* Die **Strukturdaten**, welche die Verknüpfung der Elemente und damit den Aufbau des Produktes zeigen.

Über Verweise sind die Dateien miteinander verknüpft, sodass folgende Aufgaben wahrgenommen werden können:

* Eine **Stücklistenauflösung** ermittelt, aus welchen Teilen ein Produkt besteht. Damit sind Dispositionsentscheidungen und Zusammenfassung von Bedarfen möglich.

* Ein **Verwendungsnachweis** stellt zusammen, in welchen Produkten ein bestimmtes Element enthalten ist. Dadurch können Normungs- und Änderungsaufgaben erleichtert werden.

2. ORGANISATIONSFORMEN

Produktionssysteme weisen in ihrem Aufbau bestimmte Organisationsformen auf. Zum einen sind sie statisch in ihrer Strukturierung und räumlichen Anordnung durch die **Aufbauorganisation** beschrieben und zum anderen dynamisch in ihrem zeitlichen Ablauf durch die **Ablauforganisation**.

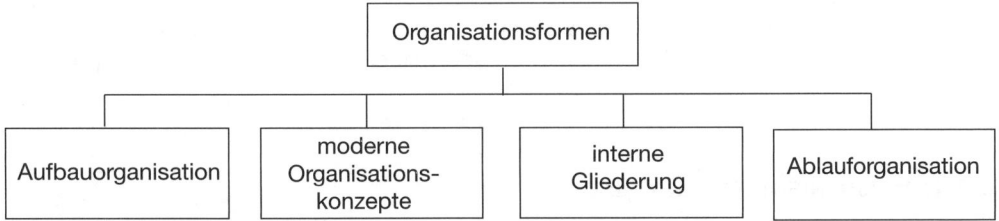

2.1 AUFBAUORGANISATION

Die Aufbauorganisation ist die dauerhaft wirksame Gestaltung der Beziehungen einzelner Unternehmensbereiche zueinander und beschreibt die **Aufgaben-, Kompetenz- und Verantwortungsinhalte** im Unternehmen. Die Organisation muss dem Gesamtziel des Unternehmens entsprechen und eine hohe Wirtschaftlichkeit und Rentabilität ermöglichen. Auf der einen Seite soll die Organisation nicht zu starr sein, um die notwendige Flexibilität bei Veränderungen zu erhalten, auf der anderen Seite darf die Improvisation auch nicht durch zu wenig Organisation zu viel Spielraum gelassen werden.

Die Aufbauorganisation unterscheidet sich von Unternehmen zu Unternehmen teilweise recht stark. So sind Strukturen in **Klein-, Mittel- oder Großbetrieben** sehr unterschiedlich ausgeprägt. Auch gibt es branchentypische Unterschiede und Differenzierungen nach Produktgruppen- oder Spartengesichtspunkten. Ein Sonderfall ist die Matrixorganisation, in der Linien- und Projektverantwortung auf dieselben Personen zukommt.

Neben der weit verbreiteten Zusammenfassung der Bereiche Produktion und Entwicklung zu einem Bereich Technik wird bei sehr marktorientierten Unternehmen der Bereich Entwicklung mit dem Vertrieb zusammen unter die Marketingleitung gestellt. Der Einkauf kann entweder dem kaufmännischen Bereich oder wenn es um erklärungsbedürftige Zukaufteile geht auch dem technischen Bereich zugeordnet sein.

2.1.1 LINIENORGANISATION

Diese älteste Form der Unternehmensorganisation ist dadurch gekennzeichnet, dass jede Stelle einen einzigen Vorgesetzten hat und jeder Vorgesetzte für mehrere ihm unterstellte Mitarbeiter verantwortlich ist.

Vorteile sind:

• eindeutige Unterstellungsverhältnisse
• klare Verantwortungsabgrenzung und
• Entscheidungsprozesse von oben nach unten.

Dagegen stehen **Nachteile** wie:

• Überlastung der Führungskräfte
• erschwerte Teamarbeit und
• Gefahr der Bürokratisierung durch eingeengte Entscheidungsspielräume.

Die einzelnen Fachbereiche Vertrieb, Verwaltung und Technik mit Entwicklung und Produktion führen ein relativ starkes Eigenleben und neigen dazu, ihren Bereich separat zu optimieren.

2.1.2 STABLINIENORGANISATION

Hier sind der Leitung direkt Stabsfunktionen wie Controlling, Marketing oder Qualitätswesen zugeordnet. Dadurch werden die Führungskräfte von einigen Aufgaben entlastet und das Niveau der Entscheidungsqualität steigt durch das Spezial-Know-how der Stabsmitarbeiter.

Nachteilig ist, dass sehr leicht Konflikte zwischen Stab und Linie entstehen, die Stabsstellen zur Überorganisation tendieren und es Manipulationsmöglichkeiten der Stabsstellen durch ihr Spezialistenwissen gibt.

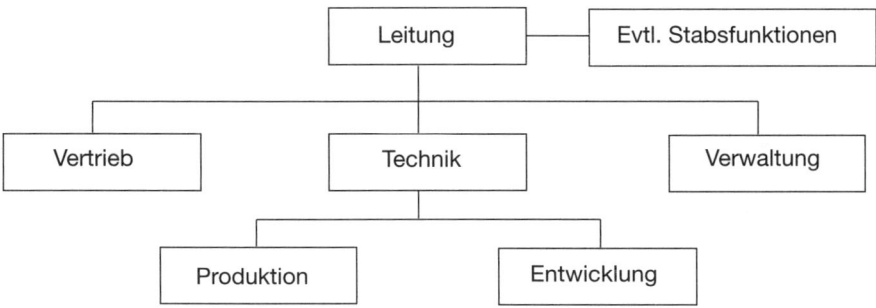

2.1.3 PROJEKTMANAGEMENT

Bei zeitlich befristeter Aufgabenstellung kommen oft Projektmanager oder Produktmanager zum Einsatz, die für diese spezielle Aufgabe besondere Verantwortlichkeiten übertragen bekommen.

Ein **Produktmanager** oder **Produktkoordinator** ist quer durch alle Funktionen für alle Maßnahmen seines betreuten Produktes zuständig. Analog bei einem **Projektmanager**, der meistens mit Einführungsaufgaben betraut ist (DV-Einführung, PPS-Systeme, Qualitätsmanagement-Systeme). Schwierigkeiten ergeben sich immer in der Kompetenzfrage des Produkt- oder Projektmanagers gegenüber den Linienverantwortlichen, sodass diese Ausprägung nur mit einer starken Persönlichkeit erfolgreich funktioniert.

Neben der Entwicklung und Einführung neuer Produkte werden Projektmanager mit der Abwicklung von Veränderungsmaßnahmen, der Errichtung von Neubauten und DV-Systemen oder mit der Einführung von Konzepten wie Gruppenarbeit oder Qualitätsmanagement betraut.

Vorteile sind:

• die ausschließliche Beschäftigung mit diesem wichtigen Projekt
• bessere Möglichkeiten zur Koordination sowie
• große Flexibilität und Reaktionsfähigkeit.

Dagegen steht als mögliche **Nachteile**:

• Gefahr von Konflikten durch Mehrfachunterstellung (Projekt, Stab und Linie)
• Schwierigkeiten bei der Durchsetzung der Projektinteressen in den Linienbereichen
• starke Abhängigkeit des Projekterfolgs von den Fähigkeiten von Einzelpersonen.

18 〉〉 **Seite 426**

2.1.4 GESCHÄFTSBEREICHSORGANISATION

In dieser Organisationsform ist die Aufmerksamkeit nicht mehr auf die Verrichtungen und Abläufe konzentriert sondern wendet sich mehr den Objekten zu. Das Unternehmen wird nach Erzeugnissen, Regionen oder Kundengruppen gegliedert und wird auch als **Divisionalorganisation** bezeichnet.

Der Leitung ist zunächst eine zentrale Verwaltung zugeordnet, die über dezentrale „**dotted line**"-Stellen (Berichts- und Informationspflicht, aber keine direkte Unterstellung) die einzelnen Sparten oder Geschäftsbereiche mit jeweils eigenem Vertrieb und eigenständiger Entwicklung führt und kontrolliert. Oft ist noch die Produktion auf mehrere Werke und Standorte verteilt, da **Skaleneffekte** ausgenutzt werden sollen.

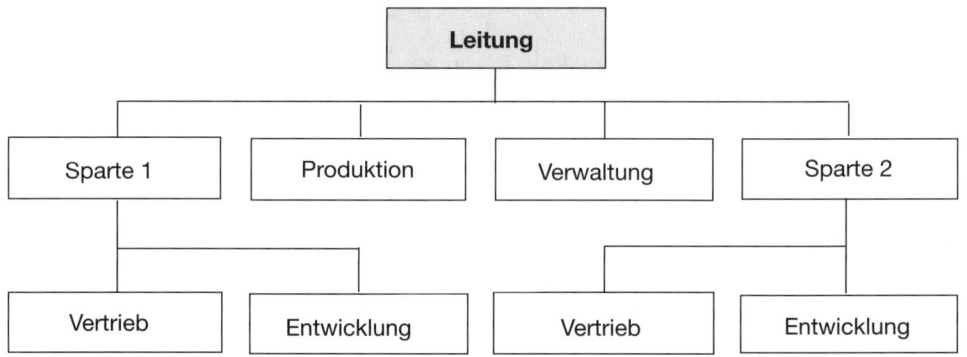

Vorteile sind:
• bessere Marktorientierung
• größere Anpassungsfähigkeit
• höhere Mitarbeitermotivation durch Ergebnisverantwortung.

Auf der anderen Seite können **Nachteile** auftreten wie:
• Eigenleben der Geschäftsbereiche
• höhere Overheadkosten
• ggf. mehrere gleichartige Stellen im Gesamtunternehmen.

2.1.5 MATRIXORGANISATION

Eine weiterführende Form der Divisionalorganisation stellt die Matrixorganisation dar. Hierbei wird die Geschäftsbereichsorganisation von zusätzlichen Managementfunktionen überlagert, die sich auf besondere Funktionen konzentrieren und diese für das gesamte Unternehmen zentral ausführen.

Diese „**Zentralabteilungen**" sind dann beispielsweise zuständig für:

• Beschaffungskoordination
• Recht
• Public Relations

- Personal- und Sozialpolitik
- Finanzierungsfragen
- Lizenzwesen
- Technologieentwicklungen.

Entweder haben sie direkte operative Verantwortung wie die Beschaffung von DV-Einrichtungen oder aber Richtlinienkompetenzen wie Standards für die Rechnungslegung, das Qualitäts- und Umweltmanagement oder die Führungskräfteentwicklung.

19 Seite 427

2.1.6 HOLDINGORGANISATION

In der Managementholding trifft man nur noch Dienstleistungs- und Controlling-Funktionen an. Pro Betrieb, Sparte oder Geschäftsbereich finden sich eigene Strukturen in Form von Profitcenter, oftmals angepasst auf die jeweilige Aufgabenstellung. Häufig sind die Mitglieder des Vorstands einmal für bestimmte Erzeugnisbereiche und dann für Regionen zuständig. Eine solche mehrdimensionale Organisationsform kommt nur bei großen, global agierenden Gesellschaften vor und wird dann **Tensororganisation** genannt.

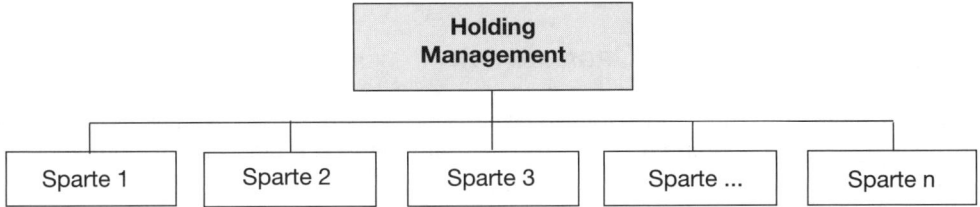

2.1.7 CENTERORGANISATION

Dadurch, dass die Aufbauorganisation sich immer mehr der Prozessorganisation unterordnet und die unterschiedlichen Partnergruppen wie Kunden, Lieferanten oder Mitarbeiter in den Mittelpunkt rücken, hat sich eine neue Organisationsart entwickelt, die Centerorganisation oder Unit.

Jedes Center berichtet direkt an die Leitung und vereint alle partnerspezifischen Prozesse. Ausprägungen können Kundencenter, Lieferantencenter, Fertigungscenter oder Supportcenter sein. Innerhalb eines Centers gibt es ein **Caseteam**, das alle Aktionen mit den Partnern in sich vereint. Aufgabe der **Caseworker** in diesem Team können sein:

- Umfassende Vertriebsbetreuung
- Kundenspezifische Koordination
- Fachliche Beratung
- Aufbau langfristiger Kundenbeziehungen.

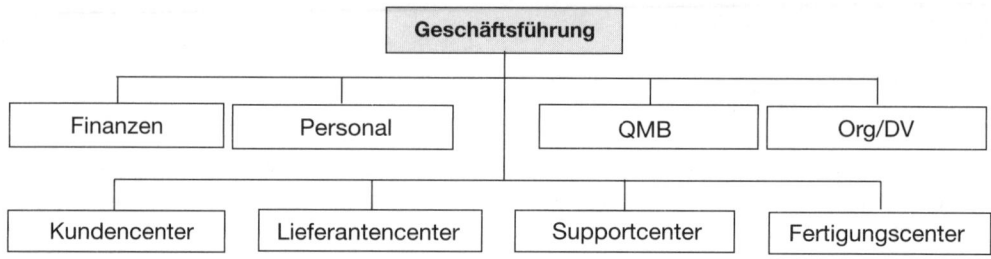

Vorteile dieser Organisationsart sind:

- enge Kundenbeziehungen
- starke Marketingausrichtung
- Spezialisierung auf die Bedürfnisse der jeweiligen Gruppe
- eindeutige Definition von Ansprechpartnern (one face to the customer).

Als **Nachteile** müssen genannt werden die Gefahr von Centeregoismen und die mögliche Vernachlässigung von Querschnittsfunktionen.

Bereits stark eingeführte Ausprägung der Centerorganisation ist das **Key-Account-Management**, in dem die wichtigsten Kunden durch eigens zugeordnete Mitarbeiter rundum betreut werden.

2.1.8 Mischformen der Organisation

In der Realität findet man immer Mischformen der beschriebenen Organisationsformen innerhalb desselben Unternehmens. Trotzdem gibt es einige signifikante Unterschiede bezogen auf die Unternehmensgröße.

Besondere Kennzeichen einer typischen **Großunternehmensstruktur** sind:

- **Mehrstufige Hierarchie** (Zurzeit versucht man hier von sieben oder mehr Hierarchiestufen auf unter fünf zu kommen, da die Entscheidungswege kürzer werden müssen und die Verantwortungsspanne steigen soll)

- **Ausgeprägte Arbeitsteilung** mit abgegrenzten Funktionen und Zuständigkeiten

- Herstellung in **mehreren Produktlinien**, zum Teil mit unterschiedlichen Absatzmärkten

- **Dezentrale Fertigung** verteilt auf mehrere Standorte.

Historisch hat sich die Unternehmensorganisation von einer funktionellen Linien-Organisation über eine Geschäftsbereichsorganisation zu einer **Holding-Struktur** entwickelt.

Bei **Klein- und Mittelunternehmen** sind die hierarchischen Stufen auf zwei, maximal drei begrenzt. Einzelne Funktionsträger übernehmen mehrere Aufgaben in Personalunion, sodass die Arbeitsteilung nicht so ausgeprägt ist. Unternehmen dieser Größenordnung sind meistens auch räumlich an einem Ort konzentriert.

Mittelunternehmen unterscheiden häufig noch nach **technischer Leitung** mit Fertigung, Entwicklung und Beschaffung sowie nach **kaufmännischer Leitung** mit Vertrieb, Verwaltung und Personal.

Dagegen ist im Kleinunternehmen häufig die **Fertigung** die zentrale Organisationseinheit, der die anderen Funktionen zuarbeiten. Diese sind meist nach persönlichen Fähigkeiten einzelnen Mitarbeitern zugeordnet.

2.2 Moderne Organisationskonzepte

Aus den Bemühungen vieler Unternehmen, **Business Excellence** zu erreichen, weiß man, dass die Aufdeckung der Mitarbeitermotivation eine bedeutende Rolle für den Unternehmenserfolg spielt. Deshalb setzen sich immer mehr Organisationsformen durch, die von einem streng hierarchischen Aufbau abweichen, um den Mitarbeitern **Gestaltungsmöglichkeiten** und **Verantwortungsübernahme** zu ermöglichen. Zu diesen Formen gehören:

* **Modulare Organisation**
  mit kleinen, überschaubaren Einheiten (Module) und ganzheitlichen Prozessen mit strenger Orientierung am Markt und am Kundennutzen. Die operativen Aufgaben inklusive der Ergebnisverantwortung sind auf Module übertragen (**Dezentralisierung**). Querschnittsaufgaben und zentrale Dienstleistungen wie Personal oder Finanzierung sind in Zentralmodulen zusammengefasst.

* **Lernende Organisation**
  unter Generierung, Nutzung und Weiterentwicklung vorhandenen Wissens der Mitarbeiter. Durch allgemeine **Zugänglichkeit des Wissens** (z. B. Data Warehouse) wird die Wissensbasis permanent modifiziert und erweitert. Die Unternehmenskultur muss explizite Anreize für die Wissensweitergabe innerhalb eines Unternehmens bieten.

* **Virtuelle Organisation**
  durch Schaffung aufgabenspezifischer, stellen- bzw. standortübergreifender Strukturen. Jeder Teilnehmer an einem effizient organisierten virtuellen Netz steuert seine Kernkompetenzen bei (situative **„Wertschöpfungspartnerschaft"**). Eine virtuelle Organisation kann sich schnell und mit geringen Organisationskosten wieder auflösen, die Beteiligten gehen danach wieder neue Konfigurationen ein. Ein Schritt in Richtung der virtuellen Organisation ist das Outsourcing.

2.3 Interne Gliederung der Produktion

Im Sprachverständnis umfasst der Begriff Produktion die Gesamtheit der zur Produktherstellung notwendigen Funktionen, also sowohl die organisatorische und technische

Vorbereitung als auch die Durchführung der Fertigung und die Bereitstellung von Personal, Betriebsmittel und Werkstoffen. Aber auch hier gibt es unzählige Spielarten der Verantwortungsfestlegung.

Die folgende Auflistung nennt typische Produktionsaufgaben und gibt einen Hinweis, wenn diese auch von anderen Bereichen wahrgenommen werden können.

• **Technologieplanung**	(auch von Entwicklung)
• **Programmplanung**	(auch vom Vertrieb)
• **Materialdisposition**	(auch vom Einkauf)
• **Qualitätsplanung, -steuerung, und Förderung**	(auch vom Qualitätswesen)
• **Qualitätsstelle mit Prüfaufgaben**	(auch vom Qualitätswesen)
• **Betriebsmittelplanung, -konstruktion, Werkzeugbau**	(auch vom zentralen Werkzeugbau)
• **Arbeitsplanung**	
• **Fertigungssteuerung**	
• **Instandhaltung und Wartung**	

Unabhängig von der jeweils gewählten Organisationsform ist besonders auf eine einwandfreie **Kommunikation** aller beteiligten Stellen zu achten. Dieses Schnittstellenmanagement (oder besser **Kontaktstellenmanagement**) bietet heute noch die höchsten Rationalisierungsreserven.

Dabei ist eine computerunterstützte Kommunikation zwar hilfreich, oft sind aber durch einfache Vereinbarungen und deren Einhaltung bereits beträchtliche Verbesserungen zu erzielen. Mit diesem Potenzial des dispositiven Faktors befassen sich die neuen Management-Methoden.

Als **Produktionstiefe** bezeichnet man den Umfang an Wertschöpfung, den das Unternehmen durch eigene Produktion erbringt. Von der Vergangenheitsbetrachtung des autarken Unternehmens mit geheim gehaltenem Know-how und damit hoher Produktionstiefe geht man heute aus Kostengründen ab.

Als Zulieferer und Partner werden Spezialisten mit flexibler Reaktionsfähigkeit und niedrigen Fixkosten eingesetzt. Diese **Kooperationsstrategie** wird begleitet von internen Bemühungen nach einer schlanken Fertigung, die nach dem Profit-Center-Prinzip geführt wird. Dadurch wird zusätzlicher Wettbewerb erzeugt, aber auch erreicht, dass produktionsspezifische Strukturen mit optimiertem Overhead entstehen.

Die Auswirkungen auf die Unternehmensorganisation betreffen

- die **Aufbauorganisation**, da ganze Aufgabenfelder und Funktionen externalisiert werden und neue Formen der unternehmensübergreifenden Teambildung entstehen.

- die **Ablauforganisation**, bei der zusätzliche Überlegungen der Synchronisierung externer mit interner Stellen durchzuführen sind und Methoden eingesetzt werden, die sich stark auf informationstechnische Mittel wie **Internet**, **DFÜ** oder **Data Warehouses** stützen.

2.4 ABLAUFORGANISATION

Die Ablauf- oder **Prozessorganisation** beschäftigt sich mit der Gestaltung der dynamischen Beziehungen im Unternehmen und strukturiert die zeitlich und räumlich verbundenen Prozesse. Das Ablaufgeschehen im Unternehmen wird somit festgelegt.

Gegenstand der **ablauforganisatorischen** Festlegung kann sein:

Kapazitäts-planung	als Gestaltung der Produktionsfaktoren Personal und Betriebsmittel
Erzeugnis-planung	als Festlegung der zu produzierenden Erzeugnisse
Prozessplanung	als Festlegung der Produktionstechnologie und -verfahren
Produktions-programm-planung	als Vorgabe der Produktionsinhalte
Produktions-steuerung	als Abwicklung der Produktionsaufträge
Qualitäts-planung	als Sicherung der Prozess- und Produktqualität

Die Festlegung der Abläufe erfolgt dabei in den Schritten:

- Prozessanalyse   als Ist-Aufnahme
- Prozessgestaltung   als Soll-Definition
- Prozesseinführung und -dokumentation   als Umsetzung.

Ziele einer optimalen Ablauforganisation sind:

- Verkürzung der Durchlaufzeiten
- Erhöhen der Qualitätsniveaus
- Senken der Kosten
- Erhöhen der Termintreue
- Ermöglichen von Innovationen.

Zur Bewältigung der **materiellen Prozesse** sind folgende Aufgaben zu erledigen:

- Bereitstellung aller zur Fertigung benötigten Werkstoffe, Teile und Halbfabrikate nach Art, Menge, Qualität, Ort und Termin
- Die Be- und Verarbeitung im eigentlichen Sinn
- Der Transport von und zu den Lagerbereichen und innerhalb der Fertigung zwischen den Arbeitsgängen
- Die Lagerung in den verschiedenen Phasen des Produktionsprozesses.

3. Personaleinsatz

Die Berücksichtigung der Produktionsfaktors Personal stellt eine besondere Herausforderung an die **Führungskräfte** dar. Die Unternehmensleitung ist für die Gestaltung der Rahmenbedingungen zuständig und muss dafür sorgen, dass die Personalpolitik in Übereinstimmung mit der Unternehmenspolitik und den Unternehmenswerten steht.

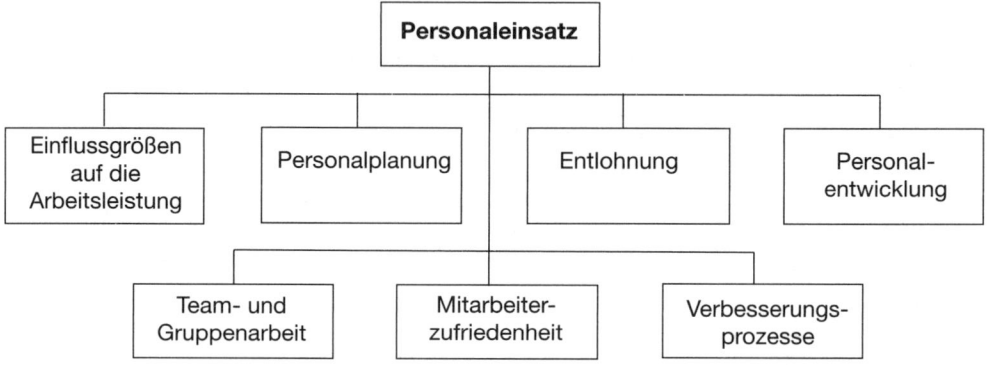

3.1 Einflussgrössen auf die Arbeitsleistung

Die Personalpolitik muss sich von den Prinzipien der **Wirtschaftlichkeit** (günstiges Verhältnis zwischen Kosten und Leistung) und der **Humanität** (menschengerechte Arbeitsbedingungen und kooperative Führung) leiten lassen.

Die technischen und organisatorischen Verbesserungspotenziale sind in den Unternehmen bisher stärker erschlossen worden als das Humanpotenzial. Da der Mensch aber als Schlüsselfigur in Form des Unternehmers, der Führungskraft, des Mitarbeiters, aber auch als Konsument agiert, erscheint die **Förderung des Humanpotenzials** zur Steigerung des Unternehmenserfolgs durchaus vielversprechend.

Die menschliche Arbeit weist gegenüber den sonstigen Produktionsfaktoren einige Besonderheiten auf. Der Mensch bringt sowohl seine **körperlichen Kräfte** als auch seine **geistigen Fähigkeiten** in den Produktionsprozess ein. Die Arbeit stellt einen wesentlichen Teil des Lebensinhaltes dar, wodurch die materiellen Voraussetzungen zur Lebensgestaltung geschaffen werden.

3.1.1 Rahmenbedingungen

Da industrielle Produktion immer arbeitsteilig organisiert ist, bestehen vielfältige **Interaktionen** zwischen Mitarbeitern, Vorgesetzten und Untergebenen, aber auch zu Personen in anderen Organisationseinheiten.

Die Zielsetzung der Tätigkeit kann nicht in freier Selbstbestimmung erfolgen, sondern wird letztlich vom Unternehmen vorgegeben. Das Unternehmen sorgt aber auch dafür, dass eine gewisse Arbeitsplatzsicherheit und ein regelmäßiges Einkommen gewährleistet sind. Allerdings setzen hier **außerbetriebliche Einflüsse** entsprechende Grenzen. Mögliche Rahmenbedingungen können aus unterschiedlichen Breichen kommen:

Rechtliche Rahmenbedingungen	▶ Bestimmungen des Arbeitsrechtes aus Gesetzen und der Gewerbeordnung ▶ Schutzgesetze (Kündigung, Jugend, Mutterschaft, Schwerbehinderte, Arbeitszeit) ▶ Regelungen aus individuellen Arbeitsverträgen ▶ Tarifvereinbarungen ▶ Mitbestimmung nach dem Betriebsverfassungsgesetz
Wirtschaftliche Rahmenbedingungen	▶ Auftragslage ▶ Absatzmöglichkeiten ▶ Lage der Gesamtwirtschaft ▶ Internationale Verflechtungen ▶ Konzernentscheidungen
Technologische Rahmenbedingungen	▶ Produktionsverfahren ▶ Fachanforderungen ▶ Eigenverantwortung ▶ Weiterbildung

Die **Arbeitsleistung** des Menschen hängt ab von:

• sozialer Arbeitsumgebung
• sachlicher Arbeitsumgebung
• psychischen Einflussfaktoren.

Dabei spielt **Motivation** als Managementfaktor zunehmend eine wichtige Rolle.

Motivieren bedeutet, sich selbst oder einen anderen anzuregen, etwas Bestimmtes zu tun. Man wirkt auf jemanden ein, um ihn zu etwas zu bewegen, ihn für eine Sache zu gewinnen, gewünschte Verhaltensweisen zu fördern oder unerwünschte zu vermeiden.

Formen der **äußeren Motivation** wie Gehaltserhöhungen oder Urlaubsanspruch verlieren zunehmend an Bedeutung gegenüber dem Einsatz nach **innen gerichteter Motivationsfaktoren** wie:

• Arbeitszufriedenheit
• Anerkennung
• Verantwortung
• Leistung
• Erfolg.

Diese **innere Motivation** wird erhöht, wenn die Arbeit des Mitarbeiters anspruchsvoller und abwechslungsreicher gestaltet ist und ihm die Möglichkeit gegeben wird, eigene Entscheidungen zu treffen.

3.1.2 ARBEITSAUFGABE

Für jede Funktion müssen die Anforderungen eindeutig festgelegt werden. Durch die Strukturierung der Aufgaben sowie die Einbeziehung von Unternehmenszielen und erfolgsrelevanten Verhaltensweisen eignen sich **Funktionsbeschreibungen** und **Anforderungsprofile** als unterstützende Dokumente bei der Einarbeitung neuer Mitarbeiter über die Mitarbeiterbeurteilung bis zur Schulungsbedarfsermittlung und Personalentwicklung.

Die Qualifikation oder das **Eignungsprofil** eines Mitarbeiters schließt ein:

• Aneignen fachlicher und **überfachlicher Kompetenz** (Qualifizierung)
• Kenntnisse, Fertigkeiten und Fähigkeiten zur Aufgabenbewältigung.

Die **Art der Arbeitsaufgabe** wird durch den Inhalt des Anforderungsprofils festgelegt. Eine bestimmte Tätigkeit wird dann optimal ausgeführt, wenn das Anforderungs- und Eignungsprofil übereinstimmen. Starke Arbeitsteilung und der Einsatz vollautomatisierter Verfahren führen zu einer Verarmung der menschlichen Arbeit und können zu einem Abbau an Leistungsmotivation und zur Arbeitsunzufriedenheit führen.

Man versucht heute im Rahmen der Humanisierung von Arbeitsplätzen durch **Aufgabenerweiterung** (Job Enlargement und Job Enrichment) und wechselseitigen **Aufgabentausch** (Job Rotation) diesem Phänomen entgegenzuwirken.

• **Job Enlargement (Arbeitserweiterung)**
   erweitert das Aufgabenspektrum des Mitarbeiters um Tätigkeiten gleicher Struktur und gleichartigen Schwierigkeitsgrades.

• **Job Enrichment (Arbeitsbereicherung)**
   fügt weitere Arbeitsinhalte hinzu, die eine vertikale Integration bedeuten. Es werden bisher vor- oder nachgelagerte Tätigkeiten mit ausgeführt oder es kommen kontrollierende, planende und steuernde Tätigkeiten sowie Entscheidungsbefugnisse hinzu.

• **Job Rotation (Arbeitsplatzwechsel)**
   Durch regelmäßigen Tausch der Arbeitsplätze erhalten die Mitarbeiter einen besseren Überblick über die betrieblichen Abläufe und somit auch ein besseres Gesamtverständnis ihrer Aufgaben im Leistungserstellungsprozess.

• **Teilautonome Gruppen**
   Dabei bearbeitet und organisiert eine Gruppe von Mitarbeitern in Eigenverantwortung einen ganzen Aufgabenkomplex. Gruppenleitung, Auswahl der Gruppenmitglieder und Aufgabenverteilung werden von der Gruppe eigenständig durchgeführt. Der Handlungsspielraum der Arbeitnehmer ist entsprechend groß, sodass über Eigenverantwortung und Entscheidungsmöglichkeiten eine gute Motivationslage entsteht.

21 ⟩⟩ Seite 427

3.1.3 INDIVIDUELLE EINFLUSSGRÖSSEN

Das Leistungsverhalten eines Mitarbeiters hängt ab von:

• seiner Leistungsfähigkeit (Können)
• seiner Leistungsbereitschaft (Wollen).

Um die Leistung von Mitarbeitern zu steigern, müssen sowohl Leistungsbereitschaft als auch Leistungsfähigkeit, die sich gegenseitig beeinflussen, konsequent erhöht werden. Stellen sich dagegen Misserfolgserlebnisse ein, so sinkt die Motivation.

Zu den individuellen Einflussgrößen rechnet man alle Faktoren der menschlichen Arbeitsleistung, die im Wesentlichen im Mitarbeiter selbst begründet sind.

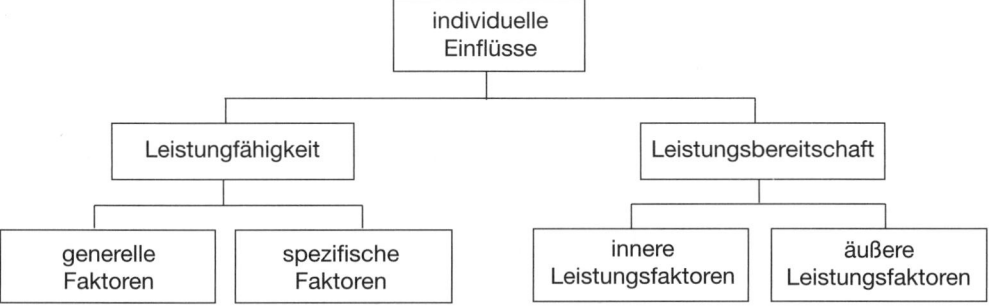

• **Leistungsfähigkeit**
  Die Leistungsfähigkeit bezeichnet das Potenzial an unterschiedlichsten Eigenschaften eines Menschen. In Hinblick auf die Einflussfaktoren der Leistungsfähigkeit ist zu unterscheiden zwischen

generellen Faktoren	wie die angeborenen Anlagen eines Menschen inklusive deren Entfaltung durch Wachstum, Lernen und Übung und
spezifischen Faktoren	als Ergebnis von Aktivitäten wie Schulungen oder tätigkeitsbezogene Lern- und Übungsprozesse. Weiterhin gehören hierzu das Geschlecht, das Lebensalter oder die körperliche Disposition eines Menschen.

Eine wichtige Aufgabe in der Einstellungspolitik ist es, die Anlagen eines potenziellen Mitarbeiters zu erkennen und deren Entfaltungsmöglichkeiten einzuschätzen, um für die anstehenden Aufgaben auch die geeigneten Mitarbeiter einzustellen.

Während man auf die Anlagen eines Mitarbeiters keinen Einfluss hat, kann man aber durch Lernen und Üben vorhandene Anlagen weiterentwickeln. Dies kann nicht nur durch Ausbildung oder Schulungsmaßnahmen geschehen, sondern auch durch „training on the job", wodurch über die Zeit ein Lerneffekt entsteht, der zur Verkürzung der Produktionszeiten und damit zur Kostensenkung führt.

• **Leistungsbereitschaft**
Die Leistung des Mitarbeiters ist nicht nur von seiner Leistungsfähigkeit abhängig, sondern auch von seiner Bereitschaft zur Leistung. Die Leistungsbereitschaft umfasst:

innere Leistungs- faktoren	▶ Leistungswille ▶ Initiativbereitschaft ▶ Motivation ▶ Selbstverpflichtung
äußere Leistungs- faktoren	▶ Art und Komplexität der Arbeitsaufgabe ▶ die sozialen Arbeitsbedingungen ▶ die Gruppensituation ▶ das Arbeitsentgelt ▶ das Betriebsklima

3.1.4 SITUATIONSBEDINGTE EINFLUSSGRÖSSEN

Leistungsbereitschaft und -fähigkeit hängen nicht nur von individuellen Faktoren ab, sondern werden auch durch Leistung anderer Mitarbeiter und die Struktur der Umfeldbedingungen beeinflusst. Wir unterscheiden:

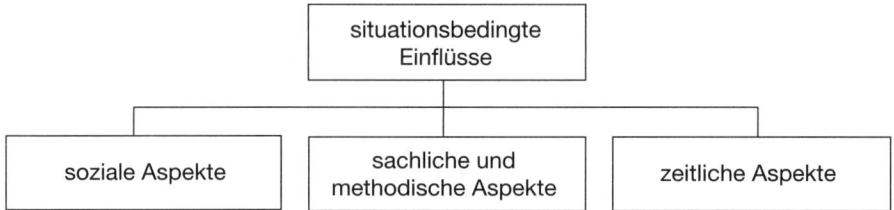

• **Soziale Aspekte**

Die Leistungsbereitschaft wird auch sehr stark durch soziale Aspekte beeinflusst. Zu nennen sind:

- Leitungsorganisation des Bereiches
- Führungsstil von Vorgesetzten
- Gruppeneinflüsse.

Durch die Zugehörigkeit des Menschen zu einer formalen oder informellen Gruppe im Unternehmen kann dieser eine gewisse Befriedigung seiner sozialen Bedürfnisse und seiner Bedürfnisse nach Wertschätzung erfahren, die sich leistungsmotivierend auswirken kann. Dagegen können Belästigungen am Arbeitsplatz (Mobbing) sich leistungsvermindernd auswirken.

• **Sachliche und methodische Aspekte**

Zur vollen Ausschöpfung und Erhaltung der Leistungsfähigkeit sind erforderlich

optimale Informations- versorgung	durch eindeutige und vollständige Arbeitsanweisungen und optimale Gestaltung von Überwachungsinstrumenten
bedienungs- gerechte Ge- staltung des Arbeitsplatzes	durch ergonomische Anordnung der Tische, Sitze und Arbeitsgeräte sowie durch Beachtung von Umgebungseinflüssen wie Licht, Luft oder Lärm
sicherheits- technische Erfordernisse	durch Unfallverhütung und Vermeidung von Berufskrankheiten
Einsatz von Hilfsmitteln	durch die Bewegungsvereinfachungen, Optimierung in der Abfolge und Wegfall monotoner und belastender Abläufe erreicht wird

- **Zeitliche Aspekte**

Hierunter fällt die Gestaltung der Arbeitszeit unter arbeitsphysiologischen und Flexibilisierungsgesichtspunkten. Themen sind:

- Regelung der Pausen und der Arbeitszeit
- Schichtmodelle
- Teilzeitarbeit
- variabler Personaleinsatz
- Cafeteriamodelle mit freier Wahl der Arbeitszeitblöcke.

Bei diesen möglichen Methoden zur Steigerung der individuellen Leistungsbereitschaft müssen jedoch bestimmte gesetzliche Vorschriften und tarifliche Vereinbarungen berücksichtigt werden wie:

- Arbeitszeitordnung
- Gewerbeordnung
- Jugendarbeitsschutzgesetz
- Mutterschutzgesetz.

3.2 PERSONALPLANUNG

Hauptaufgabe der Personalplanung ist, die benötigten personellen Ressourcen zur Abdeckung des erwarteten Kapazitätsbedarfs bereitzustellen. Die Personalplanung basiert auf **wirtschaftlichen und sozialen Zielen** der Personalwirtschaft wie:

- Senkung der Personalkosten
- Erhöhung der Arbeitsproduktivität
- Verbesserung der Arbeitsorganisation
- Schaffung von Arbeitszufriedenheit
- Erhöhen der Eigenverantwortung.

Dabei müssen berücksichtigt werden:

- **zeitliche Schwankungen** pro Teilbereich des Unternehmens
- Anpassung an die **Auslastung** durch parallelen Ausgleich der Betriebsmittelkapazität und der Personalkapazität.

3.2.1 PERSONALEINSATZPLANUNG

Der Personaleinsatz ist die Zuordnung der Mitarbeiter zu den benötigten und verfügbaren Stellen.

Die Personalkapazitätsplanung erfolgt in verschiedenen Stufen zeitlich gestaffelt:

Langfristige Personal- entwicklung	Aufbau und Erhalt eines qualifizierten Mitarbeiterstamms unter Berücksichtigung sich wandelnder Technologien und Arbeitsstrukturen
Personalbe- darfsplanung	als mittelfristige Betrachtung
Personal- verteilung	bei der die vorhandene Personalkapazität auf die Leistungsstellen verteilt wird. Eventuell sind innerbetriebliche Umsetzungen und andere Maßnahmen der Flexibilisierung durchzuführen
Personal- einsatzplanung	bei der die konkrete Zuordnung von Personen zu Betriebsmitteln, Arbeitsplätzen und Einsatzzeiten erfolgt

Maßnahmen der Arbeitszeitflexibilisierung tragen zur Motivation der Mitarbeiter bei und ermöglichen eine optimale Auslastung der technischen Anlagen bei personenspezifischer Arbeitszeitverkürzung. Damit kann die **Betriebszeit** von der **Arbeitszeit** entkoppelt werden.

Ausprägungen der **Flexibilisierung** sind:

Kapazitäts- orientierte variable Arbeits- zeit oder Arbeit auf Abruf	gibt dem Unternehmen die Möglichkeit, auf Beschäftigungsschwankungen zu reagieren. Das bekannteste Beispiel ist die Besetzung von Kassen in Supermärkten.

Zeitlich begrenzte Arbeitsverhältnisse oder Personalleasing	damit können kurzfristige Auftragsspitzen oder Saisoneinflüsse abgefangen werden
Teilzeitarbeit	Entweder als Bruchteil der regulären Arbeit innerhalb einer Funktion oder in Form von **Job Sharing**, bei dem sich mehrere Mitarbeiter einen Arbeitsplatz teilen.
Jahresarbeitszeit	Durch langfristige **Zeitsparkonten** oder **Langzeiturlaub** können sowohl Beschäftigungsschwankungen ausgeregelt als auch individuelle Freizeitgestaltung für die Mitarbeiter ermöglicht werden.
Lebensarbeitszeit	Anpassung an die Bedürfnisse während des Arbeitslebens wie **Erziehungsauszeiten**, Phasen der hohen Belastbarkeit und gleitender Übergang in den Ruhestand durch **Altersteilzeit**.
Telearbeit	Die Mitarbeiter liefern räumlich getrennt vom Ort des Arbeitsgeschehens aber elektronisch vernetzt ihren Beitrag. Spielarten sind die **Teleheimarbeit** oder die **bürozentrierte Telearbeit**, bei der Mitarbeiter sich zu bestimmten Zeiten innerhalb des Unternehmens treffen und absprechen. Vorteile sind neben der Einsparung von Flächen und dem flexiblen Mitarbeitereinsatz die Steigerung der Mitarbeiterzufriedenheit und die Möglichkeit, zusätzliche Personalressourcen zu erschließen.

3.2.2 ARBEITSINHALTE

Die Aufgabe, die Gesamtleistung möglichst kosteneffektiv, qualitativ hochwertig und terminlich exakt zu erledigen, bedingt eine Strukturierung der Arbeitsprozesse und eine **Verteilung der Arbeitsinhalte** auf die Mitarbeiter.

Seit *Taylor* wurde bis in die 80er-Jahre ein hoher Grad an **Arbeitsteilung** angestrebt. Durch die damit verbundene starke Spezialisierung entstanden zwar **Produktivitätsvorteile** aber ebenso **Motivationsprobleme** bei den Mitarbeitern, da die Arbeit monoton wurde und der einzelne Mitarbeiter seinen Anteil an der Leistung nicht mehr unmittelbar spürte.

Reine Endkontrolle als Fehlersuche und Nachbesserung im Stadium der höchsten Veredelungskosten führen nicht zum Ziel. So entstanden prozessbegleitende Systeme, die den Ablauf in voneinander abhängige Teilaufgaben zerlegen, die jede für sich besser überschaubar sind. Der **Mitarbeitermotivation** steigt durch die Möglichkeit der

• Mitgestaltung
• Mitverantwortung
• Autonomie und
• Selbstentfaltung.

3.2.3 Zeitmodelle

Die Arbeitszeitregelung beinhaltet

- Festlegung der in einer Periode zu leistenden Arbeitsstunden (z. B. pro Woche)
- Bestimmung von Beginn und Ende der täglichen und wöchentlichen Arbeitszeit
- Festlegung von Mehrarbeit oder Kurzarbeit
- Regelung von Urlaubszeit und -dauer.

Die Höchstdauer der Arbeitszeit in einer bestimmten Periode ist durch gesetzliche Bestimmungen und tarifliche Vereinbarungen weitgehend festgelegt. In den letzten Jahren ist eine zunehmende Flexibilisierung und Individualisierung der Arbeitszeit festzustellen. Mögliche Gestaltungsformen sind:

feste Arbeitszeiten	mit gleichem Beginn und Ende, die hauptsächlich noch im **Schichtbetrieb** vorkommen, in dem an einem Arbeitsplatz nacheinander mehrere Personen tätig werden.
gleitende Arbeitszeiten	bei denen die Mitarbeiter die Möglichkeit haben, Beginn und Ende der täglichen Arbeitszeit in bestimmten Korridoren selbst zu bestimmen. Die Gesamtarbeitszeit über eine Periode ist dabei aber konstant zu halten.
flexible Arbeitszeiten	bei denen Länge und Lage der Arbeitszeit variieren können. Maßnahmen der Arbeitszeitflexibilisierung tragen zur Motivation der Mitarbeiter bei und ermöglichen eine optimale Auslastung der technischen Anlagen bei personenspezifischer Arbeitszeitverkürzung. Damit kann die **Betriebszeit** von der **Arbeitszeit** entkoppelt werden.

3.3 Entlohnung

Die wohl wichtigste Einflussgröße der menschlichen Arbeitsleistung ist das **Arbeitsentgelt** als Summe aller vom Betrieb geleisteten materiellen Zahlungen an die Mitarbeiter. Im Produktionsbereich kommt dem **Lohn** eine hervorragende Bedeutung zu. Für den Betrieb ist es eine wichtige Aufgabe, ein **gerechtes** Entlohnungssystem zu schaffen, in dem Lohn, Anforderungen und Leistung miteinander korrespondieren.

Der Mitarbeiter wird als Grundlage der Lohngerechtigkeit heranziehen

- horizontale und vertikale **innerbetriebliche** Lohnvergleiche
- horizontale und vertikale **zwischenbetriebliche** Lohnvergleiche.

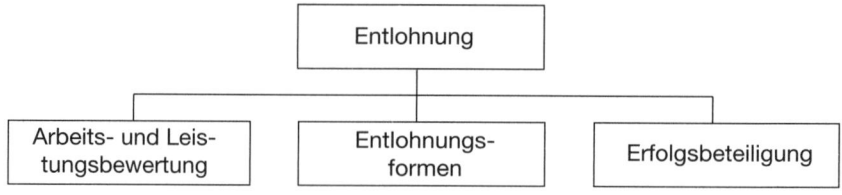

Zur möglichst objektiven Beurteilung wird in der **Arbeitsbewertung** der Schwierigkeits-grad der Tätigkeit ermittelt und in der **Leistungsbewertung** die individuellen Leistungs-unterschiede der Mitarbeiter berücksichtigt.

3.3.1 Arbeits- und Leistungsbewertung

Bevor die Bewertung erfolgen kann, muss eine genaue Arbeitsbeschreibung angefertigt werden. In einer **Arbeitsuntersuchung** wird der Arbeitsablauf nach Art, Inhalt und Um-fang der Teilaufgaben gegliedert. Durch Befragung oder Beobachtung werden die be-schreibenden Parameter ermittelt ebenso wie Angaben zum Arbeitsplatz, den benötig-ten Arbeitsmitteln und den Unterlagen.

In der **Arbeitsbeschreibung** sind dann festzuhalten

- Gestellte Arbeitsaufgabe
- Gewünschtes Arbeitsergebnis
- Arbeitsablauf
- Verwendete Mittel.

Die so aufgezeichneten Anforderungen finden in der nachfolgenden **Arbeitsbewertung** Berücksichtigung. Ergebnis der Bewertung ist ein Zahlenwert, durch den eine Aussage über die **Normalleistung** gemacht wird.

Methoden der Arbeitsbewertung sind:

- **Summarische Arbeitsbewertung,**

    bei der die Schwierigkeit der Aufgaben global eingeschätzt wird. Das erfolgt entweder in einem **Rangfolgeverfahren**, das die Tätigkeiten der Schwierigkeit nach ordnet, oder in einem **Lohngruppenverfahren**, in dem ein Katalog von 6 bis 12 Lohngruppen mit jeweiligem Schwierigkeitsgrad erstellt wird, wobei jede Tätigkeit einer der Lohngrup-pen zugeordnet wird.

Weil die Ergebnisse der summarischen Verfahren zu grob sind und subjektiven Einflüssen unterliegen, hat man die analytischen Arbeitsbewertungen entwickelt.

- **Analytische Arbeitsbewertung**

    beurteilt die Schwierigkeit einer Tätigkeit aufgrund einzelner Anforderungsarten wie:

    - Können in Form von Kenntnissen und Geschicklichkeit
    - Verantwortung
    - Belastung in geistiger oder körperlicher Form
    - Umgebungseinflüsse.

Die Arbeitsbewertung selbst kann erfolgen im

- **Rangreihen-Verfahren,**

    bei dem für jede Art der Anforderung eine prozentualer Wert von 0% bis 100 % fest-gelegt wird.

- **Stufenwertzahl-Verfahren,**

  bei dem für jede Art der Anforderung ein Punktwert vergeben wird. Durch Addition dieser Wertzahlen ergibt sich ein Gesamt-Arbeitswert.

3.3.2 ENTLOHNUNGSFORMEN

Kurzfristige Leistungsunterschiede können in pauschalen Lohnsätzen nicht berücksichtigt werden. Persönliche Leistungsunterschiede können aber über die Art der Lohnform erfasst werden.

Zeitlohn

Beim Zeitlohn dient die **Dauer der Arbeitszeit** als Bemessungsgrundlage für die Entlohnung ohne Rücksicht auf die während dieser Zeit geleistete Arbeit. Leistungsunterschiede und unterschiedliche Schwierigkeitsgrade werden durch die Zuordnung verschiedener Lohnsätze berücksichtigt.

Einsatzbereiche für **Zeitlohn** sind:

- qualitativ anspruchsvolle Aufgaben (z. B. Messarbeiten)
- sicherheitsgefährdende Tätigkeiten (z. B. Schweißarbeiten)
- nicht messbare Arbeiten (z. B. geistig-kreative Arbeiten)
- unregelmäßig und sich ständig verändernde Arbeitsverrichtungen (z. B. Pförtner, Lager-, Transport- und Reparaturarbeiten)
- wenig beeinflussbare Tätigkeiten (z. B. Arbeiten am Fließband).

Akkordlohn (Stücklohn)

Beim **Akkordlohn** wird nicht die Dauer der Arbeitszeit, sondern das Arbeitsergebnis bezahlt. Grundlage für die Berechnung des Akkordlohnes bildet der Grundlohn (tariflich garantierter Mindestlohn + Akkordzuschlag = Akkordrichtsatz = Grundlohn). In der Regel liegt der Grundlohn bei 120 % des Mindestlohns.

Nach der **Art** des Akkordlohnes kann unterschieden werden zwischen

- **Geldakkord,**

  wobei der Akkordrichtsatz durch die bei Normalleistung zu erbringende Stückzahl dividiert wird. Man erhält dadurch einen Geldbetrag pro Stück (Euro/Stck.), den Geldsatz. Nachteilig ist, dass bei Tarifänderungen jeder Geldsatz neu berechnet werden muss.

- **Zeitakkord,**

  bei dem für jedes hergestellte Teil im Voraus festgesetzte Zeiteinheiten gutgeschrieben werden. Erst am Schluss der Zahlungsperiode wird die Umrechnung in Geld durch Multiplikation mit dem individuell abgestuften Zeiteinheitssatz durchgeführt.

Werden Leistungsvorgaben auf einzelne Gruppen von Mitarbeitern bezogen, verwendet man den **Gruppenakkord**, der die Leistungsvorgabe auf die gesamte Gruppe verrechnet.

Von dem Akkordlohn geht einerseits ein starker **Anreiz zur Leistungssteigerung** aus, zumal sich die gesamte Mehrleistung im Verdienst der Arbeitskräfte niederschlägt. Für den Betrieb bedeutet der Einsatz dieser Entlohnungsform eine bessere Ausnutzung der Kapazitäten und eine sichere Grundlage für die Kalkulation.

Andererseits besteht die **Gefahr der Überbeanspruchung** von Mensch und Maschine. Qualitätsprobleme aufgrund der reinen Stückzahlleistung können nicht ausgeschlossen werden. Der Einsatz des Akkordlohnes ist auch für Arbeitsverrichtungen unzweckmäßig, die geistige, kreative oder störanfällige Tätigkeiten umfassen.

Prämienlohn

Der Prämienlohn setzt sich aus einem leistungsunabhängigen Teil, dem **Grundlohn**, und einem leistungsabhängigen Teil, der **Prämie**, zusammen. Neben einem vereinbarten Grundlohn wird ein zusätzliches Entgelt für bestimmte Mehrleistungen des Arbeitnehmers gewährt.

Diese Lohnform kann mit dem Zeitlohn (**Prämienzeitlohn**) oder mit dem Stücklohn (**Prämienstücklohn**) gekoppelt werden. Die Gewährung einer Prämie zum Grundlohn wird angestrebt, um die fehlenden Leistungsanreize zu überwinden. Eine Verbindung des Grundlohnes als Stücklohn mit einer Prämie erfolgt in der Regel mit dem Ziel, Nachteile des Akkordlohnes, die aus seiner ausschließlichen Mengenorientierung herrühren, zu vermeiden.

3.3.3 Erfolgsbeteiligung

Die Erfolgsbeteiligung stellt über die reine Entlohnung der Arbeitsleistung eine Honorierung in Abhängigkeit vom Unternehmenserfolg dar. **Bemessungsgrundlage** kann sein:

* **Leistung** in Form von Mengen oder Produktivität
* **Ertrag** in Form von Umsatz oder Wertschöpfung
* **Gewinn** in Form von Bilanzkennzahlen.

Mit einer Erfolgsbeteiligung wird erreicht:

* **Identifikation** der Mitarbeiter mit den Zielen des Unternehmens
* Förderung der **Mitarbeiterkreativität**
* Schaffen eines langfristig **engagierten** Mitarbeiterstamms
* Erhöhen der **Mitarbeiterzufriedenheit**.

Probleme können sich ergeben durch

* nicht transparente Festlegung der Bemessungsgrundlage
* unterschiedliche Quoten pro Beschäftigtengruppe
* Modalitäten bei der Festlegung und Ausschüttung der Beteiligungen.

Die **Verteilung des Erfolges** innerhalb der Gruppen kann erfolgen nach

• dem **Gleichheitsprinzip** (jeder erhält den identischen Anteil)
• dem **Sozialprinzip** (Alter, Betriebszugehörigkeit und Familienstand)
• dem **Leistungsprinzip** (Tarifeinstufung, individuelle Beteiligung).

Die Erfolgsbeteiligung kann als Barleistung erfolgen oder in Form von Aktien oder GmbH-Anteilen.

3.4 Personalentwicklung

Die Grundvoraussetzungen für erfolgreiche Mitarbeiter sind ausreichende **Ausbildung** und **Erfahrung**. Die fachspezifischen Kriterien sind vom Arbeitsgebiet und den gesetzlichen Anforderungen abhängig. Die betriebsspezifische **Weiterbildung** ist abhängig von den Voraussetzungen, die das Personal für das Aufgabengebiet mitbringt.

Innerhalb des Unternehmens sind die Aktivitäten zur Organisationsentwicklung, Personalentwicklung und Weiterbildung aufeinander abzustimmen. Die Mitarbeiter verpflichten sich, an Maßnahmen zur beruflichen Weiterbildung teilzunehmen. Das Unternehmen bietet geeignete betriebsinterne Schulungen und den Besuch externer Seminare an. Dadurch wird die Mitarbeitermotivation gestärkt und die Unternehmenskultur weiterentwickelt.

• **Ausbildung** beschreibt die Grundqualifizierung.

• **Weiterbildung** zielt auf:
  - Optimierung und Verbesserung von Prozessen
  - Auffrischen und Beibehalten des bereits Gelernten
  - Anpassen an neue Entwicklungen.

Die Ermittlung des **Schulungsbedarf** sollte mindestens einmal jährlich durch einen Abgleich der Funktionsanforderungs- und Qualifikationsmatrix erfolgen und ergänzt werden um aktuelle Themen. Anschließend kann ein Jahresschulungsplan aufgestellt werden.

Wichtig ist eine **Erfolgskontrolle** durchgeführter Schulungsmaßnahmen. Zum einen sollen die Teilnehmer die Schulungsinhalte und den äußeren Rahmen beurteilen, um bei der weiteren Planung unzureichende Angebote zu eliminieren bzw. gute Angebote weiteren Mitarbeitern anzubieten. Zum anderen soll die Wirksamkeit der bisher durchgeführten Schulungsmaßnahmen vom Vorgesetzten beurteilt werden.

Aufgabe der Führungskräfte ist es, für **Kommunikation** zwischen den organisatorischen Einheiten zu sorgen und Abteilungsgrenzen abzubauen - aus **Schnitt-Stellen „Kontakt-"** oder „Naht-Stellen" zu machen. Die Schaffung von übergreifend besetzten Teams mit Entscheidungsbefugnis unterstützt die Kommunikation.

Für Beiträge zur Verbesserung, die über die der Funktion entsprechenden Aufgabenstellung hinausgehen, dient das **betriebliche Vorschlagswesen**. Besonders erfolgreiche Teamarbeit soll veröffentlicht werden, z. B. in der Werkszeitung oder in Form einer Präsentation durch das Team vor der Unternehmensleitung.

3.5 TEAM- UND GRUPPENARBEIT

Die Problemstellungen in den betrieblichen Abläufen werden immer komplexer. Einzelne Disziplinen oder einzelne Experten sind kaum mehr in der Lage, umfassende Lösungen für aktuelle Probleme zu erarbeiten. Die immer kürzer werdenden Produktlebenszyklen bedingen eine enge Zusammenarbeit von Experten mit unterschiedlichem Fachhintergrund in der Planung und Entwicklung neuer Produkte und Verfahren.

Neue Konzepte beschäftigen sich mit der Bildung von **bereichsübergreifenden Teams**, der Installation von Arbeitsgruppen unter eigener Leitung und dem Aufbau **vernetzter Organisationen**. Damit sollen die negativen Auswirkungen bestehender Formen der Arbeitsorganisation wie Insellösungen, Abteilungsegoismus oder Kommunikationsstau vermieden werden.

Die wichtigsten Gruppenarbeitsformen und deren Einsatzmöglichkeiten sind:

Gruppenkonzept	Ausprägungsform	Inhalte
Arbeitsgruppen	Montageteam Fertigungsinsel Betreuungsgruppe	feste, meist teilautonome Gruppen, die operative Aufgaben gemeinsam lösen
Projektgruppen	Task Forces Simultaneous Engineering-Gruppen	interdisziplinär besetzt, Lösung einer konkreten Aufgabenstellung, parallele Bearbeitung führt zur Zeitreduktion
Problemlösungsteams	Wertanalyse-Teams Problemlösungs-Gruppen	bereichsübergreifend eingesetzt, Erarbeiten abgestimmter Gesamtlösungskonzepte
Verbesserungsteams	Qualitätszirkel Werkstattzirkel Lernstatt	betrieblich organisiert, auf freiwilliger Basis, Ermitteln von Verbesserungspotenzialen im eigenen Arbeitsbereich und Diskutieren von Lösungsvorschlägen
Organisationsentwicklungsteams	TQM-Kernteams KVP-Gruppen Selbstbewertungsgruppen	Ingangsetzen des TQM-Prozesses in Workshops mit interdisziplinär zusammengesetzten Teams, Vorbereitung auf Qualitätspreise

Die Gruppe bietet große Vorteile bei der Aufgabenbearbeitung und zeigt positive Auswirkungen auf das Arbeitsergebnis. Probleme, welche die Fähigkeiten eines Einzelnen überschreiten, können aufgeteilt werden und jeweils von Spezialisten bearbeitet werden. Unterschiedliche Fähigkeiten oder Informationen, über die der Einzelne verfügt, können koordiniert werden. Die Gruppenmitglieder geben sich bei ihren Beiträgen und Vorschlägen mehr Mühe, sie sind sorgfältiger und stellen nur vernünftige Lösungsvorschläge zur Diskussion.

Das Arbeiten innerhalb einer Gruppe birgt aber auch die unterschiedlichsten **Probleme**:

- Die Anwesenheit anderer Menschen kann das Zustandekommen neuer Reaktionen und die Kreativität des Einzelnen hemmen.
- Gruppen können durch die normalen sozialen Gruppenprozesse – z. B. Statushierarchien oder Konformitätsdruck – behindert werden.
- Die Arbeit in Gruppen kann mehr Zeitaufwand bedeuten, besonders aufgrund der Einarbeitungszeit und des erhöhten Diskussionsaufwands.

3.6 MITARBEITERZUFRIEDENHEIT

Die umfassende **Beteiligung** der Mitarbeiter aller Ebenen ermöglicht, dass ihre Fähigkeiten zum Vorteil der Organisation genutzt werden können. Die Anforderungen an die Mitarbeiter in einer modernen Prozessorganisation sind erheblich höher als in einer funktional geprägten Organisation. Gefühle der Überforderung und Verunsicherung, aber auch aktive Widerstände können Abläufe und Projekte merklich blockieren.

Durch einen regelmäßig jährlich oder besser noch halbjährlich stattfindenden **institutionalisierten Informationsaustausch** zwischen Vorgesetztem und Mitarbeiter kann die Übereinstimmung von Unternehmenserwartung und Mitarbeiterleistung festgestellt werden.

Dort soll in **offener Atmosphäre** über die Erfahrungen der letzten Zeit gesprochen werden und mögliche Defizite herausgearbeitet werden. Erfolgt das nicht in anklagender Form, sondern als gemeinsame Suche nach besseren Lösungen, ergibt sich eine **einvernehmlich formulierte Zielvereinbarung** für den nächsten Zeitraum. Hierzu gehören auch Verabredungen über Verhaltensänderungen und eine Planung zu besuchender Weiterbildungsmaßnahmen.

Grundsätzlich sollte man davon ausgehen, dass jeder Mitarbeiter **eigenverantwortlich und erfolgsorientiert** arbeiten möchte. Die Mitarbeiter müssen für ihren Einsatz Anerkennung bekommen. Das gesprochene und ehrlich gemeinte Wort des Vorgesetzten ist dabei oft mehr wert als materielle Belohnungen wie Prämien oder Preise.

3.7 Verbesserungsprozesse

Unter dem Begriff „Ideenmanagement" werden konkrete Instrumente zusammengefasst, die eingesetzt werden, um Verbesserungsprozesse einzuleiten, zu unterstützen
und zu begleiten. Durch Umsetzung von Ideen entstehen Produkt- und Serviceinnova-
tion, es werden Prozesse effizienter gestaltet und Infrastrukturen so verändert, dass sie
die neuen Ideen optimal fördern. Wesentliche Methoden aus dem Ideenmanagement
sind

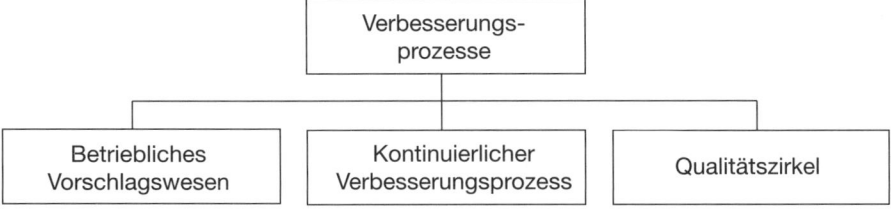

3.7.1 Betriebliches Vorschlagswesen

Das betriebliche Vorschlagswesen (BVW) ist eine Form der **Mitarbeiterbeteiligung**, die
bereits von Alfred Krupp 1866 in die Betriebsordnung eingebracht wurde. Bis heute ist
der Grundgedanke, die Kreativität der Mitarbeiter herauszufordern, noch aktuell.

Da sich aber im Laufe der Zeit durch Aufbau starker bürokratischer Strukturen das traditionelle BVW zu einem langandauernden und dadurch eher kontraproduktivem Instrument entwickelt hat, gibt es heute Bestrebungen, diese Methode nach modernen Gesichtspunkten zu reaktivieren.

Ein **Verbesserungsvorschlag** ist:

- eine freiwillig erbrachte Zusatzleistung eines Mitarbeiters, welche über den Rahmen
  übertragener Arbeitsaufgaben hinausgeht und nach erfolgter Realisierung Anspruch
  auf Anerkennung (Prämie) hat.
- eine nicht schutzfähige Erfindung gemäß § 2 des ArbNErfG.
- eine eigenständige „Idee" zu einem selbst erkannten Problem mit dem dazugehörigen
  Lösungsweg.
- eine zeitgerechte Änderung oder Neuerung eines Gegenstands (z. B. Werkzeug, Produkt) oder eines organisatorischen Ablaufs.
- eine klare Abgrenzung des Ausgangs-(Ist-)Zustandes und der Gegenüberstellung mit
  dem Verbesserungs-(Soll-)Zustand unter Bezugnahme auf den aufgezeigten Lösungsweg.

Die Entwicklung der Organisationen zu **dezentralen Strukturen** führte auch bei dem Einsatz des BVW zu einer **Entbürokratisierung** und dem direkten Bezug zwischen Mitarbeiter und Vorgesetztem.

Je nach Nutzen und Umsetzbarkeit des Vorschlags werden Prämien vergeben, kleinere in der Art von Bonusmarken und größere, die bis zu 40 % der Ersparnis an Geldwert betragen können. Gruppenvorschläge finden Berücksichtigung, indem die Belohnung anhand eines Belohnungsschlüssels auf die Mitglieder der Gruppe verteilt wird (z. B. erhält ein Auszubildender in der Gruppe mehr als der Gruppensprecher oder ähnlich).

3.7.2 KONTINUIERLICHER VERBESSERUNGSPROZESS

Prinzipiell verfolgt der **kontinuierliche Verbesserungsprozess (KVP)** dieselben Ziele wie auch das BVW. Das Vorschlagwesen zielt aber eher auf sprunghafte Verbesserungen im Einzelfall, während KVP einen kontinuierlichen Wandel in kleinen Schritten anstrebt.

Der kontinuierliche Verbesserungsprozess (KVP) ist:

- **ständige Verbesserung** unter Einbeziehung aller Mitarbeiter.
- eine **Unternehmenskultur,** in der jeder ungestraft das Vorhandensein von Problemen eingestehen kann und darf.
- das Umsetzen von Maßnahmen, welche die **Kundenzufriedenheit** erhöhen.
- **prozessorientiert** (der Weg ist das Ziel).
- **permanente** Aufrechterhaltung und Verbesserung in kleinen Schritten.
- das Auffinden und Eliminieren von **Verschwendung.**

Insbesondere der prozessorientierte Ansatz ermöglicht im Gegensatz zu ergebnisorientierten Ansätzen die Integration des KVP in moderne Managementmethoden. Es wird nicht mehr nur kurzfristig nach den Ursachen eines aufgetretenen Problems gesucht, sondern der Schwerpunkt liegt auf der **langfristigen Ergebnisverbesserung** und der **Erhöhung der Kundenzufriedenheit.**

Ergebnisorientierung WAS?	Ansatz	Prozessorientierung WIE?
▶ Ergebnis nicht ok ▶ Suche nach Ursachen ▶ Beseitigen der Ursachen	Vorgehensweise	▶ Analyse des Arbeitsablaufs ▶ Wie mit weniger Aufwand, problemloser, intelligenter zu gestalten? ▶ Wissen und Ideen jedes Mitarbeiters
▶ nur kurzfristige Fehlerbeseitigung ▶ andere Ursachen können auftreten ▶ keine langfristigen Ergebnisverbesserungen ▶ kein Wertzuwachs	Wirkung	▶ ständige Prozessverbesserung ▶ langfristige Ergebnisverbesserung ▶ größere Kundenzufriedenheit ▶ Wertzuwachs

24 〉〉 Seite 428

3.7.3 QUALITÄTSZIRKEL

Probleme können dort am besten erkannt und beseitigt werden, wo sie auftreten. Das theoretisch-geistige und praktische Potenzial der Mitarbeiter soll im Sinne des Unternehmens, aber auch im Hinblick auf eine höhere Arbeitszufriedenheit der Beteiligten genutzt werden.

Ein **Qualitätszirkel** ist eine Gruppe von Mitarbeitern,

- die gleichartige Arbeiten verrichten
- sich freiwillig regelmäßig, teilweise außerhalb der Arbeitszeit, zusammenfinden
- als Gruppe Arbeitsprobleme, die sie daran hindern, effektiver zu arbeiten, besprechen und
- realistische Lösungen entwickeln.

Als Ergebnis der Qualitätszirkel-Arbeit erzielt man eine Verbesserung der Produkt-, Dienstleistungs- und Arbeitsqualität und steigert die Unternehmensproduktivität. Die Mitarbeiter fühlen sich **integriert** und sind eher bereit, auch neue Technologien zu akzeptieren. Gleichzeitig erfolgt eine gegenseitige **Höherqualifizierung** der Mitarbeiter durch das Lernen voneinander. Die Einrichtung der Qualitätszirkel als eine Art der Gruppenarbeit bietet sich vor allem für kontinuierliche Aufgabenstellungen mit nicht zu hohem Komplexitätsgrad an.

25 Seite 428

	KONTROLLFRAGEN	bear- beitet	Lösungs- hinweise	Lö- sung	
				+	-
01	Aus welchen Informationen wird ein Produktprogramm erstellt?		77		
02	Welche Produkteigenschaften beeinflussen das Kaufverhalten?		78		
03	Beschreiben Sie die Phasen des Lebenszyklus eines Produktes!		79		
04	Wie verläuft die Deckungsbeitragsentwicklung über die Lebensdauer?		79		
05	Wovon hängt die Zeitdauer der Einführungsphase ab?		79		
06	Welche Aufgaben stehen während der Wachstumsphase im Vorder- grund?		80		
07	Welche Maßnahmen werden zur Verlängerung der Reife- und Sätti- gungsphase ergriffen?		80		
08	Nennen Sie Gründe für die Eliminierung eines Produkts!		80		
09	Welche Funktionsbereiche sind in den einzelnen Lebenszyklusphasen je- weils besonders beteiligt?		80		
10	Von welchen Randbedingungen hängt die Form der Lebenszykluskur- ve ab?		80		
11	Welche Ziele werden durch das Postponement angestrebt?		81		
12	Beschreiben Sie die Vorteile einer Gleichteileverwendung!		81		
13	Welche Produktmerkmale sind bezogen auf den Markt und auf die Her- stellbarkeit zu berücksichtigen?		91		
14	Welche Faktoren sind für die gute Herstellbarkeit der Produkte zu be- rücksichtigen?		82		
15	Definieren Sie die Aufgabe des Bereiches „Forschung und Entwick- lung"!		82 f.		
16	Welche Formen der Forschung und Entwicklung kennen Sie?		82		
17	Beschreiben Sie die einzelnen Phasen einer Produktentwicklung mit den jeweils relevanten Unterlagen!		83		
18	Definieren Sie den Unterschied von „Lastenheft" und „Pflichtenheft"!		84		
19	Wie sind die Begriffe „Muster", „Prototyp" und „Nullserie" definiert?		84		
20	Welche Vorteile bieten Normungssysteme?		85		
21	Beschreiben Sie die Wirkungsweise der unterschiedlichen Normebe- nen!		85		
22	Nennen Sie inhaltliche Unterscheidungsmerkmale von Normen!		85		
23	Was sind die Inhalte einer Typung?		86		
24	Welche Vorteile ergeben sich aus einer Typung?		87		
25	Nennen Sie Beispiele für überbetriebliche Typung!		87		
26	Welche Nachteile können sich aus einer Typung ergeben?		87		
27	Was sind Kennzeichen von Baukastensystemen?		87		
28	Welche Vorteile versprechen sich Unternehmen durch den Einsatz von Baukastensystemen?		88		

KONTROLLFRAGEN		bear-beitet	Lösungs-hinweise	Lösung	
				+	-
29	Beschreiben Sie die Vorteile des „Simultaneous Engineering" gegenüber konventionellen Konzepten!		88		
30	Nennen Sie die typischen Handlungsweisen im Simultaneous Engineering!		89		
31	Welche Methoden kommen hauptsächlich während einer Produktentwicklung zum Einsatz?		89 f.		
32	Welche Methoden werden zur optimierenden Produktgestaltung eingesetzt?		90		
33	Skizzieren Sie den Ablauf bei der Methode „QFD"!		90 f.		
34	Welche Vorteile zieht man aus der Anwendung der Methode „QFD"?		91		
35	Was sind die Zielsetzungen der Methode „FMEA"?		91		
36	Zu welchen Anlässen soll eine FMEA durchgeführt werden?		91 f.		
37	Beschreiben Sie den Ablauf einer FMEA!		92		
38	Wie wird die „Risikoprioritätszahl" bei einer FMEA ermittelt?		92		
39	Was ist ein Fehlerbaum und wozu dient die Fehlerbaumanalyse?		93		
40	Welche Ergebnisse erhält man nach durchgeführter Fehlerbaumanalyse?		94		
41	Welche Erleichterungen ergeben sich durch Einsatz der Methode „DoE"?		94		
42	Was versteht man unter einer Wertanalyse?		95		
43	Welche Merkmale kennzeichnen die Wertanalyse?		96		
44	Welche Daten sind zur Produktbeschreibung notwendig?		97 f.		
45	Welche Inhalte können Stücklisten aufweisen?		97 f.		
46	Unterscheiden Sie die Stücklisten nach der Art ihrer Verwendung!		98		
47	Wie erfolgt die Archivierung von Stücklisten?		98		
48	Wodurch unterscheiden sich die Aufbauorganisationen in Klein-, Mittel- und Großbetrieben?		99 f.		
49	Welche Vor- und Nachteile kennen Sie bei der Installation eines Projektmanagers?		101		
50	Welche Vorteile versucht man durch Geschäftsbereichsorganisationen zu erzielen?		102		
51	Überlegen Sie, bei welchen Märkten und welchen Produkten sich besonders die Centerorganisation rechnet?		103		
52	Welche Vorteile verspricht man sich von virtuellen Organisationen?		105		
53	Welche Voraussetzungen sind zum Erreichen einer lernenden Organisation wichtig?		105		
54	Welche Aufgaben nimmt die Produktion wahr und welche Anteile können fallweise auch von anderen Unternehmensbereichen ausgeführt werden?		106		

	KONTROLLFRAGEN	bear-beitet	Lösungs-hinweise	Lösung +	Lösung -
55	Welche Inhalte gehören zu einer unternehmensübergreifenden Prozess-organisation?		107		
56	Wer ist im Unternehmen verantwortlich für die Definition und Umsetzung der Personalpolitik?		108		
57	Welche Leitgedanken bestimmen die Personalpolitik?		108 f.		
58	Nennen Sie Gründe für die Förderung des Humanpotenzials!		108		
59	Was sind die Besonderheiten des Produktionsfaktors Personal gegen-über den sonstigen Produktionsfaktoren?		108		
60	Nennen Sie Beispiele für Rahmenbedingungen, die beim Einsatz von Personal Beachtung finden müssen!		109		
61	Von welchen Parametern hängt die menschliche Arbeitsleistung ab?		109		
62	Definieren Sie den Begriff Motivation!		109		
63	Wodurch können Anforderungen an betriebliche Funktionen festgelegt werden?		110		
64	Nennen Sie die Bestandteile der Mitarbeiterqualifikation!		110		
65	Wodurch wird versucht, Arbeitsunzufriedenheit abzubauen oder zu ver-hindern?		110		
66	Beschreiben Sie die Unterschiede in den Methoden zur Humanisierung der Arbeitsplätze!		110		
67	Was zeichnet die „teilautonomen Gruppen" besonders aus?		110		
68	Welche Einflussgrößen wirken auf die menschliche Arbeitsleistung?		111 f.		
69	Beschreiben Sie die unterschiedlichen Faktoren der menschlichen Ar-beitsleistung, die im Mitarbeiter selbst begründet sind!		111 f.		
70	Diskutieren Sie die Bedeutung von Leistungsfähigkeit und Leistungsbe-reitschaft!		111 f.		
71	Welche Aspekte der sozialen Einflüsse halten Sie für besonders wich-tig?		112		
72	Nennen Sie die Voraussetzungen zur vollen Ausschöpfung und Erhaltung der Leistungsfähigkeit!		113		
73	Welche Regelungen bezüglich der Arbeitszeit kennen Sie?		113		
74	Nennen Sie die Ziele der Personalplanung!		113		
75	Mit welchen Teilbereichen befasst sich die Personalplanung?		114 ff.		
76	Worin besteht die Hauptaufgabe der Personalkapazitätsplanung und was muss dabei berücksichtigt werden?		114 f.		
77	Was ist bei der Einsatzplanung von Mitarbeitern zu berücksichtigen?		115		
78	Nennen Sie die gebräuchlichsten Zeitmodelle in der Arbeitszeitregel-ung!		116		
79	Warum ist die „Gerechtigkeit" eines Lohnsystems wichtig?		116		
80	Wie wird versucht, die Arbeitsleistung möglichst objektiv zu beurteilen?		117		

	KONTROLLFRAGEN	bear-beitet	Lösungs-hinweise	Lö-sung +	-
81	Was wird als Grundlage zu einer Arbeitsbewertung benötigt?		117		
82	Beschreiben Sie die beiden grundlegenden Methoden der Arbeitsbewertung!		117		
83	Wodurch können persönliche Leistungsunterschiede erfasst werden?		117		
84	In welchen Bereichen ist der Zeitlohn die sinnvollste Form?		118		
85	Wie ist „Akkordlohn" definiert und welche Ausprägungen kennen Sie?		118		
86	Welchen Vorteil verspricht man sich vom Prämienlohn?		119		
87	Welche Ziele möchte man mit einer Erfolgsbeteiligung erreichen?		119 f.		
88	Was können Grundlagen für die Bemessung bei einer Erfolgsbeteiligung sein?		119		
89	Welche Probleme birgt die Erfolgsbeteiligung in sich?		119 f.		
90	Wie kann die Verteilung des Erfolgs geschehen?		120		
91	Nennen Sie die Vorteile, die man mit der Einführung von Team- und Gruppenarbeit erzielen möchte!		121		
92	Beschreiben Sie wesentliche Formen von Gruppenarbeit!		121		
93	Wodurch zeichnet sich die Arbeit in Gruppen aus?		121 f.		
94	Nennen Sie mögliche Probleme bei der Gruppenarbeit!		122		
95	Welche Randbedingungen sind nötig, um eine erfolgreiche Gruppenarbeit zu erzielen?		121 f.		
96	Welche Überlegung steht hinter der möglichst umfassenden Beteiligung der Mitarbeiter an der Prozessplanung?		122		
97	Welche Ziele verfolgt man bei der Durchführung von Mitarbeitergesprächen?		122		
98	Welche Methoden des „Ideenmanagements" kennen Sie?		123		
99	Definieren Sie die Inhalte eines Verbesserungsvorschlags!		123		
100	Welche Zielsetzung hat der kontinuierliche Verbesserungsprozess und wodurch unterscheidet er sich von dem Verbesserungsvorschlag?		124		
101	Beschreiben Sie die unterschiedlichen Ansätze bei ergebnisorientierten und bei prozessorientierten Methoden!		124		
102	Wie funktioniert ein „Qualitätszirkel"?		125		

D. GESTALTUNG DER PROZESSE

Die Ausgestaltung der Produktionsumgebung stellt eine wichtige Komponente dar, um effektiv und effizient arbeiten zu können. Die Prozessgestaltung umfasst:

Gestaltung der Prozesse	Planungsgrundsätze
	Infrastrukturgestaltung
	Betriebsmittel und Information
	Produktionsverfahren
	Arbeitsplanerstellung

1. PLANUNGSGRUNDSÄTZE

Die Ausgestaltung der Produktionsprozesse stellt einen wichtigen Planungsschritt für eine wirtschaftliche Produktion dar. Anlässe sind:

- Einführung neuer Produkte
- Veränderungen im Kapazitätsbedarf
- technologische Weiterentwicklungen
- Investitionsentscheidungen
- Neubau oder Übernahme von Produktionsstätten.

1.1 RANDBEDINGUNGEN

Je nach Ausrichtung der Prozesse lassen sich unterschiedliche Produktionssysteme definieren. Daraus lassen sich grundlegende **Anordnungstypen** herleiten. In der Regel werden mehrere Prozesstypen nebeneinander zum Einsatz kommen, je nachdem welche Vorteile genutzt werden können.

Da eine Vielzahl von Interessengruppen (z. B. Mitarbeiter, Management, Kapitalgeber, Gesellschaft) an der Ausgestaltung des Produktionsprozesses beteiligt ist, entstehen naturgemäß unterschiedliche Zielsetzungen und Prioritäten. Typische Motivationslagen sind:

Technisch	hohe Auslastung, geringe Fehlerquote, günstiger Materialverbrauch
Wirtschaftlich	geringe Herstellkosten, hohe Deckungsbeiträge, kurze Amortisationszeiten
Personalbezogen	sicherer Arbeitsplatz, Gesundheitsschutz, gerechte Entlohnung, Motivation
Umweltbezogen	geringer Ressourcenverbrauch, Umweltschonung, Recyclingfähigkeit

Die zu gestaltenden Produktionsprozesse müssen in die Unternehmensstrategien eingebunden werden und folgende Rahmenbedingungen beachten:

• Berücksichtigung vorhandener Kapazitäten
• zusätzliche Anforderungen an die Produktionstechnik
• Veränderungen der Produktionsprozesse im Laufe des Lebenszyklus.

Die **Anforderungen an die Produktion** werden durch bestimmte Eigenschaften bestimmt:

Produkt und Markt	▶ Breite des Produktprogramms ▶ Auftragsgröße ▶ Anzahl der Produktinnovationen ▶ kaufentscheidende Produkteigenschaften ▶ Umfang der technischen Kompetenz
Produktion und deren Steuerung	▶ Art der Betriebsmittel ▶ Flexibilität ▶ Ausbringungsmenge ▶ Umrüstaufwand ▶ Bearbeitungszeit ▶ Zentralität der Steuerung

Schließlich müssen für den Prozess noch die Parameter Effektivität und Effizienz berücksichtigt werden.

	Auswirkung	Voraussetzungen
Prozesseffektivität	Es wird das gewünschte Ergeb-nis erzeugt. „Das Richtige machen"	Möglichst alle Anforderungen müssen bekannt sein.
Prozesseffizienz	Das Ergebnis wird mit minimalem Einsatz erreicht. „Etwas richtig machen"	Es muss der Zusammenhang zwischen Eingangs- und Aus-gangsgrößen beschrieben sein.

Optimale Prozesse sind daher gleichzeitig effizient und effektiv.

In einem möglichst **ausgewogenen Prozessprofil** sollten viele der Forderungen erfüllt
sein. Die Optimierung aus den Anforderungen führt zur Entscheidung über die Anordnungstypen in der Produktion (Einzel-, Serien- oder Massenproduktion mit den jeweiligen Ausprägungen) siehe D4.

1.2 PROZESSDESIGN

Um das optimale Prozessdesign erstellen zu können, benötigt man Informationen über
die Struktur der Prozesse und Kenntnisse über mögliche Optimierungsansätze.

1.2.1 TYPEN UND STRUKTUR VON PROZESSEN

Im Kapitel A. 3. „Operations Management" wurde bereits die Definition der unterschiedlichen Prozesstypen Kernprozesse, Managementprozesse und Unterstützungsprozesse vorgestellt. Ein Beispiel für die Prozessmodellierung findet sich in der Darstellung des SCOR-Modells (s. Kapitel H. 2). Hier sollen die häufig eingesetzten Methoden zur Modellierung und Optimierung von Prozessen beschrieben werden. Es wird dabei jeweils derselbe Vorgang als Beispiel angeführt, der aus einer Kundenanfrage für ein Projekt besteht sowie die anschließende Prüfung der Anfrage und die Entscheidung, ob das Projekt durchgeführt wird oder nicht.

Die Ereignisgesteuerte Prozesskette (EPK)

Eine mittlerweile etablierte Methode zur Beschreibung von Geschäftsprozessen ist die **Ereignisgesteuerte Prozesskette (EPK)**, die wesentlich von SAP entwickelt wurde und Bestandteil des Modellierungstools ARIS ist. Durch Anwendung dieser Methode können detaillierte Entscheidungen und Verzweigungen im Prozessablauf visualisiert werden, sodass Ansatzpunkte zur Optimierung erkannt werden. Die EPK unterscheidet zwischen Ereignissen und Aktivitäten, die im Wechsel aufeinander folgen. Sind Entscheidungen zu treffen werden die alternativen Wege über Verzweigungen dargestellt.

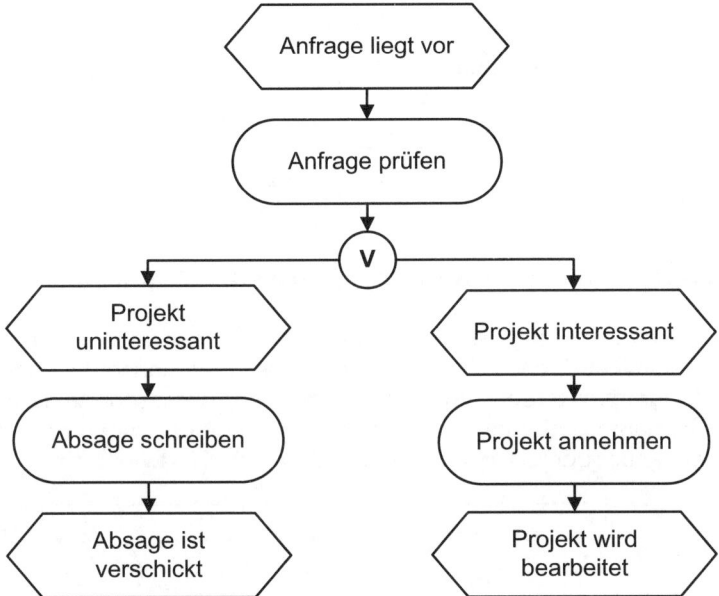

Das Vorgangskettendiagramm

Das Vorgangskettendiagramm stellt einen Geschäftsprozess geschlossen dar. Alle Sichten des Geschäftsprozesses (was geschieht? in welcher Organisationseinheit? mit welchen Daten? mit welchem Ergebnis?) werden übersichtlich in einer Tabelle zusammengefasst. Diese leicht lesbare Darstellung von ganzheitlichen, abteilungsübergreifenden

Prozessketten ermöglicht ein einfaches Erkennen von Schwachstellen, hat aber seine Grenzen bei umfangreicheren Prozessen, die nicht mehr übersichtlich darstellbar sind.

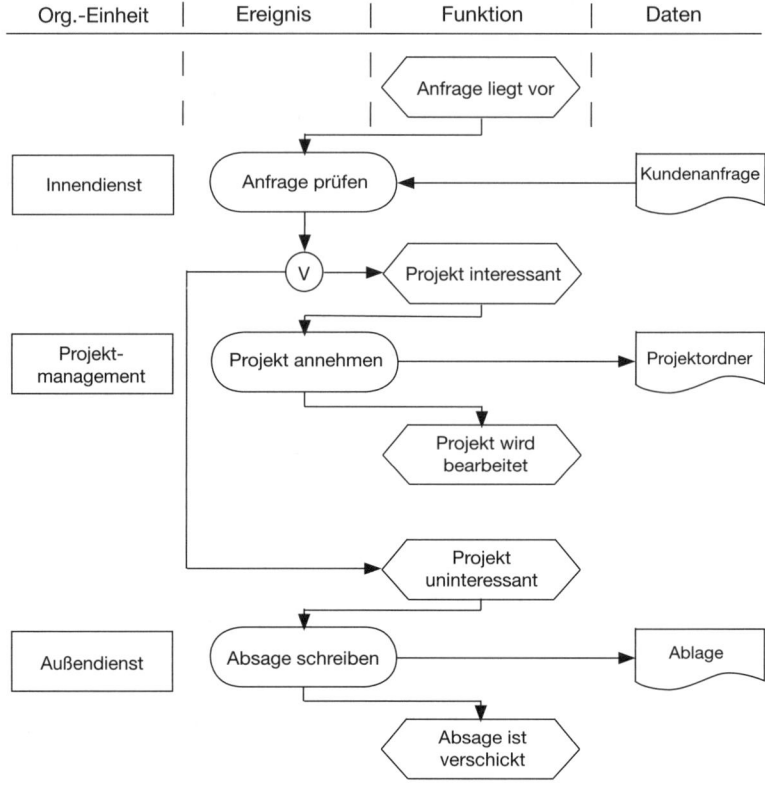

Das Spaghetti-Diagramm oder Wertschöpfungskettendiagramm

Eine ähnliche Darstellung zeigt das Wertschöpfungsketten- oder Spaghetti-Diagramm nur mit dem Unterschied, dass die Wertschöpfungsstufen horizontal angeordnet sind. Im Spaghetti-Diagramm werden anhand der einzelnen Prozessschritte die jeweiligen Aktivitäten und die daran beteiligten Funktionsbereiche aufgezeichnet. Außerdem können Meilensteine eingefügt oder Verbindungen mit Daten skizziert werden.

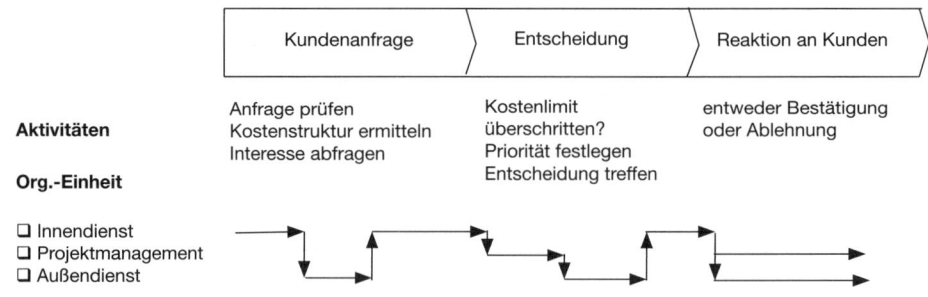

1.2.2 OPTIMIERUNGSANSÄTZE

Allen Methoden gemeinsam ist es, nach der erfolgten transparenten Visualisierung mögliche Einsparpotenziale und Optimierungsansätze zu suchen. Typischerweise handelt es sich dabei um Überlegungen, die auch aus anderen Analyseelementen bekannt sind wie:

Ansatz	Beispiel
Tätigkeiten weglassen	Keine Angebotseinholung bei Katalogartikeln
Tätigkeiten beschleunigen	Standards einführen, automatische Weiterleitung
Tätigkeiten zusammenlegen	Komplettbearbeitung durch eine Person
Tätigkeiten automatisieren	Standardisierter Workflow statt Sachbearbeiter
Tätigketien verlagern	Übernahme durch Lieferanten oder Kunden
Tätigkeitenreihenfolge ändern	Anonyme Vorfertigung, danach individuell
Tätigkeiten parallel abwickeln	Produktionsplanung noch während der Entwicklung starten
Konzentration der Verantwortung	Ein Ansprechpartner für Kunden
Teamarbeit bevorzugen	Interdisziplinäres Wissen nutzen
Kennwerte einführen und messen	Zielvereinbarungen mit Mitarbeitern

Die einzelnen Optimierungsmöglichkeiten können an unterschiedlichen Stufen der Prozesszyklen angreifen:

Zeitpunkt der Optimierung	Schwerpunkt der Optimierung
Prozessgestaltung	Kundenanforderungen, Reaktionszeiten, Komplexität, Kontinuität
Prozessplanung	Durchlaufzeiten, Kapazitäten, Bestände
Prozesssteuerung	Prioritäten, Störungsmanagement
Prozessdurchführung	Qualität, Leistungserbringung, Dokumentation

Die Ausprägung der Prozessverbesserung hängt vom Umfang der Änderung ab und kann als kontinuierlicher Verbesserungsprozess in kleinen Schritten (**Kaizen**) oder als sprunghafte Veränderung durch Innovationen erfolgen. Eine radikale Neugestaltung bezeichnet man als **Prozessreengineering**, was zu einem komplett anderen Vorgehen führt (s. Business Process Reengineering Kap. B. 3.7). In der Realität findet man häufig Kombinationsformen, in denen innerhalb bestehender Strukturen die Prozesse optimiert werden oder vorhandene Prozesse in eine neue Struktur überführt werden, beispielsweise durch Einsatz neuer Techniken oder DV-Systeme.

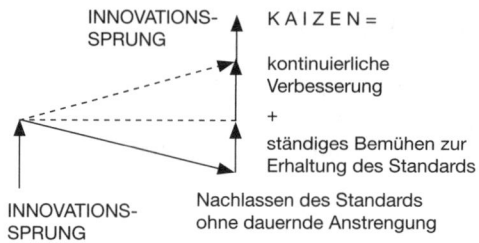

Um den eigenen Leistungsstand einschätzen zu können, werden Vergleichsbetrachtungen mit Wettbewerbern oder mit Unternehmen, die in einer speziellen Prozessabwicklung besonders gut sind, durchgeführt. In solchen **Benchmarks** lässt sich die eigene Leistung in unterschiedliche Stufen klassifizieren. Die Arbeitsweisen, die zu den Bestleistungen führen, werden als **„Best Practice"** bezeichnet. Wird durch eine Innovation ein Leistungssprung erreicht, spricht man von **„Next Practice"**.

26 >> Seite 429

1.3 Prozesslenkung und Prüfplanung

Die Aufgabe, bei der Produktion von Gütern oder in der Dienstleistungserbringung einwandfreie Qualität sicherzustellen, kann nicht erst durch Überprüfung der fertigen Leistungen erfüllt werden, sondern muss **präventiv** und **prozessorientiert** gelöst werden.

Die Langzeitrevision der ISO 9000:2000 fordert hierzu die Festlegung entsprechender Verfahren in der Produktion unter Berücksichtigung von:

• Verfügbarkeit von Spezifikationen
• Verfügbarkeit klarer Arbeitsanweisungen
• Gebrauch und Wartung geeigneter Einrichtungen
• Verfügbarkeit und Einsatz geeigneter Prüfmittel
• Implementierung geeigneter Steuerungsaktivitäten
• Geeignete Methoden für Freigabe, Lieferung und Kundendienst.

1.3.1 Anforderung an die Prozesslenkung

Bis in die 60er-Jahre waren **Fertigung (Mengendurchsatz)** und Kontrolle **(Qualitätsaspekt)** voneinander getrennt und hintereinander geschaltet. Fehler wurden am Ende des Bearbeitungsprozesses ausgesondert. Aufgrund der Erkenntnisse der Endkontrolle fand dann eine Korrektur der Prozesse statt.

Zum einen war der zeitliche Verzug zwischen Fehlerentstehung und Abstellung der Fehlerursachen sehr groß, zum anderen war nach Abfolge vieler Bearbeitungsschritte der eigentliche Ort der Fehlerentstehung nur sehr schwer nachvollziehbar.

Auf dem Weg zur **Null-Fehler-Philosophie** ist es notwendig, den Prüfarbeitsgang parallel zum Produktionsschritt durchzuführen. Durch die unmittelbare Erfassung von Prüf- und Messwerten durch den Werker selbst und eine einfach gehaltene Auswertung kann vor Ort ständig die erzeugte Qualität überprüft werden und bei Fehlern sofort eine Reaktion erfolgen.

Derjenige, der eine Tätigkeit ausführt, kann auch am besten beurteilen, welche Probleme an seinem Arbeitsplatz auftreten oder welche Verbesserungsmöglichkeiten es gibt.

Durch Betonung der **Verantwortung am Arbeitsplatz** erreicht man:

- Identifikation mit der geleisteten Arbeit
- schnelle Reaktion auf Abweichungen
- direkte Rückkopplung in den laufenden Prozess
- geringeren Prüfaufwand
- weniger Fehlleistungsaufwand durch bessere Steuerung
- geringere Durchlaufzeiten und damit niedrigere Bestände.

1.3.2 Einsatz von Methoden

Während des Prozessablaufes werden begleitende Methoden eingesetzt wie :

- **Automatische Prozessüberwachung** durch Messmittel oder Grenzwertanzeiger
- **SPC-Methoden** (Statistical Process Controlling) als prozessbegleitende Maßnahmen auf Basis von variablen oder attributiven Prüfmerkmalen
- **Prozessfähigkeitsuntersuchungen** durch permanente Analyse von Stichproben
- **Prozessparameteranalysen** (z. B.: Temperatur, Kraft, Reaktionszeiten oder Häufigkeiten)
- **Prozess- und Risikomanagement** (Prozess-FMEA)
- **Vorbeugende Instandhaltung** (TPM - Total Productive Maintenance) möglichst durch das Produktionspersonal selbst.

Von besonderer Bedeutung bei der Neueinführung oder Änderung von Prozessen ist der Nachweis, dass die Eigenschaften der Produkte sich nicht nachteilig verändern. Manche vom Kunden vorgegebenen Spezifikationen entsprechend QS 9000 und VDA 6.1 schreiben vor, dass Änderungen am Prozess dem Kunden vor deren Einführung bekannt zu geben sind und evtl. eine Zustimmung abzuwarten ist.

Ein Prozess wird als **beherrscht** bezeichnet, wenn sich die Parameter der Verteilung der Merkmalswerte des Prozesses praktisch nicht oder nur in bekannter Weise oder in bekannten Grenzen ändern. Man bezeichnet einen Prozess als **qualitätsfähig**, wenn er geeignet ist, die Qualitätsanforderungen an das produzierte Produkt zu erfüllen.

Analog zur Prozessfähigkeit von Produktionsanlagen kann die **„Messfähigkeit" (measurement capability)** von Mess- und Prüfmitteln definiert und ermittelt werden. Die Genauigkeit des Messverfahrens muss der zu ermittelnden Abweichung vom Sollwert (Toleranzeinhaltung) angepasst sein.

Der Einsatz **wissensbasierter Systeme**, so genannter Expertensysteme, ist hier schon weit fortgeschritten. Ein Expertensystem basiert auf Techniken der künstlichen Intelligenz und ist in der Lage, anspruchsvolle Aufgaben in einem Spezialgebiet zu lösen.

Expertensysteme werden in der Qualitätssicherung eingesetzt, um:

- die einheitliche Nutzung von Messmitteln zu erhöhen
- die Genauigkeit von Daten durch Ausgleich externer Einflüsse zu erhöhen
- die Gebrauchstauglichkeit von Messmitteln zu überwachen
- Erfahrungen bei der Lösung komplexer Messaufgaben zu übertragen
- Bediener durch Online-Hilfe zu unterstützen
- Fehlanwendungen zu vermeiden.

1.3.3 Prüfplanung

Alle während und nach der Herstellung der Produkte durchzuführenden Prüfungen auf Konformität mit den Anforderungen müssen geplant und in Ablaufplänen dokumentiert sein. Dazu gehört neben der Festlegung der Sollwerte und zulässigen Toleranzen die Angabe der zu verwendenden **Mess- und Prüfmittel** sowie der **Prüfpläne**.

Die Prüfplanung soll die besonderen Merkmale des betreffenden Auftrags und die dokumentierten Prozessfähigkeiten berücksichtigen. Generell soll die Prüfung an der Stelle erfolgen, an der die entsprechenden Produktparameter entstehen. Ziel muss es sein, die Konformität des Produktes mit den Anforderungen während der Fertigung so zu erfassen und zu dokumentieren, dass auf eine Endprüfung im Standardfall verzichtet werden kann.

Prozesse, Einrichtungen und Maschinen müssen so beschaffen sein, dass sie eine fehlerfreie und wirtschaftliche Produktion ermöglichen. Zwischen der Planung und Entwicklung von Prozessen und von Einrichtungen und Maschinen besteht ein enger Zusammenhang. Deshalb ist es sinnvoll, die Verantwortung für beide Aktivitäten demselben Team von Mitarbeitern zu übertragen oder mindestens eine enge Kooperation in Form eines Projektmanagement oder Simultaneous Engineering mit Meilensteinplänen vorzusehen.

Die **Methode** zur Prüfplanerstellung und die Inhalte von Prüfplänen variieren je nach:

- **Art der Fertigung**   (Großserie, Kleinserie, Einzelfertigung),
- **Produktstruktur**   (Komplexität, Komponenten, Produkte, Anlagen)
- **Produktionsstruktur**   (automatisiert, dezentral, Maschinenpark, Rüstanteil)
- **Prüfmethodik**   (attributiv, variabel, Automaten, optisch, Stichproben).

Dennoch lassen sich einige **generelle Ablaufschritte** definieren wie:·

Festlegen der Stammdaten	Produkt und Ablauf-Spezifikation
Auswahl der Prüfmerkmale	Sicherheitsmerkmal, funktionskritisch, für Nachfolgebearbeitung wichtig
Festlegen der Prüfart	variabel, attributiv
Festlegen der Prüfintensität	wie häufig, Abhängigkeit von vorhergehenden Ergebnissen, Prüfaufwandssteuerung
Festlegen der Prüfmittel	Messtechnik, Automatisierung, Fähigkeit
Umfang der Dokumentation	Volldokumentation, nur bei Abweichungen
Festlegen von Reaktionen	Sperrungen, Korrekturen, Rückweisungen
Einweisung und Schulung	Dokumentation, Mitarbeiterinformation

1.3.4 PRÜFAUSFÜHRUNG UND DATENAUSWERTUNG

Zur Absicherung des Prozesses müssen die produktionsbegleitenden Prüfungen so durchgeführt werden, dass ein Abwandern der Prozessparameter aus den vorgegebenen oder statistisch ermittelten Grenzen verhindert wird. Zur Erfüllung der Aufgaben hat sich die Methode der **Statistischen Prozesssteuerung (SPC)** vielfach bewährt.

Zur Beurteilung des Prozesses werden in regelmäßigen Abständen **Stichproben** aus der laufenden Fertigung entnommen und deren Kennwerte berechnet. Die Werte werden in eine **Regelkarte** eingetragen. Der Verlauf der eingetragenen Punkte erlaubt Aussagen über den Prozess und ermöglicht einen regelnden Eingriff.

Die **Endkontrolle** gilt heute vornehmlich als **Komplettierungsüberprüfung** und ist ein letzter Vollständigkeits-Check vor der Auslieferung. Fehler sollten möglichst auf den vorgelagerten Stufen bereits ausgemerzt sein oder erst gar nicht gemacht werden. Soweit wie möglich soll die Endprüfungstätigkeit in dem Verantwortungsbereich der Produktion liegen, die damit stärker in die Pflicht zur Selbstprüfung genommen wird.

Durch eine gezielte **Prüfdatenauswertung** sind für alle Ebenen des betrieblichen Management Hinweise zu ermitteln, die bei zukünftigen Entscheidungen mit in die Überlegungen einfließen.

1.3.5 Rechnerunterstützung

Bei der Analyse des Prozessablaufs und der Überwachung von Zielvorgaben werden prozessorientierte **CAQ-(Computer-Aided-Quality-Assurance)Systeme** eingesetzt. Mit DV-Unterstützung können die Datenmengen der SPC-Systeme geordnet werden und übersichtliche Auswertungen erstellt werden. Der Anwender wird selbst in die Lage versetzt, korrigierend einzugreifen, ohne dass langwierige Auswertungen abgewartet werden müssen.

In verdichteter Form dienen die CAQ-Daten als bereichsübergreifende Qualitätsinformationen zur Rückkopplung in Entwicklungs- und Planungsabteilungen.

Voraussetzung für die Anwendung statistischer Überwachungsverfahren per DV ist:

* **ein beherrschter Prozess**
  Die Abweichungen von einem gegebenen Sollwert sind vorhersagbar, das Qualitätsniveau ist stabil.

* **ein qualitätsfähiger Prozess**
  Es entstehen Produkte, welche die Qualitätsanforderungen erfüllen, Produktion praktisch ohne Ausschuss.

Zur Erstellung von Prüfplänen bietet eine Reihe von CAQ-Systemen Unterstützung an. Insbesondere bei wiederkehrenden Aufgaben wie

* Erstellung von Prüfplänen für ähnliche Produkte
* Generieren von Prüfaufträgen für konkrete Produktionslose
* Datenerfassung
* Prüfmittelüberwachung

können solche Systeme zur Effizienzsteigerung eingesetzt werden. Hauptsächlich stehen aber Aspekte der **Vernetzung** und des bereichsübergreifenden Informationsaustauschs im Vordergrund.

2. Infrastrukturgestaltung

Um die geplante Leistungsfähigkeit der Produktion herzustellen, sind die in der Planungsphase erarbeiteten Ziele zu verwirklichen. Dazu sind die Produktionspotenziale geeignet zu strukturieren.

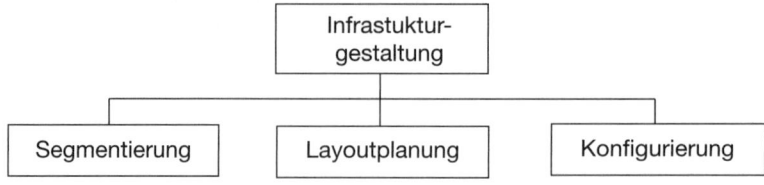

2.1 SEGMENTIERUNG

Produktionsbereiche sind in den seltensten Fällen in nur einem Organisationstyp vorzufinden. In der Regel existieren **Mischformen**, in denen beispielsweise in der Vorfertigung das Prozessfolgeprinzip in Form eines Fließbands umgesetzt ist, in der Lackiererei eine Werkstatt eingerichtet ist, die Bearbeitung von Baugruppen durch ein flexibles Fertigungssystem erledigt wird und in der Montage das Gruppenprinzip praktiziert wird.

Die einzelnen Subsysteme müssen in der Regel nach unterschiedlichen Planungs- und Steuerungsmethoden geführt werden und unterliegen differenzierten Optimierungsregeln.

Unter Segmentierung versteht man die Aufgliederung des Produktionsbereichs in eigenständige Teilbereiche mit jeweiliger **dezentraler Verantwortung**. Innerhalb der Produktion können Teilbereiche definiert werden nach:

unterschiedlichen Organisationstypen	▶ Fließproduktion ▶ Werkstattfertigung ▶ Produktionsinsel ▶ Flexible Fertigungssysteme ▶ Lagerbereiche ▶ Sonderbearbeitungen
Einsatz unterschiedlicher Technologien	▶ CNC-Bearbeitung ▶ Gießerei ▶ Schreinerei ▶ Montage ▶ Hochregallager
Verantwortungs- und Abrechnungsmodalitäten	▶ Komplettbearbeitung ▶ Profit-Center ▶ Dienstleistungsbereiche

Für jedes Segment sind typische Planungs- und Controllingaufgaben zu erledigen, die sich in den Bereichen Strukturplanung, Losgrößenplanung, Transport- und Lagerplanung mit jeweils unterschiedlichen Zielsetzungen je nach Segmentausprägung ergeben.

Ein Vorteil der Segmentierung liegt in der **Entflechtung der Produktion**, indem Produkte mit hohem Wiederholungsgrad getrennt von Produkten mit geringer Stückzahl und hoher Variantenvielfalt gehalten werden. Dem Vorteil des reibungslosen Fertigungsflusses steht allerdings der Nachteil eventuell doppelt vorhandener Betriebsmittel und einer geringeren Anlagennutzung entgegen.

Weitergehende Konzepte integrieren noch Verantwortungen für die Arbeitsplanung und die Kontakte zu Lieferanten und Kunden in ein solches Segment. Die bekanntesten Ausprägungen sind:

- **Die Fraktale Fabrik**
  In diesem System existieren sich selbstorganisierende und in ihrem Ablauf ähnliche Einheiten - die Fraktale - mit weitgehender Eigenverantwortung, jedoch eingebunden in die gemeinsame Unternehmenszielsetzung.

- **Die Agile Fabrik**
  Dieses Konzept legt besonderen Wert auf die systematische Steigerung der Kooperation zwischen Zulieferanten, Partnerunternehmen und auch mit Konkurrenten mit dem Ziel, hohe Reaktionsfähigkeit (Agilität) gegenüber den Kundenwünschen zu zeigen. Dazu ist eine schnell umkonfigurierbare DV-unterstützte Infrastruktur notwendig.

2.2 Layoutplanung

Die Festlegung eines bestimmten innerbetrieblichen Standorts für ein Segment wird in einer Layoutplanung vorgenommen. Die Notwendigkeit besteht bei:

- **Neugestaltungen** zur erstmaligen Festlegung eines Standortes
- **Veränderungen** aufgrund einer Änderung im Produktionsprogramm
- **Erweiterungen** bei Aufnahme zusätzlicher Segmente.

Zentrales Ziel der Layoutplanung ist die **Kostenminimierung über den Gesamtprozess**. Daraus abgeleitete Zielsetzungen sind:

- Durchlaufzeitminimierung
- Minimierung von Störungen
- hohe Übersichtlichkeit
- geringe Liquiditätsbelastung
- hohe Arbeitssicherheit
- hohe Mitarbeiterzufriedenheit
- gute Raumausnutzung
- hohe Flexibilität
- kurze Wege.

Probleme, die bei der Layoutplanung regelmäßig auftreten und zu Restriktionen in den Entscheidungen führen, sind:

- Die **Werkstückabmessungen** beeinflussen die Wahl von Flächen und Transportmittel.
- Der **Organisationstyp** beeinflusst die Materialflussgestaltung.
- Die **Betriebsmittel** stellen Anforderungen an Raumausstattung und Energiezufuhr.
- Die **Mitarbeiter** verlangen nach sicheren und ergonomischen Arbeitsplätzen.
- Die **bestehende Infrastruktur** nimmt Freiheitsgrade durch Eigenschaften von Gebäuden oder Verkehrswegen.
- **Rechtliche Vorschriften** (Gewerbeordnung, Arbeitssicherheitsgesetz, Arbeitsstättenverordnung usw.) grenzen Gestaltungsspielräume ein.

Zur Lösung dieser Problematik hat sich eine Reihe von Verfahren herausgebildet, die zum Teil DV-unterstützt arbeiten. Da eine vollständige Berücksichtigung aller Randbedingungen sehr bald zu hohen Rechenzeiten führt, haben sich vereinfachende Verfahren etabliert wie

Branch-and-Bound	bei dem Untermengen gebildet und einzeln bewertet werden. Die besten Lösungsansätze werden dann so lange wieder in Teilmengen bewertet, bis die Lösung vollständig wird.
Quadratische Zuordnungsverfahren	bei denen vorrangig das Produkt aus Transportkosten und -intensität berücksichtigt wird und über eine Rechenvorschrift zu einem Optimum führen soll.
Heuristische Verfahren	die sich orientieren an Erfahrungswerten bezüglich Grundriss, Materialflussmöglichkeiten, Gewichten oder Entfernungen und so in die Nähe einer optimalen Lösung kommen.

Generell empfehlen sich Vorgehensweisen, die zunächst die Reihenfolge der Produktionsschritte festlegen, danach den geeigneten Organisationstyp ermitteln und schließlich Transportmittel- und Wegeplanung durchführen.

2.3 KONFIGURIERUNG VON PRODUKTIONSSYSTEMEN

Die Anordnung von Maschinen und Arbeitsstationen orientiert sich an dem Organisationstyp der Produktion und an der Variantenvielfalt der Produkte. Typische Ansätze der Konfiguration sind:

Bei der **Fließproduktion** sind die einzelnen Stationen hintereinander angeordnet und entsprechen den Arbeitsgängen im Arbeitsplan. Sollen Varianten hergestellt werden, hängt die Anordnung davon ab, inwieweit die Bearbeitungszeiten differieren. Je stärker die Unterschiede sind, umso weniger starr können die Arbeitsplätze miteinander verbunden werden. Man unterscheidet:

Konfigurierung im Taktsystem	die in der Regel nur bei Einproduktfertigung wirtschaftlich durchführbar ist. Es werden für jeden Arbeitsschritt Vorgabezeiten festgelegt und die Arbeitsinhalte so aufeinander abgestimmt, dass an jeder Arbeitsstation dieselben Zeitvorgaben entstehen. Erreicht wird das durch entsprechende Zuordnung von Tätigkeiten, die ein Vielfaches der Grundzeit für eine voll ausgelastete Station sein müssen. Ist der Wert größer Eins werden entsprechend viele Stationen parallel geschaltet.
Konfigurierung ohne Taktsystem	bei der die Werkstücke asynchron von Arbeitsplatz zu Arbeitsplatz bewegt werden. Die Bearbeitungszeiten sind unterschiedlich lang, weil die Arbeitsinhalte unterschiedlich sind oder weil prozess- oder mitarbeiterbedingte Schwankungen existieren. Um bei diesen Randbedingungen effizient zu arbeiten, müssen zwischen die Stationen **Puffer** eingerichtet werden. Hier besteht ein weiteres Optimierungsproblem, da die Puffer nicht zu groß sein dürfen (Raum- und Lagerungskosten), aber auch nicht zu klein dimensioniert werden dürfen (Abriss der Versorgung für die Folgestation).

Bei der **Zentrenproduktion** sind unterschiedliche Stationen räumlich zusammengefasst, die für die Produktion einer Teilefamilie benötigt werden. Die Konfiguration unterscheidet sich hier durch die Automatisierung. Die Vorgehensweisen sind jeweils unterschiedlich.

Flexible Fertigungssysteme	zeichnen sich durch den Einsatz numerisch gesteuerter Maschinen und der Verbindung durch automatisierte Transportsysteme aus. Entscheidungsgrundlagen für eine optimierte Konfiguration sind: ▶ Produktart ▶ Produktmenge pro Los ▶ Zahl und Art der Arbeitsgänge ▶ Variationsmöglichkeiten. Daraus ergibt sich, welche Maschinen, wie viel davon und in welcher räumlichen Anordnung zum Einsatz kommen. Zusätzlich muss die Rechneranbindung geplant werden und die Qualifikation des Bedienpersonals hergestellt werden.
Produktionsinseln	entstehen durch räumliche Zusammenfassung von Maschinen und Arbeitsplätzen zur Produktion von Produktfamilien. Die Selbstständigkeit der Produktionsinsel ist sehr groß, sodass Methoden der eigenverantwortlichen Selbststeuerung zum Einsatz kommen. Durch sinnvolle Gruppierungen von Erzeugnisfamilien erreicht man: ▶ Vereinfachungen im Materialtransport ▶ hohe Flexibilität ▶ einfache Produktionssteuerung ▶ hohe Mitarbeiteridentifikation ▶ schnelle Fehlerentdeckung ▶ geringeres Investitionsvolumen als bei flexiblen Fertigungssystemen.

3. Betriebsmittel und Information

Als Betriebsmittel bezeichnet man alle beweglichen und unbeweglichen Mittel, die zur Leistungserstellung dienen. Sie zählen zu den elementaren Produktionsfaktoren und stellen Nutzungspotenziale dar, die über einen längeren Zeitraum eingesetzt werden.

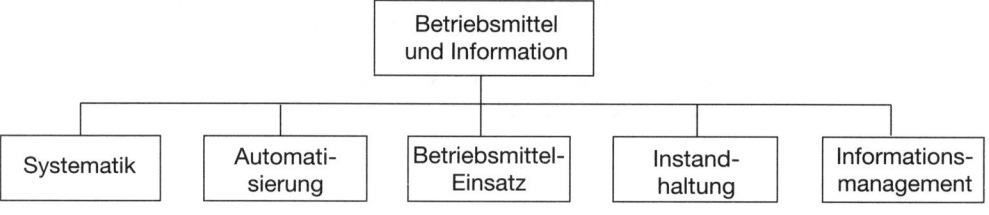

3.1 Systematik

Die Vielfältigkeit der Betriebsmittel erfordert eine weitgehende Gliederung, um sie besser übersehen zu können. Danach sind zu unterscheiden:

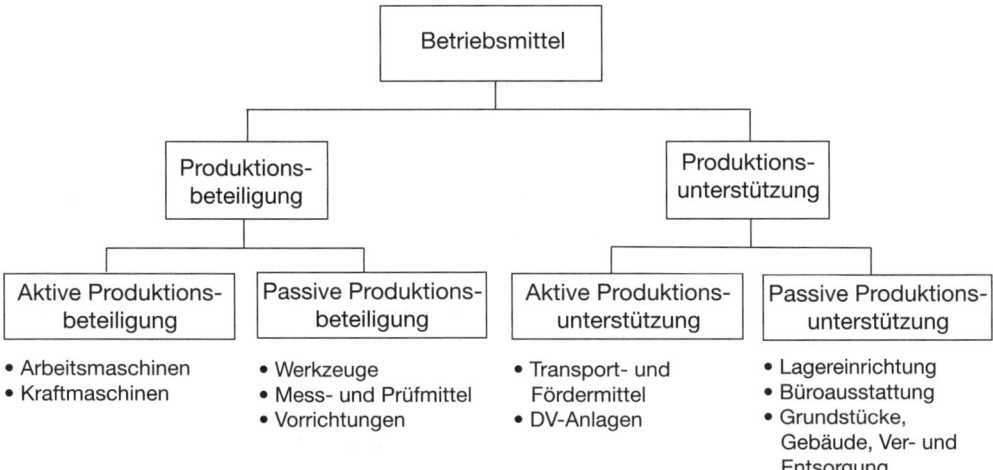

3.1.1 AKTIVE PRODUKTIONSBETEILIGUNG

Grundsätzlich gibt es zwei Arten von Maschinen und maschinellen Anlagen:

- **Arbeitsmaschinen**,
  die unmittelbar der Herstellung von Gegenständen mit definierten Eigenschaften wie Form, Abmessung, Werkstoff usw. dienen.

- **Kraftmaschinen**,
  welche den Betrieb mit Strom, Gas, Wärme, Kälte und Druckluft versorgen.

27 ⟩⟩ **Seite 429**

3.1.2 PASSIVE PRODUKTIONSBETEILIGUNG

Werkzeuge und Vorrichtungen werden unmittelbar für den Produktionsvorgang benötigt, steuern aber nicht selbst die Energie bei, sondern übertragen diese auf das Werkstück oder dienen zur Werkstückaufnahme.

Vorrichtungen werden weiterhin zu folgenden Zwecken eingesetzt:

- Vereinfachung des Bearbeitungsprozesses
- Vereinfachung des Prüfprozesses
- Einhaltung von Qualitätsanforderungen
- Erweiterung des Einsatzbereiches von Maschinen
- Kostensenkung.

Durch den Einsatz von Vorrichtungen wird es mitunter möglich, angelernte Arbeiter anstelle von Facharbeitern an bestimmten Maschinen einzusetzen.

Mess- und Prüfmittel dienen zur Ermittlung oder zum Vergleich physikalischer Größen, beispielsweise der Länge, Kraft, Temperatur.

Es wird unterschieden zwischen:

Messen	als zahlenmäßiges Vergleichen der zu messenden Größe mit einer definierten Größe gleicher Art. Messgeräte sind beispielsweise Metermaß, Winkelmesser oder Mikrometer.
Zählen	als das Aufsummieren von Maßeinheiten, beispielsweise Stück, Umdrehungen, Zeiteinheiten. Zählgeräte sind Uhren, Drehzahlmesser oder Impulszähler.
Lehren	als Feststellen, ob eine Länge oder Form einer bestimmten Anforderung genügt, ohne dass dabei ein Zahlenwert gewonnen wird. Lehren sind Lehrdorne, Rachenlehren oder Kegellehren.
Prüfen	als Feststellen, ob bestimmte Forderungen erreicht sind, was durch Messen, Zählen oder Lehren erfolgen kann.

Wird ein exakter Messwert ermittelt, spricht man von **Variablenprüfung** (Länge, Gewicht, Temperatur), ist dagegen nur festzustellen, ob eine Bedingung erfüllt ist, spricht man von **Attributsprüfung** (passt durch eine Lehre, ist unbeschädigt).

Die Prüfung selbst kann als **100%-Prüfung** angelegt sein (jedes Teil bzw. jeder Wert wird bei jedem Teil ermittelt) oder als **Stichprobenprüfung** (zufällige Entnahme von Teilen und Rückschluss auf die Gesamtheit).

Zur Absicherung von Prozessen werden die Ergebnisse von Stichproben in Regelkarten eingetragen. Aus dem Verlauf der Werte lassen sich Aussagen über den Prozess ableiten und ermöglichen einen regelnden Eingriff (**Statistisches Prozesscontrolling - SPC**).

3.1.3 Aktive Produktionsunterstützung

Transport- und Fördermittel ermöglichen die Ortsveränderung von Personen und Materialien. Sie können nach folgenden Merkmalen differenziert werden:

Merkmal	Ausprägung	Beispiele
Richtung	Horizontal Vertikal Diagonal Horizontal und vertikal	Rollenbahn, Kreisförderanlage Aufzug, Paternoster Förderband, Rutsche Laufkran, Gabelstapler
Stetigkeit	Gelegentlich Kontinuierlich	Aufzug, Automobil Paternoster, Förderband
Weg	Fixiert Technisch vorgegeben Frei	Aufzug, Rutsche Eisenbahn, Rollenbahn Hubschrauber

Einsatzort	Unbegrenzt	Automobil, Hubschrauber
	Begrenzte Strecke	Förderband, Rutsche
	Begrenzter Raum	Flurförderer, Laufkran
	Punktbezogen	Aufzug, Hebezeug
Installation	Fest	Rohrpost, Paternoster
	Demontabel	Förderband, Kran
	Keine	Automobil, Gabelstapler

Transport- und Fördermittel gibt es auch in Kombination mit anderen Arten von Betriebsmitteln, beispielsweise mit Maschinen bei Bearbeitungszentren. Aktive Produktionsunterstützung erfolgt auch durch den Einsatz von Computern und zugehöriger Programme.

3.1.4 Passive Produktionsunterstützung

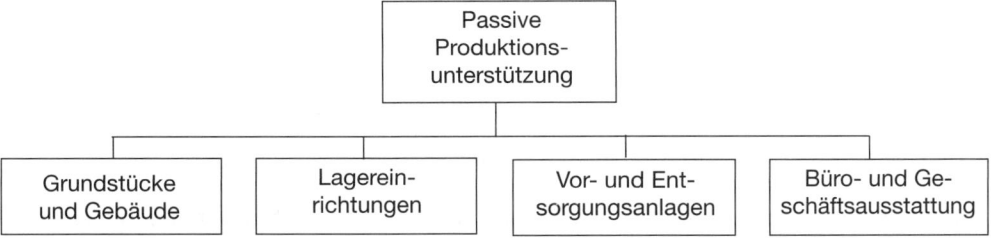

Grundstücke und Gebäude

Aus betriebswirtschaftlicher Sicht kommt dem Boden nicht die Bedeutung wie in der volkswirtschaftlichen Betrachtungsweise zu, er ist aber dennoch wesentlicher Bestandteil jeder Produktionsanlage. Grundstücke weisen vor allem die folgenden Eigenschaften auf:

- Größe und Form
- Topografische Gegebenheiten
- Verkehrsanbindung
- Ver- und Entsorgung
- Rechtsverhältnisse.

Gebäude und sonstige bauliche Anlagen haben einen erheblichen Einfluss auf die Produktion. Für sie gelten die nachstehenden Erfordernisse:

- Sie müssen den technischen und ökonomischen Erfordernissen der Fertigung entsprechen.
- Sie müssen den sozialen und hygienischen Erfordernissen genügen.
- Sie müssen harmonisch in das Landschafts- oder Städtebild passen.

Um den technischen und ökonomischen Erfordernissen der Produktion zu genügen, müssen insbesondere die nachstehenden Eigenschaften von Bauten mit den Anforderungen der Produktion übereinstimmen:

- Raum und Fläche
- Fertigungs-, Material- und Verkehrsfluss
- Statik und Bauausführung
- Transport- und Fördermittel
- Verkehrsanbindung
- Ver- und Entsorgung
- Technische Ausstattung
- Nutzungsmöglichkeiten.

Lagereinrichtungen

Die Materiallagerung erfolgt in Einrichtungen, in denen das Material aufbewahrt und für den Gebrauch verfügbar gehalten wird. Beim Aufbau von Lagerbereichen achtet man darauf, dass eine möglichst klare Aufgliederung und Abtrennung zwischen den eigentlichen Lagerbereichen und den Funktionsbereichen zur Ein- und Auslagerung besteht.

- Im **Wareneingang und -ausgang** erfolgt die Identifikation und Kontrolle der Güter sowie das Zubuchen und Abbuchen.

- Im **Kommissionierbereich** werden einzelne Artikel aus der Lagerzone so zusammengestellt, dass daraus das Material für einen Auftrag entsteht.

- Die **Lagerzone** dient zur Aufbewahrung der Güter.

- In der **Bedienzone** verkehren Lagerbediengeräte, wie z. B. Stapler, mit deren Hilfe die Güter zum Lagerplatz gebracht oder von dort abgeholt werden.

Warenein- und -ausgang (Ware vom Lieferanten und Ware zum Kunden)	Kommissionierbereich (Zusammenstellung von Material zu bestimmten Aufträgen)	Lagerzone
		Bedienzone
		Lagerzone
		Bedienzone
		Lagerzone

VORZONE   LAGERBEREICH

Die Organisation und Gestaltung der Lager orientiert sich am Materialfluss, an den geometrischen Abmessungen und an der Beschaffenheit der Materialien.

Um einen aktuellen Überblick über die Bestände zu haben und zu wissen, an welchen Lagerplätzen welche Materialien und Produkte lagern, ist eine Lagerverwaltung notwendig. Dazu verwendet man heute eine Reihe von Softwareprogrammen, welche die einzelnen Funktionen unterstützen.

Lagereinrichtungen sind alle Hilfsmittel, die zum Speichern von Gütern am Stapelort benötigt werden. Sie können in zwei Arten unterteilt werden:

- **Unbewegliche Lagereinrichtungen**,
  die ortsfest aufgebaut sind und in die Güter ein- und ausgelagert werden. Flüssige Güter werden in Tanks gelagert, Gase in Druckbehälter und Schüttgüter in Silos oder auf Halden. Durch Abfüllen oder Einsortieren in Behälter werden Stückgüter erzeugt, die dann in Regalen gelagert werden können.

- **Bewegliche Lagereinrichtungen**
  wie die erwähnten Stapelbehälter oder Container beinhalten in der Regel mehrere Produkte entweder sortenrein oder auch gemischt

Großdimensionierte Lagersysteme werden als **Hochregallager** ausgeführt, in der die Güter mit Regalbediengeräten ein- und ausgelagert werden. Auch bei Lagereinrichtungen sind Kombinationen mit anderen Arten von Betriebsmitteln möglich, beispielsweise bei Umlaufregalen, die Materialien an Bearbeitungsmaschinen heranführen.

Eng verbunden mit der Lagerung sind Handlingsvorgänge wie das Sortieren von Gütern, das Zusammenstellen zu Versand- oder Montageaufträgen (Kommissionierung) sowie das Stapeln und Verteilen der gelagerten Güter. Hierzu werden Transport- und Fördereinrichtungen eingesetzt.

Ver- und Entsorgungsanlagen

Zur Produktion ist vielfach eine Versorgung erforderlich, beispielsweise mit Elektrizität, Wasser, Gas, Wärme oder Druckluft. Außerdem ist häufig eine Entsorgung vorzunehmen, beispielsweise von Abwasser, Abwärme, verunreinigter Luft oder Altöl.

Dazu werden Anlagen wie Leitungs-, Rohr- und Kanalsysteme benötigt, die teilweise als feste Einbauten in den Bauten errichtet werden, die aber auch zusätzlich eingebracht werden. An Ver- und Entsorgungsanlagen müssen besondere Anforderungen des Umweltschutzes gestellt werden.

Büro- und Geschäftsausstattung, z. B.

- Möbel wie Schreibtische, Schränke, Arbeitsstühle
- Kommunikationsmittel wie Telefon, Fernschreiber, Personal Computer
- Büromaschinen wie Fax, Kopiergeräte, Tischrechner
- Arbeitsmittel wie Locher, Mappen, Schreibgeräte.

3.2 AUTOMATISIERUNG

Um die Betriebsmittel zur Produktion zu nutzen, bedarf es der

Bedienung	▶ Rüsten und Entrüsten mit Werkzeugen und Vorrichtungen ▶ Ver- und Entsorgung mit Material ▶ Entsorgen von Abfällen ▶ Ein- und Ausschalten der Aggregate
Steuerung	▶ Auslösen und Beenden des Bearbeitungsvorganges ▶ Auslösen jedes der erforderlichen Arbeitselemente ▶ Lenkung der einzelnen Arbeitselemente
Kontrolle	▶ korrekte Funktion eines Betriebsmittels ▶ Qualitätsprüfung der Arbeitsergebnisse

Die Übernahme der Funktionen Bedienung, Steuerung und Kontrolle durch Computer und computergesteuerte Einrichtungen wird üblicherweise als **Automatisierung** bezeichnet. Ist vom Menschen nur noch die Wartung und Reparatur vorzunehmen, so spricht man von **Vollautomatisierung**. Zum Erreichen der Ziele hoher **Flexibilität** und **Produktivität** sind neue Maschinenkonzepte entstanden, die ihren Einsatz in Abhängigkeit von Losgröße und Teileähnlichkeit finden.

3.2.1 PROGRAMMGESTEUERTE MASCHINEN

Zur Übernahme der Maschinensteuerung durch ein Programm bediente man sich zunächst der **NC-Steuerung (Numeric Control)**. Von einem Prozessor werden die Programmdaten in Steuerungssignale umgesetzt, welche die verschiedenen Antriebseinheiten der Maschine steuern wie:

Bearbeitungs-vorgänge	z. B. spanend, schleifend, erodierend, lasernd
Werkstück-bewegungen	z. B. Zuführung, Positionierung, Entladen
Werkzeug-bewegungen	z. B. Referenzpunkt anfahren, Bearbeitungsposition einnehmen, Bearbeitung durchführen

Wird der Prozessor durch einen Prozessrechner ersetzt, spricht man von einer **CNC-Maschine (Computerized Numeric Control)**. Dadurch ist es möglich, mit modernen Programmierungstechniken und Programmiersprachen zu arbeiten. Zunehmend werden **DNC-Maschinen (Direct Numeric Control)** eingesetzt. Hier ist der Computer von der Maschine getrennt und betreut in der Regel mehrere Maschinen.

3.2.2 Bearbeitungszentren

Von einem Bearbeitungszentrum spricht man, wenn neben der Computersteuerung der Maschine noch der **automatische Wechsel der Werkzeuge** durchgeführt wird. Damit lassen sich mehrere Arbeitsgänge in einem ununterbrochenen Arbeitsablauf ausführen. Bearbeitungszentren haben ein Werkzeugarsenal, aus dem das jeweils benötigte Werkzeug der Maschine automatisch zugeführt wird.

Die Vorteile von Bearbeitungszentren sind:

• Kürzere Durchlaufzeit für die Werkstücke
• Schnellere Rüst- und Entrüstvorgänge
• Verzicht auf Werkstücktransport
• Einmaliges Werkzeugspannen für mehrere Arbeitsgänge.

Bei Klein- und Mittelserienfertigung erreichen Bearbeitungszentren eine größere **Fertigungselastizität**.

3.2.3 Flexible Fertigungszellen

Flexible Fertigungszellen besitzen wie Bearbeitungszentren eine Computersteuerung und einen automatischen Werkzeugwechsel. Daneben besitzen sie aber noch ein **Pufferlagersystem** für die Werkstücke und eine automatische Spann- und Belade-Station. Ebenso wird die Maschine auch automatisch entladen und die bearbeiteten Werkstücke automatisch abgeführt.

Weitere automatisierte Funktionen einer flexiblen Fertigungszelle können sein:

• Werkzeugverschleißmessung
• Werkzeugbruchkontrolle
• Werkzeugstandzeitüberwachung.

Da von einer flexiblen Fertigungszelle auch unterschiedliche Werkstücke unmittelbar nacheinander bearbeitet werden können, besitzen sie oftmals auch ein **Vorrichtungslager** und eine Einrichtung zur Zuführung von Vorrichtungen. Damit kann eine flexible Fertigungszelle nicht nur gleichartige Werkstücke automatisch fertigen, sondern sie kann auch unterschiedliche Werkstücke bearbeiten, ohne dass in der Regel ein menschlicher Eingriff erforderlich ist.

3.2.4 Flexible Fertigungssysteme

Flexible Fertigungssysteme verbinden mehrere Aggregate mithilfe automatischer Transportsysteme. Bei solchen **mehrstufigen Systemen** durchlaufen die Werkstücke **mehrere Bearbeitungseinheiten** nacheinander, beispielsweise Bearbeitungszentren und flexible Fertigungszellen, die wiederum gekoppelt sind. Es handelt sich um eine Verbindung von Werkstatt- und Fließfertigung durch automatisierte Bearbeitung und Material- und Informationsflüsse mit größerer Flexibilität als Transferstraßen.

Komplexe Produktionssysteme beinhalten - mehr oder weniger stark ausgebaut - folgende Teilsysteme:

Bearbeitung	Werkzeugmaschinen, Arbeitsstationen, Mess- und Prüfplätze, Werkzeugüberwachung, Umrüstplätze, Ver- und Entsorgung
Materialfluss	Transportsysteme, Speicherbereiche, Werkzeuge, Werkstücke
Informations-fluss	Zentralrechner, Maschinensteuerung, Transportsteuerung, Datenerfassung, Datenübertragung

Außerdem gibt es zur Koordination der Computer oftmals einen Leitrechner, welcher die anderen Computer steuert. Neben der Minimierung von Rüst- und Nebenzeiten ermöglichen die Systeme **Mehrmaschinenbedienung** oder unbemannte Schichten.

In flexiblen Fertigungssystemen findet eine weitere Art der Arbeitsmaschinen Verwendung – die **Industrieroboter**. Das sind universell einsetzbare Bewegungsautomaten mit mehreren Achsen, deren Bewegung frei programmierbar und meistens sensorgeführt ist. Sie sind mit Greifern oder Werkzeugen ausgerüstet und übernehmen Fertigungs- oder Handhabungsaufgaben. Typische Einsatzgebiete sind:

Fertigungs-aufgaben	Werkzeugmaschinenbedienung, Schweißen, Lackieren, Kleberauftrag, Montage
Handhabungs-aufgaben	Versorgung mit und Entsorgung von Werkzeugen und Werkstücken, Palettieraufgaben, Kommissionieraufgaben, Transportfunktionen

3.2.5 FLEXIBLE TRANSFERSTRASSEN

Sind mehrere computergesteuerte Bearbeitungseinheiten für eine ganz bestimmte Fertigungsaufgabe miteinander verkettet, so spricht man von einer flexiblen Transferstraße. Hier besteht ein computergesteuerter, gerichteter Werkstück- oder Materialfluss, der **taktgebunden** ausgeführt wird.

Mit der Einführung **flexibler Fertigungskonzepte** gelingt es, auch bei Großserienerzeugnissen die geforderten Varianten kostengünstig herzustellen. Es handelt sich dabei um eine Integration von Fließprinzip und automatisiertem Verrichtungsprinzip. Die ökonomischen Ziele, die man dabei verfolgt, sind:

• Einsparung an Personalkosten
• höhere Auslastung der Produktionsanlagen
• geringere Auftragsdurchlaufzeit
• niedrigere Lagerbestände
• höhere Anpassungsfähigkeit.

28 ⟫ Seite 429

3.3 BETRIEBSMITTELEINSATZ

Ein wesentliches Ziel der Produktionswirtschaft ist die Minimierung der Kosten. Bei den Betriebsmitteln gibt es eine Reihe von Ansatzpunkten, um einen **optimalen Betriebsmitteleinsatz** zu erreichen, aus dem ein Kostenminimum resultieren kann.

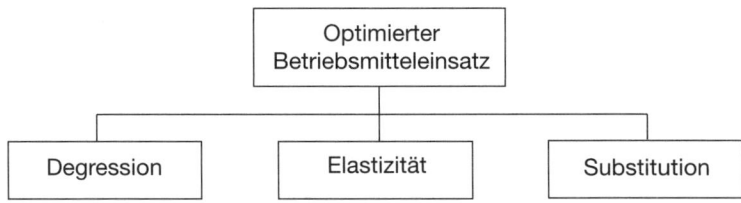

3.3.1 DEGRESSION

Größendegression erreicht man dadurch, dass bei voller Kapazitätsauslastung größere Maschinen und Anlagen geringere Kosten je Leistungseinheit verursachen als mehrere kleine Einheiten mit gleicher Gesamtkapazität bei Vollauslastung. Andererseits weisen größere Einheiten meist eine geringere Elastizität auf.

Unter der **Spezialisierungsdegression** wird der Kostenvorteil einer Spezialmaschine oder Spezialanlage gegenüber einem Universalaggregat verstanden. Allerdings wird durch die Spezialisierung der Einsatzbereich von Maschinen eingeschränkt. Damit ist das Risiko einer Spezialmaschine wesentlich höher einzuschätzen als das einer Universalmaschine.

Die Spezialisierungsdegression ergibt sich vielfach auch bei anderen Betriebsmitteln wie beispielsweise Vorrichtungen, Transportmitteln oder Fördereinrichtungen.

Die **Ausnutzungsdegression**, die auch als **„Gesetz der Massenproduktion"** bezeichnet wird, ergibt sich daraus, dass die Fixkosten je Werkstück sinken, wenn ein Betriebsmittel stärker genutzt wird. In diesem Effekt liegt eine der wesentlichen Ursachen für die überproportionale Gewinnerhöhung bei stark zunehmender Kapazitätsauslastung.

3.3.2 ELASTIZITÄT

Unter der Elastizität von Betriebsmitteln wird ihre Anpassungsfähigkeit an Änderungen der Produktion verstanden. Es lassen sich unterscheiden:

Die **quantitative Elastizität** bezieht sich auf den Bereich, in dem ein Betriebsmittel wirtschaftlich eingesetzt werden kann. Ist dieser Mengenbereich klein, spricht man von einer geringen Elastizität. Bei der Möglichkeit, die Betriebsmittel sowohl bei kleinen Mengen als auch bei Massenfertigung einzusetzen, verfügt es über eine große Elastizität.

Die **qualitative Elastizität** stellt das Merkmal für den Gütebereich von Maschinen und maschinellen Anlagen bei Beachtung der Wirtschaftlichkeit dar. Jedes Betriebsmittel kann nur bis zu einer bestimmten Genauigkeitsgrenze eingesetzt werden. Ist eine Maschine, mit der eine hohe Genauigkeit erreicht werden kann, auch im Bereich der Fertigung mit großen Toleranzen noch wirtschaftlich einsetzbar, besitzt sie eine große qualitative Elastizität. Beschränkt sich jedoch ihr wirtschaftlicher Einsatzbereich nur auf den speziellen Genauigkeitsbereich, weist sie eine geringe qualitative Elastizität auf.

Wirtschaftliche Bedeutung erlangt die Elastizität von Betriebsmitteln, wenn Anpassungen vorgenommen werden müssen. Ist eine erforderliche Elastizität nicht gegeben, müssen neue Betriebsmittel beschafft oder vorhandene Betriebsmittel umgebaut werden. Das kann mit einem erheblichen Kosten- und Kapitaleinsatz verbunden sein, wodurch der Erfolg einer erforderlichen Anpassung in Frage gestellt sein kann.

3.3.3 Substitution

Die menschliche Arbeit und die Betriebsmittel können sich in gewissem Umfang gegenseitig ersetzen. Wird die menschliche Arbeit durch Betriebsmittel substituiert, spricht man in Abhängigkeit von dem Grad dieser Substitution von:

Mechanisierung	wenn die Verbesserung der Produktivität der menschlichen Arbeit durch den Einsatz von mechanischen Arbeitsmitteln erfolgt, beispielsweise von Werkzeugen oder Vorrichtungen.
Maschinisierung	wenn der Ersatz der menschlichen Arbeit durch den Einsatz von Maschinen oder maschinellen Anlagen vorgenommen wird. Die Aufgabe des Menschen bei maschinisierter Arbeitsdurchführung besteht vornehmlich in der Bedienung und Überwachung der Maschinen.
Automatisierung	wenn die menschliche Arbeit der Maschinenbedienung zusätzlich durch maschinelle Arbeit ersetzt wird. Hier beschränkt sich die menschliche Arbeit auf die Aufgabe der Überwachung und Korrektur.
Vollautomatisierung	wenn der vollständige Ersatz der menschlichen Arbeit durch Maschinen erfolgt, beispielsweise beim Einsatz von Prozessrechnern und Industrierobotern. Die verbleibenden menschlichen Aufgaben sind dann Reparatur und Wartung.

3.4 Instandhaltung

Unter Instandhaltung wird das Vorbeugen vor Störungen und die **Beseitigung** von Störungen bei Betriebsmitteln verstanden.

3.4.1 Störungen und Kostenbetrachtung

Störungen können bei Maschinen und maschinellen Anlagen aus mehreren Gründen auftreten, beispielsweise wegen:

- Herstellerbedingter Fehler (Konstruktion, Qualität)
- Mechanischer Abnutzung
- Korrosion
- Materialermüdung
- Bedienungs- und Einrichtungsfehler
- Mangelhafter Vorrichtungen und Werkzeuge
- Unzureichender Wartung
- Werkstofffehler
- Energieausfall
- Katastrophenschäden (Wasser, Feuer, Sturm).

Instandhaltung hat die Aufgabe, die Gesamtwirkungen von Betriebsmittelstörungen möglichst gering zu halten. Auswirkungen können sein:

- Fehlende Betriebsbereitschaft
- Minderung der Kapazitätsauslastung
- Terminverzögerung
- Unfallgefahr
- Gefahr von Werkstückschäden.

Die **Gesamtkosten** der Instandhaltung setzen sich aus zwei gegenläufigen Kostengruppen zusammen:

- Den **Wartungskosten**, die sich aus den Kosten für die Vorbeugungsmaßnahmen ergeben und beispielsweise die Lohn- und Materialkosten für jede Wartung beinhalten.
- Den **Reparaturkosten** zuzüglich der **Ausfallkosten** für die gestörten Betriebsmittel.

29 ⟩⟩ **Seite 429**

3.4.2 Strategien

Die Instandhaltungsstrategie soll in Abhängigkeit des Betriebsmittelzustands die Grundlagen zur Auswahl einer **wirtschaftlichen Vorgehensweise** schaffen. Die Ziele sind dabei:

- Minimierung der Kosten
- Hohe Qualität und Zuverlässigkeit
- Höchster Nutzungsgrad
- Hohe Wirtschaftlichkeit.

Diese Ziele beziehen sich immer auf **integrierte Instandhaltungssysteme**, um das Gesamtoptimum und nicht Suboptima zu erzielen. **Instandhaltungsstrategien** unterscheiden sich nach:

Planungsumfang in Form einer

ausfallbeding-ten Strategie	beim Eintreten des Störfalls mit dem Vorteil, dass keine Kosten für Planung und Vorbeugung entstehen und dem Nachteil höherer Stillstandszeiten und Reparaturkosten.
planmäßigen Strategie	mit dem Vorteil, dass die Instandhaltung in geplanten Stillstandszeiten stattfinden kann und größere Schäden mit hohen Reparaturkosten unwahrscheinlicher werden. Dagegen stehen erhöhte Kosten für Planung, Informationsbeschaffung und das Auswechseln noch funktionstüchtiger Teile.

Art der Instandhaltung in Form einer

Inspektion	bei welcher der Betriebsmittelzustand festgestellt und mit Soll-Zuständen verglichen wird, um so Mängel oder Schäden frühzeitig zu erkennen.
Wartung	die durch regelmäßige Pflege dem Verschleiß oder dem Energieverlust durch nicht optimalen Betrieb entgegenwirkt.
Reparatur	bei denen ein Mangel beseitigt wird und das Betriebsmittel wieder in den optimalen Zustand versetzt wird.

3.4.3 DURCHFÜHRUNG

Zur **Vorbereitung** von Instandhaltungsmaßnahmen ist notwendig:

* Ermittlung der **Wartungserfordernisse** aufgrund der gewählten Instandhaltungsstrategie
* **Auslastung** der gegebenen Wartungskapazität
* **Terminierung** der Wartungsaufträge unter Berücksichtigung der Fertigungsterminierung.

Unter Einsatz der DV können die Vorbereitungsaufgaben der Instandhaltung weitgehend automatisiert werden. Zur **Durchführung** von Instandhaltungsmaßnahmen ist es erforderlich, das benötigte Instandhaltungsmaterial in der richtigen Menge zu minimalen Kosten zu beschaffen und bereitzustellen.

3.4.4 PRODUKTIVITÄTSORIENTIERTE INSTANDHALTUNG – TPM

Ein großes Potenzial zur Vermeidung von Verschwendungen stellen die Maschinen und Anlagen eines produzierenden Unternehmens dar. Typische Verlustbringer bei den Maschinen-Ressourcen sind:

• Stillstand durch Störungen
• Unproduktive Zeit durch Rüsten (Vorbereiten)
• Zusatzzeiten durch nicht optimierte Maschineneinstellungen
• Kosten durch Auftreten von Prozessfehlern
• Mehrkosten durch ungenaue Planung.

Der größte Teil von Anlagenstillständen ist durch Maßnahmen einer produktivitätsorientierten Instandhaltung (**TPM – Total Productive Maintenance**) vermeidbar. Wartung und Inspektion als präventive Maßnahmen sollen dazu führen, dass die korrektive Maßnahme der Instandsetzung möglichst nicht eintritt.

Das TPM-Prinzip kam im Rahmen des Lean Management aus Japan. Es entwickelte sich von einer **„vorbeugenden Instandhaltung"**, also von präventiven Maßnahmen, die aber von Spezialisten durchgeführt wurden zu einer **„qualitätssichernden Instandhaltung"**, bei der nun der Mitarbeiter an der Maschine für routinemäßige Instandhaltungsarbeiten selbst verantwortlich gemacht wurde. TPM vereinigt die drei Maßnahmen

• **maximale Anlageneffizienz** durch wirtschaftliche Verhaltensweisen
• **maximale Anlagenerhaltung** durch Prävention
• **maximale Mitarbeitermotivation** und **-identifikation**.

So weit wie möglich sollen die normalen Betriebsbedingungen eingehalten werden und Anzeichen für Störungen so früh bemerkt werden, dass Gegenmaßnahmen ergriffen werden können, die einen Stillstand vermeiden.

3.5 INFORMATIONSMANAGEMENT

Zur aktiven Produktionsunterstützung werden DV-gestützte Anwendungssysteme zur Informationsversorgung und -rückkopplung in der gesamten logistischen Kette eingesetzt. Aufgaben sind die Planung, Steuerung, Verwaltung und Datenerfassung in den unterschiedlichen Prozessen.

3.5.1 STRUKTUREN VON IT-ANWENDUNGEN

Anwendungssysteme bestehen aus Hardware- und Softwarekomponenten und müssen für den Einsatz in der Produktionswirtschaft bestimmte architektonische Anforderungen bezüglich des Aufbaus und der Beziehungen der einzelnen Komponenten erfüllen:

Integrations-fähigkeit	bezüglich der verschiedenen Stufen der Supply Chain und der Vernetzung mit internen und externen Stellen durch offene Architektur und offene Datenstruktur mit der Möglichkeit, Fremdsysteme einzubinden
Einheitlichkeit und Transparenz	mit standardisierten Benutzeroberflächen und standardisiertem Datenaustausch (Web- und EDI-Standard)
Anpassbarkeit	bezüglich spezieller Abläufe und selektiver oder eingeschränkter Nutzung
Echtzeitfähigkeit	zum unmittelbaren Abgleich zwischen Angebot und Nachfrage und zur schnellen Umplanung
Multitasking- und Multiuserfähigkeit	zur gleichzeitigen Abwicklung mehrerer Prozesse durch unterschiedliche Nutzer

In der Praxis haben sich zwei Grundtypen der Architektur herausgebildet:

- **Netzwerkarchitektur**
  mit dezentraler Informationsversorgung (Collaborative Planning), die hauptsächlich von unabhängigen Unternehmen bevorzugt wird, da sie erweiterbar und individuell anpassbar ist. Allerdings können sich Schwierigkeiten bezüglich der Datenübertragung und -aktualität ergeben.

- **Hub-Spokes-Architektur (Nabe-Speiche)**
  mit zentraler Informationsversorgung, die hauptsächlich bei Konzernen oder stark verbundenen Unternehmen zum Einsatz kommt. Die Architektur ist einfacher aber auch unflexibler und setzt einen starker Betreiber voraus.

Anwendungsbereiche für die integrierten Systeme sind sowohl im Wertschöpfungsprozess (Auftragsabwicklung, Entwicklung, Beschaffung, Produktionsplanung und -steuerung, Distribution) als auch in unterstützenden Prozessen (Information, Verwaltung, Identifikation, Kommunikation, Navigation, Statistik) zu finden.

3.5.2 Elektronischer Datenaustausch

Zur Übertragung von Auftrags-, Bestell- und Lieferinformationen werden elektronische Systeme eingesetzt (**EDI - Electronic Data Interchange**). Durch den Zwang, den sich immer schneller verändernden Geschäftsprozessen zu folgen, müssen die vorhandenen Informationssysteme angepasst und standardisiert werden. Ziel ist:

- Minimierung der Prozesskosten
- Erhöhen der Transparenz
- Verkürzung der Durchlaufzeiten.

Grundlage bilden die Technologieebenen

Technologieebene	Beschreibung	Anwendungsgebiet
Internet	öffentlich zugängliches, weltweites Computernetz	**Electronic Commerce** – absatzorientiert mit Marketing, Vertrieb und Support für Kunden – **B2C**
Extranet	geschlossenes Computernetz für registrierte Partner	**Electronic Integration** – logistikorientiert mit Kooperation, Beschaffung und elektronischem Datenaustausch mit Partnern – **B2B**
Intranet	unternehmensinternes Computernetz	**Electronic Workflow** – organisationsorientiert mit Workflows und betriebswirtschaftlicher Software – **E2E**

Das Internet dient der elektronischen Kommunikation und dem Austausch von Informationen. Jeder Rechner des Netzes kann dabei prinzipiell mit jedem anderen Rechner kommunizieren. Häufig wird die Bezeichnung **World Wide Web (WWW)** als Synonym für das Internet verwendet, obwohl dies nur eine von mehreren Anwendungen des Internets ist.

Internet

Die grundlegenden **Merkmale des Internets** sind:

• Weltweite Verteilung digitaler Produkte an eine große Zahl von Kunden fast ohne Kosten
• Vernetzung einer großen Zahl von Nutzern miteinander
• Möglichkeit der Einzelansprache einer großen Zahl von Nutzern (**One-to-One-Marketing**)
• Einfache Handhabung, einheitliche Bedienung und schnelle Reaktion
• Multimediale Darstellungsmöglichkeiten und Integration unterschiedlicher Software-Anwendungen
• Nutzung verschiedener Plattformen durch weltweit akzeptierte Standards.

Die netzartige Struktur sowie die Heterogenität des Internet sorgen für eine sehr hohe **Ausfallsicherheit**. Für die Kommunikation zwischen zwei Nutzern des Internets existieren meistens mehrere mögliche Kommunikationswege. Deshalb hat der Ausfall einer physikalischen Verbindung im Internet meistens keine gravierenden Auswirkungen, sondern kann durch die Verwendung alternativer Kommunikationswege kompensiert werden.

Um das WWW für eigene Unternehmensbelange wie E-Procurement oder E-Sales nutzen zu können, sind die im Unternehmen vorhandenen Softwarelösungen in den E-Business-Prozess einzubeziehen. Das gilt für Warenwirtschaftssysteme oder umfassende Enterprise Resource Planning (ERP)-Programme ebenso wie für dezentrale Informations- oder Kommunikationssysteme.

Intranet

Das Intranet ist – im Unterschied zum Internet – kein öffentliches, sondern ein firmeninternes Netzwerk von Computern. Es wird gestaltet als lokales Netzwerk (**LAN = Local Area Network**) oder als weltumspannendes Netzwerk (**WAN = Wide Area Network**). Im Intranet werden heute die im Internet üblichen Techniken und Dienste wie E-Mail, News und das TCP/IP-Protokoll und auch die darauf basierenden Anwendungen wie Web-Browser und HTML-Dokumente mit Hyperlinks eingesetzt. Die sichere Nutzung erfordert entsprechende Sicherheitstechnologien wie **Firewalls** und **Verschlüsselungssoftware**.

Nutzen des Intranets:

* Einsatz von offenen, plattformunabhängigen Anwendungen
* Einheitliche, leistungsfähige Oberfläche zur Darstellung von Informationen und Daten
* Interne Informationsverteilung mit hoher Effizienz
* Unternehmensweite Nutzung einheitlicher Interface-Standards zur Bereitstellung von E-Mails und anderen Dokumenten
* Nutzung von Standardsoftwarelösungen für E-Mailing, Terminplanung, Dokumentenverwaltung oder Datenbank-Nutzung
* Verringerung des Administrationsaufwandes für den Netzwerkbetrieb
* Externe Mitarbeiter im Vertrieb, Außendienstmitarbeiter, Niederlassungen oder Filialen können mit den gleichen standardisierten Mitteln die Ressourcen des Intranets nutzen wie interne Mitarbeiter.

Extranet

Das Extranet ist – im Unterschied zum Internet und zum Intranet – kein öffentliches, aber auch kein abgeschottetes firmeninternes Netzwerk von Computern, sondern ein geschlossenes Netz, das die Kommunikation zwischen **ausgewählten Geschäftspartnern** im Business-to-Business-Bereich über das öffentliche Internet ermöglicht.

Im Extranet werden ebenfalls die im Internet üblichen Techniken und Dienste eingesetzt. Nutzen des Extranets:

* Unternehmen, Lieferanten und Kunden können auf die jeweils aktuellsten Informationen zugreifen (verfügbare Produkte, Preise, Liefermöglichkeiten, Konditionen).

* Die Kommunikation und der Datenaustausch ist ganzjährig rund um die Uhr (24h/7d) möglich.

* Es können produktbezogene und kundenspezifische (personifizierte) Daten abgefragt und ausgetauscht werden.

* Auftrags- und Bestelldaten können automatisiert übertragen und verarbeitet werden.

* Die betriebswirtschaftlichen Systeme der Geschäftspartner können miteinander gekoppelt werden.

- Die teuren informationstechnischen Lösungen für den elektronischen Datenaustausch (EDI) können durch preiswerte Extranet-Lösungen ersetzt werden.

- Es lassen sich effiziente Lösungen für die Just-in-Time-Produktion einführen.

- Der gesamte Aufwand im Daten- und Informationsmanagement, zum Beispiel bei Reklamationen, kann stark reduziert werden.

Elektronischer Datenaustausch (EDI)

Neben der Verbindung über ein Extranet können auch Computersysteme zum elektronischen Datenaustausch im Rahmen von Warenwirtschaftssystemen per **EDI (Electronic Data Interchange)** gekoppelt werden. Unter EDI versteht man den automatisierten Austausch von strukturierten Geschäftsdaten wie Bestellungen, Rechnungen, Überweisungen oder Zahlungsbedingungen zwischen Unternehmen im Business-to-Business-Bereich (**B2B**) mittels standardisierter Nachrichtenformate. Als weltweit einheitliches Format wird hierbei **EDIFACT (Electronic Data Interchange for Administration, Commerce and Transport)** genutzt.

EDI dient primär der Rationalisierung des Informationsteils in bestehenden Geschäftsbeziehungen zwischen miteinander kooperierenden Unternehmen. Durch das EDIFACT-Nachrichtenformat wird erreicht:

- Automatisierung der Abwicklung vieler Verwaltungsaufgaben, dadurch Senkung von Bürokosten
- Verbesserung der Datensicherheit im Kommunikationsprozess
- kein Medienbruch im System
- Beschleunigung des Zahlungsverkehrs
- Beschleunigung der Informationsbereitstellung.

Da die Verbindung zwischen den EDI-Teilnehmern bislang über teure direkte Telefonleitungen oder über kostspielige geschlossene Netze **(VAN - Value Added Network)** beziehungsweise über **EDI-Clearingstellen** hergestellt wurde, sind EDI-Lösungen hauptsächlich von Großunternehmen genutzt worden. Derzeit entstehen preiswerte Lösungen für den Mittelstand, die unter dem Betriebssystem Windows laufen und internetgestützt sind. Derartige Lösungen werden **WebEDI** genannt. Als Transportweg werden die Online-Dienste „E-Mail" oder „FTP" genutzt.

Auf diese Weise kann eine Vielfalt von Geschäftsdaten auf elektronischem Weg ausgetauscht werden:

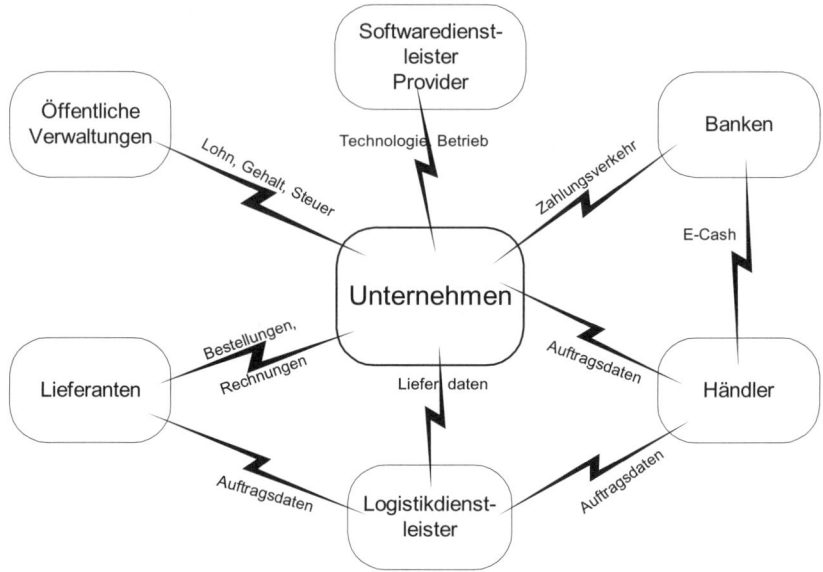

3.5.3 Enterprise Application Integration (EAI)

Die Gesamtaufgabe der Planung, Modellierung, Steuerung und Überwachung von Geschäftsprozessen wird als **Business Process Management (BPM)** bezeichnet. Innerhalb dieser Aufgaben dient **Enterprise Application Integration (EAI)** dazu, Geschäftsfunktionen, die über verschiedene Applikationen auf unterschiedlichen Plattformen verteilt sind, im Sinne der Geschäftsprozessintegration verbinden zu können.

Ziel von EAI ist die **Integration** verschiedenartigster Anwendungen auf technischer Ebene wodurch die Kommunikation und Interoperabilität zwischen unterschiedlichen Anwendungen und Geschäftsprozessen innerhalb und zwischen Organisationen ermöglicht wird.

Aspekte der Integration sind zunächst die **Verbindung von Services und Informationen** zur Verbesserung der Produktivität, zur Erhöhung der Schnelligkeit, zur einfacheren Handhabung und zur Kostensenkung. Dann müssen die vorhandenen Daten so strukturiert werden, dass die verschiedenen Anwendungen darauf zugreifen können und schließlich sind die Prozesse so auszurichten, dass eine durchgängige Verarbeitung ohne Zeitverlust möglich wird.

Die dazu zu schaffende **Integrationsplattform** sorgt mithilfe entsprechender Regeln und Prozessbeschreibung dafür, dass die Daten eines Geschäftsfalls in der richtigen Abfolge an die einzelnen Funktionen übergeben und die Ergebnisse weitergeleitet werden.

EAI findet praktisch in allen Bereichen der Prozessintegration statt, insbesondere im B2B und in portalen Anwendungen. Es ist eine Voraussetzung dafür, dass alle Prozesse mit minimalem Interaktionsaufwand ablaufen (**Straight Through Processing**). Die technische Integration ermöglicht automatisierte Geschäftsprozesse.

Weiterführende Informationen zum E-Business finden sich in dem Kompakt-Training E-Business im Kiehl-Verlag.

4. PRODUKTIONSVERFAHREN

In der Praxis tritt Produktion in unterschiedlichen Ausprägungsformen auf. Anhand ausgewählter Kriterien lassen sich Produktionstypen definieren, wodurch die spezifische Auswahl der Organisationsmittel oder unterstützender Software erleichtert wird.

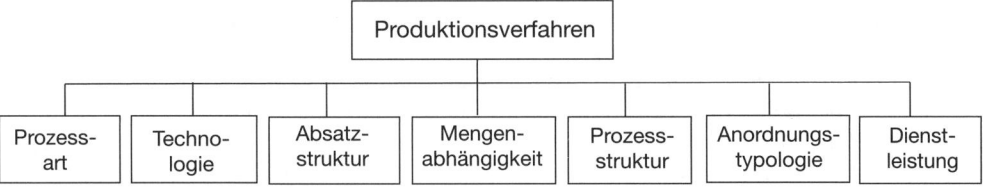

In Abhängigkeit von der Ausgestaltung der Produktion sind differenzierte technische, organisatorische und finanztechnische Strategien und Vorgehensweisen für die Verbesserung in der Zukunft abzuleiten. Es gibt zwar grobe Klassifizierungsmerkmale, meistens handelt es sich aber in der Realität um **Mischformen** mit mehr oder weniger starker Ausprägung einzelner Merkmale.

4.1 PROZESSART

Entsprechend der Art des zur Fertigung benutzten Prozesses werden unterschieden:

Physikalische Produktionsprozesse	insbesondere mechanische, thermische, optische, akustische oder elektrische Verfahren.
Chemische Produktionsprozesse	die durch chemische Reaktionen gekennzeichnet sind wie die Herstellung von Benzin oder Kunststoffen.
Biologische Produktionsprozesse	die unter Mitwirkung lebender Organismen ablaufen wie in der Biotechnologie oder bei der Abwasserbehandlung.

4.2 Technologie

Eine Untergliederung kann in folgende Technologiearten erfolgen:

- Bei **Stoffumwandlungen** bei physikalischen, chemischen oder biologischen Prozessen entsteht ein anderer Stoff oder ein anderer Aggregatszustand.

- Bei **Formänderungen** wird die äußere Form verändert (Pressen, Schneiden, Schmieden, Biegen, Drehen, Montieren).

- **Energieumwandlungen** geschehen beispielsweise von elektrischer oder Wasserenergie in Bewegungsenergie oder von chemischer Energie in Wärmeenergie.

4.3 Absatzstruktur

Die Planung der Produktion wird auch durch die **Marktbearbeitung** beeinflusst.

Bei einer **auftrags- oder nachfrageorientierten** Produktion – z. B. im Anlagenbau oder im Immobilienbereich – findet zunächst die vertragliche Regelung in Form von Angeboten, Spezifikationen und Aufträgen statt. Erst dann beginnt die Vorbereitung zur Produktion in Form von Konstruktionen, Beschaffungsaktivitäten oder Investitionen (**Make to Order**). Orientierungshilfe für die Planung sind dann in erster Linie die vorhandenen und eingehenden Aufträge.

Bei einer **markt- oder angebotsorientierten** Produktion erfolgt der Verkauf der Produkte erst nachdem sie quasi auf Vorrat produziert wurden (**Make to Stock**). Als Orientierungsgrößen dienen die Auftragseingänge und die Erwartungen hinsichtlich der Nachfrageentwicklung. Die Konsequenz daraus ist, dass man es mit einer höheren Absatzunsicherheit zu tun hat, andererseits aber eine bessere Kapazitätsauslastung realisieren kann.

Zwischen diesen beiden Extremtypen gibt es eine Reihe von **Mischformen**. Diese können von einer Festlegung der Produktart aufgrund von Erwartungen und freibleibender Menge und Terminierung bis zu einer festgelegten Menge pro Produktart, deren zeitliche Verteilung noch definiert werden muss, reichen. So wird in mehrstufigen Produktionen häufig die Bauteilefertigung auf der Grundlage von Erwartungen festgelegt, die Endmontage jedoch nach vorhandenen Aufträgen geplant (**Build to Order**). Durch diese Produktionsmethode entfallen weitgehend Bestände an Fertigwaren und Zwischenprodukten, die benötigten Zulieferteile können nach Bedarf geordert werden und die Durchlaufzeiten werden reduziert.

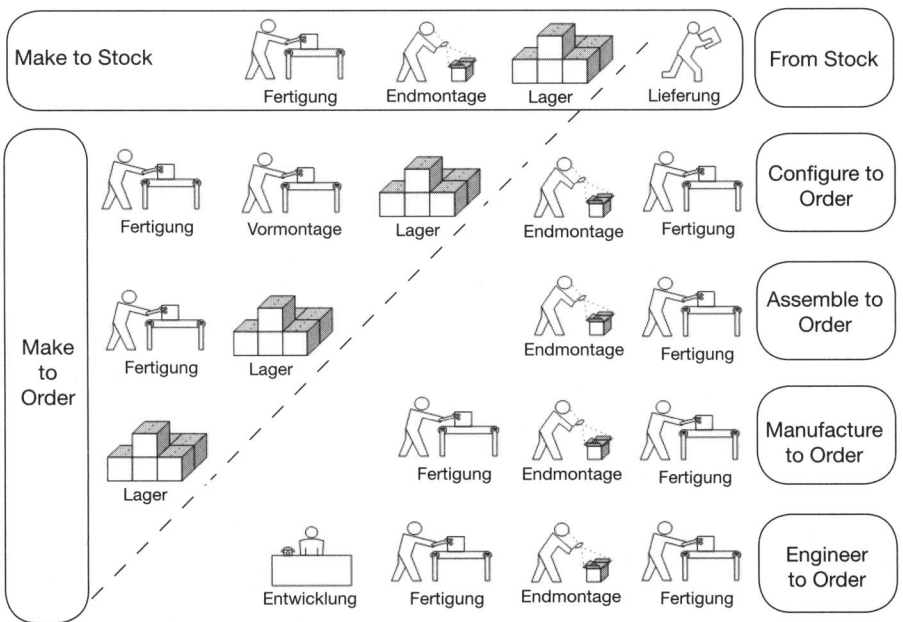

Um die passende Absatzstruktur zu finden, müssen die Erwartungen und Anforderungen der Kunden identifiziert werden. Dazu ist für die jeweiligen Artikelgruppen zu klären:

- Prognostizierter Gesamtbedarf
- Umfang der Lieferlose
- Erwartete Lieferzeit
- Besondere Qualitätsforderungen
- Mögliche Schwankungsbreiten.

Daraus können dann die entsprechenden Parameter für die Prozesse bestimmt werden wie:

- Form und Größe der Behälter
- Zusatzinformationen für die Auslieferung
- Kennzeichnung und Verpackung
- Art des Transportweges
- Art der Auftragsverfolgung.

4.4 MENGENABHÄNGIGKEIT

Es erfolgt eine Unterscheidung nach dem **Wiederholungsgrad**.

Von **Massenfertigung** wird dann gesprochen, wenn gleichartige Waren in großer Stückzahl hergestellt werden. Es wird ein relativ kontinuierliches Produktionsprogramm hergestellt, dessen Parameter sich nach Vergangenheitswerten, saisonalen Effekten oder Markterwartungen richten. Der Einzelabnehmer ist nicht bekannt, wichtig sind ganze Zielgruppen (Waschmittel, Getränke).

Die Wirtschaftlichkeit wird über **Economics of Scale** erreicht. Aufgrund der zu produzierenden großen Mengen werden günstige Einkaufsbedingungen durchgesetzt, Logistikkosten optimiert und im technischen Bereich ein hoher Automatisierungsgrad angestrebt. Ablauforganisatorische Probleme stehen bei eingefahrener Produktion eher im Hintergrund. Dafür spielen besonders bei der Einführungsentscheidung eine detaillierte Investitionsrechnung unter Mitwirkung des Controllers sowie die Abschätzung der voraussichtlichen Amortisation eine große Rolle.

Von einer **Serienfertigung** spricht man, wenn Erzeugnisse zwar in großer Zahl aber weitgehend kundenbezogen hergestellt werden (Automobile, Haushaltsgeräte,...). Hier existieren konkrete Kundenaufträge, die jedoch in der Produktion zu Losen oder zu Zwischenstufen in Form von Baukästen zusammengezogen werden.

Deshalb sind Aspekte der Logistik und des flexiblen und zeitgenauen Ressourceneinsatzes von besonderer Bedeutung. Kostenmäßig spielen Bestandskosten und der Fehlleistungsaufwand durch Qualitätsmängel eine herausragende Rolle. Diese Anforderungen sind heutzutage nur noch mit massiver DV-Unterstützung zu erfüllen. Fragen der Anlagenintensität und der Bestandshöhe sind dabei besonders wichtig.

Sonderformen der Serienfertigung sind:

Sortenfertigung	aus einem oder mehreren gemeinsamen Rohstoffen werden verschiedene Sorten einer Erzeugnisart hergestellt (z. B. Brauerei).
Chargen-fertigung	durch die Besonderheiten des Produktionsprozesses kommt es zu Unterschieden in den gefertigten Erzeugnissen (z. B. Stahlerzeugung).
Kuppelproduk-tion	während der Produktion entstehen (gewollt oder ungewollt) Nebenprodukte (z. B. Strom und Wärme im Heizkraftwerk, Kleie bei der Mehlherstellung).

Von **Einzelfertigung** spricht man, wenn ein Erzeugnis individuell für den Kunden konstruiert und gefertigt wird. Die Aufgaben, die hier anstehen, liegen in der Bewältigung der Komplexität bezüglich Technik und Dokumentation. Zusätzlich werden aufgrund der kundenindividuellen Ausstattung oft erhebliche Investitionen erforderlich, die nicht ohne Weiteres für andere Aufträge nutzbar sind.

Bei einer **Variantenfertigung** handelt es sich um standardisierte Produkte mit kundenindividuellen Komponenten (**Mass Customization**). Es wird versucht durch eine **Plattformstrategie** (die verschiedenen Varianten weisen ein gleiches technisches Grundkonzept auf) oder eine **Modulstrategie** (Einsatz möglichst vieler homogener Bauteile, wobei die Module auf Vorrat produziert werden können) die Vorteile von Gleichteilen zu nutzen.

4.5 Prozessstruktur

Je nach interner Struktur der Produktionsschritte gibt es weitere Unterscheidungsmerkmale.

4.5.1 Kontinuität

In Bezug auf den zeitlichen Produktionsablauf unterscheidet man:

- Die **kontinuierliche Fertigung**, die in einem gleichmäßigen und ununterbrochenen Ablauf erfolgt, so bei chemischen Prozessen, der Drahtfertigung oder der Papierherstellung.

- Die **diskontinuierliche Fertigung**, bei der in Auftragslosgrößen gearbeitet wird wie beispielsweise in der Metallbearbeitung. In der verarbeitenden Industrie herrschen eher **diskontinuierliche Prozesse** vor, bei der in Auftragslosgrößen gearbeitet wird. Innerhalb dieses Ablauftyps unterscheidet man noch zwischen **Flow-Shop-Fertigung**, bei der alle Aufträge dieselbe Folge von Bearbeitungsstationen durchlaufen, und die **Jobshop-Fertigung**, in der die Bearbeitungsreihenfolge selbst bei identischen Produkten nicht fest vorgegeben ist, sondern von der vorherrschenden Belegungssituation abhängt und quasi online entschieden werden kann.

4.5.2 Materialfluss und Erzeugnisstruktur (Vergenztyp)

In Abhängigkeit von der Zuordnung der Inputgrößen zu den Outputgrößen bzw. nach der Beziehung von Einzelteilen zum Produkt unterscheidet man verschiedene Vergenztypen:

- Beim durchgängigen Materialfluss (**glatte Produktion, lineare Erzeugnisstruktur**) wird immer aus einem Material dasselbe Produkt hergestellt (z. B. Nägel, Draht, Lackiererei).

- Beim konvergierenden Materialfluss (**synthetische Produktion, konvergierende Erzeugnisstruktur**) wird aus mehreren unterschiedlichen Materialien oder Teilen ein Produkt hergestellt (z. B. Montage).

- Beim divergierenden Materialfluss (**analytische Produktion, divergierende Erzeugnisstruktur**) werden aus einer Materialart unterschiedliche Produkte erzeugt (z. B. Raffinerie mit der Erzeugung von Benzin, Diesel, Heizöl) oder aus mehreren Teilen ein Produkt hergestellt (z. B. Schalter in Elektroanlagen).

- Beim umgruppierenden Materialfluss (**austauschende Produktion, generelle Erzeugnisstruktur**) werden aus mehreren Materialarten oder Bauteilen mehrere verschiedene Produkte erzeugt (z. B. Lebensmittel, Innenausbau, DVD-Laufwerke in der Computeranwendung).

4.6 Anordnungstypologie

Hierbei handelt es sich um Unterschiede im **organisatorischen Durchlauf** von Aufträgen. Bei mehrstufigen Produktionen finden sich zum Teil verschiedene Anordnungstypen in den nacheinander ablaufenden Produktionsphasen.

Baustellenfertigung erfolgt beispielsweise bei Großprojekten im Anlagenbau, da ein großer Teil der Produktion vor Ort erfolgen muss. Die Risiken in Form von Qualitätsproblemen vor Ort, schwierig zu gestaltender Logistik und der parallelen Bearbeitung mehrerer Teilschritte erfordern ein effizientes Projektcontrolling in Bezug auf Zeiten, Kosten und Ressourcen.

Bei der **Werkstattfertigung** nach dem **Verrichtungs- bzw. Funktionsprinzip** werden gleichartige Betriebsmittel räumlich zusammengefasst. Bevorzugt angewandt wird die Werkstattfertigung bei der Teile- oder Vorfertigung, bei kleinen Losgrößen oder hoher Produktvielfalt. Durch Splitten der Lose in mehrere gleichzeitig zu bearbeitende Teilmengen gewinnt man Durchlaufzeit. Die Auslastung der Maschinen kann besser geplant werden. Nachteilig sind die hohen Materialflusskosten und die anonyme Aufteilung in Teilschritte, wodurch - trotz hoher DV-Durchdringung - Liegezeiten und hohe Transportkosten entstehen können.

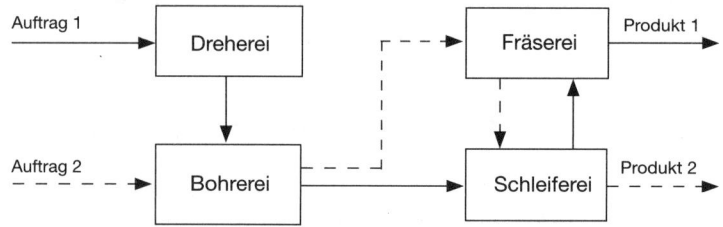

Das **Prozessfolgeprinzip** liegt vor, wenn die Bearbeitungsschritte in einer räumlichen Abfolge hintereinander erfolgen. Die bekannteste Ausprägung ist das **Fließband**. Sinnvoll ist eine solch starre Verkettung nur bei standardisierten Massen- oder Großserienproduktionen.

Positiver Effekt ist eine maximale Kapazitätsauslastung (z. B. Durchlauföfen), negativ wirkt sich die hohe Arbeitsteilung auf die Motivation der Mitarbeiter aus. Ebenso kann eine Störung an einer Station die Lähmung der gesamten Produktion zur Folge haben.

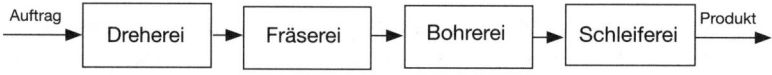

Besteht keine starre Verbindung der einzelnen Arbeitsstationen wie bei der Fließfertigung, sind die einzelnen Arbeitsgänge aber zwingend hintereinander zu platzieren, spricht man von einer **Fließproduktionslinie** oder der **Flow-Shop-Fertigung**.

Aus dem Versuch, die Vorteile der Werkstatt- und der Fließfertigung zu vereinen, entstand das **Gruppenprinzip** in Form der Produktionsinsel. Dabei werden alle für die Fertigung ähnlicher Produkte benötigten Arbeitsplätze und Betriebsmittel organisatorisch zusammengefasst.

In einer weitgehend autonomen **Planungs- und Steuerungsfunktion** wird so ein Produkt oder eine Baugruppe komplett von einer Mitarbeitergruppe hergestellt. Die Verantwortung für die Ablieferqualität muss ebenfalls von der Mitarbeitergruppe übernommen werden.

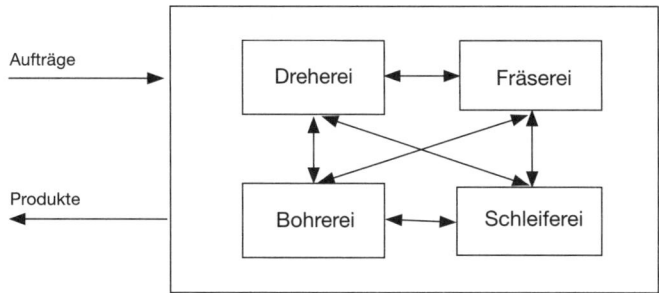

Das Tätigkeitsfeld der dort beschäftigten Gruppe trägt folgende Kennzeichen:

- weitgehende Selbststeuerung der Arbeits- und Kooperationsprozesse
- Planungs-, Entscheidungs- und Kontrollfunktion innerhalb vorgegebener Rahmenbedingungen
- Verzicht auf eine zu starre Arbeitsteilung
- Erweiterung des Dispositionsspielraumes für den Einzelnen.

Damit ist ein Höchstmaß an Identifikation der Mitarbeiter zu erreichen. Der Material- und Informationsfluss wird erheblich vereinfacht und die Gesamtdurchlaufzeit wird entsprechend verkürzt, da Liege- und Übergangszeiten wegfallen.

30 〉〉 Seite 430

Die **Produktionssegmentierung** stellt eine weitere Stufe in Richtung integrierter Verantwortung dar. Hierbei werden produktorientierte Organisationseinheiten zusammengefasst, die mehrere Phasen des Produktionsprozesses umfassen. In diesem Konzept wird versucht, die Kosten- und Produktivitätsvorteile der Fließfertigung mit der hohen Flexibilität der Werkstattfertigung zu kombinieren.

Vorteile ergeben sich durch konsequentere Markt- und Produktorientierung sowie durch Übertragung von Verantwortung für Kosten und Qualität. Hierdurch steigt die Produktivität, die Qualität wird zuverlässiger erreicht, die Bestände und die Durchlaufzeit werden minimiert.

Die Produktion wird nach Gesichtspunkten von Produkt und Technologie in **eigenständig operierende Segmente** eingeteilt, die gekennzeichnet sind durch:

- Zuordnung zu strategischen Geschäftseinheiten (SGE) und damit Spezialisierung auf ein Produkt/Marktsegment

- Integration mehrerer Wertschöpfungsstufen über die gesamte Logistikkette und damit hohe Flexibilität, geringe Übergangskosten und niedrige Bestände
- Komplettbearbeitung in Fertigungsinseln mit integrierter Qualitätsverantwortung
- Einbezug indirekter Funktionen wie Instandhaltung, Transport und Werkstattsteuerung und damit Reaktionsmöglichkeiten und Verantwortlichkeit direkt vor Ort
- Kostenverantwortung in Form eines Cost-Center
- Übertragung unternehmerischer Verantwortung.

Die einzelnen Segmente können durch dasselbe Materiallager versorgt werden und auf dasselbe Versandlager liefern, wie schematisch dargestellt:

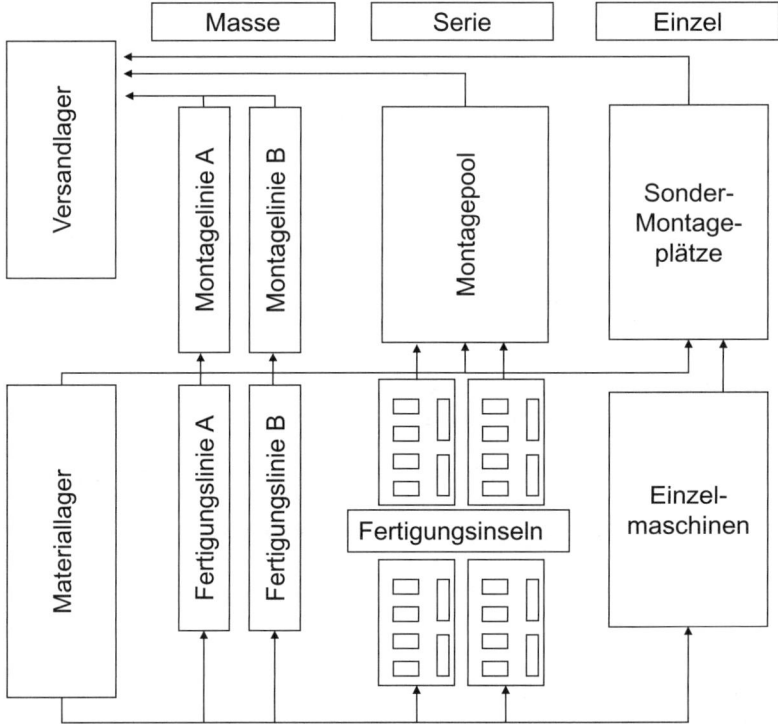

In der folgenden Übersicht sind die charakteristischen Merkmale der grundsätzlich möglichen Anordnungstypologien zusammengefasst.

Anordnungstyp	Anordnung der Potenzialfaktoren	Charakteristikum
Baustellenfertigung	Sonderform für unbewegte Produkte	Betriebsmittel und Arbeitskräfte werden zum Objekt transportiert
Werkstattfertigung	Verrichtungsorientiert	Räumliche Zusammenfassung gleichartiger Funktionen und Arbeitsvorrichtungen
Fließfertigung	Prozessorientiert	Anordnung der Betriebsmittel und Arbeitsplätze nach der Arbeitsreihenfolge
Gruppenfertigung	Objektorientiert	Räumliche Zusammenfassung verschiedener Betriebsmittel zu Funktionsgruppen

Je nach Eigenschaft der Produkte und der Auftragssituation eignen sich verschiedene Produktionsverfahren mehr oder weniger gut. In der folgenden Übersicht finden sich dazu einige Beispiele.

	große Individualität	Produktionsmenge hoch
Werkstattfertigung	Sondermaschinen	
Gruppenfertigung	Getriebe	
Fließfertigung	Automobil	
kontinuierlich	Benzinherstellung	

4.7 Dienstleistungsproduktion

Bei der Erbringung von Dienstleistungen existieren in der Literatur unterschiedliche Arten der Typologien. Grundsätzlich kann man unterscheiden nach:

Der **Intensität** des Kundenkontakts	von individuell (z. B. Arzt, Rechtsanwalt, Berater) bis standardisiert (z. B. Restaurant, Oper, Supermarkt)
Dem **Interaktionsgrad** mit dem Kunden	von unabhängig (z. B. Transportleistung, Parkuhr, Servicevertrag) bis interaktiv (z. B. Sprachkurs, Makler)
Dem **Bezug** zum Kunden	von der Leistung an der Person selbst (z. B. Nahverkehr, Bankautomat) bis zur Leistung an Objekten des Kunden (z. B. Kfz-Werkstatt, Hausreinigung, Schuhputzautomat)
Dem **Mix** zwischen Dienstleistung und Sachleistung	Von niedrigen Sachleistungsanteil (z. B. Kosmetik, Touristik) bis hohem Sachleistungsanteil (z. B. Reparatur, Computerinstallation)

Dem **Automati-sierungsgrad**	von niedrig (z. B. Schutzdienst, Touristik) bis hoch (z. B. Bankautomat, Online-Shopping)
Der **Ortsbindung**	von ortsgebunden (z. B. Kfz-Werkstatt, Krankenhaus) bis frei (z. B. Hausbesuche, Internetangebote)
Der **Produktionsplanung**	Von Lagerproduktion – **make to stock** – (z. B. Schnellrestaurant) über auftragsbezogen – **assemble to order** – (z. B. Dell-Notebook) bis zu kundenindividuell – **make to order** – (z. B. Friseur, Schneider)

Die jeweilige Abgrenzung ist abhängig von der Perspektive, je nachdem ob die **Tätigkeit** einer Person, die **Fähigkeit** zur Leistungserbringung, der **Ablauf** oder das **Ergebnis** im Vordergrund steht.

31 ⟩⟩ Seite 430

5. ARBEITSPLANERSTELLUNG

In der Produktgestaltung sind die **erzeugnisbezogenen Informationen** in Form von Zeichnungen und Stücklisten entstanden. Die Arbeitsplanung erzeugt nun die **Stammdaten für die Produktion**. Dazu gehören alle einmalig zu erstellenden Unterlagen, um den Produktionsprozess sicher und reproduzierbar durchführen zu können. Neben dieser **auftragsunabhängigen Dokumentation** werden weitere Unterlagen benutzt, um einen konkreten Auftrag zu definieren und dessen Abwicklung zu dokumentieren.

Neben Produktzeichnung und Stückliste gehört der Arbeitsplan zu den Basisdaten der Produktionsdurchführung.

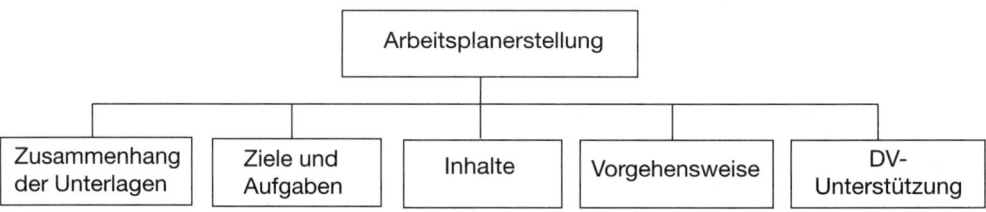

5.1 ZUSAMMENHANG DER UNTERLAGEN

Die einzelnen Unterlagen enthalten jeweils spezifische Informationen, die zumeist in Dateien abgelegt sind und bei der Vorbereitung für einen konkreten Auftrag zusammengestellt werden.

Die Arbeitspläne stehen im Mittelpunkt der Produktionspläne. Die Zusammenhänge der Arbeitsunterlagen zeigt das folgende Bild:

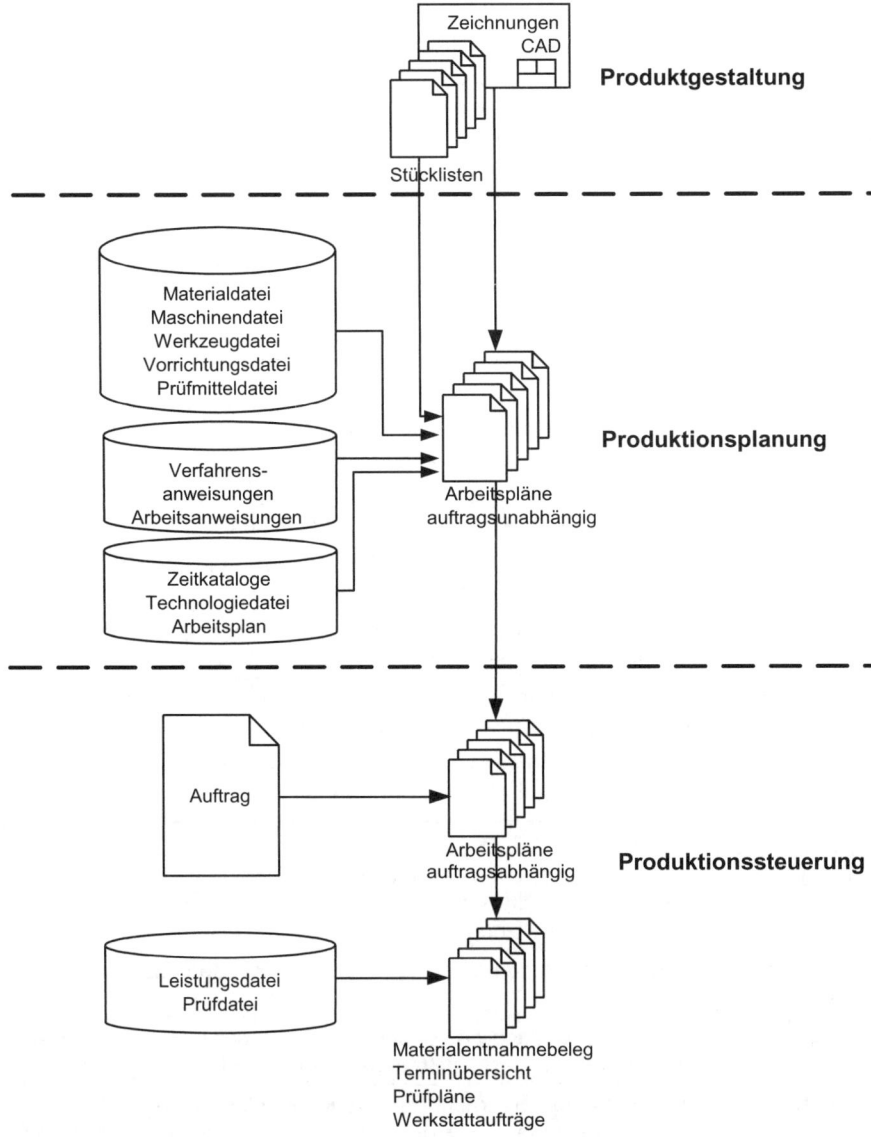

Inhalte sind, aufgeteilt nach den Phasen Produktgestaltung, Produktionsplanung und Produktionssteuerung:

Produkt-gestaltung	**Stücklisten**	Verzeichnis der Rohstoffe, Teile und Baugruppen unter Angabe von Art und Anzahl der benötigten Elemente
	Zeichnungen	Grafisch-technische Darstellung des Produkts unter Beachtung strenger Normen. Bei komplexen Produkten entsteht ein aufeinander aufbauender Zeichnungssatz von Einzel-, Baugruppen- und Zusammenstellungszeichnungen.

Produktionsplanung	**Verfahrens-anweisungen**	Interne Festlegung und Regelung abteilungsübergreifender Geschäftsprozesse. Festlegung der Verantwortung für Tätigkeiten und Beiträge. Definition von Kontaktstellen und Festlegen der benötigten Eingabe- und Ausgabeinformation.
	Arbeits-anweisungen	Beschreibung und Sicherstellung der anforderungsgerechten Durchführung von Tätigkeiten am Arbeitsplatz. Steigerung des Verständnisses und der Motivation der Mitarbeiter für qualitätsgerechtes Verhalten.
	Materialdatei	Dokumentation der eingesetzten Materialien mit Angabe von Spezifikationen, Bezugsquellen, Preise und weiterer beschaffungsrelevanten Daten.
	Maschinen-datei	Dokumentation der verfügbaren Maschinen mit deren Leistungsdaten, Verfügbarkeit und Wartungsinformationen.
	Werkzeug-datei	Übersicht vorhandener Werkzeuge für Maschinen und Arbeitsplätze mit Angaben der Verfügbarkeit und des Abnutzungszustands.
	Vorrichtungs-datei	Übersicht speziell angefertigter Vorrichtungen für das Aufspannen oder Handeln von Werkstücken oder Werkzeugen.
	Prüfmitteldatei	Angabe der zu benutzenden Prüfmittel mit Einsatzbereich, Genauigkeitsangaben und Überwachungsstatus.
	Zeitkataloge	Katalog von Richtwerten, Zeitaufnahmen oder Erfahrungswerten zur Ermittlung auftragsspezifischer Planwerte.
	Technologie-datei	Angabe von optimierten Einstellwerten der Maschinen unter Berücksichtigung der eingesetzten Werkstoffe.
	Arbeitsplan	Auftragsunabhängige Dokumentation des Arbeitsablaufs mit Bezug zu den anderen aufgeführten Dateiwerten.

Produktionssteuerung	**Auftrag**	Konkrete Zusammenstellung der Anforderungen, die innerhalb eines Produktionsschrittes zu erledigen sind, mit Angabe von Art, Menge und Termin herzustellender Objekte.
	Materialent-nahmebeleg	Beleg für die Materialbewegung aus einem Lager an den Ort der Produktion.
	Leistungsdatei	Angabe der tatsächlich benötigten Ressourcen in Form von Arbeitszeit, Materialverbrauch oder Betriebsstunden der Maschinen und Anlagen.
	Prüfdatei	Aufzeichnung durchgeführter Prüfungen mit Angabe des Prüfergebnisses und Entscheidung über Weiterverwendung, Nacharbeit oder Verschrottung.
	Termin-übersicht	Auflistung der Terminsituation mit Soll-Terminen und eingetragenen Ist-Terminen aus der Produktionsrückmeldung.

32 ⟩⟩ Seite 430

5.2 Ziele und Aufgaben

Ziele der Arbeitsplanung sind bei dem Oberziel der **Kostenminimierung**:

- Anwendung der am besten geeigneten Fertigungsverfahren
- Einsatz der wirtschaftlichsten Betriebsmittel
- Bestmögliche Abstimmung von Mensch, Betriebsmittel und Material
- Minimierung der Durchlaufzeiten
- Hohe Kapazitätsauslastung
- Geringe Fehleranfälligkeit.

Die **Aufgaben** der Arbeitsplanung sind:

Produktions- gestaltung	in der Produktionsverfahren festgelegt werden. Die Prozesse werden segmentiert und es wird die Reihenfolgeplanung durchgeführt ggf. mit Angabe alternativer Bearbeitungsmöglichkeiten.
Betriebsmittel- planung	in der festgelegt wird, welche Maschinen, Werkzeuge oder NC-Programme zum Einsatz kommen. Wenn nötig müssen auch Betriebsmittel neu erstellt bzw. Maschinen beschafft werden.
Zeitermittlung	die alle relevanten Zeiten berücksichtigt wie: ▸ Rüstzeiten ▸ Bearbeitungszeiten ▸ Prüfzeiten ▸ Transportzeiten ▸ Liegezeiten. Die Vorgabezeiten sind Basis für die ▸ Termin- und Kapazitätsplanung ▸ Kostenrechnung ▸ Kalkulation ▸ Investitionsplanung ▸ Entlohnung.
Transport- planung	in der die innerbetrieblichen Transportvorgänge festgelegt werden sowie die Art und Menge benötigter Transportmittel.

Die Arbeitsplanung hat enge Beziehungen mit fast allen anderen Bereichen des Unternehmens. Auf der **operativen Ebene** stellt die Arbeitsplanung den anderen Bereichen Ergebnisse für deren weitere Arbeit zur Verfügung. In der **planerischen Zusammenarbeit** gibt die Arbeitsplanung Anregungen aufgrund von Erfahrungen und stellt Anforderungen aufgrund der betrieblichen Struktur.

Unternehmens-funktionen	bereitgestellte Ergebnisse der Arbeitsplanung	Interaktionen mit der Arbeitsplanung
Entwicklung/Konstruktion	Rückkopplung von Informationen zur Herstellbarkeit	fertigungsgerechter Entwurf
Beschaffung	Spezifikationen zur Anfrage bei Lieferanten	Make or Buy-Analyse
Auftragszentrum	Terminmöglichkeiten und Kapazitätsauslastung	Abstimmung der Ablauforganisation
Produktionssteuerung	Auftragspapiere	Reihenfolgeplanung
Controlling	Herstellkosten	Vorgabewerte und Kennzahlen
Personal	Vorgabezeiten und Lohngruppen	Personalbereitstellung gemäß der Qualifikationsanforderungen
Qualitätsmanagement	Prüfschritte und deren Ergebnis	Prüfverfahren und Prüftiefe

5.3 INHALTE DES ARBEITSPLANS

Der Arbeitsplan ist Grundlage für die darauf aufbauenden Schritte:

* Betriebsmittelplanung
* Reihenfolgeplanung
* Feinterminierung
* Ergebniskalkulation
* Entlohnung.

Neben Produktzeichnung und Stückliste gehört der Arbeitsplan zu den Basisdaten der Produktionsdurchführung. Für jedes Teil, Halbfertigteil und Produkt werden **Klassifikations- und Bestimmungsgrößen (Kopfdaten)** definiert wie:

* Nummerung (Identnummer oder Artikel, Zeichnung, Stückliste)
* Änderungsstand (jeweils der letzte gültige Zustand)
* Benennung (verbale Bezeichnung)
* Angaben über Bearbeitungsperson und -datum
* Losgrößenbereich (davon kann die Art des Produktionsverfahrens abhängen)
* Transport- und Verpackungsangaben.

Die **Materialdaten** geben die Informationen aus der Stückliste wider.

Für jedes Teil, Halbfertigteil und Produkt wird festgelegt

* in welcher **Weise**   Arbeitsgänge
* in welcher **Reihenfolge**   Arbeitsablauf
* auf welchen **Maschinen**   Arbeitsplätze
* mit welchen **Hilfsmitteln**   Werkzeuge, Vorrichtungen und Programme
* mit welchem **Zeitbedarf**   Arbeitszeit

produziert werden soll. Das Ergebnis der Arbeitsplanung wird in einem Arbeitsplan festgehalten, der wie folgt aufgebaut sein kann:

Kopfdaten

Benennung:	Platte	
Artikel-Nr.:	V-100	Zeichnungs-Nr.: 100102
Losgröße:	50	Verpackung: Behälter K

Arbeits-gang	Text	Platz-Nr.	Maschine	Rüstzeit pro Los	Zeit pro 10
010	sägen	1003	S 15	15	20
020	fräsen	1022	CNC 33	30	50
030	Kontrolle	K 44	Q 44	00	00
040	Lager	L 33	T 15	00	00

Arbeitsgangdaten   Zeitdaten

Arbeitspläne können als Einzelarbeitspläne für ein einziges Teil oder als **Sammelarbeits-
pläne** für eine Teilefamilie erstellt werden.

Generell ist der Arbeitsplan ein **auftragsunabhängiges** Dokument. In der Investitions-
güterindustrie werden für einmal herzustellende Produkte aber auch auftragsbezogene
Arbeitspläne erstellt, die dann bereits konkrete Angaben über Termine, Stückzahlen und
Kundenzuordnung enthalten. Bei der Arbeitsplanerstellung wird auch festgestellt, ob neben der Eigenfertigung auch eine Fremdvergabe möglich und sinnvoll ist.

5.4 VORGEHENSWEISE BEI DER ERSTELLUNG

Voraussetzungen, einen Arbeitsplan erstellen zu können, sind das Vorhandensein von:

• Zeichnungen
• Stücklisten
• Arbeitsplatzbeschreibungen
• Leistungsangaben der Maschinen und Einrichtungen
• Klassifizierung der Teile
• Größenordnung der Produktionslose
• Aussagen zum Lebenszyklus

Die eigentliche **Arbeitsplanerstellung** geschieht in folgenden Schritten:

Materialplanung	Festlegung der Rohmaterialien und deren Abmessungen unter Berücksichtigung technischer, wirtschaftlicher und zeitlicher Kriterien.
Ähnlichkeits-planung	Um bereits vorliegende Informationen ähnlicher Teile nutzen zu können und dann nur noch Abweichungen und Zusatzinformationen einfügen zu müssen, nutzt man eine Übersicht bereits vorliegender Arbeitspläne. Zusätzlich werden Klassifizierungskonzepte eingesetzt, die ein schnelleres Auffinden von Teilen mit gleichen Parametern ermöglichen.
Verfahrensauswahl und -festlegung	Erprobte Verfahren, für die Betriebsmittel vorhanden sind und deren Wirtschaftlichkeit nachgewiesen ist, werden bevorzugt berücksichtigt bevor neue Verfahren mit technischer Unsicherheit oder zusätzlichem Betriebsmittelbedarf zum Einsatz kommen. Nach grundsätzlicher Auswahl des Verfahrens erfolgen die Detaildefinition der Arbeitsgänge und die Zuordnung zu Arbeitsplätzen sowie die Ermittlung von Werkzeugen, Vorrichtungen und Messgeräten.

Oft sind alternative Prozesse möglich oder es bietet sich eine Aufteilung auf mehrere Arbeitsplätze an. Auch werden Festlegungen über Überlappungen und Losteilungen getroffen, die in die Arbeitspläne integriert werden.

Maschinen-auswahl und Betriebsmittel-planung	Aufgrund technologischer Kriterien werden die notwendige Maschinen ausgewählt. Dabei sind zu berücksichtigen: ▶ Maschinendaten ▶ Werkstückdaten ▶ Vorrichtungsdaten ▶ Prozessfolge ▶ Automatisierung. Sofern neue oder zusätzliche Betriebsmittel benötigt werden, müssen diese beschafft oder selbst hergestellt werden. Dazu ist notwendig: ▶ Anforderungsdefinition durch den Planer ▶ Konstruktion durch den Betriebsmittelkonstrukteur ▶ Herstellung durch den Betriebsmittelbau (ggf. auch extern) ▶ Abnahme durch Planer und nutzende Abteilung.
Zeitermittlung	Bei der Vorgabezeitermittlung sind sowohl die Belegungszeit für das Betriebsmittel als auch die Auftragszeit für den Mitarbeiter zu berücksichtigen. Die personenbezogene Auftragszeit enthält die stückzahlunabhängige **Rüstzeit** und die stückzahlabhängige **Ausführungszeit**. Neben dieser Grundzeit sind noch die **Erholungszeit** und die **Verteilzeit** für allgemeine Aufgaben zu berücksichtigen.
Transport-planung	Hier wird festgelegt, mit welchen Transportmitteln Werkstücke von einem Arbeitssystem zum nächsten System oder in Lagerbereiche gelangen. Zusätzlich sind Angaben zur Auslösung des Transportvorganges und dessen Dauer festzulegen.

Zur Ermittlung der Vorgabezeiten werden zum einen aus Material-, Maschinen- und Werkzeugdaten analytisch Werte gewonnen und zum anderen aus Zeitaufnahmen Soll-werte festgelegt. Bekannte Verfahren sind:

Arbeitszeit-studien nach REFA	Die Soll-Zeiten werden durch das Messen und Auswerten von Ist-Zeiten ermittelt. Das ist erst nach Start eines neuem Prozesses mög-lich.
MTM (Methods Time Measure-ment) **WF** (Work Factor System)	Verfahren vorbestimmter Zeiten: Die Sollzeiten werden durch Kombi-nation von einmal ermittelten Bausteinen berechnet. Diese Standar-delemente beschreiben die Grundbewegungen wie Greifen, Trans-portieren, Montieren oder Prüfen. Das kann bereits im Vorfeld be-rechnet werden.
Simulation der Arbeitsdurch-führung oder Schätzwerte	Durch erfahrene Mitarbeiter werden die zu planenden Prozesse an möglichst originalgetreuen Plätzen erprobt oder durch Vergleich mit ähnlichen Tätigkeiten geschätzt.

5.5 DV-UNTERSTÜTZUNG CAP

Die Aufgabe der Arbeitsplanerstellung eignet sich wegen des hohen Anteils systemati-scher Vorgehensweisen sehr für die Rechnerintegration. Der rechnergestützte Prozess-entwurf (**CAP - Computer aided Planning**) umfasst neben der Erstellung des Arbeits-plans auch die Programmierung der NC-Maschinen und die Prüfplanung.

Die Zielsetzungen eines CAP-Systems sind qualitative Verbesserung der Arbeitspla-nung und die Reduktion von Planungszeiten und -kosten.

5.5.1 RECHNERGESTÜTZTE ARBEITSPLANERSTELLUNG

Kennzeichen der rechnerunterstützten Arbeitsplanung sind die Ausführung von Routine-tätigkeiten und die Bereitstellung von Informationen durch Datenbanksysteme.

Damit werden die Planer von Routinetätigkeiten entlastet und können stärker kreati-ve und schöpferische Tätigkeiten übernehmen. Durch die hohe Verarbeitungsgeschwin-digkeit können Optimierungsvorgänge und Simulationsläufe durchgeführt werden.

Der Einsatz der DV bedingt einen integrierten betrieblichen Informationsfluss und ver-langt die Kopplung und Integration bisher getrennt betriebener Systeme. In der weiteren Entwicklung stellen sich Aufgaben zur Erhöhung der Bedienerfreundlichkeit und der An-wenderakzeptanz.

Als Ausprägungsform kennt man:

Arbeitsplanverwaltung	Arbeitspläne werden archiviert und können nach bestimmten Kriterien aufgerufen werden. Diese bestehenden Pläne dienen auch als Basis für Neuerstellungen für ähnliche Produkte.
Arbeitsplanerstellung bei Varianten	Im Rechner sind Grundtypen hinterlegt, die über Parameter auf aktuelle Produkte eingestellt werden können.
Arbeitsplanerstellung bei Anpassungen	Vorhandene Arbeitspläne werden kopiert und durch Ändern, Hinzufügen oder Weglassen von Teilinformationen auf das neue Produkt angepasst.
Arbeitsplanerstellung als Generierung	Vollständige Neuplanung ohne Bezug zu bereits erstellten Plänen. Hier ist die Interaktion zwischen dem Ersteller der Arbeitspläne und dem Entwickler bzw. Konstrukteur besonders wichtig.

5.5.2 PROGRAMMIERVERFAHREN FÜR NC-MASCHINEN

Ein Teilbereich der Arbeitsplanung ist die **rechnerunterstützte NC-Programmierung**. CNC-Systeme verfügen über folgende Merkmale:

* Dialogbetrieb mit dem Programmierer und dem Bediener
* komfortable menugeführte Benutzeroberflächen
* Überwachung auf Eingabefehler durch Plausibilitätsprüfungen
* Möglichkeit der Parallelprogrammierung
* grafische Simulationen des Prozesses vor Erstanlauf.

Diese Charakteristika ermöglichen es, dass der Maschinenbediener vor Ort seine eigenen Programme erstellen kann – ein Schritt zur Arbeitsanreicherung und Höherqualifizierung. Die Erstellung von NC-Programmen ist in der Regel mit den Daten des **vorgelagerten CAD-Systems** verknüpft.

In einem Programmiersystem erfolgt die Beschreibung der Arbeitsaufgabe in einer entsprechenden **Programmiersprache**. Dabei soll darauf geachtet werden, dass die Programme problemorientiert und nicht maschinenbezogen erstellt werden, um ein Einsatz an unterschiedlichen Anlagen zu ermöglichen. Auch bietet sich der Einsatz genormter Programmiersprachen an, um eine weitgehende Kompatibilität zu erreichen.

Für die Programmierung von **Industrierobotern** stehen vergleichbare Verfahren zur Verfügung. Zusätzlich werden Onlineverfahren genutzt wie das Teach-In, in dem ein Bediener per Hand die Sollbewegung abfährt und entsprechende Punkte einspeichert. Anschließend wiederholt ein Programm exakt den eingegebenen Bewegungsablauf.

Ein weiterer Vorteil der Rechnerunterstützung und Datenspeicherung ist die schnell und unkompliziert mögliche Änderung von Programmen und der verzögerungsfrei mögliche Datenaustausch mit vorgelagerten (CAD) und nachgelagerten Systemen (CAM, PPS). Ebenso werden Aufgaben der Qualitätssicherung unterstützt (CAQ).

	KONTROLLFRAGEN	bear- beitet	Lösungs- hinweise	Lö- sung	
				+	−
01	Nennen Sie mögliche Randbedingungen zur Prozessgestaltung!		131		
02	Durch welche Eigenschaften wird die Anforderung an die Produktion bestimmt?		132		
03	Welche Methoden zur Modellierung von Prozessen kennen Sie?		132 ff.		
04	Welche Anwendungen findet die ereignisorientierte Prozesskette?		133		
05	Welche Vorteile in der Darstellung bietet das Vorgangskettendiagramm?		133 f.		
06	Nennen Sie Ansatzpunkte zur Optimierung von Prozessen!		135		
07	Welche unterschiedlichen Schwerpunkte der Optimierung finden zu verschiedenen Zeitpunkten der Prozessentwicklung statt?		135		
08	Welche Voraussetzungen müssen für die präventive und prozessorientierte Gestaltung der Produktion erfüllt sein?		136		
09	Welche Vorteile erreicht man durch die Übertragung von Verantwortung an die Mitarbeiter?		137		
10	Nennen Sie begleitende Methoden beim Prozessablauf!		137		
11	Wann ist ein Prozess „beherrscht" und wann „qualitätsfähig"?		137		
12	Was verspricht man sich vom Einsatz von Expertensystemen in der Qualitätssicherung?		138		
13	Beschreiben Sie die Aufgaben der Prüfplanung!		138		
14	Nennen Sie die Ablaufschritte bei der Prüfplanung!		139		
15	Beschreiben Sie die Methode der statistischen Prozess-Steuerung!		139		
16	Welche Bedeutung hat eine Endprüfung heute noch?		139		
17	Was wird unter „Segmentierung" verstanden?		141		
18	Nach welchen Ordnungskriterien können innerhalb der Produktion Teilbereiche definiert werden?		141		
19	In welchen Bereichen müssen jeweils segmenttypische Planungs- und Controllingaufgaben erledigt werden?		141		
20	Welche Vor- und Nachteile ergeben sich aus der Segmentierung?		141		
21	Was versteht man unter „fraktaler Fabrik" und unter „agiler Fabrik"?		142		
22	Bei welchen Anlässen ist eine Layoutplanung notwendig?		142		
23	Nennen Sie die Zielsetzungen einer optimierten Layoutplanung!		142		
24	Mit welchen Problemen hat man bei der Layoutplanung zu rechnen?		142		
25	Welche Verfahren unterstützen die Produktionsplanung?		143		
26	Beschreiben Sie die spezielle Konfiguration bei der Fließproduktion!		143		
27	Wodurch sind Produktionsinseln gekennzeichnet?		144		
28	Definieren Sie den Begriff „Betriebsmittel"!		144 f.		
29	Gliedern Sie die Betriebsmittel nach ihrem Einsatz in der Produktion!		145		
30	Welche Arten von Arbeitsmaschinen kennen Sie?		145		

	KONTROLLFRAGEN	bear-beitet	Lösungs-hinweise	Lösung +	-
31	Nennen Sie die Hauptgruppen der Betriebsmittel mit passiver Produktionsbeteiligung!		145		
32	Definieren Sie die Unterschiede in den Begriffen „Messen", „Zählen", „Lehren" und „Prüfen"!		146		
33	Nennen Sie Beispiele für Betriebsmittel, die der Ortsveränderung dienen!		146 f.		
34	Welche Bedeutung haben Grundstücke und Gebäude für die Produktion?		147		
35	Skizzieren Sie den möglichen Aufbau von Lagerbereichen in einem Unternehmen!		148		
36	Nach welchen Prinzipien werden Lagerbereiche aufgebaut?		148		
37	Unterteilen Sie die Lagereinrichtungen nach deren Art und beschreiben Sie die Anwendungsbereiche!		149		
38	Welche Teilbereiche der Ver- und Entsorgung kennen Sie?		149		
39	Welche Funktionen sind bei der Nutzung von Betriebsmittel auszuführen?		150		
40	Definieren Sie den Begriff „Automatisierung"!		150		
41	Nennen Sie verschiedene Maschinenkonzepte und deren Einsatzgebiete!		150 ff.		
42	Skizzieren Sie den Einsatz von Fertigungskonzepten in Abhängigkeit der Losgröße und der Flexibilität!		150		
43	Unterscheiden Sie die Begriffe „NC", „CNC" und „DNC"!		150		
44	Was versteht man unter einem Bearbeitungszentrum und welche Vorteile ergeben sich durch dessen Einsatz?		151		
45	Welche Funktionen decken flexible Fertigungszellen zusätzlich ab?		151		
46	Beschreiben Sie den Aufbau eines flexiblen Fertigungssystems!		151 f.		
47	Welche Ziele verfolgt man mit dem Einsatz flexibler Transferstraßen?		152		
48	Nennen Sie Ansatzpunkte, um einen optimalen Betriebsmitteleinsatz zu erreichen!		153 f.		
49	Beschreiben Sie die Ausprägungen der unterschiedlichen Degressionsarten!		153		
50	Was verstehen Sie unter „Elastizität" und welche Arten gibt es?		153 f.		
51	Nennen Sie Beispiele für Substitutionen!		154		
52	Definieren Sie den Begriff „Instandhaltung"!		154 f.		
53	Was können die Gründe für auftretende Störungen sein?		155		
54	Welche Auswirkungen können aufgetretene Störungen haben?		155		
55	Aus welchen Bestandteilen setzen sich die Gesamtkosten der Instandhaltung zusammen?		155		
56	Welche Ziele werden bei der Instandhaltungsstrategie verfolgt?		155 f.		

KONTROLLFRAGEN	bear-beitet	Lösungs-hinweise	Lö-sung	
			+	-
57	Wie kann man Instandhaltungsstrategien voneinander unterscheiden?		156		
58	Definieren Sie die Unterschiede zwischen Inspektion, Wartung und Reparatur!		156		
59	Welche Vorbereitungsaufgaben zur Instandhaltung kennen Sie?		156		
60	Beschreiben Sie die Durchführung einer Instandhaltungsmaßnahme!		156		
61	Wie funktioniert das Prinzip der produktivitätsorientierten Instandhaltung (TPM)?		157		
62	Welche Anforderungen sind an IT-Anwendungen für die Produktion zu stellen?		157 f.		
63	Welche Grundtypen der IT-Architektur kennen Sie?		158		
64	Benennen Sie die Unterschiede von Internet, Intranet und Extranet!		159 f.		
65	Beschreiben Sie die Funktion von EDI!		161		
66	Benennen Sie die Ziele einer Enterprise Application Integration (EAI)!		162		
67	Welche Arten der Produktionsprozesse und -technologien kennen Sie?		163		
68	Wie kann sich die Art der Marktbearbeitung unterscheiden?		164		
69	Definieren Sie die unterschiedlichen Produktionstypen nach dem Wiederholungsgrad!		165 ff.		
70	Nennen Sie jeweils Beispielprodukte, die nach einer der Repetitionstypen hergestellt werden!		166		
71	Wie unterscheiden sich kontinuierliche und diskontinuierliche Prozesse?		167		
72	Nennen Sie Beispiele für die verschiedenen Vergenztypen!		167		
73	Welche Anordnungstypologien kommen in der industriellen Fertigung zum Einsatz?		168 ff.		
74	Skizzieren Sie ein Produktionslayout, in dem alle Ihnen bekannten Durchlauforganisationen zum Einsatz kommen!		170		
75	Wie verhält sich der Einsatz der Betriebsmittel bei den verschiedenen Anordnungstypen?		171		
76	Welche Unterscheidungsmöglichkeiten kennen Sie bei der Definition von Dienstleistungsarten?		171		
77	Welche Formen der Produktionsplanung können bei Dienstleistungen auftreten?		172		
78	Welche Arbeitsunterlagen werden in den einzelnen Phasen der Auftragsabwicklung benötigt?		172 ff.		
79	Welche Inhalte haben Stücklisten und Zeichnungen?		173		
80	Beschreiben Sie die Inhalte der einzelnen Dateien, die zur Produktionsplanung benötigt werden!		173		
81	Nennen Sie die Aufgaben der Arbeitsplanung!		175		
82	Welche Zeiten sind für die Arbeitsplanung relevant?		176 f.		

	KONTROLLFRAGEN	bear-beitet	Lösungs-hinweise	Lö-sung +	Lö-sung -
83	Mit welchen Unternehmensfunktionen korrespondiert die Arbeitsplanung und welche Ergebnisse werden ausgetauscht?		176		
84	Nennen Sie die Inhalte eines Arbeitsplans!		176		
85	Welche Informationen finden sich in den Kopfdaten?		176		
86	Welche Informationen sind für jeden einzelnen Arbeitsgang notwendig?		176 f.		
87	Welche Argumente sprechen für eine Fremdvergabe?		177		
88	Nennen Sie die Voraussetzungen, die erfüllt sein müssen, um einen Arbeitsplan zu erstellen!		177		
89	Skizzieren Sie die Schritte bei der Arbeitsplanerstellung!		178		
90	Was sind die Inhalte der Verfahrensfestlegung?		178		
91	Wie erfolgt die Maschinenauswahl und die Betriebsmittelplanung?		178		
92	Nennen Sie Verfahren zur Vorgabezeitermittlung!		179		
93	Welche Teilbereiche umfasst der rechnergestützte Prozessentwurf?		179 ff.		
94	Welche Ziele verfolgt man bei dem Einsatz von CAP-Systemen?		179		
95	Welche Ausprägungsformen bei der Arbeitsplanerstellung gibt es?		180		
96	Beschreiben Sie das Verfahren zur Programmierung von NC-Maschinen!		180		
97	Welche Vorteile ergeben sich aus der Rechnerunterstützung und Datenspeicherung?		180		

E. Produktionsprogrammplanung

Die Herausforderungen an die Planung von Produktionsprogrammen werden durch die **veränderten Randbedingungen** einer globalen Produktionswirtschaft komplexer und anspruchsvoller. Dazu gehören:

- Tendenz von der Produktionswirtschaft weg hin zur Dienstleistungswirtschaft
- Mehr globale Anbieter und Nachfrager
- Kürzere Produktlebenszyklen
- Größere Produkt- und Servicevielfalt
- Komplexere Produkte und Dienstleistungen
- Niedrigere Markteintrittsbarrieren
- Besser informierte und weniger loyale Kunden
- Von hohem Service oder niedrigen Kosten zu hohem Service und niedrigen Kosten
- Von Wochen zu Tagen bei der Auftragsdurchlaufzeit; von Tagen zu Minuten bei der Rüstzeit
- Von monatlichen Chargen zu „jedes Produkt jeden Tag"
- Von „one-size-fits-it-all" zu individualisierten Produkten und Dienstleistungen.

Im Einzelnen umfasst die Produktionsprogrammplanung:

Produktions-programmplanung	Strategische, taktische und operative Aufgaben
	Programminhalte
	Primärbedarfsplanung
	Ressourcen-Einsatzplanung

Im Rahmen der strategischen Unternehmensplanung wird zunächst festgelegt, welche Märkte mit welchen Produktgruppen beliefert werden sollen. Dazu ist ein **Absatzprogramm** zu planen. In der Produktionsprogrammplanung wird entschieden, welche Produkte in welchen Mengen und in welcher zeitlichen Verteilung hergestellt werden sollen. Hierzu benötigt man mindestens die Angabe von **Erzeugnissen**, **Mengen** und **Terminen**.

Zusätzlich sind **Rahmenbedingungen** zu berücksichtigen, unter denen eine möglichst große Produktionsmenge mit möglichst geringem Ressourceneinsatz (ökonomisches Prinzip) erzeugt werden soll. Diese Bedingungen können sein:

Außerbetrieblicher Art	
Absatzmarkt	z. B. Wettbewerb, Modetrends
Beschaffungsmarkt	z. B. Materialverfügbarkeit, Qualitätsniveau
Gesetze	z. B. Arbeitszeitregelung, Sicherheitsvorschriften

Innerbetrieblicher Art	
Vertrieb	z. B. Produktvielfalt, Lieferkonditionen
Produktion	z. B. Kapazitätsauslastung, Personalverfügbarkeit
Finanzen	z. B. Liquidität, Investitionsmöglichkeiten

1. STRATEGISCHE, TAKTISCHE UND OPERATIVE AUFGABEN

Aufgabe der Produktionsprogrammplanung ist es, eine möglichst gute Deckung des Produktprofils (Programmbreite, -tiefe, -umfang) mit den Möglichkeiten der Produktionstechnik und der Produktionseinrichtungen herzustellen. Aufgrund kurzfristiger Schwankungen in der Nachfrage bezüglich Art, Menge und Termin ist eine zeitnahe Anpassung und Optimierung der Produktion erforderlich.

Entsprechend der Fristigkeit der Planung unterscheidet man:

- **Strategische Programmplanung**

  Bevor konkrete Produktionsaufträge behandelt werden können, muss grundsätzlich festgelegt werden, unter welchen Randbedingungen die Produktion langfristig betrieben werden soll. Die strategische Programmplanung legt die vom Unternehmen zu produzierenden Produkte und deren Ausprägungsformen fest - also das, was der Kunde bestellen kann. Diese Produktfelder charakterisieren das Betätigungsfeld des Unternehmens.

  Grundlage bilden langfristig angelegte Marktforschung und Vertriebsprognosen, die eine Einschätzung über den zukünftigen Marktbedarf erlauben. Betrachtet werden müssen neben den derzeitigen Produkten auch die in Planung befindlichen neuen Produkte mit deren Lebenszykluskurve.

  Ziel der strategischen Planung ist die nachhaltige Überlebensfähigkeit des Unternehmens. Im Rahmen dieser Überlegungen stehen die vorhandenen oder zu beschaffenden Produktionsmöglichkeiten, eventuell notwendige Investitionen in Gebäude, Maschinen und Personal sowie Entscheidungen über Fertigungstechnologien und Fertigungstiefe.

- **Taktische Programmplanung**

  In der taktischen Programmplanung werden die einzelnen Produktfelder konkretisiert und spezifiziert. Man spricht von den Programmdimensionen Umfang, Breite und Tiefe.

  In dieser Phase werden die Produktionskapazitäten den Produktarten grob zugeordnet und ggf. mit konkreten Investitionsentscheidungen verknüpft. Die taktische Programmplanung legt die notwendige Anlagenausstattung und die benötigte Personalkapazität fest. Ebenso werden Grundannahmen über Lagerkapazitäten und Organisationsformen der Fertigung getroffen.

Die Gestaltung der Produkte und die Zusammensetzung des Produktprogramms bestimmen weitgehend die Wahl der Produktionsprozesse und der Produktionseinrichtungen. Unmittelbare Anforderungen ergeben sich aus den jährlich erwarteten Stückzahlen, den vorgesehenen Varianten und dem technologischen Innovationsgrad. So wird mit diesen Daten festgelegt, ob es sich um Einzel-, Serien- oder Massenproduktion handelt.

Kostenmäßig günstig ist die Entwicklung einer Produktreihe im Baukastenprinzip. Dabei entstehen durch die unterschiedliche Zusammensetzung genormter Bauteile unterschiedliche Endprodukte. Somit ist es möglich, bis zu einer bestimmten Produktionsstufe erwartungsbezogen und danach auftragsbezogen zu planen.

- **Operative Programmplanung**

  In der operativen Produktionsprogrammplanung wird im Rahmen der durch die strategische und taktische Produktionsprogrammplanung vorgegebenen Grenzen das Programm nach Erzeugnisart, Termin und Menge für eine Planungsperiode festgelegt. Dazu ist eine **Abstimmung zwischen Produktion und Vertrieb** nötig.

33 ⟩⟩ Seite 430

Im Rahmen der Produktionsprogrammplanung sind folgende Themen von Bedeutung:

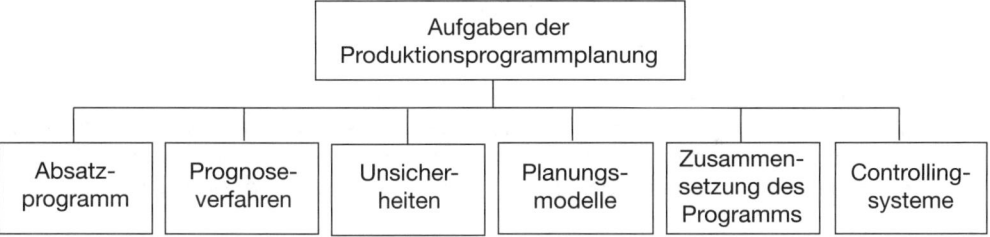

1.1 Absatzprogramm

Die Bildung eines konkreten Absatzprogramms kann je nach verfügbaren Informationen unterschiedliche Schwerpunkte bilden.

- **Kunden- oder auftragsorientierte Form**

  In die Produktion werden exakt die bekannten und vorliegenden Kundenaufträge eingeplant. Das stellt eine hohe Sicherheit dar, nur die wirklich abzusetzenden Produkte herzustellen, führt aber zu unregelmäßiger Kapazitätsauslastung. Durch Hinzufügen von Aufträgen, die aus Angeboten oder Kundenanfragen generiert werden, lässt sich eine gewisse Glättung der Auslastung erzielen.

- **Markt- oder erwartungsorientierte Form**

Diese Form der Produktionsprogrammplanung basiert auf Absatzprognosen. Die Produktion wird auf Basis von Erwartungswerten geplant. Diese Form eignet sich gut, wenn der Bedarf relativ konstant ist und die Produkte weitgehend als Standard vermarktet werden. Entsprechend der Erwartungshaltung der Kunden, diese Produkte kurzfristig zu bekommen, ist das Unternehmen aufgrund der anonymen Vorplanung in der Lage, konkrete Aufträge kurzfristig zu erfüllen.

In der Regel findet man Mischformen dieser Vorgehensweisen. Häufig trifft man auf Baugruppenebene eine erwartungsorientierte Vorfertigung an, die dann Lagerbestände von vielfältig weiterbearbeitbarer Zwischenprodukte herstellt.

Erst bei Vorliegen konkreter Aufträge werden dann die kundenspezifischen Varianten erzeugt. So reduziert man das Lagerbestandsrisiko und erhöht gleichzeitig die Lieferbereitschaft für individuelle Anforderungen.

Grundlage zur Anwendung der mathematischen Methoden, nach denen ein Prognosewert für den zukünftigen Bedarf ermittelt wird, sind:

- Vergangenheitsreihen und deren Analyse auf charakteristische Merkmale
- Einschätzung kommender Entwicklungen der Nachfrage
- Einschätzung der Wirkung eigener Marketingaktivitäten
- Einschätzung der Wettbewerbssituation
- Berücksichtigung laufender Kundenkontakte
- Einbeziehung der Innovationsprojekte.

Nach Wahl eines **Prognosemodells** wird die Nachfrageprognose erstellt und in einem weiteren Schritt auf die mögliche Fehlerquote hin untersucht. In späteren Planungsläufen kann man dann durch Vergleich der tatsächlichen Verläufe mit den ehemaligen Prognosewerten eine immer genauere Abschätzung der Prognosezuverlässigkeit durchführen.

1.2 PROGNOSEVERFAHREN

Um zu entscheiden, welche Produkte oder Leistungen in welcher Ausprägung anzubieten sind und ob es zu einem Anstieg oder Abfall der Nachfrage kommt, werden Prognosen benötigt, die dann als Grundlage der Planungsschritte dienen.

1.2.1 GENERELLE VORGEHENSWEISE

Die Wahl der geeigneten Prognoseform hängt von dem Betrachtungsgegenstand, den Umfeldbedingungen und den vorhandenen Daten ab. Auch empfiehlt es sich, mehrere Prognoseverfahren gemischt anzuwenden. Je detaillierter dabei die Fragestellung ist, umso unsicherer ist das Prognoseergebnis. Dasselbe gilt für Langfristprognosen, die in der Regel ungenauer sind als Kurzfristprognosen. Ebenso spielen die Aktivitäten der Marktteilnehmer eine Rolle wie Werbeaktionen, innovative Produkte oder der Eintritt neuer Anbieter.

Grundsätzlich wird folgende Prozesskette durchlaufen:

Prozess-Schritt	beispielhaft
Zielbestimmung	Welcher Mitarbeiterbedarf ist nötig?
Zeitraum festlegen	Für die nächsten drei Jahre
Verfahren festlegen	Kombination kausal und qualitativ
Datenerhebung	Ist-Daten, Plan-Daten, Expertenmeinung
Prognoseerstellung	Berechnung und Abgleich durch Einschätzung
Überwachung	Quartalsmäßiger Abgleich

1.2.2 QUALITATIVE PROGNOSEN

Einsatzfelder sind Fälle, in denen keine Vergangenheitswerte vorliegen wie bei neu einzuführenden Produkten/Leistungen oder wenn ein Innovationssprung erwartet wird wie bei dem Ersatz der Briefpost durch elektronische Medien.

Methode	Vorteile	Nachteile
Schätzung durch betroffene Mitarbeiter	Gute Detailkenntnisse, unmittelbarer Bezug zum Thema	Subjektiv, eigene Interessen spielen mit, unvollständige Infos
Befragung durch Fragebogen oder Interviews bei bestehenden oder potenziellen Kunden	Systematisches Vorgehen, authentisch bei bekannten Produkten	Aufwändig, methodisch schwierig, wenig aussagekräftig bei geringem Rücklauf
Experten mit unterschiedlichem Blickwinkel geben ihre Einschätzung	Spezialwissen wird genutzt, auch möglich bei neuen Produkten	Einzelne können dominieren, Mitzieheffekt durch Meinungsführer
Delphimethode mit anonymer Beantwortung von Fragebogen, die mehrfach mit Feed-back versehen kursieren	Anonymität und Möglichkeit des Konsens durch Rückkopplung, hoher Wissensstand	Kotenintensiv, lange Bearbeitungszeit

1.2.3 QUANTITATIVE PROGNOSEN

Bei qualitativen Prognosen wird die Erfahrungsrealität zunächst verbalisiert und dann subjektiv interpretiert. Im **quantitativen Ansatz** versucht man, durch Messungen und zahlenmäßige Beschreibung die Realität abzubilden und dann daraus mit statistischen Methoden Prognosen abzuleiten.

Kausalprognose

Die Kausalprognose stellt eine solche quantitative Prognosetechnik dar. Zumeist werden Kausalprognosen eingesetzt, wenn die Entwicklung bereits bekannter Größen bestimmt werden soll wie beispielsweise die Umsatzentwicklung oder der Personalbedarf in einem Geschäftsfeld.

Dabei wird aus den vorliegenden Dateninformationen eine beschreibende Funktion erstellt, die auf ihre mathematische Form untersucht wird. So können lineare Zusammenhänge festgestellt werden wie bei der Verdopplung von Transaktionen bei doppelter Kundenanzahl, aber auch nicht-lineare Verhältnisse wie die Anzahl benötigter Servicekräfte bezogen auf die Größe eines Rechenzentrums, da hier ein unterproportionaler Anstieg vorherrscht.

Zeitreihenprognose

Fehlen genaue Angaben über die Ist-Situation, versucht man einen Zusammenhang im zeitlichen Verlauf festzustellen. Diese Technik auf Basis historischer Nachfragedaten nennt man Zeitreihenprognose. Die Trefferwahrscheinlichkeit ist abhängig von einigen Parametern wie

dem gewählten Betrachtungs-zeitraum	Ist er zu kurz, kann ein vorhandener Trend nicht erkannt werden, ist er zu lang, wirken sich Nachfrageschwankungen nur unzureichend aus.
der Durchlauf-zeit	Je länger die Durchlaufzeit (Bestellung, Lieferung, Vorfertigung, Montage, Bereitstellung) ist, um so größer ist die Streubreite der Vorhersagegenauigkeit.
der Lagerhaltungsstrategie	Hier wirkt sich aus, ob in festen Losgrößen gefertigt wird oder ob eine vom aktuellen Bestand abhängige Menge festgelegt wird. Die Art der Lagerbestandsführung hat ebenfalls Einfluss auf die Güte der Vorhersage.
dem Verlauf in der Vergangenheit	Je schwankender oder je sporadischer der Nachfrageverlauf ist, um so leistungsfähiger muss das Berechnungsmodell sein.

Als Komponenten zur Bildung von Zeitreihen haben sich herausgebildet:

* langfristige Trendaussagen
* mittelfristige zyklische Schwankungen
* saisonale Effekte
* unregelmäßige zufällige Veränderungen.

Die Kombination dieser Faktoren führt zu typischen Arten von Nachfrageverläufen:

unregelmäßiger Verlauf	▶ stark schwankend ▶ sporadisch
regelmäßiger Verlauf	▶ konstant ▶ mit Saisoneinfluss ▶ trendförmig

34 ⟫ Seite 430

Prognoseberechnung

Gebräuchliche mathematische Verfahren bei der Prognoseberechnung sind:

- **Der gleitende Mittelwert**

  Es werden Werte verwendet, die sich in der Vergangenheit ergeben haben, und daraus wird ein Vorhersagewert für die nächste Periode ermittelt. Das Anwendungsgebiet ist auf relativ konstanten Verlauf beschränkt. Durch stärkere Gewichtung der jüngeren Vergangenheit kann man aber auch eine Trendentwicklung berücksichtigen. In diesem Fall spricht man von einem gewogenen gleitenden Mittelwert.

- **Die exponentielle Glättung**

  Zur Berechnung des Prognosewertes für die nächste Periode wird nur auf den Ist-Wert und den Prognosewert der letzten Periode zurückgegriffen. Der bisherige Prognosewert wird korrigiert um die Differenz zwischen Prognose- und Ist-Wert multipliziert mit einem Glättungsfaktor. Da der vorherige Prognosewert aber bereits ebenfalls aus seinen Vorgängern entstanden ist, sind alle Vorperioden mit abnehmender Gewichtung ebenfalls vertreten.

  Diese Form ist nicht geeignet für Trend- oder Saisonverläufe. Um den Trend mit einzubeziehen, wurden Methoden der exponentiellen Glättung 2. Ordnung entwickelt. Saisonverläufe bildet das Verfahren der Zeitreihendekomposition ab, das Saisonwerte vergangener gleichartiger Perioden berücksichtigt.

- **Die Regressionsanalyse**

  Das komplizierteste Verfahren ist die Regressionsanalyse, die eine hohe Rechenkapazität verlangt. Regressionen dienen dazu, den Zusammenhang zwischen einer abhängigen und einer unabhängigen Variablen darzustellen.

  So beeinflussen beispielsweise mehrere Faktoren wie Neuigkeitsgrad, Marktaufnahmefähigkeit und Preispositionierung die Absatzchancen eines Produktes. Auf der Grundlage einer Reihe von Erfahrungswerten können jedem dieser drei Faktoren Anteile am Erfolg zugewiesen werden und die Ergebnisse können dazu verwendet werden, den zukünftigen Bedarf des Produktes vorauszusagen.

  In einer Formel werden die Einflussfaktoren so miteinander verknüpft, dass die Abweichungen der Prognosewerte zu den Ist-Werten möglichst gering werden.

Für alle Prognosemodelle gilt, dass sie zeitnah auf ihre Prognosequalität überprüft werden und ggf. an veränderte Erkenntnisse angepasst werden.

35 ⟫ Seite 430

1.3 UNSICHERHEITEN

Planungen arbeiten immer mit Annahmen, die so nicht eintreffen müssen. Die daraus resultierende Unsicherheit in der Prognose soll möglichst klein gehalten werden. Man unterscheidet

Prognosefehler	▸ Unvollständige oder fehlerhafte Datenerhebung ▸ Falsche Einschätzung von Entwicklungen und Trends ▸ Fehlerhafte Anwendung von Verfahren ▸ Hohe Schwankungsbreite der Werte
Unternehmens- externe Unsicherheiten	▸ Entwicklung der Energiepreise ▸ politisches Umfeld ▸ Konjunktur- und Nachfrageentwicklung ▸ Subventionspraxis ▸ Bestellverhalten der Kunden ▸ Lieferantenumfeld ▸ Wettbewerbsverhalten
Unternehmens- interne Unsicherheiten	▸ Störungen im Produktionsablauf ▸ Mangelndes Qualitätsniveau und Fehlleistungen ▸ Personalverfügbarkeit ▸ Energieengpässe

Zur Bewältigung dieser Unsicherheiten sind möglichst viele relevante Informationen zu beschaffen und deren Zuverlässigkeit zu prüfen. Die Planungen sollen über einen gewissen Zeitraum **rollierend** erfolgen, indem immer eine neue Teilperiode angefügt wird und Entscheidungen so spät wie vertretbar möglich getroffen werden. Weitere **Vorsorgemaßnahmen** bezüglich ungeplanter Störungen sind Kapazitätsreserven, Bestandsreserven und flexibler Ressourceneinsatz.

1.4 MODELLE ZUR PRODUKTIONSPROGRAMMPLANUNG

Ein Modell soll die Realität abbilden und als Planungsmodell der Entscheidungsfindung dienen. Neben der Menge möglicher Entscheidungen mit deren Konsequenzen kommt ein Bewertungssystem zum Einsatz, mit dem die alternativen Handlungsmöglichkeiten abgeprüft werden.

1.4.1 LOSGRÖSSENMODELL

In der Praxis wird aus einem noch relativ komplexen **Realmodell** durch Abstraktion ein mathematisch beschreibbares Formalmodell entwickelt. Das bekannteste Planungsmodell ist das **Losgrößenmodell**.

Aufgabe der **Losgrößenbildung** ist es, organisatorische Vereinfachungen so vorzunehmen, dass sich ein Minimum aus **auflagenfixen** und **auflagenvariablen** Kosten ergibt. Durch Aufstellen einer Gleichung, in der einerseits die Kosten für Rüst- und Produktionsvorgänge und andererseits die Lagerkosten definiert werden, und durch Ableitung der so erstellten Stückkostenfunktion lässt sich die optimale Losgröße berechnen.

36 >> Seite 431

Das klassische Losgrößenmodell geht von konstanter Nachfragerate, konstanter Produktionskapazität und konstanten Kostenstrukturen aus, ein in der Praxis eher seltener Fall.

Da zwischen den Erzeugnissen Beziehungen bestehen, beeinflusst die Losbildung für ein übergeordnetes Erzeugnis die Bedarfssituation der untergeordneten Erzeugnisse. Außerdem ist zu berücksichtigen, dass die Arbeitssysteme, welche die zur Produktion der Erzeugnisse notwendigen Arbeitsgänge durchführen müssen, nur eine **beschränkte** Kapazität haben und dass die Produkte um diese Kapazität konkurrieren.

1.4.2 OPERATIONS RESEARCH

Da die einzelnen Produkte nicht isoliert zu betrachten sind, sondern ihre **Interdependenzen** berücksichtigt werden müssen, gibt es hierzu relativ komplexe Entscheidungsmodelle, nach denen eine optimierte Planung durchgeführt werden kann. Die bekanntesten Modelle aus dem Operations Research sind:

- **Simulation**
  Hier wird die Realität durch wiederholtes Durchspielen der Prozesse mithilfe von Rechnerprogrammen nachgebildet. Durch Variationen der Eingangsparameter lassen sich optimierte Abläufe ermitteln.

- **Lineare Programmierung**
  Der Bedarf und die verfügbaren Kapazitäten werden durch ein System von Gleichungen und Ungleichungen mit entsprechenden Randbedingungen beschrieben. Das bekannteste Verfahren, das eine iterative Vorgehensweise benutzt, ist unter dem Begriff Simplex-Methode bekannt.

- **Optimized Production Technology (OPT)**
  Der gesamte Produktionsablauf wird simuliert. Dabei werden die Engpässe in Abhängigkeit des Produktionsprogramms sowie von zuvor definierten Störgrößen ermittelt. Aus den Ergebnissen lassen sich Verbesserungsmaßnahmen für eine Planungsoptimierung ableiten.

1.5 ZUSAMMENSETZUNG DES PRODUKTIONSPROGRAMMS

Das **Produktionsprogramm** entsteht unter Berücksichtigung von Marktentwicklungen, bisheriger Absatzentwicklung, vorgegebener Produktions- und Marktstrategien und der vorhandenen Produktionskapazität.

Als **vordringlich** werden die Aufträge behandelt, für die es bereits konkrete Kundenaufträge gibt. Daneben bestehen Planaufträge für erwartete Kundenaufträge oder für den vom Vertrieb prognostizierten Absatz (Forecast). Zusätzlich sind Aufträge aus internen Leistungen zu berücksichtigen, z. B. Entwicklungsaufträge, Nullserien oder Betriebsmittelaufträge.

Standardteile, die kundenanonym auf Lager produziert werden, dienen als Grundlast und als Füllaufträge zur kontinuierlichen Kapazitätsauslastung.

Aufträge auf Basis einer **Vorplanung** werden oft nur bis zu einer bestimmten Vorproduktionsstufe ausgeführt. Erst nach Vorliegen des aktuellen Kundenauftrags wird dann die konkrete Ausführungsform hergestellt. So vermeidet man Ladenhüter in spezialisierter Ausführung, erreicht aber durch die Vorfertigung eine kurze Lieferzeitreaktion. Zusätzlich lassen sich auf untergeordneten Produktionsstufen Komponenten zu ökonomisch zweckmäßigen Auftragsgrößen zusammenfassen.

Diese **Bevorratungsstrategie** muss allerdings folgende Bedingungen erfüllen:

• Möglichst geringe Teilevielfalt auf der Bevorratungsebene
• Hohe Mehrfachverwendbarkeit auf der Bevorratungsebene
• Möglichst noch geringer Wertzuwachs auf der Bevorratungsebene.

Zusammensetzung des Produktionsprogramms

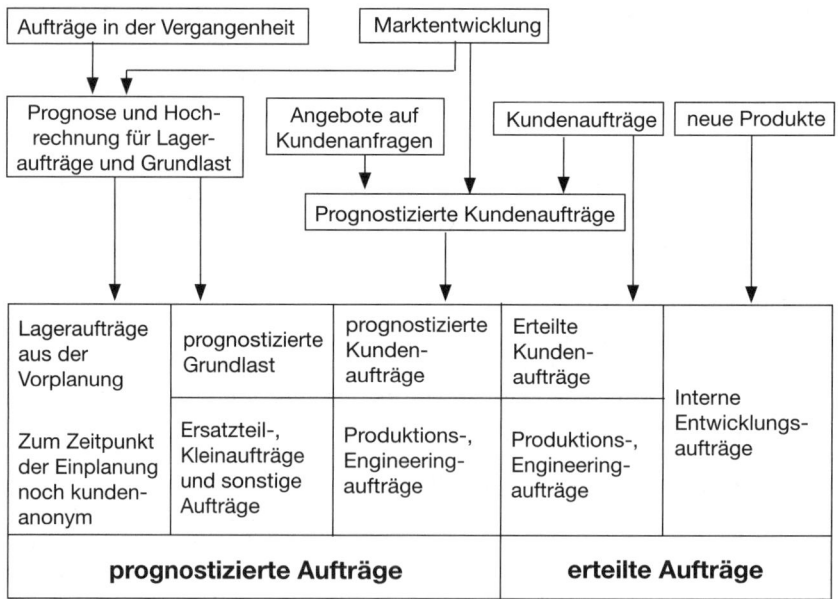

1.6 Controllingsysteme

Voraussetzung für eine produktive und wirtschaftliche Steuerung der Produktion ist ein Informationssystem, das technische und betriebswirtschaftliche Daten sammelt, bewertet und zusammenfasst. Ein Ansatz besteht in der Anwendung standardisierter Verfahren wie Berechnungsvorgänge, Simulationen und Prognosemodelle, zusammengefasst unter dem Begriff **Operations Research**.

Eine weitere, derzeit mehr und mehr angewandte Methode des Produktionscontrolling ist der Einsatz der **Prozesskostenrechnung**. Dabei werden die nacheinander ablaufenden Prozesse innerhalb eines Hauptprozessablaufs (Kostentreiber) mit Verrechnungssätzen bewertet. Das führt zu einer detaillierten kostenbezogenen Darstellung, erhöht aber den Berechnungsaufwand.

Einfache praxisorientierte Controllingsysteme arbeiten mit **Kennzahlen**, die aus den operativen Daten der Produktion ermittelt werden und mit Vorgabewerten oder branchentypischen Vergleichswerten in Beziehung gebracht werden. Wenn es um die Bewertung qualitativer Informationen geht, können **Expertensysteme** Entscheidungen unterstützen.

Der **Informationsfluss** im Produktionscontrolling geht von der Produktion über ein **Produktions-Informationssystem** zu einem **Kostenrechnungs-System**, aus dem über ein **Entscheidungs-Informationssystem** Korrekturen und Verbesserungen am Produktionsablauf vorgenommen werden können.

Wesentliche Aufgaben des Controlling in der Produktionswirtschaft sind:

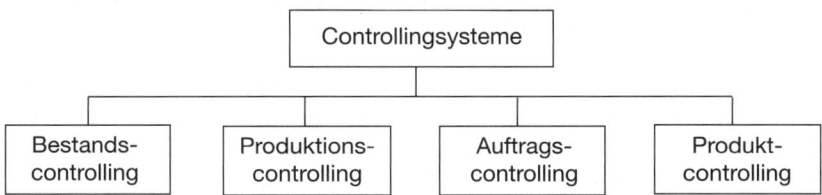

1.6.1 Bestandscontrolling

Ziel des Bestandscontrolling ist es, **niedrige Materialbestände** aufzuweisen, gleichzeitig aber eine **hohe Lieferbereitschaft** sicherzustellen. Benutzte Informationen und Kennzahlen sind:

- **Die Kapitalbindung in den Materialbeständen**
  Die Kapitalbindung hängt stark von der Materialflusssteuerung ab. Einflussgrößen auf den Materialbestand sind:
  - die **Durchlaufzeiten** in der Fertigung
  - die gewählten **Losgrößen** und
  - die **Beschaffungspolitik**.

Der Kapitalbedarf für das Material ergibt sich aus der Multiplikation des Materialwertes mit der Durchlaufzeit oder der Lagerungszeit in Tagen und dem Zinssatz pro Tag. Dabei spielt die Bewertung der Bestände eine Rolle, da durch Abwertungen oder Wechsel der Bewertungsgrundlagen bilanzielle Spielräume genutzt werden können.

Für Zwecke der Kostenrechnung ist jedoch immer ein realistischer Wertansatz zu Wiederbeschaffungskosten sinnvoll, um eine kontinuierliche Kalkulation durchführen zu können.

- **Der physische Bestand**
  Hierzu gehören Informationen über
  - den durchschnittlichen Lagerbestand, ermittelt aus den Buchungsvorgängen
  - die Lagerumschlagshäufigkeit, als Quotient aus dem Gesamtbedarf und dem durchschnittlichen Lagerbestand
  - Reichweiten als der Zeitraum, in dem der Lagerbestand ohne weitere Zugänge zur Produktion ausreicht
  - dem Ausschussanteil als Quotient der Menge unbrauchbarer Teile zu dem Gesamteinsatz an Material.

- **Verhältnisgrößen**
  Sinnvoll zum zwischenbetrieblichen Vergleich und zum internen Vergleich verschiedener Geschäftseinheiten sind statistische Kennzahlen, die Aussagen über die Wettbewerbssituation zulassen und Verbesserungspotenziale erkennen helfen. Mögliche Verhältniszahlen sind:
  - Materialeinsatz pro Erzeugnis als Teil der Herstellkosten
  - Materialintensität als prozentualer Kostenanteil des Materials bezogen auf den Gemeinkostenanteil
  - Je nach Branche stehen Verhältniszahlen zur Verfügung, an denen man die eigene Bestandssituation analysieren kann.

Die häufigste Untersuchung im Lieferantenmarkt beschäftigt sich mit dem Preis. Nicht immer aber ist der Lieferant mit dem niedrigsten Angebotspreis der wirklich günstigste. Zusätzlich sind Liefer- und Zahlungskonditionen zu beachten sowie die **Qualitätsfähigkeit und Lieferzuverlässigkeit auf längere Sicht**.

Die Gesamtkosten der Beschaffung setzen sich nach folgendem Schema zusammen:

Gesamtkosten der Beschaffung	**Beschaffungskosten**	variabel nach Menge Menge · Preis und Transport
		fix pro Bestellvorgang Verwaltung, Handling, Personal
	Lagerkosten	Raum (Invest und Abschreibung)
		Vorräte (Kapitalbindung, Schwund)
		Zinsen, Versicherungen
		sonstiges, z. B. Wertminderung
	Fehlmengenkosten	Preisdifferenz
		Konventionalstrafen
		entgangener Gewinn
		sonstiges, z. B. Preiszugeständnisse

Als Kennzahlen zur Bestandsoptimierung kommen in Frage:

Lagerreichweite	**Lagerbestand/Durchschnittsbedarf pro Periode** als Maß für die Versorgungssicherheit der Produktion und die Lieferbereitschaft
Bestandsanteil am Umsatz	**Wert der Lagerbestände/Umsatz** als Hinweis auf zu große Teilevielfalt oder zu hohe Sicherheitsbestände
Umschlagshäufigkeit	**Lagerabgänge pro Periode/mittlerer Lagerbestand** als Hinweis auf Lagerhüter

Durch Analyse der Kennzahlen lassen sich konkrete Verbesserungsmaßnahmen ableiten wie:

- Lagerhüteridentifikation und -beseitigung
- Reduzierung von Mehrfachlagerungen
- Reduktion der Variantenvielfalt
- Überlegungen zu Outsourcing-Maßnahmen
- Verbesserte Prognosemodelle.

1.6.2 PRODUKTIONSCONTROLLING (PROZESS)

Das Controlling der Produktionsbereiche beinhaltet Aussagen zu Arbeitsplätzen, Abläufen und Aufträgen und bezieht sich auf **Durchlaufzeiten**, **Kapazitäten** und **Termintreue**.

- **Durchlaufzeiten** können arbeitsplatzbezogen oder auftragsbezogen ermittelt werden. Durch Analyse der Durchlaufzeiten erhält man Aussagen über Einflüsse durch
  - Liegezeiten
  - Bearbeitungsreihenfolgen
  - Losgrößen oder
  - Verfahren zur Auftragsfreigabe.

Neben der Ermittlung der **mittleren** Durchlaufzeit als Quotient aus der Gesamtdurchlaufzeit aller Aufträge und der Anzahl dieser Aufträge ist es sinnvoll eine **Gewichtung** vorzunehmen, in der die Anzahl der Positionen in einem Arbeitsplan oder einer Stückliste oder aber die Anzahl der Produktionsmenge mit berücksichtigt wird.

Der Vergleich von Plan-Durchlaufzeiten gemäß Arbeitsplänen mit den Ist-Durchlaufzeiten aus der BDE-Rückmeldung gibt weitere Aufschlüsse über möglichen Handlungsbedarf.

- **Kapazitätskosten** hängen nicht nur davon ab, ob eine Maximalauslastung der eingerichteten Kapazitäten erreicht wird, sondern auch von den eventuell damit aufgebauten Lagerbeständen.

Kapazitätsangebot und -nachfrage sollen in einem definierten Verhältnis stehen, sodass die Kapazitätsauslastung weder zu einer Engpasssituation noch zu einer Ressourcenunterauslastung führt. Mögliche Kennzahlen sind:
- Kapazitätsangebot
- Kapazitätsnachfrage
- Terminabweichung
- Mengenabweichung
- Anteil der Rüst-, Liege- und Transportzeiten an der Gesamtzeit.

- Die **Termintreue** spielt in Bezug auf die Lieferfähigkeit und Liefertreue dem Kunden gegenüber eine ganz wesentliche Rolle. Terminverzug kann sich durch Fehler bei Materialien, Einrichtungen oder Abläufen ergeben und resultiert häufig aufgrund von Eilaufträgen oder häufigen Umplanungen und kann auch durch Lieferverzug der Zulieferer entstehen.

Konsequenzen von **Terminverschiebungen** können sein:
- Vertragsstrafen für verspätete Lieferung
- betrieblicher Zusatzaufwand durch Anpassungen
- Kostensteigerungen durch Sonderaufwendungen
- Nichtausnutzung von Losgrößen- oder Belegungsvorteilen.

Die Analyse von Terminabweichungen auf die Ursachen muss zu einem Maßnahmenplan zur vorbeugenden Fehlerverhütung führen.

1.6.3 AUFTRAGSCONTROLLING (PROJEKTRECHNUNG)

Die **Auftragskalkulation** stellt neben der Kostenstellen- und Erfolgsrechnung ein weiteres Controlling-Instrumentarium dar. Ein Auftrag wird einer Kostenstelle, einem Geschäftsbereich oder einem Projekt zugeordnet und mit Kosten belastet, die sich aus Mengen- und Preisangaben errechnen. Durch Vergleich mit Plan- oder Sollkosten lassen sich Aussagen über den Ertragsbeitrag oder den Deckungsbeitrag ableiten. Damit sind Verbesserungen in der Vorkalkulation zu erreichen und ebenfalls Schwachstellen zu identifizieren, die es abzubauen gilt.

Die Auftragskalkulation stellt neben der Kostenstellen- und Erfolgsrechnung ein weiteres Controlling-Instrumentarium dar. Ein Auftrag wird einer Kostenstelle, einem Geschäftsbereich oder einem Projekt zugeordnet und mit Kosten belastet, die sich aus Mengen- und Preisangaben errechnen. Durch Vergleich mit Plan- oder Sollkosten lassen sich Aussagen über den **Ertragsbeitrag** oder den **Deckungsbeitrag** ableiten. Damit sind Verbesserungen in der Vorkalkulation zu erreichen und ebenfalls Schwachstellen zu identifizieren, die es abzubauen gilt.

Je nach Anforderung an die Bearbeitung eines Auftrags und der notwendigen Daten werden verschiedene **Auftragstypen** unterschieden:

- Entwicklungsaufträge
- Marketingaufträge
- Fertigungsaufträge
- Reparaturaufträge.

Die Auswertung der Auftragskalkulation führt zu Erkenntnissen über die Kostenstruktur und ermöglicht eine **Abweichungsanalyse** mit anschließender Ursachenforschung und Einleitung von Verbesserungsmaßnahmen.

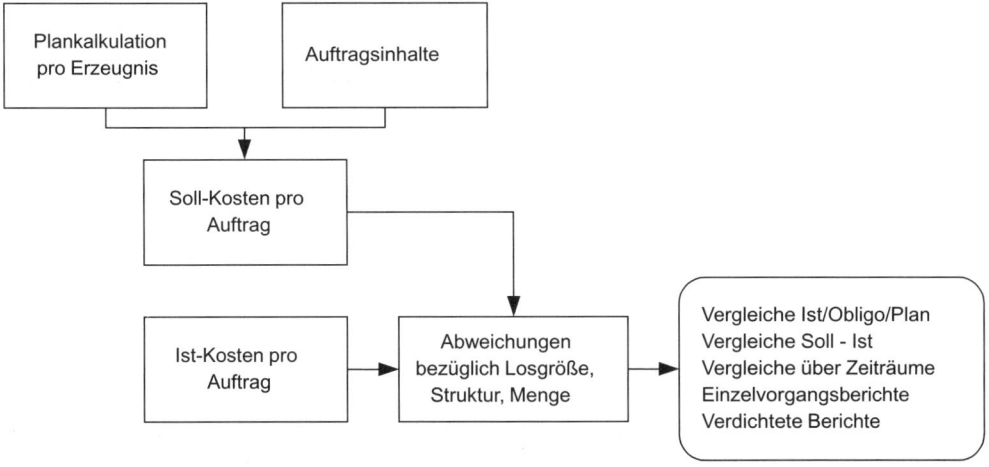

1.6.4 PRODUKTCONTROLLING (ERZEUGNISKALKULATION)

Die Kalkulation eines Erzeugnisses ist Bestandteil der **Kostenträgerrechnung**. Die einzelnen Positionen bestehen aus dem Materialeinsatz, den Produktionskosten sowie Sonderkosten der Fertigung. Jeweils hinzugezählt werden Gemeinkostenanteile aus der innerbetrieblichen Leistungsverrechnung. Durch Hinzufügen der Verwaltungs- und Vertriebsgemeinkosten errechnen sich die Gesamt- oder Selbstkosten.

Die einzelnen Positionen in einer differenzierenden Zuschlagskalkulation bestehen aus:

Materialeinzelkosten	Material-kosten	Herstell-kosten	Selbstkosten
Materialgemeinkosten			
Fertigungseinzelkosten	Fertigungs-kosten		
Fertigungsgemeinkosten			
Sondereinzelkosten der Fertigung			
Verwaltungsgemeinkosten		V+V Kosten	
Vertriebsgemeinkosten			
Sondereinzelkosten des Vertriebs			

Basisdaten erhält man aus den Materialeinsätzen gemäß Stückliste und den Arbeitseinsatz gemäß Arbeitsplan sowie bei den Gemeinkostenanteilen aus der innerbetrieblichen Leistungsverrechnung.

Durch diesen **Kalkulationsansatz** lassen sich unternehmerische Entscheidungen untermauern wie Entscheidung über die Auftragsannahme oder über die Preisuntergrenze. Ebenso können Alternativen der Verfahrensauswahl oder der Produktionsstruktur durchgerechnet werden.

Durch die Daten der Erzeugniskalkulation kommt man zu Informationen über die Zusammensetzung der Produktkosten nach **fixen** und **variablen** Bestandteilen, über den **Mengeneinsatz** und über **Plan-Ist-Verhältnisse**.

2. PROGRAMMINHALTE

Ein Unternehmen stellt dem Markt seine Leistungen in Form von Erzeugnissen und Leistungen zur Verfügung, die in dem **Absatzprogramm** zusammengefasst sind. Dabei müssen nicht alle Komponenten selbst erstellt sein, sondern können als **Handelsware** zugekauft werden. Das Absatzprogramm enthält Angaben über Mengen und Termine.

Es existieren aber auch Erzeugnisse, die nicht mehr (**Auslaufmodelle**) oder noch nicht (**Neuentwicklungen**) in der Produktion vorkommen. Die Gesamtheit aller herstellbaren Produkte und Leistungen nennt man **Erzeugnisprogramm**.

Das **Produktionsprogramm** enthält neben den eigenerstellten Erzeugnissen auch Produkte, die für den innerbetrieblichen Einsatz gedacht sind (**innerbetriebliche Leistungen**) und **Prototypen** oder **Nullserien**, die nicht für den Absatz bestimmt sind. Die folgende Abbildung erläutert den Zusammenhang:

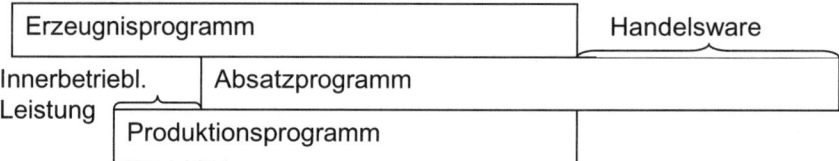

2.1 UMFANG

Neben den für den Absatz im Markt bestimmten Leistungen wie **Erzeugnisse** und **Ersatzteile** ist auch die Erstellung **innerbetrieblicher Leistungen** wie

- selbst gefertigte Produktionsanlagen
- selbst genutzte Verbrauchsgüter
- Reparatur- und Wartungsarbeiten

bei der Produktionsprogrammplanung zu berücksichtigen.

Programme für die eigentlichen, zum Verkauf bestimmten Produkte lassen sich danach unterscheiden, ob bereits erteilte Aufträge vorliegen (**Auftragsleistungen**) oder ob nach einem Vertriebsplan noch ohne Kundenzuordnung gefertigt werden soll (**Vorratsleistungen**).

2.2 BREITE

Unter Programmbreite versteht man die Anzahl der zu fertigenden **Produkttypen**, unterschieden nach ihren Ausführungsformen. In langfristigen Betrachtungen werden oft **Erzeugnisgruppen** oder **Baukästen** gebildet, ohne dass das Enderzeugnis im Detail spezifiziert ist.

Die Programmbreite wird beeinflusst durch die **Ähnlichkeit** von Produkten

- in der **Herstellungsart** (Kostendegressionseffekte bei gleicher Produktionsweise)
- im **Materialeinsatz** (Kostenvorteile in der Beschaffung)
- im **Absatzsegment** (Kostenvorteile in den Vertriebskosten)
- im **Entwicklungsansatz** (Nutzen von Lerneffekten).

2.3 TIEFE

Unter Programmtiefe versteht man die Anzahl der **unterschiedlichen Produktionsstufen**, die ein Erzeugnis im Unternehmen selbst durchläuft (z. B. Teilefertigung, Bauelementefertigung, Baugruppenmontage und Erzeugnismontage).

Die Entscheidung über die Produktionsprogrammtiefe bestimmt die notwendige Anlagenausstattung sowie die benötigte Personalkapazität. Liegen Kapazitätsengpässe vor, muss jeweils entschieden werden, ob die Produktionstiefe erhöht wird oder ob externe Leistung bezogen wird (**Make or Buy-Entscheidung**).

Mit der Anzahl der Produktionsstufen variiert auch der Umfang der Lagerbestände. Ebenso wird die Produktionsplanung und -steuerung zunehmend komplexer und fehleranfälliger. Deshalb bemühen sich heute viele Unternehmen, ihre Produktionstiefe zu verringern und die Zusammenarbeit mit Lieferanten zu suchen (**Systempartnerschaft**).

38 ≫ Seite 432

3. PRIMÄRBEDARFSPLANUNG

Aus der Abstimmung zwischen Absatzplan und Produktionsprogramm entsteht der konkrete **Produktionsplan**. Die zeitliche Abstimmung zwischen Absatzplan und Produktionsplan kann in verschiedener Form durchgeführt werden:

- **Synchronisation**
Die Produktionsmenge entspricht im Wesentlichen der Periodennachfragemenge. Die Ressourcen werden im Zeitablauf entsprechend der Nachfrage angepasst. Das bedeutet, dass die eingerichtete Kapazität die Maximalnachfrage befriedigen muss und naturgemäß in den Zwischenzeiten nicht ausgelastet ist. Demgegenüber entstehen aber auch keine Lagerkosten. Bei der Synchronisation ergeben sich zwei übereinstimmende Kurven von Absatz und Produktion, die um die durchschnittliche Produktions- und Lagerdauer verschoben sind.

- **Emanzipation**
Die Produktionsmenge bleibt während des gesamten Planungszeitraums konstant. Die Unterschiede zwischen Absatzplanung und Produktionsplanung führen zu einem Aufbau oder Abbau von Lagerbeständen. Dieser Puffer kann bewusst zur Überbrückung von Saisoneffekten genutzt werden (Vorproduktion vor einem Saisonhoch) und dient zur sofortigen Belieferung bei kurzfristig auftretendem Standardbedarf. Die Kapazität der Produktion muss nicht auf die Nachfragespitze ausgerichtet werden, sondern kann auf eine maximale Auslastung optimiert werden.

- **Eskalation**
Die Eskalation liegt zwischen den beiden polaren Verteilungsprinzipien der Synchronisation und der Emanzipation. Um die Nachteile der beiden extremen Verteilungsalternativen zu vermeiden, aber deren Vorteile zu nutzen, versucht man, einen Mittelweg zu finden. Die Produktion wird den Absatzschwankungen durch wenige Produktionsstufen angepasst, auf denen dann eine gewisse Zeit kontinuierlich gefertigt wird. Diese Anpassung muss zwar auch durch eine entsprechende Lagerung unterstützt werden, die aber mengenmäßig geringer ausfallen kann.

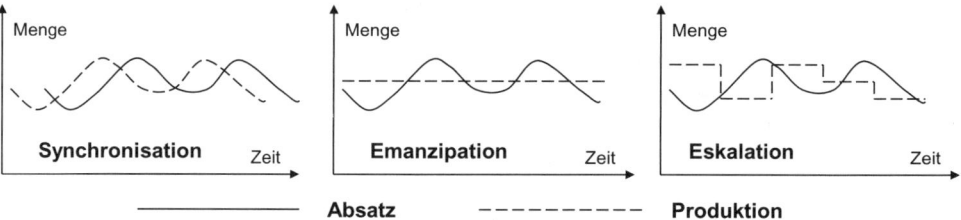

Bei der Wahl der Anpassungsmöglichkeiten stehen die Kosten der **Betriebsbereitschaft** (also dafür, dass das Unternehmen mit der Produktion sofort loslegen kann) den Kosten der Lagerhaltung gegenüber. Aufgrund ihrer Produkte kommt für **Dienstleistungsunternehmen** lediglich die Synchronisation in Frage.

An diese Stufe der **Beschäftigungsglättung** schließt sich die grobe Planung für die Produktionssegmente im Unternehmen an. Es werden sowohl die Produktionsprogramme der einzelnen Bereiche optimiert als auch die gegenseitige Abstimmung der Programme untereinander koordiniert.

Folgende Aufgaben sind bei der **Kapazitätsabstimmung** durchzuführen:

- Abstimmung zwischen Produktionsmenge und Kapazitäten
- Ermitteln möglicher Engpässe

- Einleiten von Anpassungsmaßnahmen zum Ausgleich von Belastung und Kapazität
- Abstimmung zwischen den Produktionsbereichen
- Entscheidung über alternative Produktionsarten.

Die **Primärbedarfsplanung** dient als Basis für die Planung der Produktionsdurchführung. Aus dem Primärbedarf wird in der nächsten Stufe der **Sekundärbedarf** in Form von Materialbedarf ermittelt und die Losgrößen- und Ressourceneinsatzplanung durchgeführt.

4. Ressourcen-Einsatzplanung

Nachdem in der Primärbedarfsplanung die umfassende Festlegung der Produktionsmengen für die Erzeugnisse erfolgt ist, besteht die Aufgabe der Losgrößen- und Ressourceneinsatzplanung darin, die Produktionsaufträge für die einzelnen Unternehmensbereiche und Werkstätten zu definieren und die Beschaffungsaufträge für die externen Zulieferungen zu generieren.

Dabei sind als **Rahmenbedingung** zu beachten:

- Einhalten der **Abliefertermine** aus der Primärbedarfsplanung
  Die vorgegebenen Werte definieren den spätestmöglichen Zeitpunkt der Fertigstellung und Weitergabe an die nächste Produktionsstufe oder an den Kunden.

- Beachtung der **verfügbaren Kapazitäten** der Produktionssegmente
  Dazu muss eine detaillierte Auflösung auf Arbeitsgangebene erfolgen unter Berücksichtigung der **Verfügbarkeit** von Maschinen, Werkzeugen und Personal.

Aus dieser Planungsstufe erhält man Angaben über die durchzuführenden Produktionsaufträge mit Mengen- und Terminangaben und den Ort der Produktion. In der anschließenden Aufgabe der Produktionsplanung und -steuerung werden die tatsächlichen Freigabepunkte und Bereitstellungsprozeduren festgelegt und die Auftragsdurchführung überwacht.

Die konkret in Betracht kommenden Planungsverfahren variieren je nach **Organisationstyp** der Produktion. Die wesentlichen Planungsproblematiken sind anschließend für die drei am häufigsten anzutreffenden Organisationstypen dargestellt.

In der operativen Produktionsprogrammplanung wird im Rahmen der durch die strategische und taktische Produktionsprogrammplanung vorgegebenen Grenzen das **Programm** nach Erzeugnisart, Termin und Menge **für eine Planungsperiode** festgelegt. Dazu ist eine Abstimmung zwischen Produktion und Vertrieb nötig.

Die Gestaltung der Produkte und die Zusammensetzung des Produktprogramms bestimmen weitgehend die Wahl der Produktionsprozesse und der Produktionseinrichtungen. Unmittelbare Anforderungen ergeben sich aus den jährlich erwarteten Stückzahlen, den vorgesehenen Varianten und dem technologischen Innovationsgrad. So wird mit diesen Daten festgelegt, ob es sich um Einzel-, Serien- oder Massenproduktion handelt.

Kostenmäßig günstig ist die Entwicklung einer Produktreihe im **Baukastenprinzip**. Dabei entstehen durch die unterschiedliche Zusammensetzung genormter Bauteile unterschiedliche Endprodukte. Somit ist es möglich, bis zu einer bestimmten Produktionsstufe erwartungsbezogen und danach auftragsbezogen zu planen.

Aufgabe der Produktionsprogrammplanung ist es, eine möglichst gute Deckung des Produktprofils (Programmbreite, -tiefe, -umfang) mit den Möglichkeiten der Produktionstechnik und der Produktionseinrichtungen herzustellen.

4.1 WERKSTATTPRODUKTION (PROJEKT)

Für die Planung von Kleinserien oder Einzelprodukten, die in der Anordnung der Werkstattproduktion hergestellt werden, sind die Aufgaben der Losgrößen- und Ressourceneinsatzplanung bestimmt durch:

Einsatz programmorientierter Bedarfsrechnung	Der tatsächliche Bedarf an Vormaterialien lässt sich aus der Erzeugnisprogrammplanung durch Rechenvorschriften ableiten.
Nutzung der Regeln aus der Losgrößenplanung	Für jedes Erzeugnis und jede Periode des Planungszeitraums ist eine optimale Produktionsmenge festzulegen, sodass die Summe aus Rüstkosten und Lagerkosten eine minimale Größe erreicht.
Kapazitätsorientierte Ressourceneinsatzplanung	Die aus der Losgrößenplanung entstandenen Teilaufträge müssen so aufeinander abgestimmt werden, dass die vorhandenen Ressourcen möglichst gleichzeitig eine hohe Auslastung erfahren. Dazu sind Transportvorgänge und verfeinerte Rüstvorgänge zu berücksichtigen.
Optimierte Reihenfolgeplanung	Die Veranlassung einzelner Produktionsvorgänge muss so ineinander verzahnt erfolgen, dass die Termineinhaltung gewährleistet ist, die Verfügbarkeit von Einrichtungen und Betriebsmitteln sichergestellt ist und gleichzeitig eine kostenoptimale Produktion möglich ist.
Kontrollierte Auftragssteuerung	Die einzelnen Betriebsaufträge sind durch Bereitstellung aller benötigten Informationen, Materialien und Betriebsmittel kostenoptimal freizugeben und zu überwachen. Bei Störungen sind kurzfristig Korrekturmaßnahmen einzuleiten.

4.2 FLIESSPRODUKTION (PROZESS)

Bei Fließproduktion, die vor allem im Massen- und Großserienbereich zum Einsatz kommt, sind die Hauptaufgaben der Produktionsprogrammplanung:

Beachtung langfristig wirkender Skaleneffekte	Die Produktion muss so aufgebaut sein, dass möglichst keine Änderungen erfolgen oder notwendige Änderungen sehr schnell umgesetzt werden können.
Parallele Bestimmung von Losgrößen und Bearbeitungsreihenfolge	Nimmt man den Sonderfall einer Einproduktlinie aus, ist die gegenseitige Beeinflussung einer möglichst hohen Losgröße einerseits und der kurzfristigen Verfügbarkeit für unterschiedliche Varianten andererseits, die auf derselben Produktionslinie bearbeitet werden können, zu berücksichtigen.
Berücksichtigung reihenfolgeabhängiger Rüstzeiten	Der Umstellungsaufwand an einer Prozesslinie für ein Varianten-Erzeugnis kann unterschiedlich groß sein. So ist z. B. bei der Kunststoff-Herstellung die Umstellungszeit von der Farbvariante hell zu dunkel geringer als die Umstellung von dunkel auf hell, da im System vorhandene Reste einer dunklen Farbbeigabe erst entfernt werden müssen. Entsprechend ist das bei der Reihenfolgeplanung zu beachten – von hell nach dunkel.
Abstimmung auf gleiche Arbeitsinhalte	Bei getakteten Anlagen sind die Zeitaufwendungen pro Produktionsschritt möglichst gleich groß zu halten, damit an keiner Stelle eine Über- oder Unterlastung eintritt.

4.3 ZENTRENPRODUKTION (PRODUKT)

In einem **flexiblen Produktionssystem** werden alle Vorgänge durch einen Zentrenrechner gesteuert. Besondere Aspekte für die Programmplanung sind dabei:

Vollständige Information über den aktuellen Systemzustand	Maschinenzustand, Werkstückposition, Magazinfüllung und Werkzeugzustand müssen zu jeder Zeit abrufbar und zuverlässig vorhanden sein.
Vereinfachung der übergeordneten Planung	Durch weitgehende Autonomität der Zentren kann die übergeordnete Planung grober ausfallen. Die Detailschritte werden innerhalb des Systems gehandhabt.
Rüstzeitersparnis	Durch schnellen Zugriff auf unterschiedliche Werkzeuge können Rüstzeiten minimiert werden und die Auftragslosgrößen wirtschaftlich verkleinert werden.
Begrenzung der Werkzeugvielfalt	Aufgrund beschränkter Magazingrößen, eingeschränkter Anzahl von Spannvorrichtungen oder der begrenzten Anzahl gleicher Werkzeuge in verschiedenen Zentren ergeben sich Einschränkungen in der Möglichkeit, alle denkbaren Varianten in einem Zentrum zu bearbeiten.
Begrenzung der notwendigen Maschinenvielfalt	Durch Einsatz von Mehrzweckmaschinen muss nicht mehr so stark Rücksicht auf Engpasseinheiten gelegt werden, da jedes Zentrum unterschiedliche Verrichtungen durchführen kann und bei der Einplanung Alternativen zur Verfügung stehen.

Integration von Planungs- und Steuerungsaufgaben

Bei der Einrichtung von Produktionsinseln, in denen mehrere Betriebsmittel zusammengefasst sind, können Funktionen der Produktionssteuerung, der Qualitätskontrolle, der Instandhaltung oder logistische Aufgaben integriert werden. Dadurch entsteht ein besserer Überblick über den Produktionsfortschritt, die Durchlaufzeit lässt sich reduzieren und die Verantwortung für die Qualität ist eindeutig zugeordnet und wird eigenverantwortlich übernommen.

	KONTROLLFRAGEN	bear-beitet	Lösungs-hinweise	Lö-sung	
				+	−
01	Durch welche Rahmenbedingungen wird die Aufgabe der Produktions-programmplanung anspruchsvoller?		185		
02	Wie hängen Absatzprogramm und Produktionsprogramm zusammen?		185		
03	Welche Rahmenbedingungen sind bei der Produktionsprogrammpla-nung zu berücksichtigen?		185		
04	Definieren Sie die Aufgaben der Produktionsprogrammplanung nach der Fristigkeit!		186 f.		
05	Welches sind die Inhalte der strategischen Programmplanung?		186		
06	Nennen Sie Entscheidungen, die in der taktischen Programmplanung anstehen!		186		
07	Welche Rolle kommt der operativen Programmplanung zu?		187		
08	Nennen Sie die Unterschiede zwischen auftragsorientierter und markt-orientierter Programmbildung?		187 f.		
09	Von welchen Parametern ist die Treffergenauigkeit einer Prognoserech-nung abhängig?		188		
10	Welche Komponenten zur Bildung von Zeitreihen kennen Sie?		189		
11	Welche Grundlagen werden bei der Erstellung von Prognosemodellen berücksichtigt?		189		
12	Nennen Sie gebräuchliche Prognoseverfahren und ihre Wirkungsweise!		189 ff.		
13	Welche Unsicherheiten können die Prognosen beeinflussen?		192		
14	Nennen Sie Möglichkeiten, diese Unsicherheiten zu verringern!		192		
15	Welche Maßnahmen werden bei schwankender Auslastung ergriffen?		192		
16	Beschreiben Sie die Wirkungsweise des Losgrößenmodells!		193		
17	Welche Modelle gibt es im Operations Research, um die gegenseitige Abhängigkeit von Erzeugnissen und Arbeitssystemen zu berücksichti-gen?		193		
18	Aus welchen Teilinformationen setzt sich ein Produktionsprogramm zu-sammen?		194		
19	Worauf ist bei einer Bevorratungsstrategie zu achten?		194		
20	Beschreiben Sie die Bedeutung von Controllingsystemen für die Pro-duktion!		195		
21	Skizzieren Sie den Informationsfluss im Produktionscontrolling!		195		
22	Beschreiben Sie die Zielsetzung des Bestandscontrolling!		195		
23	Welche Kennwerte werden im Bestandscontrolling benutzt?		196		
24	Nennen Sie Teilaspekte des physischen Bestands!		196		
25	Welche Verhältniszahlen können im Bestandscontrolling Anwendung fin-den?		196		
26	Auf welche Parameter beziehen sich Aussagen des Produktionscont-rolling?		197 f.		
27	Welche Aussagen erhält man aus der Analyse von Durchlaufzeiten?		197		

	KONTROLLFRAGEN	bear- beitet	Lösungs- hinweise	Lö- sung	
				+	–
28	Nennen Sie Kennzahlen zur Kapazität!		198		
29	Welche Konsequenzen können Terminverschiebungen haben?		198		
30	Welche Verbesserungspotenziale erkennt man bei der Auswertung des Auftragscontrolling?		199		
31	Beschreiben Sie das Schema der Zuschlagskalkulation für ein Produkt!		199		
32	Welche Informationen erhält man aus der Erzeugniskalkulation?		200		
33	Erläutern Sie die Zusammenhänge zwischen Erzeugnisprogramm, Absatzprogramm und Produktionsprogramm!		200		
34	Definieren Sie die Begriffe Umfang, Breite und Tiefe bezogen auf das Produktionsprogramm!		200 f.		
35	Wodurch wird die Programmbreite beeinflusst?		201		
36	Nennen Sie Vor- und Nachteile einer hohen Fertigungstiefe!		201		
37	In welcher Form kann die Abstimmung zwischen Absatzplan und Produktionsprogramm erfolgen?		202		
38	Welche Aufgaben sind bei der Kapazitätsabstimmung durchzuführen?		202 f.		
39	Nennen Sie die Aufgaben der Losgrößen- und Ressourcen-Einsatzplanung!		203		
40	Welche Rahmenbedingungen sind dabei einzuhalten?		203		
41	Welche Angaben erhält man aus der Losgrößen- und Ressourcen-Einsatzplanung?		203		
42	Nennen Sie die Schwerpunkte bei der Planung einer Werkstattproduktion!		204		
43	Welche Besonderheiten sind bei der Planung einer Fließproduktion zu berücksichtigen?		204 f.		
44	Nennen Sie die Aspekte der Programmplanung bei einer Zentrenproduktion!		205 f.		

F. PRODUKTIONSPLANUNG UND -STEUERUNG

Die Produktionsplanung und -steuerung ist die mengen- und terminmäßige Planung, Veranlassung und Überwachung der **Produktionsdurchführung**. In gleicher Weise werden Begriffe wie Arbeitsvorbereitung, Produktionsvorbereitung oder Produktionssteuerung benutzt. Die Produktionsplanung und -steuerung (**PPS**) findet in der Regel rechnergesteuert statt - siehe Kapitel G. Themen sind:

Produktionsplanung und -steuerung	Aufgaben und Ziele
	Typologien von PPS-Systemen
	Auftragseinplanung
	Materialmanagement
	Auftragsmanagement

1. AUFGABEN UND ZIELE

In der Produktionsplanung und -steuerung erfolgt die Kombination der **Produktionsfaktoren** menschliche Arbeit, Betriebsmittel und Material aufgrund von Vorgaben von Produktionsprogramm und Arbeitsplanung zur **Leistungserstellung**.

Dieser Prozess weist eine hohe Komplexität auf, die geprägt ist durch

• Vielzahl zu berücksichtigender Faktoren
• Gegenseitige Abhängigkeit der Faktoren
• Verarbeitung großer Datenmengen in Echtzeit
• Häufige Störeinflüsse
• Notwendigkeit der wirtschaftlichen Produktion
• Gegensätzliche Zielsetzung der Bereiche.

Häufig werden noch weitere Gebiete der Auftragsabwicklung, zum Teil in Zusammenarbeit mit Nachbarbereichen, erledigt wie:

• **Kundenbezogene Entwicklungen**,
  die aufgrund der terminlichen Zwänge oft sehr zeitnah geplant werden müssen
• **Planung von Arbeitsverfahren**,
  die in Abstimmung mit der Arbeitsvorbereitung koordiniert werden müssen
• **Steuerung von Materialbewegungen**,
  die in Abstimmung mit den Funktionen Materialwirtschaft und Einkauf erfolgt
• **Versandplanung**
  in Abstimmung mit dem Vertrieb und ggf. dem Kunden
• **Planung von Inbetriebnahmen und Außenmontagen**,
  die im Unternehmen des Kunden stattfinden und deren Ablauf mit den internen Planungen synchronisiert werden muss.

1.1 PLANUNGSSCHRITTE

Nachdem in der Produktprogrammplanung der Rahmen für die zu erstellenden Produkte definiert wurde ist bei der operativen Produktionsplanung und -steuerung festzulegen:

- Welche Produkte sollen in welchen Mengen und nach welchen Verfahren hergestellt werden?

- Welche Inputfaktoren wie Rohstoffe, Zulieferteile oder vorgefertigte Baugruppen werden benötigt?

- Wie soll der Abgleich zwischen den Markterfordernissen und den Produktionsmöglichkeiten erfolgen?

- Wie sollen Kapazitätsschwankungen behandelt werden?

- An welchen Standorten soll die Produktion stattfinden sofern es Alternativen gibt?

- Wie soll der Transport zu den Werken, zwischen den Produktionsstätten und zum Kunden erfolgen?

- Sollen ggf. einzelne Produkte oder Bearbeitungsgänge an Dritte vergeben werden?

Diese Fragen werden in der Phase der **Grobplanung** zu beantworten sein. Als Basis dienen neben der Produktionsprogrammplanung Informationen des Vertriebs über den Marktbedarf, der mithilfe von Berechnungsmodellen zur Material- und Kapazitätsdeckung zu einem Primärbedarf führt. In einer **aggregierten Gesamtplanung** werden zunächst keine Details geplant, wie z. B. einzelne Produkte, genauer Mitarbeitereinsatz oder einzelne Maschinenkapazitäten, sondern diese werden in einige wenige Größen, wie z. B. Produktgruppen oder Gesamtzahl der Mitarbeiter, aggregiert. Typische Anwendungen finden sich bei:

- Kapazitätsplanung in der Automobilindustrie
- Kapazitätsplanung der Nachfrage in Hotels
- Planung der Beraterkapazitäten in Unternehmensberatungen
- Planung von Transportkapazitäten in Logistiknetzwerken
- Planung von Flottenkapazitäten in Luftfahrtunternehmen.

Im Anschluss folgen die Planungsschritte bezüglich Mengen, Termine und Kapazitäten bis der Auftragsvorrat definiert ist und die Abwicklung der Aufträge in der Produktionssteuerung erfolgen kann. Die Zusammenhänge sind hier dargestellt:

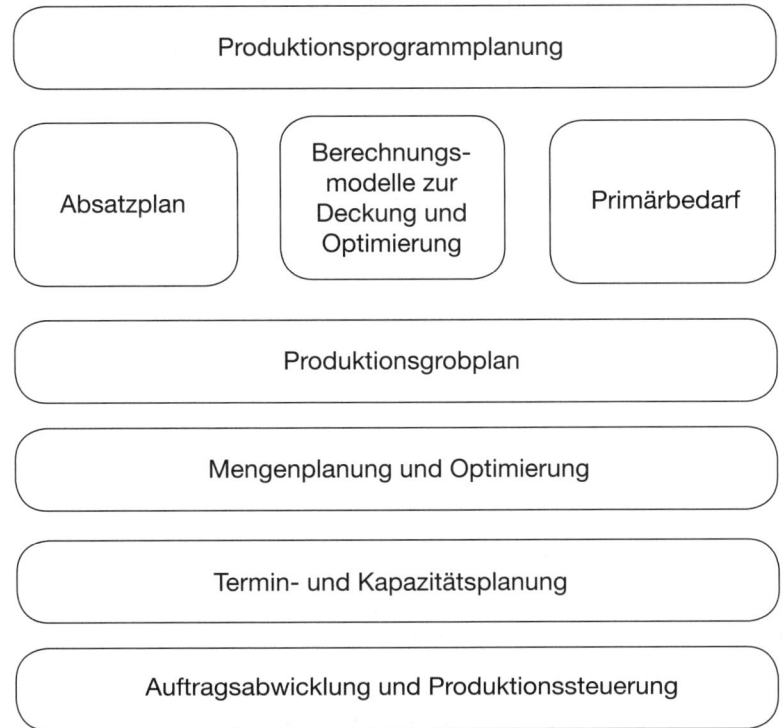

1.2 Abstimmung der Bereichsziele

Insbesondere die oft gegensätzliche Zielsetzung der Bereiche erfordert hohen Kommunikationsaufwand und eine abgestimmte Unternehmenszielsetzung. Interessen der Bereiche sind beispielsweise:

Marketing	Produktion
▶ hoher Deckungsbeitrag ▶ hoher Marktanteil ▶ hohe Lieferbereitschaft ▶ kurze Lieferzeiten ▶ breites Sortiment	▶ geringe Kosten ▶ kontinuierliche Auslastung ▶ Betriebsmittel-Nutzungsgrad ▶ kurze Durchlaufzeiten ▶ Sicherheit am Arbeitsplatz
Beschaffung	**Finanzen**
▶ kostengünstiger Einkauf ▶ optimierte Beschaffungsmengen ▶ zuverlässige Lieferanten ▶ termingerechte Belieferung ▶ sichere Prognosen	▶ hohe Deckungsbeiträge ▶ geringes Ausfallrisiko ▶ hohe Liquidität ▶ schneller Kapitalumschlag ▶ nachhaltiges Ergebnis

Aufgabe der PPS-Verantwortlichen ist es, aus diesen zum Teil gegenläufigen Interessenlagen eine abgestimmte Planung mit größtmöglichem Nutzen über die gesamte Wertschöpfungskette zu realisieren. Zusätzlich müssen prognostizierte Umweltentwicklungen, konjunkturelle Schwankungen und langfristige Absatztrends rechtzeitig berücksichtigt werden.

Durch diese Effekte sowie durch saisonale Beschäftigungsschwankungen sind Entscheidungen zu treffen bezüglich der Kapazitätsanpassung bei den Mitarbeitern und den Betriebsmitteln und bei dem geplanten Aufbau von Lagerbeständen. Dabei müssen **Prioritäten** gesetzt und eine für die Erfüllung der Anforderungen optimierte PPS-Strategie entwickelt werden. Insgesamt muss erreicht werden:

- Zufriedenstellen der Kunden bzgl. Qualität, Flexibilität, Termin und Kosten
- Sichern des Unternehmens-Ergebnisses
- Optimale Bestandsstruktur
- Vermeidung von Störungen
- Vermeidung kostenträchtiger Umplanungen.

Beispiele für Zielkonflikte bei den Planungsparametern sind:

Qualitäts- management	Hohe Qualität vs. hohe Produktivität
Lager	Hohe Versorgungssicherheit vs. niedrige Kapitalbindung
PPS Automati- sierung	Komplexitätsreduktion vs. Flexibilität
Kapazitätsaus- lastung	Hohe Kontinuität vs. niedrige Durchlaufzeit

1.3 MRP-SYSTEME UND DEREN GRENZEN

Die Grundlage der meisten in der betrieblichen Praxis eingesetzten EDV-Systeme zur Produktionsplanung und -steuerung (PPS-Systeme) bildet das **MRP-Konzept (Material Requirements Planning)**, das in den 60er-Jahren des letzten Jahrhunderts entwickelt wurde. Es bildet eine gute Unterstützung der Auftragsabwicklung, leistet aber keine Hilfe bei der Planung.

Die so strukturierten PPS-Systeme folgen einem phasenbezogenen **Planungskonzept**.

- **Primärbedarfsplanung**
  Auf der Basis vorliegender Kundenaufträge und/oder Vertriebsprognosen werden unter Berücksichtigung vorhandener Lagerbestände die Primärbedarfsmengen für die bereitzustellenden Erzeugnisse ermittelt. Das Ergebnis ist der Produktionsgrobplan.

- **Mengenplanung und Optimierung**

  Anschließend werden die Sekundärbedarfsmengen für die untergeordneten Erzeugnisse mithilfe von Verfahren der programmorientierten Materialbedarfsplanung ermittelt. Dazu werden Informationen über die Erzeugnisstruktur, Lagerbestände sowie geplante Durchlaufzeiten benutzt. Für manche Produkte kommen auch Prognoseverfahren zum Einsatz. Die Materialbedarfsrechnungen basieren auf einfachen Losgrößenheuristiken. Es wird von unbeschränkten Kapazitäten der Ressourcen ausgegangen. Als Ergebnis erhält man grob terminierte Produktionsaufträge.

- **Termin- und Kapazitätsplanung**

  In einem folgenden Schritt werden für jeden Arbeitsgang, der zur Herstellung der Erzeugnisse durchzuführen ist, Start- und Endtermine berechnet, wobei auch hier wieder von unbeschränkten Kapazitäten der Ressourcen ausgegangen wird. Im Anschluss an diese **Durchlaufterminierung** wird für jede Einheit die Kapazitätsbelastung ermittelt und der Kapazitätsbedarf mit dem Kapazitätsangebot verglichen. Im Rahmen eines Kapazitätsbelastungsausgleichs wird versucht, Überlastungen entweder durch Terminverschiebungen nichtkritischer Aufträge oder durch Einplanung von Überstunden zu beseitigen. Wegen der Komplexität der Gesamtproduktion können jedoch Auswirkungen solcher Verschiebung eines Arbeitsgangs auf andere Arbeitsgänge desselben Auftrags und auf andere Aufträge nur schlecht berücksichtigt werden.

- **Auftragsabwicklung und Produktionssteuerung**

  Zum Schluss werden die im unmittelbar bevorstehenden Freigabezeitraum spätestens zu beginnenden Aufträge freigegeben und den Ressourcen zugeordnet. Für jede Ressource folgt eine Auftrags-Reihenfolgeplanung, bei der bestimmte Prioritätsregeln eingesetzt werden.

Diese PPS-Systeme arbeiten nach automatisierten Abläufen, die lediglich die manuelle Planung unterstützen können. Es fehlen Möglichkeiten der Entscheidungsunterstützung oder der Simulation alternativer Bearbeitungsabläufe. Insofern kann das MRP-System nur eingeschränkt die Planung unterstützen, da es in erster Linie ein Datenverwaltungssystem darstellt.

Diese auf dem traditionellen Ansatz basierende Planungsmethode wird deshalb zunehmend abgelöst durch moderne Softwaresysteme **(Advanced Planning Systems - APS)**, die bereichsübergreifende Zusammenhänge besser berücksichtigen können. Die AP-Systeme versuchen, das MRP-Konzept zu ergänzen und seine Schwächen durch modellgestützte Planung zu beseitigen – siehe dazu Kapitel G. 2.4.

1.4 PLANUNGSINSTRUMENTE

Die Schritte der Produktionsplanung folgen nicht immer sukzessive aufeinander, sondern in der Realität ergeben sich **Rückkopplungen** von einer Bearbeitungsstufe auf eine vorhergehende, wenn die ursprünglichen Annahmen nicht mehr gehalten werden können, sodass in der Regel ein mehrfacher Durchlauf nötig ist, bis die freizugebende Planungsversion entsteht.

Weiter ist es in der Praxis üblich, **Planungsschritte parallel** oder leicht zeitversetzt durchzuführen, um Zeit zu gewinnen oder um Korrelationen der unterschiedlichen Komponenten berücksichtigen zu können.

Insgesamt entspricht die Wirkungsweise der Produktionsplanung und -steuerung einem **Regelkreis**. Die Planwerte für den Output sollen möglichst erreicht werden. Aufgrund der reinen Planwerte ist das Produktionssystem auch in der Lage, diese Vorgaben als den tatsächlichen Output zu realisieren. Regelmäßig treten aber **Störgrößen** auf, die das System beeinflussen und es notwendig machen, **Maßnahmen zur Stabilisierung** einzuleiten.

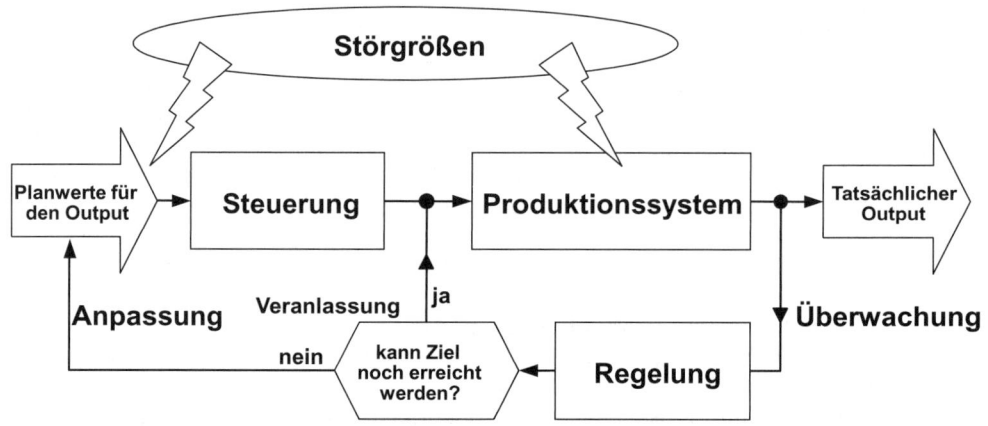

Man kann drei Instrumente zur Erreichung der Sollgröße unterscheiden:

- **Die Steuerung**,
  die eine frühzeitig erkannte Störung so kompensiert, dass es zu keiner Abweichung kommt (z. B. die externe Vergabe von Aufträgen bei bevorstehendem Streik)

- **Die Regelung**,
  die versucht bei festgestellten Abweichungen Gegenmaßnahmen zu ergreifen, um das gewünschte Ergebnis doch noch zu erzielen (z. B. Überstunden bei Auftragsverzug)

- **Die Anpassung**,
  bei der sich aufgrund stark veränderter Rahmenbedingungen das ursprüngliche Ziel nicht mehr erreichen lässt (z. B. Stilllegung von Maschinen bei Auftragseinbruch).

2. Typologie von PPS-Systemen

Je nach der Produktionsform unterscheiden sich die Anforderungen an die PPS-Systeme erheblich.

2.1 ABWICKLUNGSFORMEN

Entsprechend ihrer Komplexität und ihrer Stabilität lassen sich die Produktionsformen wie folgt einordnen:

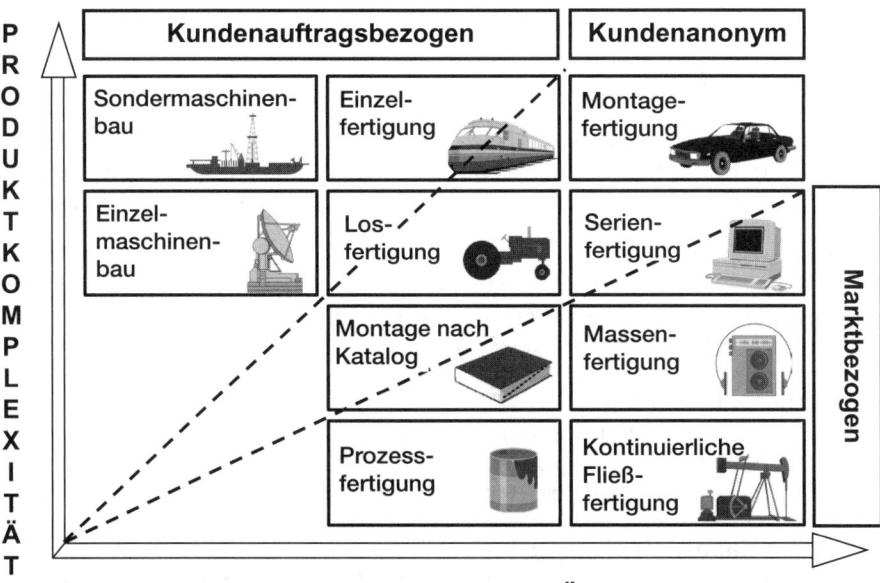

Die Abwicklungsformen lassen sich grob in folgende Kategorien aufteilen:

- **Kundenauftragsbezogene Abwicklung**
  Gekennzeichnet durch hohe Komplexität und niedrige Stabilität der Erzeugnisse sind die besonderen Anforderungen an die Planung und Steuerung:

  - direkter Kundeneinfluss
  - individuelle Kalkulation
  - Einsatz von Projektmanagement
  - Netzpläne für Termin- und Kapazitätsplanung
  - kundenbezogene Stücklistenstruktur
  - Abrechnung über Kostenträger.

- **Kundenanonyme Abwicklung**
  Bei der Losfertigung und bei der Montage werden Erzeugnisbedarfe zusammengefasst und nach Losgrößengesichtspunkten optimiert. Das Erzeugnis wird erst unmittelbar bei Auftragsdurchführung dem Kunden zugeordnet.

  Die Planung geschieht mit vorhandenen Grunddaten, die bei Variantenfertigung geringfügig abgeändert werden. Es können Baugruppen vorgefertigt und bevorratet werden. Die Kalkulation erfolgt auftragsbezogen.

- **Marktbezogene Abwicklung**
  Bei regelmäßigem Bedarf wir aufgrund einer Absatzplanung durch den Vertrieb eine kontinuierliche Produktion geplant. Die Planungs- und Steuerungsaufwendungen sind relativ einfach, das Controlling erfolgt periodenbezogen. Es finden Systeme der Prozessoptimierung Anwendung.

2.2 Push-Prinzip

Übernimmt ein PPS-System zentral für alle Produktionsabteilungen die Planungs- und Steuerungsaufgaben sind sie in der Regel nach einem phasenbezogenen Konzept aufgebaut. Die einzelnen Stufen in dieser Push-Prinzip genannten Struktur sind:

- **Primärbedarfsplanung**
  Auf Basis des Produktionsprogramms werden unter Berücksichtigung der Bestände die Mengen der zu produzierenden Erzeugnisse und Ersatzteile ermittelt. Das Ergebnis stellt den kurzfristigen Produktionsplan dar.

- **Sekundärbedarfsplanung**
  Durch Stücklistenauflösung oder durch statistische Verfahren wird der Bedarf an Werkstoffen ermittelt. Unter Nutzung von Losgrößenverfahren und Bestandsstrategien werden Materialbedarfe ermittelt, die dann zu Bestellaufträgen für Zulieferungen werden.

- **Termin- und Kapazitätsplanung**
  In der Durchlaufterminierung wird versucht, die benötigten Kapazitäten mit dem vorhandenen Kapazitätsangebot zur Deckung zu bringen. Dabei erfolgen Umplanungen und Verschiebungen, sodass insgesamt ein optimales Produktionsprogramm entsteht.

- **Produktionssteuerung**
  Die unmittelbar zu beginnenden Aufträge werden freigegeben und den Ressourcen zugeordnet. Bei der Reihenfolgeplanung wird auf Prioritätsregeln zurückgegriffen.

Kritikpunkte an dieser Art der deterministischen Vorwärtsplanung sind:

- Produktions- und Absatzplan sind zu sehr miteinander gekoppelt, sodass **Optimierungen im Kapazitätseinsatz** nicht zum Tragen kommen.

- Jedes Erzeugnis wird für sich geplant, wobei **gegenseitige Abhängigkeiten** nicht berücksichtigt werden.

- Dadurch dass mit Planzeiten gearbeitet wird, entstehen **Sicherheitsbestände**, wodurch die Durchlaufzeit unnötig verlängert und die Planungskomplexität erhöht wird.

- Die reale Verfügbarkeit der Ressourcen kann aus mehreren Gründen nicht mit der Planung übereinstimmen. Dadurch entstehen **Unsicherheiten** und es werden zusätzliche Planungsaufwendungen nötig.

Eine Lösung dieser Problematik wird beispielsweise in dem Prinzip der „belastungsorientierten Auftragsfreigabe" (siehe Kapitel G. 3) gesehen.

2.3 Pull-Prinzip

Im Pull-Prinzip werden die Produktionsvorgänge nicht durch planerische Aktivitäten aus-gelöst sondern **unmittelbar durch den eingetroffenen Kundenauftrag**.

Der Produktionsplan wird nur noch für die letzte Bearbeitungsstufe aufgestellt. Wird dort ein Vorprodukt benötigt, wird es aus dem Pufferbestand der vorhergehenden Produkti-onsstelle entnommen. Die dort bemerkte Lücke wird unverzüglich wieder aufgefüllt. Die-ser Prozess setzt sich über alle Stufen bis zum Eingangslager und darüber hinaus zum Kunden fort. Ausprägungsformen des Pull-Prinzips sind Just-in-Time und **Kanban** (s. Kapitel G. 3).

3. Auftragseinplanung

Aufgabe der Auftragseinplanung ist es, für die Produktionsaufträge die Termine auf den einzelnen Produktionsstufen festzulegen. Dabei konkurrieren jeweils die Anforderungen aus Sicht

- der **Aufträge**, die möglichst bedarfsorientiert abgearbeitet werden sollen und
- der **Betriebsmittel**, die möglichst kontinuierlich ausgelastet sein sollen.

Die einzelnen Schritte sind:

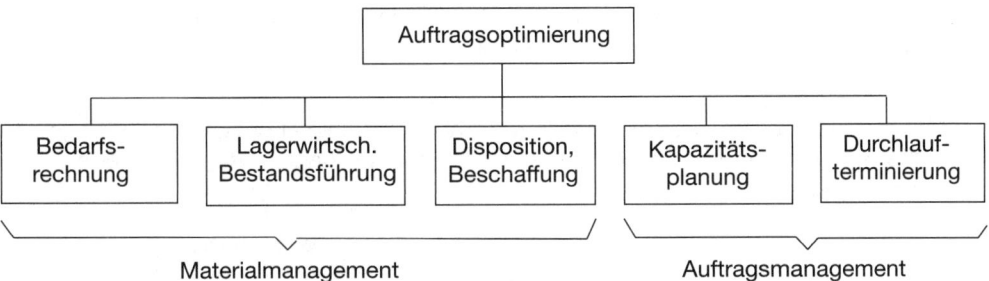

Im Anschluss werden innerhalb des Auftragsmanagement noch die Schritte „Auftrags-abwicklung" und „Produktionssteuerung" durchgeführt.

Die Detailaufgaben dieser Schritte sind in den folgenden Abschnitten beschrieben.

Zu den Planungsaufgaben der Produktionsplanung und -steuerung gehören:

Produktions-planung	Vorbereitung	Auftragsumwandlung, Losgrößenplanung, Stücklistener-stellung
	Produktionsablauf	Arbeits- und Zeitplanung, Reihenfolgeplanung, Terminpla-nung, Transportplanung
	Ressourcenplanung	Personalbedarf, Betriebsmittelbedarf, Materialbedarf
	Kostenplanung	Vorkalkulation, mitlaufende Kalkulation, Nachkalkulation

Produktions-steuerung	**Bereitstellung**	Produktionsort vorbereiten, Beistellungen organisieren
	Produktionslenkung	Termine, Arbeitsverteilung, Überwachung

Die für einen längeren Zeitraum (Quartal, Monat) aufgestellte Grobplanung muss in der Regel durch kurzfristig auftretende **Veränderungen** im Markt und bei den Kundenwünschen immer wieder umgewandelt und neuen Bedingungen angepasst werden. Deshalb ist eine zu starke Aufgliederung des mittelfristigen Produktionsprogramms zu vermeiden und dafür in der Feinplanung die aktuelle Lage bezogen auf die Wochen- oder Tagesplanung zu berücksichtigen.

Zur Anpassung verwendet man

- **Korrekturprogramme,**
  entweder anlässlich eines auftretenden Bedarf oder nach festgelegten Korrekturterminen, beispielsweise wöchentlich.

- **Alternativprogramme,**
  von denen dann kurzfristig eine Version abgerufen wird.

- **Gleitende Programme,**
  die mit rollierender Planung erstellt werden. Der Planungszeitraum beträgt beispielsweise immer sechs Monate, wobei nach Ablauf eines Monats am Ende der Planungszeit die Daten für den Folgemonat angefügt werden.

- **Szenariotechniken,**
  wobei in einem Zeittrichter die jeweils maximal und minimal erwarteten Aufträge betrachtet werden und nach einer gewissen Zeit auf die dann erwarteten Werte angepasst werden.

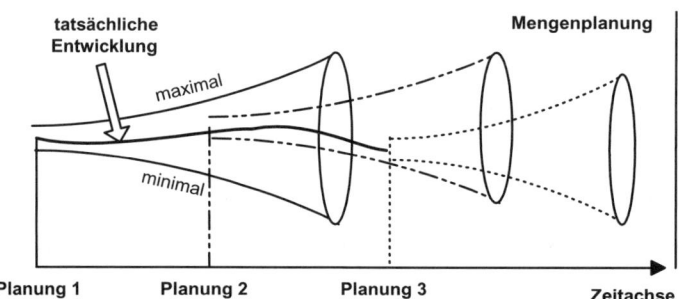

3.1 BEREITSTELLUNGSPLANUNG

Nach Erstellung des Produktionsprogramms muss als nächstes die **Bereitstellungsplanung** erfolgen, in der die benötigten Produktionsfaktoren in der jeweiligen Menge und Qualität zur rechten Zeit am rechten Ort und mit möglichst geringen Kosten zur Verfügung stehen.

Aus dem **Primärbedarf** der herzustellenden Erzeugnisse wird der **Sekundärbedarf** ermittelt, in dem die benötigten Rohstoffe, Teile und Baugruppen enthalten sind sowie der **Tertiärbedarf**, der Hilfs- und Betriebsstoffe sowie die Verschleißwerkzeuge umfasst.

Zur Bereitstellung benötigt man folgende Daten:

- Stücklisten
- Zeichnungen
- Arbeitspläne
- Arbeitsplatzdaten
- Auftragsdaten
- Parameterdaten wie Zeiten, Kosten, Leistungsgrade.

3.2 TERMIN- UND KAPAZITÄTSPLANUNG

Unter Kapazität wird das Leistungsvermögen innerhalb einer Periode verstanden. Neben der quantitativen Kapazität, welche die Ausbringungsmenge pro Periode beschreibt, spricht man von der qualitativen Kapazität, wenn Art und Güte der Leistung gemeint sind. Die Produktionskapazität wird bestimmt durch die

- Leistung der Betriebsmittel
- Leistung der Mitarbeiter
- Effektivität der Organisation
- zu Grunde liegende Zeitdauer.

3.2.1 KAPAZITÄTSSTRATEGIEN

Man unterscheidet die

- technische Kapazität, die angibt, welches Maß an Leistung eine Einheit überhaupt abgeben kann, und die

- wirtschaftliche Kapazität, die diejenige Nutzung angibt, bei der die geringsten Kosten pro Leistungseinheit entstehen.

Die wirtschaftliche Kapazität entspricht in der Regel nicht der Vollnutzung technisch möglicher Kapazitäten.

Soll optimale Wirtschaftlichkeit erreicht werden, müssen die verschiedenen Kapazitätsarten über die vorhandenen Produktionsstufen aufeinander abgestimmt werden. Es sind sowohl **Engpasssituationen** zu vermeiden, in denen Kapazitäten nicht genutzt werden können, weil an anderer Stelle die maximale Kapazität ausgeschöpft wird, als auch **Überkapazitäten**, bei denen vorhandene Möglichkeiten nicht ausgelastet sind.

Auch sind **Wirtschaftlichkeitsaspekte** zu beachten, die eine längere Nutzungsdauer und geringere Verbrauchswerte höher bewerten als eine maximale Kapazitätsausnutzung. Die Eignung der betrachteten Kapazitätseinheit ist dann optimal, wenn die qualitative Kapazität möglichst ausgenutzt wird und die quantitative Kapazität im Optimum liegt.

3.2.2 LEISTUNGSMENGEN

Betrachtet man die **Leistungsmenge** kann unterschieden werden:

• Die **durchschnittliche Kapazität**, die über einen längeren Zeitraum im Mittel erreicht wird.

• Die **normale Kapazität**, mit der im Standardfall zu rechnen ist.

• Die **optimale Kapazität**, welche die Leistungsmenge pro Periode darstellt, bei der die Stückkosten am geringsten sind. Dieser Wert lässt sich erst im Nachhinein durch statistische Verfahren ermitteln.

Wird die Kapazität hinsichtlich ihrer Ausbringungsmenge abgegrenzt, sind maximale und minimale Kapazität zu definieren.

• Die **maximale Kapazität** beschreibt die Kapazität mit minimalen Rüst- und Verlustzeiten, maximalem Leistungsgrad unter optimalen Organisationsverhältnissen. Sie ist eine idealtypische Größe und kann lediglich als Bezugsbasis für Kapazitätsvergleiche herangezogen werden.

• Unter **minimaler Kapazität** wird die Leistung verstanden, die für die Funktionsfähigkeit mindestens notwendig ist, zum Beispiel bei Anlagen, die aus technischen Gründen nicht abgeschaltet werden können wie bei der Energieerzeugung oder bei Hochöfen.

In der Kapazitätsplanung ist der **zeitliche Aspekt** zu berücksichtigen, in dem festgelegt wird, zu welchem Zeitpunkt welche Betriebsmittel und Personalkapazitäten benötigt werden. Das zeitliche Einplanen der Produktionsaufträge, der Arbeitsvorgänge und der möglichen Belegung von Betriebsmitteln muss als zusammengehöriger Planungsprozess verstanden werden.

Dieser Prozess ist abhängig von dem jeweiligen Produktions- und Organisationstyp. Ein Großprojekt in Einzelfertigung weist andere Merkmale auf als die Massenfertigung am Fließband. Als **Grundlage** der Termin- und Kapazitätsplanung dienen die Informationen

• Welche Betriebsmittel werden benötigt?
• Für welche Tätigkeit werden Betriebsmittel benötigt?
• Für welchen Zeitraum werden Betriebsmittel benötigt?
• Welche Werkzeuge oder Programme werden benötigt?
• Wie lange dauern Rüst- und Einstellvorgänge?

Im Rahmen der Termin- und Kapazitätsterminierung sind auch Überlegungen aus der Losgrößenplanung zu berücksichtigen.

3.3 Auftragsfreigabe

Bevor Aufträge zur Bearbeitung freigegeben werden, muss sichergestellt sein, dass die erforderlichen Ressourcen zur Verfügung stehen. Die Freigabe eines Auftrags bedingt die Zuordnung der Arbeitsplätze und Betriebsmittel, die nach der vorhergehenden Planung zur Verfügung gestellt werden.

Es sind folgende **Auftragsmerkmale** zu prüfen:

- **Starttermin**, bis zu dem alle Unterlagen und Ressourcen bereitstehen müssen
- **Kapazitätsverfügbarkeit** für alle nacheinander folgenden Bearbeitungsgänge
- **Informationen** über Auftragsinhalte
- **Materialverfügbarkeit** durch Bestandsführung und Reservierung
- **Endtermin**, bis zu dem das Erzeugnis fertig gestellt sein muss.

Soll der Auftrag gestartet werden, sind entsprechende Werkstattpapiere zu erstellen und dem Auftrag zuzuordnen. Zunehmend werden diese Informationen beleglos über PC-Anwendungen realisiert und der Auftragsfortschritt über Produktionsleitstände angezeigt.

3.4 Produktionssteuerung

Im Hinblick auf die Intensität der Produktionssteuerung können unterschieden werden:

- **Grobsteuerung**, welche die einzelnen Produktionseinheiten umfasst und Auftragsinhalte pro Abteilung definiert. Innerhalb der Abteilung erfolgt dann die Feinsteuerung oder Werkstattsteuerung.

- **Feinsteuerung**, bei der jeder einzelne Arbeitsplatz und Arbeitsgang gesteuert wird. Dazu muss für jeden Arbeitsplatz die Reihenfolge der Auftragserledigung vorgegeben werden.

- **Selbststeuerung**, bei der nur der grobe Auftragsvorrat mit den Endterminen vorgegeben wird. Die einzelnen Produktionseinheiten bestimmen die Reihenfolge und die Arbeitsplatzwahl eigenverantwortlich.

Ein **Kostenoptimierungsproblem** ergibt sich dadurch, dass die Overheadkosten bei steigender Intensität der Produktionssteuerung zunehmen und ab einem bestimmten Steuerungsgrad die Einsparungen durch bessere Anlagennutzung oder weniger Wartezeit nicht mehr kompensiert werden. Zusätzlich ist der Einfluss nicht bestimmbarer Störgrößen zu berücksichtigen, der das Erreichen eines Optimums erschwert.

39 >> Seite 432

4. Materialmanagement

Die Aufgabenstellung des Materialmanagement besteht in der Versorgung der Produktion mit dem benötigten Material. Dabei ist ein Optimum anzustreben zwischen der Verfügbarkeit für die anstehenden Aufträge und einer möglichst geringen Kostenbelastung durch Vorratshaltung. Die einzelnen Aufgaben sind:

4.1 Bedarfsrechnung

Die im Primärbedarf festgelegten Erzeugnisse müssen in die zu beschaffenden Roh- und Hilfsstoffe sowie Teile und Halbfabrikate aufgelöst werden. Anschließend muss von diesem **Bruttobedarf** der Anteil abgezogen werden, der lagermäßig vorhanden ist, sodass für die Beschaffung oder Herstellung ein **Nettobedarf** errechnet wird.

Zusätzlich sind für den bereitzustellenden **Produktionsbedarf** noch zu berücksichtigen:

• Ersatzteilbedarf
• Erwarteter Ausschuss oder Anfahrschrott
• Sonderbedarf.

4.1.1 Bereitstellungsprinzipien

In Abhängigkeit der Wertigkeit von Materialien und der Prognosesicherheit lassen sich verschiedene Bereitstellungsprinzipien festlegen.

• Bei einer **Vorratsbeschaffung** wird nur eine sehr grobe Schätzung der Bedarfssituation aus dem Absatzplan durchgeführt. Im Vordergrund stehen die Versorgungssicherheit und die Nutzung von zeitlich begrenzten Marktangeboten. Das Unternehmen ist damit zwar relativ gut abgesichert, muss das jedoch mit hohen Kosten für Lagerhaltung und Kapitaldienst bezahlen.

• Werden die Materialien erst bei **Auftreten des Bedarfs** beschafft, entfallen die Lagerhaltungskosten, dafür entsteht aber ein größeres Risiko, die Teile nicht rechtzeitig oder nicht in der benötigten Qualität zu erhalten. In langfristigen, materialintensiven Geschäften, z. B. im Anlagenbau, kann diese Methode jedoch die einzig realisierbare sein.

• Eine Mischform stellt die **produktionssynchrone Beschaffung (Just-in-Time)** dar. Hierbei wird zeitnah entsprechend der Produktionsplanung beschafft, aber aus einem größeren Rahmenauftrag heraus, der mit dem Lieferanten z. B. jahresweise geschlossen wird. So ist die Flexibilität bei gleichzeitig niedrigem Lagerbestand gewährleistet. Allerdings wird dabei oft das Risiko auf den Lieferanten verlagert, der seinerseits Konsignationslager unterhalten muss. Ausprägungsformen sind:

- Direktanbindung der Planungssysteme von Lieferant und Kunde
- Zwischenschaltung eines Lagers zur Absicherung bei Störungen
- Lieferantenansiedlung in Werksnähe (Industriepark) für schnelle Reaktionen.

4.1.2 INSTRUMENTE ZUR WAHL DER BEREITSTELLUNGSPRINZIPIEN

Mithilfe der Instrumente können „wichtige" Materialien von „weniger wichtigen" Materialien getrennt bzw. kostengünstigere Materialien herausgefunden werden.

ABC-Analyse

Die **ABC-Analyse** ist ein Instrument, mit dem Objekte im Unternehmen nach der Verteilung ihrer Werthäufigkeiten klassifiziert werden. Menge und Wert der in einer ABC-Analyse erfassten Güter stehen erfahrungsgemäß in einem bestimmten Verhältnis zueinander. Für industrielle Unternehmen gilt:

A-Güter	etwa 15 % der Güter haben etwa 80 % Anteil am Gesamtwert
B-Güter	etwa 35 % der Güter haben etwa 15 % Anteil am Gesamtwert
C-Güter	etwa 50 % der Gütr haben etwa 5 % Anteil am Gesamtwert

Um eine ABC-Analyse zu erstellen, müssen folgende Schritte durchgeführt werden:

• **Auflistung** der Güter mit dem jeweiligen Wert

• Ermitteln der **Rangfolge** (größter Wert zuerst)
Pro Materialart wird der Periodenverbrauch mit dem Einheitenpreis multipliziert. Anschließend wird so sortiert, dass die Materialart mit dem höchsten Gesamtpreis als erstes erscheint. So zum Beispiel:

Art.	Verbrauch	Preis/Einheit	Gesamtpreis	Anteil	kumuliert	Gruppe
3	250	400	100.000	36,4 %	36,4 %	
10	40	2.000	80.000	29,1 %	65,5 %	A
7	400	100	40.000	14,6 %	80,1 %	
1	100	200	20.000	7,3 %	87,4 %	
5	200	55	11.000	4,0 %	91,4 %	B
8	400	25	10.000	3,6 %	95,0 %	
2	600	10	6.000	2,2 %	97,2 %	
4	200	20	4.000	1,5 %	98,7 %	
9	250	10	2.500	0,9 %	99,6 %	C
6	300	4	1.200	0,4 %	100,0 %	
		Summe	274.700	100 %		

- Ermittlung der %-Anteile pro Materialart vom Gesamtwert und Zuordnung zu der Wertgruppe A, B oder C

Die grafische Aufbereitung des obigen Beispiels führt zu folgender Skizze:

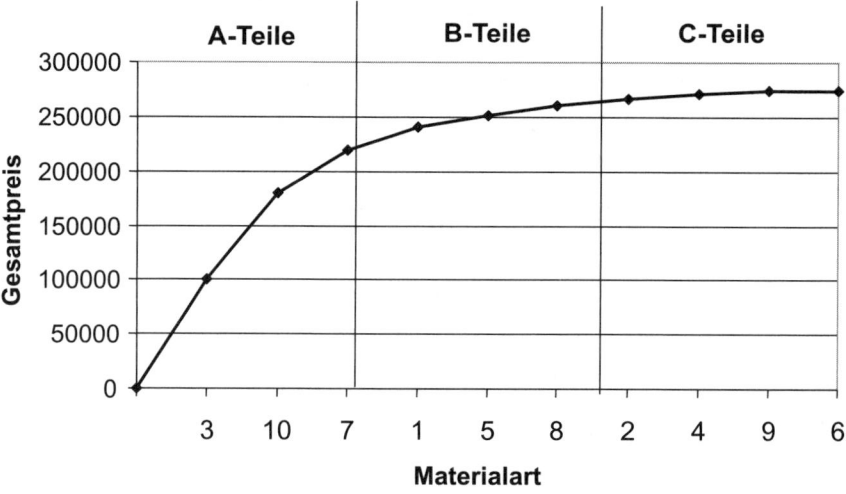

XYZ-Analyse

Die XYZ-Analyse klassifiziert die Materialien nach dem Grad der Vorhersagegenauigkeit ihrer Bedarfsmenge und nach den Verbrauchsstrukturen. Dabei gilt:

Klassifikation	Verbrauchsstruktur		Vorhersagegenauigkeit
X-Materialien	regelmäßiger Verbrauch	= R	hoch
Y-Materialien	saisonale Schwankung oder Trend	= S	mittel
Z-Materialien	unregelmäßiger Verbrauch	= U	gering

Oft spricht man bezogen auf die Anfangsbuchstaben der Verbrauchsstruktur von **RSU-Analyse**.

In Abhängigkeit dieser **ABC/XYZ-Analyse** lassen sich die folgenden **Bereitstellungsprinzipien** festlegen:

Prognose-genauigkeit / Wertmäßige Bedeutung	A	B	C
X	Just-in-Time		
Y		Lagerbevorratung	
Z	Einzelbeschaffung		

- Material, das gemäß Plandaten disponiert werden kann (XA, XB) und sich zur Just-in-Time Belieferung eignet

- Material, bei dem besonders auf kurze Lieferfristen und hohe Lieferantenzuverlässigkeit geachtet werden muss (ZA, ZB) und das als Einzelbeschaffung klassifiziert wird

- Material, bei dem eine aktive Preispolitik besonders lohnend erscheint (C-Teile) und eine Lagerhaltung beinhaltet.

Material-Portfolio

Das Material-Portfolio unterscheidet die Materialien nach ihrer strategischen Bedeutung. Nimmt man die beiden Parameter „Ergebnisrelevanz" und „Beschaffungsrisiko" erhält man nach Einordnung der betrachteten Materialien Hinweise zur Beschaffungsstrategie.

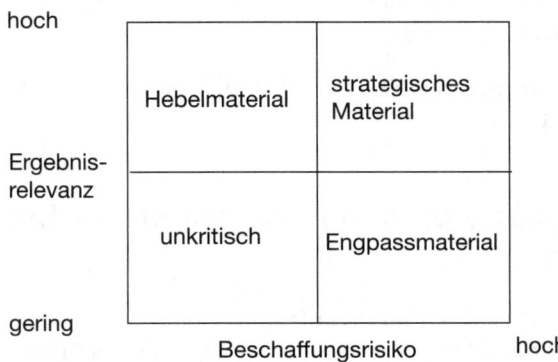

In Abhängigkeit dieser Analyse lassen sich die Bereitstellungsprinzipien festlegen:

strategisches Material	enge Beobachtung und genaue Prognosen, langfristige Lieferanten-beziehungen, gemeinsame Projekte
Engpass-material	zusätzlich mehrere Lieferanten oder anderes Material
Hebelmaterial	intensive Preisgespräche, Auftragsmengenoptimierung
unkritisches Material	grobe Planung, Vorratshaltung, Standardisierung, Lieferantenredu-zierung

4.1.3 SEKUNDÄRBEDARFSERMITTLUNG

Aufgabe der **Materialbedarfsrechnung** oder der **Mengenplanung** ist die Bestimmung des für die Leistungserstellung notwendigen Materials nach Art, Menge und Termin, also die **Auflösung des Primärbedarfs in den Sekundärbedarf**. Daraus sind dann weitere Maßnahmen und Entscheidungen der Materialwirtschaft abzuleiten wie Planung der Beschaffungsmengen, Auftragsgrößen und der Beschaffungszeitpunkte.

Man unterscheidet hauptsächlich folgende Methoden der Bedarfsermittlung:

- **Deterministische oder programmorientierte** Bedarfsermittlung unter Einsatz exakter Methoden. Mithilfe der Stücklisten werden die Produkte in ihre Komponenten aufgelöst. Das kann erfolgen als
  - **Analytische Stücklistenauflösung**, die vom Produkt beginnend die untergeordneten Komponenten ermittelt
  - **Synthetische Stücklistenauflösung**, die über den Verwendungsnachweis für jede Komponente deren Vorkommen im Produkt feststellt.

- **Stochastische oder verbrauchsorientierte** Bedarfsermittlung unter Nutzung von Vergangenheitswerten und Wahrscheinlichkeitsrechnungen. Insbesondere wird diese Methode angewandt für Komponenten, die nicht in der Stückliste erscheinen:
  - Betriebsstoffe wie Öl oder Emulsionen
  - Kleinteile wie Nägel oder Klammern
  - Hilfsstoffe wie Lacke oder Kleber.

- **Heuristische oder subjektive** Bedarfsschätzung sofern keine Datenbasis vorliegt oder der Aufwand zu hoch wäre.

4.1.4 DETERMINISTISCHE ODER PROGRAMMORIENTIERTE BEDARFS-ERMITTLUNG

Grundlage der programmorientierten Bedarfsermittlung ist ein Produktionsprogramm für den Primärbedarf an Produkten in den einzelnen Perioden des Planungszeitraums.

Basis der mengenbezogenen Auflösung ist die in den **Stücklisten** dokumentierte Erzeugnisstruktur. Hieraus wird der Bedarf an Eigenproduktionsteilen und Kaufteilen ermittelt. Dazu wird der über alle Primärbedarfe (Produkte) vorhandene Bedarf an gleichen Sekundärkomponenten (Baugruppen, Einzelteile, Rohstoffe) zusammengefasst und terminiert. Diese Zusammenfassung gleicher Bedarfe wird als klassische Materialbedarfsplanung oder auch **Materials Requirement Planning (MRP)** bezeichnet.

Wird dieser Planungslauf nur für diejenigen Materialien durchgeführt, deren Bestands- oder Bedarfssituation sich geändert hat, so wird diese Nettoplanung als **Net-Change-Planung** bezeichnet. Der Vorteil liegt in einem geringeren Planungsumfang und einer erhöhten Planungssicherheit.

Die Planungsergebnisse führen zur Generierung von Bestellvorschlägen für die Kaufteile und Betriebsaufträgen für die Eigenproduktionsteile. Die weitere Bearbeitung der Bestellvorschläge in der Beschaffung und der Betriebsaufträge in der Produktion ist davon abhängig, ob eine weitere Detaillierung der Planung mit Berücksichtigung der Kapazitätssituation (**MRP II**) erfolgt.

Wenn neben dem Material- und Kapazitätsbedarf auch der Finanzbedarf in die Berechnung mit einbezogen wird (Mengen- und Preisinformationen, Verrechnungspreise aus der Kostenrechnung sowie Zins- und Liquiditätsstatus), um die optimale Finanzierung zu ermitteln, spricht man vom **MRP III** - Konzept.

Einzelne Komponenten können auch in verschiedenen Ausführungen (Farbe, Werkstoff) hergestellt werden. Hier bedient man sich einer Variantenstückliste, in der zum einen alle Gleichteile aufgelistet sind und zusätzlich eine Auswahl von Komponenten aufgeführt ist, die kundenauftragsspezifisch zusammengestellt werden können.

Nachdem aus dem Primärbedarf über die Stücklisten der Sekundärbedarf an Komponenten ermittelt wurde, werden noch Sicherheitszuschläge oder Ersatzteilmengen hinzugeplant. So entsteht der **Bruttosekundärbedarf**.

Um zum Produktionsbedarf zu kommen, wird dem Bruttosekundärbedarf der verfügbare Lagerbestand zu dem beabsichtigten Produktionstermin gegenübergestellt. Nur wenn der bis dahin verfügbare Lagerbestand nicht ausreicht, entsteht ein **Nettosekundärbedarf**. Auf Basis dieses berechneten Bedarfs werden dann Beschaffungsvorschläge oder Produktionsaufträge erstellt.

Da die Beschaffung bzw. die Produktion der Komponenten eine bestimmte Zeit in Anspruch nimmt, müssen die Nettobedarfsmengen um eine **Vorlaufzeit** vorgezogen werden. Daraus entsteht dann eine periodenspezifische Beschaffungs- bzw. Produktionsmenge.

Die Umsetzung des Bedarfs in eine **Bestellung** erfolgt durch den Einkauf, der wiederum Vereinbarungen mit den Lieferanten über Bestellmengen oder Mindestabnahmemengen berücksichtigen muss.

Die folgende Abbildung veranschaulicht nochmals den Zusammenhang

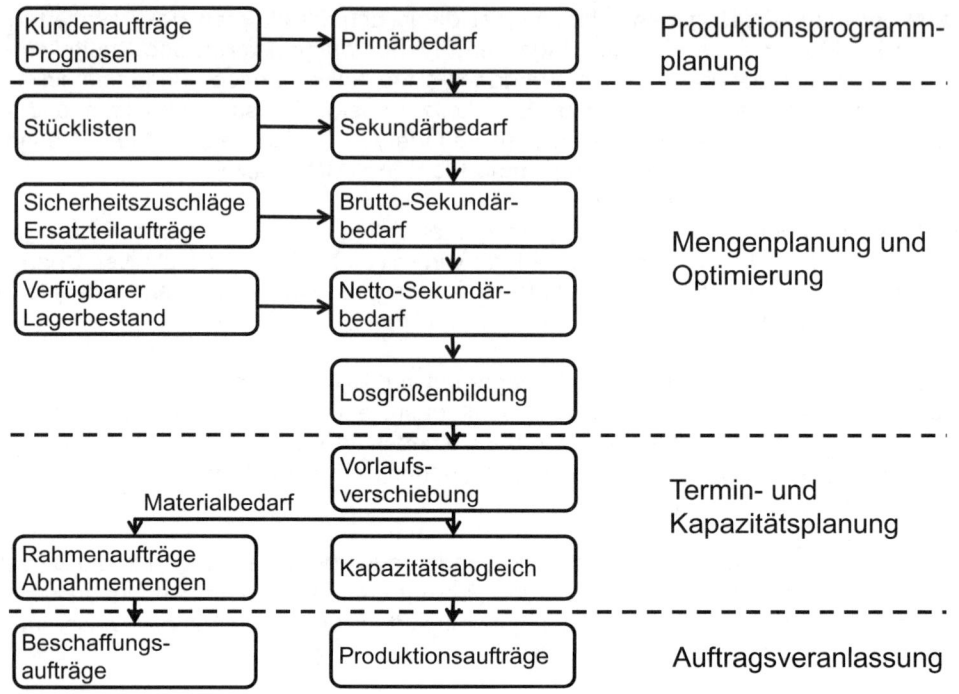

4.1.5 LOSGRÖSSENBILDUNG

Hat man für ein Erzeugnis die periodenspezifischen Nettobedarfsmengen ermittelt, dann könnte man versuchen, diese jeweils so spät wie möglich, d. h. unmittelbar vor dem Bedarfszeitpunkt (Just-in-Time) zu produzieren. Da mit jeder erneuten Produktion eines Erzeugnisses aber Rüstzeiten für die Vorbereitung des Arbeitssystems entstehen, wird man bemüht sein, Bedarfsmengen aus mehreren Perioden zu einem größeren **Produktionslos** zusammenzufassen. Da dies aber zu Lagerkosten für die vorzeitig produzierten Erzeugnismengen führt, entsteht ein Losgrößenproblem.

Ein **Optimum** ergibt sich bei der Losgröße, bei der die Summe der Kosten aus Rüstkosten und Zins- und Lagerkosten am geringsten ist:

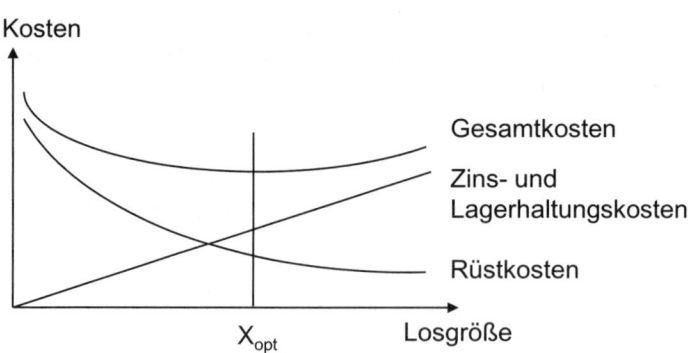

Die allgemeine Formel lautet:

Optimale Produktionslosgröße $x_{opt} = \sqrt{\dfrac{200 \cdot B \cdot R}{Z \cdot H}}$

Stückkosten je Erzeugniseinheit S = H + R/Erzeugniseinheit + Z

Dabei bedeuten:

x = Produktionslosgröße
B = Nettobedarf der Planperiode
R = Losgrößenfixe Rüstkosten
Z = Zins- und Lagerhaltungskosten
H = Herstellkosten (ohne Rüstkosten)/Erzeugniseinheit

Das Grundmodell der Produktionslosgröße wird in der Regel unter folgenden Annahmen formuliert:

• Der Periodenbedarf (B) ist bekannt.
• Die Erzeugnisbeschaffenheit ist konstant.
• Anfangsbestand, Endbestand und Sicherheitsbestand werden nicht berücksichtigt.
• Die Entnahme vom Lager erfolgt kontinuierlich.
• Die Losanlieferung im Lager ist geballt (Anlieferzeit = 0).
• Die Herstellkosten (H) (ohne Rüstkosten) sind weder von der Losgröße noch vom Zeitablauf abhängig.
• Die Rüstkosten (R) sind bekannt und konstant.
• Der Zins- und Lagerkostensatz (Z) ist konstant.
• Für Maschinen- und Lagerkapazitäten sowie für das Kapital und das Personal gibt es keine Restriktionen.
• Jedes Erzeugnis wird isoliert gefertigt.
• Der Beginn der Produktion ist beliebig möglich.
• Die Durchlaufzeit eines Erzeugnisses ist im Wiederholungsfalle konstant.
• Der Produktionsprozess ist einstufig.
• Das Erzeugnis ist einteilig, d. h., auf Unterteile braucht keine Rücksicht genommen zu werden.
• Die Lagerfähigkeit des Produkts ist unbegrenzt.
• Der Planungszeitraum ist unbegrenzt.
• Fehlmengen treten nicht auf.

Da zwischen den Erzeugnissen Beziehungen bestehen, beeinflusst die Losbildung für ein übergeordnetes Erzeugnis die Bedarfssituation der untergeordneten Erzeugnisse. Außerdem ist zu berücksichtigen, dass die Arbeitssysteme, welche die zur Produktion der Erzeugnisse notwendigen Arbeitsgänge durchführen müssen, nur eine beschränkte Kapazität haben und dass die Produkte um diese Kapazität konkurrieren.

Somit sind die einzelnen Produkte nicht isoliert zu betrachten, sondern es muss ihre **Interdependenz** berücksichtigt werden. Hierzu gibt es wiederum Entscheidungsmodelle, nach denen eine optimierte Planung durchgeführt werden kann.

4.1.6 Verbrauchsorientierte Bedarfsrechnung

Den Ausgangspunkt einer verbrauchsorientierten Materialbedarfsrechnung bilden **Vergangenheitswerte**, aus deren Verlauf man die zukünftige Entwicklung extrapoliert. Da es sich um ein Schätzverfahren handelt, ist die Trefferwahrscheinlichkeit abhängig von einigen Parametern:

- **dem gewählten Betrachtungszeitraum**
  Ist er zu kurz, kann ein vorhandener Trend nicht erkannt werden, ist er zu lang, wirken sich Bedarfsschwankungen nur unzureichend aus.

- **der Materialbeschaffungszeit**
  Je länger die Beschaffungszeit (Bestellung, Lieferung, Wareneingang, Einlagerung) ist, um so größer ist die Streubreite der Vorhersagegenauigkeit.

- **der Lagerhaltungsstrategie**
  Hier wirkt sich aus, ob in festen Mengen bestellt wird oder ob eine vom aktuellen Bestand abhängige Menge festgelegt wird. Die Art der Lagerbestandsführung hat ebenfalls Einfluss auf die Güte der Vorhersage.

- **dem Verlauf in der Vergangenheit**
  Je schwankender oder je sporadischer der Bedarfsverlauf ist, umso leistungsfähiger muss das Berechnungsmodell sein.

Aufgrund der relativen Unsicherheit werden verbrauchsorientierte Verfahren hauptsächlich bei **Billigteilen** mit kontinuierlichem Verlauf angewandt. Es ist auch zu beachten, dass ein höherer Genauigkeitsgrad nur mit wesentlich mehr Aufwand und entsprechend höheren Kosten zu erreichen ist. Bei einem geringen Materialwert, der nur zu einer niedrigen Kapitalbindung führt, reicht eine grobe Bedarfsschätzung oft aus.

Da bei keiner der Vorgehensweisen Fehlmengen durch zu späte Anlieferung oder erhöhten Verbrauch zuverlässig vermieden werden können, führt man üblicherweise noch **Sicherheitsbestände** ein, um die der Meldebestand erhöht wird. Die Höhe des Sicherheitsbestands hängt von der Art der eingesetzten Lagerhaltungspolitik (Lagerdispositionssystem) ab.

Lagerhaltungspolitiken unterscheiden sich

- durch den Mechanismus, nach dem **Lagerbestellungen** bei der Lieferanten ausgelöst werden und
- durch die Entscheidungsregel, nach der die jeweilige **Bestellmenge** festgelegt wird.

Es haben sich eine Reihe von mathematischen Methoden entwickelt, nach denen aus Vergangenheitsreihen ein Prognosewert für den zukünftigen Bedarf ermittelt wird (Mittelwerte, gleitender Durchschnitt, exponentielle Glättung, Trends).

In der Lagerhaltungs- und Bestellpolitik haben sich als Grundtypen herausgebildet:

- Bestellung bei Erreichen eines definierten Meldebestands
  = **Bestellpunktsystem**

- Bestellung nach Ablauf eines definierten Zeitraums
  = **Bestellrhythmussystem**.

Wobei jeweils die Bestellmenge entweder **fix** und optimiert ist oder aber **variabel** und so groß ist, dass auf den definierten Höchstbestand aufgefüllt wird. Daraus ergeben sich typische Bestellsysteme, die je nach Klassifizierung der Materialien angewandt werden:

	Bestellpunktsystem	Bestellrhythmussystem
Bestellmenge fix und optimiert	A- und B-Teile mit relativ konstantem Bedarf	C-Teile mit konstantem Bedarf
Bestellmenge variabel	A-Teile mit relativ schwankendem Bedarf	B- und C-Teile mit gering schwankendem Bedarf

Da bei keiner der Politiken Fehlmengen durch zu späte Anlieferung oder erhöhten Verbrauch zuverlässig vermieden werden können, führt man üblicherweise noch **Sicherheitsbestände** ein, um die der Meldebestand erhöht wird.

40 ⟩⟩ Seite 432

4.2 LAGERWIRTSCHAFT, BESTANDSFÜHRUNG

Der **Materialbestand** wird mithilfe der Bestandsführung festgestellt, indem die Materialzugänge und -abgänge ermittelt und bewertet werden. Mengen und Zeitpunkte der Beschaffung von Materialien hängen wesentlich davon ab, welche Höhe die Bestände an Materialien im Unternehmen aufweisen.

Dabei sind nicht nur Bestände zu berücksichtigen, die sich im Betrachtungszeitpunkt tatsächlich im Lager befinden, sondern auch Bestände, die bereits bestellt sind und spätestens bis zum Zeitpunkt des Materialbedarfes eingetroffen sein werden. Andererseits ist zu beachten, dass es im Lager auch Materialbestände gibt, die im Betrachtungszeitpunkt zwar vorhanden, aber bereits für andere Produktionsaufträge **reserviert** sind.

4.2.1 BESTANDSRECHNUNG, BESTANDSPLANUNG

Die Bestandsrechnung ist neben der Bedarfsrechnung und der Bestellrechnung wichtiger Bestandteil der **Materialdisposition**.

Die Materialbestandsrechnung erfolgt als **Mengenrechnung** für die Produktionsdisposition und als **Wertrechnung** für die Betriebsabrechnung. Die Materialien selbst sind durch Stammdaten gekennzeichnet, ihre Zu- und Abgänge werden in Bewegungsdaten festgehalten.

Zweck der **Bestandsplanung** ist es, das Vorhandensein der erforderlichen Materialien nach Art, Menge und Zeit sicherzustellen. Damit soll vermieden werden, dass

* **zu geringe** Bestände die Leistungserstellung des Unternehmens gefährden
* **zu hohe** Bestände die Wirtschaftlichkeit des Unternehmens beeinträchtigen.

Überhöhte Bestände bei einzelnen Materialien und nicht ausreichende Bestände bei anderen Materialien sind vielfach auf **Unsicherheiten** (exakte Nachfragemenge, Wiederbeschaffungszeiten, abweichende Liefermengen oder fehlerhafte Bestandsführung) bei der Materialdisposition zurückzuführen.

Die Aufgabenstellung lautet:

* Wann soll bestellt werden?
* Wie viel soll bestellt werden?

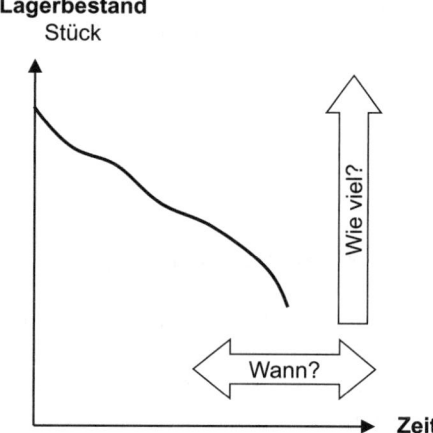

Mithilfe von DV-Programmen ist es möglich, Missverhältnisse zwischen dem Bestand und dem Bedarf zu erkennen. Dazu müssen die Vergangenheitswerte für den Verbrauch, den Bestand und die Bestellmenge bekannt sein, um die Bedarfszahlen zu ermitteln.

Lagerbestände sind notwendig, um

* angelieferte Materialen bis zum Verbrauchszeitpunkt zu lagern
* Kostenvorteile durch größere Zuliefermengen zu realisieren
* Ausgleich von Unsicherheiten bei Liefer- und Transportzeiten zu schaffen
* bei Bedarfsschwankungen eine direkte Versorgung der Produktion sicherzustellen
* nach Losgrößenoptimierung hergestellte Halbfertigteile zwischenzulagern
* Zwischenlagerung vor der Kommissionierung mehrerer Erzeugnisse zu einem Auftrag zu ermöglichen
* Lieferfähigkeit für produzierte Erzeugnisse sicherzustellen.

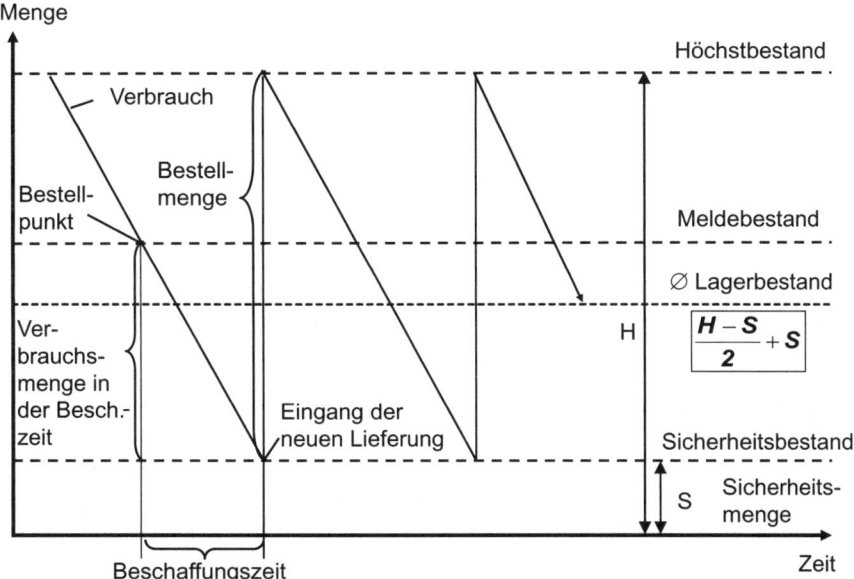

Typische Lagerbegriffe sind:

Lagerbestand	körperlich vorhandene Materialien im Lager
Durchschnitts-bestand	Mittelwert über eine längere Periode
verfügbarer Bestand	einsetzbare Materialien zu einem bestimmten Termin = Lagerbestand + offene Bestellungen – Reservierungen
disponierter Bestand	verplant durch Vormerkung oder Reservierung
Sicherheits-bestand oder Mindestbestand	Puffer bei Zulieferschwierigkeiten, Ausfällen oder unsicherer Planung, wird nicht verplant
Meldebestand/ Bestellpunkt	Wert, bei dessen Unterschreitung Bestellung ausgelöst werden (muss so hoch sein, dass während der Beschaffungszeit der Sicherheitsbestand nicht angegriffen wird)
Höchstbestand	maximal zugelassener Bestand, oft durch räumliche Abgrenzungen vorgegeben
Reichweite	Zeit vom Erreichen des Meldebestands bis zum Nullbestand bei durchschnittlichem Verbrauch
Wiederbeschaf-fungszeit	Zeit zwischen Bestellauslösung und Materialeingang

Vorratsmaterial	wird ständig benötigt und in Zeitintervallen aufgefüllt
Auftrags-material	bedarfsgesteuert, siehe MRP
Lager-umschlags-häufigkeit	Materialabgang pro Jahr/durchschnittlicher Bestand
durchschnittli-che Lagerdauer	Kehrwert der Lagerumschlagshäufigkeit

4.2.2 BESTANDSFÜHRUNG

Die **Bestandsführung** hat die Aufgabe, den **Materialbestand festzustellen**, indem die durch die Bedarfsrechnung realisierten Materialabgänge erfasst und bewertet werden. Die Aufgaben der Bestandsführung sind:

• Erstellen aktueller Unterlagen über die Bestände nach Menge und Wert
• Erstellen von Nachweisen über Bestandsänderungen der geführten Materialien
• Durchführen der Inventur nach handels- bzw. steuerrechtlichen Vorschriften
• Überwachen der mengenmäßigen Produktionsdisposition
• Erstellen von Daten zur Ermittlung des Brutto- und Nettobedarfes
• Erstellen von Daten für die Bestellabwicklung
• Überwachen von Ausschuss, ungeplantem Mehrverbrauch, sonstigen Fehlmengen
• Erstellen, Ändern und Löschen von Bestellmengen
• Durchführen von Bestandskontrollen.

Die Erfassung der Verbrauchsmengen dient zum Nachweis des eingesetzten Materials pro Auftrag. **Bestandsstatistiken** dienen der Materialdisposition als wichtige Entscheidungsgrundlage.

4.2.3 MENGENERFASSUNG – INVENTUR

Der Materialbestand wird mithilfe der Bestandsführung festgestellt, indem die aufgrund der Bedarfsplanung realisierten Materialabgänge ermittelt und bewertet werden. Sie geschieht damit als **Mengenerfassung** und als **Werterfassung**.

Die **Mengenerfassung** kann mithilfe folgender Methoden durchgeführt werden:

• **Skontrationsmethode**: Sie erfolgt, indem die Zugänge auf der Grundlage der Lieferscheine, die Abgänge durch die Materialentnahmescheine erfasst werden. Sie setzt das Vorhandensein einer Lagerbuchhaltung voraus.

- **Inventurmethode**: Sie erfordert keine Lagerbuchhaltung. Der Materialbestand ergibt sich lediglich durch eine Inventur als Endbestand, die Verbrauchsmengen ergeben sich aus dem Vergleich von alter und neuer Inventur.

- **Retrograde Methode**: Die Verbrauchsmengen werden durch Rückrechnung aus den erstellten Halb- und Fertigerzeugnissen abgeleitet.

Als Inventur wird der tatsächliche Bestand des Vermögens und der Schulden für einen bestimmten Zeitpunkt durch körperliche Bestandsaufnahme mengen- und wertmäßig erfasst. Die **wertmäßige Erfassung (Bewertung)** der Materialien dient dem Nachweis im Zusammenhang mit handels- und steuerrechtlichen Bilanzen sowie als Kalkulationsgrundlage und zu statistischen Zwecken.

Zu unterscheiden sind:

- **Stichtagsinventur**
  Die körperliche Bestandsaufnahme erfolgt innerhalb von 10 Tagen vor oder nach dem Bilanzstichtag. Bestandsveränderungen werden auf den Bilanzstichtag fort- oder zurückgerechnet.

- **Permanente Inventur**
  Die körperliche Bestandsaufnahme erfolgt einmal im Verlauf des Jahres. Der Bestand am Bilanzstichtag wird über die Fortschreibung der Lagerbuchhaltung ermittelt.

- **Verlegte Inventur**
  Die körperliche Bestandsaufnahme erfolgt für einen Tag innerhalb der letzten drei Monate vor bzw. der ersten 2 Monate nach Schluss des Geschäftsjahres. Bestandsveränderungen werden auf den Bilanzstichtag fort- oder rückgerechnet.

4.2.4 Bestandsbewertung

Die Materialien sind nicht nur mengenmäßig zu führen. Es ist auch eine **Werterfassung** vorzunehmen. Dabei bieten sich als Wertansätze an:

Anschaffungs-wert	Er ist der bei der Beschaffung des Materials zu bezahlende Preis, der auch als Einstandspreis bezeichnet wird.
Wiederbeschaf-fungswert	Er ist der für die Wiederbeschaffung des Materials zu zahlende Preis, der auch als Ersatzwert bezeichnet wird.
Tageswert	Er ist der am Tag des Angebotes, der Lagerentnahme, des Umsatzes oder Zahlungseinganges ermittelte Preis.
Verrechnungs-wert	Er ist ein über einen längeren Zeitraum festgelegter Preis, der künftig erwartete Preisschwankungen berücksichtigt.

Oft ist der Inventurbestand mit dem bis dahin geführten Buchbestand nicht identisch, sodass **Differenzbuchungen** nötig werden. Gründe sind unvollständige oder nicht ordnungsgemäße Belegführung sowie Ware, die noch in Bearbeitung ist und damit nicht immer eindeutig bewertet werden kann.

4.2.5 BESTANDSBEWEGUNG

Die Bestandsführung erfasst die Bestandsbewegungen, die sein können:

- **Körperliche Bestandsänderungen**: Dabei handelt es sich um Zugänge, die Materialeingänge oder Eigenproduktionen sein können, und Abgänge als interne und externe Entnahmen.

- **Nichtkörperliche Bestandsänderungen**: Dazu zählen Reservierungen bzw. Vormerkungen, die dem Lager für einen bestimmten Auftrag zu einem späteren Zeitpunkt entnommen werden, und Stornierungen.

4.2.6 BESTANDSÜBERWACHUNG

Bei Eingang einer bestellten Lieferung sind Überprüfungen auf **Identität** und **Menge** durchzuführen und die Übereinstimmung von Bestellung, Ware und Lieferpapieren sicherzustellen. Abweichungen in Art, Menge und Termin müssen erkannt und behandelt werden. Oft ist auch eine **technische Wareneingangsprüfung** durchzuführen, um die Funktionsfähigkeit oder die Einhaltung wesentlicher Spezifikationsmerkmale sicherzustellen.

Sobald das Material freigegeben und dokumentiert durch Zubuchungen im Lagerbereich verfügbar ist, kann es auf unterschiedliche Arten wieder entnommen werden. Standardmäßig hat man es mit **geplanten Entnahmen** aufgrund von Aufträgen zu tun. Darüber hinaus sind auch **ungeplante Entnahmen** zu berücksichtigen, die entstehen, wenn nicht vorhersehbarer Bedarf entsteht (Schwund, Ausschuss, Reparaturen).

Bei der Einplanung von Aufträgen wird für das Material eine **Verfügbarkeitskontrolle** durchgeführt, damit keine unnötigen Materialbereitstellungen erfolgen und Fehlteile schnellstmöglich beschafft werden können. Hierzu werden DV-gestützte Verfahren eingesetzt.

Eine Reihe von statistischen Auswertungen wird in Form von Kennzahlen genutzt, um **Betriebs- und Periodenvergleiche** durchführen zu können.

4.3 Disposition, Beschaffung

Der operative Vorgang der Disposition kann in die Beschaffungsdurchführung und die Beschaffungskontrolle aufgeteilt werden.

4.3.1 Beschaffungsdurchführung

Die Beschaffungstermine müssen unter Berücksichtigung von Lieferzeiten, Beschaffungszeiten und Prüfungszeiten ermittelt werden. Die Ermittlung der optimalen Losgröße bietet Anhaltspunkte für die jeweilige Bestellmenge bzw. den Bestellzyklus. Andere Verfahren bedienen sich zusätzlich noch Erkenntnissen aus periodenabhängigem Bedarf und ermöglichen somit eine zeitnähere und dem momentanen Verbrauch angepasste Optimierungsaussage.

Für einen konkreten Beschaffungsbedarf empfiehlt es sich, mehrere Angebote potenzieller Lieferanten einzuholen. Anhand systematisch aufgestellter Kriterien wie:

• Qualität
• Preis
• Konditionen
• Lieferfrist
• Flexibilität
• Bekanntheitsgrad
• Standort

erfolgt eine Beurteilung der Angebote und schließlich die **Auswahl des Lieferanten**, mit dem dann nochmals über die endgültigen Konditionen verhandelt wird. Hier kann mithilfe der Nutzwertanalyse eine Auswahl vorgenommen werden.

Die Beschaffungsdurchführung lässt sich anhand folgender Schritte definieren:

Auf Basis der Daten aus der Beschaffungsplanung (Prinzipien, Wege, Termine, Mengen) kann die eigentliche Beschaffungsdurchführung geschehen. Zunächst muss festgelegt werden, welche Lieferanten überhaupt in Frage kommen. Grundlage sind die Ergebnisse des Beschaffungsmarketing, aus denen eine Lieferantenbewertung abgeleitet werden kann.

In der Materialbestellung muss exakt definiert sein

- die geforderte Beschaffenheit
- die vereinbarte Menge des Materials
- die Verpackung (Kosten, Verbleib)
- die Erfüllungszeit (Festtermin, Abruf, Rahmenvertrag)
- den Erfüllungsort, an dem die Gefahr für das Material vom Lieferanten an den Besteller übergeht
- die Zahlungskonditionen (Preis, Rabatt und Zahlungsziel),

um bei der Beschaffungskontrolle oder im Reklamationsfall eindeutige Bezugsgrößen zu haben.

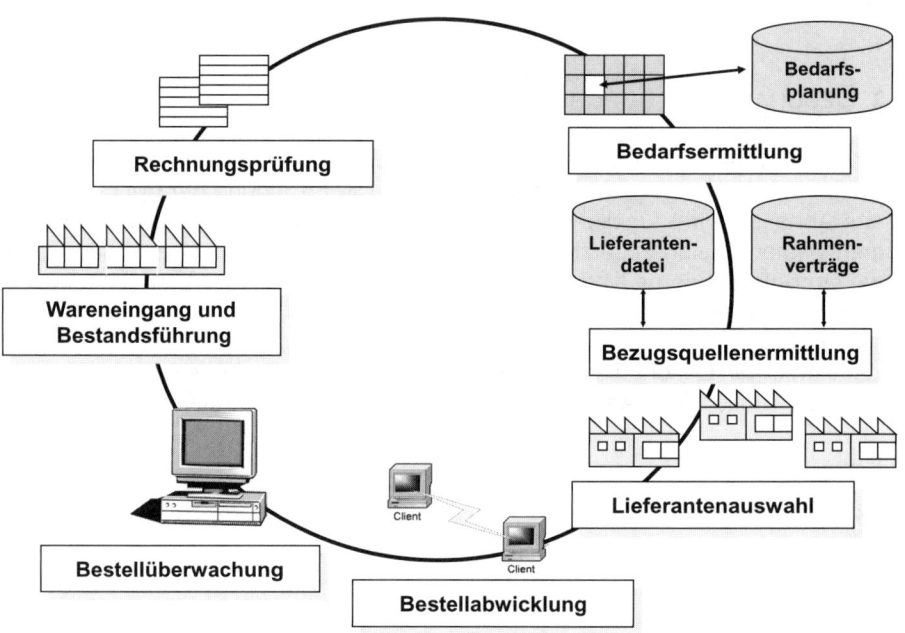

4.3.2 BESCHAFFUNGSKONTROLLE

Wenn die Lieferung schließlich den Besteller erreicht, ist zu überprüfen, ob die vereinbarte Leistung auch tatsächlich erbracht wurde. Das geschieht durch eine **Identitätsprüfung**, in der die Daten auf dem Lieferschein mit der Ware und mit dem Bestelltext verglichen werden. Neben diesen kaufmännischen Daten sind auch technische Prüfungen üblich, in denen meist stichprobenweise die Funktion oder die Einhaltung von Spezifikationsdaten wie Maße, Gewichte, Oberflächengüte oder elektrische Leistungsdaten überprüft werden.

Im Zusammenhang mit der Zertifizierung nach der Qualitätsmanagement-Norm DIN EN ISO 9000 ff. setzt sich immer mehr der Abschluss einer **Qualitätssicherungsvereinbarung** durch (QSV). Inhalte von Qualitätssicherungsvereinbarungen sind:

- Festlegen der Dokumente und Nachweise, die der Lieferant mitliefern muss
- Festlegen der qualitätsrelevanten Prozessparameter und deren Überwachung
- Festlegen von Kennzeichnungen und Abnahmebedingungen
- Festlegen von Methoden zur Fehlerbehandlung und Reklamationsabwicklung
- Festlegen von präventiven Qualitätssicherungsmaßnahmen (DoE, FMEA, usw.)
- Festlegen von Gewährleistungsumfang und Kostenübernahmen bei Fehlern
- Festlegen von Auditmaßnahmen und Zutrittsmöglichkeiten beim Lieferanten
- Verpflichtung zur Aufrechterhaltung eines dokumentierten QM-Systems.

Regelmäßige Absprache über Trends und Austausch von Marktinformationen im Rahmen von **Qualitätssicherungsvereinbarungen** und von **Just-in-Time**-Verträgen wird zunehmend auf die technische Prüfung verzichtet. Man geht davon aus, dass aufgrund der nachgewiesenen Qualitätsfähigkeit des Lieferanten das Null-Fehler-Ziel nahezu erreicht wird.

Kostenmäßig ist diese Methode dann von Vorteil, wenn der nicht **wertschöpfende** Vorgang einer Überprüfung eingespart werden kann und auch kein Fehler in den nachfolgenden Stufen mehr auftritt. Kritisch kann es dann werden, wenn trotzdem Fehler auftreten oder sogar Folgefehler entstehen. In diesen Fällen ist oft ungeklärt, inwieweit der Lieferant dann noch in Regress genommen werden kann.

Durch regelmäßige Kontrolle von **Bestellkosten** und **Lagerhaltungskosten** sowie durch permanente **Preisvergleiche** sind die Beschaffungskosten zu überprüfen. Durch zumeist DV-mäßige Überwachung werden Liefertermine verfolgt und gegebenenfalls Mahnungen erzeugt. Insgesamt sind die Aspekte Versorgungssicherheit und kostenoptimale Beschaffung stets gleichzeitig zu beachten und zwischen deren Extremen ein Optimum zu finden.

5. AUFTRAGSMANAGEMENT

Im Auftragsmanagement werden die Tätigkeiten durchgeführt, die zur Planung, Steuerung und Korrektur der anstehenden Produktionsaufträge notwendig sind. Im Einzelnen sind das:

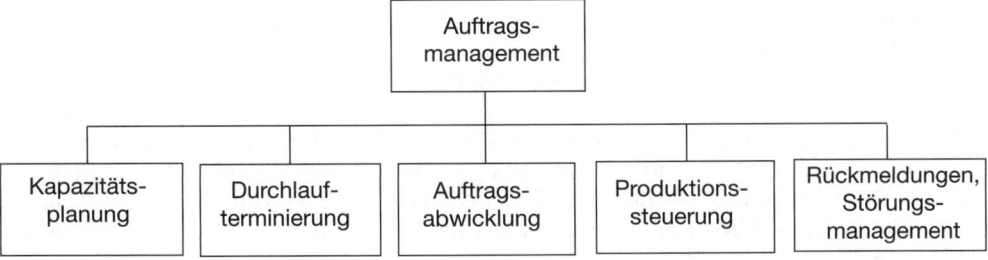

5.1 KAPAZITÄTSPLANUNG

Nachdem in der Losgrößenplanung die Produktionsaufträge gebildet worden sind, geht es in der **Kapazitätsplanung** und der **Durchlaufterminierung** nun darum, sie zur Produktion freizugeben (Auftragsfreigabe) und konkreten Einheiten zur Bearbeitung zuzuweisen. Dabei müssen die tatsächlich vorhandenen Kapazitäten der Ressourcen berücksichtigt werden. Während sich die Losgrößenplanung oft nur auf die wichtigsten Erzeugnisse (z. B. A-Produkte) bezieht, müssen nun alle Produktionsaufträge in die Planung einbezogen werden.

Da bei der Losgrößenplanung **Transportvorgänge** und **Rüstzeiten** an den Maschinen nicht explizit beachtet wurden, konnte dort nur mit einem vergleichsweise groben Zeitraster, z. B. auf Wochenbasis, gearbeitet werden. Bei der Ressourceneinsatzplanung verfeinert sich die Periodeneinteilung. Es werden alle Zeit verbrauchenden Vorgänge in die Betrachtung einbezogen.

Die Aufgaben der Kapazitätsplanung und der Durchlaufterminierung müssen in der Praxis **gleichzeitig** erledigt werden und haben gegenseitige Abhängigkeiten, die unter Umständen zu mehreren Planungsdurchgängen führen, bevor ein optimiertes Produktionsprogramm entsteht.

5.1.1 VERFÜGBARE KAPAZITÄT

Die Kapazität der vorhandenen Arbeitsplätze lässt sich messen in:

- Zeiten (Arbeitstag, Arbeitsstunde)
- Mengen (Stück, Gewicht)
- Werten (Umsatz, Wertschöpfung).

In PPS-Systemen wird hauptsächlich mit **Zeitmaßstäben** gerechnet. Zum vollständigen Überblick benötigt man eine Aufstellung aller Arbeitsplätze, die manuell, vollautomatisch oder als Mischform ausgerüstet sind. Nur bei vollautomatischen Arbeitsplätzen kann die Verfügbarkeit von Mitarbeitern unberücksichtigt bleiben.

Grunddaten der Arbeitsplätze, die im PPS-System hinterlegt werden, sind:

- Art des Arbeitsplatzes
- Kennzeichnung durch eine Identifikation
- Zugehörigkeit zu einer Gruppe
- Abteilungszugehörigkeit
- Kostenstellen- und Standortschlüssel
- Personalnummer des oder der Arbeitsplatzinhaber.

Die **Normalkapazität** gibt das normalerweise verfügbare zeitliche Leistungsvermögen an. Ausgangspunkt ist die Laufzeit pro Tag (ein-, zwei- oder mehrschichtig) und die Anzahl der Arbeitstage pro Woche (Fünf Tage oder Rund um die Uhr). Davon abzuziehen sind vorhersehbare **Kapazitätsminderungen** wie Betriebsferien, Wartungszeiten, Kurzarbeit oder Reinigungszeiten.

Die für mittel- und langfristige Planungen benutzte Normalkapazität steht aber nicht immer effektiv zur Verfügung. Die für kurzfristige Planungen zu berücksichtigende **effektive Kapazität** ergibt sich durch Berücksichtigung von Faktoren wie

• Maschinenstörungen
• Personalerkrankungen
• Überstunden
• Zusatzpersonal.

Oft werden die für einzelne Arbeitsgruppen verfügbaren Kapazitäten tageweise grafisch aufgeführt.

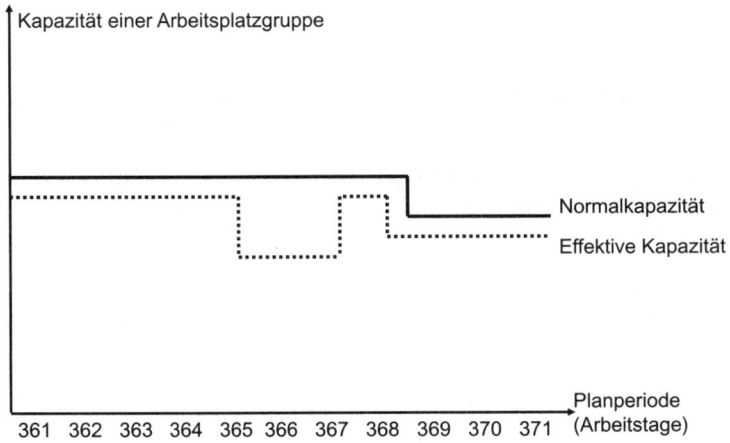

Die Planperioden beziehen sich auf die Zeiträume, in denen die Kapazitäten überhaupt bereitstehen. Um eine Terminberechnung durch Differenzbildung von Arbeitstagen durchführen zu können, eignet sich das Datum nach dem Gregorianischen Kalender nur schlecht, da es wegen der Wochenenden und der Feiertage arbeitsfreie Tage gibt.

Häufig findet man deshalb zur Terminberechnung den **Fabrikkalender**, in dem nur die Arbeitstage berücksichtigt werden, die dann beispielsweise vom Jahresbeginn an durchgezählt werden.

Kalendertag 2009:													
01.01	02.01.	03.01.	04.01.	05.01	06.01	07.01.	08.01.	09.01.	10.01.	11.01.	12.01.	13.01.	14.01.
Fabrikarbeitstag 2009:													
F	1	Sa	So	2	3	4	5	6	Sa	So	7	8	9

5.1.2 KAPAZITÄTSBEDARF

Die Ressourceneinsatzplanung berücksichtigt die bei der Losgrößenplanung festgelegten Termine der Aufträge (Endprodukte, Baugruppen oder Einzelteile) sowie die Arbeitspläne dieser Erzeugnisse.

Ein **Arbeitsplan** (siehe Kapitel D. 4) ist eine Liste von Arbeitsgängen, die zur Herstellung eines bestimmten Erzeugnisses notwendig sind. Aus der Reihenfolge der Arbeitsgänge im Arbeitsplan lassen sich auch die erforderlichen Transportvorgänge ableiten. Weiterhin enthält der Arbeitsplan für jeden Arbeitsgang Angaben über die Bearbeitungszeit (Rüstzeit und Stückbearbeitungszeit).

Der Kapazitätsbedarf pro Arbeitsplatz ergibt sich aus der Formel:

$$\text{Kapazitätsbedarf} = (\text{Auftragsmenge} \cdot \text{Stückzeit} + \text{Rüstzeit}) \; \frac{100\,\%}{\text{Leistungsgrad in \%}}$$

Der **Leistungsgrad** kann von der personellen Besetzung, der Materialqualität oder dem Betriebsmittelzustand abhängen. Der so berechnete Kapazitätsbedarf lässt sich ebenfalls grafisch pro Planperiode darstellen.

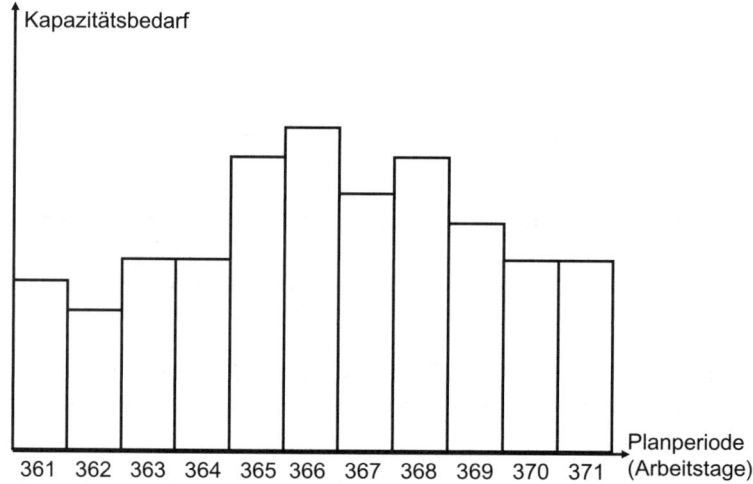

41 >> Seite 433

5.2 Durchlaufterminierung

Ausgehend von den in der Losgrößenplanung festgelegten Eckterminen der Aufträge besteht die Aufgabe der Terminplanung darin, für alle Aufträge, die im aktuellen Planungszeitraum fertiggestellt werden müssen, die Start- und Endtermine ihrer Bearbeitung an den einzelnen Ressourcen zu bestimmen und die Aufträge den Ressourcen zuzuordnen, falls alternative Zuordnungsmöglichkeiten bestehen.

5.2.1 Termingrobplanung

In der Regel führen Unternehmen bei **Einzelproduktion** und **Großprojekten** eine Termingrobplanung durch. Ein mögliches Planungsverfahren kann die Netzplantechnik sein.

Ziel der Termingrobplanung ist es:

- die mittlere Verweildauer der Erzeugnisse festzustellen
- die Ecktermine zu berechnen
- die gleichmäßige Auslastung der Produktionskapazität zu gewährleisten
- die möglichen Endtermine des Projektes zu ermitteln und Verzugskosten zu vermeiden.

Aufgabenbereiche der Termingrobplanung sind:

- **Durchlaufterminierung**
  terminliche Zuordnung der Projekte/Teilprojekte zu den vorhandenen Kapazitäten (Maschinen) der verschiedenen Produktionsstufen ohne Berücksichtigung der Kapazitätsgrenzen (Belastungsprofile, Belastungspläne).

- **Kapazitätsanpassung**
  Einbeziehung der Kapazitätsbegrenzungen in die Durchlaufterminierung; bei Überschreitung der verfügbaren Kapazitäten ist eine Kapazitätsabstimmung, d. h. ein Ausgleich zwischen Kapazitätsangebot und Kapazitätsnachfrage, herbeizuführen.

5.2.2 Komponenten der Durchlaufzeit

Bei der arbeitsgangbezogenen Terminplanung müssen deterministische Rüst-, Bearbeitungs- und Transportzeiten vorliegen ebenso wie Zeiten für Zwischen- und Endprüfungen. Da die tatsächliche Durchführung der Produktion aber noch zahlreichen zufälligen **Störungen** unterworfen sein kann (Maschinenausfälle, Werkzeugbruch, unterschiedliche Leistungsgrade der Werker, zusätzliche Bearbeitungsoperationen aufgrund von Qualitätsmängel), muss davon ausgegangen werden, dass es trotz der genauen Terminplanung zu zeitlichen Überschneidungen der Aufträge an einzelnen Ressourcen kommen wird. Diese noch bestehende Unsicherheit wird durch die Berücksichtigung von geschätzten **Liege- und Wartezeiten** der Aufträge vor den Arbeitssystemen erfasst.

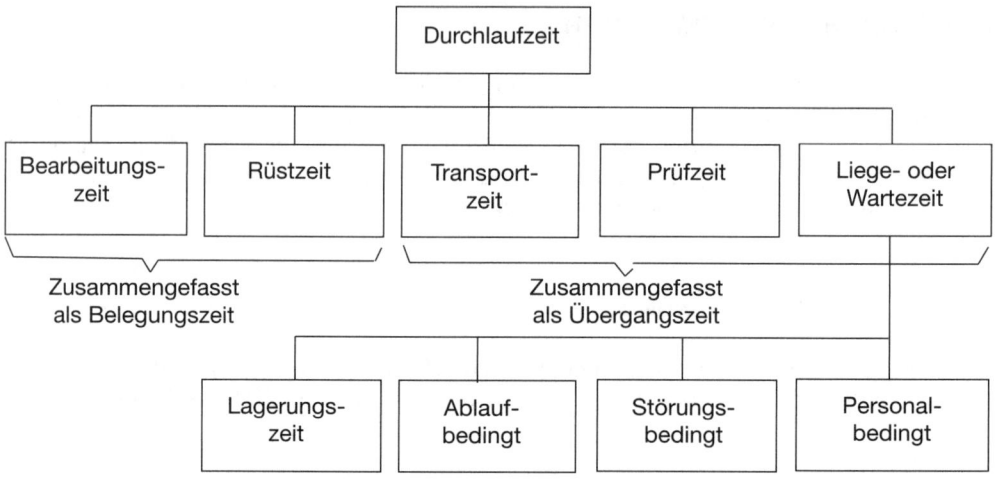

Im Einzelnen lassen sich die Komponenten wie folgt beschreiben:

Durchlaufzeit-komponente	Erläuterung
Bearbeitungszeit	Ergibt sich aus der Multiplikation der Auftragsmenge mit der Stückzeit und dem erwartbaren Leistungsgrad.
Rüstzeit	Zeit, die für das Vor- und Nachbereiten eines Arbeitsplatzes benötigt wird. Die Rüstzeit ist auflagenfix und erhöht bei kleiner werdenden Losgrößen die Stückkosten.
Transportzeit	Zeitbedarf für die Ortsveränderung der Werkstücke von einem Arbeitsplatz zum nächsten. Dabei ist zwischen der eigentlichen Förderzeit und den auftretenden Wartezeiten während des Transports zu unterscheiden.
Prüfzeit	Zeitbedarf für die Überprüfung eines Fertigungsarbeitsgangs auf dessen korrekte Ausführung. Das können sein: attributive Prüfungen wie Anzahl, Unversehrtheit oder Aussehen oder Variablenprüfungen, bei denen ein exakter Messwert ermittelt wird.
Liege- oder Wartezeit	Zeitspanne, die das Werkstück innerhalb des Produktionsbereiches verbringt, ohne dass ein Arbeitsfortschritt erzielt wird. Dieser Zeitanteil macht oft bis zu 80 % der Gesamtzeit aus und ist wichtiger Ansatz zur Reduzierung der Durchlaufzeiten.
Lagerungzeit	Zeiten, in denen ein Bearbeitungsschritt abgeschlossen ist und das Werkstück in speziellen Lagerbereichen verbringt, bis der nächste Arbeitsschritt erfolgt.
Ablaufbedingt	Planmäßige Zeiten, die produktionstechnisch notwendig sind wie Abkühlen, Reifen, Trocknen oder Zeiten, die durch Verkettung und Taktung bestimmt sind.
Störungsbedingt	Wartezeiten wegen aufgetretener Störungen technischer, organisatorischer oder informatorischer Art.
Personalbedingt	Wartezeiten durch das Verhalten oder die Verfügbarkeit von Mitarbeitern. Hierzu gehören auch Zusatzzeiten, die durch fehlerhafte Planung entstanden sind.

Ursachen für zu lange Durchlaufzeiten können sein:

Zu großer Puffer	Zusätzliche Bestände vergrößern die Durchlaufzeiten weiter.
Inflexible Kapazitäten	Mit abnehmender Flexibilität steigt der notwendige Pufferbestand und somit die Durchlaufzeit.
Schlechte Kapazitäts-abstimmung	Durch nicht abgestimmte Kapazitäten wird der Materialfluss gestoppt und verlangsamt.
Lange Rüstzeiten	Rüstvorgänge stellen für den kontinuierlichen Materialfluss eine Störung dar.
Ungleichmäßiger Auftragszu-gang	Jede Schwankung im Auftragseingang wirkt sich ungünstig auf die Durchlaufzeit aus.
Ungleicher Arbeitsinhalt	Unterschiedliche Arbeitsinhalte je Auftrag oder pro Bearbeitungsart führen zu großen Losen und somit zur Bestands- und Durchlaufzeiterhöhung.

5.2.3 TERMINIERUNGSTECHNIKEN

Es existieren unterschiedliche Techniken zur Terminierung, die je nach Komplexität des Produktionsablaufs, nach Anzahl der Vorgänge oder nach den zur Verfügung stehenden Planungsmitteln eingesetzt werden. Eingesetzte Techniken zur Durchlaufterminierung sind:

- **Listungstechnik**, in der bei einfachen linearen Abläufen die Termine auf dem Arbeitsplan oder einer Terminliste notiert werden.

- **Balkendiagrammtechniken**, in denen der Zeitbedarf grafisch dargestellt wird. Das bekannteste Verfahren ist das unten abgebildete Gantt-Diagramm. In diesem Beispiel ist auch berücksichtigt, dass samstags und sonntags nicht gearbeitet wird.

ID	Aufgabenname	Anfang	Ende	Dauer	3	4	5	6	7	8	9	10	11	12	13	14
										Sep. 2007						
1	Vorprodukt 1	04.09.2007	05.09.2007	2t		▭										
2	Vorprodukt 2	03.09.2007	05.09.2007	3t	▭											
3	Trägerbaustein montieren	06.09.2007	10.09.2007	3t				▭								
4	Vorprodukt 3	07.09.2007	11.09.2007	3t					▭							
5	Erzeugnis montieren	12.09.2007	14.09.2007	3t										▭		

- **Netzplantechnik**, in der die Arbeitsgänge so beschrieben werden, dass man durch die Verknüpfung der Arbeitsgänge jeweils einen frühestmöglichen und einen spätestens nötigen Starttermin erhält. Ebenso werden durch Berücksichtigung der Dauer der frühestmögliche und der späteste Abschluss notiert, sodass sich Pufferzeiten ergeben, mit denen man eine flexible Planung gestalten kann.

Dieselben Zusammenhänge wie in dem oben gezeigten Gantt-Diagramm sind in dem folgenden Netzplan nach der **PERT** (**P**rogram **E**valuation and **R**eview **T**echnique) - Methode beschrieben.

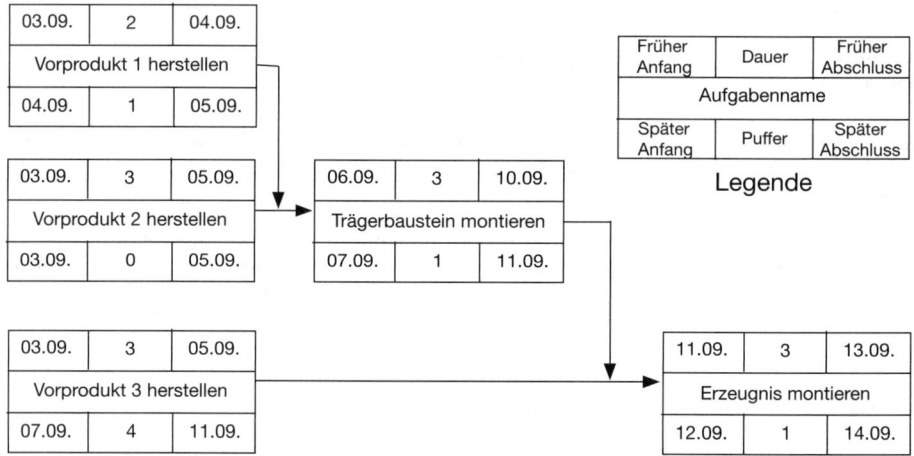

Während Terminlisten und Balkendiagramme sich besonders für einfache Durchlaufterminierungen eignen, empfiehlt sich die Netzplantechnik für:

- komplexe Aufgaben
- vernetzte Abläufe
- viele Terminierungsvorgänge
- häufige Änderungsnotwendigkeit.

Die Netzplantechnik ist aufgrund der Komplexität und der Aktualitätsforderungen ausschließlich mit DV-Systemen realisiert.

5.2.4 TERMINFEINPLANUNG

Die Terminfeinplanung ermittelt nun für jeden Arbeitsgang bzw. Auftrag den frühestmöglichen und den spätest zulässigen Start- und Endtermin. In der betrieblichen Praxis wird in zwei Schritten vorgegangen:

- Zunächst werden die Anfangs- und Endtermine der Aufträge **ohne Beachtung der Kapazitätsgrenzen** berechnet. Dazu benötigt man Angaben zur Durchlaufzeit, die sich zusammensetzt aus Rüstzeiten und Bearbeitungszeiten (zusammengefasst als Belegungszeit) sowie Transport-, Prüf- und Liegezeiten (zusammengefasst als Übergangszeiten).

- Anschließend findet eine **Berücksichtigung der Kapazitätsgrenzen** statt, wodurch sich Termine verschieben können. In einem Kapazitätsausgleich wird dann versucht, die Kundentermine einzuhalten bei gleichzeitiger optimaler Auslastung aller Betriebsmittel.

Die Durchlaufterminierung kann grundsätzlich als Vorwärts- oder als Rückwärtsterminierung erfolgen.

- Bei der **Vorwärtsterminierung** (progressive Terminierung) wird von einem Starttermin ausgegangen und der Produktionsauftrag sukzessive gemäß der logisch zeitlichen Reihenfolge der Arbeitsgänge des zu Grunde liegenden Arbeitsplans terminiert.

Der **Vorteil** dieser Terminierungsart liegt in einer relativ hohen Terminsicherheit, der Nachteil in einer relativ hohen Kapitalbindung und eventuellen Lagerproblemen, da auftretende Kapazitätsengpässe nicht durch Maßnahmen der Durchlaufzeitverkürzung ausgeglichen werden, sondern der Endtermin einfach nach hinten geschoben wird.

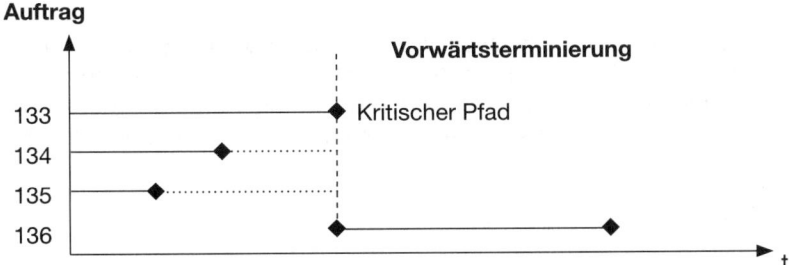

- Bei der **Rückwärtsterminierung** werden von einem spätesten Fertigstellungstermin die Teilaufträge vom letzten bis zum ersten Arbeitsvorgang auf die Betriebsmittel eingelastet. Liegt der so errechnete Starttermin in der Vergangenheit, muss durch Methoden der Durchlaufzeitverkürzung ein Ausgleich zwischen Kapazitätsnachfrage und Angebot gefunden werden.

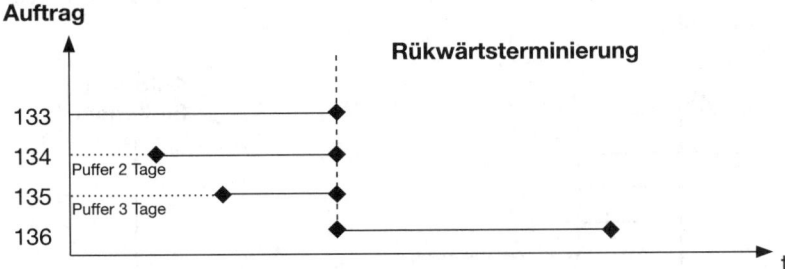

- Die Vorgehensweise der **kombinierten Terminierung** ist allen Netzplantechniken eigen. Ausgehend von einem vorgegebenen Termin wird zunächst in der einen und unmittelbar darauf in der anderen Richtung terminiert. Daraus ergeben sich für jedes Ereignis zwei Termine:

- Frühester Termin aus der Vorwärtsterminierung
- Spätester Termin aus der Rückwärtsterminierung.

Aus der **Differenz** beider Termine können folgende Ergebnisse abgeleitet werden:

• Vorgänge, die keine Zeitreserven besitzen und damit besonders terminkritisch sind, liegen auf dem kritischen Pfad. Er verbindet alle pufferlosen Vorgänge.

• Eine Differenz zwischen beiden Terminen weist einen Puffer in Höhe des ermittelten Unterschiedes aus. Darunter ist nach DIN 69 900 die Zeitspanne zu verstehen, die für einen Vorgang über den Zeitbedarf hinaus zur Verfügung steht.

In den Netzplantechniken werden kritischer **Pfad** und **Pufferzeiten** immer ermittelt.

Aufgabe der **Reihenfolgeplanung** ist die Festlegung, wann welche Aufträge an welchen Fertigungsstationen zu bearbeiten sind. Dabei soll einerseits die Durchlaufzeit minimiert werden und andererseits die Kapazitätsauslastung maximiert werden.

Allerdings ergibt sich daraus ein **Dilemma der Ablaufplanung**: Die Minimierung der Durchlaufzeiten führt zu Leerzeiten an den Maschinen, die Minimierung der Leerzeiten bewirkt höhere Durchlaufzeiten der Aufträge. Zusätzliche Aufträge erhöhen die Kapazitätsauslastung, gehen aber zulasten der Durchlaufzeiten der bereits laufenden Aufträge.

42 >> Seite 433

5.2.5 DURCHLAUFZEITVERKÜRZUNG

Häufig ergibt sich bei vorgegebenen Endterminen, dass der erste Starttermin bereits nicht mehr realisierbar ist, da er rein rechnerisch in der Vergangenheit liegt. In der Regel sind Kundentermine nicht verschiebbar, sodass nur der Weg der Durchlaufzeitverkürzung möglich ist.

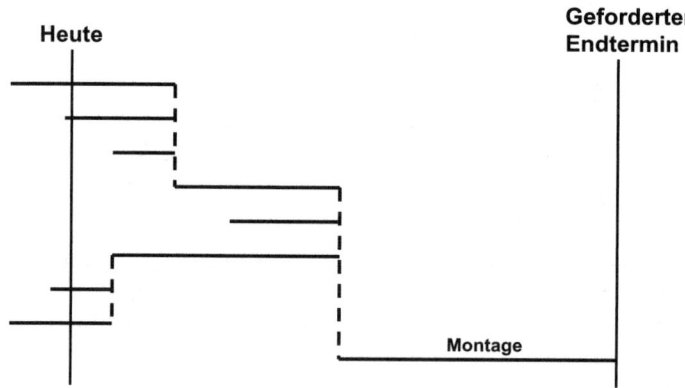

Mögliche Maßnahmen zur Durchlaufzeitverkürzung sind:

- **Losteilung**

  Durch Aufteilung des Gesamtloses in mehrere Aufträge, die dann nacheinander bearbeitet werden, verkürzt sich die Zeit bis zur Lieferfähigkeit für eine Teilmenge. Losteilung ist sinnvoll, wenn nicht die gesamte Auftragsmenge zum Endtermin benötigt wird.

  Werden bei der Losteilung die jeweiligen geteilten Aufträge gleichzeitig begonnen, erhält man zusätzlich eine Durchlaufzeitverkürzung für den Gesamtauftrag. In diesem Fall entstehen aber die mehrfachen Rüstkosten und es müssen gleichartige Maschinen parallel zur Verfügung stehen.

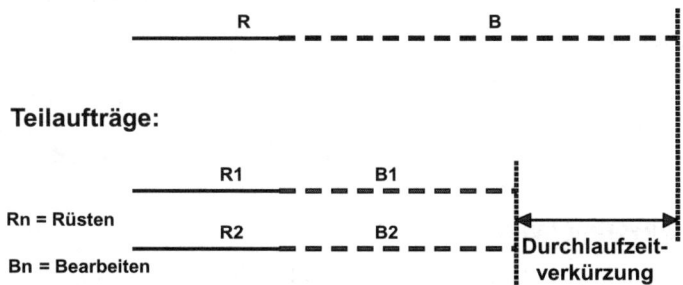

- **Arbeitsgangsplittung**

  Dabei wird bei einem Arbeitsgang der Auftrag getrennt und gleichzeitig auf mehreren Arbeitsplätzen parallel durchgeführt. Es entsteht für das gesamte Los eine Durchlaufzeitverkürzung. Die Rüstzeiten fallen allerdings mehrfach an, was nicht nur zusätzliche Zeit beansprucht sondern auch das parallele Vorhandensein mehrerer Werkzeuge oder Betriebsmittel voraussetzt.

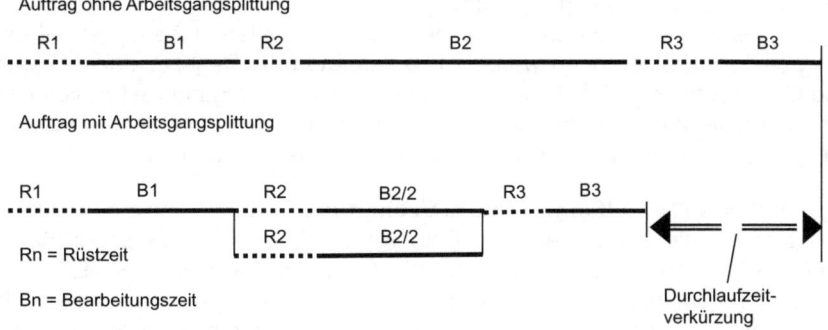

- **Überlappung**

Die Durchlaufzeit lässt sich verkürzen, wenn zwei oder mehrere Arbeitsgänge zeitlich parallel durchgeführt werden. Sobald das erste Werkstück bearbeitet wurde, kann es direkt vom nächsten Arbeitssystem bearbeitet werden. Ebenso können Rüstvorgänge bereits gestartet werden, auch wenn das Werkstück noch nicht am Arbeitsplatz liegt.

Durch diese Methode entstehen allerdings zusätzliche Transporte sowie ein Risiko, dass bei Unterbrechungen der Arbeitsfortschritt stoppt. Die maximale Ausprägung der Überlappung findet sich in der Fließfertigung.

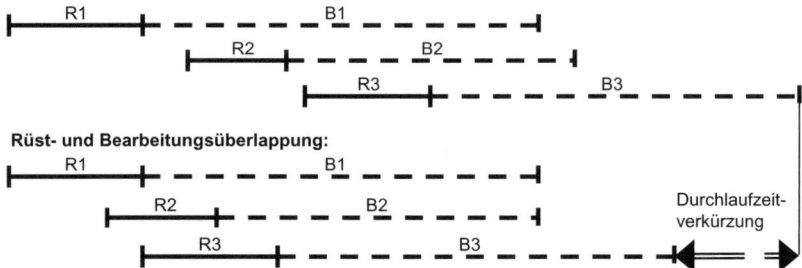

- **Übergangszeitverkürzung**

Durch besondere Transportmaßnahmen für zeitkritische Aufträge und entsprechende Vorzugsbehandlung lässt sich die Durchlaufzeit verkürzen, wobei aber oft andere Aufträge in zeitkritische Bereiche gelangen können.

Auch der Verzicht auf ablaufbedingte Liegezeiten wie das Warten auf Freigaben kann durch Maßnahmen wie Übergang von Vollprüfung auf Stichprobenprüfung oder durch Vorabfreigaben zur Durchlaufzeitverkürzung führen.

- **Rüstzeitminimierung**

Durch Optimierung der Belegungsreihenfolge können Rüstzeiten verringert werden, indem beispielsweise für Engpassmaschinen die Rüstzeiten in Abhängigkeit des zuvor gefertigten Teils dokumentiert werden. Das erfolgt in der Regel in einer Rüstzeitmatrix für die entsprechende Maschine, die angibt, welche Übergangszeiten von einem bestimmten Artikel zu einem anderen entstehen. Entsprechend lässt sich die Gesamtrüstzeit durch Optimierung der Belegungsreihenfolge reduzieren.

Mit der Methode **SMED (Single Minute Exchange of Die)** werden die Rüstzeiten massiv reduziert. Da sie eine wesentliche Treibergröße für die optimale Losgröße sind, sinken mit verkürzter Rüstzeit die wirtschaftlichen Losgrößen. Beim SMED werden die Rüstzeiten systematisch analysiert und verkürzt. Ziel ist es, die Maschinenstillstandszeit zwischen zwei Aufträgen zu minimieren. Die Rüstzeit in der Maschine wird reduziert, indem Rüstaktivitäten außerhalb der Maschine oder parallel zur Laufzeit vorgenommen werden. Bei erfolgreichen Einführungen von SMED werden die Rüstprozesse mit leichten Anpassungen der Technik optimiert. Es wird nicht in erster Linie eine Automatisierung der Rüstprozesse angestrebt, sondern es werden die längsten Zeitelemente der Rüstprozesse verkürzt.

• **Familienproduktion**

Bei der Familienproduktion werden Aufträge zusammengefasst, deren Produktionsverfahren gleich oder sehr ähnlich ist. Neben der Durchlaufzeitreduzierung und geringerer Transporterfordernisse können auch Kosteneffekte durch Lernkurvenwirkung erzielt werden. Voraussetzung für die Familienfertigung ist eine fertigungstechnologische Klassifizierung zur Einordnung in die entsprechende Produktfamilie.

Die **Optimierung der Produktion** wird üblicherweise nicht bei der ersten Berechnung erreicht. Vielmehr bewirken die Anpassungsmaßnahmen, dass z. B. bei Terminanpassungen durch das „Stopfen" von Löchern wieder andere Löcher aufgerissen werden. Es wird deswegen häufig notwendig sein, sich mit mehreren Rechnungen einem Optimum zu nähern.

5.2.6 DAS DURCHLAUFZEITENSYNDROM

Ein große Gefahr dieser Durchlaufzeitterminierung liegt in der kundenorientierten Terminierung von Produktionsaufträgen und dem damit verbundenen **Durchlaufzeitensyndrom**. Durch die frühzeitige Terminierung von Produktionsaufträgen und die zusätzliche Hereinnahme von so genannten **Eilaufträgen** wird der zeitbezogene Arbeitsinhalt erhöht.

Da die termingerechte Erfüllung immer höherer Arbeitsinhalte immer unzuverlässiger wird, entstehen immer höhere Zwischenlagerbestände und höhere Übergangszeiten. Die damit verbundene **abnehmende Planungssicherheit** führt wiederum zu ständigen Termin- und Mengenänderung der Produktionsaufträge – mit der Konsequenz immer neuer Eilaufträge.

Der monetäre Aufwand aus diesen Reibungsverlusten wird durch zusätzlich entstehende Nacharbeit bei Qualitätsmängeln der „beschleunigten" Produktion noch verstärkt.

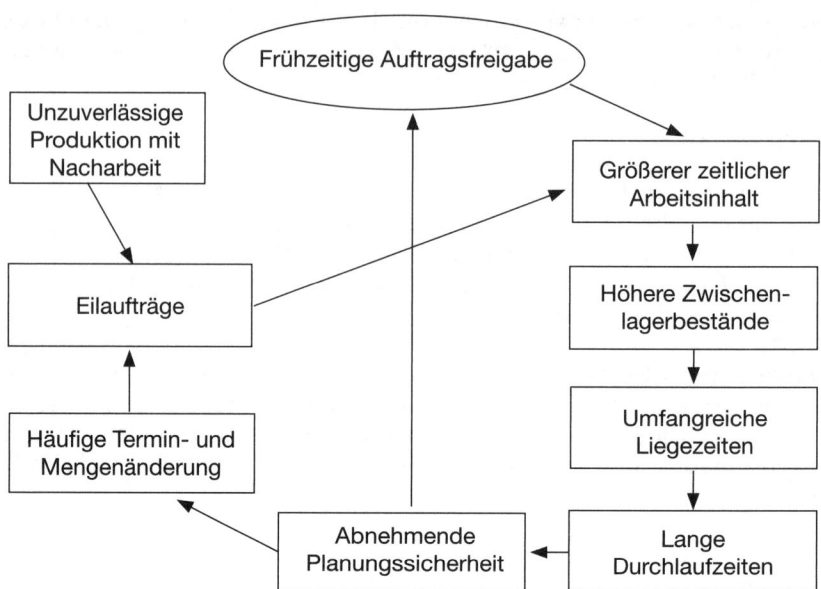

Das Durchlaufzeitensyndrom wird durch die **Flexibilisierung der Produktion** gelöst. Ansätze liegen in der Bildung von Arbeitsgruppen bis hin zu autonomen Produktionsinseln. Der Vorteil dieser **Segmentierung** liegt in der Möglichkeit einer **auslastungsorientierten Einplanung** der Produktion - im Gegensatz zur taktgesteuerten Einplanung. Diese Arbeitsweise erfordert

- eine höhere Qualifikation der Mitarbeiter
- flexible Produktionsmittel in der Produktion
- eine „lean" Organisation durch wenige Hierarchien
- kurze, überschaubare Arbeitsabläufe und
- ein umfassendes Qualitätsbewusstsein.

5.2.7 KAPAZITÄTSAUSGLEICH

Sofern benötigte und vorhandene Kapazitäten nicht übereinstimmen, sind Ausgleichsmaßnahmen zu ergreifen. Dazu gehören:

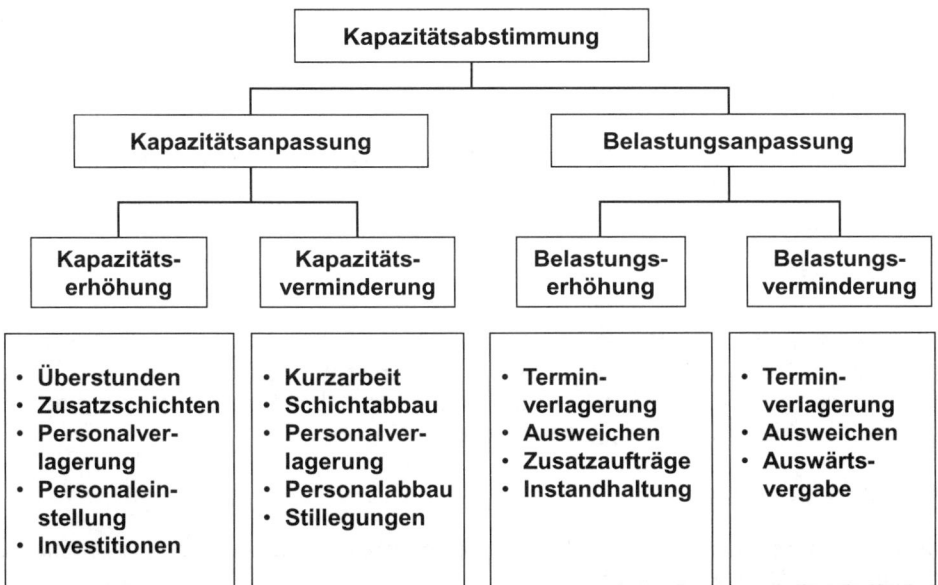

- **Kapazitätsabstimmung**

Treten Überlastungen der Ressourcen auf, dann ist der Terminplan nicht zulässig, denn es muss zwangsläufig zu Überschreitungen der geplanten Fertigstellungstermine einzelner Aufträge kommen. Um dies zu vermeiden, versucht man im Rahmen eines Kapazitätsbelastungsausgleichs einen zulässigen Terminplan zu erzeugen. Eine Anpassung des Kapazitätsangebots an die Kapazitätsnachfrage kann in unterschiedlicher Weise erfolgen.

- **Kapazitätserhöhung**

- Vermehrung der Arbeitsplätze durch Beschaffung von Anlagen und Mitarbeitern
- Reaktivieren von Ersatzkapazität
- Vergrößerung der Kapazitätsnutzung durch Erweiterung der Schichtzahl
- Einsatz von ausbringungsstärkeren Arbeitsplätzen
- Vergabe von einzelnen Arbeitsgängen an Fremdfirmen in Form von Lohnaufträgen („verlängerte Werkbank")
- Einführung von Überstunden über einen bestimmten Zeitraum
- Produktionsverbesserungen durch Wertanalyse, die eine Verminderung des Kapazitätsbedarfes bedingen.

- **Kapazitätsverminderungen**

  - Abbau von Arbeitsplätzen durch Veräußerung der Anlagen und Freistellung von Arbeitskräften
  - Inaktivieren von Arbeitsplätzen durch Einmotten der Maschinen
  - Verminderung der Schichtzahl
  - Einführung von Kurzarbeit über einen begrenzten Zeitraum.

- **Belastungsanpassung**

  Die terminliche Anpassung des Kapazitätsbedarfes an die Normalkapazität beinhaltet vor allem das Vor- und Zurückverlegen von Terminen.

Seite 434

  Bestehen keine terminlichen Puffer, müssen durch Verfahren der Durchlaufzeitverkürzung gezielt Terminpuffer geschaffen werden, um damit Termine vorziehen oder zurückverlegen zu können. Als letzte Möglichkeit kann auch eine Veränderung der Auftragsecktermine in Erwägung gezogen werden.

- **Auftragsanpassung**

  Die Auftragsanpassung beinhaltet die Angleichung des Kapazitätsbedarfes an die Normalkapazität. Sie wird erreicht:
  - Durch die Vergabe von Aufträgen an andere Unternehmen.
  - Durch die Hereinnahme von Lohnaufträgen, wenn die eigene Kapazität nicht ausgelastet ist.
  - Durch Nutzung eines Ausweicharbeitsplatzes.
  - Eine weitere Möglichkeit stellt neben der zeitlichen Verlagerung die Nutzung eines Ausweicharbeitsplatzes bei Überlastung des Arbeitssystems dar.

- **Verfahrensanpassung**

  Die Verfahrensanpassung ist von der technischen Elastizität der gegebenen Kapazität abhängig. Hierunter wird das Vermögen verstanden, dass Arbeitsplatzgruppen sich gegenseitig ersetzen. Ein überwiegend aus Spezialmaschinen bestehender Maschinenpark besitzt eine geringere Elastizität als eine vorwiegend aus Universalmaschinen zusammengesetzte Kapazitätseinheit.

  Man kann drei Arten der Verfahrensanpassung unterscheiden:
  - **Arbeitsplatzanpassung**
    bedeutet, dass ein bestimmter Arbeitsgang auf einen Ausweicharbeitsplatz verlegt wird.
  - **Arbeitsganganpassung**
    bedeutet, dass neben dem Arbeitsplatz auch die Fertigungstechnik geändert wird. Das ist dann zulässig, wenn das erwünschte Ergebnis auch mit einem Alternativverfahren erreicht werden kann (z. B. statt „Fräsen" Einsatz der Technik „Hobeln").

- **Reihenfolgeanpassung**
bedeutet, dass bei freier Wahl der Arbeitsgangreihenfolge diese nach den Gegebenheiten der Kapazitätslage verändert wird.

5.3 AUFTRAGSABWICKLUNG

Die durchzuführenden Aufgaben innerhalb der Auftragsabwicklung lassen sich unterteilen in:

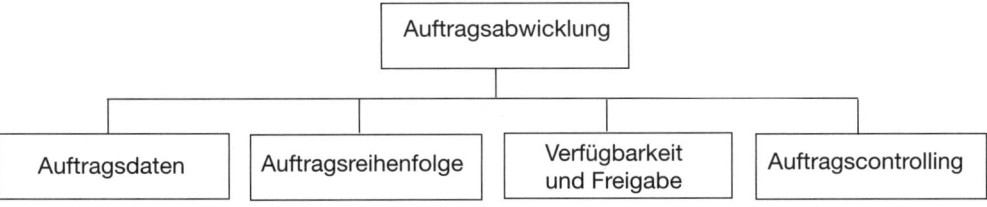

5.3.1 AUFTRAGSDATEN

Zunächst wird die Auftragsart für den Produktionsbereich festgelegt. Dabei werden die Bestellungen vom Kunden und die innerbetrieblichen Bestellungen so umgewandelt und zusammengefasst, dass die für den Produktionsbereich relevanten Aufträge zusammengestellt werden können.

Die Art der Aufträge kann unterschieden werden in:

Auftragsart	Inhalt
Kundenauftrag	direkte Zuordnung zur Bestellung des Kunden
Vorratsauftrag oder Lagerauftrag	kundenanonym zur Auffüllung des Lagers
Fertigungsauftrag oder Werkstattauftrag	Durchführung in der eigenen Produktion
Fremdfertigungsauftrag	Vergabe an externe Unternehmen
innerbetrieblicher Auftrag	Auftrag zur Instandhaltung oder Änderung eigener Anlagen

Als Auftragsdaten werden genutzt:

- Die **Auftragsnummer**,
durch die ein Auftrag unverwechselbar kenntlich gemacht wird. Der Auftragsnummer können sprechende Schlüsselteile zugeordnet werden wie Kunde, Kostenträger oder Terminangaben.

* Die **Sachnummer**,
  die eine eindeutige Beschreibung des Erzeugnisses durch Zuordnung zu Stückliste,
  Zeichnung und Arbeitsplan ermöglicht.

* Der **Fertigstellungstermin**,
  zu dem das Erzeugnis eingeplant ist. Steht kein aktueller Kundentermin fest, kann der
  Fertigstellungstermin auch erst später bei der Durchlaufterminierung festgelegt werden.

* **Mengenangaben**,
  die einen Auftrag quantitativ beschreiben. Oft ist es sinnvoll, mehrere Aufträge zusammenzufassen, damit wirtschaftliche Losgrößen erreicht werden.

* **Prioritätskennzeichnungen**,
  welche die Bedeutung und Dringlichkeit eines Auftrags festlegen. Die Priorisierung
  kann aufgrund drohender Konventionalstrafen, der Bedeutung eines möglichen Verzu-
  ges oder einer Bevorzugung bestimmter Kunden erfolgen.

* **Abhängigkeitsdaten**,
  welche die Vernetzung eines Auftrags mit anderen Vorgängen zeigen – beispielsweise
  zwingende Reihenfolgen oder der Verfügbarkeitszeitraum bestimmter Anlagen. Diese
  Abhängigkeiten werden bei der Durchlaufterminierung berücksichtigt.

5.3.2 AUFTRAGSREIHENFOLGE

Meistens müssen Aufträge nacheinander auf mehreren Betriebsmitteln bearbeitet werden, wobei die Bearbeitungszeit sehr unterschiedlich sein kann und es häufig eine Konkurrenz mehrerer Aufträge an derselben Maschine gibt. Dieses als **Maschinenbele-
gungsproblem** bezeichnete Reihenfolgefrage führt zu Konflikten in den Zielsetzungen:

* maximale Kapazitätsauslastung
* minimale Durchlaufzeit
* minimale Umrüstzeiten
* minimale Zwischenlagerkosten
* minimale Terminabweichung.

Der Konflikt zwischen maximaler Kapazitätsauslastung und minimaler Durchlaufzeit führt
zu dem so genannten **„Dilemma der Ablaufplanung"**, bei dem

* entweder Leerzeiten durch das Warten der Maschinen auf die Aufträge
* oder Wartezeiten durch das Warten der Aufträge auf freie Maschinen

entstehen.

Obwohl es komplexe Berechnungsmodelle für die Reihenfolgeplanung gibt, haben sich
eher pragmatische Prioritätsregeln durchgesetzt. Grundsätzlich sind zwei Fragestellungen zu beantworten:

- Die **grundsätzliche** Priorität eines gesamten Auftrags über alle Produktionsstufen
- Die **im Augenblick** zu treffende Entscheidung, welcher Auftrag zuerst bearbeitet wird, wenn vor Ort mehrere Aufträge gleichzeitig anstehen.

Zu den gebräuchlichsten **Prioritätsregeln**, nach denen die Bearbeitungsreihenfolge von Aufträgen festgelegt wird, gehören:

Kürzel	Bedeutung	Eignung	
KOZ	Kürzeste noch anstehende Operationszeit auf dieser Stufe	A	
LOZ	Längste noch anstehende Operationszeit auf dieser Stufe	A	
GRB	Größte Restbearbeitungszeit auf allen noch benötigten Stufen		G
KRB	Kürzeste Restbearbeitungszeit auf allen noch benötigten Stufen		G
WT	Dynamische Werteregel – Aufträge mit bisher höchstem Produktwert priorisiert		G
SZ	Kleinste Schlupfzeit – Differenz zwischen Liefertermin und Restbearbeitungszeit		G
FLT	Frühester Liefertermin – kürzeste Zeit bis zum Endtermin		G
MAA	Auftrag mit den meisten noch auszuführenden Arbeitsgängen	A	G
WAA	Auftrag mit den wenigsten noch auszuführenden Arbeitsgängen	A	G
FCFS	First come first served – Auftrag, der zuerst an der Stufe ankommt	A	G
GGB	Größte Gesamtbearbeitungszeit auf allen Maschinen		G
KGB	Kleinste Gesamtbearbeitungszeit auf allen Maschinen		G
GR	Geringste Rüstzeit an der Maschine	A	
EP	Externe Prioritäten wie Konventionalstrafen, Fixtermine oder Bedeutung des Kunden	A	G
A = Augenblick G = Grundsatz			

Jede dieser Prioritätsregeln erfüllt jeweils in unterschiedlicher Art die Zielvorgaben. Die Anmerkungen „A" für Entscheidungen im Augenblick und „G" für Grundsatzentscheidungen markieren den Haupteinsatzbereich der jeweiligen Prioritätsregel.

Bezüglich der Zielsetzung „maximale Kapazitätsauslastung" und „minimale Durchlaufzeit", erzielt man mit der **Methode KOZ** die besten Ergebnisse. Nachteilig ist dabei aber die Verzögerung von Aufträgen mit langen Bearbeitungszeiten. Die **Schlupfzeitregelung** dagegen führt zu minimalen Terminabweichungen und die **dynamische Werteregel** zu besonders guter Kostenminimierung, sodass sich eine Kombination der Methoden anbietet.

In der Praxis haben sich folgende **Kombinationen der Prioritätsregeln** als besonders wirtschaftlich herausgestellt:

- KOZ sofern die Schlupfzeit ausreicht, sonst direkt nach SZ
- Ergebnis der Division bisheriger Bearbeitungszeit durch Restarbeitszeit
- Kombination von WT und KOZ.

5.3.3 VERFÜGBARKEITSPRÜFUNG UND AUFTRAGSFREIGABE

Bevor ein Auftrag freigegeben werden kann, sind folgende Merkmale zu prüfen:

* **Starttermin**
  Die Freigabe der Aufträge muss einen bestimmten Zeitraum vor dem geplanten Starttermin erfolgen, da die Unterlagen verfügbar gemacht und das Material und die Werkzeuge bereitgestellt werden müssen.

* **Kapazität**
  Die in der Programmplanung errechneten Ressourcenbereitstellungen müssen daraufhin untersucht werden, ob sich nicht durch Störungen oder Umplanungen Abweichungen ergeben haben. Erst wenn die benötigten Kapazitäten auch tatsächlich verfügbar
  sind, macht es Sinn, den Auftrag zu starten.

* **Datenverfügbarkeit**
  Dazu gehören die Auftragsbasisdaten, Stücklisten, Zeichnungen, Arbeitspläne und Arbeitsplatzdaten, ohne die der Auftrag nicht eindeutig bestimmt ist.

* **Materialverfügbarkeit**
  Durch Lieferverzug, Fehlplanungen oder anderweitige Verwendung von reservierten
  Materials kann es vorkommen, dass das für den Produktionsauftrag erforderliche Material nicht verfügbar ist. Durch Bestandsprüfung entsteht gegebenenfalls eine Materi-
  alfehlliste, die unverzüglich abgebaut werden muss. Zum Teil kann der Auftrag gestartet werden, wenn Material bis zu dem Zeitpunkt, an dem es tatsächlich benötigt wird,
  noch beschafft werden kann.

Die **Auftragsfreigabe** überführt den Auftrag vom Planungs- zum Ausführungsstatus und
erfolgt durch

* **Kennzeichnung** des Auftrags
* Auslösen der Erstellung der **Werkstattpapiere**.

Werkstattpapiere sind alle auftragsabhängigen Unterlagen, die zur Sicherung eines ge-
steuerten Produktionsablaufs erforderlich sind.

5.3.4 AUFTRAGSCONTROLLING

Während des Auftragsdurchlaufs sind **permanente Rückmeldungen** nötig, um den Fort-
schritt zu erkennen und den tatsächlichen Ressourcenverbrauch aufzunehmen. Dazu gehören:

* Aufzeichnung der Entnahmen
* Rückmeldung verbrauchter Ressourcen über BDE (Betriebsdatenerfassung)
* Meldepunkte, an denen Folgetätigkeiten angestoßen werden
* Zugangsmeldung an das Lager
* Abgleich mit dem Kundenauftrag
* Fertigmeldung zum Versand.

5.4 PRODUKTIONSSTEUERUNG

Die Produktionssteuerung stellt den Übergang von der Planungs- in die Realisierungsphase dar. In der Produktionssteuerung werden die Ergebnisse der Materialbedarfsrechnung und der Kapazitätsplanung in **Produktionsaufträge** umgesetzt. Die Koordination von Aufträgen erfolgt in dieser Stufe in relativ kurzen Zeiträumen von Tagen und Stunden.

5.4.1 ZIELE DER PRODUKTIONSSTEUERUNG

Die Ziele der Produktionssteuerung sind:

- **Minimierung der Rüstkosten** durch Zuordnung der Arbeitsvorgänge zu den Betriebsmitteln, sodass ein möglichst geringer Rüstaufwand entsteht.

- **Minimierung der Durchlaufzeiten** durch grafische Aufbereitung der Kapazitätsnachfrage und -angebotssituation. Der Meister in der Fertigung entscheidet mit Unterstützung eines Leitstand-Systems, welche Arbeitsgänge der Produktionsaufträge auf bestimmten Betriebsmitteln durchgeführt werden.

- **Maximale Materialausnutzung** durch Zusammenfassung von Arbeitsgängen unterschiedlicher Produktionsaufträge, um Material möglichst wirtschaftlich zu nutzen.

- **Kostenorientierte Kapazitätsauslastung** durch Flexibilisierung der Fertigung. Dazu gehört neben strategischen Vorgaben und einer ausreichenden DV-Unterstützung eine entsprechende Einstellung der Mitarbeiter im Produktionsbereich.

5.4.2 VORBEREITUNG DER PRODUKTIONSSTEUERUNG

Die im Rahmen der Auftragseinplanung auf Arbeitsplatzgruppen- bzw. Maschinengruppenebene geplanten Arbeitsgänge werden in eine **Einzelarbeitsplatz**- bzw. Einzelmaschinenzuordnung umgesetzt. Dabei wird die vorhandene Kapazität mit dem Bedarf abgeglichen. Aktuelle Rüstzustände können berücksichtigt werden.

Die **Verfügbarkeit** der Kapazität und des Materials zum Bedarfstermin muss gegeben sein. Gegebenenfalls sind die Kapazitäten anzupassen oder Belastungen zu verlegen. Aus dem dann vorliegenden Belastungsprofil können **Schichtpläne** abgeleitet werden.

Bei der Erstellung des Belegungsplanes ist die geplante Reihenfolge für einen Arbeitsplatz oder eine Maschine nach vorgegebenen **Betriebszielsetzungen** zu optimieren. Zielsetzungen können sein:

- **Hohe produktive** Auslastung (Minimierung der Rüstzeiten)
- **Stetige** Auslastung (Vermeidung ablaufbedingter Stillstände)
- Maximierung der **Termintreue**
- Minimierung der **Durchlaufzeit** (Bestände).

Aus der **Belastungsplanung** heraus werden die einzelnen Arbeitsgänge im Kurzfristbereich für die folgende Freigabe an die einzelnen Kapazitätseinheiten eingeplant.

Der Auftrags- bzw. Arbeitsgangfreigabe geht die **Verfügbarkeitsprüfung** der jeweils erforderlichen Ressourcen (Material, Maschine, Personal, Werkzeug, NC- Programm, Ladehilfsmittel) voraus. Weitere Arbeitsgang-Freigabekriterien sind Terminlage und Prioritätswerte.

Obwohl es komplexe Berechnungsmodelle für die Reihenfolgeplanung gibt, haben sich eher pragmatische Prioritätsregeln durchgesetzt. Als besonders wirtschaftlich hat sich herausgestellt, dass zunächst Aufträge mit der kürzesten Operationszeit ausgeführt werden, sofern keine Lieferterminprioritäten entgegenstehen. Die nächste Priorität gilt dann den Aufträgen mit **hohem Produktionswert**.

In der **Personaleinsatzplanung** wird das aktuell verfügbare Personal den mit Produktionsaufträgen belegten Arbeitsplätzen und Maschinen zeitlich zugeordnet. Ebenso werden die benötigten Materialien, Betriebsmittel und Werkzeuge dem Arbeitsplatz und dem Arbeitsgang zugewiesen.

Für die **Reihenfolgesteuerung** gibt es verschiedene Modelle, nach denen eine Optimierung vorgenommen werden kann. Die bekanntesten sind die Prioritätsregeln und die belastungsorientierte Auftragsfreigabe. Danach wird ein Auftrag dann freigegeben, wenn zur gewünschten Zeit entsprechende Betriebsmittel verfügbar sind.

5.4.3 Werkstattsteuerung

Die eigentliche operative Steuerung der Arbeitsgänge und des Materialflusses wird als Werkstattsteuerung bezeichnet. Die einzelnen Schritte sind:

- **Auftragsdaten festlegen**

  Als Auftragsdaten werden genutzt:

  - Die Auftragsnummer, durch die ein Auftrag unverwechselbar kenntlich gemacht wird
  - Die Sachnummer, die eine eindeutige Beschreibung des Erzeugnisses durch Zuordnung zu Stückliste, Zeichnung und Arbeitsplan ermöglicht
  - Der Fertigstellungstermin, zu dem das Erzeugnis eingeplant ist
  - Mengenangaben, die einen Auftrag quantitativ beschreiben
  - Prioritätskennzeichnungen, welche die Bedeutung und Dringlichkeit eines Auftrags festlegen
  - Abhängigkeitsdaten, welche die Vernetzung eines Auftrags mit anderen Vorgängen zeigen – beispielsweise zwingende Reihenfolgen oder der Verfügbarkeitszeitraum bestimmter Anlagen.

- **Arbeitsgänge anweisen**

  Ein Arbeitsgang kann erst dann gestartet werden, wenn entsprechende Vorarbeiten abgeschlossen sind, wie das Bereitstellen von Material, Werkzeugen und Informationen in Form von Zeichnungen oder Arbeitsplänen.

Der angestoßene Arbeitsgang muss überwacht werden und nach Beendigung rückgemeldet werden. Innerhalb der Produktionssteuerung ist noch die Behandlung von Unterbrechungen und Fehlern zu organisieren.

- **Materialfluss steuern**

Definierten Lagerorten sind bestimmte Artikel nach Identität, Menge oder anderen Parametern zugeordnet. Innerhalb des Produktionssystems müssen entsprechende Transportvorgänge ausgelöst werden, um das benötigte Material in der richtigen Menge zur richtigen Zeit an den Verarbeitungsort zu bringen.

Die Ein- und Auslagerung erfolgt nach unterschiedlichen Regeln wie first-in first-out, schnellster Zugriff auf häufig benutzte Teile oder Anbruchgebinde zuerst. Gleichzeitig muss eine Zu- bzw. Abbuchung erfolgen, damit die Materialbestandsführung durchgeführt werden kann.

- **Rückmeldungen bearbeiten (BDE)**

Sind die Arbeits-, Bereitstellungs- oder Transportvorgänge abgeschlossen, müssen dazu Rückmeldungen kurzfristig, fehlerfrei und vollständig erfolgen und danach für die weiteren Steuerungsaktivitäten ausgewertet werden.

Dazu existieren Rückmeldeformulare, Datensammelsysteme oder eine rechnerintegrierte Betriebsdatenerfassung (BDE).

- **Abrechnung durchführen**

Der Auftrag wird abgeschlossen, sobald die Zugangmeldung an das Lager und der Abgleich mit dem Kundenauftrag erfolgt ist.

Der **Ablauf eines Produktionsauftrages** kann wie folgt dargestellt werden:

Auftrags-eröffnung	▶ Zuordnung Stückliste/Arbeitsplan
	▶ Terminierung/Kapazitätsbedarfe
	▶ Reservierungen
	▶ Bestellanforderungen
	   (Nichtlagerteile, verlängerte Werkbank)
	▶ Verfügbarkeitsprüfungen
	   (Material, Fertigungshilfsmittel, Kapazität)
	▶ Plankosten

Freigabe	▶ Auftrags-/Vorgangsfreigabe ▶ Verfügbarkeitsprüfungen ▶ Druck Produktionspapiere ▶ Prüfloserzeugung ▶ Versorgung BDE-Systeme
Auftrags-fortschritt	▶ Entnahmen (manuell/retrograd) ▶ Rückmeldungen/BDE ▶ Ergebniserfassung ▶ Ereignispunktsteuerung ▶ Lagerzugang

Abrechnung	▶ an Lager
	▶ an Kundenauftrag
	▶ sonstige

5.5 RÜCKMELDUNGEN UND STÖRUNGSMANAGEMENT

Obwohl Fehler in Abläufen und an Produkten von Anfang an vermieden werden müssen, sind diese nicht gänzlich auszuschließen, sodass Maßnahmen zur Messung und Bewertung qualitätsrelevanter Punkte notwendig sind. Die Aufgabe der **Qualitätsplanung** besteht darin, die wirklich relevanten Spezifikationsparameter zu ermitteln und dafür Messkriterien und -methoden festzulegen. Auf jeden Fall muss sichergestellt sein, dass Messungen nur dort durchgeführt werden, wo auch ein entsprechender Nutzen feststellbar ist. Bloßes Anhäufen von Daten, die nicht systematisch ausgewertet werden oder deren Aussagekraft keine Schlüsse zulässt, ist zu vermeiden.

Ebenso sind Maßnahmen vorzubereiten, die bei Auftreten von Unregelmäßigkeiten eingeleitet werden können, um zunächst größeren Schaden zu verhindern. Als Folge muss danach eine Ursachenforschung durchgeführt werden, die zu Korrekturmaßnahmen führt, damit zukünftig ein stabiler Prozess garantiert werden kann.

5.5.1 MESSUNG UND ÜBERWACHUNG VON PROZESSEN UND PRODUKTEN

Die Überwachung der Prozess-Stabilität wird durch Einsatz von manuellen oder automatisierten Messmitteln durchgeführt. Kenngrößen der Prozessüberwachung können sein:

• Mengendurchsatz
• Genauigkeit
• Zuverlässigkeit
• Taktzeiten
• Termineinhaltung
• Reaktionszeit bei Abweichungen
• Kostenanteile
• Technologieeinsatz
• Effizienz und Effektivität.

Die Messung von Produkten kann in verschiedenen Phasen des Herstellprozesses erfolgen. Sie sollte möglichst frühzeitig und direkt am Ort des Geschehens erfolgen. Es ist festzulegen, welche Parameter wie häufig mit welchen Prüfmitteln und mit welchen Toleranzen zu messen sind. Auch können Prüfvorgänge zur Dokumentation an Dritte verlangt sein wie Typprüfungen oder dokumentierte Freigabeprüfungen.

Die **Ergebnisse von Produktprüfungen** sind dokumentiert in:

• Prüfberichten
• Materialfreigabescheinen

- Zertifikaten
- elektronischen Daten.

Ziel muss es sein, den Prozess soweit zu beherrschen, dass ein möglichst geringer Prüfaufwand erforderlich ist. Prüfungen an sich sind **nicht wertschöpfend**, da der Kunde keinen Mehrpreis für ein mehrfach geprüftes Produkt zahlen wird.

5.5.2 STÖRUNGSMANAGEMENT

Zur Ermittlung von Soll-Ist-Abweichungen werden die aktuellen Daten aus der laufenden Produktion zurückgemeldet. Die Betriebsdatenerfassung (BDE) meldet dabei folgende Daten:

Auftrags-bezogen	wie verbrauchte Ressourcen oder Bearbeitungsstand
Betriebsmittel-bezogen	wie Auslastung, Stillstand oder Laufzeiten
Personal-bezogen	wie Anwesenheit, Unterbrechungen oder Sonderzeiten
Material-bezogen	wie Bestände, Verbrauch oder Ausschuss

Treten Abweichungen auf, ist neben der unmittelbaren Beseitigung der Störung oder des Fehlverhaltens immer auch nach den Ursachen für die Abweichungen zu fragen. Nur so können die Gründe für die Nichtqualität ermittelt und Korrekturmaßnahmen eingeleitet werden.

Hauptursachen von **Störungen** sind:

Dispositions-bedingt	durch fehlerhafte Planung, Organisation und Leitung wie fehlende oder fehlerbehaftete Unterlagen, falsche Planvorgaben oder mangelnde Rückmeldung.
Personal-bedingt	durch Ausfall von Personal durch Krankheit, Unfälle oder Streiks oder durch Schlechtleistungen bzw. Leistungsgradabweichungen.
Betiebsmittel-bedingt	durch Defekte an Maschinen oder Werkzeugen, zu lange Instandhaltungszeiten oder Nichterreichen von Spezifikationen wie Genauigkeit und Zuverlässigkeit.
Material-bedingt	durch fehlerhaftes oder falsch angeliefertes Material, Transportbeschädigungen oder Mengendifferenzen.

In jedem Fall können Terminabweichungen, erhöhte Bestände oder schlechte Kapazitätsauslastung die Folge sein.

Maßnahmen eines effektiven Störungsmanagement sind:

- **Kompensationsmaßnahmen**, welche die Auswirkung der eingetretenen Störung einschränken sollen wie
  - schnelle Umplanung
  - Umsetzen von Personal
  - Verlagerung auf andere Betriebsmittel
  - Einsatz von alternativen Materialien
  - Nacharbeit
  - Nutzung von Sicherheitsbeständen.

- **Vorbeugungsmaßnahmen**, welche das Auftreten von Störungen verhindern sollen, wie
  - gute Personalschulung
  - Personalmotivation
  - vorbeugende Instandhaltung
  - Einbau von Zeitreserven
  - Einsatz von Springern
  - Anlegen von Sicherheitsbeständen.

Sollte die Störung nicht unmittelbar beseitigt werden können, muss ein **Abweichungsausgleich** stattfinden, in dem die gesamte Produktionsplanung überarbeitet werden muss.

5.5.3 FEHLERVERMEIDUNG UND VORBEUGEMASSNAHMEN

Alle Maßnahmen, die geeignet sind, die Wahrscheinlichkeit des Auftretens von Fehlern zu reduzieren, bevor Fehler dann real auftreten, gehören zu den **vorbeugenden Maßnahmen**.

Das Verfahren für Vorbeugungsmaßnahmen beinhaltet:

- Feststellung potenzieller Fehler
- Ermittlung der Ursachen und Aufzeichnung der Ergebnisse
- Festlegung von Vorbeugungsmaßnahmen für potenzielle Fehler
- Einführung von Vorbeugungsmaßnahmen
- Überprüfung, ob die ergriffenen Vorbeugungsmaßnahmen wirksam sind.

Die Aufzeichnungen des QM-Systems, Ergebnisse der Datenanalyse und die Erkenntnisse aus dem Ideenmanagement können als Eingabe für Vorbeugungsmaßnahmen genutzt werden. Der Gesamtzusammenhang aus Messung, Analyse und Verbesserung lässt sich wie folgt darstellen:

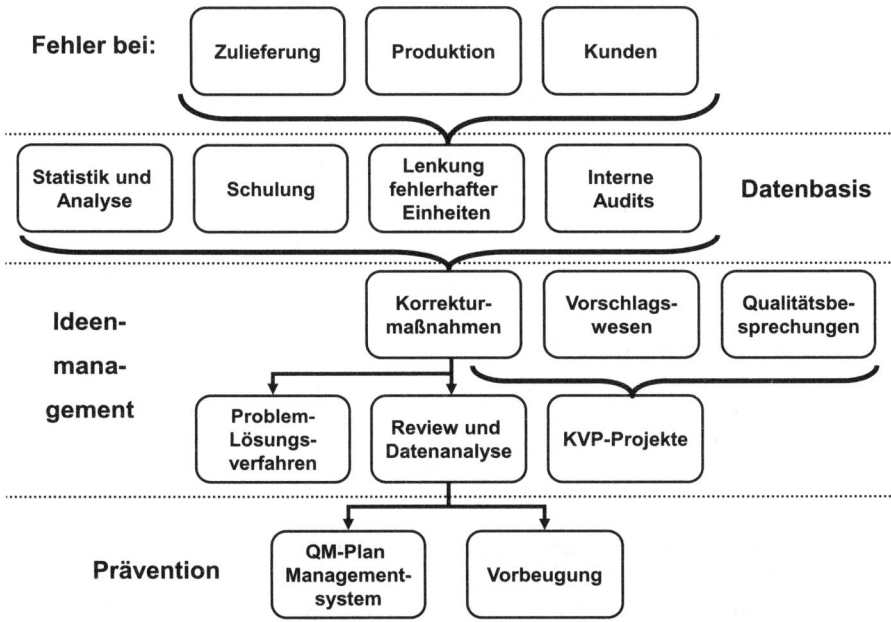

Sämtliche Bereiche eines Unternehmens können sich an der Ermittlung von Vorbeugungsmaßnahmen aktiv beteiligen. Exemplarisch mögliche Vorbeugemaßnahmen können sein:

Bereich	mögliche Vorbeugungsmaßnahme
Marketing	▶ genaue Kenntnis der Kundenerwartungen ▶ optimaler Abgleich von Kundenerwartung und eigener Fähigkeit ▶ zwischen Lieferant und Kunden abgestimmte Spezifikation
Produktdesign/ Entwicklung	▶ Erfüllen vereinbarter Kundenforderungen und Kundenerwartungen in allen Punkten ▶ wirtschaftlich produzierbar und überprüfbar ▶ einfach, wirtschaftlich und umweltschonend zu entsorgen oder wiederzuverwerten
Prozessentwicklung	▶ gegenüber Störeinflüssen unempfindlicher Prozess ▶ Schulung und Einarbeitung des Personals ▶ vorbeugende Wartung der Maschinen ▶ Ausschluss von Sicherheitsrisiken
Beschaffung	▶ klare Formulierung des Bedarfs gegenüber Lieferanten ▶ Definition der Kriterien für Prüfprozeduren ▶ Vorsorge für Lagerhaltung

	KONTROLLFRAGEN	bear-beitet	Lösungs-hinweise	Lö-sung	
				+	-
01	Definieren Sie den Begriff PPS (Produktionsplanung und -steuerung)!		209		
02	Welche Bezeichnungen kann man noch dafür noch verwenden?		209		
03	Welche Aufgaben können in Abstimmung mit Nachbarbereichen auch vom PPS-System übernommen werden?		209		
04	Nennen Sie Gründe für die hohe Komplexität der PPS-Aufgaben!		211		
05	Skizzieren Sie einen typischen Planungsdurchlauf im PPS-System!		210		
06	Welche zum Teil gegenläufigen Interessen vertreten einzelne Bereiche im Rahmen der PPS-Vorgänge?		211		
07	Welches Gesamtziel ist vorrangig zu erreichen?		212		
08	Nennen Sie die einzelnen Schritte der Produktionsplanung und der Produktionssteuerung!		212 f.		
09	Wie erfolgt die Anpassung des mittelfristigen Produktionsprogramms in der Feinplanung?		213		
10	Durch Einsatz welcher Instrumente können die Soll-Größen erreicht werden?		214		
11	Teilen Sie die Abwicklungsformen entsprechend ihrer Komplexität und ihrer Stabilität auf!		215		
12	Welche Anforderungen stellt eine kundenauftragsbezogene Abwicklung?		215		
13	Beschreiben Sie die Vorgehensweise bei der kundenanonymen Abwicklung!		215		
14	Was versteht man unter einem Push-Prinzip?		216		
15	Nennen Sie die Abwicklungsstufen im Push-Prinzip!		216		
16	Welche Kritikpunkte zum Push-Prinzip gibt es?		216		
17	Welche Grundidee wird im Pull-Prinzip verfolgt?		217		
18	Welche Aufgabe hat die Auftragsplanung und welche Problematik ergibt sich in der Regel?		217		
19	Beschreiben Sie den Ablauf der Szenariotechnik!		218		
20	Was gehört zu den Aufgaben der Bereitstellungsplanung?		218 f.		
21	Welche Daten werden für die Bereitstellung benötigt?		219		
22	Nennen Sie die grundlegenden Informationen zur Termin- und Kapazitätsplanung!		219 ff.		
23	Welche Prüfvorgänge sind bei der Auftragsfreigabe durchzuführen?		221		
24	Welche Ausprägungen der Produktionssteuerung kennen Sie?		221		
25	Beschreiben Sie die Vorgehensweise bei der Bedarfsrechnung!		222		
26	Nennen Sie Vor- und Nachteile verschiedener Bereitstellungsprinzipien!		222 f.		
27	Mit welchen Instrumenten kann die Wahl der Bereitstellungsprinzipien erleichtert werden?		223		
28	Skizzieren Sie die Vorgehensweise bei der ABC-Analyse!		224		

	KONTROLLFRAGEN	bear-beitet	Lösungs-hinweise	Lö-sung +	-
29	Welche zusätzlichen Informationen benötigt man bei der XYZ-Analyse?		225		
30	Skizzieren Sie grob, welche Bereitstellungsprinzipien je nach Klassifizierung der ABC/XYZ-Analysen vorteilhaft sind!		225		
31	Definieren Sie den begriff „Sekundärbedarf"!		226		
32	Welche Methoden der Bedarfsermittlung werden unterschieden?		226		
33	Skizzieren Sie die Ablaufschritte bei der deterministischen Bedarfsermittlung!		226 f.		
34	Welche Inhalte stehen hinter den verschiedenen Bedeutungen von „MRP"?		227		
35	Wodurch ist das Losgrößenproblem charakterisiert?		228		
36	Unter welchen Annahmen wird die Losgrößenformel bestimmt?		229		
37	Welche Probleme ergeben sich in der Praxis beim Einsatz der Losgrößenformel?		229		
38	Von welchen Parametern ist die Trefferwahrscheinlichkeit bei der verbrauchsorientierten Bedarfsrechnung abhängig?		230		
39	In welchen Fällen werden verbrauchsorientierte Verfahren hauptsächlich angewandt?		230 f.		
40	Welche Vorkehrungen trifft man, um Fehlmengen auszugleichen?		231		
41	Beschreiben Sie die verschiedenen Strategien in der Lagerhaltungspolitik!		231 ff.		
42	Nennen Sie den Zweck einer Bestandsplanung!		232		
43	Aus welchen Gründen sind Lagerbestände notwendig?		232		
44	Skizzieren Sie an dem Ablauf eines Artikelbestands mit Zu- und Abgängen die wichtigsten Lagerbegriffe!		233		
45	Nennen Sie die Aufgaben der Bestandsführung!		234		
46	Wozu dient eine Inventur?		234 f.		
47	Welche Methoden der Mengenerfassung kennen Sie?		235		
48	Welche Arten von Inventur gibt es?		235		
49	Nennen Sie die unterschiedlichen Arten der Bestandsänderung!		236		
50	Welche Ansätze werden bei der Werterfassung eingesetzt?		236		
51	Wie erfolgt die Bestandsüberwachung?		236		
52	Wie erfolgt die Entnahme von Material?		236 f.		
53	Anhand welcher Kriterien können Angebote von Lieferanten verglichen werden?		237		
54	Welche Daten muss eine Materialbestellung enthalten?		237		
55	Was sind die Inhalte einer Beschaffungskontrolle?		238 f.		
56	Nennen Sie wesentliche Punkte einer Qualitätssicherungsvereinbarung!		239		
57	Welche Vorteile verspricht man sich vom Abschluss einer Qualitätssicherungsvereinbarung?		239		

	KONTROLLFRAGEN	bear- beitet	Lösungs- hinweise	Lö- sung +	-
58	Welche Aufgaben gehören zum Auftragsmanagement?		239 ff.		
59	Nennen Sie die Aufgaben der Kapazitätsplanung!		240		
60	Welche Bestimmungsgrößen gehören zur Beschreibung eines Arbeitsplatzes?		240		
61	Wodurch unterscheiden sich Normalkapazität und effektive Kapazität?		240 f.		
62	Welche Erleichterung bringt die Einführung eines Fabrikkalenders?		241		
63	Wie wird der Kapazitätsbedarf pro Arbeitsplatz ermittelt?		242		
64	Beschreiben Sie die Aufgaben der Terminplanung!		243		
65	Welche Ziele verfolgt die Termingrobplanung?		243		
66	Wie hängen Durchlaufterminierung und Kapazitätsplanung zusammen?		243		
67	Nennen Sie die Komponenten der Durchlaufzeit!		244		
68	Wodurch werden Liege- und Wartezeiten verursacht?		245		
69	Nennen Sie Techniken zur Terminierung und deren jeweilige Eignung!		245 ff.		
70	Beschreiben Sie den Aufbau eines Gantt-Diagramms!		245		
71	Wann wird insbesondere die Netzplantechnik eingesetzt?		246		
72	Wie erfolgt die Vorgehensweise bei der Terminfeinplanung?		246 f.		
73	Beschreiben Sie den Ablauf einer kombinierten Terminierung!		247 f.		
74	Welche Methoden zur Durchlaufzeitverkürzung kennen Sie?		248 ff.		
75	Welche Nachteile kann die Losteilung mit sich bringen?		249		
76	Welche Nachteile muss man bei der Methode der Überlappung in Kauf nehmen?		250		
77	Auf welche Weise kann eine Rüstzeitminimierung herbeigeführt werden?		250		
78	Welches sind die Vorteile einer Familienproduktion?		251		
79	Beschreiben Sie den Effekt des Durchlaufzeitensyndroms!		251 f.		
80	Wie begegnet man dem Problem des Durchlaufzeitsyndroms?		252		
81	Welche Vorgehensweise setzt man bei Überlastung der Ressourcen ein?		253		
82	Nennen Sie die Möglichkeiten der Kapazitätsabstimmung!		253		
83	Welche Maßnahmen zur Kapazitätsanpassung kennen Sie?		253 f.		
84	Wodurch wird eine Belastungsanpassung realisiert?		254		
85	Welche Arten der Verfahrensanpassung kennen Sie?		254		
86	Welche Aufgaben sind in der Auftragsabwicklung zu erledigen?		255 ff.		
87	Welche Auftragsarten kennen Sie?		255		
88	Nennen Sie die für einen Auftrag notwendigen Daten!		255 f.		
89	Was versteht man unter dem „Maschinenbelegungsproblem"?		256		

KONTROLLFRAGEN	bear-beitet	Lösungs-hinweise	Lö-sung	
			+	-
90 Beschreiben Sie das Dilemma der Ablaufplanung!		256		
91 Welche Fragestellungen ergeben sich bei der Aufstellung von Prioritäts-regeln?		257		
92 Nennen Sie die gebräuchlichsten Prioritätsregeln für die Bearbeitungs-reihenfolge von Aufträgen!		257		
93 Welche Kombinationen der Prioritätsregeln haben sich in der Praxis be-währt?		257		
94 Welche Merkmale sind vor Freigabe eines Auftrags zu prüfen?		258		
95 Was gehört zu den Rückmeldungen während des Auftragsdurchlaufs?		258		
96 Nennen Sie die Ziele der Produktionssteuerung!		259		
97 Welche Überlegungen sind bei der Vorbereitung der Produktionssteue-rung anzustellen?		259 f.		
98 Nennen Sie die Schritte in der Werkstattsteuerung!		260		
99 Skizzieren Sie den Ablauf eines Produktionsauftrags!		261 f.		
100 Welche Daten meldet die Betriebsdatenerfassung (BDE)?		261		
101 Nennen Sie Maßnahmen eines effektiven Störungsmanagement!		262 ff.		
102 Welche Maßnahmen können vorbeugend gegen das Auftreten von Feh-lern ergriffen werden?		264 ff.		

G. Integrierte Systeme

Zur Bewältigung der umfangreichen Aufgaben der Produktionsplanung und -steuerung (PPS) werden heute fast ausschließlich **DV-gestützte Systeme** eingesetzt. Nach einer Phase der reiner Ersetzung manueller Tätigkeiten durch Rechnerprogramme sind **integrierte Systeme** entstanden, die vielfältige Aspekte berücksichtigen.

Trotzdem ist die Gesamtkomplexität noch nicht vollständig rechnertechnisch abbildbar und es existieren noch **keine vollautomatisierten Planungs- und Umsetzungsstrukturen**. Der Eingriff des Menschen ist aufgrund der komplexen Zusammenhänge und der nicht vorhersehbaren Störungen weiter notwendig.

Mit dem Begriff **Computer Integrated Manufacturing (CIM)** verbindet sich die Vorstellung einer rechnerintegrierten Produktion mit einem durchgängigen Informationsfluss über alle Unternehmensbereiche hinweg. Diese Integration wird wie folgt beschrieben:

Integrierte Systeme	Kopplung von PPS und CAx
	Aufbau DV-gestützter PPS-Systeme
	Einsatz begleitender Methoden

1. Kopplung von PPS und CAx

Durch die DV-Unterstützung sind terminliche und kapazitätsmäßige Planungen **aktuell** und **zeitgleich** durchzuführen. Es erfolgt eine laufende Abstimmung des Auftragsbestands mit den im Unternehmen vorhandenen Ressourcen. Normalerweise werden auf Basis monatlicher Produktionsprogramme Kapazitäten und Beschaffungsaufträge ermittelt. Wöchentlich erfolgt dann die Terminfeinplanung, im Werkstattbereich wird schließlich im Tages- oder Stundenrhythmus geplant.

1.1 Computereinsatz (CAx)

Im technischen Bereich ist die Anwendung von Rechnersystemen zur Konstruktion schon seit langer Zeit Standard. Zunehmend setzen sich betriebswirtschaftliche Programme in Vertrieb, Materialwirtschaft und Produktion durch.

Durch den Einsatz von Rechnern mit entsprechender Software gelingt es, die **komplexen Zusammenhänge** im Betrieb **übersichtlich darzustellen** und basierend auf eine einheitliche Datenbasis zuverlässige Planungsläufe durchzuführen. Eine effektive Nutzung der zum Teil spezialisierten Programme ist nur möglich, wenn sie in ein Gesamtkonzept eingebunden sind.

Mit dem **CIM-Gedanken (Computer Integrated Manufacturing)** ist ein Konzept zur Integration der Informationsverarbeitung für betriebswirtschaftliche und technische Aufgaben entstanden.

Den betriebswirtschaftlichen Zweig repräsentiert dabei die **Produktionsplanung und -steuerung** während die technische Seite durch die **CA-Systeme** gebildet wird. Dazu gehören

in der Planung		Bereich
CAE	Computer Aided Engineering	Entwurf
CAD	Computer Aided Design	Konstruktion
CAP	Computer Aided Planning	Arbeitsplanung

in der Realisation		Bereich
CAM	Computer Aided Manufacturing	Fertigung
CAQ	Computer Aided Quality Assurance	Qualitätssicherung

1.1.1 Computergestützte Entwicklung/Konstruktion (CAE/CAD)

Während der Entwicklung und der Konstruktion unterstützen CAE/CAD-Systeme die Mitarbeiter durch automatisierte Zeichnungserstellung und Ausgabe weiter verarbeitbarer Stücklisten. **Berechnungsalgorithmen** und **Optimierungsprogramme** erleichtern die Arbeit im Entwurfsstadium.

Aus dem **PPS-System** kommen Vorgaben über Produktgestaltung und Variantenmanagement. Für das PPS-System werden Stücklisteninformationen, Kalkulationsgrundlagen und Rahmenbedingungen für die Arbeits- und Prüfplanerstellung geliefert.

1.1.2 Computergestützte Arbeitsplanung (CAP)

Hier werden Arbeitspläne auf Basis von Standardplänen und Auftragsspezifikationen erstellt. Die Ergebnisse können in Papierform oder direkt als Dateninformation an die Maschinen gegeben werden. Im CAP-System können Stammdaten verwaltet und Simulationsprogramme gestartet werden.

Die Verbindung mit **PPS-Systemen** wird charakterisiert durch:

Arbeitspläne	Gemeinsame Nutzung und gegenseitige Abstimmung
Primärbedarfs-planung	Mengen- und Zeitangaben aus den Kundenaufträgen
Vorkalkulation	Nutzung von Arbeitsplandaten
Materialwirt-schaft	Materialeigenschaften, Konstruktionsmerkmale

1.1.3 Produktionsplanung und -steuerung (PPS)

Durch das Produktionsplanungs- und -steuerungssystem werden die überwiegend **betriebswirtschaftlichen** Aufgaben im Computer Integrated Manufacturing (CIM) gekennzeichnet. Hierunter sind alle administrativen Tätigkeiten, die zur Organisation und Überwachung des Fertigungsablaufes erforderlich sind, zu verstehen. Im Gegensatz zum CAP wird die Fertigung nicht nur einmal statisch geplant, sondern ständig **dynamisch überwacht und korrigiert.**

PPS bezeichnet den Einsatz rechnerunterstützter Systeme zur organisatorischen Planung, Steuerung und Überwachung der Produktionsabläufe von der Angebotsbearbeitung bis zum Versand unter Mengen-, Termin- und Kapazitätsaspekten.

Die PPS-Hauptfunktionen sind:

- Produktionsprogrammplanung
- Mengenplanung
- Termin- und Kapazitätsplanung
- Auftragsveranlassung und
- Auftragsüberwachung.

Das PPS-System übergibt Auftragsdaten, Standardpläne und Planzeiten an das CAP-System, das seinerseits die produktspezifischen Arbeitspläne für die Produktionsdurchführung und zu Kalkulationszwecken zur Verfügung stellt.

1.1.4 Computergestützte Produktionsdurchführung (CAM)

In der Fertigung treffen die betriebswirtschaftlichen und technischen Informationen direkt aufeinander. Im CAM-Bereich existieren numerisch gesteuerte Maschinen, Roboter, Handhabungssysteme, führerlose Transportsysteme oder automatisierte Lagersysteme.

Die CAM-Module geben dem PPS-System Informationen über Ein- und Auslagervorgänge, über die Verfügbarkeit von Produktionsmitteln oder den tatsächlichen Zeitverbrauch. Vom PPS-System erhält der CAM-Bereich Vorgaben in Form von Produktionsaufträgen, Arbeitsgangreihenfolgen, Terminen und Betriebsmittelzuordnung.

In der Fertigung treffen die betriebswirtschaftlichen und technischen Informationen direkt aufeinander. **CAM (Computer Aided Manufacturing)** bezeichnet die DV-Unterstützung zur technischen Steuerung und Überwachung der Betriebsmittel bei der Produktherstellung. Als Komponenten im CAM-Bereich existieren:

- numerisch gesteuerte Bearbeitungs- und Messmaschinen
- Roboter für Werkstücke, Werkzeuge und Spannmittel
- Handhabungssysteme
- führerlose Transportsysteme
- automatisierte Lagersysteme
- Montagemaschinen und -systeme.

Die Verbindung mit PPS-Systemen wird charakterisiert durch:

Lagerhaltung	Informationen über Ein- und Auslagervorgänge sowie Lagerstrukturen
Produktions-mittel	Verfügbarkeit, Betriebsmittelzuordnung, Zeitvorgaben
Auftragsdaten	Produktionsaufträge, Arbeitsgänge, Termine
Fertigungs-steuerung	Betriebsdatenerfassung, Störungsmeldungen

Ein Beispiel zur CAD/CAP/CAM-Kopplung kann wie folgt aussehen:

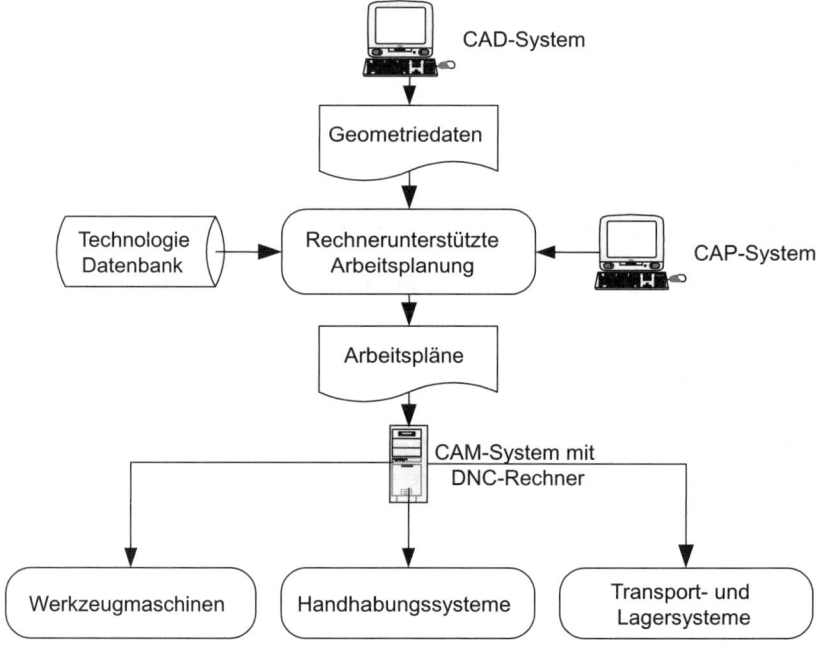

1.1.5 COMPUTERGESTÜTZTE QUALITÄTSSICHERUNG (CAQ)

Die Qualitätssicherung kümmert sich um die Planung, Durchführung und Kontrolle aller Maßnahmen, welche die Produktqualität beeinflussen können. Qualitätssicherung muss **bereichsübergreifend** wirken und soll Korrektur- und Vorbeugemaßnahmen einschließen. In diesem Zusammenhang spricht man verstärkt von Qualitätsmanagement-Systemen.

Im Rahmen seiner Querschnittsfunktion hat CAQ folgende Aufgaben:

• Festlegen der Qualitätsmerkmale und deren Ausprägung
• Auswahl geeigneter Produktionsverfahren

- Erstellen von Prüfplänen
- Durchführen von Prüfungen
- Identifizierung von Abweichungen
- Einleitung von Korrekturmaßnahmen
- Überwachen der Wirksamkeit der eingeleiteten Maßnahmen.

Bereits bei der Programmplanung werden **Qualitätseckdaten** festgeschrieben wie Toleranzen, Festigkeitswerte oder Temperaturbeständigkeit. Informationen aus dem CAQ-System fließen in die Materialwirtschaft (z. B. Ausschussquoten) oder die Zeit- und Kapazitätsplanung (z. B. Prüfaufwand).

1.2 Systemintegrationen

CIM beschreibt den integrierten EDV-Einsatz in allen mit der Produktion zusammenhängenden Betriebsbereichen. Kennzeichnend ist der durchgängige Informationsfluss, der in einem bereichsübergreifenden Informationssystem alle mit der Produktion zusammenhängenden Betriebsbereiche verbindet: Vom Entwurf des Produktes über seine Herstellung bis zum Versand an den Kunden.

Die Darstellung nach AWF gibt die gleichgewichtige Stellung von PPS und CA-Techniken unter einem CIM-Dach wieder:

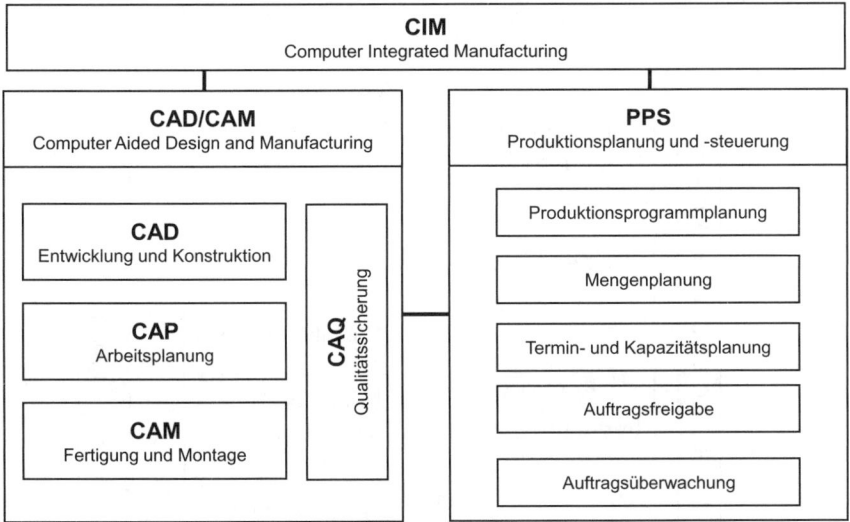

Hierbei soll die Integration der technischen und organisatorischen Funktionen zur Produkterstellung erreicht werden. Der CIM-Gedanke bedingt die gemeinsame, bereichsübergreifende Nutzung einer von der jeweiligen Anwendung unabhängigen Datenorganisation, konsequente Vorgangsketten sowie kleine Regelkreise.

Eine andere Darstellung der integrierten Informationsverarbeitung für die betriebswirtschaftlichen und technischen Aufgaben kann durch das folgende, auf *Scheer* zurückge-
hende **Y-Modell** veranschaulicht werden. Dieses Darstellung verdeutlicht die Integration
der ingenieurtechnisch orientierten CA-Techniken und der betriebswirtschaftlich Produk-
tionsplanungs- und Steuerungssysteme.

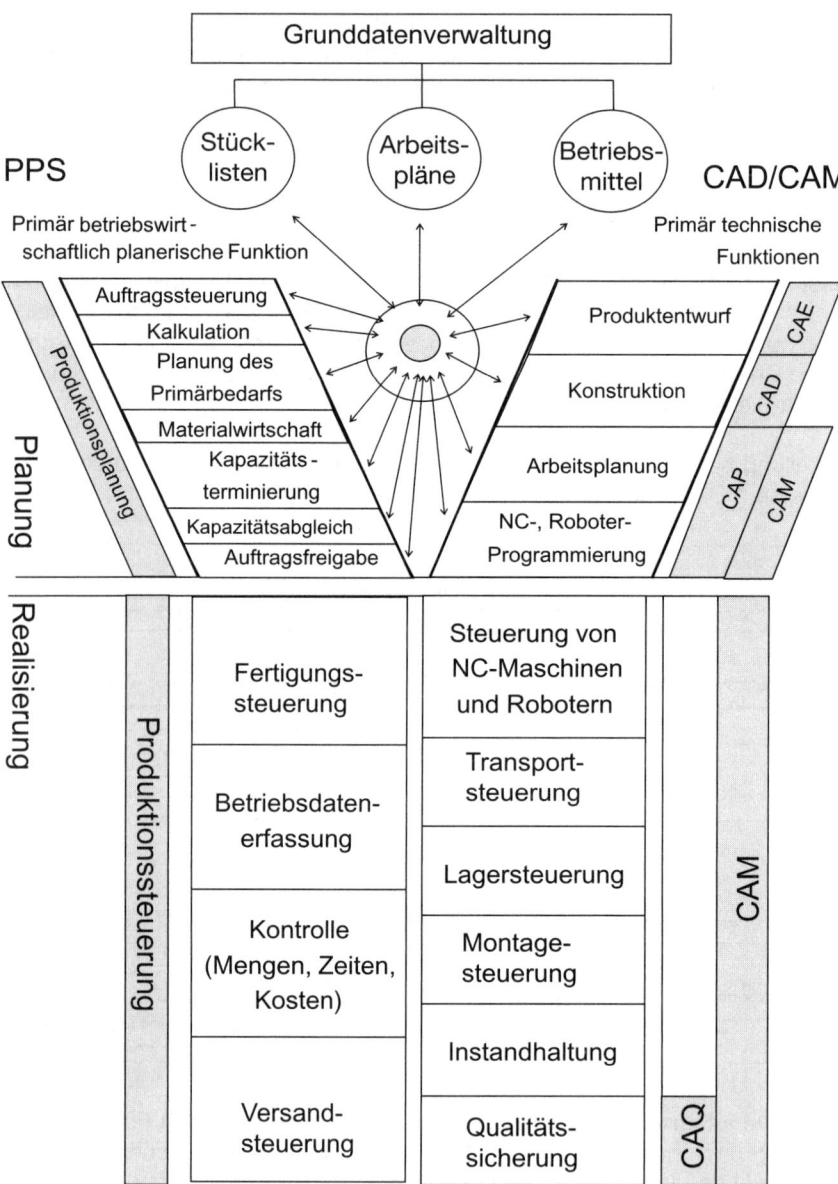

1.3 Computerintegriertes Manufacturing (CIM)

In der rechnerintegrierten Produktion bestehen enge Verbindungen im Informationsfluss zwischen den einzelnen Modulen. Entgegen einer konventionellen Produktion, in der nacheinander die einzelnen Schritte abgearbeitet werden, besteht im CIM-Konzept jederzeit eine unmittelbare Kopplung der Module über eine zentrale Datenbasis.

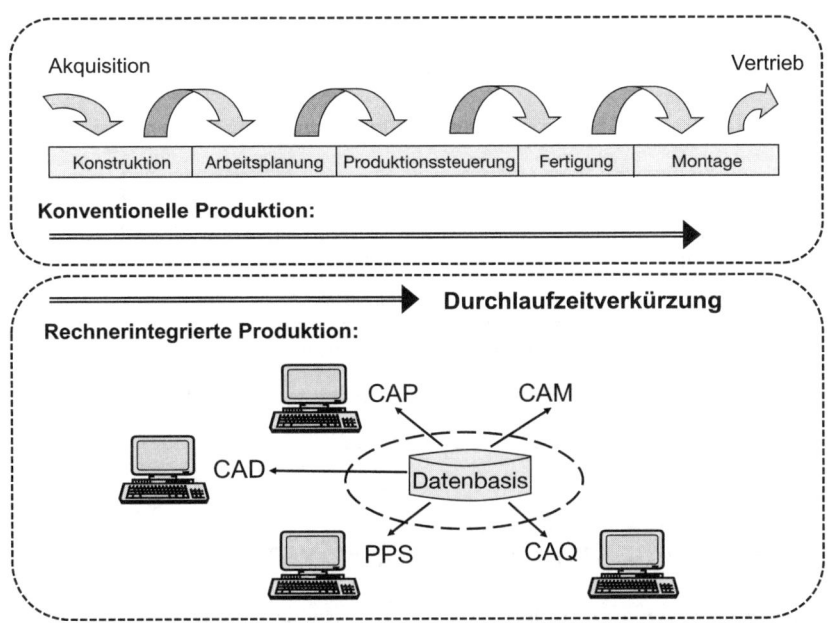

1.4 Weitere CIM-Komponenten

Aus der Vielzahl weiterer Begriffsschöpfungen, sollen die folgenden genannt werden:

- **Computer Integrated Processing (CIP)**
  Bei Branchen mit kontinuierlichen Prozessen wie die chemische Industrie können die CIM-Strukturen aus diskontinuierlichen Produktionen nicht ohne Weiteres übertragen werden. Zwar sind bei den betriebswirtschaftlich orientierten Systemen in der verfahrenstechnischen Industrie grundsätzlich keine unterschiedlichen Konzepte im Einsatz, jedoch bedarf es bei den technischen Systemen erheblicher Veränderungen. Statt mit Stücklisten, Arbeitsplänen und Betriebsmittel sind nun Anlagen und Rezepte als Grunddaten zu berücksichtigen. Ein solchermaßen angepasstes Modell für die chemische Industrie wird als Computer Integrated Processing (CIP) bezeichnet.

- **Computer Aided Office (CAO)**
  Die Integration von Anwendungssystemen ist auch in anderen betriebswirtschaftlichen Bereichen sinnvoll. So ist CAO der Sammelbegriff für den integrierten DV-Einsatz in allen administrativen Bürobereichen und beinhaltet Systeme der Bürokommunikation und der Schreib-, Datenbank- und Präsentationsprogramme.

- **Computer Aided Industry (CAI)**
  Die höchste Integrationsstufe ist erreicht, wenn die Systeme CIM und CAO miteinander gekoppelt werden. CAI beschreibt den integrierten DV-Einsatz über alle Unternehmensbereiche. So kann beispielsweise die Personaleinsatzplanung durch Querinformationen zwischen Produktion und Personalwesen verbessert werden oder die Kalkulation durch das Rechnungswesen durch direkten Zugriff auf Produktionsdaten erleichtert werden.

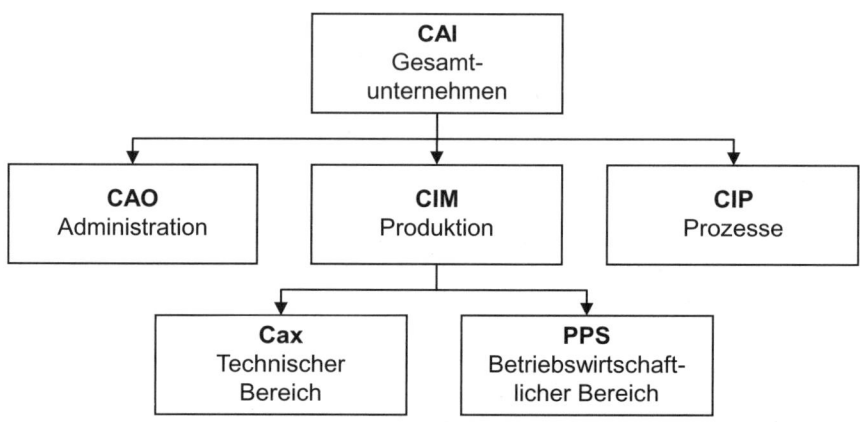

2. AUFBAU DV-GESTÜTZTER PPS-SYSTEME

PPS-Programme dienen zur Planung, Steuerung und Kontrolle aller betrieblichen Abläufe, angefangen bei der Auftragserfassung über die Produktion und den Versand bis abschließend zum Zahlungsausgleich. Dadurch, dass PPS-Programme eine **einheitliche Datenbasis** nutzen, stehen allen Unternehmensbereichen dieselben und stets aktuelle Daten zur Verfügung. Jeder Mitarbeiter kann also unmittelbar feststellen, wie weit Kundenaufträge fortgeschritten sind. Ebenfalls ist ein **frühzeitigeres Problemmanagement** möglich, da Verzögerungen bzw. Planabweichungen durch ständigen Soll-Ist-Datenvergleich schnell erkennbar sind.

PPS-Programme sind aus Sicht der Datenverarbeitung erst möglich geworden durch die Entwicklung stabiler Netzwerkarchitektur samt zugehöriger Betriebssystemsoftware. Das zunehmende Know-how bei der Programmierung **relationaler Datenbanken** war eine zweite Voraussetzung. Inzwischen werden die Programme leistungsfähiger und vor allem auch benutzerfreundlicher. Viele Produkte sind mittlerweile für den Einsatz unter grafischen Benutzeroberflächen wie z. B. Windows geeignet.

Die Anwendungssysteme sollen dabei in ein **Gesamtkonzept** eingebunden werden, um die gegenseitigen Abhängigkeiten berücksichtigen zu können und „keine Insellösungen" entstehen zu lassen.

Einzelne Ausprägungen werden im Folgenden beschrieben:

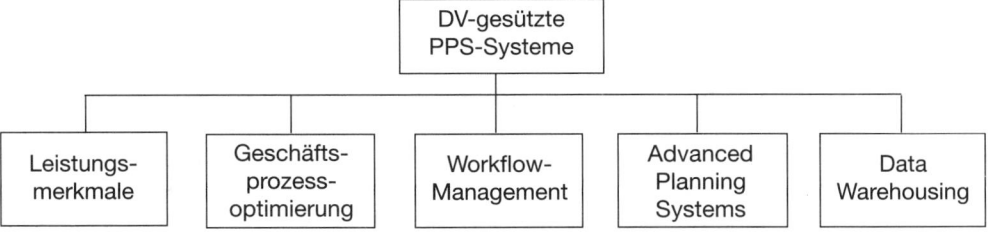

2.1 Leistungsmerkmale von PPS-Systemen

Die industrielle Produktion hat grundlegende Veränderungen erfahren, die wesentlich auf ein verändertes Kundenverhalten und auf **Entwicklungen im Bereich der Hard- und Software** zurückzuführen sind.

2.1.1 Forderungen an die zukunftsfähige Fabrik

Um auf diese Einflüsse richtig reagieren zu können, sind Anstrengungen mit folgender Zielsetzung notwendig:

• Erhöhen der Produktionsqualität
• Verkürzen der Durchlaufzeiten
• Verbesserung des Informationsflusses
• Erhöhung der Automatisierung
• Senkung der Kapitalbindung.

In diesem Rahmen gibt es besondere Anforderungen an die **Produktionsplanung und -steuerung (PPS)**. Mit folgenden Mitteln sollen diese Ziele erreicht werden:

• Der jeweiligen Aufgabe angepasste Steuerungsphilosophien
• Einsatz von Mischformen der Produktionstypen
• Intensive Nutzung von CA-Technologien
• Zeitnahe Bestandsübersicht im gesamten Materialfluss
• Ständig aktuelle Aussagen über den Qualitätsstand.

2.1.2 Aufgaben von PPS-Systemen

Das PPS-System hat den Produktionsablauf unter Beachtung der verfügbaren Kapazität zu planen und zu überwachen. Bei Abweichungen sind entsprechende Korrekturmaßnahmen zu ergreifen. Aus betriebswirtschaftlicher Sicht trägt das PPS-System zur Kostenminimierung bei geforderter Lieferbereitschaft bei.

Ziele sind:

• Verkürzung von Entwicklungs- und Durchlaufzeiten
• Senkung der Kapitalbindung

- Verbesserung des Informationsflusses
- Erhöhung der Flexibilität
- Sicherstellung der Produktqualität
- sinnvollen Einsatz von Automatisierungstechnik.

Besondere Bedeutung bei den Planungsschritten hat die **zentrale Datenbasis**, in der Material- und Teiledaten, Stücklisten, Arbeitspläne und Arbeitsplatzdaten zusammengefasst sind. Das System meldet über die Betriebsdatenerfassung Veränderungen aus dem Auftragsablauf in die Datenbasis zurück, sodass permanent eine aktuelle Ist-Daten-Übersicht besteht, auf die bei folgenden Planungsschritten zugegriffen werden kann.

Über die eigentliche Produktionsplanung- und -steuerung hinaus werden Funktionen unterstützt, die der administrativen Abwicklung der Aufträge dienen. PPS-Systeme sind im Allgemeinen modular aufgebaut und bieten Möglichkeiten zur Vorkalkulation, zur Unterstützung von Einkauf und Wareneingang sowie zur Angebots- und Kundenauftragsbearbeitung.

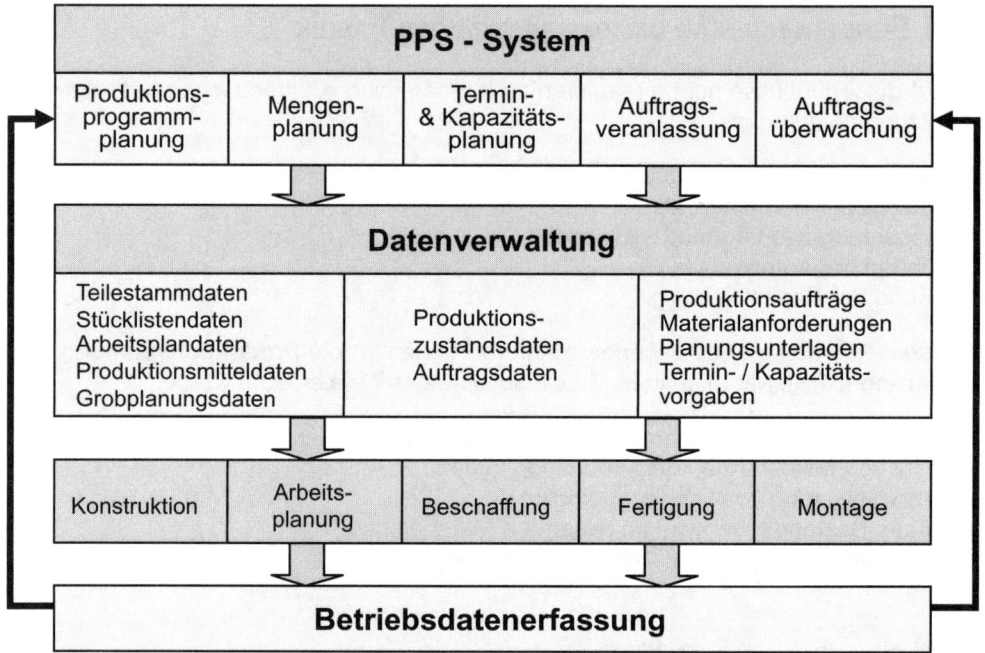

Durch den Einsatz von **ERP (Enterprise Resource Planning)**-Systemen als Softwarelösungen der PPS sollen die betriebswirtschaftlichen Prozesse optimiert werden. Dadurch sollen bisherige Zielkonflikte ausgeräumt werden und als Leistungsmerkmale erreicht werden:

- Hohe Qualität   **und** hohe Produktivität
- Hohe Versorgungssicherheit   **und** niedrige Kapitalbindung
- Komplexitätsreduktion   **und** Flexibilität
- Hohe Kontinuität   **und** niedrige Durchlaufzeit.

2.2 Geschäftsprozessoptimierung

Geht die Einführung von DV-Systemen über funktionale Ansätze hinaus und berücksichtigt den Prozessablauf in der gesamten Wertschöpfungskette, spricht man von der **Optimierung der Geschäftsprozesse**.

Forderungen an die Definition **schlanker** und **transparenter** Geschäftsprozesse sind:

• Abschaffung aller Vorgänge, die für den Kunden keinen **Mehrwert** darstellen
• Rationalisierung der **Supply Chain Prozesse**
• Integration in einem funktionsübergreifenden **Workflow**
• Werksübergreifende Planung
• Unterstützung aller Konzeptions-, Planungs- und Einführungsaufgaben.

Geschäftsprozesse sind ganzheitlich definiert und erfordern die Unterstützung integrierter Prozesse durch die **Informationssysteme**. Dazu stellen die Softwareanbieter eine Reihe von Werkzeugen und Techniken bereit. Es existieren eine Reihe von Referenzmodulen, die unter Einsatz spezieller Planungs-Software auf das jeweilige Unternehmen zugeschnitten werden können.

In einer **Geschäftsprozessmodellierung** werden die Prozess- und Organisationsstrukturen analysiert und optimiert. Es haben sich vier Sichtweisen auf die Organisation und Abläufe herauskristallisiert, die z. B. in dem **ARIS-Toolset** von *Scheer* angewandt werden:

• **Die Datensicht**
  beschreibt die Informationsbasis wie Aufträge, Stücklisten, oder Bestände.

• **Die Funktionssicht**
  beschreibt die allgemeine Aufgabenstruktur, die in Teilaufgaben definiert wird.

• **Die Organisationssicht**
  stellt die formelle Aufbaustruktur mit Über- und Unterstellungen, Teamstrukturen oder Weisungsbefugnisse dar.

• **Die Steuerungssicht**
  führt die vorigen Aspekte zusammen und stellt die Abläufe und Prozesse dar. Diese Art der dynamischen Darstellung, die durch Ereignisse ausgelöst wird und wiederum Ereignisse generiert, nennt man „Ereignisgesteuerte Prozesskette" (EPK).

Der Übergang von einem Modell zu einem **ausführbaren Prozess** wird durch folgende Methoden und Instrumente bewältigt:

• **Prozessoptimierung**
  Die beschriebenen Prozessmodelle werden mit Referenzmodellen verglichen, aus denen Hinweise für die Auswahl von DV-Bausteinen gewonnen werden. In einer anschließenden Parametrisierung werden die unternehmensspezifischen Bedingungen berücksichtigt und es entsteht so eine individuelle Software, die aber aus Standardbausteinen zusammengesetzt werden kann.

- **Prozessmanagement**
Die Konkretisierung der Modelle und deren Umsetzung in die auszuführenden Geschäftsvorfälle erledigt das Prozessmanagement. Den Abläufen werden Zeiten und Kapazitäten zugeordnet. Durch Einsatz von Simulationsmethoden können die Zielprozesse gesteuert und überwacht werden. Ein wesentliches Steuerungsinstrument ist dabei die Prozesskostenrechnung.

- **Vorgangssteuerung**
Standardsoftware kann nicht alle denkbaren Varianten vorplanen, sodass die eigentliche Steuerung der Vorgänge vor Ort geschieht (Workflow-Ebene). Diese Verfeinerung der Vorgänge beinhaltet:
- Zuteilung zu den Arbeitssystemen
- Auswahl aus alternativen Bearbeitungsstrategien
- Informationsrückkopplung und Abweichungsanalyse
- Warnfunktion bei kritischen Veränderungen.

- **Anwendung**
Bei der Prozessausführung erfolgt die ablauforganisatorische Integration der Aufträge mit den Komponenten des DV-Systems. Sofern die ereignisbezogene Steuerung bereits im vorhergehenden Schritt auf die Workflow-Ebene ausgelagert wurde, bietet sich die Möglichkeit, flexible und anpassungsfähige Arbeitsschritte vor Ort auszuführen.

2.3 WORKFLOW-MANAGEMENT

Der konventionelle Ablauf von Geschäftsprozessen birgt eine Vielzahl von historisch gewachsenen Problemen und Schwachstellen in sich. Folgende Beispiele lassen sich nennen:

- lange Durchlaufzeiten durch hohe Liege- und Transportzeiten
- mangelnde Prozesstransparenz verbunden mit hoher Arbeitsteilung
- historisch gewachsene Aufgabenzuordnung
- Papierarchive ohne schnelle und sichere Zugriffsmöglichkeiten.

Einen Lösungsansatz stellt die Implementierung eines **Workflow-Systems** gekoppelt mit einer Umsetzung von **Geschäftsprozessoptimierungen** dar. Die Kernleistungen eines **Workflow-Systems** sind:

- die Automatisierung des Informations- und Prozessflusses
- die aktive Verknüpfung von Arbeitsschritten und
- die flexible Implementierung organisatorischer Strukturen.

Workflow ist die Bezeichnung für arbeitsteilige Prozesse, die zur Abwicklung von Geschäftsvorfällen initialisiert werden. Diese erfassen ein Spektrum, das von einfachen Prozessen bis zu komplexen, organisationsweiten bzw. organisationsübergreifenden Vorgängen reicht.

Der **Business Workflow** steuert und kontrolliert die Arbeitsabläufe einer Prozesskette und die Zuordnung von Personal- und IT-Ressourcen auf Unternehmensniveau mit folgenden Aufgaben:

- Definition des Geschäftsprozesses
- Steuerung zur Laufzeit
- Kontrolle und Überwachung des Geschäftsprozesses.

Typische Anwendungen sind Prozesse mit

- Freigaben
- Verfügbarkeitskontrollen
- Anforderungen und
- Abrechnungen.

Treten Abweichungen gegenüber den Planwerten auf, weisen integrierte oder individuell definierte **Eskalationsprozeduren** rechtzeitig auf diese Entwicklung hin.

Jeder angeschlossene Arbeitsplatz erhält einen Eingangskorb, in dem die zugeordneten und relevanten Informationen eingehen. Ein **Organisationsmanagement** regelt die Reihenfolge und Priorität zu erledigender Aufgaben. Gleichzeitig werden alle benötigten Dokumente, die zur Erledigung dieser Aufgabe gebraucht werden, mit beigefügt.

Vorteile beim Einsatz des Workflow-Management sind:

- absolute Transparenz über den Arbeitsfortschritt
- gleichzeitige und vollständige Information aller betroffenen Stellen
- flexible Anpassungs- und Änderungsmöglichkeiten
- Nutzen standardisierter und automatisierter Prozeduren
- Lernkurveneffekt durch Auswertung und Rückkopplung von abgeschlossenen Prozessen und durch Trendauswertungen
- Beurteilung der Kosten und der Effektivität der Prozessschritte
- Möglichkeiten der Simulation und Auswahl der am besten geeigneten Prozesse
- bereichsübergreifende Kommunikation
- Minimierung von Fehlermöglichkeiten.

Beispielhaft ist die Workflow-unterstützte Kundenauftragserfassung dargestellt:

2.4 ADVANCED PLANNING SYSTEMS

Der Einsatzbereich und die Leistungsfähigkeit der betriebswirtschaftlichen Software-systeme haben sich von den Anfängen aus den 60er-Jahren des letzten Jahrhunderts von reinen Verwaltungssystemen bis zu den Systemen der heutigen Zeit entwickelt.

2.4.1 STUFEN DER SYSTEMENTWICKLUNG

Ausgangspunkt betriebswirtschaftlicher Unterstützungssoftware war zunächst die Be-rechnung des Materialbedarfs und damit die Sicherstellung der Versorgung.

Material Requirements Planning (MRP) – Versorgung

Leistungsfähigkeit	
▶ Verwaltung großer Datenmengen	
▶ Erfassung von Stammdaten	
▶ Stücklistenauflösungen	
▶ Nettobedarfsermittlung	

Vorteile	Nachteile
▶ Erhöhung der Prozesssicherheit	▶ Annahme unbeschränkter Kapazitäten
▶ Reduzierung von Lagerbeständen	▶ beschränkter Datenzugriff

ERP-Systeme, die sich auf das MRP-Konzept stützen, bieten eine gute Unterstützung der Auftragsabwicklung, leisten aber keine Hilfe bei der Planung. Es lassen sich folgende **Kritikpunkte** am **MRP-Konzept** anführen:

- Die **Produktionsprogrammplanung** berücksichtigt nicht die wechselseitige Abhängigkeit zwischen Produktions- und Absatzplanung, die im MRP-Konzept meistens gleichgesetzt werden.

- Die **Produktionsauftragsgrößen** werden isoliert für jedes End- oder Vorprodukt ohne Beachtung der gegenseitigen Abhängigkeiten bezüglich Ressourcen oder Reihenfolgen bestimmt.

- Bei der **Terminierung der Produktionsaufträge** werden "Plan-Durchlaufzeiten" verwendet. Die darin enthaltenen Schätzwerte für die Wartezeiten führen oft zu einer verfrühten Auftragsfreigabe, erzeugen unnötig hohe Lagerbestände und erhöhen die Komplexität (siehe Durchlaufzeitensyndrom).

- Die **begrenzte Verfügbarkeit der Ressourcen** wird nicht systematisch erfasst. Die Planungsergebnisse sind häufig nicht realistisch und können nicht umgesetzt werden.

Durch zusätzliche Planungselemente lassen sich interne Abstimmungen realisieren. Das führte zur Methode des

Manufacturing Resource Planning (MRPII) – Materialwirtschaft

Leistungsfähigkeit	
Zusätzlich enthalten:	
▶ Kapazitätsplanung und Berücksichtigung von Änderungen ▶ Geschäftsplanung (Umsatzziele oder Deckungsbeiträge) ▶ Orientierung an gesamter innerbetrieblicher Wertschöpfungskette (Informationsströme laufen gleich den Materialströmen)	
Vorteile	**Nachteile**
▶ bessere und langfristigere Produktionsplanung ▶ bessere Abstimmung zwischen Abteilungen ▶ Berücksichtigung von Kapazitätsbeschränkungen	▶ fehlende Flexibilität bei Engpässen ▶ feste Durchlaufzeiten

Betrachtet man zusätzlich Aspekte der nicht direkt in der Wertschöpfungskette eingebundener Ressourcen, kommt man zu einem ganzheitlichen unternehmensübergreifenden Ansatz mit dem Schwerpunkt auf logistische Fragestellungen und damit zu Systemen des ERP.

Enterprise Resource Planning (ERP) – Logistik

Leistungsfähigkeit
Berücksichtigung des gesamten innerbetrieblichen Produktions- und Logistikprozesses, Einbezug von Managementaufgaben zusätzlich zu MRPII: ▶ Finanz- und Anlagenbuchhaltung ▶ Kosten- und Leistungsrechnung ▶ Personalwirtschaft ▶ Qualitätsmanagement ▶ Instandhaltungsmanagement ▶ Unternehmensplanung ▶ Kommunikations- und Kontrollfunktion

Vorteile	Nachteile
▶ einheitliche, relationale Datenbasis ▶ Integration aller Bereiche ▶ Abbildung aller Geschäftsprozesse ▶ optimale Informationsversorgung ▶ erhebliche Kosteneinsparungen standortübergreifend ▶ Verringerung von Durchlaufzeiten ▶ Abbau von Durchlaufzeiten ▶ Entlastung von Management und Mitarbeitern	▶ sequenzielle Datenverarbeitung ▶ sehr hohe Komplexität ▶ teure Einführung, Wartung und Erweiterung ▶ Planungsfehler sind schwer revidierbar ▶ fehlende Flexibilität bei der Unterstützung der Auftragsabwicklung

Durch Einbezug der Möglichkeiten des Internet können sowohl Kunden- als auch Lieferantenbelange mit berücksichtigt werden. Diese Systeme sind webbasiert und bilden die gesamte Supply Chain ab.

extended ERP (eERP) – Supply Chain Management

Leistungsfähigkeit
Internetfähiges Produkt, ermöglicht Integration von unternehmensexternen Personen durch ggf. eingeschränkten Zugriff auf das System über das Internet (Extranet) Lieferantenintegration mit bidirektionalem Austausch von Informationen entlang des Beschaffungskanals **SRM – Supplier Relationship Management** Kundenintegration durch **CRM – Customer Relationship Management**

Vorteile	Nachteile
▶ wesentliche Zeit- und Kosteneinsparungen (z. B. Transaktionskosten) ▶ Abdeckung ganzer Wertschöpfungspartnerschaften ▶ Reduzierung von Beständen (Sicherheitsaufschläge) ▶ Reduzierung des Bullwhip-Effektes (Aufschaukeln der Bestellmengen in Richtung Zulieferer durch ungenügende Information) ▶ Unterstützung des Vertriebs und des Marketing durch umfangreiche Datenbanken (bessere Vorbereitung auf Kundenbesuche, gezielte Produktangebote)	▶ Nichtberücksichtigung von wechselseitiger Abhängigkeit zwischen Produktions- und Absatzplanung ▶ Nichtberücksichtigung der gegenseitigen Abhängigkeiten bezüglich Ressourcen oder Reihenfolgen ▶ Verwendung von Plan-Durchlauf-Zeiten führen zu Wartezeiten und unnötig hohen Beständen ▶ Funktioniert nur, wenn die Unternehmensorganisation prozessorientiert aufgebaut ist ▶ Systeme der Zulieferer und der Kunden müssen kompatibel sein

2.4.2 Advanced Planning Systeme

Durch Einsatz moderner Softwaresysteme (**Advanced Planning Systems – APS**) können aber Planungsprozesse reorganisiert und bereichsübergreifende Zusammenhänge besser berücksichtigt werden. Die AP-Systeme versuchen, das MRP-Konzept zu ergänzen und seine Schwächen durch modellgestützte Planung zu beseitigen.

APS sind nicht wie PPS- bzw. ERP-Systeme **transaktionsorientiert** sondern erzeugen auf der Grundlage von mathematischen **Optimierungsmodellen** aufgrund von aktuellen Planungsdaten konkrete und realistische **Pläne**. Es erfolgt eine Simultanplanung bei allgemeiner Verfügbarkeit aller relevanten Informationen.

APS unterstützen den Planer mithilfe von modellgestützten Ansätzen (Methoden des Operations Research) bei der Lösung von Planungsproblemen im Bereichen der Produktion und der Logistik, vor allem aber im Supply Chain Management. Es werden aufgrund von aktuellen Planungsdaten konkrete Pläne erzeugen. Dabei wird angestrebt, alle geltenden Restriktionen (constraints) einzuhalten und somit machbare Pläne zu erzeugen.

Die kommerziell verfügbaren AP-Softwaresysteme folgen einer **Grundkonzeption**, die man mit folgender Grafik darstellen kann:

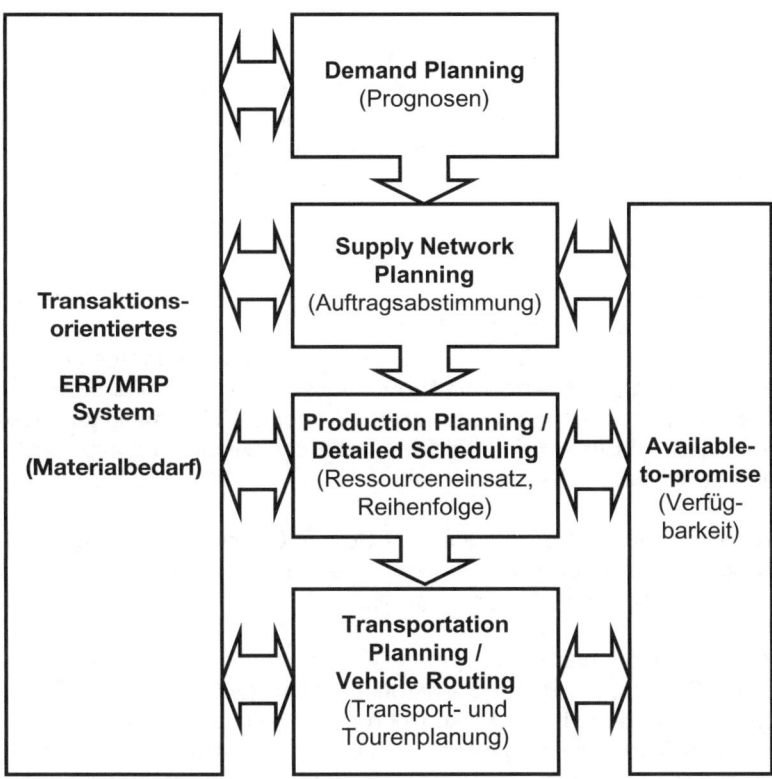

Die Aufgabe der einzelnen Module lässt sich wie folgt beschreiben:

- **Demand Planning**
  Unter Demand Planning versteht man vor allem den Einsatz quantitativer Prognoseverfahren. Es gibt eine große Anzahl von quantitativen Prognosemethoden, deren Details in der Literatur dokumentiert sind. Dem Planer wird zusätzlich die Möglichkeit geboten, aktuelle Marktinformationen und Marketingmaßnahmen zu berücksichtigen.

- **Supply Network Planning**
  Hierunter wird die Abstimmung von Beschaffungs-, Produktions- und Transportauf-
  trägen verstanden. Dabei werden berücksichtigt und bearbeitet:
  - Auswirkungen zeitlicher Schwankungen in der Nachfrage
  - Entscheidungen über Vorratsproduktion
  - Entscheidungen über Mehrarbeit
  - Entscheidungen über Produktionsverlagerungen
  - Entscheidungen über Outsourcingmaßnahmen.

- **Production Planning/Detailed Scheduling**
  Die eigentliche Auftragsplanung ordnet die Ressourcen den Aufträgen zu und bestimmt deren Reihenfolge. Trotz Rechnerunterstützung sind aufgrund der Komplexität
  manuelle Eingriffe notwendig. Die AP-Systeme unterstützen den Planer durch Warn-
  hinweise und Hilfestellungen bei der Ursachenanalyse.

- **Transportation Planning/Vehicle Routing**
  Die Planung der Transportvorgänge erfolgt simultan mit der Ressourcenplanung und
  entscheidet, wie die Kapazitäten unterschiedlicher Fabriken zur Deckung der räumlich und zeitlich verteilten Nachfragemengen genutzt werden können. Im Bereich der
  Distribution sind eine große Anzahl von Softwaresystemen zur Tourenplanung im Einsatz.

- **Available-to-promise**
  Mit dem Begriff Available-to-promise bezeichnet man die Möglichkeit, eine globale
  Verfügbarkeitsprüfung durchzuführen. Bei einer Kundenanfrage erlaubt diese Funktion zu prüfen, ob es in irgendeinem der verteilten Lager noch ausreichend Bestand
  zur Bedarfsdeckung gibt oder ob ein Produktionsauftrag ausgelöst werden muss. Damit kann dem Kunden eine schnelle Auskunft über die Lieferfähigkeit erteilt werden.
  Gegebenenfalls sind durch Sonderaktionen, die zusätzlich berechnet werden können,
  kurzfristige Kundenwünsche realisierbar.

Mit APS ist eine Planung über die gesamte Supply Chain möglich. Das System ist als
Entscheidungsunterstützungssystem konzipiert und ermöglicht durch Interaktion mit
dem Benutzer schnelle Antwort- und Analysezeiten.

Alle APS kommunizieren eng mit dem parallel dazu benötigten transaktionsorientierten
PPS- bzw. ERP-System, von denen die aktuellen Daten als Grundlage der Planung bezogen werden. Viele Systeme beschränken sich heute noch auf die operative Planung mit
deterministischen Daten. Planungsprobleme unter Unsicherheit und eine systematische,
kapazitätsorientierte Losgrößenplanung werden noch wenig unterstützt.

In Unternehmungen, die **mehrere Produktionsstätten** an unterschiedlichen Standorten betreiben, ist für jede Produktionsstätte ein Planungssystem zu definieren, das die dezentralen Produktionssegmente umfasst. Auf der zentralen Planungsebene werden Fragen der werksübergreifenden Abstimmung der Produktionsmengen einschließlich der zwischen den Produktionsstätten erforderlichen Transporte sowie der Festlegung von Beschaffungsmengen behandelt.

44 ⟫ Seite 434

2.5 Data Warehousing

Die Notwendigkeit besonderer Sichtweisen der Managementebene auf die Informationen des Unternehmens für die Gestaltung von Strategie und Struktur führte zur Entwicklung flexibler Informationssysteme.

Über den Aufbau von „Management-Informations-Systemen" um 1960 und „Entscheidungsunterstützungs-Systemen" gegen 1980 gelangte man in den 90er-Jahren zu „Data-Warehouse-Systemen".

2.5.1 Merkmale, Ziele und Nutzen

Das Data Warehouse stellt eine besonders strukturierte Datenbank dar mit folgenden Merkmalen:

• Zusammenfassung **relevanter** Themenbereiche
• Informationsabruf nach **individuellen** Bedürfnissen
• Gleiche **Datendarstellung** aus unterschiedlichen Anwendungsprogrammen
• Bezug auf wählbare **Zeiträume**
• Langfristige Speicherung **historischer** Daten
• **Rohdaten** bleiben stets unverändert bestehen.

In der Praxis bestehen solche **relationale Datenbanken** aus beliebig vielen Einzeltabellen, die in beliebiger Art und Weise miteinander verknüpft werden können. Die Informationen werden in Spalten und Reihen gespeichert, wobei die Reihen die Datensätze enthalten und die Spalten die Attribute, wie beispielsweise Name, Ort, Straße usw. Damit es nicht zu Doppeldeutigkeiten kommt, dürfen sowohl die Spalten als auch die Reihen nur einmal vorkommen und alle in den Spalten gespeicherten Daten müssen immer dem gleichen Datentyp entsprechen. Wichtig ist auch, dass eine relationale Datenbank über mehrere Tabellen ausgedehnt werden kann. Dadurch können die Attribute mehrerer Datenbanken miteinander kombiniert werden, so beispielsweise wenn eine Spalte identische Attribute enthält, beispielsweise den Namen oder die Identnummer.

Typische Fragestellungen für eine **Data Warehouse Auskunft** sind:

- Welchen Umsatz hat die Produktgruppe X im 1. Quartal letzten Jahres in den drei Vertriebsbereichen mit dem höchsten Deckungsbeitrag erzielt?

- Wie hat sich der eigene Produktabsatz in der Region Asien im Verhältnis zum Wettbewerb in den letzten fünf Jahren entwickelt?

Eine wesentliche Grundlage für die betriebliche Informationsversorgung sind **Datenbanken**. In den verschiedenen Bereichen eines Unternehmens existieren häufig unterschiedliche Datenbanken. Diese sind meist über Jahre gewachsen und berücksichtigen die spezifischen Anforderungen einzelner Bereiche. Eine übergreifende Auswertung ist schwierig und zeitaufwändig. Die Anwender in den Fachabteilungen haben zudem keine Werkzeuge, um sich die gewünschten Analysen erstellen zu können.

Anforderungen bei den Analysen und Berichten sind:

- Zugriff auf eine große Menge von Daten
- Zugriff auf eine Vielzahl von Tabellen eines relationalen Systems
- Erstellen von verdichteten Daten und
- Vergleiche über längere Zeiträume.

Die **Ziele** eines Data Warehouse sind:

- Entscheidungsunterstützung für die Mitarbeiter aller Unternehmensbereiche
- Bereitstellung von Informationen für Kontroll- und Entscheidungsprozesse
- Verfügbarkeit problemadäquater Informationen
- Erkennen neuer Zusammenhänge in den Datenbeständen.

2.5.2 FUNKTIONSWEISE

Für ein Data Warehouse werden dazu die **entscheidungsrelevanten Daten** aus den operativen Systemen zusammengeführt und gegebenenfalls durch externe Daten ergänzt. Für das Füllen der Data Warehouse-Datenbank und die Informationsgewinnung kommen unterschiedlichste Tools zum Einsatz.

Kern ist eine Datenbank mit allen entscheidungsrelevanten Informationen, ergänzt um Softwarewerkzeuge, mit denen die Daten in die Data Warehouse-Datenbank eingestellt werden und mit denen diese Daten danach abgefragt und analysiert werden können.

Die bekanntesten Regeln für die **Struktur eines Data Warehouse** stammen von *Inmon*:

- Orientierung an den Subjekten eines Unternehmens (z. B. Kunden) und nicht an den innerbetrieblichen Abläufen.

- Es werden nur Daten aufgenommen, die der Entscheidungsunterstützung dienen.

- Durch Struktur- und Formatvereinheitlichung müssen zusammengehörige Informationen, z. B. die Kundeninformationen, bereinigt und in einer übergreifenden Datenstruktur abgebildet werden.

- Mit der Unveränderbarkeit der Daten – der Nicht-Volatilität – soll die Reproduzierbarkeit der Analyseergebnisse gewährleistet werden.

- Alle Daten erhalten den Bezug zu einem Zeitraum, für den sie gültig sind. Damit können historische Daten, z. B. Verkaufszahlen, parallel zu aktuellen Informationen gespeichert und z. B. für Trendanalysen verwendet werden.

- flexiblere Analysemöglichkeiten durch intuitiv zu bedienende grafische Oberflächen mit Auswertungen „on demand"

- Einbezug externer Daten (z. B. die Branchenentwicklung).

Bei einem Data Warehouse können zwei wesentliche Bereiche unterschieden werden:

- **Der Bereich der Datenbereitstellung**
  Hiervon werden die Möglichkeiten und die Aussagekraft der späteren Analysen entscheidend beeinflusst. Für zusammengehörige Daten aus verschiedenen Datenbanken muss eine gemeinsame Datenstruktur festgelegt werden, Formate müssen vereinheitlicht werden und eine Historie der Daten muss aufgebaut werden. Neben den internen Daten sind auch externe Daten, z. B. Marktforschungsdaten oder volkswirtschaftliche Daten, zu integrieren.

- **Der Bereich der Informationsgewinnung**
  Eine typische Vorgehensweise ist:
  - Anzapfen der bestehenden Datenbanken
  - Transformation der Ausgangsdaten
    (z. B. einheitliche Codierung, Plausibilitätsprüfungen)
  - Verdichtung der Detaildaten für die spätere Analysen nach unterschiedlichen Dimensionen
  - Feststellen fehlender Daten und deren Berechnung aus bestehenden Werten
  - Zeitstempel oder Gültigkeitszeitraum der Daten.

Die Data Warehouse-Datenbank kann mit unterschiedlichsten **Auswertungswerkzeugen** genutzt werden:

- **konventionelle Reportgeneratoren**, mit denen vordefinierte Auswertungen automatisch zu vorher festgelegten Zeitpunkten oder ad hoc erzeugt werden.

- Auswertung und Verarbeitung mit **Spreadsheet-Programmen**, wie z. B. Excel.

- **OLAP-Tools** und Analysen
  Online Analytical Processing ermöglicht die mehrdimensionale Analyse betriebswirtschaftlicher Variablen, z. B. Umsatz, Gewinn, nach verschiedenen Kriterien, z. B.

Kunden, Regionen. Die typische Darstellung dieser mehrdimensionalen Sicht ist der **Olap-Würfel**. Die Kanten des Würfels sind die Analysekriterien oder Dimensionen, im Beispiel Region, Zeit und Produkt. Die Zellen des Würfels enthalten die Analysevariablen, z. B. den Umsatz. Eine Zelle des Würfels enthält also beispielsweise den Umsatz des Produktes X in Deutschland im Jahr 2007.

• Das **Data Mining** ist die neueste Auswertungstechnologie. Die Analyse der Informationen erfolgt intuitiv und weitgehend manuell durch den Benutzer. Beim Data Mining sollen automatisch neue Muster und Zusammenhänge in den Daten erkannt und der Benutzer darauf aufmerksam gemacht werden (Einteilung von Kunden in Risikoklassen für eine Bonitätsprüfung oder die Analyse von Warenkörben zur Erforschung des Kaufverhaltens).

Der Nutzen eines Data Warehouse liegt vor allem im qualitativen Bereich wie:

• mit **aktuellen**, qualitativ hochwertigen Informationen zu marktgerechteren und schnelleren Entscheidungen beizutragen und damit Umsatzpotenziale zu erschließen.

• die Entlastung der operativen Systeme oder der internen DV-Abteilung von der Programmierung von Auswertungen

Trotz der offensichtlichen Vorteile eines Data Warehouse erweist es sich als sehr schwierig, eine exakte Wirtschaftlichkeitsbetrachtung als Grundlage für eine Einführungsentscheidung anzustellen, da sich fast alle Nutzeffekte nicht exakt quantifizieren lassen.

45 ⟩⟩ Seite 434

3. EINSATZ BEGLEITENDER METHODEN

Während des Prozessablaufes werden begleitende Methoden eingesetzt wie:

• **Automatische Prozessüberwachung** durch Messmittel oder Grenzwertanzeiger

• **SPC-Methoden (Statistical Process Controlling)** als Prozess begleitende Maßnahmen auf Basis von variablen oder attributiven Prüfmerkmalen

• **Prozessfähigkeitsuntersuchungen** durch permanente Analyse von Stichproben

• **Prozessparameteranalysen** (z. B. Temperatur, Kraft, Reaktionszeiten oder Häufigkeiten)

• **Prozess- und Risikomanagement** (Prozess-FMEA)

• **Vorbeugende Instandhaltung** (TPM – Total Productive Maintenance) möglichst durch das Produktionspersonal selbst.

Der Einsatz wissensbasierter Systeme, so genannter **Expertensysteme**, ist hier schon weit fortgeschritten. Ein Expertensystem basiert auf Techniken der künstlichen Intelligenz und ist in der Lage, anspruchsvolle Aufgaben in einem Spezialgebiet zu lösen.

Bei der Analyse des Prozessablaufs und der Überwachung von Zielvorgaben werden prozessorientierte **CAQ (Computer-Aided-Quality-Assurance)-Systeme** eingesetzt. Mit DV-Unterstützung können die Datenmengen der SPC-Systeme geordnet werden und übersichtliche Auswertungen erstellt werden. Der Anwender wird selbst in die Lage versetzt, korrigierend einzugreifen, ohne dass langwierige Auswertungen abgewartet werden müssen. In verdichteter Form dienen die CAQ-Daten als bereichsübergreifende Qualitätsinformationen zur Rückkopplung in Entwicklungs- und Planungsabteilungen.

Voraussetzung für die Anwendung statistischer Überwachungsverfahren per DV ist **ein beherrschter und qualitätsfähiger Prozess**.

	KONTROLLFRAGEN	bear-beitet	Lösungs-hinweise	Lö-sung	
				+	-
01	Beschreiben Sie den Grundgedanken von CIM (Computer Integrated Manufacturing)!		271		
02	Welche Komponenten auf der technischen Seite stellen das CA-System dar?		271 f.		
03	Nennen Sie Einsatzgebiete von CAD/CAE-Systemen!		272		
04	Aus welchen Komponenten besteht ein CAD-System?		272		
05	Welche Vorteile erzielt man durch den Einsatz von CAD/CAE-Systemen?		272		
06	Welche Bereiche umfasst die rechnergestützte Arbeitsplanung (CAP)?		272		
07	Nennen Sie die Hauptfunktionen von PPS-Systemen!		273		
08	Welche Komponenten existieren im CAM-System?		273 f.		
09	Nennen Sie die Berührungspunkte zwischen CAM, CAD und PPS!		274		
10	Welche Aufgaben hat die rechnerunterstützte Qualitätssicherung?		274 f.		
11	Skizzieren Sie die Zusammenhänge der PPS- und CA-Module in einem CIM-System!		275 f.		
12	Welche Informationen werden in den einzelnen Phasen zwischen den PPS- und CA-Systemen ausgetauscht?		276 f.		
13	Skizzieren sie die Komponenten des übergreifenden Systems CAI (Computer Aided Industry)!		278		
14	Nennen Sie Einsatzgebiete DV-gestützter PPS-Systeme!		278 ff.		
15	Durch welche Voraussetzung wurde der DV-Einsatz ermöglicht?		279		
16	Skizzieren Sie die Zusammenhänge zwischen den Teilaufgaben eines PPS-Systems, den Funktionen im Unternehmen und der Datenverwaltung!		280		
17	Welche Forderungen werden an die Fabrik der Zukunft gestellt?		279		
18	Nennen Sie die Ziele beim Einsatz von DV-gestützten PPS-Systemen!		279		
19	Was kann man als Herzstück von PPS-Systemen bezeichnen?		280		
20	Nennen Sie die Forderungen für schlanke und transparente Geschäftsprozesse!		281		
21	Welche Sichtweisen gibt es bei der Geschäftsprozessmodellierung?		281		
22	Beschreiben Sie den Weg von einem Modell zu einem ausführbaren Prozess!		281		
23	Welche Probleme entstehen bei konventionellen Abläufen von Geschäftsprozessen?		282		
24	Nennen Sie die Kernleistungen eines Workflow-Systems!		282		
25	Welche Aufgaben hat ein Business Workflow?		283		
26	Beschreiben Sie den Aufbau eines Workflows!		283 f.		
27	Welche Vorteile bietet der Einsatz des Workflow-Management?		283		
28	Nennen Sie die Kritikpunkte an herkömmlichen MRP-Systemen!		285		

	KONTROLLFRAGEN	bear-beitet	Lösungs-hinweise	Lösung +	-
29	Welche Vorteile bieten Advanced Planning Systeme (APS)?		287		
30	Beschreiben Sie das Zusammenwirken von ERP- und AP-Systemen!		287 ff.		
31	Welche Aufgaben übernimmt das Demand Planning Modul?		288		
32	Welche Zusammenhänge berücksichtigt Supply Network Planning?		288		
33	Welche Unterstützung geben AP-Systeme bei der Auftragsplanung?		288		
34	Welche Möglichkeiten bietet das Available-to-promise Modul?		288		
35	Nennen Sie die Vorteile, die sich in der Weiterentwicklung von MRP über ERP zu APS ergeben haben?		288		
36	Welche Fragestellungen lassen sich mit einem Data Warehouse beantworten?		289		
37	Welche Anforderungen werden an die Datenbanken in einem Data Warehouse gestellt?		289 f.		
38	Nennen Sie Regeln für die Struktur eines Data Warehouse!		291		
39	Welche wesentlichen Bereiche unterscheidet man bei einem Data Warehouse?		291		
40	Nennen Sie Auswertungswerkzeuge zur Nutzung der Data Warehouse Datenbank!		291 f.		
41	Beschreiben Sie die Wirkungsweise des OLAP-Tool!		292		
42	Was versteht man unter Data Mining?		292		
43	Worin liegt die Schwierigkeit eines Wirtschaftlichkeitsnachweises bei Data Warehouse Systemen?		292		
44	Welche den Prozess begleitende Methoden können eingesetzt werden?		292 f.		

H. LOGISTIK

In der Betriebswirtschaftslehre bezeichnet man die **Logistik** als Querschnittsfunktion mit der Aufgabe, räumliche, zeitliche und mengenmäßige Differenzen zwischen Angebot und Nachfrage zu überbrücken. Im ökonomischen Sinne stellt Logistik eine ganzheitliche Betrachtungsweise aller Faktoren-, Güter- und Stoffverwertungsströme von der Produktentstehung einschließlich Vorleistungen bis hin zur Auslieferung an den Endabnehmer, ergänzt durch die Wiederverwertung, dar.

Logistik	Rahmenbedingungen
	Aufgabenbereiche
	Auswahlkriterien
	Produktionsnetzwerke
	Standortfragen

1. RAHMENBEDINGUNGEN

1.1 DEFINITIONEN

Logistische Leistungen existieren schon seit Menschengedenken, wurden aber selten als solche definiert. Das Wort Logistik stammt aus dem griechischen Wortstämmen **lego** (= denken), **logik** (= berechnen) sowie **logos** (= Wissenschaft, Verstand) und hat über das französische **loger** (= Einquartieren) in die deutsche Sprache Eingang gefunden.

Im militärisch-industriellen Bereich wurde der Begriff auf den Fluss von Material und Gütern vom Ort der Entstehung bis zum Ort des Gebrauchs oder Verbrauchs erweitert. Sinngemäß wurde der Begriff dann in die Wirtschaft übertragen.

Auch den heute entstandenen Begriff des **Logistikdienstleisters** gab es bereits in der Vergangenheit in Form von Fuhrunternehmern, Postgesellschaften und Kaufleuten.

Eine **Definition** der heutigen Logistik nach *Blom/Harlander* lautet:

Logistik ist die integrierte Planung, Gestaltung, Abwicklung und Kontrolle des gesamten Material- und des dazugehörigen Informationsflusses vom Lieferanten in das eigene Unternehmen, innerhalb dieses Unternehmens, vom Unternehmen zum Kunden und im Sinne der Entsorgung auf dem Entsorgungswege zurück.

Eine weitere Definitionen von *Weber/Kummer* lautet:

Logistik ist das Management von Prozessen zur koordinierten Realisierung unternehmensweiter und unternehmensübergreifender Materialflüsse und der dazugehörigen Informationsflüsse.

Die materialflussbezogene Koordination beinhaltet insbesondere die **horizontale** Koordination zwischen Lieferanten (Vorlieferanten), Unternehmensbereichen und Kunden bis hin zum Endabnehmer, sowie die **vertikale** Koordination zwischen allen Planungs-, Steuerungs-, Durchführungs- und Kontrollebenen.

Logistik stellt also die aus den Unternehmenszielen abgeleiteten planerischen und ausführenden Maßnahmen und Instrumente zur Gewährleistung eines optimalen Material-, Wert- und Informationsflusses im Rahmen des betrieblichen Leistungserstellungsprozesses dar, wobei sich dieser von der Beschaffung von Produktionsfaktoren und Informationen über deren Bearbeitung und Weiterleitung bis zur Verteilung (Distribution) der erstellten Leistungen erstreckt.

In den 90er-Jahren entwickelte sich das Verständnis nochmals weiter zu einem Aufbau und der Optimierung von Wertschöpfungsketten. Das **Prozesskettenmodell** von *Baumgarten* beinhaltet die fünf Hauptprozesse Entwicklung, Beschaffung, Produktion, Distribution und Entsorgung und ist in die vier idealtypischen unternehmensinternen und -übergreifenden Prozessketten „Entwicklung, Versorgung, Auftragsabwicklung und Entsorgung" integriert.

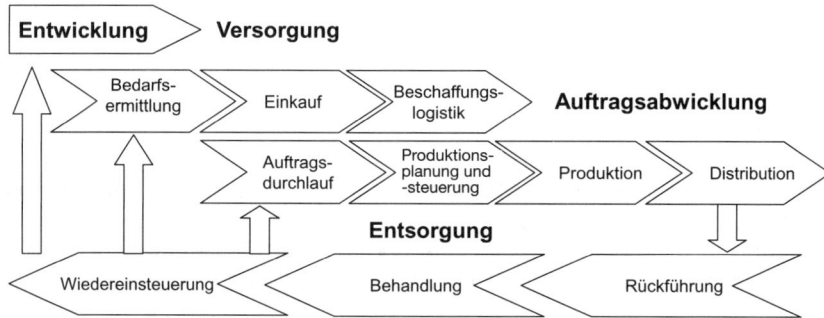

So dient das Prozesskettenmodell zur Betrachtung unternehmensinterner sowie unternehmensübergreifender Grundzusammenhänge. In der heutigen Zeit sprechen wir vom Aufbau und der Optimierung **globaler Netzwerke**.

1.2 NUTZENWIRKUNG DER LOGISTIK

Hauptziel der Logistik ist die vom Kunden honorierte Logistikleistung zu optimieren. Dazu gehören:

• Lieferzeit
• Lieferzuverlässigkeit
• Lieferflexibilität
• Lieferbeschaffenheit.

Um ein **Gesamtoptimum** zu erreichen, müssen bereichsbezogene **Zielkonflikte** überwunden werden. Denn auf der anderen Seite steht die Forderung nach **Minimierung der Logistikkosten**, die zum Teil Einschränkungen in den Serviceleistungen notwendig macht. Die Logistik ermöglicht es aufgrund ihrer abteilungsübergreifenden Sichtweise über eine bereichsbezogene Verbesserung der Wirtschaftlichkeit hinaus funktionsüber-greifende Kostensenkungs- und Nutzensteigerungspotenziale zu erschließen.

Eine effizient und effektiv arbeitende Logistik-Organisation trägt zur Nutzensteigerung für das Unternehmen und für die Kunden bei. Es lassen sich als Effekte benennen:

- Logistik als **Kostensenkungspotenzial** für das Unternehmen durch
  - logistikgerechte Rationalisierung
  - ganzheitliche Abstimmung des Material- und Warenflusses entlang der Logistikkette
  - Berücksichtigung der Logistikanforderungen in langfristigen Rahmenentscheidun-gen (z. B. in der Produktgestaltung).

- Logistik als **Nutzensteigerungspotenzial** für den Kunden durch
  - Erhöhung der Lieferflexibilität nach Artikel, Zeit und Menge
  - Erhöhung der Liefersicherheit und -genauigkeit (Servicegrad)
  - Senkung von Transaktionskosten beim Kunden.

- Logistik als **gemeinsamer Vorteil** für Unternehmen und Kunden durch
  - Kostensenkung aufgrund besserer Abstimmung entlang der logistischen Kette
  - Schaffung langfristiger Kooperationsmodelle.

Damit wird auch das Gesamt-Unternehmensziel der nachhaltigen Gewinnmaximierung unterstützt:

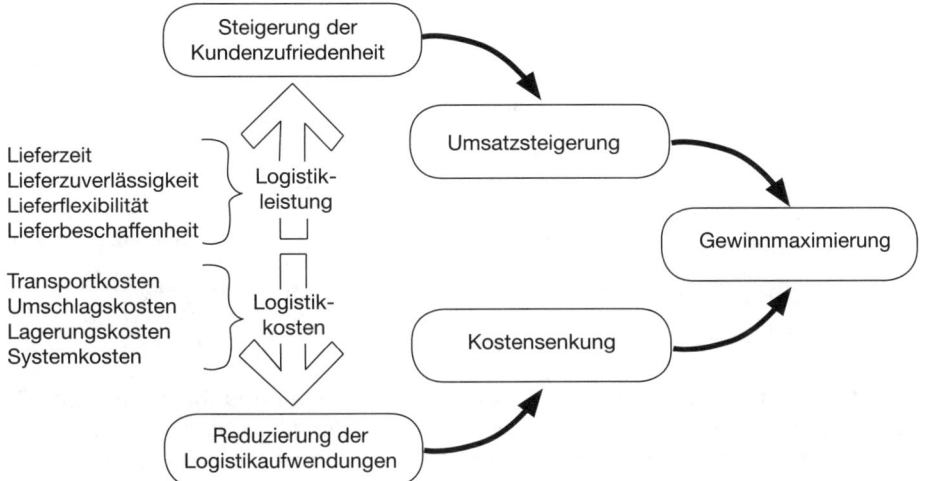

1.3 ZIELKONFLIKTE

In jeder Organisation gibt es Ziele, an dem ein bestimmter Bereich gemessen werden soll. Oft ist es aber so, dass die Maßnahmen zur Erfüllung des Ziels dem eigenen Bereich helfen, für einen anderen Bereich aber **nachteilig** sind. Zum Beispiel kann der Vertrieb eine hohe Liefersicherheit erzielen, indem auf dem Versandlager alle möglichen Produkte in ausreichender Zahl vorhanden sind. Das führt aber auf der anderen Seite zu hohen Kosten der Lagerhaltung wie Raumkosten, Einrichtungen, Personal, Zinsen für den Kapitaldienst der bereits erstellten aber noch nicht verkauften Produkte.

Es existieren vielfältige Konflikte zwischen den einzelnen Zielen. Anhand der Grafik soll verdeutlicht werden, dass die Maximierung nur eines Zieles nicht unbedingt zu dem Gesamtmaximum führen wird. Um ein **Gesamtoptimum** zu erreichen, müssen bereichsbezogene Zielkonflikte überwunden werden. Es gibt in der Realität keinen Königsweg zur Lösung, vielmehr muss in jedem Einzelfall eine **bereichsübergreifende Lösung** gefunden werden, die unter dem Strich für das Unternehmen optimal ist.

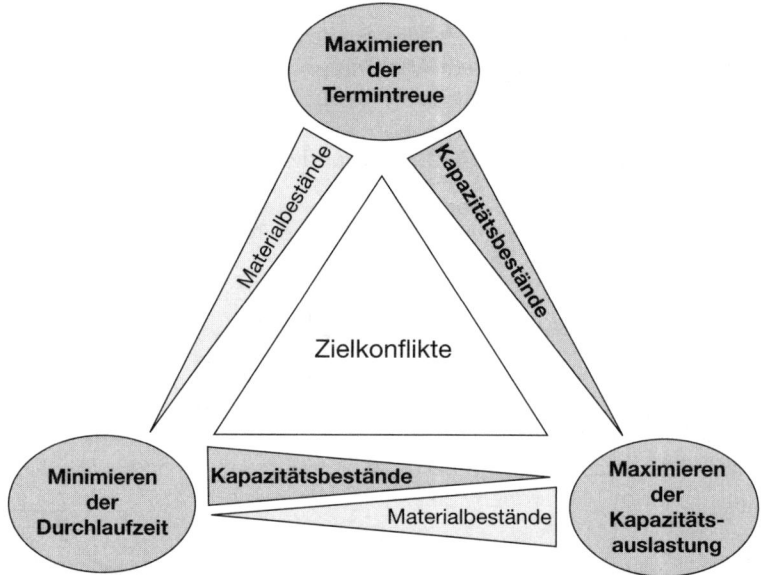

Gerade die Logistik ermöglicht es aber, aufgrund ihrer **abteilungsübergreifenden** Sichtweise neben einer bereichsbezogenen Verbesserung der Wirtschaftlichkeit auch funktionsübergreifende Kostensenkungs- und Nutzensteigerungspotenziale zu erschließen.

2. AUFGABENBEREICHE

Zur Vertiefung des Themengebiets Logistik sei auf den Band „Kompakt-Training Logistik" im Kiehl-Verlag hingewiesen.

Themen in der Logistik sind:

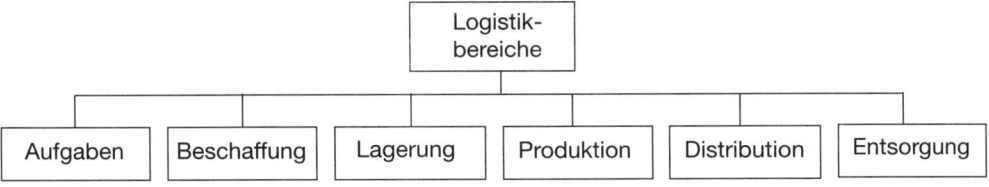

2.1 AUFGABEN DER LOGISTIK

Aufgabe der Logistik ist die Planung, Steuerung und Kontrolle des **Güter- und Informationsflusses** innerhalb der Unternehmung sowie zwischen der Unternehmung und seinen Lieferanten und seinen Kunden. Wichtige Teilaufgaben der Logistik sind:

- die Versorgung mit Materialien   (Beschaffungslogistik)
- die Festlegung der Lagerstrategie   (Lagerlogistik)
- die Festlegung der Vertriebsstrategie   (Distributionslogistik)
- die Versorgung der Fertigungseinheiten (Produktionslogistik).

Durch das Zusammenwirken dieser Tätigkeiten soll der Lieferpunkt mit dem Empfangspunkt möglichst effizient verbunden werden.

Die Logistik hat damit ein sehr hohes Einfluss- und Verbesserungspotenzial in Bezug auf den gesamten betrieblichen Leistungsprozess. Im heutigen Verständnis ist die Logistik überwiegend an Prozessen orientiert, zumeist dargestellt in Form einer Supply Chain. In effizienten und konsequent kundenorientierten Excellence-Unternehmen übernimmt die Logistik zunehmend die Steuerung der Abläufe und die Verbindung zu Beschaffungs- wie Distributionsmärkten.

Aufgrund der Bedeutung des Themas Logistik findet sich in der Unternehmensorganisation der Logistikbereich zunehmend auf der **ersten Hierarchiestufe**. Da aber Logistikaufgaben über alle Funktionsbereiche verteilt sind, können sich Schwierigkeiten bei einer rein funktionsorientierten Organisation ergeben. Deshalb hat man die in dem folgenden Organigramm dargestellte Organisationsform gefunden:

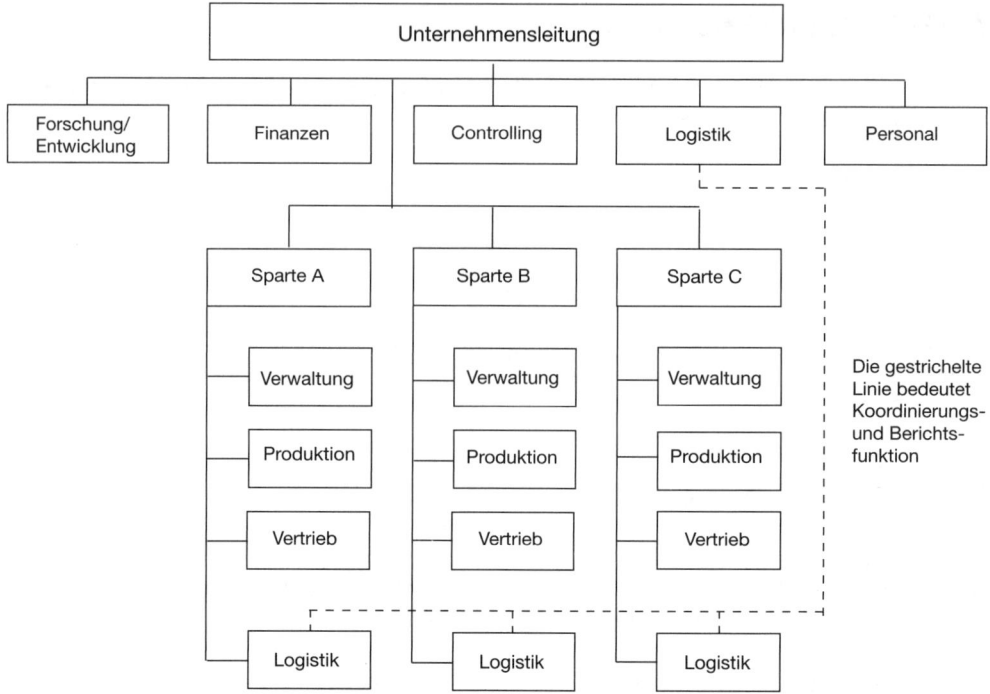

Es handelt sich um eine Mischung aus zentral ausgeübten Logistikaufgaben wie

- Strategie
- Koordination und
- Überwachung

sowie **dezentral** wahrgenommenen Logistikaufgaben im Tagesgeschäft wie

- Auftragsabwicklung
- Lagerwesen
- Transport
- Verpackung und Versand.

Funktional lässt sich die Logistik entlang der Wertschöpfungskette differenzieren. Entsprechend der einzelnen Abwicklungsphasen bezeichnet man die einzelnen Bereiche der Unternehmens-Logistik als

Teilgebiete der Logistik

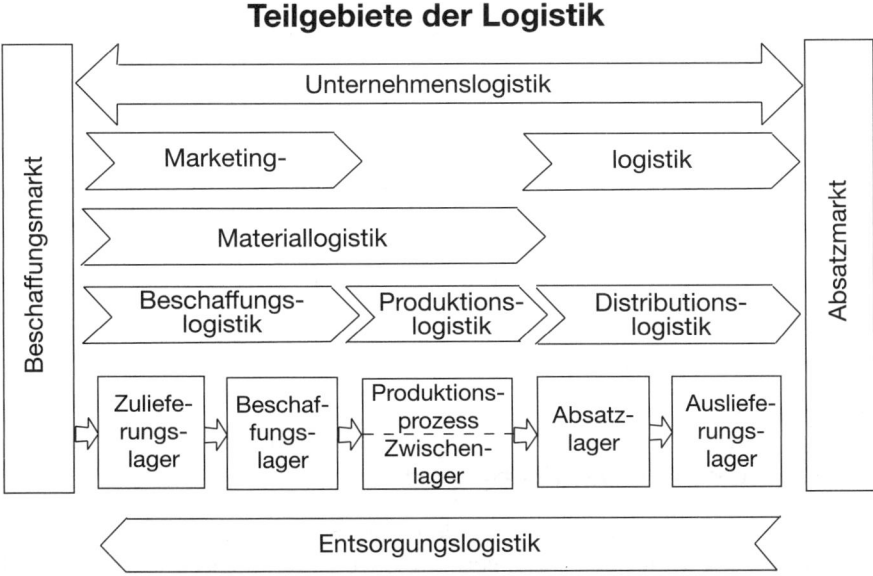

Die Teilaufgaben lassen sich wie folgt definieren, obwohl sich die Aktivitäten und die Objekte zwischen Einkauf, Beschaffung, Materialwirtschaft und Logistik überschneiden:

Zur **Beschaffung** zählen alle Bereitstellungsaktivitäten von Gütern, die von der Unternehmung nicht selbst hergestellt werden. Das benötigte Material soll zum richtigen Zeitpunkt am richtigen Ort in der richtigen Menge und in der richtigen Qualität unter optimalem Kapitaleinsatz und zu optimalen Kosten bereitgestellt werden (Marktbezug). Die Funktion Einkauf ist für die operative Abwicklung zuständig und beschäftigt sich mit Anfragen, Bestellungen und Konditionsverhandlungen.

Die **Materialwirtschaft** umfasst alle Materialbereitstellungsvorgänge, die zur Leistungserstellung benötigt werden (Objektbezug). Sie kümmert sich um Lagerbewirtschaftung, den innerbetrieblichen Transport und die Materialversorgung bis zur Bereitstellung in der Fertigung.

Die **Logistik** beschäftigt sich primär mit dem physischen Materialfluss (der Warenverfügbarkeit) innerhalb der Unternehmung sowie mit Zulieferern und Kunden. Die Funktionen der Raum- und der Zeitüberbrückung stehen im Mittelpunkt.

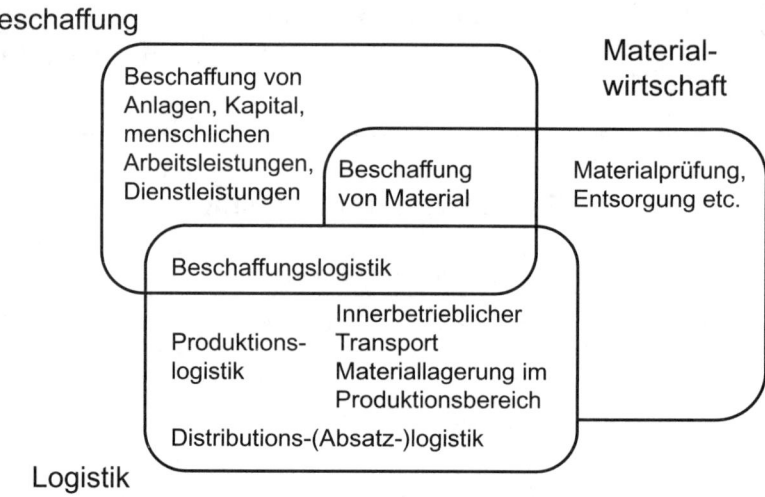

Man findet die drei Hauptfunktionen:

- **Materialplanung**
- **Materialeinkauf**
- **Materiallager und Versorgung/Entsorgung**.

Aus der **Materialplanung** kommen die Informationen über den Umfang der Beschaffungsaktivitäten. Der **Materialeinkauf** sorgt für die Lieferung der benötigten Materialien, indem er die geeigneten Zulieferer auswählt, Verträge und Rahmenbedingungen festlegt und die Anlieferung veranlasst.

Befindet sich das Material im Besitz des Unternehmens erfolgt die Bedienung der Produktion mit den gewünschten Materialien über den internen Transport.

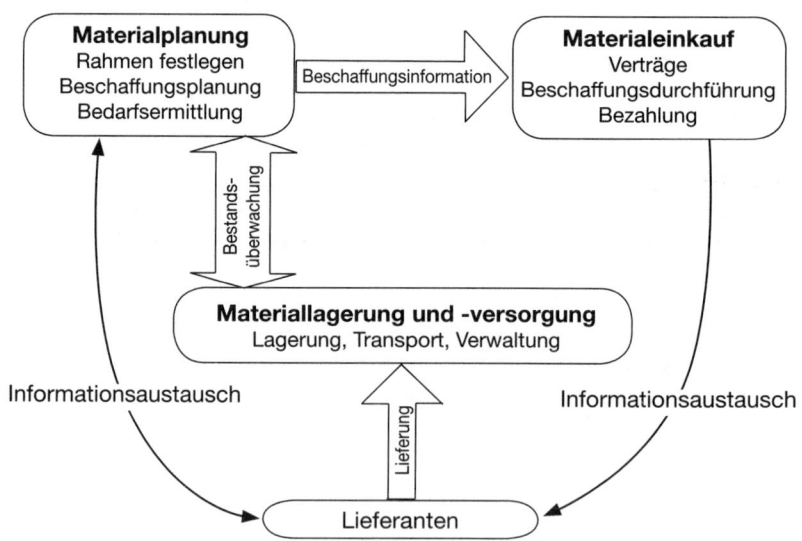

Die **Querschnittsaufgabe** der Logistik innerhalb der Unternehmen beinhaltet:

- den **Informationsfluss** vom Kunden zum Kunden über die Stufen
  - Kundenbedarfsermittlung
  - Absatzplanung
  - Bestands- und Produktionsplanung
  - Materialbedarfsplanung
  - Beschaffungsplanung
  - Beschaffungsdurchführung
  - Lagerung
  - Produktionssteuerung
  - Auftragsabwicklung und Produktion
  - Warenverteilung zum Kunden

- den **Materialfluss** vom Lieferanten zum Kunden über die Lagerbereiche zur Produktion bis zum Versand.

Die von *Jünemann* formulierten sechs Aufgaben der Logistik (sechs „r")

die	*r*ichtige Menge
der	*r*ichtigen Objekte (Güter, Personen, Energie, Informationen)
am	*r*ichtigen Ort (Quelle oder Senke) im System
zum	*r*ichtigen Zeitpunkt
in der	*r*ichtigen Qualität
zu den	*r*ichtigen Kosten

bereitzustellen, müssen zu einer Gesamtfunktion vereinigt werden. Wesentlich bei der Logistik sind die **Integration** und das **ganzheitliche Denken**

- in Systemen
- in Flussabläufen und
- in Querschnittsfunktionen.

2.2 BESCHAFFUNGSLOGISTIK

Auf Basis der Daten aus der **Beschaffungsplanung** (Prinzipien, Wege, Termine, Mengen) kann die eigentliche **Beschaffungsdurchführung** geschehen. Die Aufgaben der **Beschaffungslogistik** umfassen bei der Bedarfsermittlung die Auswahl der Lieferanten und gehen über die Warenannahme und -prüfung bis zur Bereitstellung der Materialien für die Produktion, einschließlich der dazu erforderlichen Informationen.

Die Materialbeschaffung ist eng mit den anderen dispositiven Tätigkeiten wie Bedarfsrechnung und Bestandsrechnung verknüpft.

2.2.1 BESCHAFFUNGSMARKETING

Zielsetzung des **Beschaffungsmarketing** ist es, wettbewerbswirksame **Leistungs- und Kostenpotenziale** aufzubauen und abzusichern. Dazu gehört die Auswahl, Beurteilung und Weiterentwicklung **zuverlässiger** Lieferanten mit den Aufgaben:

- Entwickeln und Realisieren von Marketing-Maßnahmen auf der Beschaffungsseite, wie Beobachten und Erschließen von Lieferantenmärkten im In- und Ausland, sowie Ausweitung internationaler Informationsquellen

- Beraten und Betreuen von strategisch wichtigen Lieferanten in Bezug auf Materialanforderung und Qualität

- Entscheidung über Produktionstiefe herbeiführen

- Mitwirkung beim Abschluss von Qualitätssicherungs-Vereinbarungen

- Audits beim Lieferanten zusammen mit dem Qualitätsbeauftragten durchführen und Verbesserungspotenziale aufzeigen

- Verhandlungen mit Lieferanten über Volumen und Konditionen

- Verhandeln und Abschließen von Rahmenverträgen und -konditionen für Abrufe nach Bedarf

- Beraten und Unterstützen des Auftragszentrums in Beschaffungsfragen.

Neben der Beschaffung optimaler Mengen zu möglichst günstigen Preisen sind Überlegungen anzustellen, wie Kosten durch die Standardisierung und die Analyse der Materialien eingespart werden können.

2.2.2 BESCHAFFUNGSDURCHFÜHRUNG

Auf Basis der Daten aus der Beschaffungsplanung (Prinzipien, Wege, Termine, Mengen) kann die eigentliche Beschaffungsdurchführung geschehen (siehe Kapitel G. 3.1).

Die Aufgaben der **Beschaffungsdurchführung** umfassen bei der Bedarfsermittlung die Auswahl der Lieferanten und gehen über die Warenannahme und -prüfung bis zur Bereitstellung der Materialien für die Produktion, einschließlich der dazu erforderlichen Informationen.

Die Beschaffungsaufgabe in einem Unternehmen besteht darin, einen orts-, mengen-, qualitäts- und terminmäßig spezifizierten Bedarf an **Produktionsfaktoren** optimal zu befriedigen. Dazu ist ein Beschaffungsprogramm zu erstellen, dass das letzte Glied in der Kette nach dem Absatzprogramm und dem Produktionsprogramm darstellt. Die Aufgabe lautet, bedarfsgerechte Materialversorgung in

- quantitativer   (wie viel)
- qualitativer   (was)
- räumlicher   (wo)
- zeitlicher   (wann)

Hinsicht sicherzustellen.

Die Materialbeschaffung ist eng mit den anderen dispositiven Tätigkeiten wie Bedarfs-rechnung und Bestandsrechnung verknüpft.

Man unterscheidet zwischen den **Sachzielen**, z. B.

- Versorgungssicherheit
- Sicherheit/Steigerung der Beschaffungsflexibilität
- Veränderung der Machtverhältnisse auf den Beschaffungsmärkten
- ökologische Ziele, z. B. Verwendung schadstoffarmer Güter, Wiederverwendung

und den **Formalzielen** zur Minimierung der Materialbeschaffungskosten wie

- direkte und indirekte Beschaffungskosten
- Lager- und Materialflusskosten
- Fehlmengenkosten.

Die häufigste Untersuchung im Lieferantenmarkt beschäftigt sich mit dem Preis. Nicht immer aber ist der Lieferant mit dem niedrigsten Angebotspreis der wirklich günstigste. Zusätzlich sind Liefer- und Zahlungskonditionen zu beachten sowie die **Qualitätsfähig-keit** und **Lieferzuverlässigkeit auf längere Sicht**.

Die Gesamtkosten der Beschaffung setzen sich nach folgendem Schema zusammen:

Gesamtkosten der Beschaffung	**Beschaffungskosten**	unmittelbar = Menge · Preis
		mittelbar pro Bestellvorgang
	Lagerkosten	Raum
		Vorräte
		Zinsen
		Sonstiges, z. B. Wertminderung
	Fehlmengenkosten	Preisdifferenz
		Konventionalstrafen
		entgangener Gewinn
		Sonstiges, z. B. Preiszugeständnisse

Bedient man sich einer **zentralen** Beschaffungsabteilung, ergeben sich Möglichkeiten der Bedarfszusammenfassung, der Standardisierung und der kostengünstigen Beschaf-fung aufgrund größerer Bestellmengen und stärker spezialisiertem Beschaffungsperso-nal. Durch die Zusammenfassung des Bedarfes mehrerer Bereiche können Preisvorteile realisiert werden und die Standardisierung vorangetrieben werden.

Dagegen empfiehlt sich eine **dezentrale** Beschaffung, wenn die räumliche Lage ungünstig ist, pro Bereich sehr spezialisiertes Material benötigt wird oder wenn oft schnelle Anlieferungen geringer Mengen notwendig sind.

In kleineren Betrieben wird die Beschaffung des gesamten Spektrums von einer Stelle aus durchgeführt, je größer das Unternehmen ist, um so stärker erfolgt eine **Spezialisierung** sowohl nach Materialgruppen als auch nach Teiltätigkeiten wie Anfragen, Bestellungen oder Prüfungen.

2.2.3 SOURCING-STRATEGIEN

Innerhalb der Logistiknetzwerke lassen sich die Kooperations- und Beschaffungsstrategien wie folgt gliedern:

nach örtliche Herkunft:

Global Sourcing	weltweit beste Quelle (Hochtechnologie) günstige Preise und breites Sortiment, aber Risiken bezüglich Währung, Politik und Transaktionen
Domestic Sourcing	innerhalb des Landes oder der Wirtschaftszone eingespielte Kontakte, aber Verzicht auf die weltbesten Lieferanten
Local Sourcing	intensive persönliche Kontakte, große Transportmengen Versorgungssicherheit, geringe Logistikrisiken, aber geringer Preisdruck

nach Art der Konkurrenz:

Multiple Sourcing	möglichst viele Quellen, Risikostreuung und Preiswettbewerb
Single Sourcing	nur eine Quelle, kurze Durchlaufzeit, niedrige Transaktionskosten, aber Risiko der Abhängigkeit
Dual Sourcing	zwei Bezugsquellen mit Risikoaufteilung
Sole Sourcing	Alleinlieferant, der keine weiteren Kunden hat

nach Dauer und Intensität der Partnerschaft:

Co-Distributorship	traditonelle Zusammenarbeit mit Händlern
Co-Producership	Know-how-Träger für Produktionstechnologie
Co-Makership	Know-how-Träger für Produkte und Entwicklungen auch Modular Sourcing oder Systempartnerschaft genannt
Co-Entrepreneurship	Mittragen unternehmerischer Risiken durch Kapitalverflechtung

Eine Sonderform der Zusammenarbeit ist das Countertrade-Sourcing, bei dem Vorprodukte in den Absatzmärkten eingekauft und in der jeweiligen Landeswährung bezahlt werden.

46 >> Seite 434

2.2.4 BESCHAFFUNGSPRINZIPIEN

In Abhängigkeit der Wertigkeit von Materialien und der Prognosesicherheit lassen sich verschiedene Beschaffungsprinzipien festlegen. Bei einer **Vorratsbeschaffung** wird nur eine sehr grobe Schätzung der Bedarfssituation aus dem Absatzplan durchgeführt. Im Vordergrund stehen die Versorgungssicherheit und die Nutzung von zeitlich begrenzten Marktangeboten. Das Unternehmen ist damit zwar relativ gut abgesichert, muss dies jedoch mit hohen Kosten für Lagerhaltung und Kapitaldienst bezahlen.

Werden die Materialien erst bei **Auftreten des Bedarfs** beschafft, entfallen die Lagerhaltungskosten, dafür entsteht aber ein größeres Risiko, die Teile nicht rechtzeitig oder nicht in der benötigten Qualität zu erhalten. In langfristigen, materialintensiven Geschäften wie dem Anlagenbau kann diese Methode jedoch die einzig realisierbare sein.

Eine Mischform stellt die **fertigungssynchrone** Beschaffung dar. Hierbei wird zeitnah entsprechend der Fertigungsplanung beschafft, aber aus einem größeren Rahmenauftrag heraus, der mit dem Lieferanten z. B. jahresweise geschlossen wird. So ist die Flexibilität bei gleichzeitig niedrigem Lagerbestand gewährleistet. Im **Just-in-Time Verfahren** wird das Produkt nicht auf Lager vorgefertigt, sondern erst dann eingesteuert, wenn es tatsächlich benötigt wird. Durch Einsatz von Just-in-Time können die Bestände gesenkt und die Fertigungsabläufe beschleunigt werden. Allerdings setzt diese Methode innerbetrieblich eine hohe Mengenstabilität der Fertigung und eine hohe Qualitätszuverlässigkeit voraus. Einsetzbar ist Just-in-Time bei Serien- und Massenfertigung und langfristiger Auftragsbindung.

Weil das Just-in-Time-Prinzip bei Störungen recht anfällig ist, da keine Puffer vorhanden sind und die Kostensituation recht kritisch sein kann, hat man sich vielfach zum Aufbau von **„Logistik-Centern"** entschieden. Sie wurden vor allem für solche Lieferanten etabliert, die sich nicht in **Industrieparks** vor den Werkstoren der Hersteller niederlassen konnten. Im Rahmen von Grobabrufen versorgen Zulieferer das in der Nähe des Herstellerwerkes befindliche Logistik-Center. Dieses übernimmt das komplette Lagermanagement einschließlich der Just-in-Time-Lieferung benötigter Teile und wirkt somit als Puffer zwischen Zulieferer und Hersteller.

Einige Hersteller nutzen auf der Basis bestehender Lieferstrukturen das so genannte **Warenhauskonzept (Warehouse)**. Der Hersteller gibt dem Warenhaus technische, preisliche und zeitliche Vorgaben für seinen Teileverbrauch. Das Warenhaus übernimmt die Beschaffung, Bezahlung, Lagerung und den Versand der Teile und wird damit zum alleinigen Lieferanten des Herstellers.

2.2.5 LIEFERANTENMANAGEMENT

Durch Einsatz von Methoden des Qualitätsmanagement in der Beschaffung soll sichergestellt werden, dass die beschafften Produkte und Leistungen die festgelegten Qualitätsanforderungen des Kunden und damit des Unternehmens erfüllen und wirtschaftlich bezogen werden. Dazu sind in den verschiedenen Phasen der Beschaffungsablaufs entsprechenden Maßnahmen vorzusehen.

Beschaffungsphase	Maßnahmen
Bedarfsermittlung	Technische und kaufmännische Lieferbedingungen
Bezugsquellenermittlung und Lieferantenauswahl	Lieferantenbeurteilung, Audits, Qualitätsmanagement-Vereinbarungen
Bestellabwicklung und Überwachung	Zeugnisse, Abnahmeprüfungen, Erstmusterprüfungen
Wareneingang und Bestandsführung	Prüfung, Fehleranalyse, Mängelrügen

Ideal ist die Einbeziehung potenzieller Lieferanten bereits bei der Planung und Entwicklung im Sinne eines **Simultaneous Engineering** (parallele Bearbeitung von Aufgaben, eingesetzt wird es bevorzugt in der Entwicklung von Neuprodukten).

Ziel des Simultaneous Engineering ist vor allem eine deutliche Verkürzung der Entwicklungszeiten. Damit kann ein Großteil der konzeptionellen Qualitätsprobleme im Vorfeld vermieden werden. Oft erstellen Unternehmen der Serienfertigung spezielle Dokumente für alle Zulieferer, in denen die unternehmensbezogenen Forderungen zusammengefasst sind. Dazu können Werksnormen und Einschränkungen von Standards ebenso gehören wie generelle Kennzeichnungs- und Verpackungsvorschriften.

Lieferantenauswahl

Die Stufen, die zur Auswahl geeigneter Lieferanten führen, können wie folgt beschrieben werden:

• Analyse der Unternehmenssituation und des Umfelds
• Analyse des Bedarfs vom Lieferantenmarkt
• Analyse des Beschaffungsmarkts selbst
• Analyse potenzieller Lieferanten
• Auswahl geeigneter Lieferanten
• Vertragsverhandlungen
• Beschaffungsabwicklung.

Bei der Auswahl geeigneter Lieferanten und deren Beurteilung sind wichtige Kriterien:

• Erfahrungswerte oder Vorgeschichte der Lieferbeziehung
• Beurteilung von Erstmustern
• Ergebnisse laufender Prüfungen
• Einschätzungen bezüglich Zuverlässigkeit

- Einschätzungen bezüglich Fertigungsmöglichkeiten
- Beurteilung der Konditionen (Preise, Bedingungen, Fristen, Leistungen)
- Ergebnisse von Audits beim Lieferanten
- Innovationsfähigkeit
- Eindruck bezüglich der Management-Kapazitäten
- Bereitschaft zur intensiven Zusammenarbeit
- geografische Lage
- Marktstellung und Wettbewerbsposition.

Lieferantenvereinbarung

Bei engeren Lieferbeziehungen haben sich **Qualitätsmanagement-Vereinbarungen** mit Lieferanten bewährt. Hierbei werden grundsätzlich alle notwendigen Produktspezifikationen, Ausführungsvorschriften, die Merkmale, die für die Qualitätssicherung von besonderer Bedeutung sind, und die beizustellenden Zertifikate, Prüfzeugnisse usw. produktbezogen definiert und detailliert beschrieben. Ziel der Vereinbarungen soll die Koordination qualitätssichernder Maßnahmen zwischen Lieferant und Kunde sein. Es sollen Rechtsunsicherheiten vermieden und eine Absicherung gegen Haftungsrisiken erzielt werden. Wenig sinnvoll sind Vereinbarungen allerdings dann, wenn der potente Abnehmer die zusätzlichen Lasten ausschließlich auf den Zulieferer überträgt und sich damit von seinen eigenen Verpflichtungen befreit.

Leistungsprüfung

Wenn eine Lieferung den Besteller erreicht, ist zu überprüfen, ob die vereinbarte Leistung auch tatsächlich erbracht wurde. Bei der Annahme des Materials werden anhand der Begleitpapiere eine Identifikationsprüfung (Art, Menge, Bestellzuordnung) und eine grobe optische Prüfung auf Transportschäden durchgeführt. Bei Abweichungen (Unter- oder Überlieferung, Beschädigung) ist vor Einlagerung mit den zuständigen Stellen (Beschaffung, Qualitätssicherung) abzuklären, welche Korrekturen anzuwenden sind (Rücksendung, Sperrlager oder Änderung der Beschaffungsdaten).

Lieferantenbewertung

Die Gesamtbewertung eines Lieferanten kann durch eine gewichtete Zusammenfassung dieser und eventuell weiterer Faktoren zu einer Kennzahl erfolgen, die dem Lieferanten monatlich oder vierteljährlich mitgeteilt wird, gegebenenfalls mit der Bitte um Stellungnahme, wie Unzulänglichkeiten behoben werden sollen.

Eine weitere Möglichkeit, Lieferanten zu beurteilen, bietet das Lieferanten-System-Audit. Anhand eines Fragenkatalogs werden die qualitätsrelevanten Abläufe des Betriebsgeschehens überprüft. Eine abschließende Bewertung des Ergebnisses mit dem Lieferanten zusammen kann zur Festlegung weiterer Verbesserungsmaßnahmen genutzt werden. Dazu ist aber bereits ein hohes Maß an gegenseitigem Vertrauen notwendig, da der Lieferant seine Interna preisgeben muss.

47 ≫ **Seite 435**

Lieferantenpolitik

Der Erfolg eines Unternehmens steht im direkten Zusammenhang mit der Leistungsfähigkeit seiner Lieferanten. Die Reduzierung der Fertigungstiefe durch Outsourcing und der zunehmende Einsatz von Systemlieferanten bei gleichzeitiger Ausweitung der Beschaffungsaktivitäten über den gesamten Globus verlangen eine gesamtunternehmerische und fortschrittliche Lieferantenpolitik.

Das oft gehegte Misstrauen und die unterschiedlichen Zielsetzungen der Partner – „billig einkaufen" gegen „teuer verkaufen" – muss zu Gunsten eines vertrauensvollen Miteinanders überwunden werden. Lieferanten entwickeln sich in einem komplexen Umfeld immer mehr weg von dem reinen Zulieferer, hin zu einem strategischen Geschäftspartner des Unternehmens. Lieferantenbeziehungen mit strategischen Lieferanten, besonders im internationalen Umfeld, erfordern ein differenziertes Vorgehen. Eine solche intensive Zusammenarbeit mit dem Lieferanten bezeichnet man als Upstream Management. Im Vergleich zur traditionellen Lieferantenbeziehung ergibt sich:

traditionelle Beziehung	Upstream Management
gegenseitige Abgrenzung und Misstrauen	partnerschaftliche Lieferantenbeziehung (Win-Win) unter Einbezug der Leitungen
bürokratisches Vorgehen	transparente Spielregeln
restriktive Informationspolitik	regelmäßige Besuche und Informationsaustausch
permanente Preisverhandlungen	langfristige Partnerschaft
Kostenüberwalzung auf den Lieferanten	gemeinsame Preisgestaltung durch Wertanalyse, Target-Costing und Austausch von Kalkulationen
viele Zulieferer und große Teilevielfalt	Wertschöpfungspartnerschaft und Systemlieferant
erst Produktentwicklung, dann Zulieferwahl	Entwicklungskooperationen, Simultaneous Engineering
Kontrolle und Reklamationsabwicklung	durchgehendes Qualitätsmanagement
schwankende Abrufe in Losen	produktionssynchrone Beschaffung, Just-in-Time

Lieferantenentwicklung

In partnerschaftlicher Weise soll mit dem Lieferanten über alle Anforderungen des Unternehmens und über die Leistungsfähigkeit des Lieferanten gesprochen werden. Regelmäßige **Reviews** ermitteln den tatsächlichen Stand und können zu Verbesserungen führen. Mögliche Maßnahmen sind:

• Stabilisieren der Beziehungen durch verlässliche längerfristige Verträge
• Aufteilung des Rationalisierungsgewinns zwischen Lieferant und Empfänger
• Kapitalverflechtung (Keiretsu-Netzwerke)
• Austausch von Spezialisten
• Verleihung von Lieferanten-Awards.

Ziel wird es immer mehr, mit wenigen ausgewählten Lieferanten strategische Partnerschaften einzugehen, um dauerhafte Wettbewerbsvorteile durch nicht imitierbare Beziehungen und Bildung von Netzwerken zu erzielen.

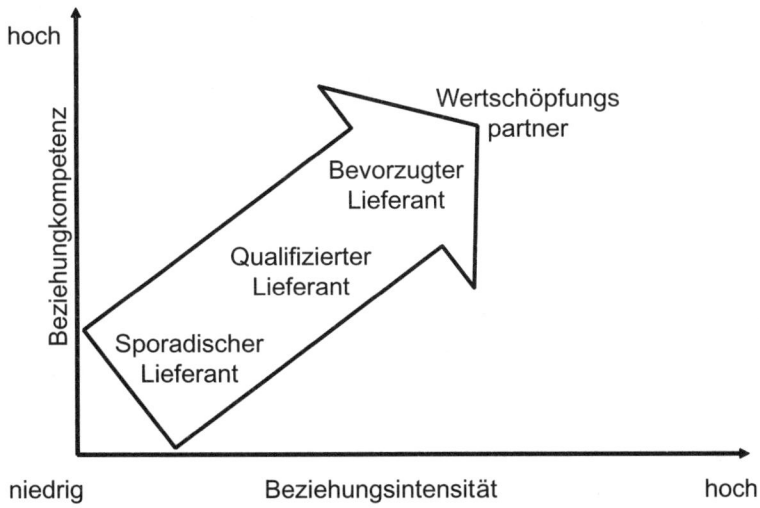

2.2.6 OUTSOURCING UND MAKE OR BUY-ENTSCHEIDUNGEN

Aufgrund des Trends zur Reduzierung der eigenen Fertigungstiefe bekommt das Beschaffungsmanagement eine zusätzliche Bedeutung bezüglich der Auswahl von geeigneten Partnern für den **Fremdbezug** von Produkten und Leistungen, die zuvor im eigenen Unternehmen erstellt wurden.

In einer Make or Buy-Entscheidung wird festgelegt, ob die Leistung eigengefertigt oder fremdbezogen wird. Werden Aktivitäten dauerhaft auf einen Zulieferer ausgelagert, spricht man von **Outsourcing**.

Anlässe für Make or Buy-Entscheidungen können sein:

• Zusatzbedarf über die eigene Kapazität hinaus
• Änderungen in der Kostenstruktur
• Kapitalknappheit bezüglich eigener Investitionen
• Konzentration auf die eigene Kernkompetenz (Alleinstellung und Wettbewerbsvorteil)
• Qualitätsargumente
• Verbesserung der Lieferzuverlässigkeit
• Verbesserung der Flexibilität
• Verfügbarkeit von technischem oder logistischem Know-how.

Befindet sich das Unternehmen im Vergleich zum Umfeld in einer schwachen Kompetenzposition spricht das für **Outsourcing**. Andererseits spricht eine starke Position im Vergleich zum Umfeld für die Eigenfertigung. Als Grundsatz soll bei den Überlegungen gelten:

Alles, was ein Zulieferer besser abwickelt als das eigene Unternehmen kann Gegenstand des Outsourcing sein bis auf die Prozesse, die die **Kernkompetenz** des Unternehmens ausmachen. Denn durch Weggabe der Kernkompetenz besteht die Gefahr, dass der Kunde direkt bei dem Zulieferanten kauft und dass das Unternehmen keine Innovationen mehr generieren kann und somit keine dauerhaften Wettbewerbsvorteile mehr besitzt.

Bei der Auswahl des Outsourcing-Partners ist zu berücksichtigen:

* Langfristige Bindung und Ausbau zu einer Wertschöpfungspartnerschaft
* Gewährleisten der Qualität mit Absicherung durch Qualitätsmanagement-Vereinbarungen
* Know-how-Schutz durch Verträge.

Als Entscheidungsunterstützung wird häufig ein Portfolio erstellt, in dem einerseits die strategische Bedeutung des Teils und andererseits die Marktverfügbarkeit aufgetragen sind. Aus der Positionierung der betrachteten Produkte kann dann eine Einteilung nach Eigenfertigung, Fremdbezug und Einzelentscheidungen getroffen werden.

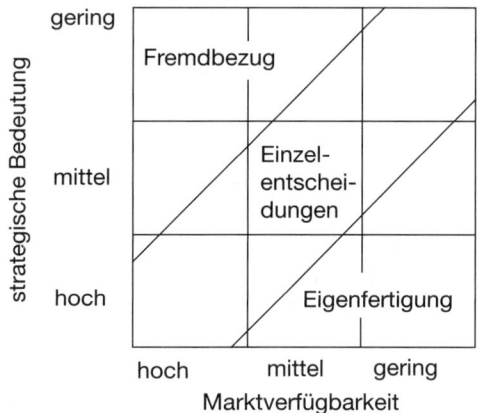

Die Auswirkungen auf die Unternehmensorganisation betreffen einmal die Aufbauorganisation, da ganze Aufgabenfelder und Funktionen externalisiert werden und neue Formen der unternehmensübergreifenden Teambildung entstehen. Zum anderen sind in der Ablauforganisation zusätzliche Überlegungen der Synchronisierung externer mit internen Stellen durchzuführen und Methoden einzusetzen, die sich stark auf informationstechnische Mittel wie Internet, DFÜ oder Data Warehouses stützen.

48 >> Seite 435

Es empfiehlt sich bei der Durchführung nach einem standardisierten Verfahren vorzuge-
hen, damit keine Risiken übersehen werden. Die Schritte können sein:

Schritt	Inhalt
Definition der eige-nen Kernkompeten-zen	Festlegung der Aktivitäten, die auf jeden Fall durch das Unterneh-men selbst ausgeführt werden müssen (Kernkompetenzen). Festle-gen der daraus abgeleiteten Fertigungstiefe und der Prozesse, die für ein Outsourcing in Frage kommen.
Definition der Verant-wortlichkeiten	Es müssen eindeutige Regeln für die Verteilung der Verantwortlich-keiten festgelegt werden, die Grundlage der späteren vertraglichen Bindung werden. Dazu gehören neben der einwandfreien Bereitstel-lung auch Fragen der Gewährleistung und Haftung.
Ermittlung möglicher Outsourcing-Partner	Aufgrund eigener Erfahrung oder ermittelter Marktdaten werden potenzielle Kandidaten benannt, mit denen Kontakte herzustellen sind.
Verhandlungen oder Ausschreibungen	In Form von Checklisten oder Lastenheften werden die Anforderun-gen definiert und mit den potenziellen Partnern verhandelt.
Auswahl des Partners	Auf Basis der Recherchen und Verhandlungen wird ein Partner aus-gewählt und endgültig verhandelt. Dabei empfiehlt es sich, Metho-den der Nutzwertanalyse oder der Portfoliotechnik einzusetzen.
Durchführung der Verlagerung	Nach Erstellung von abgestimmten Umsetzungsplänen wird die Ver-lagerung des Prozesses durchgeführt. Eine enge Kontrolle und ein gutes Projektmanagement sind dabei unbedingt notwendig.
Erfolgskontrolle und ggf. Korrekturen	Nach einer gewissen Zeit soll der Gesamtvorgang kritisch auf das er-reichte Ergebnis analysiert werden. Möglicherweise sind Korrekturen am Ablauf oder Umfang der Vereinbarung vorzunehmen.

Je intensiver die Zusammenarbeit ist, umso mehr werden Kompetenzen auf den Zulieferer übertragen. Die Positionierung der Zulieferersituation kann anhand des Umfangs
der angebotenen Leistung und bezüglich der Zuliefererkompetenz in einem Portfolio visualisiert werden. Die weitgehendste Art der Zulieferbeziehung ist die Wertschöpfungspartnerschaft, in der die Zulieferer das eigene Know-how in die Produkt- und Prozessentwicklung der Kunden einbringen wie z. B. die Hersteller von Scheinwerfereinheiten,
Energiemanagement oder Motorelektronik im Automobilbau.

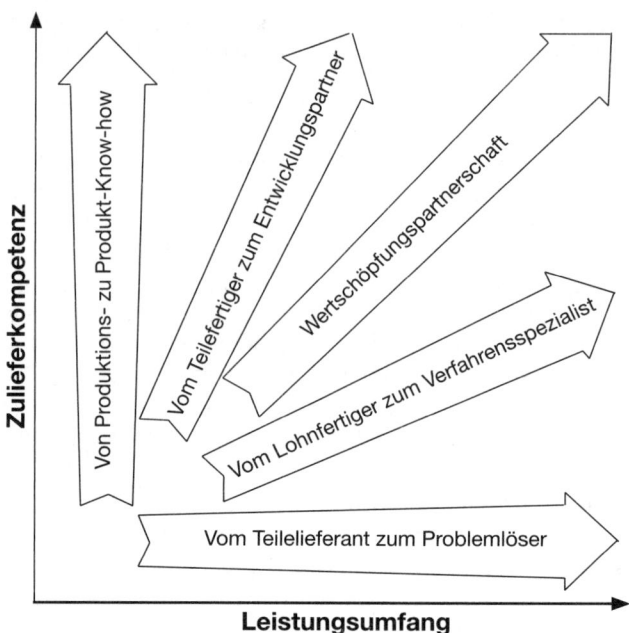

2.3 LAGERLOGISTIK

Neben Qualität und Preis spielen Lieferzeit und Liefertreue eine große Rolle bei der Beurteilung eines Unternehmens durch die Kunden. Sowohl die Auftragserfassung mit der möglichst parallel laufenden Verfügbarkeitsprüfung als auch die Einsteuerung der Aufträge in eine Fertigungsplanung erfordert ganzheitliche Kenntnis der zur Verfügung stehenden Kapazitäten und Materialien.

Aufgabe der **Lagerlogistik** ist es, die beschafften Materialien entgegenzunehmen, sie auf Verwendbarkeit zu überprüfen und bei Bedarf an die anfordernde Stelle weiterzugehen. Dazwischen müssen Materialien, die nicht unmittelbar gebraucht werden, zweckmäßig und überschaubar zwischengelagert werden. Wichtig ist eine stets **aktuelle Übersicht** über die Höhe des Bestands und über die räumliche Verteilung der Materialien.

Je nach Unternehmensgröße und Produktspektrum kann die **Eingliederung** der Lagerlogistik unterschiedlich gehandhabt werden. Oft werden die Lager für Zukaufteile und für Zwischenprodukte der Materialwirtschaftsabteilung oder dem Bereich Logistik zugeordnet. Lagerbereiche für verkaufsfähige Produkte und für Handelsware unterstehen oft dem Vertriebsbereich.

Die Organisation der Lagerbereiche hat wesentlichen Einfluss auf die Leistungsfähigkeit der Produktion. Deshalb sind genaue Kenntnisse der Lagerorganisation und der Informationsflüsse wichtig. Die Abbildung zeigt, wie Informationen und Materialien fließen:

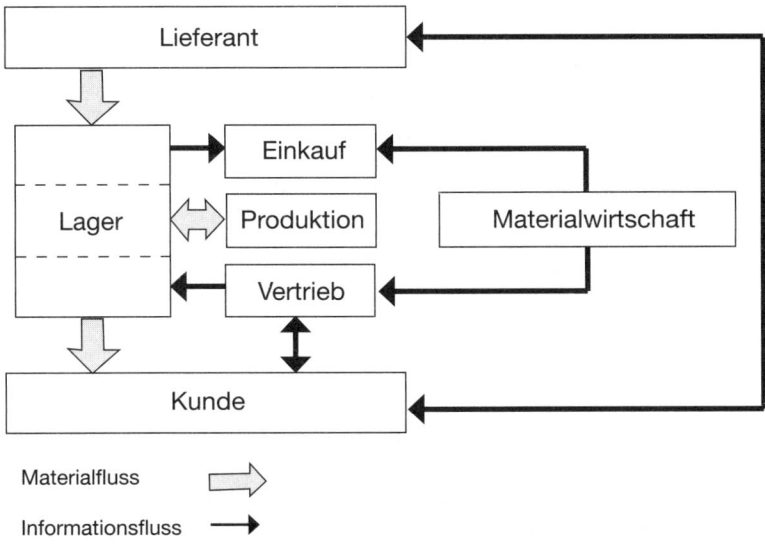

Materialfluss ⇨

Informationsfluss ⟶

2.3.1 LAGERUNG

Die **Materiallagerung** erfolgt in Einrichtungen, in denen das Material aufbewahrt und für den Gebrauch verfügbar gehalten wird. Ein Lagerbereich ist erforderlich um Schwankungen im Materialverbrauch ausgleichen zu können.

Außerdem sind innerhalb der Beschaffungsstrategie aufgrund von Marktsituationen (Rabatte, Sonderangebote) Materialeinkäufe geboten, die nicht unmittelbar in Produktionsaufträge fließen. Das Lager sichert die Versorgung auch bei ungeplantem Bedarf.

Die wichtigsten **Einzelfunktionen** des Lagers sind:

Ausgleichsfunktion	zwischen Materialbedarf und Materialzufluss. So können beispielsweise durch optimierte Losgrößen oder durch kurzfristige Verfügbarkeit Materialien auf das Lager kommen, die nicht in derselben Menge verbraucht werden.
Zeitliche Anpassungen	Verarbeitung während einer ganzen Periode, Beschaffung jedoch nur zu bestimmten Zeitpunkten möglich (z. B. Obstverarbeitung).
Mengenmäßige Anpassungen	Obwohl kein unmittelbarer Verbrauch geplant ist, wird eine bestimmte Produktionsmenge aufgrund wirtschaftlicher Fertigung definiert (z. B. Produktion von Mindestmengen, Losgrößenoptimierung).
Sicherungsfunktion	bei Unsicherheiten der vorhandenen Informationen in Bezug auf Mengen und Zeiten oder zur Überbrückung von kurzfristig auftretenden Störungen.
Spekulationsfunktion	bei Preiserhöhungen, befürchteten Qualitätsverschlechterungen oder Sonderangeboten.

Veredelungs-funktion	Qualitätsverbesserung der gelagerten Güter durch Lagerung (z. B. Käse, Wein). Die Lagerung ist ein Teil des Produktionsvorgangs (z. B. Trocknung, Reifung, Gärung, Alterung).
Sortierfunktion	Unterschiedliche Materialien werden in Losen von Zulieferanten eingelagert, um dann anschließend für den Kundenbedarf speziell zusammengestellt zu werden (Kommissionierung).
Bereitstellungs-funktion	Präsentation von Waren für den Abverkauf in Supermärkten oder Bevorratung von verbrauchsgesteuerten Materialien für die Produktion.

2.3.2 Materialeingang und -prüfung

Bei der **Annahme des Materials** wird anhand der Begleitpapiere eine Identifikationsprüfung (Art, Menge, Bestellzuordnung) und eine grobe optische Prüfung auf Transportschäden durchgeführt. Bei Abweichungen (Unter- oder Überlieferung, Beschädigung) ist vor Einlagerung mit den zuständigen Stellen (Beschaffung, Qualitätssicherung) abzuklären, welche Korrekturen durchzuführen sind (Rücksendung, Sperrlager oder Änderung der Beschaffungsdaten.

Das neu eingelagerte Material wird häufig aufgrund von Prüfplänen einer technischen **Prüfung** unterzogen. Dabei prüft man entweder stichprobenartig, zu hundert Prozent (bei Erstlieferungen oder bei dokumentationspflichtigen bzw. besonders relevanten Teilen) oder aber im „skip lot"-Verfahren mit teilweisem Überspringen von Prüfungen bei bisher guter Qualität. Die Dokumentation der durchgeführten Prüfungen und deren Auswertung sind Bestandteil der **Lieferantenbewertung**.

2.3.3 Lagerorganisation

Der **Aufbau von Lagerbereichen** kann nach unterschiedlichen Prinzipien geplant werden. Werden spezielle Lagereinrichtungen benötigt (Stangenlager, Treibstofflager, Kühllager, Gefahrstofflager, Kleinteile-Paternoster), fasst man das Material dort zu Warengruppen zusammen. Werden Materialien prozessbezogen in der Fertigung zugefügt, sind diese in produktionsnahen Verbrauchslagern zusammenzufassen.

Die **Organisation und Gestaltung** der Lager orientiert sich an

• Materialflussanforderungen
• geometrischen Abmessungen
• Beschaffenheit der Materialien.

Spezielle Rohstofflager, Lagerbereiche für **gefährliche Stoffe** oder für brandgefährdete Materialien sind oft räumlich abgetrennt. In **Hochregallagern** ist eine Automatisierung der Lagerzugangs- und -abgangsvorgänge möglich.

Durch **Lagerverwaltungsrechner**, die mit der zentralen PPS-Software kommunizieren, lassen sich wahlfreie Lagerorte (**chaotisches Lager**) und Materialreservierungen organisieren und optimieren.

Um Veralterungen von eingelagerten Materialien zu vermeiden, wird das Prinzip FIFO (**First-in-First-out**) angewandt, bei dem die Teile zuerst entnommen werden, die auch zuerst eingelagert worden sind – technisch wird das z. B. durch Durchlaufregale realisiert. Damit keine Beschädigungen der Produkte bei Verpackung, Handhabung, Transport und Lagerung und somit eine Beeinträchtigung der Qualität auftreten, ist sicherzustellen, dass alle Produkte geschützt sind und richtig gehandhabt und gelagert werden.

Unterhält ein Zulieferer beim Kunden Lagerbereiche, um dort die Materialien schnell verfügbar zu halten, spricht man von einem **Konsignationslager**. Die Ware ist bereits beim Kunden, gehört aber noch dem Lieferanten und wird erst bei Entnahme durch den Kunden fakturiert.

Bei der Festlegung von Anzahl und Standorte von räumlich verteilten Außenlagern sind zu berücksichtigen:

• Verderblichkeit der Produkte
• Grad der Standardisierung
• Wert der Produkte
• Erklärungsbedürftigkeit der Produkte
• Zahl und räumliche Verteilung der Kunden
• Häufigkeit der Belieferung.

49 ⟫ Seite 435

2.3.4 Lagerbevorratung

Eine wichtige Festlegung betrifft die Ebene, bis zu der erwartungsbezogen produziert wird (Bevorratungsebene). Die **Bevorratungsstrategie** wird durch eine variantenneutrale Baukastenkonstruktion sehr erleichtert. So sollten variantenspezifische Positionen erst auf einer möglichst späten Produktionsstufe zur Anwendung kommen.

Als Kriterien für die Festlegung der optimalen Bevorratungsebene können hinzugezogen werden:

Die erwartete oder geforderte Lieferzeit	Innerhalb dieses Zeitraums muss es möglich sein, alle gewünschten Varianten bereitzustellen. Lieferzeit ist heute ein wesentliches Wettbewerbskriterium.
Der Grad der Bedarfs- schwankung	Auf der gewählten Bevorratungsebene sollte eine hohe Zuverlässigkeit der Bedarfsvorhersage bestehen.
Der Grad der Nachfrage- schwankung (Saisoneffekt, Stichtagsbezug)	In einer Zeit geringer Nachfrage werden gängige Endprodukte auf Vorrat produziert, die dann bei Nachfragespitzen die Lieferfähigkeit sicherstellen.

Die Mehrfach-verwendbarkeit von Komponenten	Die Bevorratungsebene sollte so festgelegt sein, dass die Zwischen-produkte in möglichst vielen Varianten der Endprodukte einsetzbar sind.
Die Kapitalbin-dung	Der Hauptanteil der Wertschöpfung sollte möglichst in die letzte Pro-duktionsstufe gelegt werden, damit der Lagerwert angearbeiteter Produkte minimal bleibt.

2.3.5 MATERIALABGANG

Entnahmen aus den Lagerbereichen sind nur gegen einen entsprechenden Beleg mög-lich, um die **Bestandssicherheit** nicht zu gefährden. Der überwiegende Teil wird durch vorher geplante Produktions- oder Vertriebsaufträge angefordert. **Ungeplante Entnah-men** (Sonderbedarf, Mehrmengen, Ersatzteile und Kompensation von Ausschuss) füh-ren oft zu einem Versorgungsengpass, der nur durch konsequente Bestandssicherheit und schnelle Beschaffungsplanung vermieden werden kann.

Die **Bewegungssätze** aus dem Lagerbereich bilden die Grundlage zu statistischen Aus-wertungen über Umschlagshäufigkeit, Lagerbelastung, Verweilzeit oder Fehlteilsituation und spielen im Rahmen der Inventur eine wesentliche Rolle.

2.3.6 DV-UNTERSTÜTZUNG

Rechnergeführte Logistik-Systeme unterstützen

* die Verwaltung von Lagerstrukturen und -einrichtungen (z. B. von automatischen La-gern, Hochregal-, Block- oder Festplatzlagern)

* die Übersicht über Lagerbewegungen

* das Management der den Wareneingang und -ausgang begleitenden Aktivitäten (z. B. Ausladen, Verpacken der Waren, Entsendung von Lieferfahrzeugen zur vorgeschriebe-nen Laderampe, Ausdrucken von Versandpapieren)

* das Führen von aktuellen Bestandsdaten auf Lagerplatzebene mithilfe der permanen-ten Inventur

* die Ein- und Auslagerung von Gefahrstoffen und allen anderen Materialien, welche eine Sonderbehandlung erfordern, und

* spezielle Dienstleistungen, z. B. individuell ausgerichtete Verpackungsverfahren und Etikettierung, um eine korrekte Beschriftung und Verpackung zu gewährleisten.

2.4 PRODUKTIONSLOGISTIK

Gegenstand der Produktionslogistik ist die Planung, Steuerung und Kontrolle der innerbetrieblichen Transport-, Umschlag- und Lageraufgaben. Mit organisatorischen Maßnahmen lassen sich **Durchlaufzeitreduzierungen** und **Bestandssenkungen** erreichen.

2.4.1 ALTERNATIVKONZEPTE ZUM MRP II

Das MRP II-Konzept plant alle notwendigen Mittel wie Mitarbeiter, Maschinen und Flächen algorithmisch so ein, dass in einer logisch gegliederten Planungshierarchie die Informationen schnell und korrekt verarbeitet werden. Es entsteht ein für alle Ebenen **abgestimmter Produktionsplan** mit klarer Verantwortungszuordnung. Bei Störungen und Abweichungen entsteht allerdings ein hoher Rechen- und Verwaltungsaufwand.

Wie in Kapitel G. 2.4.1 beschrieben sind die Problemfelder des MRP II-Systems:

• Nichtberücksichtigung der wechselseitigen Abhängigkeit zwischen Produktions- und Absatzplanung

• keine Beachtung der gegenseitigen Abhängigkeiten bezüglich Ressourcen oder Reihenfolgen

• Verwendung von unsicheren "Plan-Durchlaufzeiten"

• Berechnung der Planwerte häufig nicht realistisch

• stochastische Abläufe können nicht durch deterministische Planung abgebildet werden.

In den letzten Jahren haben sich modernere Steuerungskonzepte entwickelt, die zum Ziel haben, den geplanten Output mit den vorhandenen Kapazitäten besser abzustimmen. Generell kann man dabei unterscheiden zwischen

• bestandsorientierten Konzepten und
• engpassorientierten Konzepten.

Hinzu kommen die Pull-orientierten Konzepte der Just-in-Time-Produktion mit der Anwendung von Kanban.

2.4.2 BESTANDSORIENTIERTE STEUERUNGSKONZEPTE

Zielsetzung ist es, ein als zweckmäßig empfundenes **Bestandsniveau** vor den einzelnen Arbeitsplätzen sicherzustellen. Dabei gelten folgende Überlegungen:

• Möglichst gute Deckung der Kapazitätsnachfrage durch das Kapazitätsangebot
• Durchlaufzeiten werden mit abnehmenden Zwischenbeständen geringer
• Bestandspuffer regeln kleinere Belastungsschwankungen aus.

Belastungsorientierte Auftragsfreigabe

In traditionellen PPS-Systemen erstrecken sich Verfügbarkeitsprüfungen auf Rohstoffe und Komponenten. Wenn auf die Kapazitätssituation nicht genügend Rücksicht genommen wird, entstehen **Überlastungen** der Fertigung, die zu **hohen Lagerbeständen** und **langen Durchlaufzeiten** führen. In der belastungsorientierten Auftragsfreigabe werden nach einem **„Trichtermodell"** nur die Aufträge freigegeben, für die Produktionskapazität verfügbar ist. Die Auftragsfreigabe bezieht vorausschauend die Bedingungen der nachfolgenden Stufe mit ein und führt zu einer Glättung der Produktion.

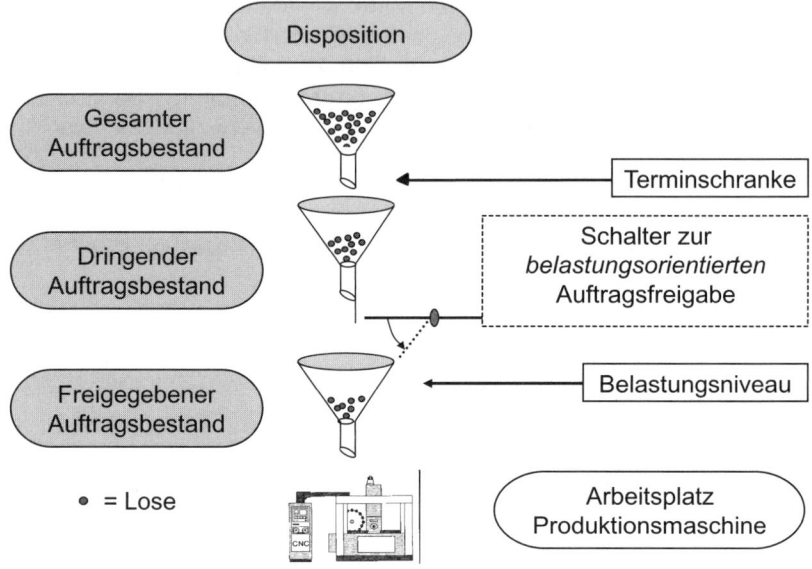

Die betriebsorientierte Auftragsfreigabe (BOA) arbeitet mit zwei Steuerungsparametern:

- **Auftragsfreigabe**
  Es werden jeweils nur so viele Aufträge freigegeben, dass lediglich eine begrenzte Warteschlange vor jedem Arbeitsplatz entsteht, die so genannte Belastungsschranke.

- **Auftragsreihung**
  Die dringenden, in der Warteschlange verweilenden Aufträge werden dadurch ermittelt, dass errechnet wird, ob ein Auftrag in der Plandurchlaufzeit seinen vorgegebenen Fertigstellungstermin erreicht oder überschreitet. Dieser Fertigstellungstermin wird als Terminschranke bezeichnet.

  Wird die Terminschranke von einem Auftrag überschritten, so muss er sofort gefertigt werden. Je größer die Überschreitung ist, um so höher ist die Priorität eines Auftrages.

Dieses System zur Werkstattsteuerung regelt sich selbst, denn durch die wiederholte Zurückstellung eines Fertigungsauftrages erhöht sich seine Priorität solange, bis er die Terminschranke überschritten hat. Dann wird er zur Weiterfertigung eingeplant.

Zum Einsatz der BOA müssen einige Voraussetzungen gegeben sein:

• Die Endtermine aller Aufträge sind definiert.
• Die kurzfristig einsetzbaren Kapazitäten sind bekannt.
• Material, Vorrichtungen und Werkzeuge sind verfügbar.

Gegen diese Konzeption wurde eine Reihe von Kritikpunkten geltend gemacht:

• Ausschließlich zur Werkstattsteuerung geeignet
• Geringe Effizienz zur Termineinhaltung
• Nur statische und keine dynamische Betrachtung der Steuerung
• Durch Eilaufträge wird das System erheblich gestört
• Die oftmals empirisch ermittelte Belastungsschranke kann sich verändern
• Der Planungshorizont umfasst nur eine einzige Periode.

Die BOA kann statt einer Prioritätsrechnung eingesetzt werden. Deswegen ist diese Konzeption in einigen PPS-Systemen anstelle einer Prioritätsrechnung alternativ wählbar.

Eine Weiterentwicklung der BOA ist die **bestandsgeregelte Durchflusssteuerung (BGD)**.

Hier wird nicht nur eine einzige Fertigungsstelle in diese Konzeption einbezogen, sondern es werden alle Fertigungsstellen der betrachteten Fertigungsstufe berücksichtigt. Die Freigabe eines Fertigungsauftrages ist hier abhängig vom Auftragsbestand in allen nachfolgenden Fertigungsstellen. Nur wenn auch die übernächste und die nachfolgenden Fertigungsstellen den betrachteten Auftrag ausführen können, wird er bei der nächsten Fertigungsstelle eingelastet.

Fortschrittszahlensystem (FSZ)

Wird von einer auftragsbezogenen Kontrolle des Fertigungsausstoßes abgesehen, so kann diese Kontrolle auch pauschal ausgeführt werden. Das kann mit dem Fortschrittszahlensystem (FSZ) erfolgen.

Beim Fortschrittszahlensystem werden für die verschiedenen Fertigungsbereiche, so beispielsweise für die

• Endmontage
• Baugruppenfertigung
• Bauelementeproduktion
• Teilefertigung

der Sollausstoß ermittelt. Unterschiedliche Erzeugnisse und Komponenten werden dabei mithilfe von Äquivalenzzahlen auf Fortschrittszahlen umgerechnet. Diese Fortschrittszahlen werden fortlaufend kumuliert.

Den Soll-Fortschrittszahlen werden die kumulierten Ist-Fortschrittszahlen gegenübergestellt, die auf die gleiche Weise errechnet wurden.

Aus der Differenz ist das Ausstoßergebnis für die verschiedenen Bereiche der Fertigung
und für jeden Termin ablesbar. Aus der Veränderung der Differenzen zwischen den Soll-
und den Ist-Fortschrittszahlen kann eine Verbesserung oder Verschlechterung des Aus-
stoßes erkannt werden.

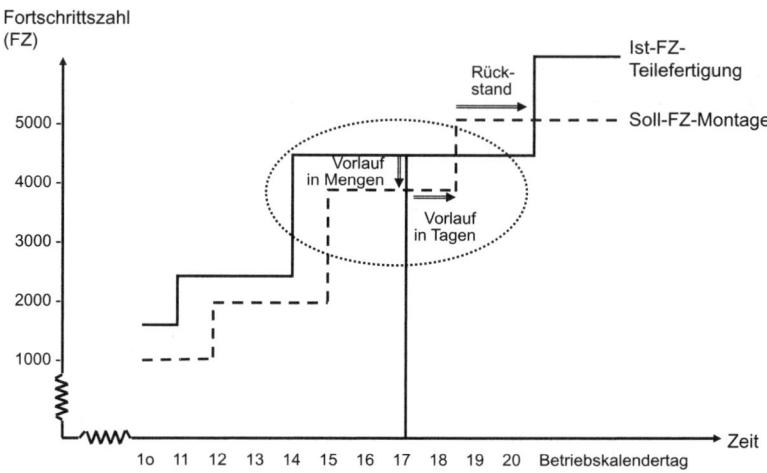

Das Konzept ist kundenorientiert; so steht einer Auftrags-Fortschrittszahl eine Versand-
Fortschrittszahl gegenüber, sodass unmittelbar die **Liefertreue** abgelesen werden kann.
Das Fortschrittszahlensystem wird insbesondere in der Automobilindustrie eingesetzt.

2.4.3 ENGPASSORIENTIERTE STEUERUNGSKONZEPTE

Bei diesem Steuerungskonzept werden die existierenden Engpässe als Ausgangspunkt
der Planung identifiziert. Ausgehend von der Einheit mit der knappsten Kapazität wird
die Terminierung durchgeführt.

Optimized Production Technology (OPT)

Das System OPT trennt Aufträge, die **Engpasskapazitäten** nutzen, von denen, die durch
unkritische Kapazitätseinheiten laufen. Danach werden zunächst die kritischen Aufträge in einer Vorwärtsterminierung eingelastet und anschließend die nichtkritischen in einer Rückwärtsterminierung an die gesetzten Termine angepasst (Verfahren der **kombinierten Terminierung**).

Mit ihm wird eine konsequente Engpasssteuerung mit Differenzierung der Auftragslosgrößen vorgenommen. Engpässe können sich dabei beziehen auf

• Fertigungsengpässe und/oder
• Transportengpässe.

Für diese Konzeption wurden neun OPT-Regeln formuliert:

1. Der Fertigungsdurchfluss steht im Mittelpunkt und nicht die Kapazitätsauslastung.
2. Der Nutzungsgrad der Kapazitätseinheiten wird durch die Engpässe bestimmt.
3. Wirtschaftliche Nutzung und Auslastung sind zwei unterschiedliche Betrachtungen.
4. Eine an einer Engpassmaschine verlorene Fertigungsstunde ist für die gesamte Fertigung vergeben.
5. Eine eingesparte Fertigungsstunde an einer Fertigungsstelle, die kein Engpass ist, hat keine weitere Bedeutung.
6. Engpässe bestimmen nicht nur den Auftragsdurchlauf, sondern auch die Bestände.
7. Fertigungslosgrößen müssen nicht den Transportlosgrößen entsprechen.
8. Die Auftragslosgrößen müssen variabel und entsprechend anpassbar sein.
9. Durchlaufzeiten sind ein Ergebnis der Produktionsplanung und -steuerung. Sie sind folglich nicht vorgegeben, sondern bestimmbar.

Als **Voraussetzungen** zum Einsatz des OPT-Konzeptes werden genannt:

• Ein hoher Lieferservicegrad der Lieferanten ist erforderlich
• Fehlerfreiheit der Arbeitsplandaten
• Vorbeugende Instandhaltung der Fertigungsanlagen
• Hohe Arbeitsdisziplin der Mitarbeiter.

Die OPT-Konzeption wird für Fertigungen mit großen Losen und einer begrenzten Anzahl von Arbeitsgängen empfohlen.

Engpassorientierte Disposition (EOD)

Bei dieser Methode stehen die Engpässe in der **Materialversorgung** im Mittelpunkt. Es haben sich drei Verfahrensschritte herausgebildet:

• **Bedarfsauflösung** mit Brutto-Netto-Bedarfsabgleich
  Dadurch ist bekannt, welcher Bedarf in den einzelnen Fertigungsstufen besteht.

• **Lieferfähigkeitsnachweis**
  Hierbei wird die Verfügbarkeit der benötigten Materialien geprüft.

• **Losgrößenermittlung und Auftragsbildung**
  Bei relativ stabilen Verhältnissen kann sich die Losgrößenbildung an der optimalen Lieferfähigkeit orientieren. Ansonsten orientiert man sich an der aktuellen Materialverfügbarkeit und der Bedarfssituation.

Dezentrale Produktionsfeinplanung

Entgegen der zentralen Regelung, in der alle Entscheidungen bis ins Detail von einer Zentrale getroffen werden, teilt man die Planung in einen zentralen Anteil (Grobplanung) und einen **dezentralen Anteil** (Feinplanung vor Ort). Dadurch wird das Gesamtsystem flexibler und kann bei Störungen und Abweichungen unmittelbar vor Ort reagieren.

Diese Aufteilung in einen Rahmenplan und eine Werkstattsteuerung vor Ort wird umso flexibler, je mehr formale Rückmeldungen durch **informelle Selbstregelungen** ersetzt werden können. Zusätzlich wird der Verwaltungsaufwand drastisch reduziert.

Die Beschaffungstermine müssen unter Berücksichtigung von Lieferzeiten, Beschaffungszeiten und Prüfungszeiten ermittelt werden. Man unterscheidet zwischen programm- oder bedarfsgesteuerter Beschaffung durch Stücklisten-Auflösung und der verbrauchsgesteuerten Beschaffung oder Bestellpunkt- bzw. Bestellrhythmusverfahren.

Die Ermittlung der optimalen Losgröße bietet Anhaltspunkte für die jeweilige Bestellmenge bzw. den Bestellzyklus. Andere Verfahren bedienen sich zusätzlich noch Erkenntnissen aus periodenabhängigem Bedarf und ermöglichen somit eine zeitnähere und dem momentanen Verbrauch angepasste Optimierungsaussage.

2.4.4 JIT UND KANBAN

In der **produktionssynchronen Beschaffung (Just-in-Time)** wird das Zwischenprodukt nicht auf Lager vorgefertigt, sondern erst dann eingesteuert, wenn es tatsächlich benötigt wird. Die Produktionsabläufe werden von einem **Bring-System** auf ein **Hol-System** umgestellt.

Erst dann, wenn ein Ausgangsbedarf entsteht, wird Material bereitgestellt und der Arbeitsgang durchgeführt. Das führt zur Minimierung der Bestände und zur Vermeidung von Lagerhütern. Dieses Prinzip ist allerdings bei Störungen recht anfällig, da keine Puffer vorhanden sind. Just-in-Time-Produktion ist bei Serien- und Massenproduktion und langfristiger Auftragsbindung einsetzbar.

Voraussetzungen sind:

• Enge Bindung durch Rahmenverträge
• Regelmäßiger, gut planbarer Materialbedarf
• Flexibles Lieferabrufsystem/kurze Kommunikationswege
• Qualitätssicherungssystem beim Lieferanten
• Zuverlässigkeit hinsichtlich Menge und Termin.

Als Konsequenz aus der produktionssynchronen Anlieferung ergibt sich der Übergang von der Mehrquellen- (**Multiple Sourcing**) zur Einquellenversorgung (**Single Sourcing**).

Kanban-Prinzip

Im Rahmen der Just-in-Time-Philosophie ist der Kanban ein wichtiges Instrument. Dabei handelt es sich um eine Karte, eine Tafel oder einen markierten Bereich. Die nachfolgende Produktionsstelle holt sich die benötigten Teile aus der vorgelagerten Einheit und hinterlässt oder markiert einen solchen Kanban. Damit wird ein optisches Signal gesetzt, sodass die vorgelagerte Einheit nun wieder diese Teile nachproduziert. Es handelt sich um die Umkehrung des klassischen „Bring"-Prinzips der Produktionssteuerung durch das „Hol"-Prinzip" im JIT-System.

Das Kanban-Prinzip sieht eine **mindestbestandorientierte** Produktionsdisposition vor, indem eine Produktionsstufe immer dann neue Aufträge generiert, wenn der zugeordnete Lagerbestand einen Mindestbestand unterschritten hat.

Es werden jeweils vorher festgelegte Produktionsmengen gefertigt, die sich an der Kapazität von Transportbehältern orientieren können (Kanban-Behälter). Damit bestimmen die Auftragsvorgaben an die letzte Produktionsstufe nach dem Hol-Prinzip den weiteren Sog der Produktionsmenge in die Fertigung hinein (Zieh-Prinzip).

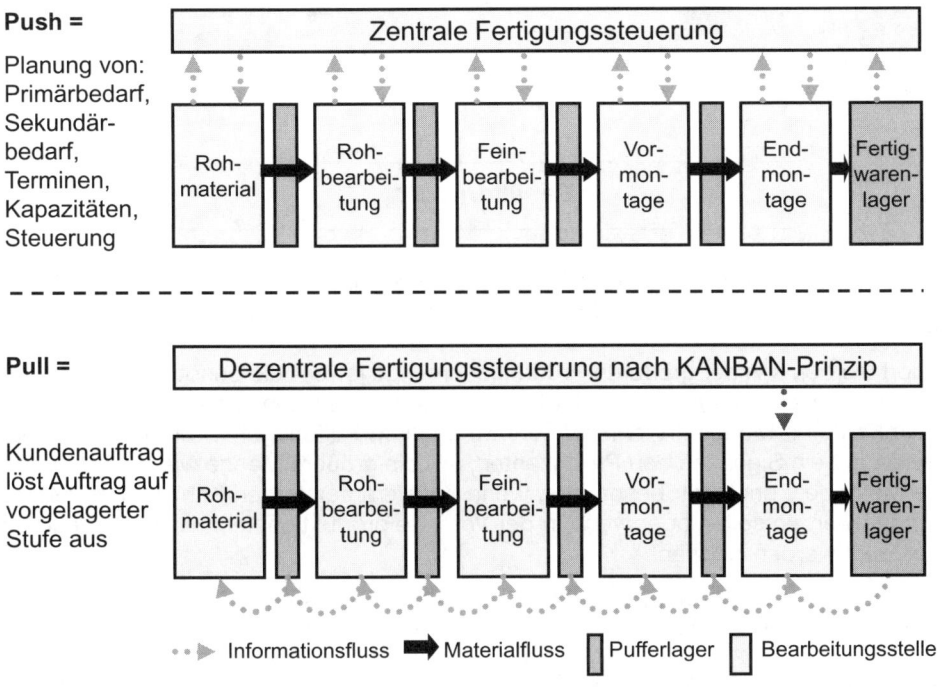

Durch Einsatz von Kanban können die **Bestände gesenkt** und die **Produktionsabläufe beschleunigt** werden. Allerdings setzt diese Methode innerbetrieblich eine hohe Mengenstabilität der Fertigung und eine hohe Qualitätszuverlässigkeit voraus.

Das Verfahren ist auch im **zwischenbetrieblichen Lieferverkehr** anwendbar. Vor allem aus Japan kommend haben sich in der Automobilindustrie solche Verflechtungen zwischen Zulieferer und Hersteller in stundengenau getakteten Lieferfrequenzen aufgebaut. Der dazu notwendige sehr enge Austausch von Daten und Know-how lässt die Anwendung des Verfahrens allerdings nur in ganz bestimmten Fällen zu.

In einem **einstufigen Kanban-Konzept** mit zwei Karten pro Arbeitsplatz wird zunächst aus einem Behälter gearbeitet. Sobald dieser leer ist, rückt ein zweiter Behälter nach, aus dem weiter gearbeitet werden kann. Der leere Behälter wird in einen Behälterpool gebracht, die anheftende Kanban-Karte gelangt zur vorherigen Produktionsstufe und löst dort einen Auftrag aus. Innerhalb der Bearbeitungszeit für den zweiten Behälter wird nun dafür gesorgt, dass ein aus dem Behälterpool entnommener nachgefüllter Behälter wieder zur Arbeitsstation gelangt. Dadurch ist immer ausreichend Material verfügbar, es werden aber niemals mehr als die beiden geplanten Behälter am Arbeitsplatz stehen, da erst ein Folgeauftrag angestoßen wird, wenn ein Behälter geleert ist.

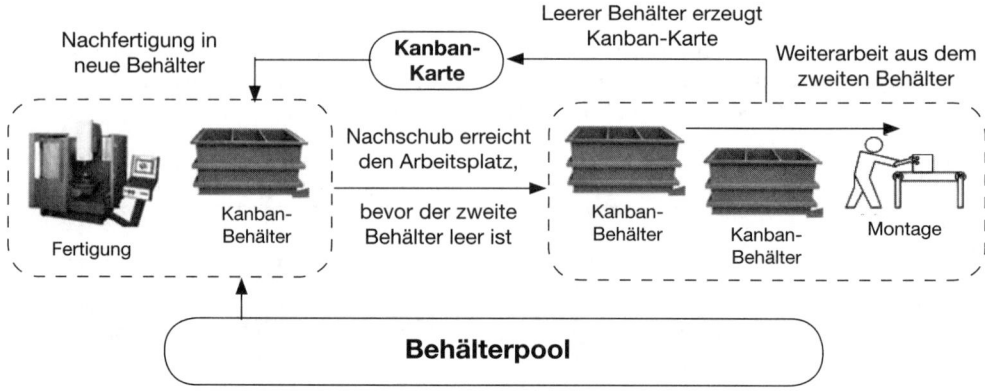

Falls die sinnvoll zu produzierenden Mengen sehr viel größer als die abzurufenden Mengen sind, kann in einem **zweistufigen Kanban** ein Pufferlager eingerichtet werden.

Von dort werden aus der größeren Produktionsmenge jeweils die benötigten Behälter an den Arbeitsplatz gebracht. In Kreislauf 1 versorgt sich der Konsument aus dem Pufferlager in kleineren Mengen. Wenn größere Mengen im Pufferlager verbraucht sind, geht in Kreislauf 2 ein Signal an den Produzenten, um die größere Menge wieder aufzufüllen. Diese Methode eignet sich besonders, wenn Zulieferanten in den Kanban-Prozess eingebunden werden sollen oder wenn in der Vorstufe produktionstechnisch Mindestmengen erzeugt werden müssen.

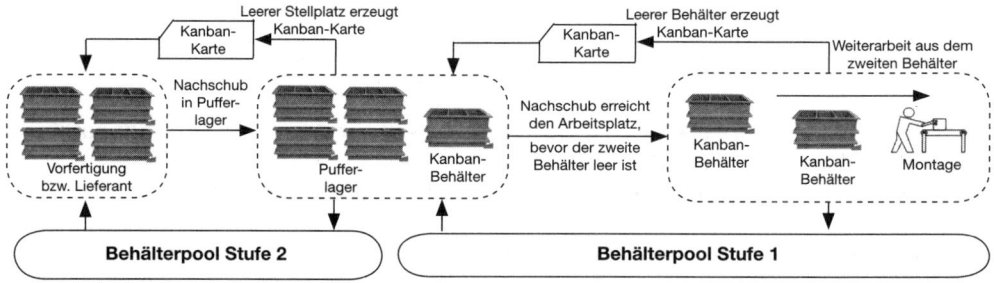

Bei den unterschiedlichen Kanban-Konzepten können die Signale über Karten, DV-Systeme, Lichter oder leere Behälter gesendet werden. Wichtig ist, dass mit der Signalisierung eine definierte Menge eines bestimmten Produkts an den Arbeitsplatz weitergeleitet und freigegeben wird.

Ständige Eingriffe einer zentralen Steuerung sind somit im Kanban-System überflüssig. Das Kanban-System im eigentlichen Sinne ist ein Informationssystem, um die Produktionsprozesse harmonisch und effizient zu steuern.

Werden Kanban-Karten mit einem Barcode versehen, über den alle notwendigen Daten hinterlegt sind, können diese Daten für verschiedene Auswertungen herangezogen werden. Dieser **E-Kanban** verbessert die Transparenz und den Informationsfluss an alle betroffenen internen und externen Partner und hilft, Schwachstellen und Potenziale aufzudecken.

2.5 DISTRIBUTIONSLOGISTIK

Die Verteilung der Ware hin zum Kunden wird als **Distributionslogistik** bezeichnet. Je nach Aufgabenstellung (Einzelfertigung, Serienprodukte oder Versandhandel) müssen hier sehr unterschiedliche Verfahren eingesetzt werden. Aufgabenstellungen sind die Auswahl kostenoptimaler Verteilwege und Standorte sowie die permanente Steigerung des Lieferservices nach Termineinhaltung, Preis und Qualität.

Sobald ein Produkt versandfertig und vorschriftsmäßig verpackt ist, müssen die dazugehörigen **Versandpapiere** erstellt werden sowie die **Transportplanung** durchgeführt werden.

Bei Lieferungen mit großen Entfernungen ist es sinnvoll, Sammelladungen zu **Verteilzentren** zusammenzustellen. Feste Touren sind nur dann sinnvoll, wenn große Transportmengen immer denselben Weg gehen. Bei der **Tourenplanung** werden entsprechend den vorliegenden Aufträgen, den Lieferkonditionen und den Lieferorten Auslieferungstouren festgelegt. Oft bedient man sich dazu spezialisierter Speditionen, die mit umfangreichen DV-gestützten Optimierungsprogrammen arbeiten.

Neben den operativen Tätigkeiten innerhalb der einzelnen Aufgabenfelder müssen von der Logistikorganisation eines Unternehmens auch planerische Aufgaben wie das Entwerfen von optimalen Distributionsnetzen oder die informationstechnische Ausgestaltung logistischer Prozesse bewältigt werden. Beispiele für Aufgaben der Distributionslogistik je nach Fristigkeit sind:

• strategische Aufgabe: Standortwahl für Auslieferungslager
• taktische Aufgabe: Festlegung des Serviceniveaus
• operative Aufgabe: kurzfristige Tourenplanung.

Efficient Consumer Response (ECR)

Die Logistik hat stetig an Bedeutung für das erfolgreiche Marketing speziell im Konsumgütersektor gewonnen. Seit dem Beginn der 90er-Jahre werden die Optimierungsansätze unter dem Schlagwort **ECR (Efficient Consumer Response)** zusammengefasst. Gemeinsam ist eine unternehmensübergreifende Vernetzung der einzelnen Stufen der logistischen Kette, die zu einem schnelleren Warenfluss führt und den Warenbestand der logistischen Kette minimiert. Die Einzelmaßnahmen können aufgeteilt werden in:

Efficient Replenishment	effiziente Gestaltung der logistischen Kette, nachfragegesteuerter Nachschub **(Supply Chain Management)**
Efficient Assortment	effiziente Gestaltung des Sortiments **(Category Management)**
Efficient New Product Introduction	effiziente Einführung neuer Produkte
Efficient Promotion	effiziente Abwicklung von Verkaufsförderungsaktionen

Ein weiteres System zur Steuerung der Logistik ist **CRP (Continuous Replenishment Program)**. Hier werden die Anlieferungen an das Verteilzentrum des Händlers durch die Hersteller und die Auslieferungen an die Verkaufsstellen mithilfe des Austauschs von Abverkaufsdaten aufeinander abgestimmt. Dadurch wird der Warenbestand im Verteilzentrum minimiert und das Auftreten von Fehlartikel reduziert. CRP verfolgt im Wesentlichen zwei operative Ziele:

* Die **Warenverfügbarkeit** soll mit deutlich geringeren Warenbeständen sichergestellt werden.

* Bei außerordentlichen Nachfrageschwankungen soll die Gefahr von Präsenzlücken verringert werden, indem die **Reaktionsgeschwindigkeit** steigt.

Als Verfahren zur Organisation der logistischen Kette, um die Warenbestände zu reduzieren, wird **Cross Docking** eingesetzt. Bei Cross Docking werden die Warenbestände weitgehend vermieden, indem die eingehenden Waren sofort nach Eingang kommissioniert und versandt werden. Die zentralen Vorteile von Cross Docking sind die damit verbundenen Kostensenkungen aufgrund einer Verschlankung der logistischen Abläufe.

Sowohl im Handel (Einräumen in Regale) als auch in der Industrie bei der Just-in-Time-Produktion wird die Methode **ULS (Unit Load Sequencing)** eingesetzt. Hier wird die Ware auf einem Ladungsträger (Rollbehälter, Europalette usw.) in der umgekehrten Reihenfolge angeordnet, in der die Ware vom Ladungsträger an den Bestimmungsort gebracht wird.

In der Logistikbranche haben sich spezielle Unternehmen etabliert, welche die Aufgaben in der Supply Chain für ihre Kunden koordinieren und integrieren. Diese **Fourth Party Logistics Provider (4PL)** besitzen selber kein Anlagevermögen in Form von Lagerbereichen oder Fahrzeugen, sondern bedienen sich von Fall zu Fall entsprechender Ressourcen. Dadurch wird die Flexibilität sehr groß und die Fixkosten können gesenkt werden. Die Voraussetzungen zum erfolgreichen Handeln für die 4PL sind:

* Durchgängige IT-Vernetzung
* Supply Chain-Know-how
* Standardisierung
* CRM-Know-how.

2.6 ENTSORGUNGSLOGISTIK

Neben der angestrebten betrieblichen Leistung entstehen in jedem Produktionsprozess Rückstände. Zum einen handelt es sich um **Reststoffe**, die wiederverwertbar sind (Roh-, Hilfs- und Betriebsstoffe), zum anderen um **Abfälle**, für die keine sinnvolle Verwendungsmöglichkeit besteht (unbrauchbar gewordene Güter, Verpackungen und Schadstoffe).

Diese Reststoffe sind umweltverträglich zu entfernen. Dabei besteht aber die Chance, nicht nur mit zusätzlichen Kosten unerwünschte Stoffe zu entsorgen, sondern es setzen sich Methoden durch, mit denen Altstoffe wieder recycelt werden können.

Durch das **Kreislaufwirtschafts- und Abfallgesetz** von 1996 soll erreicht werden, dass Rückstände weitgehend im Wirtschaftskreislauf gehalten werden. Es wird unterschieden zwischen „Abfall zur Verwertung" und „Abfall zur Beseitigung".

Es bestehen **Verpflichtungen** zur **Abfallvermeidung** (Produkt- und Prozessgestaltung, Mehrfachverwendung, langlebig, reparaturfreundlich und schadstoffarm) und, sofern nicht vermeidbar, zur umweltverträglichen Verwertung (Recycling oder Energiegewinnung durch Verbrennung).

Nur noch die Abfälle, die nicht mehr verwertet werden können, sind – mit hohen Auflagen – zu behandeln und zu deponieren. Das Erstellen eines **Abfallwirtschaftskonzepts** ist in einigen Bundesländern für bestimmte Betriebe bereits Pflicht. Im Rahmen der **EU-Umwelt-Auditierung** wird zukünftig auf den geplanten Umgang mit Abfallstoffen geachtet und es werden entsprechende Vorgehensweisen gefordert.

Neben der Art der in einem Betrieb vorkommenden Abfälle sind auch deren anfallende Mengen übersichtlich aufzunehmen und darzustellen. Das getrennte Sammeln und Erfassen ist zu organisieren und die umweltverträgliche Entsorgung – besser noch Verwertung – ist nachzuweisen.

Aus diesen Randbedingungen ergeben sich für die Materialwirtschaft Aufgaben wie die Materialauswahl nach **Recyclingfähigkeit** und **Umweltverträglichkeit** und damit die Einflussnahme auf die Konstruktion. Die Produktionsverfahren sind abfallarm und energieoptimiert auszulegen, die Lieferanten sind nach Umweltgesichtspunkten auszuwählen und die Logistik muss ökologieorientiert ausgerichtet sein (Transportwege und -mittel).

Wenn **Abfallvermeidung** und **Abfallverminderung** nicht mehr weiter gesteigert werden können, muss eine geeignete und rechtmäßig zugelassene Entsorgung stattfinden. Hierzu hat sich eine ganze Industrie von Entsorgungs- und Verwertungsdienstleistern etabliert.

Vorrangig soll das Recycling eingesetzt werden, indem Abfälle durch geeignete Prozesse wieder demselben oder einem anderen Leistungsprozess zugeführt werden. Beispiele sind die **Wiederverwertung** von eingeschmolzenem Schrott in der Stahlindustrie oder von Kunststoffabfällen in der Kunststoffverarbeitung. Altglas wird im Straßenbau eingesetzt, brennbare Abfälle werden zur Energieerzeugung genutzt. Auch die Mehrweggefäße oder der Einsatz von Austauschmotoren gehören zu diesem Thema.

Durch verschiedene Behandlungsverfahren müssen die nicht mehr nutzbaren Abfälle dann **unschädlich** gemacht werden (durch entsprechende chemische, physikalische biologische oder thermische Verfahren), was zu einer teilweise erheblichen Kostenbelastung führt und ökologisch nicht immer einwandfrei durchzuführen ist (Dioxinbelastung bei der Verbrennung). Dasselbe gilt für den Weg der Abfallbeseitigung durch Verdünnung (Verklappen) oder auf Deponien (Grundwasserbelastung, Gase).

3. Auswahlkriterien

Bei der Auswahl einer geeigneten Strategie kommt es darauf an, die Anforderungen der angewandten Produktionstypologien zu berücksichtigen. Es muss ein geeignetes Softwarepaket eingesetzt werden, das nach Anpassung (**Customizing**) die organisatorischen Strukturen genau abbildet und die benötigten Funktionen schnell und zuverlässig ausführt.

Je nach Schwerpunkt der Produktionszielsetzung sind die bisher beschriebenen Konzepte zu bevorzugen:

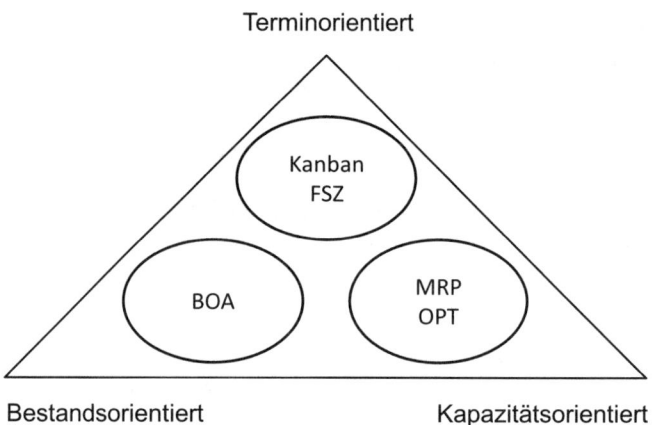

In der Regel durchzuführende grundsätzliche Betrachtungen sind:

- Vorhandensein einer **Absatzprogrammplanung** und, daraus abgeleitet, einer **Produktionsprogrammplanung** zur Ableitung des Kapazitäts- und Finanzbedarfs

- Entscheidung, ob die Produktionsplanung und -steuerung zentral nach dem **Push-Prinzip** oder dezentral nach dem **Pull-Prinzip** ablaufen soll, wobei pro Produktionsstufe unterschiedliche Systeme zum Einsatz kommen können

- Beachtung der Anforderungen aus dem **Supply Chain Management** zur kostenoptimalen Einbindung des Unternehmens in die gesamte Lieferkette.

Wegen der mangelhaften Funktion der MRP-Konzepte, speziell auf operativer Ebene, wurden eine Zeit lang alle zentral orientierten und deterministisch ablaufenden Konzepte in Zweifel gezogen. Die daraufhin entwickelten dezentralen Konzepte waren aber auch nicht voll zufriedenstellend, weil sie isolierte Insellösungen darstellten und nur jeweils einen Unternehmensbereich optimierten.

Aufgrund drastisch gefallener Kosten für die Hardware sind heute hochleistungsfähige Systeme mit vervielfachtem Speicherplatz und weitaus schnellerer Verarbeitung zu erschwinglichen Kosten verfügbar sowie leistungsfähigere Software vorhanden.

So entwickeln sich derzeit **Kombinationslösungen** aus unternehmensweiten Grobplanungssystemen (ERP-Lösungen) und darauf aufbauenden Systemen zur Feinplanung und Produktionssteuerung.

Die Eignung der neueren Planungs- und Steuerungskonzepte unterscheiden sich nach dem jeweiligen Einsatzgebiet:

• Art der **Fertigung** (Einzel, Varianten, Serien) und
• nach Art des **Fertigungsablaufs** (Baustelle, Werkstatt, Fließprinzip).

Eine grobe Zuordnung der bevorzugten Einsatzgebiete zeigt die Übersicht, wobei auch andere Lösungsmöglichkeiten in Betracht kommen.

Art der Fertigung		Einzel	Kleinserie/ Varianten	Großserie
Art des Fertigungsablaufs	**Baustelle**		BOA OPT	MRP II
	Werkstatt	Dezentraler Leitstand		KANBAN
	Fließprinzip			FSZ

4. PRODUKTIONSNETZWERKE

Im Zuge der weiteren Flexibilisierung der Produktion hat vor allem die Automobilindustrie durch den gezielten Abbau der eigenen Fertigungstiefe den Anstoß zum Aufbau von Produktionsnetzwerken gegeben. Hier wird eine Vielzahl von Lieferanten mit unterschiedlichem Lieferumfang (Teile, Komponenten, Module, Systeme) in ein Netzwerk eingebunden. Ermöglicht und gefördert wurde diese Entwicklung wesentlich durch die zusätzlichen Leistungen der **Informations- und Kommunikationstechnologie**.

4.1 ZIELE UND ARTEN VON NETZWERKEN

Unter einem Netzwerk versteht man die langfristig angelegte Kooperation von zwei oder mehreren Unternehmen. Neben der Verbindung innerhalb der Netzwerkpartner können auch weitere Beziehungen zu Partnern außerhalb der Systemgrenze des Netzwerks bestehen, die aber einen nicht so verbindlichen und auf langfristige Zusammenarbeit angelegten Charakter besitzen.

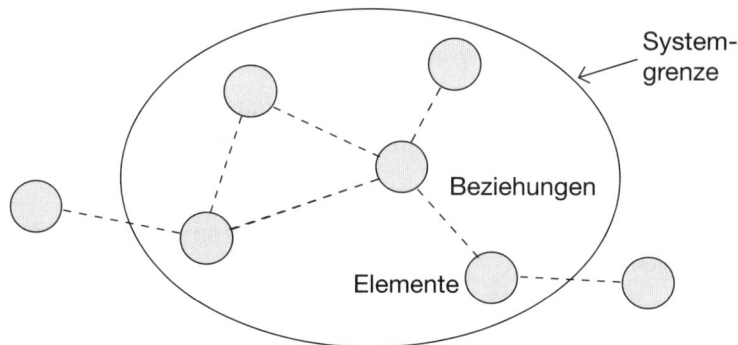

Hauptsächliche Ziele von Netzwerken sind:

- Reduzierung von Kosten
- Vorteile bei zeitkritischen Prozessen
- Gewinnen zusätzlicher Flexibilität
- bessere Kapazitätsausnutzung
- intensivere Marktdurchdringung
- Stärkung der Marktposition
- Risikominimierung
- Zugang zu neuen Fähigkeiten und Kenntnissen
- Bearbeitung komplexer Vorgänge
- Umgehung oder Vermeidung von Handelshemmnissen
- Transparenz bei Prozessen, Informationen und Kosten.

Allerdings können aus der Bildung von Netzwerken auch Risiken entstehen:

- Erhöhen der Komplexität
- Steigerung der Koordinationskosten
- Verlust von Kernkompetenzen
- Verlust der Unternehmensidentität
- unterschiedliche Firmenkulturen
- Reduzierung der Mitarbeiterbindung
- möglicher Know-how-Abfluss
- schlechtere Steuerungsmöglichkeiten.

Der Begriff des Produktionsnetzwerks umfasst **unterschiedliche Formen der Kooperation** rechtlich selbstständiger Unternehmen mit dem Ziel der koordinierten Leistungserstellung. Grundsätzlich unterscheiden kann man:

- **Horizontale Produktionsnetzwerke,**
  in denen die beteiligten Unternehmen auf gleicher Wertschöpfungsstufe stehen und sich zur optimalen Nutzung und Auslastung von Ressourcen zusammenschließen.
- **Vertikale Produktionsnetzwerke,**

die aus Unternehmen unterschiedlicher Wertschöpfungsstufen bestehen. Jedes Unternehmen übernimmt die Prozesse, für die es besonders geeignet ist und lagert die Prozesse aus, die andere Unternehmen besser beherrschen.

- **Laterale Produktionsnetzwerke,**
  bei denen sich die Produkte der Partner ergänzen und von einem der Beteiligten für den Endkunden bereitgestellt werden wie z. B. Software oder Zubehör bei Elektronikgeräten.

Es zeichnen sich folgende grundlegende **Arten der Produktionsnetzwerke** ab:

Strategisches Netzwerk	Die strategische Führung liegt beim kundennahen Endproduzenten oder Händler. Die Zusammenarbeit wird über Verträge geregelt. Die einzelnen Zulieferunternehmen entwickeln ihr Know-how eigenständig weiter und bieten ihre Leistung auch anderen Marktteilnehmern an. Diese Form findet man häufig in der Automobilindustrie.
Virtuelles Netzwerk	Die Zusammenarbeit erfolgt projektbezogen und ist durch ein gemeinsames Geschäftsverständnis geprägt. Dem Kunden gegenüber erfolgt ein gemeinschaftlicher Auftritt, die Kooperation erfolgt stark DV-unterstützt und konzentriert sich auf den Austausch von Informationen. Beispiele sind hier Projekte in Hightech-Industrien wie der Biotechnologie oder die Medien-Branche.
Regionales Netzwerk	Unternehmen mit räumlicher Nähe schließen sich zu einem Komplettanbieter zusammen, indem die eigenen Spezialkenntnisse mit den Partnern zusammen eine Gesamtlösung für den Kunden ergeben, die jeder für sich nicht darstellen kann.
Operatives Netzwerk	Hier tauschen Unternehmen ihre Produktionskapazitäten aus oder schließen sich fallweise zusammen, um gemeinsam einen größeren Auftrag abwickeln zu können. Damit ergeben sich Vorteile in der Flexibilität und den Overhead-Kosten.

Die Art der Zusammenarbeit kann wie folgt charakterisiert werden:

nach der Richtung der Kooperation	horizontal/vertikal/lateral
nach der Fristigkeit	kurz/mittel/lang/unbefristet/strategisch
nach der Ortsherkunft	regional/national/international
nach der Spezialisierung	funktionsbezogen/bereichsbezogen/übergreifend
nach dem Projektbezug	stabil/virtuell

nach der Part-neranzahl	bilatera/multilateral
nach der Füh-rungsstruktur	fokal bzw. zentral/dezentral/hybrid
nach der Ver-tragsbindung	formlos/vertraglich

Voraussetzung für das Funktionieren von Produktionsnetzwerken ist sowohl ein hohes Niveau der Informations- und Kommunikationssysteme als auch eine vertrauensvolle und partnerschaftliche Zusammenarbeit. Trotzdem bleibt der Wettbewerb zwischen den Unternehmen bestehen, da sich die Zusammenarbeit in der Regel auf bestimmte Teilbereiche beschränkt oder zeitlich befristet ist.

4.2 KOOPERATIONSFORMEN

Die Intensität der Kooperation kann sehr stark schwanken und von erweitertem Informationsaustausch bezüglich Belieferungen über vertragliche Bindungen in Form von Lizenzen oder Franchisingabkommen bis hin zu engen Bindungen in Form eines Joint-Venture oder konkreter Finanzbeteiligung an anderen Unternehmen gehen. In der Regel sind die international ausgerichteten Beweggründe umso höher, je intensiver die Firmenbindung gestaltet ist.

Nach einer Selektion der aufzunehmenden Netzwerkpartner sind die Verteilung der Aufgaben und die gegenseitigen Abstimmungsmodalitäten zu regeln. Zu einer erfolgreichen Beziehung kann es nur kommen, wenn bestimmte Kriterien erfüllt werden in den Bereichen

Kultur	verträgliche Management-Philosophien und keine gegenseitigen Vorbehalte
Akzeptanz	beide Seiten müssen gleichermaßen Vorteile sehen, Machtverhältnisse sind ausbalanciert
Strategie	Zielsetzung und Planungshorizont stimmen überein, finanzielle Kraft ist ausgeglichen
Kompatibilität	Leistungsangebote und Prozesse sind kompatibel

Die Verflechtung der Unternehmen kann dabei ganz unterschiedliche vertragliche Ausprägungen annehmen. Von reinen Lieferbeziehungen mit geringer Bindungsintensität über Lizenzen oder Franchising mit weitgehenden Festlegungen und zunehmend internationaler Bedeutung bis hin zur weltweiten Integration der Unternehmensteile mit Kapitalbeteiligung oder vollständiger Integration.

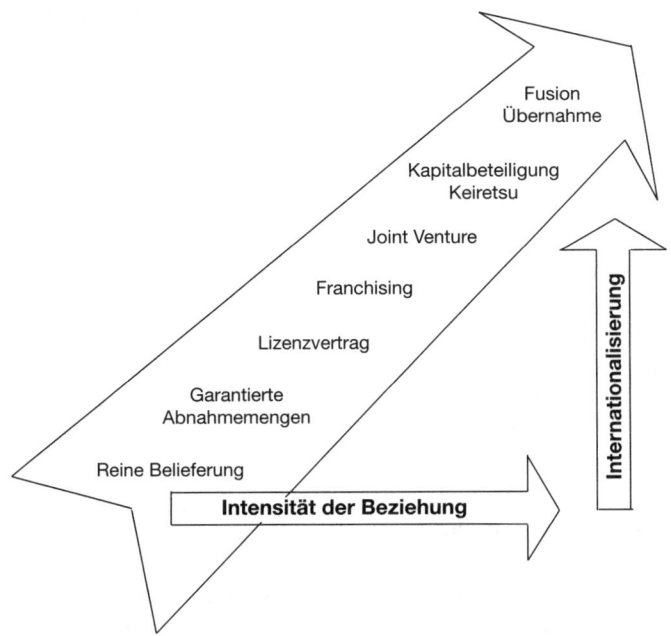

4.3 HORIZONTALES NETZWERK

In horizontalen Netzwerken stehen die beteiligten Unternehmen auf gleicher **Wertschöpfungsstufe** und schließen sich zur optimalen Nutzung und Auslastung von Ressourcen zusammen. Dabei kann es sich um Konkurrenten handeln, die in bestimmten Bereichen zusammenarbeiten (z. B. Forschung und Entwicklung) oder um Unternehmen mit komplementären Produkten für den gemeinsamen Kunden.

Als Vorteile aus der Zusammenarbeit werden **Einsparungen** erwartet durch:

- bessere Nutzung von Kapazitäten und Verfahren
- günstigere Einkaufspreise
- beherrschtere Qualität
- verbesserte Flexibilität
- Größenvorteile (Economy of Scale)
- Know-how-Synergien (Economy of Scope).

Als mögliche Nachteile sind ein unkontrollierter Informationsabfluss und ungewollter Know-how-Transfer zu nennen.

4.4 VERTIKALES NETZWERK

Vertikale Netzwerke bestehen aus Unternehmen **unterschiedlicher Wertschöpfungs-stufen**. Jedes Unternehmen übernimmt die Prozesse, für die es besonders geeignet ist, und lagert die Prozesse aus, die andere Unternehmen besser beherrschen. Je nach Kundenauftrag werden diese Module zu einer individuellen Wertkette zusammengesetzt. Durch Reduktion der Wertschöpfungstiefe wird eine Reduktion der innerbetrieblichen Komplexität erreicht.

Zielsetzung der beteiligten Unternehmen ist vornehmlich die Harmonisierung von Schnitt-stellen, Senkung von Transaktionskosten, Risikostreuung und Nutzung des speziellen Know-how der Partner.

Eine Erscheinungsform vertikaler Produktionsnetzwerke ist die Supply Chain unter Nut-zung des Just-in-Time-Konzepts und Einsatz von Systemlieferanten. Zwischen Herstel-ler und Handel erfolgt durch vertikale Netzwerkbildung eine bessere Vermarktung der Herstellerprodukte bei den Nachfragern z. B. durch Einsatz der Methoden des **Efficient Consumer Response (ECR)**, die zu einer stärkeren kundenorientierten Ausgestaltung der Handelssortimente und eine effizientere Abwicklung der Waren- und Informations-wirtschaft zwischen Hersteller und Handel führt.

4.5 LATERALES NETZWERK

Laterale oder auch **diagonale Netzwerke** sind Kooperationen von Unternehmen ver-schiedener Wertschöpfungsstufen und verschiedener Branchen (z. B. Energieversorger bieten Gas, Strom, Wasser und Kommunikation aus einer Hand oder Krankenhäuser ar-beiten mit Wellness-Hotels zusammen).

Derartige Bündnisse sich **gegenseitig ergänzender Unternehmen** ermöglichen durch Kombination des jeweiligen Know-how die Schaffung neuer Produkte und Dienstleistun-gen. So werden neue kundenspezifische Lösungen ermöglicht, die über die standardi-sierte Grundleistung hinaus individuelle Problemlösungen anbietet.

4.6 STRATEGISCHES NETZWERK

Bei strategischen Netzwerken handelt es sich zumeist um einen langfristigen Zusam-menschluss großer, international tätiger Unternehmen (Global Player) aus verschiede-nen Ländern. Es sollen die individuellen Stärken vereint oder bei kapitalintensiven Projek-ten kritische Größen erreicht werden. Die Ausgestaltung der Zusammenarbeit kann von vertragsfreien Verhaltensabstimmungen, vertraglichen Vereinbarungen, wechselseitigen Unternehmensbeteiligungen bis zu Gemeinschaftsunternehmen reichen.

Insgesamt entsteht eine veränderte Wettbewerbslandschaft durch Eingehen von **stra-tegischen Allianzen**. Es stehen sich nicht mehr so sehr einzelne Unternehmen der glei-chen Wertschöpfungsstufe als Wettbewerber gegenüber, vielmehr treten Netzwerke ge-geneinander im Wettbewerb an.

Diese Form findet man häufig in der Automobilindustrie oder im Hochtechnologiebereich. Die strategische Führung liegt beim **kundennahen Endproduzenten oder Händler**. Die Zusammenarbeit wird über Verträge geregelt. Die einzelnen Zulieferunternehmen entwickeln ihr Know-how eigenständig weiter und bieten ihre Leistung auch anderen Marktteilnehmern an.

4.7 VIRTUELLES NETZWERK

Bei virtuellen Netzwerken handelt es sich um den temporären Zusammenschluss rechtlich unabhängiger Unternehmen mit dem gemeinsamen Ziel, eine bestimmte Leistung zu erbringen. Die Zusammenarbeit erfolgt **projektbezogen** und ist durch ein gemeinsames Geschäftsverständnis geprägt. Die Kooperation erfolgt stark DV-unterstützt und konzentriert sich auf den Austausch von Informationen, was zeitliche und örtlich verteilte Arbeitsprozesse ermöglicht. Beispiele sind hier Projekte in Hightech-Industrien wie der Biotechnologie oder die Medien-Branche.

Das Hauptziel der virtuellen Unternehmen ist die Erreichung einer Wettbewerbsposition, die einzelne Unternehmen allein fast nie erreichen würden. Dem Kunden gegenüber erfolgt ein gemeinschaftlicher Auftritt, sodass dieser häufig nicht merkt, dass er von mehreren Unternehmen Leistungen erhält. Jeder Partner bringt seine Kernkompetenz ein, die Geschäftsrisiken werden geteilt und bei entsprechendem Vertrauen funktioniert auch der Know-how-Schutz.

4.8 REGIONALES NETZWERK

Unternehmen mit räumlicher Nähe schließen sich zu einem Komplettanbieter zusammen, indem die eigenen Spezialkenntnisse mit dem Partner zusammen eine Gesamtlösung für den Kunden ergeben, die jeder für sich nicht darstellen kann. Beispiele findet man im Zusammenschluss verschiedener Handwerksfirmen, von denen jeder als Ansprechpartner für Kunden fungieren kann und die Leistungen, die er nicht selbst erstellen kann, an seine Partner vermittelt.

Auch in der Gesundheitswirtschaft sind regionale Netzwerke weit verbreitet. Anbieter unterschiedlicher Gesundheitsleistungen wie Ärzte, Kliniken, Rehaeinrichtungen, Fachgeschäfte, Therapeuten usw. schließen sich zu Interessengemeinschaften zusammen indem sie gemeinschaftlich Werbung betreiben, gegenseitige Empfehlungen aussprechen oder Weiterbildungsangebote organisieren.

4.9 OPERATIVES NETZWERK

In einem operativen Netzwerk tauschen Unternehmen ihre Produktionskapazitäten aus oder schließen sich fallweise zusammen, um gemeinsam einen größeren Auftrag abwickeln zu können. Damit ergeben sich Vorteile in der Flexibilität und den Overhead-Kosten. Zusammengefasst können sich folgende Vorteile ergeben:

- Bündelung von Know-how
- Nutzung von Kostensenkungspotenzialen
- Verbesserter Marktzugang
- Ganzheitliche Optimierung der Wertschöpfungskette
- Lernen von den Partnern.

5. STANDORTFRAGEN

Unter Standortstrategie versteht man das Konzept zur räumlichen Verteilung der Produktionskapazitäten. Als räumliche **Diversifizierung** bezeichnet man zusätzliche Produktionsstätten in neuen Regionen – hierzu finden sich nähere Erläuterungen im Kapitel Internationalisierung. Neue Produktionsstätten im selben geografischen Raum führen zu einer räumlichen **Verdichtung**.

5.1 STANDORTPROBLEMATIK

Die Entscheidung für einen Standort kann anhand eines **Standort-Portfolios** getroffen werden, in dem das vermutete **Erfolgspotenzial** (Marktpotenzial und aktueller Marktanteil) der **Standortattraktivität** (Ist-Zustand der Fabrik, das Entwicklungs- und Forschungspotenzial, die demografischen Bedingungen, die Arbeitsmarktsituation, das Lohnniveau, die öffentlichen Auflagen, die Steuergesetzgebung und die Möglichkeit zur Expansion) gegenübergestellt wird.

Oft spielen auch **unternehmenspolitische Entscheidungen** eine Rolle, nach der zum Beispiel auch unattraktive Produkte angeboten werden oder ein Unternehmen auf unattraktiven Märkten vertreten ist, nur um Flagge zu zeigen oder Tradition zu wahren – manchmal sind es auch rein persönliche Interessen des Management.

Der günstigste Standort ist derjenige, der den größtmöglichen Gewinn und damit die **bestmögliche Verzinsung des eingesetzten Kapitals** ermöglicht. Dabei darf das **Prinzip der Umweltschonung** aber nicht unbeachtet bleiben.

5.2 STANDORTALTERNATIVEN ZUR PRODUKTION

Der Standort eines Unternehmens kann sich an verschiedenen Kriterien orientieren:

Bei der **Materialorientierung** geht es um das Bestreben, die Transportkosten für die Materialien so günstig wie möglich zu gestalten. So hat die Orientierung am Fundort der benötigten Materialien zur Bildung großer Industriegebiete geführt. Beispielsweise orientieren sich Roheisen gewinnende Unternehmen an der Kohle, Walzwerke an Hüttenwerken, Maschinenfabriken an Walzwerken.

Bei der **Arbeitsorientierung**, die für arbeitsintensive Unternehmen von besonderer Bedeutung ist, kann es als Überlegungen geben:

• In welcher Region finden sich die benötigten Arbeitskräfte?
• In welcher Region sind die Löhne niedrig?
• In welcher Region können lange Maschinenlaufzeiten realisiert werden?

Regionen, die sich durch niedrige Lohnkosten auszeichnen, verfügen häufig nicht über die erforderlichen Fachkräfte. Insofern müssen nicht selten Kompromisse geschlossen werden. In Zeiten guter Konjunktur kann die Arbeitsorientierung für industrielle Unternehmen ein Begrenzungsfaktor sein, der ein Ausweiten der Produktion aus Mangel an Arbeitskräften verhindert.

Betriebswirtschaftlich entscheidend ist aber nicht die absolute Höhe der Arbeitskosten, sondern die der **Lohnstückkosten (Lohn pro Leistung)**. Hier geht neben den Arbeitskosten pro Stunde auch die Produktivität ein, gekennzeichnet durch die Wertschöpfung je Beschäftigungsstunde. Geringere Löhne im Ausland sind deshalb nicht generell vorteilhaft, sondern nur dann, wenn eine Produktivität erreicht wird, die günstigere Lohnstückkosten als im Heimatland zur Folge hat. Dies wiederum ist nur bei Vorhandensein entsprechend qualifizierter Arbeitskräfte gewährleistet.

Ebenso spielt die Möglichkeit, Anlagen und Einrichtungen möglichst hoch auszulasten, eine wichtige betriebswirtschaftliche Rolle. Vorteile ergeben sich in Ländern, die kontinuierliche Arbeitszeiten rund um die Uhr und über die ganze Woche erlauben.

In der **Infrastrukturorientierung** werden die Konditionen bezüglich der Grundstücks- und Erschließungskosten einschließlich der Expansionsmöglichkeiten, die gemeinsame Nutzungsmöglichkeit von Ver- und Entsorgungsanlagen und deren Kostenstruktur berücksichtigt. Ebenso spielen die Zuverlässigkeit der Energieversorgung inklusive Wasser, Abwasser und sonstiger Betriebsstoffe eine Rolle.

Bei der **Abgabenorientierung** wird berücksichtigt, dass in verschiedenen Orten oder Regionen unterschiedliche Steuer- und Abgabengesetze gelten können. Mit diesen Maßnahmen kann die Ansiedlung von Unternehmen in einer Region gefördert bzw. die Abwanderung verhindert werden. Ökonomisch relevant ist aber einzig die Nettosteuerbelastung unter Einbezug von Bilanzierungsregelungen.

Bei der **Verkehrsorientierung** wird angestrebt, dass die Transportleistungen der Unternehmen kostengünstig, rasch und sicher erfolgen. Transportkosten entstehen bei der Beschaffung und beim Absatz der im Unternehmen erzeugten Güter. Ihre Höhe hängt ab von der Entfernung des Beschaffungs- bzw. Absatzorts, dem Transportvolumen, den eingesetzten Transportmitteln und der Art des Transportguts (Sonderversand, verderbliche Ware, Gefahrstoffe, Wertsendung). Häufig bietet es sich an, die Standorte in die Nähe von Verkehrsknotenpunkten zu legen, beispielsweise an Häfen, Flugplätze, Autobahnkreuze.

Die **Energieorientierung** kann für ein Unternehmen ebenfalls einen hohen Stellenwert haben. Sie hat heute aber vielfach nicht die gleiche hohe Bedeutung wie in der Vergangenheit, da es verstärkt länderübergreifenden Energieaustausch gibt.

Die **Umweltorientierung** hat in den letzten Jahren immer mehr an Bedeutung gewonnen. Sie macht die Ansiedlung von Unternehmen in bestimmten Regionen nicht mehr bzw. nur noch unter erheblichen Auflagen möglich. Andererseits sollen Unternehmen zu einer Selbstverpflichtung kommen, in der es abgelehnt wird, geringere Maßstäbe bezüglich Umweltschutz, Arbeitssicherheit oder Gesundheitsschutz nur deshalb anzulegen, weil es die örtlichen Regelungen zuließen. Es erscheint richtig, dass das Prinzip der Umweltschonung einen immer höheren Stellenwert erhält.

Die **Absatzorientierung** spielt vor allem für den Groß- und Einzelhandel eine entscheidende Rolle. Bei Gütern des täglichen Bedarfs, beispielsweise Lebensmitteln, ist heute eine günstige Lage in der Innenstadt häufig nicht mehr ausschlaggebend. Zunehmend werden Mietkosten bzw. das Angebot von Parkplätzen entscheidend.

Die **Attraktivitätsorientierung** ist für Unternehmen des Fremdenverkehrs von zentraler Bedeutung. Die Ansprüche an Landschaft und Klima sind beim Verbraucher in den letzten Jahren größer geworden. Auch für die Gewinnung von Führungskräften und Spezialisten spielt die regionale Attraktivität eine große Rolle. Nur wenn die Angebote an Bildungs- und Kultureinrichtungen, die Verkehrsinfrastruktur und das Freizeitangebot zufriedenstellen, gelingt es die geeigneten Personen an diesem Standort zu interessieren.

Bei der **Auslandsorientierung** geht es darum, dass einige Staaten direkte Investitionen in ihrem Land fördern. Damit wird für die Unternehmen ein Anreiz geschaffen, ihren Standort ins Ausland zu verlagern. Den oftmals niedrigen Lohnkosten und/oder Steuersätzen stehen mitunter Probleme gegenüber, die in Westeuropa weniger bekannt sind, beispielsweise das zwangsweise Hereinnehmen von Teilhabern, Schutz- und Schmiergeldzahlungen, eine europäischen Maßstäben nicht entsprechende Gerichtsbarkeit.

Bei jedem konkreten Entscheidungsfall sind in der Regel mehrere dieser Faktoren zu betrachten. Ein großer Teil der Faktoren ist nicht quantifizierbar, sodass es sich um ein Entscheidungsproblem mit mehreren subjektiven Bewertungen handelt. Eine Methode, dazu Lösungen zu finden, ist die **Nutzwertanalyse**, in der durch ein einfaches Punktbewertungsverfahren qualitative Bewertungen und Gewichtungen in eine quantitative Nutzenskala überführt werden können.

Bei der Anwendung der Nutzwertanalyse sind einige Kritikpunkte zu berücksichtigen. Da die Faktoren nicht immer voneinander unabhängig sind, kann es zu Mehrfachbewertungen kommen oder durch eine zu feine Aufsplittung eines Teilaspektes wird diesem Kriterium eine zu hohe Bedeutung beigemessen. Letztlich muss man aufgrund der Subjektivität der Einschätzungen auch damit rechnen, dass die Methode bewusst verfälschend und manipulierend genutzt werden kann.

Insgesamt ist zu beachten, dass alle Ergebnisse nur **relativ zueinander** gesehen werden können, da die Werte aus einem Vergleich entstanden sind. Die Nutzwerte bieten daher keine absolute Aussagefähigkeit, ob die Entscheidung für das Projekt wirklich von Vorteil ist. Zu bemerken ist ebenfalls, dass die Auswahl der Kriterien ebenso **subjektiv** getroffen wird wie die Einteilung der Stufenskala – damit ist die Nutzwertanalyse immer nur so gut, wie es dadurch zugelassen wird. Unterscheiden sich die erhaltenen Nutzwerte der Alternativen kaum, so sollten Sie die Analyse noch einmal überprüfen.

Der große Vorteil, den die Nutzwertanalyse bietet, liegt nicht nur in der Transparenz und Nachvollziehbarkeit der Entscheidungsfindung begründet. Er liegt auch darin, dass die Kriterien und Argumente, welche letztendlich eine Entscheidung bestimmen, einer genauen Prüfung unterzogen werden. Dies führt oft zu neuen Erkenntnissen während des Entscheidungsprozesses. Die Konzentration auf die wirklich entscheidenden Faktoren schafft Klarheit. Aufgrund der Zahlendarstellungen wird darüber hinaus eine Vergleichbarkeit hergestellt, die ohne diese Methode nicht gegeben ist. Auf diese Weise werden „Bauchentscheidungen" deutlich reduziert.

5.3 STANDORTPLANUNG FÜR DISTRIBUTIONSZENTREN

Eine besonders kritische Standortentscheidung bezieht sich auf die Lage von Logistik- und Distributionszentren. Hier spielen insbesondere die Transportkosten zwischen Zulieferbetrieben, den Logistikstandorten und den Kundenstandorten eine besondere Rolle. Als mathematische Lösungsmethoden werden angewandt:

Das **Center of Gravity-Modell** führt zu einem optimalen Standort, von wo die logistischen Aktivitäten kostenoptimal ausgeführt werden können. Dazu werden die Koordinaten der einzelnen Lieferorte in ein Diagramm eingegeben und über eine Rechenformel so verknüpft, dass sich als Ergebnis die Koordinaten des optimalen Versorgungsstandortes ergeben.

Eine zusätzliche Berücksichtigung der Transportkosten von mehreren Standorten zu den unterschiedlichen Versorgungs- bzw. Belieferungsorten führt im **Transportation Model** durch die Gewichtung der Strecken mit den Transportkosten in Form einer linearen Programmierung zu einer kostenoptimierten Standortauswahl.

Um die Komplexität der Berechnungsmethoden zu verringern, benutzt man ein Verfahren aus dem Operations Research, den **Branch-and-Bound-Algorithmus**. Im Schritt der Verzweigung (Branch) werden Teilmengen gebildet, die für sich optimiert werden. In einer anschließenden Berechnung wird eine Schranke (Bound) ermittelt, die mit den Werten der anderen Teilmengen verglichen wird. Es muss dann nur noch die Lösung mit den besseren Werten weiterverfolgt werden.

KONTROLLFRAGEN	bear-beitet	Lösungs-hinweise	Lö-sung +	-
01 Definieren Sie den Begriff „Logistik"!		297		
02 Skizzieren Sie das Prozesskettenmodell von *Baumgarten*!		298		
03 Welches sind die Hauptziele der Logistik?		298		
04 Welche Effekte erzeugt eine effizient und effektiv arbeitende Logistik-Organisation?		299		
05 Nennen Sie mögliche Zielkonflikte innerhalb einer Organisation!		300		
06 Welche Logistikbereiche kennen Sie?		301		
07 Wie ist in Unternehmen die organisatorische Einbindung der Logistik geregelt?		302		
08 Skizzieren Sie die einzelnen Bereiche der Unternehmenslogistik!		303		
09 Differenzieren Sie zwischen den Aufgaben der Logistik, Materialwirtschaft und Beschaffung!		303		
10 Welche Hauptfunktionen umfasst die Materialwirtschaft?		303		
11 Wodurch ist die Querschnittsaufgabe der Logistik charakterisiert?		305		
12 Welche Stufen durchläuft der Informationsfluss bei der Auftragsabwicklung vom Kunden zum Kunden?		305		
13 Nennen Sie die sechs Aufgaben der Logistik (sechs „r") nach *Jünemann*!		305		
14 Nennen Sie die Aufgaben der Beschaffungslogistik!		305 ff.		
15 Welche Aufgaben hat das Beschaffungsmarketing?		306		
16 Welche Aufgaben werden in der Beschaffungsdurchführung wahrgenommen?		306 f.		
17 Nennen Sie Beispiele für Sachziele und Formalziele in der Materialbeschaffung!		307		
18 Aus welchen Komponenten setzen sich die Gesamtkosten der Beschaffung zusammen?		307		
19 Nennen Sie die jeweiligen Vorteile zentraler bzw. dezentraler Beschaffung!		307 f.		
20 Welche Sourcing-Strategien kennen Sie und wie können diese gruppiert werden?		308		
21 Welche Beschaffungsprinzipien gibt es?		309		
22 Beschreiben Sie die Vorgehensweise zur Auswahl geeigneter Lieferanten!		310		
23 Welche Kriterien können zur Lieferantenbeurteilung herangezogen werden?		311		
24 Welche Maßnahmen können im Rahmen der Zusammenarbeit mit Lieferanten getroffen werden?		312		
25 Was können Anlässe für Make or Buy-Entscheidungen sein?		313		
26 Skizzieren Sie ein Portfolio zur Entscheidungsunterstützung bezüglich des Outsourcing!		314		

	KONTROLLFRAGEN	bear-beitet	Lösungs-hinweise	Lö-sung +	-
27	In welchen Schritten kann eine Verlagerung auf Outsourcing-Partner erfolgen?		315		
28	Beschreiben Sie die Aufgaben der Lagerlogistik!		316 f.		
29	Welche Möglichkeiten der Eingliederung der Lagerlogistik kennen Sie?		316		
30	Weshalb ist das Vorhandensein von Lagerbereichen erforderlich?		317		
31	Beschreiben Sie die wichtigsten Einzelfunktionen des Lagers!		317 f.		
32	Wie erfolgt der Vorgang des Materialeingangs und der -prüfung?		318		
33	Woran orientiert sich die Organisation und Gestaltung von Lagerbereichen?		318 f.		
34	Welche Vorteile bieten Lagerverwaltungsrechner?		318		
35	Nennen Sie Kriterien zur Festlegung der optimalen Bevorratungsebene!		319		
36	Wozu dienen die Bewegungssätze aus dem Lagerbereich?		320		
37	Nennen Sie Einsatzgebiete rechnergestützter Logistik-Systeme!		320		
38	Welche generelle Unterscheidung kann man bei modernen Steuerungskonzepten machen?		321 ff.		
39	Welches sind die Zielsetzungen bestandsorientierter Steuerungskonzepte?		321		
40	Worauf nimmt das Konzept der belastungsorientierten Auftragsfreigabe besondere Rücksicht?		322		
41	Welche Voraussetzungen müssen bei der Anwendung der belastungsorientierten Auftragsfreigabe gegeben sein?		323		
42	Welche Kritikpunkte kann man bei der belastungsorientierten Auftragsfreigabe anbringen?		323		
43	In welchen Anwendungsgebieten findet man das Prinzip des Fortschrittzahlensystems?		323 f.		
44	Erläutern Sie die Wirkungsweise des Fortschrittzahlensystems!		324		
45	Nennen Sie die Regeln für die Konzeption OPT (Optimized Production Technology)!		325		
46	Welche Voraussetzungen sind für den Einsatz des OPT-Konzepts notwendig?		325		
47	Nennen Sie die Verfahrensschritte bei der engpassorientierten Disposition!		325		
48	Welche Vorteile nutzt man bei der dezentralen Produktionsfeinplanung?		325 f.		
49	Beschreiben Sie die Voraussetzungen zum Aufbau einer Just-in-Time-Produktion!		326		
50	Welche Vor- und Nachteile besitzt das Kanban-System?		326 ff.		
51	In welchen Fällen wird ein zweistufiges Kanban-System eingeführt?		328		
52	Welche Aufgaben fallen in der Distributionslogistik an?		329		
53	Beschreiben Sie die Vorgehensweise beim Einsatz von ECR (Efficient Consumer Response)!		329 f.		

	KONTROLLFRAGEN	bear-beitet	Lösungs-hinweise	Lö-sung +	Lö-sung -
54	Welche Ziele verfolgt das System CRP (Continuous Replenishment Program)?		330		
55	Was versteht man unter „Cross Docking"?		330		
56	Wie funktioniert ULS (Unit Load Sequencing)?		330		
57	Welche Vorgaben werden durch das Kreislaufwirtschafts- und Abfallgesetz getroffen?		331		
58	Welche Auswirkungen hat die Forderung nach Recyclingfähigkeit auf die Produktspezifikation?		331		
59	Nennen Sie grundsätzliche Überlegungen zur Auswahl der einzusetzenden Planungs- und Steuerungsstrategien!		332		
60	Welcher Trend ist bei der Auswahl von Planungssystemen zu beobachten?		333		
61	Wie funktioniert ein Produktionsnetzwerk?		333 ff.		
62	Welche Arten von Produktionsnetzwerken kennen Sie?		333 f.		
63	Welche Vorteile ergeben sich aus dem Aufbau eines Produktionsnetzwerks?		334		
64	Welche unterschiedlichen Arten bezüglich der Intensität der Kooperation kennen Sie?		335 f.		
65	Nennen Sie zu den verschiedenen Ausprägungen von Netzwerken jeweils Beispiele!		335		
66	Wann muss sich ein Unternehmen mit Standortfragen beschäftigen?		340		
67	Durch welche Parameter wird die Standortattraktivität beschrieben?		342		
68	Welche grundsätzlichen Entscheidungen bezüglich eines Standortes kann ein Unternehmen treffen?		343		
69	Welche Methode kommt bei der Lösung der Standortfrage zum Einsatz?		343		
70	Nennen Sie Verfahren, die besonders bei der Standortplanung von Distributionszentren zum Einsatz kommen!		343 f.		

I. Supply Chain Management

Die Optimierung der Geschäftsprozesse umfasst nicht nur die Gestaltung der internen Strukturen und Abläufe, sondern bedingt auch die Berücksichtigung externer Partner wie Lieferanten, Vertriebspartner, Dienstleister und Kunden. Damit wird die Sichtweise über das eigene Unternehmen ausgedehnt auf die Zulieferkette sowie die externen Kunden.

Supply Chain Management	Entwicklung des SCM
	Planungsschritte innerhalb des SCN
	Softwareanwendungen
	Leistungsmanagement

1. Entwicklung des Supply Chain Management

Eine geläufige Definition ist:

Ein Supply Chain Management kennzeichnet interne wie netzwerkgerichtete integrierte Unternehmungsaktivitäten von Versorgung, Entsorgung und Recycling, inklusive begleitende Geld- und Informationsflüsse.

Aufbauend auf die Betrachtung der logistischen Kette hat sich das Supply Chain Management als strategisches, kooperationsorientiertes und unternehmensübergreifendes Managementkonzept etabliert. Es wird die gesamte Wertschöpfungskette betrachtet unter Einbeziehung von Produktentwicklungen und Kundenbeziehungen **(Customer Relationship Management)**.

Ausgehend von bemerkten Defiziten in der Beherrschung von Güter-, Informations- und Geldflüssen zwischen Unternehmen basiert der Ansatz des Supply Chain Management-Konzepts auf dem Wunsch, die Bedürfnisse des Endkunden möglichst gut zu erfüllen und dabei die Gesamtprozesse ständig zu optimieren. Wichtigste Voraussetzungen für das Funktionieren des Supply Chain Management sind die **kooperative Zusammenarbeit** und die **informationstechnologische Verknüpfung** der Teilnehmer.

Dabei erfüllt die Supply Chain unterschiedliche und teilweise konkurrierende Ziele: Hoher Lieferservice mit kurzer Auftragsdurchlaufzeit bei gleichzeitig minimalem Kosten- und Kapitaleinsatz.

1.1 Motive zur Entstehung

Durch den ständigen Wandel im Wettbewerbsumfeld und neue Erkenntnisse bei den betriebswirtschaftlichen Methoden entstehen neue Herausforderungen wie:

- Total Cost of Ownership
- Betrachtung von Transaktionskosten
- der Bullwhip-Effekt
- Globalisierung
- gesteigerte Kundenanforderung.

Diese einzelnen Motive für den Aufbau weltweit umspannender logistischer Netzwerke führen zu einer ganzheitlichen und unternehmensübergreifenden Sichtweise. Einzelne Entwicklungsstufen, beginnend bei einer einfachen Aneinanderreihung der Funktionen Beschaffung, Produktion und Vertrieb, waren:

- Die **Transport-Logistik** steht als wesentliches Elemente im Mittelpunkt der ersten Stufe. Ziel ist ein durchgängiger Materialfluss zwischen den einzelnen Funktionen, um z. B. unnötige Lagerungen zu vermeiden.

- In der **Produktions-Logistik** wurde die Informationsweitergabe und die Bedeutung von Rückmeldungen wichtiger. Güterströme und Kapazitätsbetrachtungen werden integriert.

- Die **Interne Supply Chain** versucht eine Optimierung der gesamten betrieblichen Leistung zu erreichen und überwindet die funktionsbezogenen Sichtweisen durch Betonung der Wertschöpfungskette.

- In der **Externen Supply Chain** werden die außerhalb des Unternehmens stehenden Partner bei Zulieferungen und Absatz in die Betrachtungen einbezogen. Die Kundenwünsche bestimmen die Ausprägung der Supply Chain. Deshalb auch die Prägung neuer Begriffe wie „Seamless Demand Pipeline" (nahtlose Versorgung der Nachfrage) oder „Demand Network" (Netzwerk zur Befriedigung der Nachfrage).

Wenn man nun die einzelnen Stufen als eine zeitliche Entwicklung betrachtet, so zeigt sich insgesamt, dass die Bedeutung der Kooperation innerhalb einer Supply Chain sukzessive zugenommen hat.

Die bisherige Maximalausprägung findet sich in den **Unternehmensnetzwerken**, in denen eine Gesamtoptimierung aller Marktaktivitäten angestrebt wird.

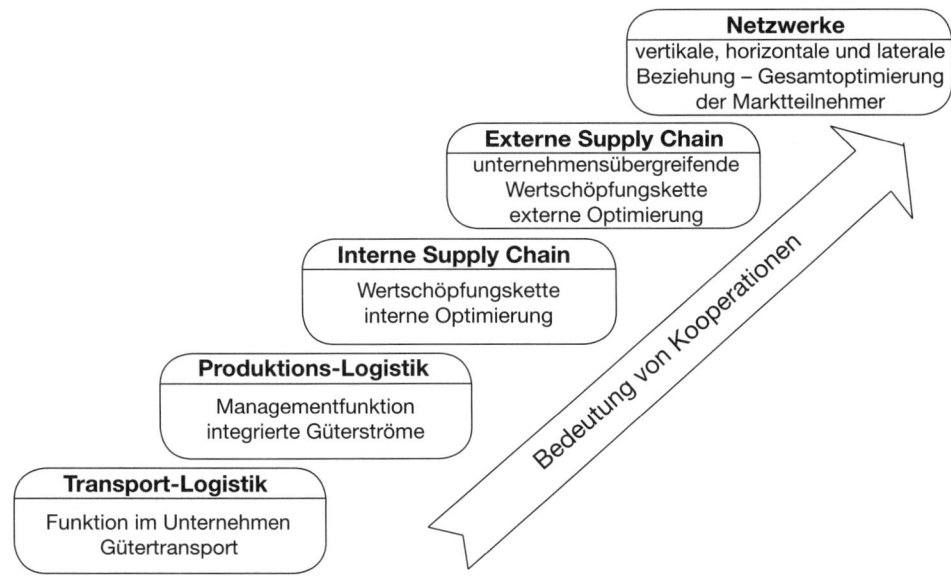

1.2 Zielsetzung im Supply Chain Management

Supply Chain Management lässt sich definieren als die **prozessorientierte** Gestaltung, Lenkung und Entwicklung aller Aktivitäten von der Beschaffung der Rohmaterialien bis zum Verkauf an den Endverbraucher, also über die gesamte logistische Kette. Ziel ist die Sicherung und Steigerung des Erfolgs der beteiligten Unternehmen durch:

- besseren Kundenservice
- bessere Auslastung der Kapazitäten
- kürzere Durchlauf- und Lieferzeiten
- verbesserte Termintreue
- geringere Bestände
- Reduzierung der Prozesskosten
- Reduzierung der Kosten der Nichtqualität
- Frühwarnsysteme durch frühzeitige Meldung von Bedarf oder Störfällen.

Klassisches Prinzip: Sequenzielle Weitergabe von Informationen

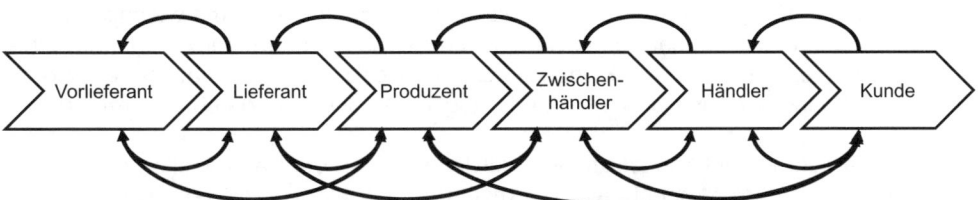

SCM-Prinzip: Simultane Weitergabe von Informationen

Supply Chain Management erfordert überbetriebliche Integration und die unternehmens-übergreifende Verbindung aller wertschöpfenden Aktivitäten durch Einbeziehung von Zulieferern (Supplier) sowie Endverbrauchern (Consumer). Der Begriff der Wertschöpfungskette wird in eine neue Dimension überführt. Sie reicht nunmehr „vom Kunden des Kunden" bis zum „Lieferanten des Lieferanten". Die globale Entwicklung in den Unternehmensstrategien geht weg vom Wettbewerb der Unternehmen hin zum Wettbewerb der **Wertschöpfungsketten** (Supply Chain).

Der Grundgedanke des Supply Chain Management ist das Verbessern einer durchgängigen Prozesskette vom Kunden bis zum Lieferanten, nicht die Optimierung einzelner Prozessschritte innerhalb einer Abteilung. Oft wird Supply Chain Management auf das Optimieren logistischer Prozesse innerhalb des Unternehmens sowie der Prozesse zum Kunden und Lieferanten hin reduziert. Tatsächlich ist die gemeinsame Ausrichtung aller Planungs- und Ausführungsprozesse auf die Kundenanforderungen vordringlich

Kaum ein Produkt wird noch komplett innerhalb eines Unternehmens hergestellt. Der Zuwachs der Wertschöpfung ist an einem fiktiven Produkt hier exemplarisch dargestellt:

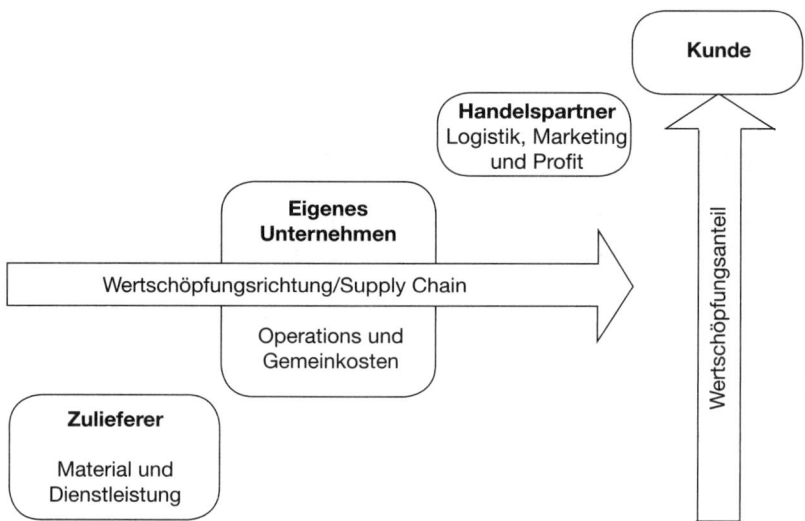

Und ähnlich wie für ein einzelnes Unternehmen gilt es auch für die Wertschöpfungskette, darauf zu achten, dass jeder Wertschöpfungsschritt auch wirklich Wert für den Kunden schafft und zu möglichst niedrigen Kosten realisiert wird.

Unternehmen treffen daher auch ständig darüber Entscheidungen, mit welchen und wie vielen Vorlieferanten sie zusammenarbeiten, wie sie die Zusammenarbeit mit den Lieferanten koordinieren (z. B. Abwicklung von Bestellungen, Transport von Waren, Art der Verträge), um einen hohen Kundenwert bei möglichst geringen Kosten zu erreichen.

Die Prinzipien der Produktionsstrategien werden sich von der traditionellen Ausrichtung an Kapazitäten, programmgesteuerten Aktivitäten und wirtschaftlichen Losgrößen verändern müssen zu einer materialflussorientierten, produktbezogenen und an den Kundenwünschen ausgerichteten Vorgehens- und Denkweise.

Die zukünftige Entwicklung des Supply Chain-Ansatzes wird eine noch intensivere Verknüpfung zwischen Logistik und Informationstechnologie mit sich bringen. Die notwendige Erhöhung der Verfügbarkeit, der Profitabilität und der Flexibilität werden die Struktur der Supply Chain beeinflussen.

Zwischen den beteiligten Partnern finden neben den Warenströmen auch der Austausch von Informationen sowie der Finanzfluss als Gegenwert für die Produkte statt.

Eine ausschließlich sequenzielle Verknüpfung der Akteure entspricht nicht vollständig der in der Realität vorzufindenden Komplexität, da pro Wertschöpfungsstufe mehrere Lieferanten zum Einsatz kommen und auch mehrere Distributionskanäle und Endkunden existieren.

Durch eine noch stärker kundenorientierte Sichtweise und den Einbezug unterschiedlicher Partner gibt es eine Wandlung von der Supply Chain als gesteuerte Versorgungskette zu einem **Value-Net** oder einem **Demand Network (nachfrageorientierter Netzwerkverbund)**. In einem solchen weltweiten Netzwerk müssen die Teilnehmer auf die Bedürfnisse des Marktes unmittelbar reagieren und gleichzeitig in mehrere Richtungen Aktivitäten und Transaktionen anstoßen. Nur so können die weiter wachsenden Anforderungen erfüllt werden.

1.3 Aufgaben innerhalb der Supply Chain

Bei der Betrachtung der Funktionsweise im Supply Chain Management kann man zwischen verschiedenen Ebenen unterscheiden:

- In der Organisationsebene werden die rechtlichen Strukturen und Partnerschaftsverhältnisse geklärt.

- Auf Ebene der Geschäftsprozesse geht es um die Entwicklung einer abgestimmten Strategie mit unternehmensübergreifend abgestimmter Planung der einzelnen Prozessschritte von der Auftragsabwicklung über die Beschaffung und Produktion bis zur Auslieferung.

- Die Informationstechnologie unterstützt die Geschäftsprozesse durch den Einsatz betriebswirtschaftlicher DV-Systeme wie ERP, PPS, CRM und E-Busines sowie durch Management Information Systeme.

- Schließlich erfolgt in der physischen Strukturebene die Abwicklung der Aufgabe vom Lieferanten über die Produktion zur Distribution.

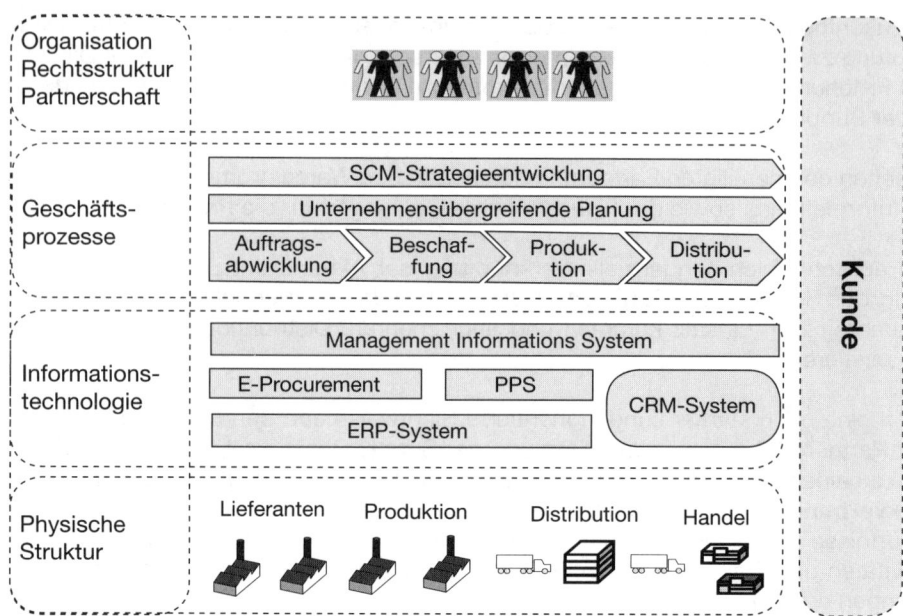

Innerhalb der **Geschäftsabwicklung** entlang der Supply Chain fallen vielfältige **Aufgaben** für das Management an wie:

- Logistikoptimierung
- Qualitätssicherung
- Transport
- Lagerung
- Bestellmengen- und Losgrößenbestimmung
- Ablaufoptimierung
- Beschaffungs- und Absatzmarktforschung
- Lieferantenbeurteilung und -auswahl
- Absatzprognosen
- Außendienststeuerung
- Bewältigung der organisatorischen und systemtechnischen Schnittstellen
- Kommunikationsgestaltung zu Geschäftspartnern unter besonderer Berücksichtigung der Informationsverarbeitungs-Systeme.

Die einzelnen Aufgaben lassen sich aufteilen in:

strategisch	Konfiguration	Supply Chain-Netzwerk definieren Supply Chain optimieren
taktisch	Planungsschritte	Lieferanten, Beschaffung, Kundenaufträge, Produktion, Transport, Kundenbindung
operativ	ausführende Tätigkeiten	Verkaufen, Einkaufen, Produzieren, Ausliefern

52 》 Seite 436

Durch permanente Verbesserung der Abläufe und **Optimierung** der Supply Chain können folgende Nutzenpotenziale entstehen:

- reduzierte Durchlauf- und Lieferzeiten
- verbesserte Termintreue durch höhere Transparenz und schnellere Reaktionsfähigkeit
- Reduktion von Lagerbeständen und Lagern durch abgestimmte Bestandsplanung über mehrere Wertschöpfungsebenen hinweg
- Reduzierung der Kapitalbindung
- Verbesserung der Kapazitätsnutzung
- direkte Kostensenkung durch Vermeidung von kostenträchtigen Notmaßnahmen wie Lufttransporte
- Senkung von Gemeinkosten durch geringere Transaktionszahl
- Frühwarnsysteme durch frühzeitige Meldung von Bedarf oder Störfällen
- Einbindung des Kunden in die Entscheidungsabläufe.

Die Steigerung des Unternehmenswertes kann zum einen durch höhere Profitabilität und zum anderen durch geringeres Kapitalinvestment erreicht werden.

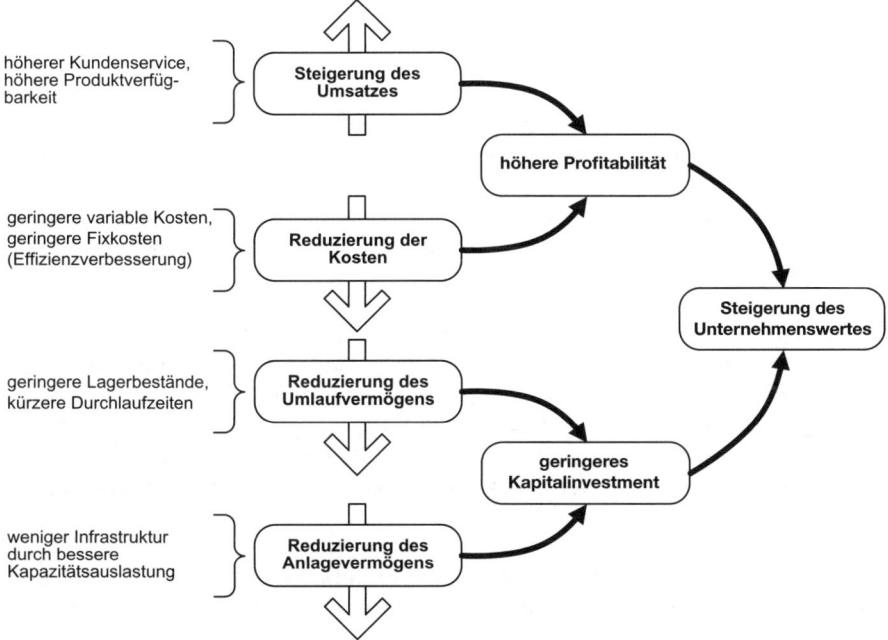

2. PLANUNGSSCHRITTE INNERHALB DER SUPPLY CHAIN

Die Planungsaufgaben innerhalb der Supply Chain umfassen die Bereiche:

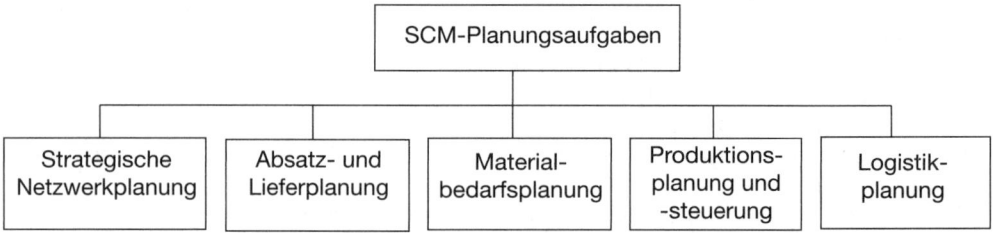

2.1 STRATEGISCHE NETZWERKPLANUNG

Die Gestaltung des gesamten Netzwerks beschäftigt sich mit Themen wie:

- Definition und Änderung von Kapazitäten
- Standortwahl und Standortentwicklung
- Auswahl von Beschaffungs- und Distributionskanälen
- Entscheidung über die Fertigungstiefe (Make or Buy)
- Gestaltung von Partnerschaften mit Lieferanten, Kunden und Systempartnern.

Die einzelnen Planungsbereiche müssen so miteinander verknüpft werden, dass Auswirkungen von Änderungen an einem Planungsschritt in den anderen Planungsbereichen berücksichtigt wird.

Fasst man die Informationen aus den verschiedenen Planungsbereichen grafisch in einer Übersicht zusammen, spricht man von einem Cockpit. Im **Supply Chain Cockpit** werden beispielsweise Lager-, Produktions-, Transport- und Auftragsmengen angezeigt. Zusätzlich macht ein **Alert Monitor (Alarmüberwachung)** den Benutzer auf ungewöhnliche Zustände und Ereignisse aufmerksam: Man definiert Ausnahmebedingungen und erhält Hinweise und Berichte, wenn diese erfüllt sind (Prinzip des **Management by Exception**).

Je genauer die Nachfrageprognose ist, umso eher arbeitet die Supply Chain wirtschaftlich. Durch DV-Programme lassen sich Verbesserungen in der Planung und der Umsetzung erreichen.

2.2 ABSATZ- UND LIEFERPLANUNG

Die Absatzprognosen entstehen unter Nutzung von **Data Warehouses** und dem Einsatz statistischer Verfahren unter Berücksichtigung der Lebenszykluskurve. Die Vertriebsorganisation wird mit Informationen über Lieferfähigkeit und Terminmöglichkeiten versorgt.

Die Genauigkeit der Nachfrageprognosen beeinflusst die Qualität der gesamten Supply Chain. Hier bieten Methoden wie **Demand Planning** folgende Funktionen:

- Analyse von Nachfragemustern aus Vergangenheitsdaten
- Durchführung von Nachfrageprognosen (inklusive der Möglichkeit der Einbeziehung von Fremddaten).

2.3 Materialbedarfsplanung

Nach den Regeln der Beschaffungslogistik werden Bedarfe ermittelt, Lieferanten ausgewählt und Abrufe getätigt. Zum Teil geht die Bestellhoheit vollständig auf den Lieferanten über, indem dieser eigenverantwortlich für die Materialverfügbarkeit in Abhängigkeit von der Bedarfs- und Bestandssituation sorgt.

Unter **Business-to-Business Procurement** versteht man ein System zur Unterstützung von Beschaffungsprozessen. Dabei kann der Mitarbeiter in begrenztem Umfang innerhalb limitierter Befugnisse (Budgetgrenzen, Kreis der Lieferanten) Materialien autonom wählen und bestellen.

2.4 Produktionsplanung und -steuerung

Entsprechend der gewählten strategischen Konzepte erfolgt die Feinsteuerung aufgrund permanent aktualisierter Daten. Ebenso wird die Produktionsreihenfolge unter folgenden Prämissen festgelegt:

- die Planung der Materialbereitstellung
- die bestmögliche Nutzung knapper Ressourcen
- die Bestimmung einer rüstkostenminimalen Reihenfolge sowie
- die Berücksichtigung unerwarteter Ereignisse.

2.5 Logistikplanung

Logistics Execution Systeme (LES) unterstützen die Bereiche Distribution, Transport und Lagerverwaltung. Neben der Anwendungen von **Warehouse Management System (WMS)** sind insbesondere für die Logistik **Transport Management Systeme (TMS)** von Interesse.

Anwendungen solcher rechnerunterstützten LE-Systeme in der Logistik sind:

- **Warehouse Management System (WMS)**

  Sie unterstützen

  - die Verwaltung von Lagerstrukturen und -einrichtungen (z. B. von automatischen Lagern, Hochregal-, Block- oder Festplatzlagern)

  - die Übersicht über Lagerbewegungen

  - das Management der den Wareneingang und -ausgang begleitenden Aktivitäten (z. B. Ausladen, Verpacken der Waren, Entsendung von Lieferfahrzeugen zur vorgeschriebenen Laderampe, Ausdrucken von Versandpapieren)

  - das Führen von aktuellen Bestandsdaten auf Lagerplatzebene mithilfe der permanenten Inventur

  - die Ein- und Auslagerung von Gefahrstoffen und allen anderen Materialien, welche eine Sonderbehandlung erfordern

  - spezielle Dienstleistungen, z. B. individuell ausgerichtete Verpackungsverfahren und Etikettierung, um eine korrekte Beschriftung und Verpackung zu gewährleisten.

- **Transport Management Systeme (TMS)**

  Diese sind insbesondere deshalb von Interesse, da mit ihnen komfortabel Frachtkosten berechnet und fakturiert werden können. Im Einzelnen leisten sie

  - Erfassen und Verwalten von Stammdaten (z. B. Konditionen, Transportmittel, Tarifzonen)

  - Zuordnen von Dienstleistern (z. B. Spediteure) zu einem Transport und Berechnung der zugehörigen Transportkosten

  - Ermitteln der Transportkosten pro Transportabschnitt unter Berücksichtigung von Grundfrachten, ausgehandelten Margen, Zuschlägen, usw.

  - Abrechnen mit den Dienstleistern und Melden der Transportkosten an das Rechnungswesen sowie

  - Fakturierung der Transportkosten oder interne Verrechnung von Transportleistungen.

Probleme bei der Umsetzung von Supply Chain-Projekten können sein:

- die Verfügbarkeit geeigneter Partner
- unterschiedliche Unternehmenskulturen
- divergierende Ziele der Partner
- mangelndes Vertrauen
- inkompatible IT-Strukturen.

Als Grundtypen des Supply Chain-Designs können vier Typen definiert werden, die sich im Nachfrageverhalten (stabil oder dynamisch) und in der Produktstruktur (Montageprozesse oder Verfahrensabläufe) unterscheiden. Das sind:

Supply Chain-Design	Nachfrage	Struktur	Branchenbeispiel
schlank	stabil	Montage	Automobilindustrie
verbunden	stabil	Prozesse	Chemie- und Pharmaindustrie
beweglich	dynamisch	Montage	Elektronikindustrie
schnell	dynamisch	Prozesse	Konsumgüterindustrie

53 ⟩⟩ Seite 436

2.6 DER BULLWHIP-EFFEKT

Häufig wird das Phänomen beobachtet, dass in mehrstufigen logistischen Ketten, z. B. Händler, Großhändler, Produzent, Lieferant, die Veränderung der Nachfrage einer immer stärker wachsenden Schwankung unterliegt und damit auch die Lagerbestände sehr stark variieren. Dieser so genannte **Bullwhip-Effekt** (Peitschenschlag-Effekt) entsteht durch nicht abgestimmte Optimierungsbestrebungen in den jeweiligen Ebenen. Jede Stufe erstellt lokale Prognosen, die aber dem tatsächlichen Verlauf hinterherlaufen. Bei der Berechnung der zu produzierenden/bestellenden Menge wird der aktuelle Bestand und die Prognose verwendet, es kommt zu einer Überreaktion auf die Niveauveränderung. Die nachfolgende Stufe hat das gleiche Problem, somit schaukeln sich die Überreaktionen entlang der Kette auf. Das führt einmal zu einer Periode übervoller Läger und anschließend zu Knappheit. Dadurch leidet der Lieferservice und die Wirtschaftlichkeit.

Ursachen des Bullwhip-Effekts aufgrund lokaler Optimierungen sind:

• Überreaktion auf Nachfrageveränderungen
• Planung von optimalen Losgrößen bzw. Bündelbestellmengen
• Erhöhen der Bestellmenge aus Furcht vor Knappheit oder bei Sonderangeboten
• Erwartung von Preisänderungen.

Ansätze zur Vermeidung des Bullwhip-Effekts sind:

• Verbesserung des Informationsaustausches zwischen den verschiedenen Ebenen der Supply Chain (z. B. Nutzen der POS-Infos oder Vendor Managed Inventory)
• Zentralisierung des Informationsflusses bei Dispositionsvorgängen
• Verkürzung der Reaktionszeiten durch Online-Systeme.

Insgesamt führen die Methoden des Supply Chain Management und der Produktionsnetzwerke zu einer Verminderung des Bullwhip-Effektes.

2.7 ENTWICKLUNG ZUM DEMAND-NETWORK

Viele Entwicklungen in den betriebswirtschaftlichen Theorien liefen parallel und sind aus jeweils anderen Sichtweisen entwickelt worden. Deshalb ist es nicht einfach, eine genaue Definition der einzelnen Begriffe zu geben und ihre Abhängigkeiten zu skizzieren. Eine grobe Klassifizierung der Konzepte kann nach dem Fokus vorgenommen werden, unter dem diese Konzepte hauptsächlich entwickelt wurden und zum Einsatz kommen. Das sind:

Managementkonzept	Betrachtungsschwerpunkt
Logistikkette	Betrachtung der physischen Aktivitäten zur Überbrückung von Raum und Zeit. Darstellung der Kunden-Lieferanten-Schnittstelle.
Supply Chain Management (SCM)	Einbezug von externen Aktivitäten. Berücksichtigung der unternehmensübergreifenden Prozesse inklusive Information und Finanzen.
Supplier Relationship Management (SRM)	Fokus auf die Zulieferseite inklusive der Lieferantenauswahl, -entwicklung und -integration. Externe Kunden werden kaum beachtet.
Customer Relationship Management (CRM)	Fokus auf die Kundenseite. Intensivierung der Kundenbeziehungen. Externe Zulieferer werden kaum beachtet.
Demand Chain Management (DCM)	Kundenorientierung in Bezug auf den konkreten Bedarf und daraus abgeleitete Aktivitäten im „Upstream"–Pullorientierung.
Supply Chain Relationship Management (SCRM) Beziehungsmanagement	Abstimmung von Strategien und Maßnahmen kooperierender Unternehmen. Ausbau der Beziehungen zum gegenseitigen Nutzen mit dem Schwerpunkt auf soziale und ethische Aspekte.
Demand Network	In einem nachfrageorientierten Netzwerkverbund müssen die Teilnehmer auf die Bedürfnisse des Marktes unmittelbar reagieren und gleichzeitig in mehrere Richtungen Aktivitäten und Transaktionen anstoßen.

3. SOFTWAREANWENDUNGEN

Die zunehmende Verzahnung der einzelnen Wertschöpfungsstufen der unterschiedlichen Wertschöpfungsketten einer Wirtschaft führt zu einer wachsenden Bedeutung der Koordination und Abstimmung dieser Wertschöpfungsstufen.

Mit der gewachsenen Bedeutung der Koordination wächst aber auch die Leistungskraft der Mittel, insbesondere der **IT-Systeme**, mit denen diese Koordination bewerkstelligt wird. Diese gewachsene Leistungskraft der IT-Systeme hingegen eröffnet wieder neue Möglichkeiten der Feinabstimmung, aus denen heraus sich wieder ein steigender Bedarf an Mitteln ergibt.

In der Entwicklung der unterstützenden Software zeigt sich die hier dargestellte Entwicklung:

	Betrachtungsgegenstand der jeweiligen Stufe	Fokus der Informationsgewinnung	Typische Schlüsselanwendungen
1.	Teilfunktion	Automatisierung	MRP, Eigenentwicklungen
2.	Gesamtfunktion	Softwarepakete	MRP II
	Gesamtes Unternehmen	Gemeinsame Datenbasis	ERP
3.	Extended Supply Chain	Funktionsübergreifende simultane Planung	Advanced Planning Tools

Die am Markt befindlichen betriebswirtschaftlichen Software-Systeme sind häufig in Modulen aufgebaut. Am Beispiel der Software SAP sollen die hauptsächlich verwendeten Module erläutert werden:

Modul PP – Production Planning

- Leistungserstellungsprozess im Unternehmen
- Unterteilung in Planungs- und Durchführungsprozess
- Zentrales Dokument ist der Fertigungsauftrag

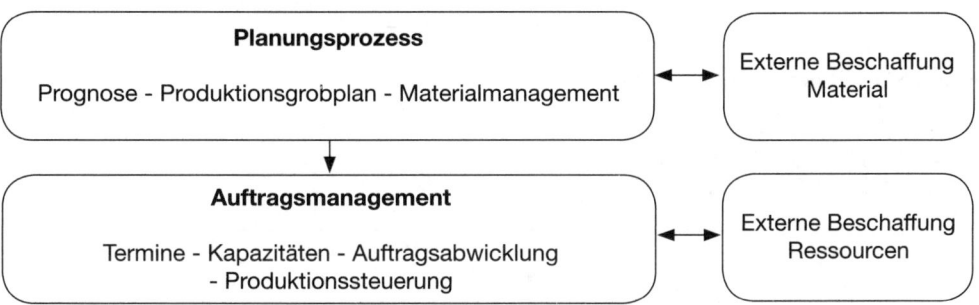

Details zu den Abwicklungen finden sich in Kapital F. – Produktionsplanung und -steuerung

Modul MM – Material Management

- Bestandsführung
- Abwicklung des Einkaufsprozesses
- Rechnungsprüfung

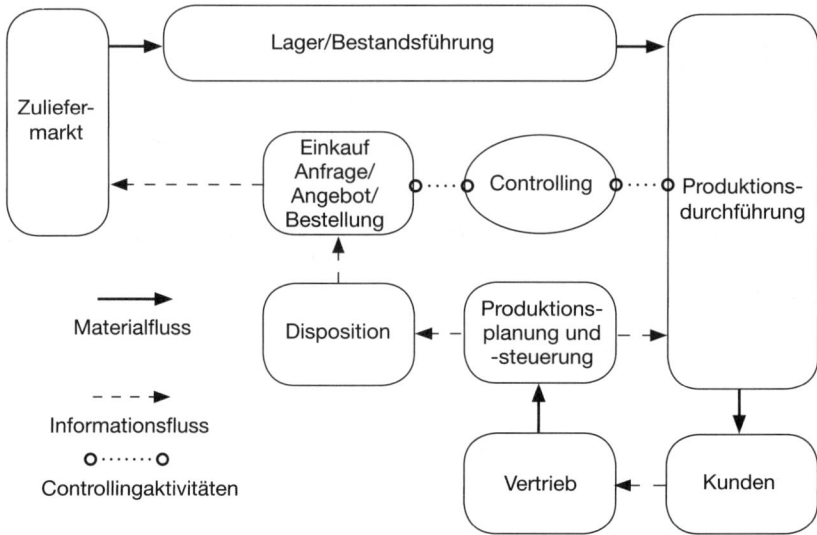

Modul SD – Sales and Distribution

- Angebotserstellung
- Erfassung von Kundenaufträgen
- Versandabwicklung, Fakturierung

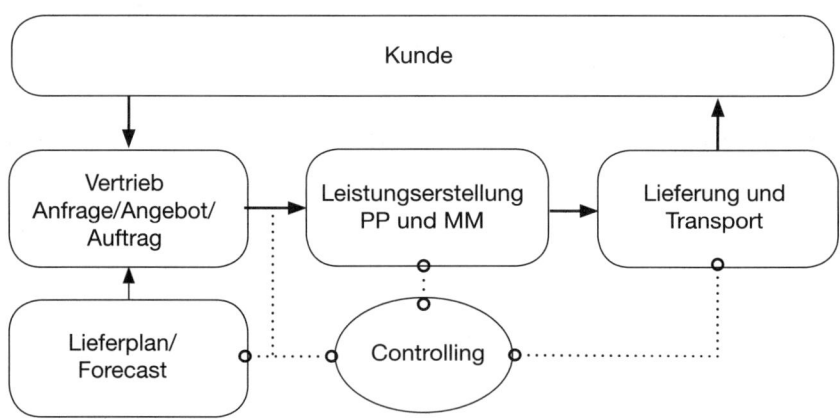

Modul CO – Controlling

Internes Rechnungswesen (Controlling) beinhaltet:
- Kostenartenrechnung
- Gemeinkostencontrolling und Ergebnisrechnung
- Produktkosten- und Profit-Center-Rechnung.

Modul FI – Financials

- Externes Rechnungswesen (Finanzbuchhaltung)
- Erstellung von Bilanz und GuV mit Führung der Debitoren, Kreditoren und Anlagen.

4. LEISTUNGSMANAGEMENT

Um Prozesse effizient und effektiv zu managen, müssen die Einflussgrößen bekannt und deren Auswirkung messbar gemacht werden. Denn nur, was man messen kann, kann man auch verbessern. Neben den ursprünglich kostenbezogenen Kennwerten haben sich zunehmen „weiche" Faktoren als Steuerungsinstrumente angeboten. Diese Kennwerte werden z. B. in Form einer **Balanced Scorecard** zusammengefasst.

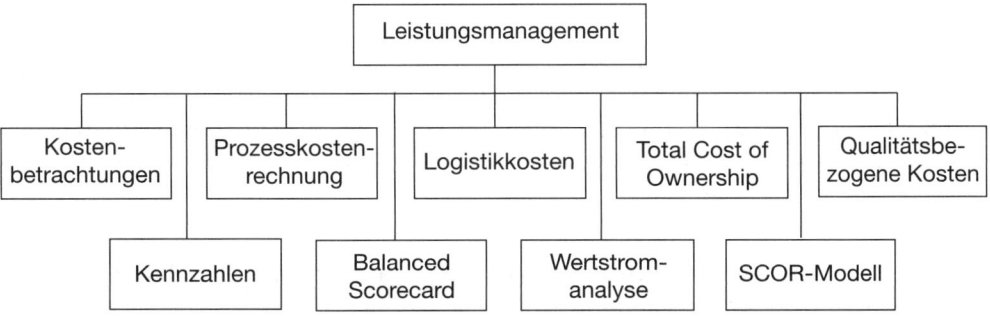

4.1 KOSTENBETRACHTUNGEN

Um von einer mengenmäßigen Betrachtungsweise des Produktionsinput und -output (z. B. Stück, Tonne, m^2) auf eine kostenmäßige Aussage zu kommen, ist eine **Bewertung** notwendig, sodass vergleichbare Werteinheiten entstehen (z. B. Euro). Die **Kostentheorie** bewerkstelligt das durch Einführung von **Faktorpreisen**. Darüber hinaus hat sie die Aufgabe, Kostenentstehung und Kostenhöhe zu erklären.

Kosten entstehen immer dann, wenn Güter verbraucht (Materialeinsatz, Betriebsstoffe) oder **gebraucht** werden (Maschinen, Werkzeuge) oder wenn Infrastruktur **genutzt** wird (Planung, Controlling, Beratung, Steuern).

Der **wertmäßige Kostenansatz** kann somit eine realistischere Beurteilungsgrundlage für **alternative** Produktionen bilden.

Einfluss auf die Höhe der Kosten hat eine Reihe von Faktoren:

- **Betriebsgröße**
  Die Möglichkeiten der Produktion, verschiedene Arten und unterschiedliche Mengen herzustellen, ist durch die Art und Anzahl der Einrichtungen bestimmt. Eine Betriebsgrößenänderung ist allerdings nur mittel- und langfristig kostenrelevant.

- **Produktionsprogramm**
  Entscheidungen über den Umfang, die Breite (Produktvarianten) und die Tiefe (make or buy) des Produktionsprogramms haben entscheidenden Einfluss auf die Produktionskosten. Hier steht im Vordergrund, was unbedingt im eigenen Unternehmen hergestellt werden muss oder was kostengünstiger extern bei Lieferanten bezogen werden kann. Ebenso sind Fragen der Losgrößenbildung zu betrachten, die auf Produktions-, Rüst- und Lagerkosten Einfluss nehmen.

- **Produktionsablauf**
  Je nach Ausgestaltung der Produktion entstehen unterschiedliche Kostenabhängigkeiten. Hohe Automatisierung – insbesondere bei Massenproduktionen angewandt – bringt niedrige Stückkosten, aber hohe Anlagekosten. Einzelanfertigungen sind kostengünstiger in Werkstattfertigung herzustellen als Seriengüter, bei denen die Fließfertigung kostengünstiger ist.

- **Qualität**
  Neben der Qualität (= Gebrauchstauglichkeit) von Materialien und der Ausführungsqualität in der Fertigung hat die Qualität der planenden, entscheidenden und überwachenden Einheiten eine große Kostenrelevanz. Die Kosten, hervorgerufen durch Fehlleistungsaufwand (Ausschuss, Verschrottung, Nacharbeit, Reklamationskosten), sind auf ein Minimum zu begrenzen.

- **Preise**
  Durch die direkte multiplikative Verknüpfung der Preise für Material und Arbeitszeit besteht ein unmittelbarer Zusammenhang zwischen den zu zahlenden Preisen für die Produktionsfaktoren und den Produktionskosten.

- **Beschäftigung**
  Je nach Auslastungsgrad müssen die anfallenden Fixkosten (z. B. für Betriebsmittel) auf unterschiedliche Leistungsmengen umgelegt werden und beeinflussen damit direkt die Höhe der Stückkosten.

- **Absatzmaßnahmen**
  Nicht nur der Umsatz sondern auch das Kostenniveau des Unternehmens werden durch absatzpolitische Maßnahmen beeinflusst (Preispolitik, Produktpolitik, Distributionspolitik).

- **Finanzierung**
  Die Höhe der Kapitalkosten beeinflusst ebenfalls das Gesamtkostenniveau. Mittel- und langfristig spielt auch die Eigenkapitalausstattung eine Rolle, da bei Unterkapitalisierung Innovations- oder Erneuerungsinvestitionen unterlassen werden und damit eine sonst mögliche Kostenreduzierung nicht erreicht werden kann.

- **Entwicklungsaktivitäten**
  Durch Forschung und Entwicklung werden Produktverbesserungen und Verfahrensverbesserungen erreicht, die einen positiven Einfluss auf den Absatz und die Produktionskosten haben.

4.2 PROZESSKOSTENRECHNUNG

Um den steigenden Wettbewerbsdruck in Zeiten der Globalisierung standhalten zu können, sind zuverlässige und genaue Informationen über die Produktkosten notwen-dig. In den traditionellen Kostenrechnungssystemen standen die **Einzelkosten**, die dem Kostenträger direkt zurechenbar sind, im Mittelpunkt.

Dagegen fanden die **Gemeinkosten** der indirekten Leistungsbereiche wenig Beachtung. Jedoch ist in der Vergangenheit eine eindeutige Zunahme des Anteils der Gemeinkosten festzustellen und der Fokus des Kostenmanagement verlagert sich immer mehr in Richtung der indirekten Bereiche.

Die **Kostenträgerrechnung** generell hat die Aufgabe, die tatsächlichen Kosten eines Produktes zu ermitteln und auch als Entscheidungshilfe zur Bestimmung eines optimalen Produktionsprogramms zu dienen.

Die **Prozesskostenrechnung** stellt einen Ansatz dar, mit dessen Hilfe die Kosten der indirekten Unternehmensbereiche oder die Kosten eines Dienstleistungsunternehmens besser geplant und gesteuert und den Produkten oder Leistungen zugerechnet werden können.

Es erfolgt eine Orientierung an der Wertschöpfungskette, indem man sich auf die einzelnen Unternehmensprozesse bezieht. Die in den Kostenstellen des Unternehmens abgewickelten Aufgaben werden in prozessbezogene Aktivitäten zerlegt. Diesen Aktivitäten werden die Kosten in Abhängigkeit von so genannten Kostentreibern zugeordnet und daraus Prozesskostensätze ermittelt. Mithilfe der Prozesskostensätze werden die prozessbezogenen Gemeinkosten auf die Produkte bzw. Leistungen kalkuliert.

Die Prozesskostenrechnung ermöglicht so eine verursachungsgerechtere Zuordnung der Kosten zu den Prozessen und aufaddiert zu den Geschäftsvorfällen. Mit einer prozessorientierten Kostenrechnung lässt sich berechnen, was die Abwicklung eines konkreten Kundenauftrags oder einer Bestellung kostet.

Eine weitere Möglichkeit in der Prozesskostenrechnung ist die kostenstellenübergreifende Betrachtung der Prozesse. Dadurch können betriebliche Funktionen besser aufeinander abgestimmt werden und es ergibt sich ein Rationalisierungspotenzial.

Als Ziele der Prozesskostenrechnung lassen sich nennen:

• verursachungsgerechtere Verrechnung von internen Leistungen bei der Kalkulation
• Erhöhung der Kostentransparenz in den indirekten Bereichen
• bessere Beeinflussung der Gemeinkosten
• Sicherstellung eines effizienten Ressourcenverbrauchs
• Unterstützung bei strategischen Entscheidungen

Die Prozesskostenrechnung kann zur Prozesskonfiguration, zur Prozessoptimierung, zur Auswahl alternativer Ausführungsformen und zur Ausführung genutzt werden. Der Controller kann damit Betriebsergebnisse berechnen, Stückkosten kalkulieren oder ein regelmäßiges Controlling durchführen.

4.3 LOGISTIKKOSTEN

Um aus der Struktur der angefallenen Kosten entsprechende Reaktionen ableiten zu können, ist eine Analyse notwendig, die auf die **Verursacher dieser Kosten** schließen lässt. Als typische Logistikkosten werden genannt:

Art der Kosten	Kosten entstehen durch
Steuerungs- und Systemkosten	Planung und Steuerung des Materialflusses sowie der Fertigung, Informationslogistik, Personaleinsatz sowie Kontrollfunktionen
Bestandskosten	Vorhalten von Beständen in Form von Kapitalkosten zur Finanzierung der Bestände, Versicherungen, Abwertungen und Verluste
Lagerkosten	Bereitstellung von Lagerkapazitäten (fixer Teil) Ein- und Ausgangsprozesse (variabler Teil)
Transportkosten	externen und internen Werksverkehr Bereitstellung (fix), Leistung der Transportmittel (variabel)
Handlingkosten	Bereitstellung (fix), volumenabhängige Betriebskosten (variabel)

Der Anteil der Logistikkosten an den Gesamtkosten schwankt je nach Branche und Art der Logistikleistung beträchtlich (nach empirischen Untersuchungen zwischen 5 und 40 %). Eine Pauschalierung bei der Betrachtung von Logistikkosten ist nicht immer angebracht, da Faktoren wie die Beschaffenheit der Produkte, die Produktart, die Sortimentsbreite, die Variantenvielfalt, die Produktlebenszyklen, die Kundenbeziehungen, der Wert der Endprodukte oder die Art der Fertigung (anonym oder auftragsbezogen) die Anforderungen an die Logistik maßgeblich beeinflussen. Eine zusätzliche Schwierigkeit besteht in der genauen Zuordnung und Abgrenzung der Kosten auf die Logistikfunktion.

Im Einzelnen sind folgende Fragen zu klären:

Themengebiet	Beispiele für Zuordnungsprobleme
organisatorische Abgrenzung	Kosten der Produktionsplanung und -steuerung
vollständige Erfassung	Kosten für nicht bestandsgeführte Läger
betriebliche Integration	Kosten für Transporte innerhalb anderer Bereiche
Fehlmengen	Kosten für Umstellungen aufgrund von fehlenden Teilen
Kapitalbindung	Art der Bewertung
Lieferantenkonditionen	Kosten frei Haus/ab Werk usw.
Kundenkonditionen	Kosten frei Haus/ab Werk usw.
Reduzierung des Deckungsbeitrags	Kosten der Abweichung

Zur übersichtlichen Darstellung bietet sich eine stufenweise Verdichtung der Kosten an. Auf der untersten Stufe sind die Leistungen und Kosten eines bestimmten Bereichs darzustellen. Über mehrere Bereiche hinweg können dann selektierte Kennzahlen verdichtet werden und als Unternehmenskennzahlen für unterschiedliche Controllingaktivitäten genutzt werden.

volumenbezogene Leistungen (Stück, Tonnen, m²)	**Logistik-Leistungswert**	**Logistikeffizienz = Logistikleistung bezogen auf die Logistikkosten**
servicebezogene Leistungen (Qualität, Beratung, Sonderlieferungen)		
durchlaufzeitbezogene Leistungen (Reaktionszeit, Handlingzeit, Liefertreue)		
Logistik induzierte Kosten (Personal, Fracht, Energie)	**Logistik-Kostenwert**	

4.4 TOTAL COST OF OWNERSHIP (TCO)

Aus diesen Zusammenhängen ergibt sich die Notwendigkeit, Kosten nicht isoliert zu betrachten und keine punktuelle Optimierung vorzunehmen. Nachdem in verschiedenen Bereichen negative Erfahrungen gemacht wurden, weil es bei der Auswahl von Alternativen lediglich um die Einstandskosten ging und man im Anschluss festgestellt hat, dass die laufenden Kosten während der Nutzung die eigentlich bestimmende Größe sein können, hat sich die Idee des **Total Cost of Ownership (TCO)-Modells** etabliert. Jeder kennt diese Situation bei Tintenstrahldruckern, die niedrige Anschaffungskosten aber hohe Verbrauchskosten haben.

TCO ist ein prozessorientiertes Verfahren zur Bewertung von Beschaffungs- und Investitionsprojekten und beinhaltet die gesamten beschaffungsrelevanten Kosten vom Lieferanten bis zum Verwendungsort. Eine Ausweitung auf Kosten während der Nutzung und der Entsorgung wird als **Total Lifecycle Cost-Verfahren** bezeichnet.

Elemente des TCO-Verfahrens sind z. B. beim Materialeinkauf:

direkte Kosten (planbar und erkennbar)	einmalig	z. B. Infrastruktur, Lagereinrichtungen
	laufend	Materialkosten, Verpackung, Transport
indirekte Kosten (nicht unmittelbar erkennbar oder ungeplant)	Personal	Fehlerkosten, Garantie, zusätzliche Transaktionen
	Ressourcen	Zusatzflächen, DV-Systeme und deren Wartung

Ziel der Erhebung dieser Kosten ist es, bessere und vollständigere Vergleiche im Rahmen von Beschaffungsprozessen zu ermöglichen und nicht einzelne Ausschnitte zu bewerten. So ist es gefährlich, Einkaufsboni zu gewähren bei möglichst niedrigem Einkaufspreis, wenn dadurch Reklamationskosten oder zusätzliche Logistikkosten entstehen.

4.5 QUALITÄTSBEZOGENE KOSTEN

Die Einrichtung und Aufrechterhaltung des Qualitätsmanagement verursacht zunächst Kosten. Durch die Wirkung der eingeführten Maßnahmen sollen auf der anderen Seite aber auch Kosten vermieden werden, die sonst ohne diese vorbeugenden und überwachenden Schritte anfallen würden.

Um die **Wirtschaftlichkeit** qualitätssichernder Maßnahmen beurteilen zu können, ist es notwendig, Aussagen über qualitätsbezogene Kosten zu erhalten.

Qualitätsbezogene Kosten sind Kosten, die durch die Gewährleistung zufrieden stellender Qualität und durch das Schaffen von Vertrauen, dass die Qualitätsforderungen erfüllt werden, entstehen, ebenso wie auch Verluste infolge des Nichterreichens zufrieden stellender Qualität. Einige Verluste sind nur schwer quantifizierbar; gleichzeitig können sie jedoch sehr bedeutsam sein, etwa ein Verlust an positiver Einstellung. **Qualitätsbezogene Verluste** entstehen dadurch, dass verfügbare Mittel nicht ausgeschöpft werden.

Die Gliederung nach

• Vorbeugungskosten
• Prüfkosten und
• Fehlerkosten

entspricht zwar langjähriger Übung in den Unternehmen, ist aber nicht geeignet, den **Fehlleistungsaufwand** zu identifizieren, betriebswirtschaftlich zu bewerten und zielgerichtete Gegenmaßnahmen einzuleiten.

So sind ein Teil der Prüfkosten notwendig, um die Prozesse zu überwachen und den Normalablauf zu sichern, ein anderer Teil entsteht aber nur im Fehlerfall. Daher müssen zur Erfassung der Gemeinkosten eigene Strukturen gebildet werden, deren Aufwand gering und deren Effekt groß sein sollen. So entwickelte sich ein abgeändertes Darstellungssystem, in dem mit den Begriffen Übereinstimmungs- und Abweichungskosten gearbeitet wird.

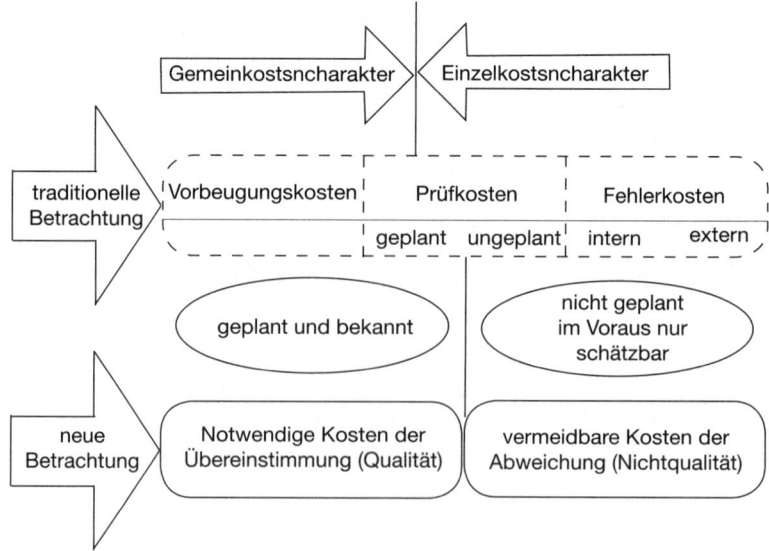

Zu den **Kosten der Übereinstimmung** zählen z. B. Kosten für präventive Qualitätsmaßnahmen oder für Qualitätsausbildung, die zur Erfüllung von Anforderungen geplant und budgetiert sind, also die minimalsten Aufwendungen, die notwendigerweise erforderlich sind, um den Prozess erfolgreich abschließen zu können.

Dagegen sind die **Kosten der Abweichung** nicht geplant und resultieren aus der Nichterfüllung von Anforderungen, wie z. B. Kosten für Nachlieferungen oder Garantie- und Gewährleistungsansprüche. Diese Kosten sind Folgen einer Abweichung vom theoretisch idealen Prozess, daher vermeidbar und stellen somit einen Ansatzpunkt zur Ursachenermittlung und zu Abstellmaßnahmen dar.

Durch Analyse der Kostenblöcke und Bilden von **Kennzahlen** ist es möglich, den Handlungsbedarf für die Rationalisierung qualitätssichernder Maßnahmen aufzuzeigen, Schwerpunkte für Verbesserungsmaßnahmen darzulegen und Erfolge nachzuweisen.

Die Abweichungskosten sollen als Einzelkosten dem Prozess direkt zuzuordnen sein, um die Verursacher der Mehrkosten bestimmen zu können und an den richtigen Stellen korrektiv und vorbeugend einzugreifen.

Zusätzlich ist zu berücksichtigen, dass neben den Zusatzkosten auch eine Reduzierung der Erlöse durch Preisnachlässe oder Pönalen erfolgen kann bis hin zu dem Verlust möglicher Erlöse, da die unzufriedenen Kunden ihren Bedarf zukünftig beim Wettbewerb decken oder bei den Marktteilnehmern negative Information über die Unternehmensreputation platzieren.

54 ⟫ Seite 436

4.6 KENNZAHLEN

In den Unternehmen haben sich zur Unterstützung der Leitung Controllingsysteme entwickelt, die folgende Aufgaben wahrnehmen:

- Verbindung von **Planung, Überwachung und Steuerung** mit der Informationsversorgung
- **Serviceaufgaben** zur Beratung und Entlastung des Management
- **Querschnittsaufgaben** über Bereiche hinweg.

Dadurch hilft Controlling die Unternehmensziele zu erfüllen und Hinweise auf Abweichungen und Verbesserungspotenzial zu geben.

4.6.1 KENNZAHLENSYSTEM

Bei der Strategieentwicklung und -umsetzung quantifizieren Kennzahlen die Unternehmensziele und dienen zur Überprüfung der Zielerreichung. Denn nur was man messen kann, kann man auch verbessern.

Es lassen sich nacheinander ablaufende Phasen definieren:

- In der **Planungsphase** dienen Kennzahlen zur Quantifizierung der Ziele.
- In der **Ausführungsphase** werden Ist-Werte ermittelt, die dann
- in der **Überprüfungsphase** mit den geplanten Soll-Werten verglichen werden und bei Abweichungen
- in der **Verbesserungsphase** zu Korrekturmaßnahmen führen.

Im innerbetrieblichen Vergleich können Trends beobachtet werden, im zwischenbetrieblichen Vergleich (**Benchmarking**) kann die Stellung im Verhältnis zu anderen ermittelt werden. Dabei stellen **Scorecards** (Punkteliste, Wertungsliste) ein zentrales Reportinginstrument dar, mit deren Hilfe Vision und Strategie transparent und messbar werden. Die Scorecards sind Führungsinstrumente, durch die jedem Mitarbeiter sein Beitrag zur Zielerreichung deutlich gemacht wird.

Anforderungen an ein optimales Kennzahlensystem sind:

- Orientierung am Zielsystem des Unternehmens
- Exakte Informationsbasis und einfacher Aufbau
- Vollständig aber auf wenige aussagefähige Parameter konzentriert
- Dynamisch und anpassbar
- Vergleich mit anderen Unternehmen ermöglichen
- Abbildung von Ergebnisgrößen des TQM
- Finanzielle und nicht-finanzielle Kennzahlen als Gesamtbild
- Kundenorientiert
- Mitarbeiterorientiert
- Prozessorientiert
- Mix aus Früh- und Spätindikatoren.

Zur Zielsetzung und anschließenden Überprüfung des Erfolges sind **Kennzahlen (KPI = Key Performance Indicators)** erforderlich, durch die eine objektive Aussage über den erreichten Zustand möglich ist. Solche Kennzahlen sind:

Rentabilität	als prozentualer Gewinn bezogen auf das Kapital. $$Rentabilität = \frac{Gewinn}{Kapital} \cdot 100$$ Sie gibt an, wie sich das eingesetzte Kapital in einer bestimmten Zeitspanne verzinst hat. Aufgrund unterschiedlicher Basisgrößen und Betrachtungsarten ergeben sich verschiedene Rentabilitätskennziffern.
Gewinnorientierte Rentabilität	Gewinn bezogen auf Eigenkapital oder Umsatz Gewinn zuzüglich Fremdkapitalzinsen bezogen auf das Gesamtkapital
Cashflow orientierte Rentabilität	Cashflow bezogen auf Eigenkapital, Gesamtkapital oder Umsatz

Return on Investment (RoI)	Beim ROI werden als zu beeinflussende Zweige entweder die **Umsatzgewinnrate** oder der **Kapitalumschlag** weiterbetrachtet, um Maßnahmen zur Rentabilitätsverbesserung ergreifen zu können. $RoI = \dfrac{Gewinn}{Umsatz} \cdot \dfrac{Umsatz}{Kapital} \cdot 100$
Wirtschaftlichkeit = Erlös/Kosten	als Verhältniswert zwischen dem Wert der Ausbringung und den Kosten der eingesetzten Faktoren. $Wirtschaftlichkeit = \dfrac{Ausbringungswert}{Einsatzkosten}$ Es soll mit gegebenen Mitteln ein möglichst großer Effekt erzielt (**Maximumprinzip**) oder ein vorgegebenes Ergebnis mit möglichst wenig Mitteln erreicht (**Minimumprinzip**) werden. Schwierigkeiten ergeben sich oft in der genauen Zuordnung der Kosten zu speziellen Ausbringungsmengen und in der Bewertung der Mengen (z. B. Produkte zu unterschiedlichen Marktpreisen oder Einkaufmaterial zu unterschiedlichen Beschaffungskosten).
Produktivität	als Verhältniswert zwischen der Ausbringung und den eingesetzten Faktoren. $Produktivität = \dfrac{Ausbringungsmenge}{Einsatzmenge}$ Je nach Art des Inputs unterscheidet man zwischen: **Maschinen**produktivität Stückzahl pro Maschinenstunde **Mitarbeiter**produktivität Stückzahl pro Mitarbeiterstunde **Material**produktivität Stückzahl pro Materialeinsatz Damit wird die mengenmäßige Ergiebigkeit eines Prozesses beschrieben. Produktivitätserhöhung (mehr Output) muss nicht zwangsläufig auch Wirtschaftlichkeitserhöhung (niedrigere Stückkosten) bedingen. Da die Produktivitäten von Maschinen und Menschen in einem engen Verhältnis stehen, ist immer eine gemeinsame Betrachtung notwendig. Als **Faktorsubstitution** bezeichnet man den Trend, menschliche Arbeitskraft durch Investition in Maschinen zu ersetzen.
Deckungsbeitrag = Umsatzerlös – variable Kosten	Es handelt sich um den Betrag, der zur Deckung der Fixkosten zur Verfügung steht sowie den Gewinn enthält.
Liquidität = Flüssige Mittel/ Zahlungsverpflichtung	Dadurch wird die Fähigkeit des Unternehmens beschrieben, seinen Zahlungsverpflichtungen fristgerecht nachzukommen.
Flexibilität	als Anpassungsfähigkeit eines Produktionselementes an veränderte Rahmenbedingungen. Die mögliche Flexibilität ist stark abhängig von der zur Verfügung stehenden Kapazität. Hohe Kapazitäten erlauben in der Regel hohe Flexibilität, erzeugen aber auch hohe Kosten bezüglich Kapitalbindung, Raum und Personal.

In der Regel wird ein ganzes Kennzahlen-System genutzt, um die Aussagekraft bezüglich der wirtschaftlichen Lage eines Unternehmens zu erhöhen. Das bekannteste ist das **Rol-System** nach *Dupont*. Ein um nicht-monetäre Kennzahlen erweitertes System ist die Balanced Scorecard.

55 ⟩⟩ Seite 437

4.6.2 ANWENDUNG VON KENNZAHLEN

Kennzahlen ermöglichen Unternehmen, ihre Leistungen mit anderen Einheiten zu vergleichen, sowohl inner- als auch überbetrieblich. Es existieren aus den unterschiedlichsten Quellen hergeleitete Kennzahlen, die sich leicht auf mehrere Hundert addieren. Um eine überschaubare und auf das Unternehmen angepasste Anzahl geeigneter Kennzahlen zu definieren, ist die besondere Situation des Unternehmens zu berücksichtigen.

Das Management benötigt Kennzahlen zum Planen, Steuern, Regeln und Überwachen. Mit ihnen kann es das laufende Betriebsgeschehen bewerten, Wesentliches von Unwesentlichem trennen und wirtschaftliche Tatbestände und Zusammenhänge transparent machen. Die richtigen Kennzahlen unterstützen Entscheidungen und Verbesserungen für die Zukunft. Kennzahlen verdichten Informationen, sie können daher Zusammenhänge einzelner Vorgänge knapp und konzentriert darstellen.

Damit fällt der Auswahl der richtigen Kennzahlen eine besondere Bedeutung zu. Grob einteilen lassen sich die Kennzahlen nach ihrem Anwendungszweck:

Art der Kennzahl	Inhalt	Anwendungsbeispiele
Leistungskennzahlen	Aussage über den Zustand im Unternehmen	Soll-Plan-Ist-Vergleich Vergleich von Bereichen
Diagnosekennzahlen	Aussage über Veränderungen	Trendaussagen, Erfolgskontrolle von Veränderungsprozessen
Konfigurationskennzahlen	Aussage über Strukturen	Variantenzahl, Vertriebskanäle, Prozessbeschreibungen
Monetäre Kennzahlen	Aussagen über finanzielle Leistungsfähigkeit – meist im Nachhinein	Bilanz, Gewinn- und Verlustrechnung, Kalkulationen
Nicht-monetäre Kennzahlen	Aussagen über Unternehmensleistungen und Potenziale – auch nach vorne gerichtet	Qualitätslage, Flexibilität, Image, Zufriedenheit von Kunden, Mitarbeitern und anderen Interessierten

Eine andere Darstellung ist das **Kennzahlencockpit**. Darin werden verschiedene Messgrößen dargestellt. Wie in einem Cockpit ist eine Gesamtübersicht über das Unternehmen gegeben. Neben der reinen Aufzählung von Werten und Vergleichswerten ist es wichtig, unterschiedliche Kennzahlen abzubilden. Es werden häufig auch aus dem Cockpit eines Flugzeugs bekannte Darstellungen, zum Beispiel Rundinstrumente, verwendet, um sich dem Begriff anzunähern. Mit der Cockpitdarstellung lassen sich schnell die momentane Lage und die Abweichung vom Ziel erfassen, aber es sind keine Trends nachvollziehbar. Viele Unternehmen ersetzen die Anzeigeinstrumentedarstellung mit einer grafischen Zeitreihenbetrachtung, die viel aussagekräftiger ist.

Es bietet sich an, jede Kennzahl eindeutig und standardisiert zu beschreiben und deren Zielwerte zu festzulegen. Ein Beispiel könnte so aussehen:

Kennzahl/Kennwert	Liefertreue
Beschreibung	Liefertreue bezeichnet den prozentualen Anteil der innerhalb einer definierten Liefertermintoleranz gelieferten Aufträge.
Berechnung	(Gesamtzahl Bestellungen – Lieferungen mit Abweichungen)/ (Gesamtzahl Bestellungen) · 100
Erhebung	Verantwortlicher und Zyklus
Sollwert	Vorgabe aus den Zielen
Auswertung	Verantwortlicher, Häufigkeit, Verfahren
Datenempfänger	Wer erhält in welcher Form die Information?
Prozesse zur Beeinflussung	Lagerbestand, Zulieferqualität, Auslastung, Verbesserungsprozesse
Verbesserungsansätze	Planungsoptimierung, Lieferanteneinbezug, Bestandsoptimierung

4.7 BALANCED SCORECARD

Viele Kennzahlensysteme (z. B. das Dupont-Schema oder das ZVEI-Kennzahlensystem) konzentrieren sich auf rein monetäre Ziele und vernachlässigen viele Einflussfaktoren auf den Unternehmenserfolg. Dadurch besteht die Gefahr, die eigenen Kernkompetenzen nicht ausreichend zu stärken. Seit einiger Zeit hat sich als Brücke zwischen Kennzahlensystemen und strategischen Instrumenten die **Balanced Scorecard (ausgeglichener Berichtsbogen)** in vielen Unternehmen etabliert.

4.7.1 AUFBAU EINER BALANCED SCORECARD

Der Grundgedanke der Balanced Scorecard folgt einem **Kausalmodell**, dessen letzte abhängige Größe die **Unternehmensziele** sind. Die Grundstruktur der ursprünglich durch *Kaplan* und *Norton* propagierten Balanced Scorecard besteht aus einer Wirkungskette, die in die „**Perspektiven**" gegliedert wurde.

Zwischen diesen Perspektiven bestehen kausale Abhängigkeiten. Die kausale Verknüpfung der Perspektiven in der Balanced Scorecard ermöglicht im Umkehrschluss die Abbildung der Unternehmensstrategie.

Die vier klassischen Perspektiven nach *Kaplan* und *Norton* beinhalten folgende Fragestellungen:

Finanzwirtschaftliche Perspektive	• Überblick über die finanzielle Lage, Hauptkennzahl ist die Rentabilität • Typische Kennzahlen: Eigenkapitalquote, Deckungsbeitrag, Liquidität, Gewinn
Kundenperspektive	• bezogen auf Kunden und Marktsegmente z. B. Kundenzufriedenheit oder Marktanteile • Beziehungen zu externen Partnern z. B. Aufbau von Kundenbeziehungen, Kundenbindung, Einbindung in den Kundenprozess • Typische Messgrößen: Restlebenszyklus, Anteil des Neukundenumsatzes, Anzahl der Kunden nach Umsatzgrößen
Interne Prozessperspektive	• Kennwerte zur Innovationsfähigkeit des Unternehmens • Prozessleistungen zur Erfüllung der Kundenwünsche mit Messwerten wie Prozessqualität, Durchlaufzeiten, Liefertreue, Zuverlässigkeit, Reklamationsquote
Lern- und Wachstumsperspektive	• Potenzial und Motivation der Mitarbeiter, Fähigkeit des Unternehmens, sich auf die Zukunft einzustellen • Kennwerte zur Technologieführerschaft und Mitarbeiterzufriedenheit • Typische Messgrößen: Umsatzanteil neuer Produkte, Anzahl der Fortbildungsveranstaltungen, Anzahl der Verbesserungsvorschläge, Fluktuationsrate

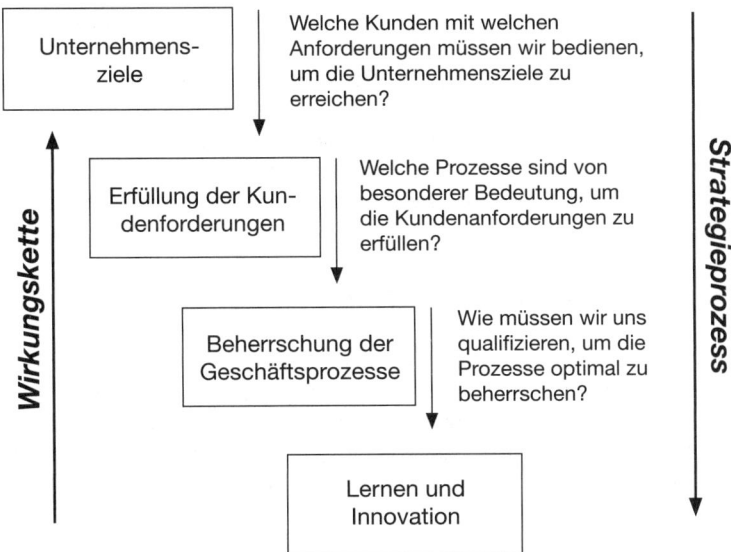

Aus dieser Wirkungskette heraus lassen sich einige wenige **kritische Erfolgsfaktoren** identifizieren, die den Unternehmenserfolg entscheidend beeinflussen. Die Entwicklung dieser Erfolgsfaktoren wird durch Kenngrößen abgebildet. Neben den vier Grundperspektiven aus der grundlegenden Literatur von *Kaplan* und *Norton* haben sich je nach Unternehmensnotwendigkeit **weitere Perspektiven** ergeben wie Endkunde, Innovation, Zulieferer oder staatliche Stellen.

Die so definierten Prozesse müssen die **kontroversen Zieldimensionen** zwischen Qualität, Kosten, Zeit und der Bildung informeller Netzwerke in Balance halten können. Neben der bisher gut ausgeprägten Produktorientierung und optimierter Produktionstechnik treten jetzt auch soziale und betriebswirtschaftliche Aspekte, die durch Hinzuziehen weiterer Fachdisziplinen wie Psychologie, Sozialwissenschaften, Wirtschaftswissenschaften, Politikwissenschaften, Marketing und Unternehmensführung beleuchtet werden müssen. Anspruchsvolles Ziel ist die Motivation und die Zufriedenstellung der **Stakeholder**.

Aus verschiedenen Veröffentlichungen lassen sich folgende Gründe für die **Nutzung der BSC** angeben:

- Klassische Kennzahlensysteme können die weichen Faktoren nicht abbilden.
- Die Strategie kann kaskadenweise unter Einbezug der Mitarbeiter umgesetzt werden.
- Das Reporting wird klarer und zielführender.
- Der Planungsprozess wird vereinfacht und erhält permanentes Feedback.
- Die externe Berichterstattung wird verbessert.
- Lernprozesse können generiert werden.
- Die Datenflut wird auf eine begrenzte Zahl von Messgrößen reduziert.

Durch den Einsatz einer Balanced Scorecard entstehen folgende Vorteile:

- Fokussierung auf die strategierelevanten Steuerungsgrößen mit dem größten Hebeleffekt
- Operationalisierung der Unternehmensstrategie in priorisierte Maßnahmen und Projekte
- Förderung eines kontinuierlichen strategischen Lern- und Entwicklungsprozesses
- Klare Kommunikation der Unternehmensstrategie bis auf die Mitarbeiterebene.

4.7.2 BALANCED SCORECARD ALS STRATEGIEINSTRUMENT

Entsprechend dem Unternehmensleitbild und der Gesamtpolitik sollte auch die Unternehmensstrategie langfristig ausgelegt sein und genügend Spielraum zur Anpassung im operativen Bereich lassen. Zur **systematischen Ableitung einer Unternehmensstrategie** oder der Ableitung von Strategien für Organisationseinheiten und zur Beseitigung der monetären Eindimensionalität bietet sich das Instrument der Balanced Scorecard (BSC) an.

Durch den Zwang zur kausalen Ableitung der Kennzahlen der Balanced Scorecard (vgl. A. 4.6) ergibt sich automatisch eine schlüssige Befassung mit den Unternehmensabläufen, den **Ursache-Wirkungs-Zusammenhängen** und den Prioritäten im Strategieprozess. Die Balanced Scorecard ist damit ein wirkungsvolles Hilfsmittel, mit dem die durchgängige Strategieplanung unterstützt werden kann.

Schaut man auf die Kriterien des EFQM-Modells, findet man viele direkte Entsprechungen zu den Perspektiven einer BSC.

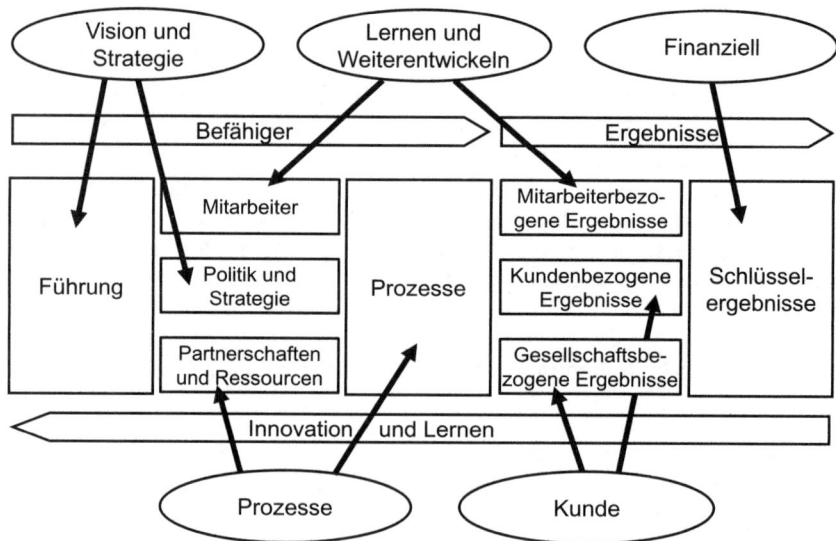

57 ⟫ Seite 437

4.8 Wertstromanalyse

Aus der Lean Production-Bewegung hat sich die **Wertstromanalyse** als Werkzeug für die Ablaufoptimierung in der Produktion etabliert. Wertstromanalyse bezeichnet die Aufnahme alle Aktivitäten, sowohl wertschöpfende wie auch nicht-wertschöpfende, die notwendig sind, um ein Produkt durch ein Produktionssystem zu schleusen. Dabei werden sowohl Fertigungs- wie auch Planungsstrom betrachtet.

Die Wertstromanalyse ist eine sehr einfache Methode, bei der man nur ein Blatt Papier und einen Bleistift braucht. Der Produktionsweg wird abgegangen und die einzelnen Stationen, die ein Produkt durchläuft, werden notiert. Auf diesem Wege lässt sich ein anschauliches Bild der Ist-Situation erstellen. Anschließend kann nach demselben Schema ein Soll-Ablauf erstellt werden. Wichtig ist, sich nicht nur auf den Materialfluss, sondern auch auf den Informationsfluss zu konzentrieren.

Ziel der Wertstromanalyse ist es, bestehende Prozesse in Supply Chain und Produktion zu analysieren, Schwachstellen zu identifizieren und Maßnahmen zur Beseitigung der Schwachstellen zu ermitteln und umzusetzen. Die wesentliche Aufgabe dieser Methode ist die transparente Darstellung der Prozesse, um den Mitarbeitern eine Kommunikation über die Prozesse zu ermöglichen

So wird es möglich, einen Prozess zu gestalten, der maximale Wertschöpfung beinhaltet und minimale Durchlaufzeiten bewirkt. Für einen effizienten Wertstrom ist es wichtig, dass jeder Prozess nur noch das produziert, was der nachfolgende auch wirklich verwerten kann.

Im Wertstromdiagramm repräsentieren Symbole mit definiertem Inhalt jeden Prozessschritt in der Bearbeitungsreihenfolge. Unterschiedliche Symbolformen beschreiben Materialtransporte, Bearbeitungsschritte und Lager sowie Informationsflüsse. Das Wertstromdiagramm enthält die Symbole in der zeitlichen und logischen Ablaufreihenfolge, vom Lieferanten bis zum Kunden. Zusätzlich werden die Prozessschritte mit einem Namen versehen und grob beschrieben. Für jeden Prozessschritt werden standardisierte Werte für Zeiten und Auftragsmengen erfasst, um Durchlaufzeiten und Wertschöpfungsanteile zu berechnen.

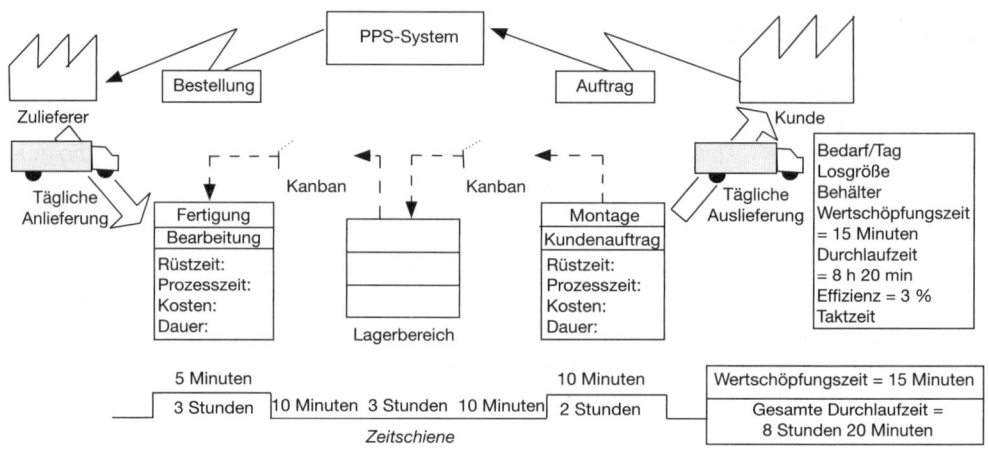

Die Methode ist besonders geeignet, Prozesse in Produktion und Logistik strukturiert zu erfassen und gemeinsam mit einem Team eine bestimmte Aufgabenstellung zu lösen. Durch die einfache Symbolik lässt es sich vom Mitarbeiter in der Produktion bis zum Management leicht einsetzen. Der Lernaufwand ist gering, die Anforderungen für die Dokumentation sind niedrig.

Das Wertstromdiagramm eignet sich am besten für materialflussintensive Prozesse mit zugehörigem Informationsfluss. Das Diagramm unterstützt die Einführung von Lean Production durch die Eliminierung von Verschwendung und die Einführung einer Fließfertigung mit einer möglichst geringen Losgröße, idealerweise mit Losgröße eins. Durch einen hierarchischen Ansatz lässt sich die Methode in einer vollständigen Supply Chain einsetzen.

Aufbauend auf einer Wertstromanalyse lassen sich die Kosten für die Materialfluss- und Produktionsprozesse auf Basis von Ressourcen und Zeiten detailliert ermitteln. Dazu werden Ressourcenstundensätze und für jeden Prozess die zeitliche Ressourcennutzung bestimmt. Über die bisherigen Ansätze hinaus werden auch die Logistikprozessschritte und Lagerprozesse erfasst und in der Kostenermittlung berücksichtigt. Damit wird eine Annäherung an die Prozesskosten erreicht, die ihrerseits aber nur den Materialfluss- und Prozessbearbeitungsanteil beinhalten.

4.9 SCOR-MODELL

Das SCOR-Modell (Supply Chain Operations-Referenzmodell) orientiert sich an der prozessorientierten Betrachtung und stellt ein Modell für die Effizienzmessung unternehmensinterner und unternehmensübergreifender Geschäftsprozesse dar. Die Idee zur Beschreibung und Analyse von Leistungsmerkmalen wird von einer unabhängigen Organisation, dem Supply Chain Council SCC (http://www.supply-chain.org) – einer Non-Profit-Vereinigung mit ca. 1.000 Unternehmen – permanent weiterentwickelt.

In dem Bewertungsmodell werden verschiedene Leistungsmerkmale aus Kundensicht und aus interner Sicht betrachtet. Es ist **anwendbar für alle Branchen** und basiert auf einem gemeinsamen Verständnis der Abläufe und einem offenen Informationsaustausch zwischen den Beteiligten.

Das SCOR-Modell ist ein einheitliches Prozessmodell, das um die fünf Kernprozesse plan, source, make, deliver und return (**Planung, Beschaffung, Herstellung, Lieferung und Rücklieferung**) aufgebaut wurde.

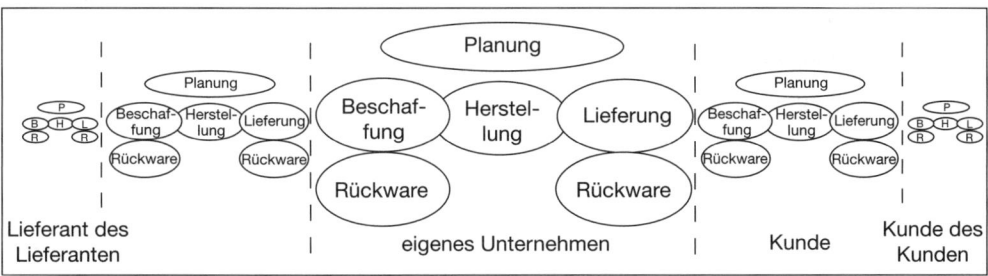

Die fünf Kernprozesse werden auf einer zweiten Ebene in die Prozesskategorien **Planungsprozesse** (Planning), Ausführungsprozesse (Execution) und **Unterstützungsprozesse** (Enable) unterteilt, die dann wiederum in Prozesselemente heruntergebrochen werden.

Das SCOR-Modell dient zur einheitlichen firmenübergreifenden Beschreibung, Bewertung und Analyse von Supply Chains, da es ein Kennzahlensystem enthält, das die Aktivitäten in der Prozesskette bewertet. Dazu gehören die Definition der Prozesse, das Benchmarking mit anderen Unternehmen und die Analyse von **Best-Practice-Beispielen**, um so das eigene Unternehmen weiterzuentwickeln.

Die Produktionsprozesse können nach den Kriterien Kosten, Qualität, Zeit und Flexibilität beurteilt werden. Nach dem Modell des **Supply Chain Council (SCC)** kann die Effizienz unternehmensinterner und unternehmensübergreifender Prozesse gemessen werden.

Beispielhafte Merkmale und deren Bedeutung für Indikatoren sind:

Leistungskennzahl	externe Kundensicht		interne Unternehmenssicht	
	Zuverlässig-keit	Reaktions-fähigkeit/ Flexibilität	Kosten	Kapital
Qualität	x			
Termineinhaltung	x			
Verfügbarkeit	x			
Zeit für die Abwicklung		x		
Zeit für Veränderungen		x		
Kosten der Supply Chain			x	
Herstellkosten			x	
Garantiekosten			x	
gebundenes Kapital				x
Bestandsreichweite				x
Kapitalumschlag				x

KONTROLLFRAGEN	bear-beitet	Lösungs-hinweise	Lö-sung	
			+	–
01 Definieren Sie den Begriff „Supply Chain Management (SCM)"!		349		
02 Beschreiben Sie die Entwicklung des Supply Chain-Konzepts!		349		
03 Welche Ziele setzt sich das System SCM?		351		
04 Welche Bedeutung hat die Informationstechnologie für die Logistikent-wicklung?		353		
05 Nennen sie die Aufgaben des Supply Chain Management!		353 f.		
06 Welchen Nutzen erzielt man durch Anwendung von SCM-Methoden?		355		
07 Skizzieren Sie die Planungsbereiche innerhalb der Supply Chain!		356		
08 Mit welchen Themen beschäftigt sich die strategische Netzwerkpla-nung?		356		
09 Welche Funktionen werden in der Logistikplanung ausgeführt?		357		
10 Nennen Sie die Grundtypen des Supply Chain-Designs!		359		
11 Beschreiben Sie die Entstehung des Bullwhip-Effekts!		359		
12 Wieso spricht man vom Demand Network?		360		
13 Welche Software-Module unterstützen das Supply Chain Management?		361 ff.		
14 Welche Aufgabe hat die Kostentheorie?		363		
15 Welche Parameter haben Auswirkungen auf die Kostenstruktur?		363 f.		
16 Nennen Sie die Aufgaben einer Controllingabteilung!		364		
17 Welche Vorteile bietet die Prozesskostenrechnung?		365		
18 Nennen Sie die Bestandteile der Logistikkosten!		366		
19 Wieso fällt es schwer, Logistikkosten im Unternehmen exakt zu bestim-men?		366		
20 Erläutern Sie das Prinzip des Total Cost of Ownership (TCO)!		367		
21 Wozu werden Aussagen über qualitätsbezogene Kosten benötigt?		368		
22 Welche Vorteile bietet die Unterteilung nach Kosten der Übereinstim-mung und Kosten der Abweichung?		369		
23 Mit welchen Kennzahlen lässt sich das betriebliche Geschehen über-wachen?		369 ff.		
24 Nennen Sie gebräuchliche Key Performance Indikatoren (KPI)!		370 f.		
25 Welche nichtmonetären Kennzahlen werden benutzt?		372		
26 Wie wirkt das Kennzahlensystem der Balanced Scorecard?		373 ff.		
27 Welchen Nutzen kann ein Unternehmen aus der Anwendung einer Ba-lanced Scorecard ziehen?		375		
28 Beschreiben Sie den Zusammenhang zwischen Balanced Scorecard und Total Quality Management!		377		
29 Nennen Sie die Anwendungsgebiete der Wertstromanalyse!		377		
30 Wozu dient das SCOR-Modell?		379		
31 Beschreiben Sie, wie die Effizienz von Prozessen gemessen werden kann!		379 f.		

J. INTERNATIONALISIERUNG

Die Internationalisierung der Weltwirtschaft war bis ca. 1985 vom stark wachsenden Warenaustausch zwischen Ländern geprägt. Danach wuchsen die Direktinvestitionen wesentlich stärker. Dies bedeutet, dass während der ersten Phase der Internationalisierung nach dem 2. Weltkrieg Exporte im Vordergrund standen und danach die Internationalisierung auf einem höheren Niveau des Auslandsengagements durch Direktinvestitionen in ausländische Produktionsstätten intensiviert wurde.

Internationalisierung	Ursachen der Globalisierung
	Internationale Produktion
	Internationale Logistik
	Internationale Beschaffung

1. URSACHEN DER GLOBALISIERUNG

Globalisierung bezeichnet den weltweiten Prozess der steigenden Integration und Verflechtung der nationalen Volkswirtschaften, die mit einem sehr starken Anstieg der grenzüberschreitenden Geschäftätigkeit von Unternehmen verbunden ist. Dimensionen der Globalisierung sind:

- Wachstum des länderübergreifenden Handels
- Wachstum des grenzüberschreitenden Transportverkehrs
- Anstieg von Direktinvestitionen im Ausland
- steigende Mobilität des Kapitals
- zunehmende Lizenzvergabe
- Anstieg der Anzahl an Kooperation und Netzwerkbildungen von Unternehmen aus unterschiedlichen Ländern („strategische Allianzen").

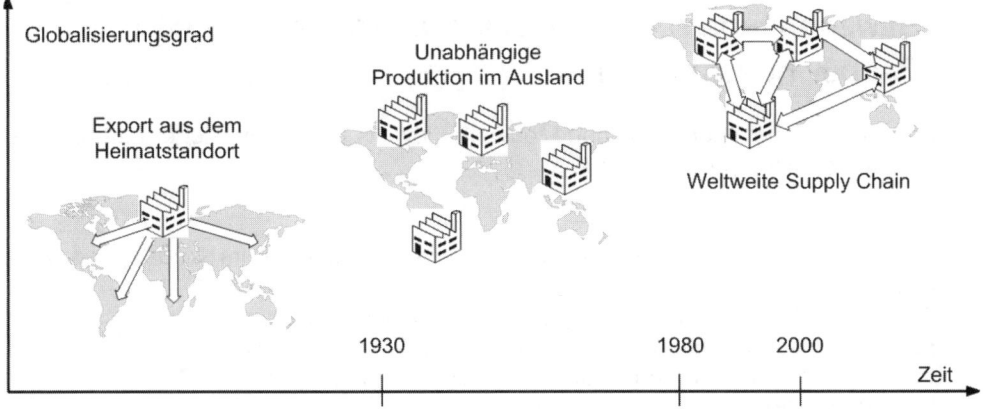

Ursachen für die Expansion der internationalen ökonomischen Verflechtungen sind Veränderungen in unterschiedlichen Gebieten:

Ökonomisch	• Deregulierung der Kapital- und Gütermärkte • Liberalisierung des Welthandels (z. B. GATT) • grenzüberschreitende Verflechtung der Volkswirtschaften • Integration von Ländermärkten (z. B. Europäische Gemeinschaft) • neue Geschäftspartner in Ländern mit starkem Wirtschaftswachstum (China, Indien, Tigerstaaten) • Erhöhung des Lebensstandards mit quantitativem und qualitativem Anstieg des Konsums
Technologisch	• Senkung der Kommunikationskosten • weltweite Mobilität • Ausbau der Infrastruktur in vielen Ländern
Kulturell	• statt traditioneller kultureller und sozialer Bindungen entstehen länderübergreifend Kontakte nach Alter, Lebensstil oder Beruf • „mentale Mobilität" • höherer Bildungsstand • Medien und Tourismus nehmen Einfluss auf Arbeitstätigkeit im Ausland
Politisch	• verschärfter Standortwettbewerb • Verringerung der Unternehmensabgaben

2. INTERNATIONALE PRODUKTION

Durch die Produktion vor Ort erfolgt ein wichtiger Teil der Wertschöpfung durch lokale Beschaffung und Beschäftigung von einheimischen Mitarbeitern, wodurch zusätzliches Einkommen geschaffen wird, welches das Marktpotenzial des Gastlandes erhöht.

2.1 BEWEGGRÜNDE FÜR DEN AUFBAU INTERNATIONALER PRODUKTIONSSTÄTTEN

Generell können zwei hauptsächliche Motive mit jeweils unterschiedlicher Internationalisierungsstrategie festgestellt werden:

• **Absatzmotiv**
  Bei diesem Motiv steht die Suche nach neuen Absatzmärkten im Vordergrund, z. B. durch:
  - Möglichkeit des Wachstums bei gesättigten Heimatmärkten
  - Bearbeitung von wachstumsstärkeren und profitableren Märkten
  - Erschließung von Marktpotenzialen, die wegen protektionistischer Maßnahmen nur durch Produktion vor Ort zugänglich sind

- Nachfolgen von Kunden, die Produktionsstätten im Ausland errichten, um eine Zulieferung vor Ort zu garantieren
- Erschließung von Zukunftsmärkten.

Da bereits vor Ort produzierende Unternehmen durch ihre Kenntnis der lokalen Gegebenheiten und bestehende Kundenbeziehungen überlegen sind, muss das im Ausland investierende Unternehmen diese Vorteile durch andere Wettbewerbsvorteile wie größeres Produkt-, Produktions-, Marketing- und/oder generelles Management-Know-how sowie durch überlegene Personal- und/oder Finanzressourcen zumindest kompensieren.

- **Kostenmotiv**
  Bei diesem Motiv erwartet man Kostenvorteile durch Produktion im Ausland, z. B. durch:
  - Nutzung günstigerer Bezugsquellen und Personalkosten
  - eine international optimale Verteilung der Produktionsstandorte, wobei diesen Vorteilen eine mögliche Stückkostendegression durch zentralisierte Produktion gegenübergestellt werden muss. Dabei ist wichtig, dass unabhängig von den Produktionsstandorten marktkonforme Qualität und Lieferservice sichergestellt werden.

- **Weitere Motive**
  Weitere Motive von Investitionen in ausländische Produktionsstätten können sein:
  - Unabhängigkeit von Wechselkursschwankungen
  - größere Unabhängigkeit von lokalen Konjunkturschwankungen
  - Know-how-Aufbau im Ausland
  - Logistikaspekte bei sperrigen oder leicht verderblichen Gütern.

2.2 RISIKEN DER AUSLANDSPRODUKTION

Neben den erhofften Vorteilen einer Produktion im Ausland müssen eine Reihe von Risiken berücksichtigt werden:

Rechtliche Risiken	bei unterschiedlicher Rechtslage und -durchsetzung
Politische Risiken	durch Einfuhrhemmnisse, Devisenrestriktionen, unsichere politische Lage inklusive Kriegsgefahr bis hin zu drohenden Enteignungen
Wirtschaftliche Risiken	bezüglich Bonität der Partner, Logistikprobleme oder fehlende Kundenakzeptanz
Kulturelle Hemmnisse	durch Sprache, Tradition, Sitten oder Religion
Infrastrukturprobleme	bezüglich Verfügbarkeit und Ausbildung von Mitarbeitern, Transportwege oder Mangel an Zulieferindustrie und Kommunikationsmöglichkeiten

Komplexitäts-probleme	durch zusätzliche Schnittstellen und durch räumliche und zeitliche Koordinationsprobleme, dadurch können sich auch Flexibilität und Durchlaufzeiten verschlechtern
Risiken des Know-how-Verlustes	durch Abgabe von Kernkompetenzen an das Ausland und die Gefahr, dass die Zielländer einen technologischen Vorsprung schneller aufholen können
Kostenmäßige Nachteile	durch höhere Kapitalbindung und zusätzliche Umlaufbestände

2.3 FORMEN DER AUSLANDSPRODUKTION

Der Grad des Engagements variiert von Fremdvergaben ins Ausland in Form von Lizenzen, Franchising, Vertragsproduktionen und Montagen über Beteiligungen und Joint Venture, bis zum Aufbau von 100-prozentigen Produktionsgesellschaften im Gastland.

Insbesondere in der Automobilindustrie hat sich die **CBU-Fertigung** etabliert. Darunter versteht man die Fertigung eines Komplettfahrzeuges aus importierten Komponenten (Completely Built Up). CBU-Fertigung erfolgt vor allem in Zielmärkten, in denen das Umgehen von Importzöllen ein ausschlaggebender Beweggrund sein kann. Ein weiterer Beweggrund für die Entscheidung einer CBU-Fertigung im Ausland ist die Möglichkeit, neue Modelle möglichst marktnah zu produzieren. So fertigen seit einigen Jahren japanische Unternehmen in den USA und in Europa, um Einfuhrschranken zu umgehen, unabhängiger von Währungsschwankungen zu sein und um z. B. „Buy American"-Forderungen nachzukommen, sowie aus Logistik- und Lieferservicegründen.

Eine andere Methode der Produktion im Ausland besteht in der Vorfertigung von Baugruppen, die dann im Bestimmungsland fertig montiert werden (**KD-Fertigung** für Knocked Down). Damit wird auch dem oft vorhandenen Zwang entsprochen, **„local content"**-Auflagen zu erfüllen, die eine Mindestwertschöpfung im Gastland fordern.

2.4 WAHL INTERNATIONALER PRODUKTIONSSTANDORTE

Haben ausländische Märkte eine große Bedeutung für das Unternehmen, so sind Exporttätigkeiten nicht mehr ausreichend. Sie fordern vielmehr eine **unmittelbare Präsenz**, oft verbunden mit Produktionsstätten in diesem Markt. Handelshemmnisse lassen sich vermeiden, wenn Betriebe als „einheimische" Betriebe durch einen Standort in dem Land angesehen werden, in dem die Produkte verkauft werden sollen. Auch Unternehmen, die sich ein „internationales Flair" geben wollen, wählen gerne Standorte an prominenten Orten der Welt.

Generell kann die Entwicklung globaler Standortstrategien folgende Schritte beinhalten:

• Positionsbestimmung für das Unternehmen
• Zieldefinition für die globale Standortstrategie

- Quantifizierung des strategischen und operativen Mindesteffekts
- Abschätzung möglicher Strategie- und Umsetzungsfallen
- Standortsuche und Standortgestaltung
- Managementauswahl und Festlegen der Standortorganisation.

Grundlage der Entscheidung für internationale Produktionsstandorte eines Unternehmens sind die **Standortfaktoren** (siehe auch Kap. B. 4). Neben **harten** Standortfaktoren, die direkt in eine betriebswirtschaftliche Vergleichsrechnung eingehen können, sind auch viele **weiche** Standortfaktoren zu berücksichtigen, die nur schwer oder gar nicht finanziell erfasst werden können. Sie gehen mit den Ergebnissen der betriebswirtschaftlichen Vergleichsrechnung in eine **Nutzwertanalyse** ein.

2.5 BEWERTUNG VON STANDORTALTERNATIVEN

Um zu einer Bewertung zu kommen, ob ein Auslandsengagement sich lohnt, sind in die betriebswirtschaftlichen Überlegungen auch einzubeziehen:

Anlaufkosten
Die Inbetriebnahme einer neuen Produktionsstätte verursacht am Anfang immer Anlaufkosten. Diese können im Ausland höher sein als in Deutschland, weil beispielsweise die Anlaufdauer eines neuen ausländischen Werkes in Osteuropa bis zu fünfmal so lange betragen kann. Dieser Einmalaufwand muss insbesondere bei der substituierenden Produktion berücksichtigt werden, weil er bei einer Fortführung der Produktion in Deutschland nicht anfallen würde. Gleiches gilt für kapitalintensive Neuinvestitionen wie Grundstücke und Gebäude und nicht zuletzt für die Umzugskosten von Maschinen und Betriebsmitteln sowie von Teilen der Belegschaft bzw. des Management.

Austrittsbarrieren
Bei der Schließung eines Werkes im Heimatland kommen zusätzlich noch Kosten für die Stilllegung sowie für Sozialpläne und Abfindungen hinzu. Diese Austrittsbarrieren müssen durch die Kostenvorteile des neuen Standortes kompensiert werden, sodass eine Standortverlagerung wirtschaftlich wird.

Organisatorische Einbindungskosten
Häufig werden die Kosten der organisatorischen Einbindung der Auslandsproduktion im Stammwerk vernachlässigt. Besonders bei der Verlagerung von Vorprodukten entstehen jedoch neue Schnittstellen, die einen zusätzlichen organisatorischen Aufwand durch die erhöhte Komplexität erzeugen. Wird deshalb der Personalbestand oder der Pufferlagerbestand erhöht, so entstehen zusätzliche Kosten.

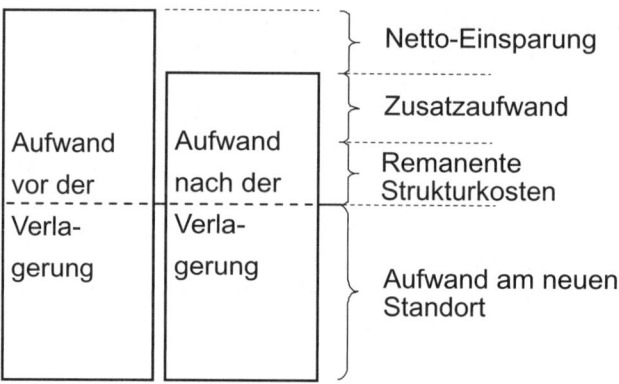

Der wirtschaftliche Erfolg globaler Produktionsstandortstrategien wird wesentlich von remanenten Strukturen und Zusatzaufwand beeinflusst. Faktoren des zusätzlichen Aufwands sind:

Verlagerung	▶ Demontage und Neumontage von Maschinen und Anlagen ▶ Transportkosten ▶ Reisekosten für das betreuende Personal
Produktions-anlauf	▶ Anlaufverluste ▶ Qualifizierung der Produktion ▶ zusätzliche Prüfkosten während des Anlaufs
Opportunitäts-kosten	▶ Kapazitätsminderung während des Transfers ▶ Management- und Planungskapazität wird umgeleitet

Aus der Erfahrung durchgeführter Verlagerung können die Auswahlkriterien nach ihrer **Relevanz** wie folgt in eine Rangfolge gestellt werden:

1. Arbeitskosten
2. Marktnähe
3. Produktivität
4. Fachkräfte
5. Logistik
6. Abgaben (Zölle, Steuern)
7. Subventionen.

Abhängig von der Größe eines Unternehmens und der Heterogenität seiner Geschäftsfelder sind unterschiedliche Vorgehen bei der Standortwahl zu empfehlen:

Struktur des Unternehmens	Vorgehen	Umfang der Betrachtung	wechselsei-tige Abhän-gigkeit
Mittelstand oder einzelne Geschäftsbereiche	Konzentration auf singulare Einheiten – einfache Verfahren	niedrig	niedrig
Konzern mit mehreren Geschäftsfeldern/Holding	Betrachtung des speziellen Geschäftsfeldes als eigenständige Einheit – Portfolio-Analysen	hoch	niedrig
Großunternehmen als Gesamtheit	Betrachtung des Gesamtunternehmens auf strategischer Ebene, Berücksichtigung als Supply Chain	hoch	hoch

3. INTERNATIONALE LOGISTIK

Bezogen auf inner- und überbetriebliche Austauschprozesse kommt der Logistik eine entscheidende Rolle für die Wirtschaftlichkeit und Wettbewerbsfähigkeit der Unternehmen zu.

In den letzten Jahrzehnten hat sich die Bedeutung der Logistik gewandelt von einer **Funktionsspezialisierung** bezüglich des physischen Materialflusses über eine **Koordinationsfunktion** zwischen Unternehmensbereichen, die mit Material- und Warenfluss zu tun haben, bis zur Führungsfunktion, durch die logistikspezifische Anforderungen in die flussorientierten Führungssysteme Eingang fanden.

3.1 INTERNATIONALISIERUNG DES LOGISTIKMANAGEMENT

Durch das Entstehen **internationaler Produktionsnetzwerke** werden Ort der Produktion und Verwendung der Produkte voneinander getrennt, sodass eine Zunahme der grenzüberschreitenden internationalen Arbeitsteilung zu neuen Anforderungen für das Logistik-Management führt.

Die Informations-, Güter- und Finanzflüsse zwischen den Unternehmen müssen ebenso abgestimmt werden wie der Know-how-Transfer und der Personalaustausch. Das internationale Logistikmanagement hat dabei die **Querschnittsaufgabe**, den physischen **Güteraustausch** global zu organisieren, aber auch die **Informations- und Kommunikationsflüsse** zu optimieren. Wesentlich bei der Logistik sind die Integration und das ganzheitliche Denken in Systemen, Flussabläufen und in Querschnittsfunktionen.

Eine weitere Anforderung durch die Internationalisierung ergibt sich aus dem verschärften weltweiten Wettbewerb. Hier muss die Logistik die vom Kunden **honorierte Logistikleistung** optimieren und als Wettbewerbsvorteile herausstellen. Dazu gehören:

• Lieferzeit
• Lieferzuverlässigkeit

• Lieferflexibilität
• Lieferbeschaffenheit.

Die Logistik ermöglicht es aufgrund ihrer übergreifenden Sichtweise über eine bereichs-bezogene Verbesserung der Wirtschaftlichkeit hinaus, funktionsübergreifende Kosten-senkungs- und Nutzensteigerungspotenziale zu erschließen.

Bezogen auf den **internationalen Aspekt** ergeben sich für die Logistik zusätzliche An-forderungen:

• Zunahme unternehmensexterner Anteile in der Wertschöpfung
• international organisierte Arbeitsteilung
• komplexerer Materialfluss
• dezentralisierte Montagetätigkeiten
• höhere Transport- und Bestandsrisiken
• Ansteigen der Transaktionskosten
• besondere Anforderungen an Qualitätsstandards
• höhere Koordinationserfordernisse
• steigende Informations- und Kommunikationsprobleme
• verstärkter internationaler Wettbewerb.

3.2 GESTALTUNG DER INTERNATIONALEN LOGISTIKSTRATEGIE

Logistikstrategien können nicht isoliert entwickelt werden, sondern sind abhängig von der übergeordneten **Internationalisierungsstrategie** des Unternehmens. Andererseits werden bei Unternehmen, in denen Logistik einen hohen Stellenwert hat, die Visionen, Leitbilder und Strategien von Logistik-Grundsätzen wie Just-in-Time, Vernetzung oder Prozess- bzw. Flussorientierung beeinflusst.

In der weiteren Ableitung entstehen dann **Teilstrategien** wie:

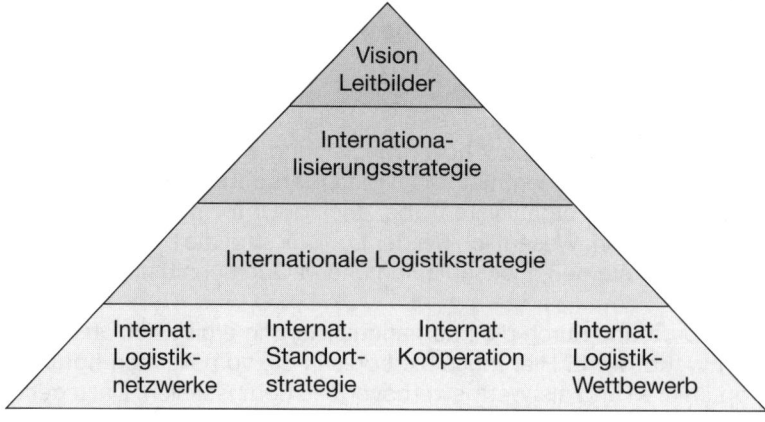

3.2.1 INTERNATIONALE LOGISTIK-NETZWERKE

Hier wird die Intensität der Vernetzung zwischen Standorten festgelegt. Je nach Branche, Märkten oder Unternehmensgröße sind individuelle Ausprägungen vorzunehmen. Das kann von einem losen Kooperationsverbund über den Einsatz von Logistik-Standards bis zu hoch komplex vernetzten Systemen gehen.

3.2.2 INTERNATIONALE STANDORTSTRATEGIE

Im Zusammenspiel mit der Produktionsstrategie wird entschieden, wie das Produktionsprogramm und die Wertschöpfungsanteile auf die einzelnen Standorte verteilt werden. Auch hier gibt es unterschiedliche Erscheinungsformen wie Konzentration der Produktion auf einen Standort **(World Scale Plant)**, parallele Produktion gleicher Produkte an mehreren Standorten oder eine Verteilung nacheinander zu durchlaufender Produktionsstufen auf unterschiedliche Standorte. Durch eine verteilte Produktion können länderspezifische Vorteile pro Produktionsstufe besser genutzt werden, dagegen steigt aber der logistische Koordinationsaufwand an.

3.2.3 INTERNATIONALE KOOPERATIONEN

Die geforderten Servicekriterien lassen eine Kooperation mit Spezialisten der Logistikdienstleistung erforderlich erscheinen. Durch Einschaltung international agierender und erfahrener **Logistikdienstleister** sind eine Reihe von Aufgaben effektiver zu lösen.

Zu den positiven Effekten einer **Kooperation über Grenzen hinweg** zählen:

- Die Transparenz der Bestände in der Transportkette erhöht sich.

- Die Redundanz logistischer Aktivitäten, wie beispielsweise die umfangreiche und redundante Lagerhaltung auf mehreren Stufen in der Transportkette, wird vermieden.

- Die logistischen Entscheidungen der zusammenarbeitenden Unternehmen können koordiniert werden.

- Durch die Kooperation kann der wirtschaftlichen Macht einzelner Unternehmen begegnet werden.

- Die technologischen Rationalisierungsmöglichkeiten lassen sich eher in großen Logistiksystemen realisieren (Automatisierung).

- Die Kooperation begünstigt die Abstimmungen zwischen einzelnen Logistiksystemen hinsichtlich der eingesetzten Informationstechnologien, der Lager- und Transportmittel usw.

- Durch ein mittels Kooperation verbessertes Logistiksystem lässt sich die Kapitalbindung reduzieren.

- Bestände können durch eine schnellere Auftragsabwicklung, schnelleren Umschlag und schnelleren Transport minimiert werden.

- Die Kooperation kann neben der Kostenreduzierung auch zur Leistungssteigerung beitragen, z. B. durch Verbesserung des Liefer- bzw. Versorgungsservice.

3.2.4 Internationaler Logistik-Wettbewerb

Der marktnahe Logistikservice gegenüber dem Endkunden ist Bestandteil des Marketing-Mixes und muss auf die Besonderheiten des Absatzlandes ausgerichtet werden, was zu Differenzierungen des Leistungsprofils auch in Abhängigkeit des jeweiligen Wettbewerbs führen kann. Dagegen sind die vorgelagerten Prozesse eher unter Kostengesichtspunkten zu sehen, was sich in Bemühungen um Standardisierung und Ausnutzung der Economy of Scale äußert.

4. Internationale Beschaffung

Im Rahmen internationaler Unternehmungen spielt die Sicherstellung der erforderlichen **Qualität** und die **Verfügbarkeit** der Werkstoffe und Vorprodukte eine besondere Rolle. Es muss aber auch gleichzeitig die Wirtschaftlichkeit berücksichtigt werden, sodass sich oft Zielkonflikte ergeben, die durch optimale Gestaltung der internationalen Beschaffungsstrategie gelöst werden müssen.

4.1 Internationale Beschaffungsstrategien

4.1.1 Strategische und operative Beschaffung

Zunehmend unterscheidet man zwischen einer strategischen Beschaffung und einer operativen Beschaffung. Dabei beschäftigt sich die **strategische Beschaffung** mit prozessübergreifenden Fragestellungen und führt Beschaffungsmarktforschungen, Trendanalysen und die Auswahl von Lieferanten inklusive dem Abschluss langfristiger Verträge durch. Die **operative Beschaffung** baut auf diesen Vorgaben auf und fällt nach entsprechender Bedarfsidentifikation die konkreten Kaufentscheidungen, sorgt für den reibungslosen Beschaffungsablauf und wickelt eventuell auftretende Reklamationen ab.

4.1.2 ZENTRALE UND DEZENTRALE BESCHAFFUNGSAKTIVITÄTEN

Je nach Internationalisierungsgrad eines Unternehmens findet man unterschiedliche Organisationsformen des Einkaufs. Es erfolgt in der Regel eine Aufgabenteilung zwischen **Zentraleinkauf** und **dezentralen Einkaufseinheiten**.

Eine Aufgabe des **internationalen Zentraleinkaufs** besteht darin, weltweit gleichartige Beschaffungsvorgänge zu koordinieren. Dadurch lassen sich Skaleneffekte durch Bündelung gleichartiger Bedarfe realisieren. Durch Konzentration auf strategische Entscheidungen kann eine Optimierung der Beschaffungsrichtlinien erfolgen und durch größtmögliche Transparenz des Gesamtmarkts können günstige Konditionen erzielt werden.

Um mögliche Nachteile einer zu zentralen Steuerung wie längere Entscheidungswege oder komplexe Koordinationsaufgaben zu vermeiden, bietet es sich an, bestimmte Materialien **dezentral** in Nähe des Produktionsortes zu beschaffen. Hier können dann für das jeweilige Land wichtige Kriterien individuell berücksichtigt werden wie zoll- und steuerrechtliche Bedingungen oder **Local-Content-Vorschriften**.

In der Realität finden sich viele Mischformen der Beschaffungsansätze, welche die Vorteile der jeweiligen Organisationsform verbinden sollen. Ein neuerer Ansatz ist der **virtuelle Beschaffungsverbund**, in dem unabhängige Unternehmen gemeinsam am Beschaffungsmarkt auftreten und so ihre Nachfragemacht bündeln **(Corporate Buying)**. Dabei kann je nach Materialspezifikation jeweils ein anderes Unternehmen die Führungsrolle übernehmen.

58 ⟩⟩ Seite 437

4.1.3 INTERNATIONALE BESCHAFFUNGSBÜROS

Global agierende Unternehmen unterhalten in verschiedenen Regionen Beschaffungsbüros, die eine Mittlerrolle zwischen dem Zentraleinkauf und den in der Region ansässigen Zulieferern spielen. Die Aufgaben reichen von der Erschließung des Beschaffungsmarktes über länderspezifische Informationen und Anbahnung von Kooperationen bis zur operativen Beschaffungsdurchführung und Vertragsverhandlungen.

Die Organisation der Beschaffungseinheiten kann in unterschiedlichen Formen erfolgen:

- ethnozentrisch in Form einer straffen Führung durch den Zentraleinkauf
- polyzentrisch mit weitgehendem Entscheidungsspielraum vor Ort
- geozentrisch mit Bildung von Know-how-Schwerpunkten
- regiozentrisch mit der Ausbildung regionaler Unterzentren.

4.1.4 Internationale Beschaffungspolitik

Eine stark genutzte Möglichkeit, Kostenvorteile der weltweiten Beschaffungsmärkte optimal zu nutzen und in die Produktion einfließen zu lassen, ist eine **internationale Beschaffungspolitik**. Dabei muss aber nicht nur der Kostenvorteil im Einkaufspreis sondern die Senkung der gesamten Beschaffungskosten betrachtet werden.

Daneben geht es auch um Ansammeln von weltweit verfügbarem Know-how und die Reduzierung der Währungsrisiken. Eine Besonderheit stellt das **Countertrade Sourcing** dar, wobei in den Absatzmärkten der Endprodukte die benötigten Vorprodukte eingekauft werden, die dann in der jeweiligen Landeswährung bezahlt werden können.

Weitere Ziele einer globalen Beschaffungspolitik sind die Aktivierung des Wettbewerbs oder das Aufbrechen von Monopolstrukturen.

4.2 Chancen und Risiken internationaler Beschaffung

Chancen eines Global Sourcing sind:

- Kosteneinsparpotenziale durch Senkung der Beschaffungskosten gegenüber dem Local Sourcing
- durch Verringerung der Fertigungstiefe Senkung der Fixkosten und Minimierung des Risikos der Gesamtunternehmung
- Verringern des Währungsrisikos durch Einkauf in Fremdwährungen (Countertrade Sourcing)
- Konzentration auf die Kernkompetenz
- Erschließen neuer Technologien und Zugriff auf das weltweit beste Know-how.

Dagegen sind auch gewisse Risiken zu betrachten:

Qualitätsrisiko	Die Leistungsfähigkeit neuer Lieferanten ist noch nicht ausreichend nachgewiesen. Der Betreuungsaufwand kann stark ansteigen und die Durchlaufzeit bei Neuanläufen kann unkalkulierbar werden. Möglicherweise fallen hohe Nachbearbeitungskosten oder Garantieleistungen wegen fehlerhafter Lieferungen an.
Versorgungs-risiko	Die Lieferzuverlässigkeit ist bei neuen Partnern nicht bekannt und kann in der Anfangsphase zu Problemen führen. Die Verlagerung von Wertschöpfungsstufen ins Ausland ist mit einer komplexeren Logistikanforderung verbunden. Die Lieferzeiten können sich verlängern und die Realisierbarkeit von Just-in-Time-Lieferungen ist in der Regel nicht gegeben. Durch längere Wiederbeschaffungszeiten steigen die Bestände und die damit verbundenen Kosten und Risiken.
Steigende Lieferantenpreise	Die ursprünglich erhofften Kostenvorteile können durch Veränderung der Konditionen bezüglich Preise und Herstellkosten wieder zunichtegemacht werden.

Know-how-Abfluss	Das eigene Know-how wird offengelegt und es besteht die Gefahr von Kopien und nicht autorisierten Nachbauten.
Eingeschränkte Flexibilität	Durch die komplexere Wertschöpfungskette mit vielen Schnittstellen und aufgrund von Kommunikationsproblemen mit ausländischen Lieferanten können Änderungen oft nicht so schnell umgesetzt werden wie bei der Eigenfertigung oder mit einem lokalen Zulieferer.

4.3 AUSWAHLKRITERIEN

Entsprechend den Chancen und Risiken können Kriterien für die Auswahl von Global Sourcing-Projekten angegeben werden. Geeignet sind:

- Teile mit geringer Wertschöpfung
- Güter in wenig anspruchsvoller Technologie
- Güter mit geringerer strategischer Bedeutung
- Verfahren ohne qualitäts- oder imagebestimmende Kernprozesse.

Wichtige Kriterien bei der Auswahl der Zulieferer sind der Kostenvorteil und die Qualitäts-, Liefer- und Innovationsfähigkeit.

Einschränkungen bei produktionssynchroner Beschaffung

In der produktionssynchronen Beschaffung (Just-in-Time) wird das Zwischenprodukt nicht auf Lager vorgefertigt, sondern erst dann eingesteuert, wenn es tatsächlich benötigt wird. Die Produktionsabläufe werden von einem Bring-System auf ein Hol-System umgestellt. Erst dann, wenn ein Ausgangsbedarf entsteht, wird Material bereitgestellt und der Arbeitsgang durchgeführt. Das führt zur Minimierung der Bestände und zur Vermeidung von Lagerhütern. Dieses Prinzip ist allerdings bei Störungen recht anfällig, da keine Puffer vorhanden sind.

Deshalb bleibt der Einsatz beschränkt auf Zulieferer, die räumlich nicht so weit entfernt sind und in maximal vier Stunden einen benötigten Zuliefertransport realisieren können. Häufig sind diese Firmen direkt in einem Industriepark angesiedelt, der sich in unmittelbarer Nachbarschaft des zu beliefernden Kunden befindet.

KONTROLLFRAGEN	bear-beitet	Lösungs-hinweise	Lö-sung	
			+	-
01 Welche Ursachen haben zur Globalisierung geführt?		383		
02 Nennen Sie die Beweggründe für den Aufbau internationaler Produktionsstätten!		384 f.		
03 Welche Risiken birgt eine Auslandsproduktion?		385 f.		
04 Nennen Sie verschiedene Formen der Auslandsproduktion!		386		
05 Beschreiben Sie den Vorgang zur Wahl internationaler Produktionsstandorte!		386 f.		
06 Nach welchen Kriterien sind Standortalternativen zu bewerten?		387 f.		
07 Welche unterschiedlichen Vorgehensweisen sind je nach Struktur des Unternehmens zu wählen?		389		
08 Wodurch wurde das Logistikmanagement internationalisiert?		389 f.		
09 Beschreiben Sie die Gestaltung einer internationalen Logistikstrategie!		390 ff.		
10 Welche positiven Effekte kann eine internationale Kooperation erzeugen?		391		
11 Nennen Sie die Herausforderungen einer internationalen Beschaffung!		392 ff.		
12 Welche Vorteile bietet eine zentrale Beschaffung und welche eine dezentrale Beschaffung?		393		
13 Beschreiben Sie die möglichen Organisationsformen internationaler Beschaffungsbüros!		393		
14 Nennen Sie die generellen Chancen der internationalen Beschaffung!		394		
15 Nennen Sie die generellen Risiken der internationalen Beschaffung!		394 f.		
16 Welche Auswahlkriterien spielen bei Global Sourcing-Projekten eine Rolle?		395		

K. E-Business-Anwendungen

Die Einführung der Computertechnik und die weltweite Vernetzung von Geräten der Informations- und Kommunikationstechnik über das Internet hat die Basis geschaffen für eine neue Art der Zusammenarbeit zwischen Geschäftspartnern. Das **Electronic Business**, oder kurz E-Business, hat sich entwickelt, um dieses Potenzial der Informations- und Kommunikationstechnologien voll auszuschöpfen. Mittlerweile nutzen die Unternehmen die neuen elektronischen Mittel zur Verbesserung der Prozesse und zum Aufbau neuer Kommunikationskanäle mit Zulieferern und Abnehmern, um somit den Kundenerwartungen besser zu entsprechen.

Eine ausführliche Darstellung dieses Bereichs findet sich in dem Lehrbuch „**Kompakt-Training E-Business**" im Kiehl-Verlag. An dieser Stelle soll nur ein kurzer zusammenfassender Abriss über die Einsatzmöglichkeiten des E-Business in der Wertschöpfungskette gegeben werden.

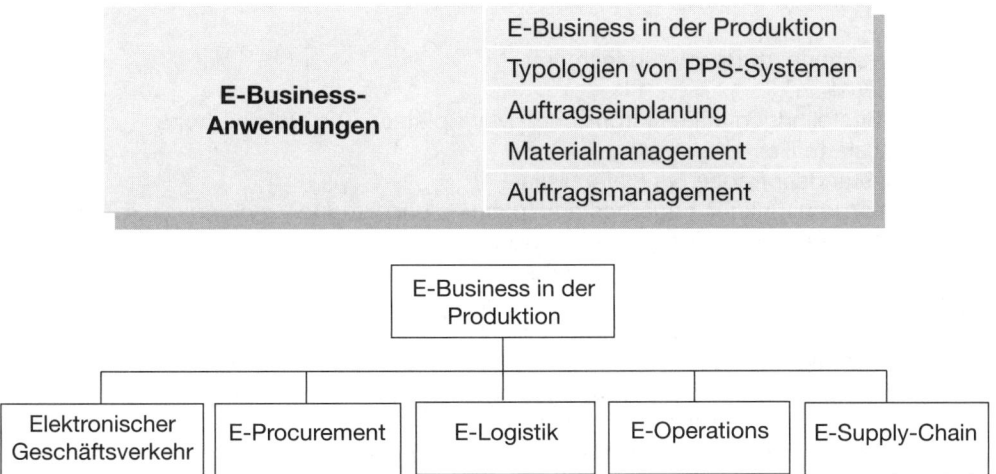

1. Elektronischer Geschäftsverkehr

Einsatzmöglichkeiten für E-Business-Lösungen ergeben sich entlang der gesamten **Wertschöpfungskette** sowohl in den primären, wertsteigernden Prozessen als auch in den unterstützenden Prozessen. Strategische Zielsetzung ist die Identifikation wettbewerbsstrategischer Potenziale und die Verbesserung der Wettbewerbsposition. Die für die Produktionswirtschaft wichtigen Beziehungen im E-Business sind:

Business-to-Business (B2B)
Darunter versteht man die zwischen rechtlich eigenständigen Unternehmen über **Extra- oder Internet** ablaufenden elektronischen Kommunikationen, die Beschaffung von Produktionsfaktoren wie Roh-, Hilfs- und Betriebsstoffe sowie die Kommunikation zwischen den Unternehmen. Das Güter- und Dienstleistungsangebot wird wie in einem Katalog

über spezialisierte Marktplätze mit Angebots- und Nachfragefunktionalitäten präsentiert. Dabei können direkte Zugriff auf die datenhaltenen Systeme des Geschäftspartners erfolgen. Das Transaktionsvolumen ist häufig sehr hoch und es herrschen oft längerfristige Zusammenarbeit und Rahmenverträge vor.

Business-to-Customer (B2C)
Damit wird der Geschäftsverkehr mit dem typischen Konsumenten über die durch ein Unternehmen zur Verfügung gestellten Güter und Dienstleistungen bezeichnet. Das betrifft alle Interaktionen zwischen Kunde und Unternehmen während des gesamten Lebenszyklus des angebotenen Produkts, angefangen von verkaufsfördernden Maßnahmen (Marketing) über den eigentlichen Verkauf bis hin zur Wartung. Das Transaktionsvolumen ist vergleichsweise niedrig gegen B2B, die Transaktionshäufigkeit dagegen hoch. Es besteht eine geringe Bindung von Anbietern und Nachfragern und Vertriebskanalkonflikte spielen eine sehr große Rolle.

Für den Bereich **Logistik, Material- und Produktionswirtschaft** sind wichtige Aufgaben, die durch den Einsatz von E-Business-Methoden unterstützt werden:

* Marktforschung im Beschaffungsmarkt
* Bedarfsauskunft
* Online-Bestellungen auf elektronischen Marktplätzen und Online Shops
* automatisierte Bestellsysteme
* Lagerbestandsabfragen bei Lieferanten
* Integration von Einkauf, Lagerbestandsplanung und Prognosesystemen mit Zulieferern
* Auftragsfertigung und Komponentenzulieferung
* Abfrage von Produktionsplanungsdaten
* dezentrale Produktionsplanung- und -steuerung
* Abfrage Auftrags- und Lieferstatus
* Versandverfolgung
* elektronische Rechnungsstellung, Zahlungsaufforderung, Mahnung, Inkasso
* automatisierte, kundenspezifische Vertragswerke
* Integration mit den Prognosesystemen der Kunden.

1.1 E-Procurement

Generell unterliegen die Aufbau- und Ablauforganisationen der internationalen Beschaffung einem permanenten Wandel und müssen jeweils angepasst werden. Die bisher letzte Entwicklung betrifft den verstärkten Einsatz von **I+K-Technologien (Informations- und Kommunikationstechnik)** und die Nutzung des Internets (s. Kap. G. 4.2). Ausprägungsformen im **E-Procurement** sind **Katalogsysteme, elektronische Marktplätze** oder **Auktionen**. Durch Einsatz der elektronischen Hilfsmittel führt E-Procurement zu einer Reihe von Vorteilen wie:

* Kostensenkung durch Automatisierung der Abläufe
* Erhöhen der Markttransparenz
* Stärkere Integration der Zulieferer

- Verkürzung der Durchlaufzeiten
- Erschließen neuer Einkaufsquellen
- Einbindung in betriebswirtschaftliche Standardsoftware
- Entlastung von Routineaufgaben und Förderung strategischen Handelns.

Zu beachten sind aber auch Akzeptanzschwierigkeiten bei den Mitarbeitern der unterschiedlichen Kulturen sowie Sicherheitsfragen bezüglich des Know-how-Schutzes.

Geeignet für die elektronische Abwicklung sind hauptsächlich C-Güter oder **MRO-Güter (Maintenance, Repair & Operations** = Instandhaltungs-, Reparatur- und operativer Bedarf) mit hohem Volumen, aber geringem Wert bzw. geringem Beschaffungsrisiko. Diese C-Güter verursachen traditionell im Verhältnis zum Einstandspreis sehr hohe Beschaffungskosten durch Bedarfsmeldung, Bestellung, Handling und Abrechnung, sodass der Effekt des E-Procurement hier besonders groß ist.

Dagegen ist die Beschaffung direkter Güter wie Rohstoffe, Vor- und Zwischenprodukte im Rahmen der Produktion oder Leistungserstellung Bestandteil des **Supply Chain Management**.

In Abhängigkeit von der Wertigkeit der Produktgruppen und deren Komplexität können Anhaltspunkte gegeben werden, welche Form des E-Procurement die meisten Vorteile bietet:

Wertigkeit	Komplexität	Beispiel	Zielsetzung	E-Procurement-Methode
niedrig	niedrig	MRO	Abwicklungskosten senken	Katalogeinkauf
niedrig	hoch	Rohstoffe	Preise senken	Auktionen
hoch	niedrig	Sondermaterial	geeignete Lieferanten finden	Marktanalyse
hoch	hoch	Zeichnungsteile	Preise senken, geeignete Lieferanten finden	Ausschreibung

59 >> Seite 438

E-Procurement unterstützt in den verschiedenen Phasen der Beschaffung:

Teilprozess	Beispiele	E-Procurement-Einsatz
Beschaffungsmarktforschung (Anbahnung)	Suche nach Produkten und Lieferanten Vorauswahl und Ausschreibungen	WWW-Infodienste Software-Agenten Unternehmenshomepage elektronische Ausschreibungen und Auktionen
Verhandlung und Bestellung (Vereinbarung)	Preise, Konditionen, Auktionen	Elektronische Produktkataloge Genehmigungsworkflow ERP-Anbindung
Logistik und Bezahlung (Abwicklung)	Bestelldaten, Lieferdaten über EDI Online-Distribution digitaler Produkte	Tracking Reporting und Statistik Desktop-Purchasing elektronische Bezahlung

Sowohl die **Prozesskosten** als auch die **Fehlerrate** wird durch den Einsatz von E-Procurement verringert. Zusätzlich gewinnt man Durchlaufzeit und kann strategisch wichtige Lieferanten besser anbinden. Gründe dafür sind:

- schnelle und umfassende Auswahlmöglichkeit in Online-Katalogen
- Prüfung und Zusage in direktem Workflow ohne Papiereinsatz
- keine manuellen Übertragungen zwischen Systemen
- Vermeidung von Redundanzen und Zeitverzögerungen
- Online-Prüfung des Lieferstatus mit hoher Transparenz
- Bündelung von Bestellvolumen führt zu günstigeren Preisen
- Ressourcen können auf den strategisch wichtigen Feldern gebündelt werden.

1.2 Elektronische Beschaffungssysteme

Je nach Art und Bedeutung der zu beschaffenden Produkte oder Leistungen bieten sich unterschiedliche Beschaffungsmethoden an, die sich in der Anzahl der Beteiligten auf der Einkäuferseite **(Buy-Side)** und der Verkäuferseite **(Sell-Side)** unterscheiden.

One-to-One-Systeme	Es existieren für bestimmte Waren feste Lieferantenbeziehungen mit enger Kopplung der Software-Systeme. Das führt einerseits zu engen Kunden-Lieferanten-Beziehungen kann aber nachteilig sein, wenn der Lieferant nicht mehr zuverlässig liefert oder aus anderen Gründen gewechselt werden soll.
Einkaufseitige Kataloge (Buy-Side)	Daten von verschiedenen Lieferanten werden aufgenommen und intern verwaltet und über Workflow-Systeme mit dem ERP-System verbunden. Der Einkäufer organisiert diese Kataloge. Nachteilig sind hier der erhöhte Organisationsaufwand sowie die Notwendigkeit, Zusatzsoftware bereitzustellen.

Verkaufsseitige Kataloge (Sell-Side)	Der Verkäufer fasst sein Angebot in einem Online-Shop zusammen und organisiert den Katalog. Die Käufer haben entsprechenden Zugriff auf die Daten. Vorteile sind die aktuelle Information über Preise und Verfügbarkeit und die Möglichkeit, Artikelvarianten zu konfigurieren. Nachteilig ist, dass alle relevanten Lieferantenseiten einzeln besucht werden müssen und kein automatischer Preisvergleich möglich ist.
Elektronische Marktplätze	Ein Marktplatz-Provider gestaltet die Webseite und stellt Regeln auf, nach denen Lieferanten und Käufer agieren können. Zusätzliche Dienstleistungen werden durch diese Intermediäre oder Broker erbracht. Vorteile sind die erhöhte Transparenz und die Aktualität, die durch den Marktplatzbetreiber gewährleistet wird. Dagegen stehen Zusatzkosten für die Nutzung des Marktplatzes.

1.3 E-LOGISTIK

Betrachtet man den Wandel der Logistik in den letzten 30 Jahren, so ist ihr Entwicklungsprozess von einer stark auf die physischen Abläufe fokussierten Unternehmensfunktion zu einem ganzheitlichen, prozess- und kundenorientierten Managementkonzept erkennbar. Der Begriff E-Logistik umfasst nicht nur den eigentlichen Transport der Ware, der den Onlineeinkauf letztendlich komplettiert, sondern auch den durchgängigen Einsatz von Informations- und Kommunikationssystemen entlang der gesamten Wertschöpfungskette.

Es besteht daher die Notwendigkeit, die **E-Commerce-Lösungen** mit den **Logiksystemen** (Lagerverwaltung, Transportsysteme, Auftragsabwicklung, Zahlungssysteme) zu koppeln. Neue Technologien ermöglichen eine ganzheitliche, unternehmensübergreifende Steuerung der Supply Chain, von der Bestellung der Zulieferteile über die Produktion bis hin zur Auslieferung an den Endkunden.

Als Instrument zur Organisation und Optimierung dieser Aufgaben haben sich rechnergestützte **Logistik-Systeme** entwickelt. Diese unterstützen

- die Verwaltung von Lagerstrukturen und -einrichtungen (z. B. von automatischen Lagern, Hochregal-, Block- oder Festplatzlagern)
- die Übersicht über Lagerbewegungen
- das Management der den Wareneingang und -ausgang begleitenden Aktivitäten
- das Führen von aktuellen Bestandsdaten auf Lagerplatzebene mithilfe der permanenten Inventur
- die Ein- und Auslagerung von Gefahrstoffen und allen anderen Materialien, welche eine Sonderbehandlung erfordern
- spezielle Dienstleistungen, z. B. individuell ausgerichtete Verpackungsverfahren und Etikettierung, um eine korrekte Beschriftung und Verpackung zu gewährleisten.

Die Bewegungssätze aus dem Lagerbereich bilden die Grundlage zu statistischen Auswertungen über Umschlagshäufigkeit, Lagerbelastung, Verweilzeit oder Fehlteilsituation
und spielen im Rahmen der Inventur eine wesentliche Rolle.

2. E-OPERATIONS

Der Unternehmensbereich Operations umfasst alle Tätigkeiten im Zusammenhang mit
der Umwandlung der Input-Faktoren in die endgültige Produktform oder in das Leis-
tungsangebot für den Markt. E-Business-Methoden können **informations- und kom-
munikationsbezogene** Prozessunterstützung leisten.

2.1 E-BUSINESS IN DER DISTRIBUTIONSLOGISTIK

Eine der größten Herausforderungen für Unternehmen, die nicht digitalisierbare Güter
über das Internet vertreiben, ist die Abwicklung der Aufträge – das so genannte **Fulfillment**. Dabei geht es neben der Bezahlungsabwicklung insbesondere um die Lieferung
der Waren zum Kunden. Sowohl im **B2C- als auch im B2B-Bereich** sind eine ganze Reihe neuer Anforderungen auf die Logistikunternehmen zugekommen.

Im **B2C-Geschäft** sind insbesondere die zunehmende Anzahl an Kleinstsendungen (Pa-
kete statt Paletten), ein geringes Auftragsvolumen pro Bestellvorgang, die Direktbelieferung räumlich verstreuter Kunden sowie eine schwankende Nachfrage zu nennen.

Im **B2B-Bereich** erwarten die Kunden von dem Logistikdienstleister zunehmend Mehr-
wertdienste, wie z. B. Tracking und Tracing (Online- Sendungsverfolgung), Planungs- und
Optimierungsfunktionen sowie Kommissionierdienstleistungen (Verpacken, Lagerung
und die auftragsweise Zusammenstellung). Zudem erwartet man vom Logistikdienstleister zunehmend die Möglichkeit, die Logistikkosten online berechnen und auch alle weiteren betroffenen Geschäftsabläufe webbasiert abwickeln und steuern zu können.

Logistikdienstleister können E-Business aber auch für eigene Zwecke nutzen. Eine der-
zeitige Entwicklung ist beispielsweise in virtuellen Frachtbörsen und Logistikportalen, die
völlig neue Strukturen in der Distributionslogistik entstehen lassen, zu sehen.

2.2 E-BUSINESS IN DER PRODUKTION

Im Bereich Produktion hat sich die betrieblichen Standardsoftware (Enterprise Ressource Planning - ERP) etabliert, die durch weitere Module zu einer über das Unternehmen
hinausgehenden Supply Chain ergänzt wird. Die zunehmende Verzahnung der einzelnen
Wertschöpfungsstufen der unterschiedlichen Wertschöpfungsketten führt zu einer wachsenden Bedeutung der Koordination und Abstimmung dieser Wertschöpfungsstufen. In
der Entwicklung der unterstützenden Software zeigt sich die hier dargestellte historische
Entstehung der Produktionsplanungs- und Steuerungssysteme:

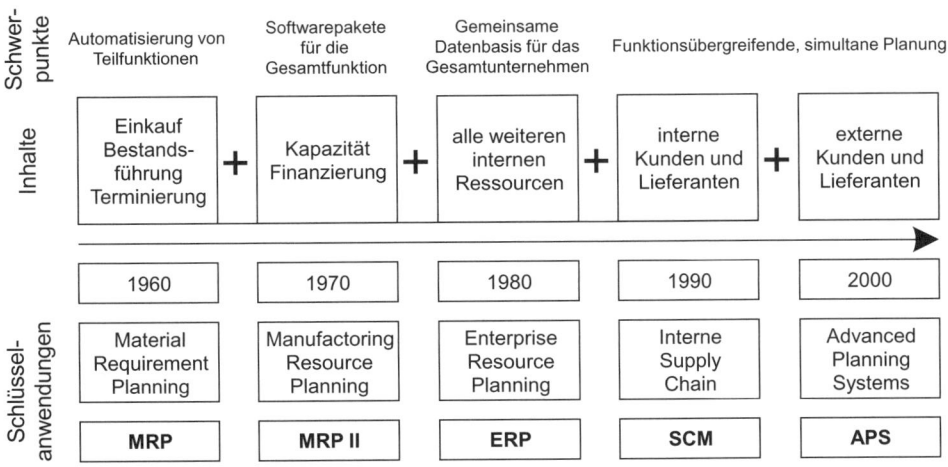

Diese Systeme werden zunehmend komplett über eine **Browseroberfläche** ausgeführt und sind grundsätzlich über zusätzliche Schnittstellen auch **webfähig**. Dadurch können Außendienstmitarbeiter direkten Zugriff auf Produktions- und Lagerdaten erhalten, um eine Aussage über die Verfügbarkeit von Produkten zu machen oder Lagerbestände sofort zu reservieren. Zusätzlich können Lieferanten und Kunden in die Geschäftsprozesse einbezogen werden. Themen sind:

- Statusabfrage von Produktionsaufträgen mit Auskunft über den aktuellen Stand
- Möglichkeit, Änderungen vorzunehmen
- Verteilen bzw. Zusammenführen von digitalisierten Informationen, wie z. B. Dokumenten aus dem Bereich des Qualitätsmanagement, Betriebsdaten oder Störungsdaten von Maschinen für die Instandhaltung
- Produktionsplanung und Kapazitätsabgleich mit verlängerten Werkbänken (Unternehmen, die Teilaufträge ausführen)
- Realisierung von Web- bzw. E-Kanban (Pull-Steuerung entsprechend dem tatsächlichem Bedarf).

Als **Trends** bei betriebswirtschaftlicher Software sind zu erkennen:

- Herkömmliche ERP-Systeme werden mit E-Commerce-Funktionen versehen
- Integration von Webshops in Warenwirtschaftssysteme
- Ablösung von EDI durch XML
- Integration von Content-Management-Systemen
- Bessere Bedienerführung für Mitarbeiter und Kunden.

2.3 E-Business in der Eingangslogistik

Die Eingangslogistik umfasst Tätigkeiten im Zusammenhang mit Empfang, Lagerung und Transport von Betriebsmitteln für das Produkt. E-Business-Einsätze unterstützen in erster Linie die Informationsflüsse. Als System zur Transaktionsunterstützung hat sich Electronic Data Interchange (EDI) ausgebildet. EDI ermöglicht den elektronischen Austausch von Geschäftsdaten zwischen Unternehmen und anderen Partnern wie die Administration. Der Datenaustausch basiert auf Grundlage einer vereinbarten einheitlichen Datenstruktur.

2.4 E-Business in der Ausgangslogistik

Die Ausgangslogistik umfasst Aktivitäten der Lagerung und physischen Distribution des Produktes an die Abnehmer. Bei digitalen Medien wie Software, Musik oder Daten kann die Distribution online erfolgen. Physische Produkte dagegen müssen an den Konsumenten offline ausgeliefert werden, entweder in Form einer Direktbelieferung vom Hersteller oder Händler an den Kunden oder unter Einsatz von Logistikdienstleistern. Eine weitere Möglichkeit ist die Lieferung an einen **Pick-Up-Point** zur Selbstabholung (z. B. Tower24 oder Packstationen von DHL).

Die Probleme bei der Onlinedistribution liegen in der Sicherheit der Übertragung und der illegalen Vervielfältigung. In der Offlinedistribution treten Zeitprobleme und die „Atomisierung" der Sendungen auf, wobei hohe Kosten für den **letzten Kilometer** zur Haustür anfallen. Auch die Organisation des Retourendienstes inklusive Preisgestaltung ist schwierig.

Um die Sicherheit in der Zustellung der Lieferung zu gewährleisten, wurden spezielle Verfahren der Sendungsverfolgung eingeführt. Dieses **Tracking & Tracing** ermöglicht die räumliche Ortung von Sendungen und entsprechende Weiterleitung der Daten an den Besteller über ein verschlüsseltes Verfahren der Onlinesendeverfolgung.

Mit Einsatz elektronischer Medien können auch Methoden der Bestandsführung beim Kunden durch den Lieferanten einfach realisiert werden. Das elektronische **Vendor Managed Inventory (VMI)** gestattet dem Lieferanten auf einfachem Weg die Bestandsverwaltung eines Kundenlagers zu übernehmen und das Management des Lagerbestandes (Nachlieferzeitpunkte, Wiederfüllmenge) selbstständig auf der Basis von aktuellen Verbrauchs- und Bestandsdaten des Kunden durchzuführen.

Auch die Anbindung von **Logistikdienstleistern** bezüglich Planungsdaten, Bestell- und Lieferinformationen oder das Betreiben von **Logistikportalen** werden durch den Einsatz von E-Business erleichtert.

3. E-Supply Chain Management

Der Ansatz des Supply-Chain-Management-Konzepts basiert auf dem Wunsch, die Bedürfnisse des Endkunden möglichst gut zu erfüllen und dabei die Gesamtprozesse ständig zu optimieren. Wichtigste Voraussetzungen für das Funktionieren des Supply Chain Management sind die **kooperative Zusammenarbeit** und die **informationstechnologische Verknüpfung** der Teilnehmer.

3.1 Vendor Managed Inventory (VMI)

Eine Sonderform des Supply Chain Management ist das Konzept des **Vendor Managed Inventory (VMI)**. Hier erledigt ein Lieferant (z. B. Großhändler) die **Lagerdisposition** für seine direkten Abnehmer (z. B. Einzelhändler). Mit dem Vendor Managed Inventory wird die Verantwortung für die Bestandsführung auf den Lieferanten übertragen.

Während in einem herkömmlichen dezentralisierten System (Pull-Prinzip) der Abnehmer Bestellungen an den Lieferanten richtet, erhält der Lieferant beim VMI genaue Informationen über den Lagerbestand des Abnehmers und über die aktuelle Nachfrage beim Abnehmer. Auf der Grundlage dieser Informationen entscheidet der Lieferant dann über den Zeitpunkte und die Menge, die an den Abnehmer geliefert wird. Es handelt sich also um die Anwendung des **Push-Prinzips**. Mit der Einführung von VMI wandelt sich das Bestellverhalten. Das Unternehmen versorgt den Lieferanten laufend mit Prognose-, Lagerbestands- und Verbrauchsdaten. Der Lieferant bestimmt aus den Daten, wann er eine Versorgung anstößt.

Durch den Einsatz des **VMI-Konzepts** lassen sich sowohl die Kosten senken als auch der Servicegrad gegenüber den Endkunden erhöhen. Die Ursachen dafür liegen sowohl in dem **schnelleren** und aktuelleren **Informationsfluss** über die Nachfrageentwicklung als auch in der Möglichkeit des Lieferanten, **Sicherheitsbestände**, die sonst dezentral bei den Abnehmern vorgehalten werden müssten, teilweise zu zentralisieren und aufgrund des dadurch möglichen Risikoausgleichs zu **verringern**.

Diese Vorteile lassen sich aber nur realisieren, wenn nicht nur der Workflow verändert wird, sondern wenn auch der neuen Systemstruktur angepasste Planungsmethoden eingesetzt werden. Denn für den Lieferanten stellt sich nun das Problem der **optimalen Positionierung von Sicherheitsbeständen**. Zur Lösung dieses Problems kann auf **mehrstufige Lagerhaltungsmodelle** zurückgegriffen werden.

VMI setzt aber ein gewisses Maß an **Vertrauen** zwischen den Partnern in der Supply Chain voraus. Nicht jeder Abnehmer möchte seinem Lieferanten einen vollständigen Einblick in seine Bestandssituation gewähren. Oft scheut der Abnehmer die erforderliche enge Bindung an den Lieferanten, der ja auch die Dispositionsaufgaben übernimmt, denn dann wird es für ihn schwieriger, den Lieferanten zu wechseln.

3.2 Collaborative Business

Die Aufgabenstellungen in der Supply Chain werden an den verschiedenen Schnittstellen von jeweils typischen Problemen belastet, die wiederum mit angepassten Methoden zu lösen sind. So wird der Kundenkontakt mit den Methoden des **CRM (Customer Relationship Management)**, der interne Mitarbeitereinbezug durch **HRM (Human Resource Management)** und die Zulieferbeziehung durch **SRM (Supplyer Resource Management)** zu einem Optimum geführt.

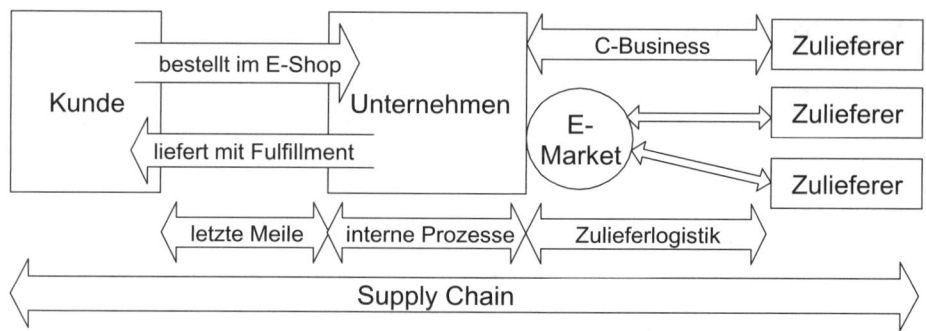

Schnittstellenproblematik und Lösungsansätze an den Schnittstellen:

Unternehmen - Kunde	Unternehmensintern	Unternehmen - Lieferant
Kunde wird nicht angetroffen, hohe Transaktionskosten	Ermittlung und Einhalten des Liefertermins	Verfügbarkeit und Lagerhaltung
CRM Kundenzufriedenheit	**HRM** Prozessoptimierung	**SRM** Qualität und Kostenoptimierung

Um den Geschwindigkeitsanforderungen der Kunden entgegenzukommen, gehen Unternehmen dazu über, in festen Partnerschaften mit Zulieferern einzutreten und die Abläufe durch elektronische Methoden zu vereinfachen und zu beschleunigen. Diese Art der engeren Zusammenarbeit bezeichnet man als **C-Business (Collaborative Business)**.

C-Business ist die Weiterentwicklung von E-Business durch konsequente Anwendung der Internet-Struktur zur Bildung von strategischen Allianzen zwischen Geschäftspartnern. Es ist eine Ergänzung zum Supply Chain Management, indem es durch Einsatz von IT-Technologien die Planung, Steuerung, Information und Logistik in der Supply Chain verbessert.

Einsatzgebiete im C-Business sind:

* **Kooperation bei der Absatz- und Beschaffungsplanung**
  durch frühzeitigen Austausch von Prognosen und Bedarfsentwicklungen

* **Schnelle und angepasste Bedarfsdeckung**
  durch unmittelbare Weitermeldung von Bedarfsschwankungen

* **Zusammenarbeit in der Verkaufsförderung**
  mit dem Ziel, gemeinsame Umsätze zu erhöhen

* **Kooperation in der Transportlogistik**
  zur besseren Ressourcennutzung und zur Vermeidung von Engpässen

* **Gemeinsames Bestandsmanagement**,
  um Ladenhüter oder Fehlteile zu vermeiden

- **Poolen von Versicherungsleistungen**,
  um bessere Konditionen zu erhalten

- **Gemeinsame Marktforschung und Datenanalysen**
  zur kostengünstigen Nutzung angebotener Informationen.

Insgesamt arbeiten alle Beteiligten der unterschiedlichen Partner zusammen, um dem Markt die gewünschte Gesamtlösung anzubieten. Das geht bis zum gemeinsamen Marktauftritt von Unternehmen. Zur Nutzung dieser Idee sind allerdings weitreichende und kostenintensive Veränderungen notwendig, sodass sich vor allem größere Unternehmen mit diesem Thema beschäftigen.

60 ⟩⟩ **Seite 438**

4. Einsatzgebiete der E-Logistik

Für den Unternehmenserfolg im Internet-Zeitalter wird die Bewältigung der logistischen Prozesse zu einem kritischen Faktor, der über den Erfolg unternehmerischer Strategien entscheidet. Die Problemlösung der logistischen Aufgaben stellt für die Unternehmen daher eine große Herausforderung dar und führt dazu, dass die Logistik in der Wirtschaft der Zukunft eine Schlüsselrolle einnehmen wird.

4.1 Zusatzanforderungen in der E-Logistik

Durch die Verbreitung des E-Commerce wird eine weitaus leistungsfähigere Logistik gefordert. Der Unterschied zur „klassischen" Logistik besteht darin, dass der logistische Prozess nicht erst mit dem Eingang der Bestellung ausgelöst wird, sondern dass es sich um eine **Realtime-Abwicklung** handelt, in der zwischen Auslösen der Bestellung und dem Auftrag keine Zeit vergeht. Zusätzlich hat man es mit einem Anwachsen des Bestellaufkommens zu tun.

Auswirkungen von E-Commerce-Varianten auf die **Logistikstruktur** und die **Logistikprozesse**:

Direkter Hersteller-versand	▶ Stärkere Zentralisation durch Wegfall dezentraler Verteilzentren ▶ Stark gebündelte Güterflüsse zum Groß- und Einzelhandel fallen weg ▶ Direkte Lieferungen zum Endkunden kommen hinzu
Großhandels-versand	▶ Stärkere Zentralisation durch Wegfall dezentraler Standorte ▶ Gebündelte Güterflüsse zum Einzelhandel fallen weg ▶ Nur noch teilweise gebündelte Lieferungen zum Endkunden
Einzelhandels-versand	▶ Keine Veränderung der Logistikstruktur ▶ Problem der letzten Meile

4.2 PROBLEME DER PHYSISCHEN DISTRIBUTION

Durch die Auswirkungen des E-Business haben sich insbesondere im Logistik-Bereich eine Reihe von Veränderungen und Trends ergeben. Durch schnelle, direkte und preiswerte Datenverbindungen werden Geschäfte zwar schnell geschlossen, aber bei der physischen Distribution ergibt sich das Logistik-Problem der Belieferung. Diese **letzte Meile** ist eine entscheidende Hürde für den Erfolg im B2C-Internethandel. Die neuen Sendungsstrukturen führen zu folgenden Problemen:

* Größere Sendungszahl
* Kleinere Sendungsgröße
* Sehr unterschiedliche Größen und Gewichte
* Zum Teil empfindliche Waren.

Daraus folgt, dass die Transaktionskosten der Zusendung bis zu 30 % des Warenwertes ausmachen. Ansatzpunkte zur Lösung dieses Problems sind:

* Spezialisierte Kurierdienste mit vorherigem Kundenkontakt
* Paket-Shops
* Schließfachsysteme zum Selbstabholen
* Haustürboxen.

4.3 ERFOLGSSTRATEGIEN FÜR DEN BEREICH DER LOGISTIK

Der Begriff **E-Logistik** umfasst nicht nur den eigentlichen Transport der Ware, der den Online-Einkauf letztendlich komplettiert, sondern auch den durchgängigen Einsatz von Informations- und Kommunikationssystemen entlang der gesamten Wertschöpfungskette. Demnach beinhaltet E-Logistik die strategische Planung und Entwicklung aller für die elektronische Geschäftsabwicklung erforderlichen Logistiksysteme und -prozesse sowie deren administrative und operative Ausgestaltung für die physische Abwicklung.

Im Vergleich zu traditionellen Logistikkonzepten besteht durch die gestiegenen Anforderungen an eine geringe Lagerhaltung und eine zeitgenaue Belieferung die Notwendigkeit, die E-Commerce-Lösungen mit den Logistiksystemen (Lagerverwaltung, Transportsysteme, Auftragsabwicklung, Zahlungssysteme) zu koppeln. Unter Beachtung der Megatrends **Kundenintegration**, **globale Netzwerke** und **IT-Einsatz** ergeben sich als mögliche Erfolgsstrategien:

* Prozessorientierung in der Supply Chain
* Verringerung eigener Wertschöpfung durch Outsourcing
* Fusionen und Kooperationen
* Aufbau von Netzwerken für ein dynamisches Fulfillment
* Nutzen von Methoden des Wissensmanagement
* Einsatz spezialisierter Logistikdienstleister
* angepasste Nutzung der IT-Techniken.

4.4 ELEKTRONISCHER PRODUKTCODE RFID

Ein konkretes Anwendungsgebiet zur effizienten Verfolgung von Warenströmen ist die **Radio Frequency Identification** (**RFID** – engl. für Funk-Erkennung). RFID ist eine Methode, um Daten berührungslos und ohne Sichtkontakt lesen und speichern zu können. Ein RFID-System umfasst:

* den **Transponder**: Das sind ein Chip und eine Antenne in einem Träger: RFID-Etikett, -Chip, -Tag, -Label, Funketikett oder -chip genannt. Die Transponder senden in einem niederfrequenten Feld eine Kennung aus, um Gegenstände zu identifizieren.
* den **Reader**: Sende-Empfangs-Einheit bestehend aus Antenne und Decoder.
* die **Integration** mit der IT-Landschaft wie Kassensystemen oder Warenwirtschaftssystemen.

Die Daten werden auf dem RFID-Transponder gespeichert und per Radiowellen verfügbar gemacht. Die Entfernung, über die ein RFID-Transponder ausgelesen werden kann, schwankt aufgrund von Ausführung (passiv ohne oder aktiv mit eigener Stromversorgung), benutztem Frequenzband, Sendestärke und Umwelteinflüssen zwischen wenigen Zentimetern und mehr als einem Kilometer. Die Fälschungssicherheit ist relativ hoch. Neben dem Einsatz in der Warenwirtschaft kommen RFID zur **Kennzeichnung** von Medikamenten, Geldscheinen, Dokumenten oder Eintrittskarten zum Einsatz.

4.5 E-FULFILMENT

Der Begriff E-Fulfillment umfasst die vollständige Auftragsabwicklung von der Internetbestellung über die Bezahlung, Lagerung, den Transport und die Auslieferung bis zum **After-Sales-Service** und zur Entsorgung. Als solches fällt es in die **Abwicklungsphase** von Geschäftstransaktionen. Die Festlegung der Art der Fulfillment-Leistung erfolgt aber bereits in der **Vereinbarungsphase**, in der die Liefer- und Zahlungskonditionen und damit auch häufig das benutzte Zahlungssystem oder der Logistikpartner festgelegt werden. Die einzelnen Fulfilment-Prozesse sind:

Prozess	Inhalte
Lagermanagement	Einsatz von elektronischen Lagerverwaltungssystemen und automatisierten Kommissionierungen
Vertriebslogistik	Tracking & Tracing unter Einbezug von Logistikdienstleistern und Abliefermöglichkeiten an Pick Points
Retourenmanagement	Abholung, Rücklieferung und Zahlungsausgleich
Zahlungsabwicklung	Adressvalidierung, Bonitätsprüfung, die eigentliche Zahlungsabwicklung und Forderungsmanagement
Kundenservice	Information, Beratung und Reklamationsabwicklung

Immer mehr Unternehmen erkennen die hohe Bedeutung von kundenspezifischen Lösungen und Serviceangeboten, die durch E-Fulfillment gewährleistet werden, z. B. Sendungsverfolgung (Tracking & Tracing), Bestandsverfolgung oder Call-Center. E-Fulfillment ergänzt das Customer-Relationship-Management (CRM) und trägt so nachhaltig zur Kundenbindung bei.

Hauptanforderungen im **E-Fulfillment** sind:

- Datensammlung und Zusammenführung von internen und externen Informationen in Netzen oder von Mobilgeräten
- Erstellen einer Kommunikationsplattform für alle Teilnehmer
- Darstellung der Schritte in der logistischen Kette
- Reaktionsfähigkeit bei Änderungen, Engpässen oder Fehlern
- Echtzeitverarbeitung der aktuellen Daten
- Dynamische Neu- und Umplanung von Reihenfolgen und Prioritäten.

4.6 E-Logistik-Dienstleister

Zur Lösung dieser Aufgaben im E-Fulfillment entstehen neue Geschäftsfelder in Form von **E-Logistik-Dienstleistern**, die folgendes Angebot bieten:

- **Organisation und Betreiben der Supply Chain** durch externe Application Service Provider (**ASP**) sowohl bezüglich der Information als auch bezüglich des physischen Materialtransports. Diese Anwendungs-Dienstleister bieten einen kompletten Service - zum Teil inklusive Software-Nutzung - über das Internet oder ein privates Datennetz. Mithilfe von ASP-Dienstleistungen können Unternehmen ganze Verwaltungsbereiche oder Prozessschritte auslagern.

- Betreiben von **Virtual Warehouses** im Internet durch Angebote von Artikeln, die sich noch beim Lieferanten befinden.

- Durchführen von **Optimierungsprozessen** wie Lagerbestandsoptimierung, Bestell-bündelung oder Clearing-Aufgaben bei der Zahlungsabwicklung.

- Betreiben eines „**Physical Warehouse**" als neuer Intermediär, der Artikel verschiede-ner Zulieferer bereithält und dem Käufer Alternativen und Auswahlmöglichkeiten bietet wie die Logistikzentren von Amazon oder ProLogis.

- Betreiben von **elektronischen Handelsplattformen**, von denen von unterschiedlichen Lieferanten Artikel bezogen werden können (Netbuy.com oder plastics-buy.com).

- Transportpartner von **B2B-Handelsplattformen**, die nach dem Kauf die Aufgabe des Versendens und Transportierens übernehmen wie Chem-Connect oder ANX.

- Transportpartner von **B2C-Handelsplattformen** wie Amazon, Otto, CDNow oder sonstigen Versandhändlern.

Bezogen auf die **Angebotspalette** kann man unterscheiden zwischen:

- **Fulfillment-Partner für Logistikleistungen**
  Fulfillment-Partner sind diejenigen Unternehmen, die den E-Business-Betreiber in seiner Logistik unterstützen (z. B. FedEx, UPS, DHL, Danzas, Rhenus). Einige Unternehmen gehen in diesem Bereich strategische Allianzen ein, indem sie ihre Waren zusammen mit anderen ausliefern lassen. Für die Optimierung der Logistik (Kommissionierung, Routenplanung, Tourenplanung) müssen Dokumentenstandards und elektronische Schnittstellen zwischen den Partnern geschaffen werden.

- **Fulfillment-Partner für Zahlungsabwicklung**
  Auch im Bereich Zahlungsabwicklung gibt es diverse Lösungsanbieter. Dazu gehören der klassische Rechnungsversand (z. B. via Payserv), die Abrechnung über Kreditkarte oder Postkarte (über Payment Clearing Gateways), die Zahlungsbestätigung per Handy (z. B. mit Paybox), das Inkasso an so genannten PickPoints oder speziellen Zahlungsplattformen wie Saferpay, die ihre eigene Software anbieten.

- **ERP-Anbieter als bestehende Informatikpartner**
  In den meisten Unternehmen wurden schon vor der Verbreitung des Internet im Back-Office-Bereich Computersysteme eingesetzt. Häufig waren dies ERP-Systeme (Enterprise Resource Planning), die von spezialisierten Informatikpartnern eingeführt wurden. Viele dieser ERP-Anbieter bieten heute spezielle Interneterweiterungen ihrer Software in der Form von E-Shops an (z. B. Abacus, Simultan, Navision oder mySAP).

- **Internetagentur**
  Mit den neuen Möglichkeiten, die das Internet bietet, entstanden neue Informatikunternehmen, die sich auf das Design von Webapplikationen spezialisierten – so genannte Internetagenturen. Zu ihren Spezialitäten gehört nicht mehr nur die reine Erstellung von Computerprogrammen, sondern das gesamte Design elektronischer Medien inklusive Strategiekonzept, Programmierung, Navigation, Interaktion oder rechtliche Aspekte.

KONTROLLFRAGEN		bear-beitet	Lösungs-hinweise	Lösung	
				+	-
01	Skizzieren Sie die Entwicklung des E-Business!		397		
02	Nennen Sie die Einsatzmöglichkeiten des E-Business!		397 ff.		
03	Beschreiben Sie die Inhalte von B2B und B2C!		397 f.		
04	Welche Unterstützung leisten die E-Business-Methoden für die Produktionswirtschaft?		398		
05	Nennen Sie Vorteile des E-Procurement!		398 f.		
06	Welche Formen des E-Procurement kennen Sie?		399 f.		
07	Beschreiben Sie, in welchen Phasen welche E-Procurement-Dienste die Beschaffung unterstützen!		400		
08	Durch welche Effekte werden Kosten und Fehlerrate durch E-Procurement verringert?		400		
09	Nennen sie eingesetzte elektronische Beschaffungssysteme!		400 f.		
10	Welche Prozesse werden durch rechnergestützte Logistik-Systeme unterstützt?		401		
11	Welche Rolle spielen Logistikdienstleister bei der Distribution?		402		
12	Wie hat sich der Einsatz der DV-Unterstützung im Produktionsbereich entwickelt?		403		
13	Welche Trends sind bei betriebswirtschaftlicher Software zu erkennen?		403		
14	Nennen Sie Methoden, die bei der Warenverteilung eingesetzt werden!		404		
15	Beschreiben Sie die Wirkungsweise des Vendor Managed Inventory (VMI)!		405		
16	Was wird unter dem Begriff „Collaborative Business" verstanden?		405 f.		
17	Welche Einsatzgebiete kennen Sie für C-Business?		406		
18	Welche Auswirkungen hat E-Commerce auf die Logistik?		407		
19	Wie können Probleme der physischen Distribution gelöst werden?		408		
20	Welche Trends bestehen für den Bereich der Logistik?		408		
21	Beschreiben Sie die Wirkungsweise von RFID!		409		
22	Erläutern Sie den Begriff „E-Fulfilment"!		409 f.		
23	Nennen Sie die Angebote von Logistikdienstleistern!		410 f.		
24	Welche Unterschiede bezüglich der Angebotspalette gibt es bei Logistikdienstleistungen?		411		

GESAMTLITERATURVERZEICHNIS

GESAMTLITERATURVERZEICHNIS

A. PRODUKTION ALS BETRIEBLICHE FUNKTION

Berndt, R./Cansier, A., Produktion und Absatz, 2. Aufl., Berlin, 2007
Bloech, J. et al., Einführung in die Produktion, 6. Aufl., Berlin, 2007
Blohm, H. et al., Produktionswirtschaft, 4. Aufl., Herne, 2008
Corsten, H./Gössinger, R., Einführung in das Supply Chain Management, 2. Aufl., München, 2007
Corsten, H., Produktionswirtschaft, 11. Aufl., München, 2007
Corsten, H., Übungsbuch zur Produktionswirtschaft, 3. Aufl., München 2007
Dyckhoff, H., Produktionstheorie, 5. Aufl., Berlin 2006
Dyckhoff, H./Ahn, H./Souren, R., Übungsbuch Produktionswirtschaft, 4. Aufl., Berlin 2004
Dyckhoff, H./Spengler, Th., Produktionswirtschaft, 2. Aufl., Berlin 2007
Ebel, B., Kompakt-Training Produktionswirtschaft, 2. Aufl., Ludwigshafen, 2008
Fandel, G. et al., Produktionsmanagement, Berlin, 2008
Fandel, G., Produktions- und Kostentheorie, 7. Aufl., Berlin, 2007
Günther, H. O./Tempelmeier, H., Produktion und Logistik, 7. Auflage, Berlin, 2007
Haasis, H. D., Produktions- und Logistikmanagement, Wiesbaden, 2008
Jammernegg, W./Grün, O., Grundzüge der Beschaffung, Produktion und Logistik, München, 2006
Minner, S., Produktion und Logistik, Berlin, 2009
Nebl, T., Produktionswirtschaft, 6. Auflage, München 2007
Nebl, T./Schröder, A. K., Übungsaufgaben zur Produktionswirtschaft, 2. Auflage, München 2008
Steven, M., Handbuch Produktion, Stuttgart, 2007
Thonemann, U., Operations Management, München, 2. Aufl., 2009
Vahrenkamp, R., Produktionsmanagement, 6. Aufl., München 2008
Wöhe, G./Döring, U., Einführung in die Allgemeine Betriebswirtschaftslehre, 23. Aufl., München, 2008

B. STRATEGISCHE GRUNDLAGEN

Arnold, D. et al., Handbuch Logistik, 3. Auflage, Berlin, 2008
Berndt, R./Cansier, A., Produktion und Absatz, 2. Aufl., Berlin, 2007
Bloech, J. et al., Einführung in die Produktion, 6. Aufl., Berlin, 2007
Blohm, H. et al., Produktionswirtschaft, 4. Aufl., Herne, 2008
Bohlmann, B./Krupp, Th. (Hrsg.), Strategisches Management für Logistikdienstleister, Hamburg, 2007
Bolstorff, P. et al., Spitzenleistungen im Supply Chain Management, Berlin, 2007
Corsten, H./Gössinger, R., Einführung in das Supply Chain Management, 2. Aufl., München, 2007
Corsten, H., Produktionswirtschaft, 11. Aufl., München, 2007
Dyckhoff, H., Produktionstheorie, 5. Aufl., Berlin 2006
Ebel, B., Kompakt-Training Produktionswirtschaft, 2. Aufl. Ludwigshafen 2008
Ehrmann, H., Kompakt-Training Balanced Scorecard, 4. Aufl., Ludwigshafen, 2007
European Foundation for Quality Management (EFQM), Excellence einführen, Brüssel, 2005
Fandel, G. et al., Produktionsmanagement, Berlin, 2008
Fandel, G., Produktions- und Kostentheorie, 7. Aufl., Berlin, 2007
Günther, H. O./Tempelmeier, H., Produktion und Logistik, 7. Auflage, Berlin, 2007

Haasis, H. D., Produktions- und Logistikmanagement, Wiesbaden, 2008

Hagemann, G., Methodenhandbuch Unternehmensentwicklung, Wiesbaden, 2009

Hammer, M./Champy, J., Business Reengineering, 7. Auflage, Frankfurt, 2003

Hansmann, K. W., Industrielles Management, 8. Aufl., München, 2006

Horváth & Partners (Hrsg.), Balanced Scorecard umsetzen, 4. Aufl., Stuttgart, 2007

Kamiske, G. F./Brauer, J. P., Qualitätsmanagement von A bis Z, 6. Auflage, München 2007

Kiener, S. et al., Produktions-Management, 8. Aufl., München, 2006

Kinkel, St./Zanker, Chr., Globale Produktionsstrategien in der Automobilzulieferindustrie, Berlin, 2007

Kostka, C./Kostka, S., Der Kontinuierliche Verbesserungsprozess, 4. Aufl., Berlin, 2008

Maleri, R./Frietzsche, U., Grundlagen der Dienstleistungsproduktion, Berlin, 5. Aufl., 2008

Minner, S., Produktion und Logistik, Berlin, 2009

Mössinger, M., Lean Sigma, Hamburg, 2006

Nebl, T., Produktionswirtschaft, 6. Auflage, München 2007

Pfeifer, W./Schmitt, R. (Hrsg.), Masing Handbuch Qualitätsmanagement, 5. Aufl., München 2007

Pfohl, H. Ch./Elbert, R., Supply Chain Management, Berlin, 2009

Rudolph, Th. et al., Kompetenzen für Supply Chain Manager, Berlin, 2007

Steven, M., Handbuch Produktion, Stuttgart, 2007

Syska, A., Produktionsmanagement, Wiesbaden, 2006

Thonemann, U., Operations Management, 2. Aufl., München, 2009

Töpfer, A. (Hrsg.), Six Sigma, 4. Aufl., Berlin, 2007

Vahrenkamp, R., Logistik, 6. Aufl. München, 2007

Vahrenkamp, R., Produktionsmanagement, 6. Aufl., München 2008

Wöhe, G./Döring, U., Einführung in die Allgemeine Betriebswirtschaftslehre, 23. Aufl., München, 2008

C. GESTALTUNG DER RAHMENBEDINGUNGEN

Albert, G., Betriebliche Personalwirtschaft, 9. Aufl., Ludwigshafen 2008

Albert, G./Tonnerre, D., Organisation und Unternehmensführung, Ludwigshafen, 2009

Bea, F. X./Göbel, E., Organisation, 3. Aufl., Stuttgat, 2006

Blohm, H. et al., Produktionswirtschaft, 4. Aufl., Herne, 2008

Boutellier, R. et al., Managing Global Innovation, 3. Aufl., Berlin, 2008

Corsten, H., Produktionswirtschaft, 11. Aufl., München, 2007

Ebel, B., Kompakt-Training Produktionswirtschaft, 2. Aufl., Ludwigshafen, 2008

Ehrlenspiel, K. u.a., Integrierte Produktentwicklung, 3. Aufl., München 2006

Fandel, G. et al., Produktionsmanagement, Berlin, 2008

Hauschildt, J./Salomo, S., Innovationsmanagement, 4. Aufl., München, 2007

Jodlbauer, H., Produktionsoptimierung, 2. Aufl., Wien, 2008

Jung, H., Personalwirtschaft, 8. Aufl., München 2008

Kuster, J. et al., Handbuch Projektmanagement, 2. Aufl., Berlin, 2008

Minner, S., Produktion und Logistik, Berlin, 2009

Müller-Prothmann, T./Dörr, N., Innovationsmanagement, Berlin, 2009

Nebl, T., Produktionswirtschaft, 6. Auflage, München 2007

Olfert, K., Kompakt Training Personalwirtschaft, 5. Aufl., Ludwigshafen 2008

Olfert, K., Personalwirtschaft, 13. Aufl., Ludwigshafen 2008

Steven, M., Handbuch Produktion, Stuttgart, 2007

D. Gestaltung der Prozesse

Becker, T., Prozesse in Produktion und Supply Chain optimieren, 2. Aufl., Berlin, 2008
Aier, St./Schönherr, M. (Hrsg.), Enterprise Application Integration, 2. Aufl., Berlin, 2007
Blohm, H. et al., Produktionswirtschaft, 4. Aufl., Herne, 2008
Corsten, H., Produktionswirtschaft, 11. Aufl., München, 2007
Ebel, B., Kompakt-Training Produktionswirtschaft, 2. Aufl., Ludwigshafen, 2008
Hartmann, E. H., TPM - Effiziente Instandhaltung und Maschinenmanagement, 3. Aufl., Heidelberg, 2007
Hofbauer, G. et al., Lieferantenmanagement, München, 2009
Jodlbauer, H., Produktionsoptimierung, 2. Aufl., Wien, 2008
Kühn, W., Digitale Fabrik, München, 2006
Martin, H., Transport- und Lagerlogistik, 7. Aufl., Wiesbaden, 2008
Nebl, T., Produktionswirtschaft, 6. Auflage, München 2007
Noé, M., Der effektive Projektmanager, Frankfurt, 2009
Overmeyer, L., Steuerungstechnik, Berlin, 2008
Reitz, A., Lean TPM, Landsberg, 2008
Schönsleben, P., Integrales Logistikmanagement, 5. Aufl., Berlin, 2007
Weber, W., Industrieroboter, 2. Aufl., München, 2009
Weck, M., Werkzeugmaschinen Band 1 – 5, Berlin

E. Produktionsprogrammplanung

Bellmann, K., Fallstudien zum Produktionsmanagement, 2. Aufl., Wiesbaden, 2008
Bloech, J. et al., Einführung in die Produktion, 6. Aufl., Berlin, 2007
Blohm, H. et al., Produktionswirtschaft, 4. Aufl., Herne, 2008
Corsten, H., Produktionswirtschaft, 11. Aufl., München, 2007
Ebel, B., Kompakt-Training Produktionswirtschaft, 2. Aufl. Ludwigshafen 2008
Fandel, G. et al., Produktionsmanagement, Berlin, 2008
Jodlbauer, H., Produktionsoptimierung, 2. Aufl., Wien, 2008
Kiener, S. et al., Produktions-Management, 8. Aufl., München 2006
Mählck, H., PPS-Management, 2. Aufl., Frankfurt, 2008
Minner, S., Produktion und Logistik, Berlin, 2009
Nebl, T., Produktionswirtschaft, 6. Auflage, München 2007
Nebl, T./Schröder, A. K., Übungsaufgaben zur Produktionswirtschaft, 2. Auflage, München 2008
Tempelmeier, H., Material-Logistik, 7. Aufl., Berlin, 2008
Vahrenkamp, R., Produktionsmanagement, 6. Aufl., München 2008

F. Produktionsplanung und -Steuerung

Arnold, B. (Hrsg.), Produktion, Materialwirtschaft und Qualitätsmanagement, Stuttgart, 2007
Arnolds, H. et al., Materialwirtschaft und Einkauf, 11. Aufl., Wiesbaden, 2009
Bellmann, K., Fallstudien zum Produktionsmanagement, 2. Aufl., Wiesbaden, 2008
Blohm, H. et al., Produktionswirtschaft, 4. Aufl., Herne, 2008
Corsten, H., Produktionswirtschaft, 11. Aufl., München, 2007
Dickersbach, J. et al., Produktionsplanung und -steuerung mit SAP, 2. Aufl., Bonn 2006
Ebel, B., Kompakt-Training Produktionswirtschaft, 2. Aufl. Ludwigshafen 2008
Hofbauer, G. et al., Lieferantenmanagement, München, 2009

Jammernegg, W./Grün, O., Grundzüge der Beschaffung, Produktion und Logistik, München, 2006

Jodlbauer, H., Produktionsoptimierung, 2. Aufl., Wien, 2008

Kiener, S. et al., Produktions-Management, 8. Aufl., München 2006

Kreuzpointner, A./Reisser, R., Praxishandbuch Beschaffungsmanagement, Wiesbaden, 2006

Mählck, H., PPS-Management, 2. Aufl., Frankfurt, 2008

Martin, H., Transport- und Lagerlogistik, 7. Aufl., Wiesbaden, 2008

Melzer-Ridinger, R., Materialwirtschaft und Einkauf, 5. Aufl., München, 2008

Minner, S., Produktion und Logistik, Berlin, 2009

Nebl, T., Produktionswirtschaft, 6. Auflage, München 2007

Nebl, T./Schröder, A. K., Übungsaufgaben zur Produktionswirtschaft, 2. Auflage, München 2008

Oeldorf, G./Olfert, K., Materialwirtschaft, 12. Aufl., Ludwigshafen 2008

Pawellek, G., Produktionslogistik, München, 2007

Schönsleben, P., Integrales Logistikmanagement, 5. Aufl., Berlin, 2007

Schuh, G. (Hrsg.), Produktionsplanung und -steuerung, 3. Aufl., Berlin, 2006

Tempelmeier, H., Material-Logistik, 7. Aufl., Berlin, 2008

Wannenwetsch, H., Integrierte Materialwirtschaft und Logistik, 3. Aufl., Berlin, 2006

Zelewski, St. Er al, Produktionsplanungs- und Steuerungssysteme, München, 2008

G. INTEGRIERTE SYSTEME

Arnold, B. (Hrsg.), Produktion, Materialwirtschaft und Qualitätsmanagement, Stuttgart, 2007

Becker, T., Prozesse in Produktion und Supply Chain optimieren, 2. Aufl., Berlin, 2008

Berndt, R./Cansier, A., Produktion und Absatz, 2. Aufl., Berlin, 2007

Ebel, B., Kompakt-Training Produktionswirtschaft, 2. Aufl., Ludwigshafen, 2008

Ehrmann, H., Kompakt-Training Balanced Scorecard, 4. Aufl., Ludwigshafen, 2007

Haasis, H. D., Produktions- und Logistikmanagement, Wiesbaden, 2008

Jodlbauer, H., Produktionsoptimierung, 2. Aufl., Wien, 2008

Kluge, T., Die integrierte Unternehmensplanung mit SAP/R3, Hamburg, 2008

Körsgen, F., SAP® R/3® Arbeitsbuch, 2. Aufl., Berlin, 2008

Marx Gómez, J. et al., Einführung in SAP Business Information Warehouse, Berlin, 2006

Melzer-Ridinger, R., Supply Chain Management, München, 2007

Mertens, P., Integrierte Informationsverarbeitung, 16. Aufl., Wiesbaden, 2007

Wannenwetsch, H., Integrierte Materialwirtschaft und Logistik, 3. Aufl., Berlin, 2006

H. LOGISTIK

Arnold, B. (Hrsg.), Produktion, Materialwirtschaft und Qualitätsmanagement, Stuttgart, 2007

Becker, T., Prozesse in Produktion und Supply Chain optimieren, 2. Aufl., Berlin, 2008

Berndt, R./Cansier, A., Produktion und Absatz, 2. Aufl., Berlin, 2007

Ebel, B., Kompakt-Training Produktionswirtschaft, 2. Aufl., Ludwigshafen, 2008

Ehrmann, H., Kompakt-Training Balanced Scorecard, 4. Aufl., Ludwigshafen, 2007

Haasis, H. D., Produktions- und Logistikmanagement, Wiesbaden, 2008

Jodlbauer, H., Produktionsoptimierung, 2. Aufl., Wien, 2008

Kluge, T., Die integrierte Unternehmensplanung mit SAP/R3, Hamburg, 2008

Körsgen, F., SAP® R/3® Arbeitsbuch, 2. Aufl., Berlin, 2008

Marx Gómez, J. et al., Einführung in SAP Business Information Warehouse, Berlin, 2006

Melzer-Ridinger, R., Supply Chain Management, München, 2007

Mertens, P., Integrierte Informationsverarbeitung, 16. Aufl., Wiesbaden, 2007
Wannenwetsch, H., Integrierte Materialwirtschaft und Logistik, 3. Aufl., Berlin, 2006

I. SUPPLY CHAIN MANAGEMENT

Arndt, H., Supply Chain Management, 4. Auflage, Stuttgart, 2008
Albert, Ch., Unternehmensübergreifendes Supply Chain Management, Feldkirchen, 2009
Amann, M. et al., Risikomanagement in Supply Chains, Berlin, 2007
Arnold, D. et al., Handbuch Logistik, 3. Auflage, Berlin, 2008
Becker, T., Prozesse in Produktion und Supply Chain optimieren, 2. Aufl., Berlin, 2008
Bohlmann, B./Krupp, Th. (Hrsg.), Strategisches Management für Logistikdienstleister, Hamburg, 2007
Bolstorff, P. et al., Spitzenleistungen im Supply Chain Management, Berlin, 2007
Bretzke, W.-R., Logistische Netzwerke, Berlin, 2008
Corsten, H./Gössinger, R., Einführung in das Supply Chain Management, 2. Aufl., München, 2007
Ebel, B., Kompakt-Training E-Business, Ludwigshafen, 2007
Ebel, B., Kompakt-Training Produktionswirtschaft, 2. Aufl., Ludwigshafen, 2008
Ehrmann, H., Kompakt-Training Logistik, 4. Aufl., Ludwigshafen, 2008
Ehrmann, H., Logistik, 6. Aufl., Ludwigshafen, 2008
Fandel, G. et al., Produktionsmanagement, Berlin, 2008
Gleissner, H, Femerling, J., Logistik, Wiesbaden, 2007
Göpfert, I., Logistik der Zukunft, Wiesbaden, 2008
Günther, H. O./Tempelmeier, H., Produktion und Logistik, 7. Auflage, Berlin, 2007
Haasis, H. D., Produktions- und Logistikmanagement, Wiesbaden, 2008
Heidtmann, V., Organisation von Supply Chain Management, Wiesbaden, 2008
Hofbauer, G. et al., Lieferantenmanagement, München, 2009
Jetzke, S., Grundlagen der modernen Logistik, München, 2007
Kernler, H., Logistiknetze, Heidelberg, 2007
Klaus, P. et al., Steuerung von Supply Chains, Wiesbaden, 2007
Kohler, K., Global Supply Chain Design, Estenfeld, 2008
Meier, A./Stormer, H., eBusiness & eCommerce, 2. Aufl., Berlin, 2008
Melzer-Ridinger, R., Supply Chain Management, München, 2007
Pfohl, H. Ch./Elbert, R., Supply Chain Management, Berlin, 2009
Piontek, J., Bausteine des Logistikmanagements, 2. Aufl., Herne, 2007
Rudolph, Th. et al., Kompetenzen für Supply Chain Manager, Berlin, 2007
Schieck, A., Internationale Logistik, München, 2008
Schönsleben, P., Integrales Logistikmanagement, 5. Aufl., Berlin, 2007
Stadtler, H./Kilger, Chr., Supply Chain Management and Advanced Planning, 4. Aufl., Berlin, 2007
Straube, F. et al., Global Logistics, Hamburg, 2008
Syska, A., Produktionsmanagement, Wiesbaden, 2006
Thaler, K., Supply Chain Management, 5. Aufl., Troisdorf, 2007
Thonemann, U., Operations Management, München, 2. Aufl., 2009
Vahrenkamp, R./Mattfeld, D. C., Logistiknetzwerke, Wiesbaden, 2007
Völker, R./Neu, J., Supply Chain Collaboration, Heidelberg, 2008
Wannenwetsch, H., Vernetztes Supply Chain Management, Berlin, 2005
Werner, H., Supply Chain Management, 3. Aufl., Wiesbaden, 2007
Zadek, H. et al., Supply Chain Steuerung und Services, Berlin, 2004

J. INTERNATIONALISIERUNG

Abele, E. et al., Global Production, Berlin, 2007

BearingPoint (Hrsg.), Management globaler Wertschöpfungsketten, Lohmar, 2008

Bretzke, W.-R., Logistische Netzwerke, Berlin, 2008

Czech-Winkelmann, S. et al., Handbuch International Business, Berlin, 2008

Dülfer, E./Jöstingmeier, B., Internationales Management in unterschiedlichen Kulturbereichen, 7. Aufl., München, 2008

Ebel, B., Kompakt-Training Produktionswirtschaft, 2. Aufl. Ludwigshafen 2008

Ehrmann, H., Logistik, 6. Aufl., Ludwigshafen, 2008

Fuchs, M./Apfelthaler, G., Management internationaler Geschäftstätigkeit, 2. Aufl., Wien, 2008

Göpfert, I., Internationale Logistik, Wiesbaden, 2008

Göpfert, I., Logistik der Zukunft, Wiesbaden, 2008

Kinkel, S./Zanker, Chr., Globale Produktionsstrategien in der Automobilindustrie, Berlin, 2007

Kohler, K., Global Supply Chain Design, Estenfeld, 2008

Kutschker, M./Schmid, S., Internationales Management, 6. Aufl., München, 2008

Schieck, A., Internationale Logistik, München, 2008

Schmid, S., Strategien der Internationalisierung, 2. Aufl., München, 2007

Schneider, U./Hirt, Ch., Multikulturelles Management, München, 2007

Söllner, A., Einführung in das Internationale Management, Wiesbaden, 2007

Straube, F. et al., Global Logistics, Hamburg, 2008

Vahrenkamp, R./Mattfeld, D. C., Logistiknetzwerke, Wiesbaden, 2007

K. E-BUSINESS-ANWENDUNGEN

Brenner, W./Wenger, R. (Hrsg.), Elektronische Beschaffung, Berlin, 2007

Dickersbach, J. et al., Produktionsplanung und -steuerung mit SAP, 2. Aufl., Bonn 2006

Ebel, B., Kompakt-Training E-Business, Ludwigshafen, 2007

Ebel, B., Kompakt-Training Produktionswirtschaft, 2. Aufl., Ludwigshafen, 2008

Göpfert, I., Logistik der Zukunft, Wiesbaden, 2008

Klaus, P. et al., Steuerung von Supply Chains, Wiesbaden, 2007

Körsgen, F., SAP® R/3® Arbeitsbuch, 2. Aufl., Berlin, 2008

Meier, A./Stormer, H., eBusiness & eCommerce, 2. Aufl., Berlin, 2008

Piontek, J., Bausteine des Logistikmanagements, 2. Aufl., Herne, 2007

Schubert, P. et al., E-Business-Integration, München, 2003

Schubert, P. et al., Procurement im E-Business, München, 2002

Stadtler, H./Kilger, Chr., Supply Chain Management and Advanced Planning, 4. Aufl., Berlin, 2007

Stoll, P., E-Procurement, Wiesbaden, 2007

Straube, F., e-Logistik, Berlin, 2004

Völker, R./Neu, J., Supply Chain Collaboration, Heidelberg, 2008

Wannenwetsch, H., Vernetztes Supply Chain Management, Berlin, 2005

Wirtz, B. W., Electronic Business, 3. Aufl., Wiesbaden, 2009

ÜBUNGSTEIL

AUFGABEN/FÄLLE

1: Aspekte der Umwelt

Nennen Sie zu den Aspekten, die Unternehmen bei der Ausgestaltung der Produktionsinfrastruktur berücksichtigen müssen, einige konkrete Randbedingungen und beispielhafte Geschäftsprozesse!

2: Optimale Wertschöpfug

Welche Komponenten sind Bestandteil der Wertschöpfung und welche Überlegungen führen zu einer optimalen Wertschöpfung für das Unternehmen?

3: Wertschöpfungsprozesse

Benennen Sie in einem Produktionssystem die Größen Input, Output, Infrastruktur und Wertschöpfungsprozesse für die Produktionsarten „Schreinerei", „Friseur" und „Versicherungsmakler"!

4: Systematisierung von Informationssystemen

Nennen Sie weitere Gliederungsmöglichkeiten für die verschiedenen Arten der Informationssysteme!

5: Unterteilung von Prozessen

Überlegen Sie, welche Teilprozesse zum Führungsprozess gehören und wie eine weitere Unterteilung aussehen kann!

6: Service-Blueprinting

Speziell für den Einsatz im Dienstleistungsbereich haben sich bestimmte Werkzeuge und Methoden bewährt. Eine davon ist das Service-Blueprinting. Dabei werden in einem Ablaufdiagramm alle Kontakte zwischen Kunde und Unternehmen visualisiert und eine Wahrnehmbarkeitslinie eingezeichnet, die die für den Kunden sichtbaren Prozessteile deutlich macht. Erstellen Sie für das Beispiel eines Restaurantbesuches ein solches Diagramm!

7: Prinzipiendreieck

In der Betriebswirtschaft spricht man von dem magischen Dreieck der Prinzipien

• Ökonomie
• Humanität
• Umweltschonung.

(1) Welche Folgen können sich bei einer Überbetonung des Humanitätsprinzips ergeben?

(2) Welche Folgen entstehen bei Überbetonung des Prinzips der Umweltschonung?

(3) Erläutern Sie die denkbaren Folgen der Überbetonung des Wirtschaftlichkeitsprinzips!

8: Unternehmensstrategie

Skizzieren Sie die einzelnen Schritte zur Definition und Weiterentwicklung einer Unternehmensstrategie in einer grafischen Darstellung!

9: Fahrradproduktion

Umreißen Sie anhand der Entscheidung, eine Produktion für Fahrräder aufzunehmen, welche Aktivitäten in der Programmplanung durchzuführen sind, unterteilt in strategische, taktische und operative Programmplanung.

10: 5A-Methode

Nennen Sie zu jedem der 5A-Schritte Beispiele von durchzuführenden Aktivitäten am Arbeitsplatz!

11: Fehlerentstehung und Fehlerkosten

Überlegen Sie, zu welchen Zeitpunkten des Lebenszyklus Fehler vermehrt entdeckt werden und zu welchem Zeitpunkt diese Fehler ursächlich entstanden sind!

12: Kriterien EFQM

Nach dem Kriterienmodell der EFQM können Unternehmen an einem Wettbewerb teilnehmen, in dem ein Expertengremium die Leistungsfähigkeit der Organisation anhand eines Punkteschemas einschätzt. Zuvor aber ist das Unternehmen aufgefordert, sich in Form einer Selbstbewertung in Bezug auf die Erfüllung der Kriterien einzuschätzen.

Welche Vorteile verspricht man sich durch diese Vorgehensweise?

13: Six Sigma

In der ersten Phase des Six Sigma-Prozesses wurde folgende Definition festgelegt:

Situation	Ein Produkt wird auf einer Produktionslinie gefertigt. Die Fehlerrate dieses Produktes lag im vergangenen Quartal bei 115.000 ppm.
Ziel	Senken der Fehlerrate auf unter 5.000 ppm innerhalb von sechs Monaten
Messgröße	Fehler am Produkt gemäß Definition in der Prüfanweisung, gemessen in ppm

Entwickeln Sie die weiteren Schritte in DMAIC-Zyklus!

14: Lean, TQM und BPR

Die Methoden Lean, TQM und BPR haben viele Gemeinsamkeiten. Allerdings bestehen auch Unterschiede im jeweiligen Schwerpunkt und in der Möglichkeit des Einsatzes.

Skizzieren Sie die wesentlichen Gemeinsamkeiten und Unterschiede der drei Methoden!

15: Mass Customization

Welche Realisierungsvarianten können bezüglich der Ausgestaltung im Mass Customization auftreten?

Neben den bekannten Anwendungen des Mass Customization in der Sachgüterproduktion wie Autos, PC und Laptops hält diese Vorgehensweise auch im Konsumgüterbereich Einzug.

Überlegen Sie, welche Produkte es bereits für den Endverbraucher zu kaufen gibt, die nach dem Prinzip des Mass Customization geplant werden.

16: Lebenszyklus

Überlegen Sie, in welchen Phasen des Lebenszyklus die Produkte 1, 2 und 3 sich wahrscheinlich befinden, indem Sie die folgenden Aussagen interpretieren!

Produkt 1	Jahres-umsatz	Stück-preis	Deckungs-beitrag	Lager-bestände
Veränderung gegen Vorjahr	2 %	– 3 %	3 %	13 %
durchschnittliche Veränderung über 3 Jahre inflationsbedingt	15 %	5 %	14 %	– 8 %

Produkt 2	Jahres-umsatz	Stück-preis	Deckungs-beitrag	Lager-bestände
Veränderung gegen Vorjahr	50 %	7 %	85 %	– 25 %
durchschnittliche Veränderung über 3 Jahre inflationsbedingt	25 %	3 %	30 %	3 %

Produkt 3	Jahres-umsatz	Stück-preis	Deckungs-beitrag	Lager-bestände
Veränderung gegen Vorjahr	– 35 %	– 20 %	– 50 %	110 %
durchschnittliche Veränderung über 3 Jahre inflationsbedingt	– 25 %	– 10 %	– 15 %	25 %

17: Burger-Prozesse

Die Produktionsphilosophie zweier Burger-Ketten unterscheidet sich in der Art der Zubereitung für den Endkunden. Bei McDonalds werden die Burger vorgefertigt und zwischengelagert während bei Burger King erst bei der Bestellung die einzelnen Bestandteile zusammengestellt werden.

Nennen Sie die jeweilige Begründung für die Vorgehensweise!

18: Arbeitskreise

Eine weitere Form der Bearbeitung von Sonderaufgaben stellen Arbeitskreise (z. B. Qualitätszirkel oder Problemlösungsgruppen) dar. Dabei werden bereichsübergreifend Mitarbeiter mit der Erarbeitung von Vorschlägen und zur Vorbereitung von Entscheidungen beauftragt.

Durch welche Merkmale unterscheiden sich diese Arbeitskreise von der Linien- bzw. Stablinienorganisation?

19: Matrixorganisation

(1) Welche Vor- und Nachteile können Sie sich bei einer Matrix-Organisation vorstellen?

(2) Welche vorbeugenden Maßnahmen zur Konfliktminimierung könnten Sie empfehlen?

20: Organisationsformen

Ein Unternehmen importiert und vertreibt Spirituosen und Zigarren durch Reisende, die jeweils für eine Produktgruppe verantwortlich sind. Es finden sich folgende Funktionen in dem Unternehmen:

- Einkauf
- Lager
- Marktforschung
- Organisation
- Personal
- Rechnungswesen
- Verkauf
- Verkaufsförderung
- Warenprüfung.

(1) Entwerfen Sie ein Organigramm in Form einer Linienorganisation, in dem die Funktionen drei Bereichsleitern zugeordnet werden.

(2) Organisation und Marktforschung sollen als Stabsfunktionen ausgebildet werden. Wie sieht das Organigramm jetzt aus?

(3) Es wird ein Verbesserungsprojekt „Versand" initiiert, für das ein Projektmanager zuständig ist. Zeichnen Sie in das Linienorganigramm die erweiterte Organisationsform ein.

(4) Die beiden Produktbereiche sollen als Profitcenter geführt werden. Gemeinsam genutzte Funktionen sollen in Form einer Matrixorganisation dargestellt werden.

21: Ausgestaltung der Arbeitsplätze

Ausgehend vom jeweiligen Produktionstyp kann man verschiedene Aussagen treffen bezüglich der Ausgestaltung der Arbeitsplätze mit folgenden Merkmalen:

- Grad der Arbeitsteilung
- Grad der Handlungsautonomie
- Job Rotation
- Job Enlargement
- Job Enrichment
- Autonome Gruppen.

Geben Sie für die Produktionstypen

• Auftragsorientierte Einzelfertigung
• Gemischte Serienfertigung
• Marktorientierte Massenfertigung

jeweils an, ob die Merkmale hoch oder niedrig ausgeprägt sind bzw. ob die Erweiterung der Arbeitsaufgaben möglich oder nicht möglich ist.

22: Flexibilitätsgründe

(1) Wie erklären Sie sich die Entwicklung, dass die Einheit von Person und Arbeitsstelle zunehmend an Bedeutung verliert?

(2) Welche Konsequenzen ergeben sich daraus für die Personalpolitik?

23: Herzberg/Motivation

Herzberg hat zwei Arten von Einflussfaktoren auf die Motivation unterschieden: Motivatoren (satisfiers) und Hygienefaktoren (dissatifiers).

Welche Randbedingungen führen jeweils zu welchen Faktoren?

24: Unterschied BVW und KVP

Sowohl der kontinuierliche Verbesserungsprozess als auch das betriebliche Vorschlagswesen zielen auf nachhaltige Verbesserungen. Trotzdem unterscheiden sich die Methoden in der Anwendung.

Skizzieren Sie die Besonderheiten der beiden Methoden!

25: Verbesserungsprozess

Welche Fragestellungen können Sie sich vorstellen, die mit möglichen Problemen direkt am Arbeitsplatz zusammenhängen?

26: Benchmarking

Um als Vergleich mit den Besten ein Benchmarking durchzuführen, sollte ein entsprechender Projektplan erstellt werden.

(1) Skizzieren Sie die Schritte eines solchen Plans!

(2) Wie kann man den geeigneten Benchmarking-Partner finden?

(3) Welche Fragestellung besteht während der Analysephase?

27: Maschinenarten

Welche Arten von Arbeitsmaschinen sind Ihnen bekannt?

Nennen Sie die typischen Bearbeitungsvorgänge und jeweils Beispiele für in der Praxis eingesetzte Maschinen!

28: Maschinenkonzepte

Bei der Neugestaltung einer Produktionseinheit ist zu überlegen, welche der möglichen Anlagen und welcher Automatisierungsgrad angebracht ist.

(1) Welche Anforderungen und Randbedingungen sind bei der Planung eines geeigneten Maschinenkonzeptes zu berücksichtigen?

(2) Zeichnen Sie in einer Portfoliomatrix zwei der wichtigen Parameter ein und skizzieren Sie, in welchen Bereichen die jeweiligen Maschinenkonzepte optimal einsetzbar sind!

29: Optimum der Instandhaltung

Die richtige Wahl des Instandhaltungsaufwands ist eine wichtige Entscheidung, die sowohl von der Kostenseite als auch von dem anzustrebenden Qualitätsniveau beeinflusst wird.

(1) Skizzieren Sie den Kostenverlauf der Wartungs- und Instandhaltungskosten über die Intensität der Wartung!

(2) Wie ermitteln Sie den optimalen Instandhaltungsaufwand?

30: Anordnungstypen

Im Rahmen der Fließfertigung werden Stationen häufig in Form eines U angeordnet. Welche Vorteile verspricht man sich davon?

31: PKW-Dienstleistungen

Selbst bei der Leistung innerhalb einer Produktart sind die Anteile der Dienstleistung unterschiedlich hoch.

Skizzieren Sie für den Bereich Privat-PKW unterschiedliche Leistungen, die man in Anspruch nehmen kann, und ordnen Sie diese nach deren Dienstleistungsanteil!

32: Auftrag Hocker

Skizzieren Sie die benötigten Unterlagen für einen Auftrag über 100 Hocker mit 4 Beinen und einer Sitzfläche!

33: Fristigkeiten in der Planung

Stellen Sie anhand des Beispiels einer Produktion von Webstoffen mögliche Überlegungen zur strategischen, taktischen und operativen Planung an.

34: Nachfrageverlauf

Zur Programmplanung ist es wichtig, den ungefähren Bedarfsverlauf für die Produkte oder Leistungen zu kennen. Je nach Branche finden sich charakteristische Ausprägungen.

Skizzieren Sie den Verlauf der im Text angegebenen typischen Nachfragearten und nennen Sie Branchen, für die die jeweiligen Verläufe typisch sind!

35: Qualitative Prognoseverfahren

Häufig möchte man die zukünftige Entwicklung besser einschätzen können, indem bestimmte Informationen durch Befragungen gesammelt, verdichtet und ausgewertet werden, um daraus eine höhere Prognosegenauigkeit zu erhalten.

Nennen Sie Beispiele für eine sinnvolle Anwendung der vier genannten qualitativen Prognoseverfahren!

36: Losgrößenplanung

Ein Unternehmen benötigt für ein Geschäftsjahr voraussichtlich 12.000 Einheiten eines Produktes. Die Herstellkosten ohne Rüstkosten (auftragsproportionale Kosten) betragen 4 €/Einheit. Die Rüstkosten für eine Produktionscharge betragen 40 € (auftragsfixe Kosten), der Lagerkostensatz wird mit 20 % des durchschnittlichen Lagerbestandes angesetzt.

Berechnen Sie anhand der Andlerschen Losgrößenformel die optimale

Fertigungslosgröße $L_{opt.}$ $\sqrt{\dfrac{200 \cdot M \cdot K_R}{H \cdot L_{HS}}} =$

Dabei bedeuten:

M = Jahresbedarfsmenge
K_R = Rüstkosten je Auftrag
H = variable Herstellkosten pro Mengeneinheit
L_{HS} = Lagerhaltungskostensatz in Prozent

37: Erzeugniskalkulation

Eine Schreinerei fertigt für einen Kunden eine Wohnungseinrichtung. Die einzelnen Kosten betragen:

• Fertigungsmaterial 1.780 €
• Löhne Sägerei   280 €
• Löhne Beschläge   150 €
• Löhne Montage   350 €

Als Sondereinzelkosten entstehen für die Konstruktion 200 € und für Verpackungsmaterial und Fracht 400 €.

Die Gemeinkostenzuschläge errechnen sich aus dem BAB wie folgt:

• Material   60 %
• Sägerei   150 %
• Beschläge   220 %
• Montage   120 %
• Verwaltung   10 %
• Vertrieb   9 %

Der Gewinnaufschlag beträgt 30 % auf die Selbstkosten.

(1) Erstellen Sie eine Erzeugnisvorkalkulation unter Berücksichtigung einer Skontogewährung von 3 %!

(2) Wie entwickelt sich der Gewinn absolut und prozentual bei einem weiteren Rabatt von 10 %?

(3) Wie lautet die zu Grunde liegende Kalkulationsmethode?

(4) Wie hoch ist der Deckungsbeitrag nach der Fertigung?

38: Programminhalte

Im Einzelhandel haben sich unterschiedliche Formen der Sortimentspräsentation herausgebildet: Warenhäuser, Fachhandelsgeschäfte und Discounter.

Beschreiben Sie, welche Kundenwünsche bei einem Einkauf von Bedeutung sind und in welchem Maße die unterschiedlichen Sortimente diese Wünsche berücksichtigen!

39: Maschinenbelegung

Ein Produktionssegment ist nach dem Werkstattprinzip organisiert und umfasst die Maschinen M1, M2 und M3. Es sind vier Aufträge A, B, C und D so einzuplanen, dass eine möglichst hohe Maschinenbelegung ermöglicht wird. Die vorgegebene Bearbeitungsreihenfolge und die jeweilige Bearbeitungszeit sind:

Auftrag	Maschinenfolge
A	M1 = M3 = M2
B	M1 = M2 = M3
C	M2 = M1 = M3
D	M2 = M3 = M1

Auftrag	M1	M2	M3
A	1	6	2
B	3	3	6
C	6	2	4
D	2	1	1

(1) Planen Sie die Aufträge so ein, dass die mit der kürzesten Bearbeitungszeit Priorität haben und erstellen Sie dazu eine Grafik.

(2) Bestimmen Sie die Wartezeiten für jeden Auftrag und die Leerzeiten jeder Maschine.

40: Sicherheitsbestand

Es lässt sich keine allgemein gültige Regel für die Höhe eines Sicherheitsbestands angeben. Die optimale Höhe der Sicherheitsbestände variiert und hängt von der Produktart und den Beschaffungskonditionen ab.

Nennen Sie mögliche Faktoren und die daraus resultierende Strategie zur Festlegung des Sicherheitsbestands.

41: Effektive Kapazität

Für den Arbeitsplatz 100, der einschichtig zu 8 Stunden genutzt wird, ergeben sich in der Woche mit den Fabrikkalendertagen 364 bis 369 folgende Vorgänge:

Fabriktag	Anpassungserfordernis	Umfang in Stunden
364	Überstunden	2
365	Betriebsversammlung	2
366	Überstunden	1
367	Arztbesuch	2
368	Maschinenreinigung	3
369	Überstunden	1

Skizzieren Sie für diese Woche die effektive Kapazität.

42: Engpassplanung

Sie müssen für einen Engpassbereich entscheiden, welche Aufträge eingeplant werden sollen, bis die Kapazitätsgrenze erreicht wird. Gehen Sie nach dem Prinzip vor, dass zunächst die Aufträge zu bearbeiten sind, die den höchsten Deckungsbeitrag liefern.

(1) In welcher Reihenfolge werden die Aufträge ausgeführt und welche Produktionsmengen ergeben sich bis die Kapazitätsgrenze erreicht ist?

Die Kapazität der Engpassmaschine beträgt 1000 Zeiteinheiten. Die zu untersuchenden Aufträge sind wie folgt bestimmt:

Auftrag	Deckungsbeitrag pro Stück	verbrauchte Zeiteinheiten pro Stück	Auftragsgröße
1	6	1	300
2	10	5	50
3	15	3	150
4	6	2	100
5	8	2	50

(2) Wie groß ist der maximale Deckungsbeitrag, den man bei Erreichen der Kapazitätsgrenze erwirtschaften kann?

43: Kapazitätsanpassung

Bei einer Normalkapazität von 8 Stunden und einer wartungsbedingten Reduzierung auf 7 Stunden an den Plantagen 369, 370 und 371 beträgt der aktuelle Kapazitätsbedarf pro Arbeitstag:

Tag	361	362	363	364	365	366	367	368	369	370	371
Bedarf	5	4	6	6	9	10	8	9	7	6	6

Skizzieren Sie den Kapazitätsverlauf und machen Sie Vorschläge zur Belastungsanpassung.

44: Advanced Planning System

Die Planungsaufgaben innerhalb eines APS können in langfristige, mittelfristige und kurzfristige Module aufgeteilt werden. Skizzieren sie die Zusammenhänge der oben aufgeführten Module, indem Sie diese den entsprechenden Ebenen zuordnen.

45: Data Mining

Bei Vorliegen einer großen Anzahl erhobener Daten ist es von Interesse, daraus innerhalb einer gezielten Fragestellung die relevanten Informationen zu extrahieren. Dabei bietet es sich an, den Datenbestand nach bestimmten Regeln zu durchforsten und zu analysieren.

Nennen Sie praktisch anwendbare Analysemethoden!

46: Sourcing-Strategien

Bei der Entscheidung für eine Sourcing-Strategie sind verschiedene Aspekte zu berücksichtigen.

Nennen Sie wesentliche Punkte, die als Vor- bzw. Nachteile der einzelnen Strategien anzusehen sind!

47: Lieferantenbewertung

Die langfristige Zuverlässigkeit der Lieferanten spielt eine immer wichtigere Rolle in den Geschäftsbeziehungen. Der Preis alleine entscheidet nicht mehr über die Wahl des Lieferanten. Es sind eine Reihe von Faktoren zu berücksichtigen, die für den Kunden und seine erfolgreiche Marktteilnahme wichtig sind. Deshalb nutzt man Bewertungskriterien zur Einschätzung der Lieferantenfähigkeit.

Überlegen Sie, wie eine Checkliste zur Lieferantenbewertung für einen Zulieferer der Automobilindustrie aussehen kann!

48: Outsourcing: Chancen und Risiken

Die Entscheidung für Eigenfertigung oder Fremdbezug muss in das strategische Konzept des Unternehmens passen. Deshalb ist immer eine sorgfältige Abwägung notwendig.

Nennen Sie mögliche Vorteile einer Eigenfertigung (make) und einer Fremdfertigung (buy)!

Welche Chancen und Risiken kann Outsourcing beinhalten?

49: Vor- und Nachteil von Beständen

Bestände ermöglichen einen reibungslosen Produktionsprozess, können aber auch nachteilig wirken. Deshalb soll ein optimaler Bestand angestrebt werden.

Nennen Sie wesentliche Vor- und Nachteile von Beständen!

50: Planungs- und Steuerungskonzepte

Beurteilen Sie die Eignung der Planungs- und Steuerungskonzepte

- MRP II
- Fortschrittszahlen
- Kanban
- Belastungsorientierte Auftragsfreigabe

in Abhängigkeit von den drei Produktionssystemen

- Auftragsorientierte Einzelfertigung
- Gemischte Serienfertigung
- Marktorientierte Massenfertigung.

51: Nutzwertanalyse

(1) Ein Unternehmen plant, einen zweiten Standort zu errichten. Die in der Tabelle genannten Kriterien sollen zur Auswahl dienen. Eine interdisziplinär zusammengesetzte Gruppe hat die Kriterien gewichtet und die Standortbewertung vorgenommen.

Welcher Standort erhält nach Anwendung der Nutzwertanalyse die höchste Bewertung?

Kriterium	Gewicht	Bewertung für den Standort (1 = schlecht ... 5 = sehr gut)		
		A	B	C
Arbeitsmarkt	0,3	4	3	2
Nähe zum Markt	0,2	3	2	4
Lebensqualität	0,1	4	2	5
Steuerliche Last	0,4	2	5	3

(2) Berechnen Sie alternativ, wenn die Gewichtung der Kriterien 2 und 4 gegeneinander getauscht werden. Welche Schlussfolgerung ziehen Sie aus dem Ergebnis?

52: Infofluss in der Supply Chain

Zwischen den beteiligten Partnern finden neben den Warenströmen auch der Austausch von Informationen sowie der Finanzfluss als Gegenwert für die Produkte statt. Skizzieren Sie eine Supply Chain mit Angabe der Produkt-, Informations- und Finanzströme.

Welche Herausforderungen sollen mit einem solchen Konzept erfüllt werden?

53: Supply Chain-Design

Nennen sie für die vier Branchenbeispiele jeweils die daraus entstehenden Konsequenzen für die Planungsvorgänge: Automobilindustrie, Chemie- und Pharmaindustrie, Elektroindustrie, Konsumgüterindustrie.

54: Wirtschaftliches QM

Welche wirtschaftlichen Vorteile sind durch die Analyse qualitätsbezogener Kosten und daraus abgeleiteter Maßnahmen in Unternehmen zu erwarten?

Nennen Sie Effekte, die entweder zur Gewinnsteigerung oder zu Kostenreduzierungen führen!

55: Nichtmonetäre Kennzahlen

Aufgrund der Tatsache, dass in traditionellen Kostenrechnungssystemen hauptsächlich die harten Kennwerte ermittelt werden, vernachlässigen viele Unternehmen die mindestens genau so wichtigen weichen Faktoren. Da deren Ermittlung schwieriger ist, wird häufig leider ganz darauf verzichtet.

Welche nichtmonetären Kennwerte können zur Beurteilung der Leistungsfähigkeit eines Unternehmens dienen?

56: Zielhierarchie

Die Strategie eines Unternehmens wird von der Unternehmensleitung festgelegt und innerhalb des Unternehmens in alle Ebenen heruntergebrochen. Durch die Operationalisierung der Ziele von Politik und Strategie in den einzelnen Bereichen finden sich diese in den Prozessen aller Ebenen wieder.

Skizzieren Sie, wie die Durchdringung von Politik und Strategie im Unternehmen sichergestellt wird und in konkrete Maßnahmen umgesetzt werden kann.

57: Vergleich BSC und TQM

Beim Vergleich der Management-Methoden Balanced Scorecard und Total Quality Management ergeben sich zwar viele Überschneidungen, die Zielsetzungen und Kernthesen lassen sich aber differenziert beschreiben.

Nennen Sie für diese beiden Methoden die wichtigsten Aspekte!

58: Zentrale/dezentrale Beschaffung

Innerhalb der Unternehmen muss eine Festlegung getroffen werden, welche Art der Beschaffung für welche Materialgruppen sinnvoll ist. Dazu sind positive und negative Wirkungen gegeneinander abzuwägen.

Nennen Sie jeweils die Vor- und Nachteile von zentraler und dezentraler Beschaffung!

59: MRO-Produkte

Bei bestimmten Artikeln kann der Beschaffungsaufwand stark reduziert werden, indem vereinfachte Verfahren zum Einsatz kommen.

Nennen Sie Beispiele für typische MRO-Produkte in den Bereichen Produktion und Dienstleistung!

60: Virtuelles Unternehmen

Ein Spielwarenunternehmen hat ein Maskottchen für eine WM entwickeln lassen und lässt die
Produktion in Hongkong durchführen. Der Vertrieb erfolgt über selbstständige Vertriebspartner.

Erläutern Sie, welche Voraussetzungen für das Funktionieren solcher virtueller Unternehmen notwendig sind und wie ein konkreter Auftrag abgewickelt wird!

LÖSUNGEN

1: Aspekte der Umwelt

Bei der Ausgestaltung der Geschäftsprozesse sind Restriktionen zu beachten, die durch die unterschiedlichen Umweltfaktoren bestimmt sind. Ebenso müssen bestimmte Ressourcen verfügbar sein, um die Geschäftsprozesse erfolgreich durchführen zu können.

	Bedingungen	Beispiel
Technologie	Vorhandensein von Know-how, Verfügbarkeit der benötigten Technologien	Halbleitertechnologie und Ausbildungsstand der Mitarbeiter für die Chip-Produktion
Wirtschaftlichkeit	Nachhaltige Gewinnerzielung, Beachtung des Wettbewerbs, Finanzierbarkeit des Geschäftsbetriebs	Markteintrittsbarrieren durch hohe Erstinvestitionen wie Bau eines Automobilwerks und Aufbau einer Vertriebsorganisation
Politik	Unterstützung durch Subventionen bzw. keine Behinderung durch Gesetze oder Verordnungen	Erleichterungen bei Windkraftanlagen, Erschwernisse bei Gen-Technologien
Recht	Keine Verbote verletzen, Einhaltung der Normen	Zwang zur Zertifizierung, Beachtung von Patenten
soziales Umfeld	Berücksichtigung der Rechte von Mitarbeitern, Einhalten ethischer Grundsätze	Beachtung von Gesundheitsschutz und Arbeitssicherheit, kein Bezug von Waren aus Kinderarbeit
Ökologie	Schutz der Umwelt	CO_2-Vermeidung, artgerechte Tierhaltung, kein Raubbau

2: Optimale Wertschöpfung

Unter Wertschöpfung wird die Differenz zwischen den von einem Unternehmen abgegebenen Leistungen und den von dem Unternehmen übernommenen Leistungen (Vorleistungen) verstanden. Der Mehrwert wird benutzt zum Ausgleich von

• Arbeitserträgen (Löhne, Gehälter, Sozialleistungen)
• Kapitalerträgen (Unternehmensgewinn nach Steuern, Fremdkapitalzinsen)
• Gemeinerträgen (direkte und indirekte Steuern).

Zur Optimierung der Aktivitäten soll der Bestandteil „Unternehmergewinn nach Steuern" möglichst hoch sein. Somit gilt:

• Maximieren der Umsätze
• Minimieren der Ausgaben aus dem Geschäftsbetrieb und für Vorleistungen.

Damit kann neben einer Preiserhöhung die Optimierung so erfolgen, indem alle Prozesse, die intern mehr Kosten verursachen als durch den Bezug von Lieferanten, nach außen vergeben werden (Outsourcing). Voraussetzung ist, dass keine Know-how-trächtigen Aktivitäten ausgelagert werden.

3: Wertschöpfungsprozesse

Es werden jeweils Inputgrößen mithilfe der Infrastruktur zu Outputgrößen verarbeitet. Die Wertschöpfung ist der Zuwachs an Wert, den die Inputgrößen durch den Wertschöpfungsprozess im Produktionssystem erfahren.

Beispiel	Input	Infrastruktur	Wertschöp-fungs-prozess	Output
Schreinerei	Holz, Leim, Nägel	Schreiner, Säge, sonstige Werkzeuge	zuschneiden, verleimen, nageln	Tisch
Friseur	Kunde	Friseur, Fön, Schere	waschen, schneiden, föhnen	Frisierter Kunde
Versicherung	Situation und Versicherungs-bedarf des Kunden	Berater, Computer, Programme	Klärung des Bedarfs und Lösung	angepasste Versicherung

4: Systematisierung von Informationssystemen

Informationssysteme dienen zur optimalen Bereitstellung von Information in wirtschaftlich sinnvoller Weise. Anwendungssysteme sind Bestandteil computergestützter Informationssysteme.

Gliederungskriterien können sein:

- **Informationen verarbeiten** (erfassen, übertragen, transformieren, speichern und bereitstellen)
- **Informationen austauschen** (Informations- und Kommunikationssystem).

Eine andere Sichtweise betrifft die Verknüpfung der Informationen:

- **horizontal** hinsichtlich des betrachteten betrieblichen Funktionsbereiches
- **vertikal** bezüglich des Typs der unterstützten Aufgaben.

Nach dem Kriterium der Kommunikation zwischen Computer und Benutzer unterscheidet *Szyperski* in:

- **generatoraktive**, starre und flexible Berichtssysteme sowie Melde- und Frühwarnsysteme
- **benutzeraktive** Auskunfts- oder Abfragesysteme als reine Informations-Rückgewinnungssysteme und solche verbunden mit Auswertungsprozeduren
- **generator- und benutzeraktive** Dialogsysteme, bei dem sowohl der Informationserzeuger als auch der Informationsnachfrager aktiv sind (Mensch-Maschine-Kommunikation).

5: Unterteilung von Prozessen

Der Führungsprozess besteht aus dem so genannten PDCA-Zyklus (Plan, Do, Check, Act) mit den Schritten:

Plan - Planning	Zielbildung, Problemanalyse, Alternativensuche, Prognose, Bewertung und Entscheidung
Do - Realisierung	Die geplanten Maßnahmen werden im gesamten Unternehmen umgesetzt.
Check - Überprüfung	Die Maßnahmen werden hinsichtlich ihrer Zielwirksamkeit kontrolliert und bewertet.
Act - Korrekturen	Auf Grundlage des Check-Ergebnisses werden eventuelle Korrekturmaßnahmen eingeleitet. Die Korrekturmaßnahmen der letzten Phase bilden wiederum den Ausgangspunkt für ein erneutes Durchlaufen des Zyklus.

Der PDCA-Zyklus wirkt auf das gesamte Unternehmen und ist daher vom Management anzustoßen. In der Do-Phase können aber PDCA-Subzyklen auf Bereichsebene initiiert werden, die ihrerseits die Verbesserung vor Ort planen, durchführen, kontrollieren und gegebenenfalls anpassen.

6: Service-Blueprinting

Durch die grafische Darstellung wird der Austauschprozess visualisiert und es lassen sich potenzielle Reibungspunkte erkennen. In dieser Form lässt sich ein Restaurantbesuch wie folgt darstellen:

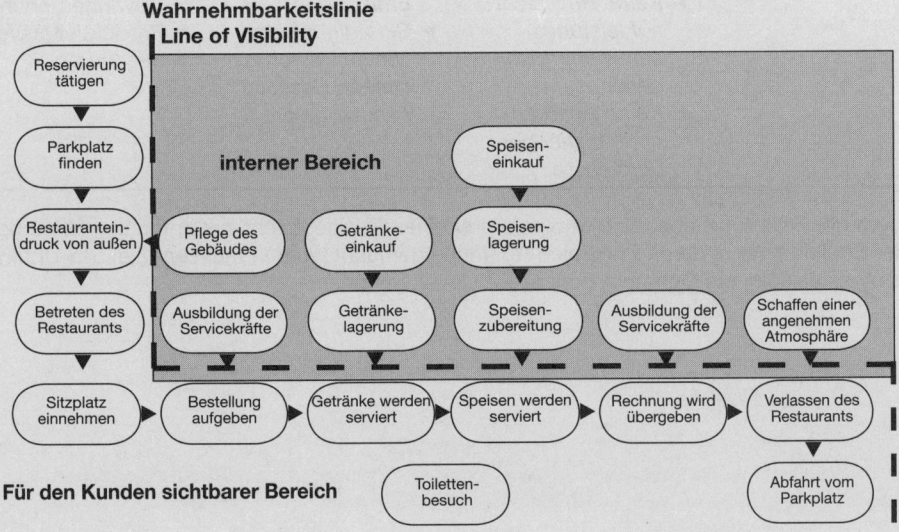

Der Gesamtprozess wird dadurch transparent, mögliche Fehlerquellen lassen sich identifizieren und die für den Kunden wichtigen Prozess-Schritte können besser abgesichert werden.

7: Prinzipiendreieck

Die Betonung der jeweiligen Prinzipien führt neben den Vorteilen in dem Bezugsbereich möglicherweise zu Nachteile in den anderen Betrachtungsfeldern (Kursivdruck):

Besondere Betonung des Prinzips	Mitarbeiter	Umwelt	Wirtschaftlichkeit
Humanität	▶ Gesteigerte Mitarbeitermotivation ▶ Geringe Fluktuation und Fehlzeiten ▶ Besseres Betriebsklima ▶ Höhere Mitarbeiteridentifikation	▶ *Stärkerer Ressourcenverbrauch durch Arbeitsschutzmaßnahmen*	▶ *Höhere Ausbildungskosten* ▶ *Höhere Kosten für Incentives* ▶ *Höhere geduldete Fehlerkosten* ▶ *Höhere Kosten für Weiterbeschäftigung*
Umeltschonung	▶ *Sicherheit des Arbeitsplatzes kann gefährdet sein* ▶ *Innovative Ideen können gebremst werden*	▶ Umweltbelastende Produkte und Verfahren werden vermieden ▶ Verbesserung des Unternehmensimages	▶ *Wettbewerbsnachteile durch Kostenbelastung* ▶ *Kostengünstige Verfahren können behindert werden*
Wirtschaftlichkeit	▶ *Starke Belastung der Mitarbeiter* ▶ *Keine Rücksicht auf leistungsschwache Mitarbeiter* ▶ *Keine Anerkennung bisheriger Verdienste*	▶ *Schädigung der Umwelt durch Emissionen* ▶ *Schädigung der Umwelt durch zu starken Ressourcenverbrauch*	▶ Kostenreduzierung ▶ Umsatzsteigerung ▶ Gewinnerhöhung ▶ Produktivitätsverbesserung

In jedem der Fälle führt aber eine Maximierung eines Prinzips nicht zur optimalen Leistung, da bei der Erfüllung der anderen Prinzipien Abstriche gemacht werden müssen. Ziel des Unternehmens muss es sein, ein Optimum über alle Ziele zu erreichen.

8: Unternehmensstrategie

Die Aufgaben zur Erfüllung der Anforderungen, die an eine qualitätsorientierte Unternehmensführung gestellt werden, können in einer zeitlichen Reihenfolge dargestellt werden:

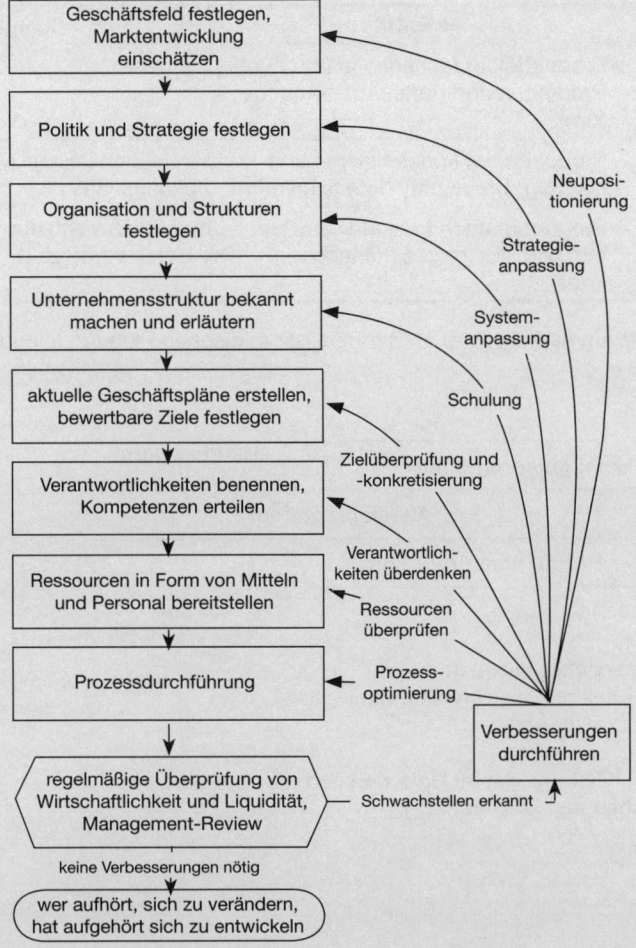

9: Fahrradproduktion

Die entsprechenden Aktivitäten lassen sich nach Fristigkeit und dauerhafter Festlegung beispielhaft unterteilen:

Fristigkeit	Aktivität	Beispiel
strategisch	Produktfelder festlegen in Form von Produkten und deren Ausprägungsform	Fahrräder
taktisch	Produktfelder konkretisieren und Umfang, Breite und Tiefe festlegen	Mountainbikes als Montagelinie mit Zukaufteilen
operativ	Programm nach Erzeugnisart, Termin und Menge pro Planungsperiode	monatlich x Stück vom Typ A und y Stück vom Typ B

Bezüglich der Programminhalte wird im Rahmen der taktischen Planung festgelegt:

- **Umfang**

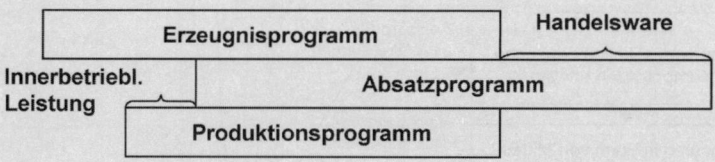

- **Breite**
  Anzahl unterschiedlicher Produkttypen
  (Mountainbike, Trekkingbike, Citybike, Racingbike)

- **Tiefe**
  Anteil der Wertschöpfung, der im Unternehmen durchgeführt wird
  (Reifen, Gangschaltung, Bremsen, …).

10: 5A-Methode

Die Methode soll zu einem sauberen, sicheren, ergonomisch richtig und übersichtlich gestalteten Arbeitsbereich führen.

Schritt	Beispiele
Aussortieren	nicht benötigte Ordner, Formulare, Werkzeuge, Werkstücke oder Maschinen vom Arbeitsplatz entfernen
Aufräumen	nur die notwendigen Dinge am Arbeitsplatz mit genauer Kennzeichnung und stets griffbereit
Arbeitsplatz sauber halten	bedarfsorientiert oder in regelmäßigen Zyklen Reinigung des Arbeitsplatzes und der Arbeitsmittel und dabei gefundene Mängel abstellen
Anordnungen zur Regel machen	der saubere Zustand muss zum Standard werden, Abweichungen müssen sofort bemerkt werden
alle Punkte einhalten und verbessern	Weiterentwicklung durch Selbstdisziplin und Training, Nutzen von Checklisten und Visualisierung des guten Zustands

11: Fehlerentstehung und Fehlerkosten

Aus diversen Untersuchungen weiß man, dass 75 % der Fehler bereits in der Planungsphase entstehen. Entdeckt werden dagegen die Fehler zu 80 % in der Umsetzungsphase.

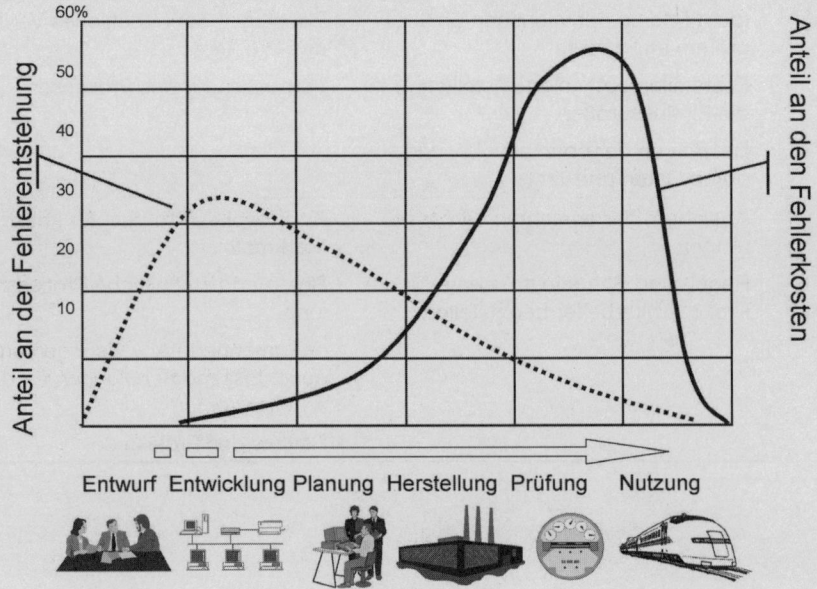

12: Kriterien EFQM

Durch eine Selbstbewertung wird zunächst der Ist-Zustand ermittelt. Stärken und Schwächen werden erkannt und Verbesserungspotenziale aufgezeigt. Durch Vergleich mit Ergebnissen der Vorjahre oder mit anderen Unternehmen werden Fortschritte identifiziert und Defizite ermittelt. Zusätzlich werden Anstöße zu strukturierten Verbesserungsaktivitäten gegeben. Die Methodik stellt sicher, dass eine systematische auf Fakten basierende Bewertung erfolgt und reproduzierbare Diagnosen über längere Zeiträume ermöglicht werden.

13: Six Sigma

Gemäß der Definition ist die Fehlerrate deutlich zu verringern. Dazu dienen die folgenden Schritte:

Phase	Ziel	Ergebnis
Measure	Erfassen der aktuellen Leistungsfähigkeit des Prozesses Erkennen von Verbesserungspotenzialen	Daten zur Prozessfähigkeit Daten, anhand derer die Problemschwerpunkte erkannt werden können Beschreibung des Problems anhand von Daten
Analyze	Feststellen der Abweichungsursachen und Problemursachen Bestätigen der Abweichungsursachen durch Daten	Hypothese für die Abweichungsursachen, die durch Tests bestätigt worden ist
Improve	Identifizieren der wichtigen Einflussgrößen im Prozess Feststellen optimaler Einstellwerte für die Einflussgrößen Bestätigen der optimalen Lösung durch Daten und Tests	Beseitigen oder deutliches Verringern des Problems Verbesserung des Prozesses
Continue/ Control	Absichern der erreichten Verbesserungen Regel- und Steuerinstrumente für die Prozessmitarbeiter bereitstellen	Kontrollplan (Prüfplan für kritische Merkmale) Realisierte statistische Prozessregelung dokumentierte Anweisungen und abgeschlossene Schulungen für die Mitarbeiter vor Ort Review des Projektes

14: Lean, TQM und BPR

Die **Gemeinsamkeiten** der Ansätze liegen in der Kundenorientierung, dem umfassenden Qualitätsverständnis, der Prozessorientierung, der Verbesserung im Leistungsbereich, der Hinwendung zum Mitarbeiter und der Dezentralisierung von Entscheidungen.

Die **Unterschiede** lassen sich wie folgt skizzieren:

Lean Management	ist japanischer Herkunft. Schwerpunkt ist die Vermeidung von Verschwendungen, die zur Produktivitätssteigerung führt. Der Verbesserungsprozess wird durch die Mitarbeiter getragen und kann in überschaubaren Bereichen erfolgen. Der Einsatz von DV-Techniken ist eher untergeordnet.
Total Quality Management	ist zwar unternehmensumfassender, aber stark auf das Qualitätsdenken bezogen. Kunden-Lieferanten-Beziehungen und die Nutzung von Informationstechniken stehen im Vordergrund.
Business Process Reengineering	zielt auf eine fundamentale Neugestaltung des Unternehmens, Konzentration auf die Kerngeschäfte und grundsätzliche Bewertung aus der Sicht des Kunden. Business Process Reengineering ist die radikale Methode der Erneuerung, kann aber durchaus mit den mehr evolutionären Methoden verbunden werden.

15: Mass Customization

Realisierungsvarianten für Mass Customization sind:

Service-Customization	variantenarmes Endprodukt mit kundenspezifischem Service
Self-Customizing	Individualisierung des Endproduktes, das über eingebaute Flexibilitätspotenziale verfügt, durch den Kunden
Speed Management	kurze Durchlaufzeiten zur Erhöhung des Kundenservice bezüglich Lieferzeit, Lieferfähigkeit, Termintreue
Modularisierung	kundenindividuelle Kombination von Modulen

Folgende Unternehmen bieten beispielsweise für den Endkunden maßgeschneiderte Produktlösungen an:

Anbieter	Produkt	Varianten
Nike	Fußballschuhe	Shotshield, Außensohle, Passform, Farbe
mymuesli	Cerealien	70 Zutaten mit 566 Billiarden verschiedenen Müslivariationen
zzzPhone	Handy	Bandwahl, Farbe, Kommunikationswege
morseketten	Halsketten	Länge, Art und Farbe der Perlen
myparfuem	Parfüm	Duftbasis, Zutaten, Flakon
elementalthreads	Handtaschen	Form. Material, Farbe, Muster

16: Lebenszyklus

Anhand des Verlaufs von Umsatz, Deckungsbeitrag, Preisen und Bestandsveränderungen können folgende Schlüsse gezogen werden:

Produkt 1	**Sättigungsphase** Der Jahresumsatz und der Deckungsbeitrag weisen gegenüber den Vorjahren nur noch geringe Zuwächse auf. Die Lagerbestände nehmen kräftig zu.
Produkt 2	**Wachstumsphase** Umsatz und Deckungsbeitrag steigen stark. Die Lagerbestände nehmen stark ab.
Produkt 3	**Degenerationsphase** Umsatz, Preis und Deckungsbeitrag sinken besonders im letzten Jahr stark ab. Die Lagerbestände steigen. Anzeichen für Lagerhüter und Ausverkauf des Produktes.

17: Burger-Prozesse

Die Lagerfertigung bei McDonalds in kleinen Losen, die aber durch die Aufnahmekapazität der Zwischenlagerbereiche begrenzt sind, ermöglichen eine wirtschaftliche Herstellung im Küchenbereich, sodass die Bedienperson schnellen Zugriff auf die vorgefertigte Auswahl hat. Das Risiko der Vernichtung nicht nachgefragter Ware steht dem entgegen.

Bei Burger King entsteht für den Kunden das Gefühl der besonders frischen Zubereitung. Es entstehen keine überzähligen Produkte. Allerdings erhöht sich die Wartezeit durch die Arbeitsgänge, die erst nach Aufnahme der Kundenbestellung durchgeführt werden können.

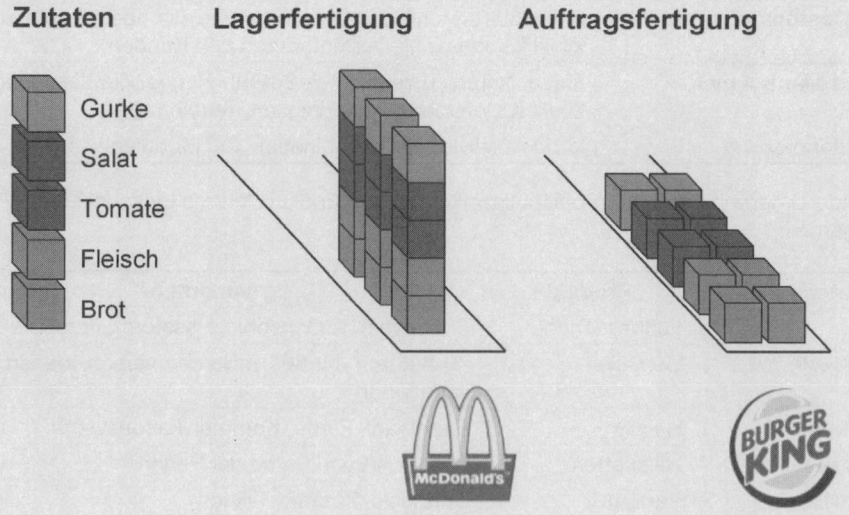

Zutaten — Gurke, Salat, Tomate, Fleisch, Brot; Lagerfertigung; Auftragsfertigung

18: Arbeitskreise

Bei Arbeitskreisen handelt es sich um eine Sekundärorganisation, die parallel zur bestehenden Primärorganisation gebildet wird. Unterscheidungsmerkmale sind:

Primärorganisation	Sekundärorganisation
Mitarbeiter in einer permanenten Haupttätigkeit	Mitglieder in einer zeitweiligen Nebentätigkeit
Weisungsbefugnisse der Vorgesetzten	Konsensfindung in der Gruppe
Standardisierte Aufgabengebiete	Ergänzende und koordinierende Aufgaben

19: Matrixorganisation

(1) Die Matrixorganisation vereint zentrale Funktionen (z. B. Forschung) mit dezentralen Einheiten (z. B. Produktgruppe) zu Verantwortungsbereichen (z. B. Forschungsaufgaben innerhalb der Produktgruppe X).

Vorteile	Nachteile
flexibel und anpassungsfähig	Konflikt durch mehrere Vorgesetzte
intensive, direkte Kommunikation	Kompetenzüberschreitungen
bessere Entscheidungsqualität	hohe soziale Kompetenz gefordert
eigenverantwortliches Handeln	Entscheidungsweg unübersichtlich
übergreifende Sichtweise	zeitaufwändiger Zwang zum Konsens

(2) Vorbeugende Maßnahmen, um Konflikte zwischen Linie und Projekt zu vermeiden:

• Besondere Regelungen der Kompetenzabgrenzung
• Intensive Schulung der betroffenen Mitarbeiter
• Incentiv-Systeme, die eine aktive Beteiligung an Projektarbeiten belohnen.

20: Organisationsformen

(1) Linienorganisation:

(2) Stabslinienorganisation

(3) Projektmanagement-Organisation

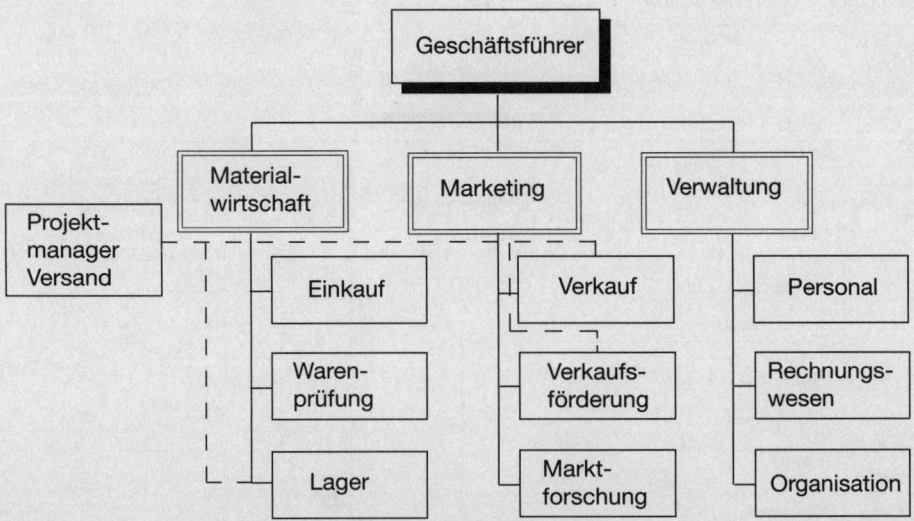

(4) Matrixorganisation mit Profit-Center und den gemeinsam genutzten Funktionsbereichen Warenprüfung, Marktforschung und Organisation

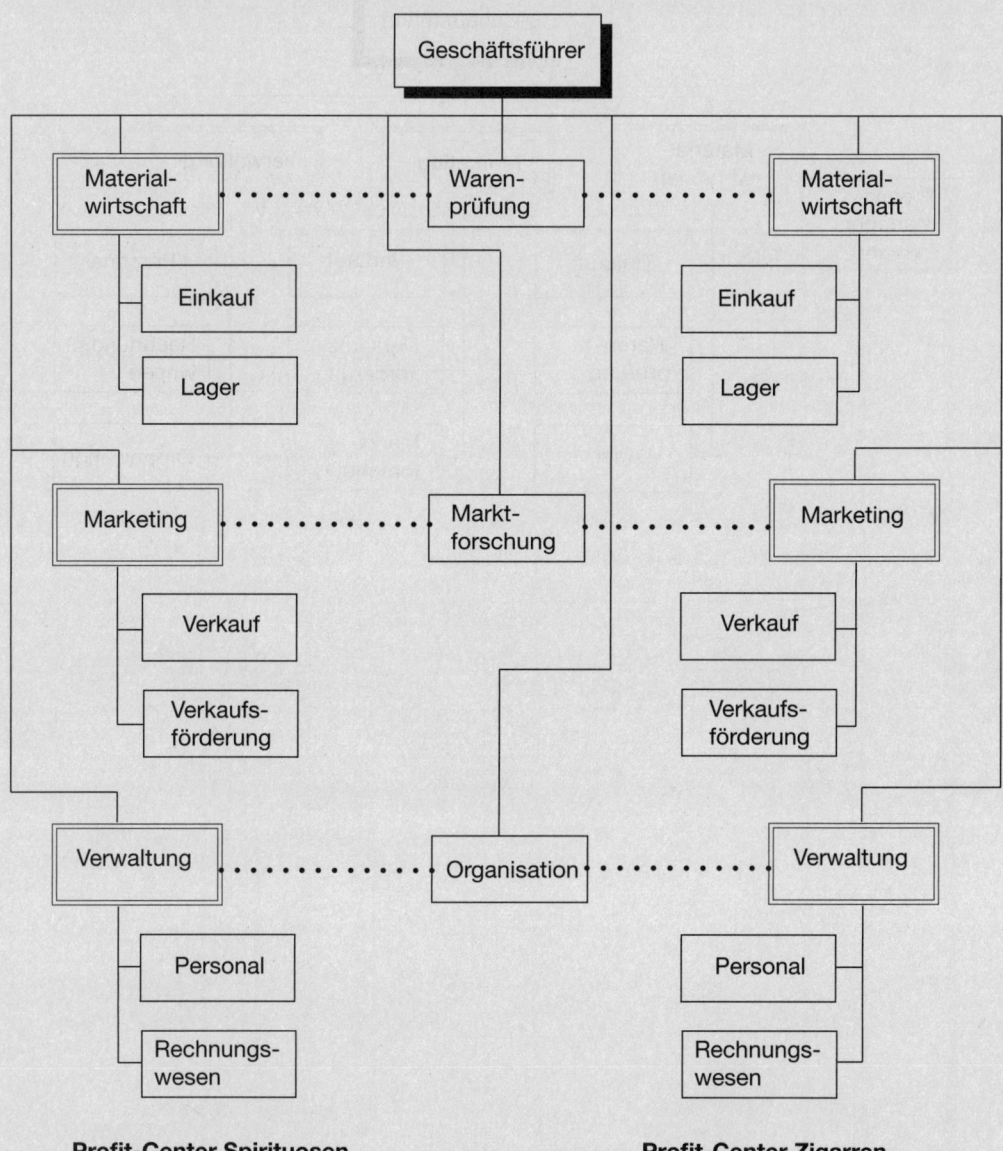

Profit-Center Spirituosen   **Profit-Center Zigarren**

21: Ausgestaltung der Arbeitsplätze

Einzelfertigung, Serienfertigung und Massenfertigung bedeuten unterschiedliche Möglichkeiten zur Ausgestaltung der Arbeitsplätze. Entsprechend der Merkmale ergibt sich:

Typ Merkmal	Auftragsorientierte Einzelfertigung	Gemischte Serienfertigung	Marktorientierte Massenfertigung
Arbeitsteilung	niedrig ——————————————————————→		hoch
Handlungsautonomie	hoch ←——————————————————————		niedrig
Job Rotation	möglich	möglich	möglich
Job Enlargement	möglich	möglich	bedingt möglich
Job Enrichment	möglich	bedingt möglich	nicht möglich
Autonome Gruppen	möglich	bedingt möglich	nicht möglich

22: Flexibilitätsgründe

(1) Aufgrund der heterogener werdenden Produktstrukturen wird von den Mitarbeitern verlangt, dass sie flexibler im Einsatz sind und Mehrplatzfähigkeit aufweisen. Die Betriebszeit von Maschinen wird von der Arbeitszeit einzelner Personen entkoppelt, es gibt nicht mehr den alleinigen „Arbeitsplatzinhaber".

(2) In der Personalpolitik bedeutet das, stärker in die Aus- und Weiterbildung zu investieren und Mitarbeiter einzustellen, die sich diesen Anforderungen auch stellen. Es sind permanente Absprachen innerhalb der Arbeitsgruppen über die aktuelle Aufteilung der Arbeitsinhalte und die Lage der persönlichen Arbeitszeiten zu treffen.

23: Herzberg/Motivation

Der Einflussfaktor der Hygienefaktoren auf die Motivation führt zunächst zur Beseitigung von Unzufriedenheiten. Danach können die Motivatoren sinnvoll eingesetzt werden, um die Mitarbeiter zur Steigerung ihrer Leistung zu führen.

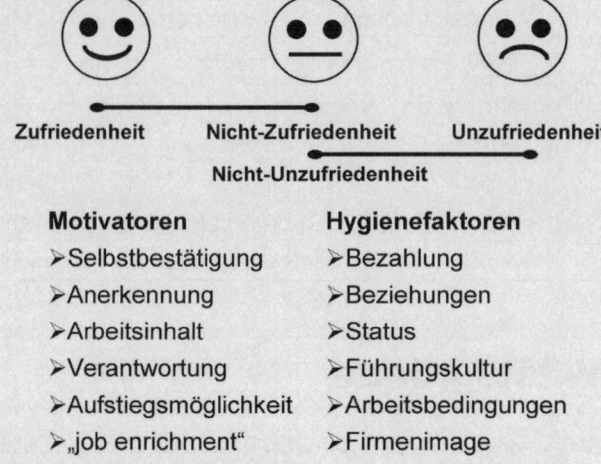

Motivatoren	**Hygienefaktoren**
➢Selbstbestätigung	➢Bezahlung
➢Anerkennung	➢Beziehungen
➢Arbeitsinhalt	➢Status
➢Verantwortung	➢Führungskultur
➢Aufstiegsmöglichkeit	➢Arbeitsbedingungen
➢„job enrichment"	➢Firmenimage

24: Unterschied BVW und KVP

Die Unterschiede zwischen KVP und BVW lassen sich wie folgt charakterisieren:

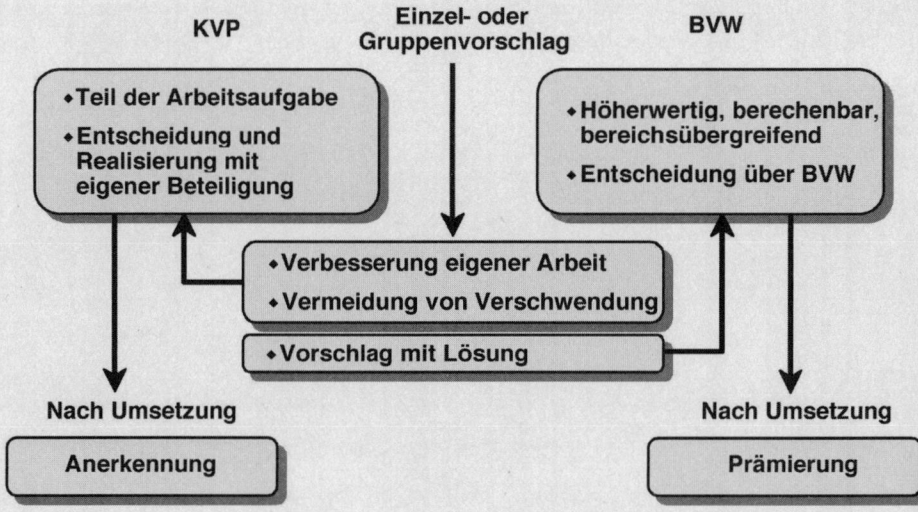

25: Verbesserungsprozess

Ein Fragenkatalog zum Anzeigen von Problem am Arbeitsplatz kann wie folgt aussehen:

- Gibt es Probleme am Arbeitsplatz? (Verfahren, Ausstattung, Produktionseinrichtungen, Arbeitsablauf)
- Welche Arbeitsabläufe sind am schwierigsten?
- Welche Methoden, Arbeitsabläufe, Werkzeuge oder Einrichtungen können die Arbeit erleichtern, das Produkt verbessern?
- Welche Arbeiten sind zeitintensiv?
- Welche Arbeitsabläufe sind zu kompliziert, können einfacher gestaltet werden?
- Welches sind die teuersten Werkzeuge, die teuersten Materialien oder die teuersten Einrichtungen? Gibt es Alternativen oder Einsparmöglichkeiten?
- Wo könnte Material, Arbeitskraft oder Geld gespart werden?
- Was kann man an anderen Arbeitsplätzen der eigenen/anderen Produktionsstätten beobachten? Was sollte davon übernommen werden?

26: Benchmarking

(1) Zur eigentlichen Vorgehensweise empfiehlt sich die Aufstellung eines Projektplans, der wie folgt aufgebaut sein kann:

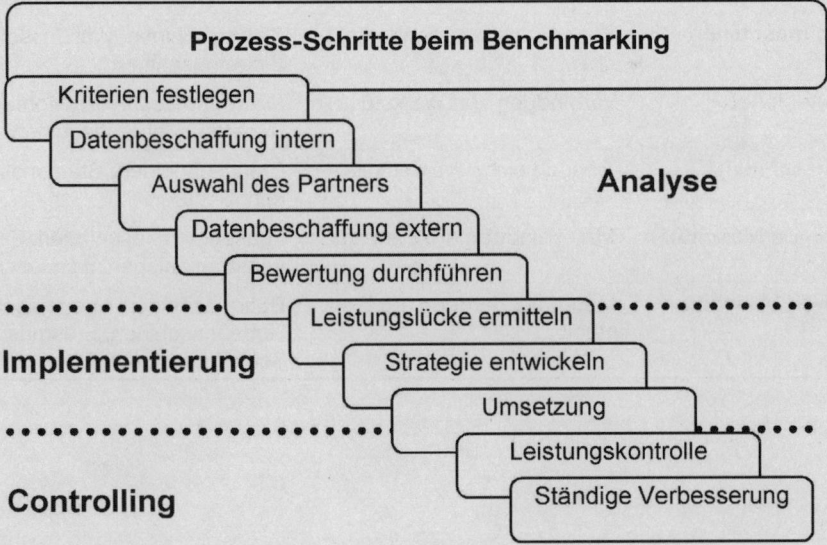

Prozess-Schritte beim Benchmarking

Kriterien festlegen
Datenbeschaffung intern
Auswahl des Partners   **Analyse**
Datenbeschaffung extern
Bewertung durchführen
Leistungslücke ermitteln
Implementierung   Strategie entwickeln
Umsetzung
Leistungskontrolle
Controlling   Ständige Verbesserung

(2) Hauptfragen zur Ermittlung des Benchmarking-Partners können sein:

- Wer ist darauf spezialisiert?
- Wo wird es besonders gefordert?
- Wer ist innovativ?
- Wer muss sehr gut sein, da er sonst im Extremfall nicht überlebt?

(3) Die generelle Fragestellung beim Benchmarking lautet:

- Wo stehe ich aus der Sicht des Kunden und im Vergleich zum Wettbewerb?
- Wie machen es Andere besser und professioneller?

In der eigentlichen Analysephase werden insbesondere die folgenden Fragen beantwortet:

- Was machen wir eigentlich, und wie effizient machen wir es?
- Was kennzeichnet unsere Rahmenbedingungen?
- Wie werden wir von internen und externen Kunden gesehen und eingeschätzt?
- Wie werden die internen und externen Anforderungen erfüllt?

27: Maschinenarten

Die Arbeitsmaschinen können nach der Art ihrer Funktionsweise unterschieden werden:

Maschinenart	typische Bearbeitung	Beispiele
Urformmaschinen	Erstellung fester Werkstücke	Druckgießmaschinen, Formpressmaschinen, Spritzgussmaschinen
Umformmaschinen	Formänderung von Werkstücken	Ziehmaschinen, Walzmaschinen, Biegemaschinen
Fügemaschinen	Verbindung von Werkstücken	Schweißmaschinen, Montageautomaten, Klebemaschinen
Trennmaschinen	Trennen eines Werkstücks	Brennschneiden, Stanzmaschinen, Scheren
Abtragende Maschinen	Materialabtrag am Werkstück	Funkenerosionsanlagen, Elektronenstrahlanlagen, Ätzmaschinen
Spanende Maschinen	Materialentfernung am Werkstück	Bohrmaschinen, Drehmaschinen, Hobelmaschinen, Fräsmaschinen, Schleifmaschinen

28: Maschinenkonzepte

(1) Wichtige Parameter, nach denen eine Maschinenauswahl erfolgen soll, sind:

Anforderungen durch die Losgröße
Anforderungen durch die Produktivität   wirken beide in dieselbe Richtung

Anforderungen durch die Teilevarianz
Anforderungen durch die Flexibilität   wirken beide in dieselbe Richtung

(2) In Abhängigkeit der Parameter (jeweils von gering bis sehr hoch) liegen die optimalen Einsatzbereiche wie folgt:

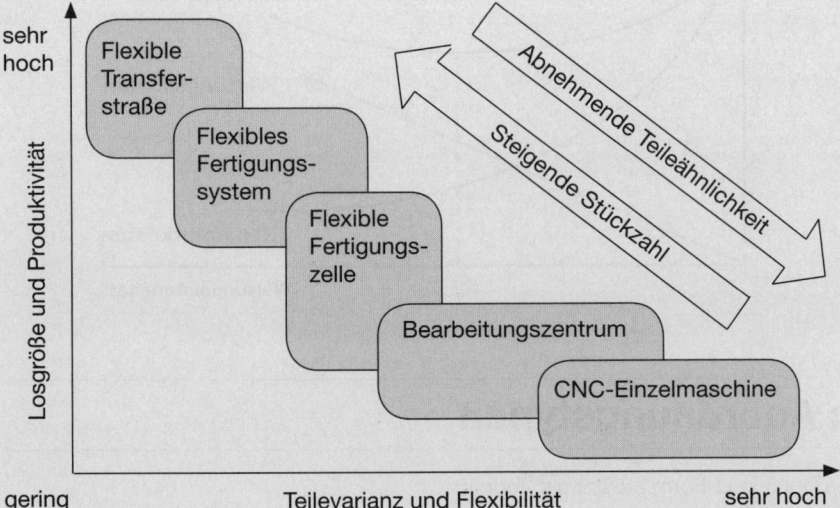

29: Optimum der Instandhaltung

(1) Je intensiver die Wartung erfolgt, umso höher sind die Wartungskosten, wohingegen die Reparaturkosten bei intensiver Wartung sinken. Die Addition ergibt die Gesamtkostenkurve.

(2) Das Optimum befindet sich bei der Wartungsintensität, bei der die Summe aus Wartungs- und Reparaturkosten am niedrigsten ist.

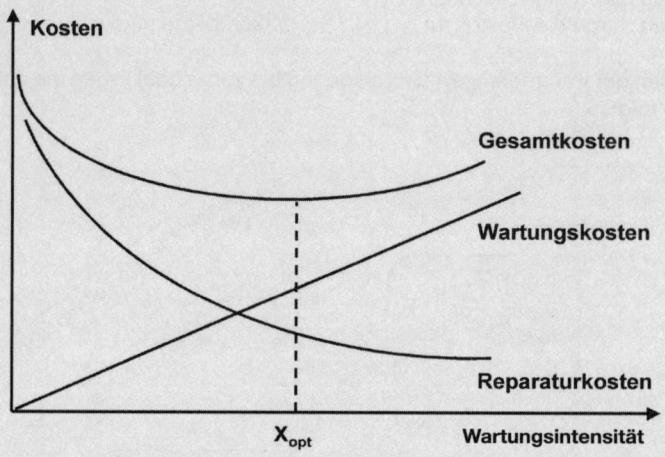

30: Anordnungstypen

Die Anordnung in U-Form besitzt als Vorteil:

• Intensivere Kommunikation der Mitarbeiter untereinander und dadurch schnellere Lösung bei Problemen sowie bessere Generierung und Umsetzung von Verbesserungsideen.

• Möglichkeit der Mehrmaschinenbedienung, bei der ein Mitarbeiter unterschiedlichen Maschinen zugeordnet ist.

Ein Beispiel der Anordnung kann wie folgt aussehen:

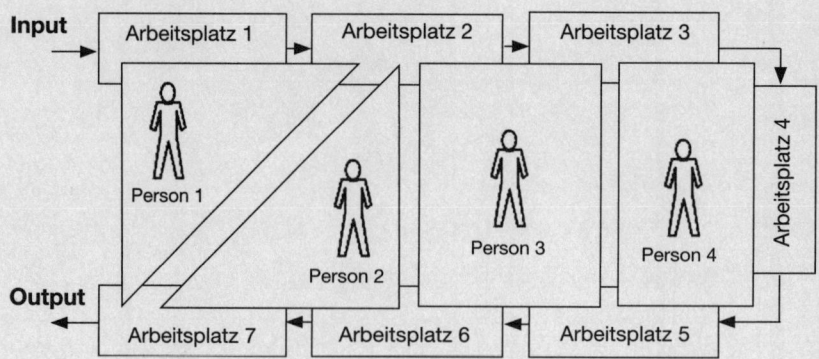

Dabei sind jeweils bestimmte Arbeitsplätze einer Person standardmäßig zugeteilt (in der Tabelle mit S bezeichnet). Alternativ kann jede Person aber noch andere Aufgaben übernehmen (in der Tabelle mit A gekennzeichnet).

	Person 1	Person 2	Person 3	Person 4
Arbeitsplatz 1	S			
Arbeitsplatz 2	S	A	A	
Arbeitsplatz 3			S	A
Arbeitsplatz 4				S
Arbeitsplatz 5			S	A
Arbeitsplatz 6		S	A	
Arbeitsplatz 7	A	S		

Dadurch wird eine gegenseitige Vertretung ermöglicht wenn es zu Engpässen kommt.

31: PKW-Dienstleistungen

Auch in derselben Branche können unterschiedliche Verteilungen der Sach- und Dienstleistungsanteile entstehen. Je näher die Leistung zum Endkunden erbracht wird, umso höher ist oft der Dienstleistungsanteil.

32: Auftrag Hocker

Ausgehend von der auftragsanonymen Arbeitsplanerstellung werden durch Hinzufügen der Auftragsinformationen speziell für diesen Auftrag gültige Unterlagen erstellt.

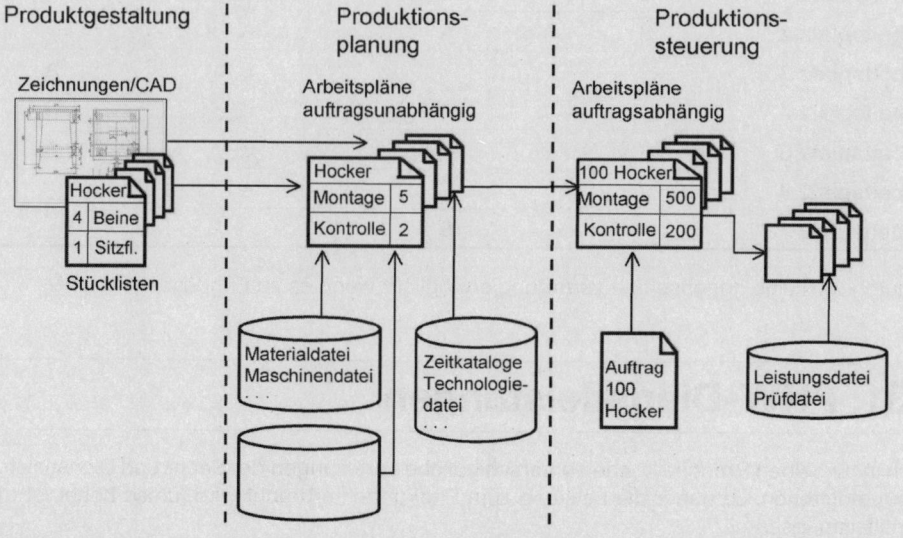

33: Fristigkeiten in der Planung

Soll eine Produktion von Webstoffen geplant werden, fallen folgende Aufgaben an, die nach ihrer Fristigkeit zu unterscheiden sind. Ebenso ist entsprechend der Tragweite der Alternativen auch die Ebene der Entscheidungsträger entsprechend vorzusehen.

	Planungsinhalte	Entscheidungs-träger
strategisch	**Kundenkreis** festlegen (Sitzbezüge für Autos, Stoffe für Dekozwecke, Möbelbezüge, Anzugstoffe) **Kapazitätsdimensionierung** (Mengenfestlegung, Maschinenpark, Investitionen) **Anspruchsniveau** festlegen (Massenware, Exklusivware, Spezialanfertigungen) **Standortwahl** (ausschließe Produktion vor Ort, Kombination mit Zukauf aus Fernost, Komplettfertigung in Fernost) **Rohstoffversorgung** (Zulieferantenkreis, Transportmöglichkeiten)	Geschäftsleitung

taktisch	**Ressourcenfestlegung** (Anzahl der Maschinen, Anzahl und Qualifikation der Mitarbeiter) **Kooperationen** (Dienstleister für Arbeitsgänge, Instandhaltung, Entsorgung) **Produkteinführung** (Zeitplanung, Marketingmaßnahmen, Kostenkalkulationen) **Verbesserungsprogramme** (KVP, Problemlösungsrunden, Beschwerdemanagement) **Schulung und Weiterbildung** (Planung von Art und Umfang)	Bereichsleitung
operativ	**Konkretes Produktionsprogramm** (Aufträge planen, Termine festlegen, Kapazitäten planen) **Produktionsfaktoren bereitstellen** (Einsatzpläne, Instandhaltungsmaßnahmen, Beschaffung) **Produktionsprozess absichern** (Prozesscontrolling, Auswertungen, Prüfungen) **Abweichungen und Änderungen** (Sofortmaßnahmen, Abhilfemaßnahmen, Korrekturen)	Werksleitung

34: Nachfrageverlauf

Bezogen auf den zeitlichen Verlauf lassen sich die Nachfragen wie folgt darstellen:

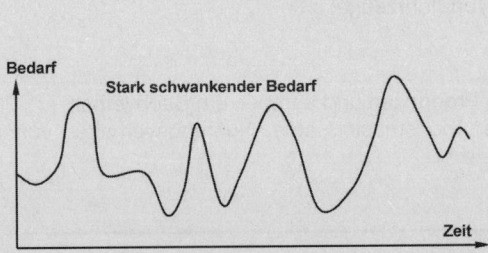

Beispiel: witterungsabhängige Produkte

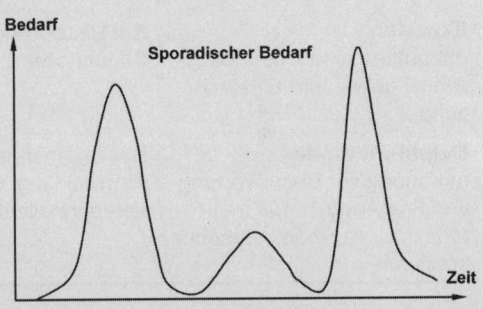

Beispiel: Fanartikel, Aktionsware

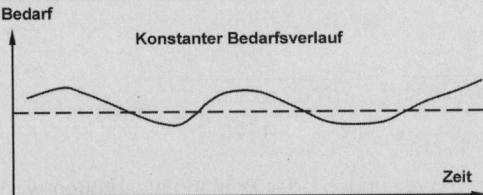

Beispiel: Grundnahrungsmittel

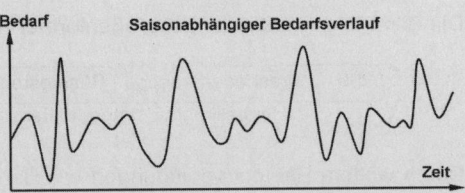

Beispiel: Sonnencreme, Weihnachtsschmuck

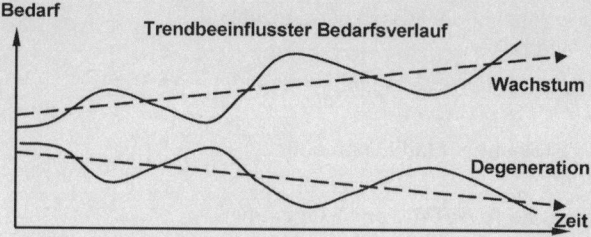

Beispiel: Investitionsgüter mit einer Lebensdauerkurve (Kfz, Elektronikgeräte)

35: Qualitative Prognoseverfahren

Für unterschiedliche Situationen sind jeweils unterschiedliche Verfahren der qualitativen Prognose geeignet. Gegebenenfalls können auch Mischformen eingesetzt werden.

Methode	Anwendungsbeispiel
Schätzung durch betroffene Mitarbeiter	Produkte mit engem Kontakt der Mitarbeiter oder Handelsvertreter zum Kunden (Kosmetik, Werkzeuge, Servicedienstleistungen)
Befragung durch Fragebogen oder Interview bei bestehenden oder potenziellen Kunden	Bei Weiterentwicklung bestehender Produkte bzw. Leistungen oder bei Ergänzungen der bisherigen Palette (Elektronikprodukte, Software, Trendartikel)
Experten mit unterschiedlichem Blickwinkel geben ihre Einschätzung	Bei Platzierung neuartiger Produkte oder Anwendungen (Mautsystem, Hybridfahrzeuge)
Delphi-Methode mit anonymer Beantwortung von Fragebogen, die mehrfach mit Feed-back versehen kursieren	Bei langfristigen Prognosen und komplexem Sachverhalt (Entwicklung der Tourismusindustrie, Nutzungsverhalten von Verkehrsteilnehmern)

36: Losgrößenplanung

Die Berechnung nach der Losgrößenformel ergibt:

$$L_{opt} = \sqrt{\frac{200 \cdot \text{Jahresbedarfsmenge} \cdot \text{Rüstkosten pro Auftrag}}{\text{Herstellkosten} \cdot \text{Lagerkostensatz}}} = \sqrt{\frac{200 \cdot 12.000 \cdot 40}{4 \cdot 20}} = 1.095,45$$

Durch weitere Rahmenbedingungen wie Behälterabmessungen oder Entnahmelosgrößen wird man den errechneten Wert noch korrigieren. Mögliche Entscheidungen sind:

12 Fertigungsaufträge à 1.000 Stück oder 10 Fertigungsaufträge à 1.200 Stück.

37: Erzeugniskalkulation

(1) Die Kalkulation sieht wie folgt aus:

Position	€	Zuschlag
Materialeinzelkosten	1.780,00	
Materialgemeinkosten	1.068,00	60 %
Fertigungseinzelkosten Sägerei	280,00	
Fertigungsgemeinkosten Sägerei	420,00	150 %
Fertigungseinzelkosten Beschläge	150,00	
Fertigungsgemeinkosten Beschläge	330,00	220 %
Fertigungseinzelkosten Montage	350,00	
Fertigungsgemeinkosten Montage	420,00	120 %
Sondereinzelkosten der Fertigung	200,00	
Herstellkosten	4.998,00	
Verwaltungsgemeinkosten	499,80	10 %
Vertriebsgemeinkosten	449,80	9 %
Sondereinzelkosten des Vertriebs	400,00	
Selbstkosten	6.347,60	
Gewinn	1.904,28	30 %
Barverkaufspreis	8.251,88	
Kundenskonto	247,56	3 %
Zielverkaufspreis	8.004,32	

(2) Absolut sinkt der Gewinn vor Skonto von   1904,28 €
auf (1904,28 - 0,1 · 8251,88)   1079,09 €.

Prozentual von 30 % der Selbstkosten auf 17 %.

Somit wird durch einen 10 % Rabatt 43 % des Gewinns aufgezehrt. Hier muss der Unternehmer entscheiden, ob der Auftrag noch lukrativ ist.

(3) Es handelt sich um eine Zuschlagskalkulation, die mehrstufig ausgeführt wird. Zudem handelt es sich um eine Vollkostenkalkulation, da die Kosten nicht in fixe und variable Bestandteile aufgeteilt sind.

(4) Der Deckungsbeitrag nach der Fertigung beträgt

Zielverkaufspreis – Materialeinzelkosten – Fertigungseinzelkosten = 5.444,32 €. Das entspricht ca. 68 % des Zielverkaufspreises.

38: Programminhalte

Die Merkmale, die ein Kunde bei einem Einkauf als wichtig einschätzt, können sein:

- große Sortimentsbreite
- große Sortimentstiefe
- emotionales Einkaufserlebnis
- exklusive Produktqualität
- gute Beratung
- niedriger Preis.

Von den unterschiedlichen Angebotstypen werden die Anforderungen je nach deren strategischer Ausrichtung unterschiedlich erfüllt: (+) gut, (o) mittel, (-) schlecht

	große Sortimentsbreite	große Sortimentstiefe	emotionales Einkaufserlebnis	exklusive Produktqualität	gute Beratung	niedriger Preis
Warenhaus	+	o	+	o	o	o
Fachhandel	o	+	+	+	+	–
Discounter	–	–	–	o	–	+

39: Maschinenbelegung

Begonnen wird jeweils mit der kürzesten Operationszeit. Immer dann, wenn ein Auftrag sich noch in einer vorhergehenden Bearbeitungsstufe befindet, wird er solange zurückgestellt, bis dieser Bearbeitungsgang beendet ist.

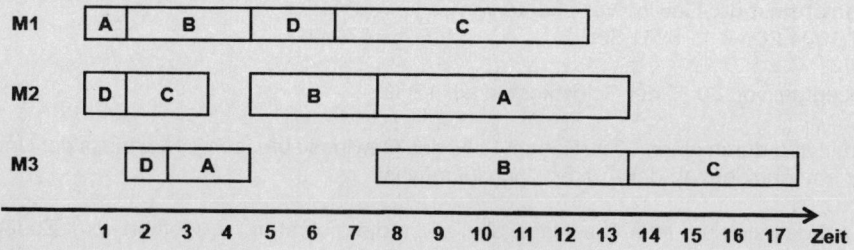

Die Wartezeiten pro Auftrag sind:

A	4 Einheiten
B	1 Einheit
C	5 Einheiten
D	2 Einheiten

Die Leerzeiten pro Maschine sind:

1	keine
2	1 Einheit
3	4 Einheiten

40: Sicherheitsbestand

In Abhängigkeit bestimmter Parameter unterscheidet sich die Strategie der Sicherheitsbestände.

Faktoren	Beispiele	Sicherheitsbestands-strategie
Trend- oder Saisonprodukte	Winter- oder Sommersportgeräte, Festartikel	um lieferfähig zu bleiben hoch, außerhalb der Saison niedrig
Stabilität des Bedarfs	stabil bei Lebensmitteln, schwankend bei Ersatzteilen	je stabiler umso niedriger
Wiederbeschaffungszeit	gering bei Standardgütern, hoch bei Spezialitäten	je kürzer die Wiederbeschaffungszeit umso niedriger
Kapitalbindung	hoch bei A-Teilen, gering bei C-Teilen	je höher die Kapitalbindung umso niedriger
Lieferzeit	Herstellung in Fernost oder in räumlicher Nähe	je weiter die Distanz und je länger die Lieferzeit umso höher
strategische Bedeutung	hoch bei Tageszeitungsvorrat, niedrig bei seltenem Zubehör	je größer die Bedeutung umso höher

41: Effektive Kapazität

Durch die jeweiligen Vorgänge verändert sich die effektive Kapazität wie folgt:

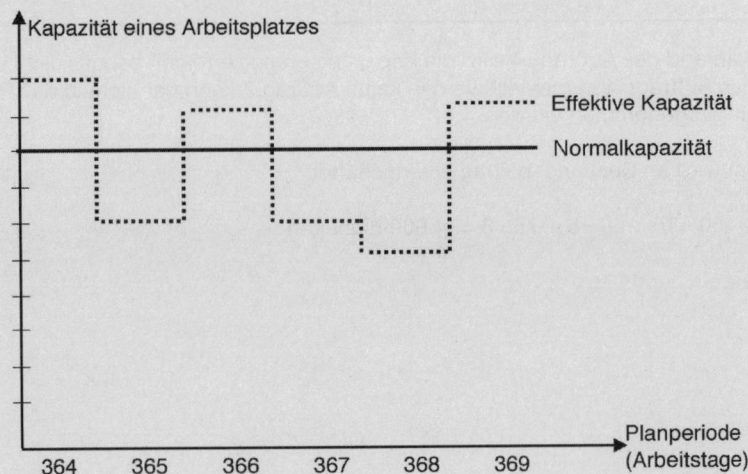

42: Engpassplanung

(1) Zunächst sind die Deckungsbeiträge pro Zeiteinheit zu ermitteln, um daraus die Reihenfolge der Bearbeitung festzulegen:

Auftrag	Deckungsbeitrag pro Zeiteinheit	Reihenfolge der Bearbeitung
1	6/1 = 6	1
2	10/5 = 2	5
3	15/3 = 5	2
4	6/3 = 2	4
5	8/2 = 4	3

Demnach wird man in der Reihenfolge die Aufträge 1, 3, 5, 4 und 2 abwickeln. Aufgrund der Auftragsgrößen ergibt sich:

Auftrag	Kapazität vor Erledigung des Auftrags	Produktions-menge	Kapazitäts-verbrauch	Kapazität nach Erledigung des Auftrafgs
1	1.000	300	300	700
2	700	150	450	250
3	250	50	100	150
4	150	75	150	0
5	0	0	0	

Bereits während des Auftrags 4 wird die Kapazitätsgrenze erreicht, sodass nicht die Gesamtmenge des Auftrags 4 hergestellt werden kann. Auftrag 2 kann gar nicht in das Produktionsprogramm aufgenommen werden.

(2) Insgesamt wird an Deckungsbeitrag erwirtschaftet:

$300 \cdot 6 + 150 \cdot 15 + 50 \cdot 8 + 75 \cdot 6 = 4.900$ Einheiten

43: Kapazitätsanpassung

Die Überlast kann entweder durch Vorziehen oder durch Verschieben von Aufträgen geglättet werden.

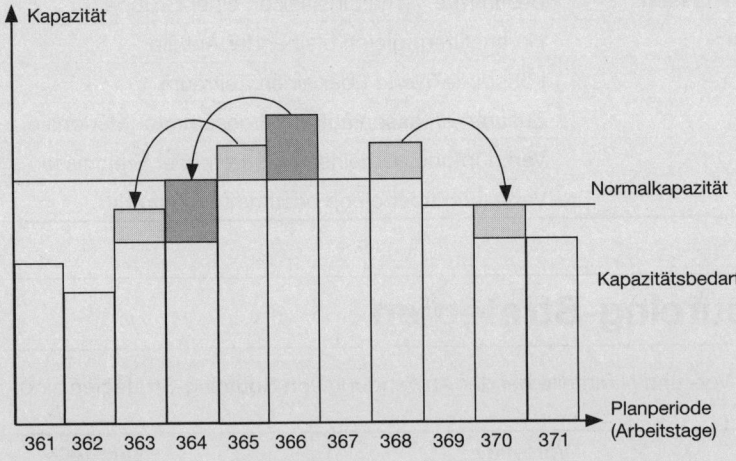

44: Advanced Planning System

Das Design des gesamten Netzwerks gehört zu den langfristigen strategischen Aufgaben. Im mittelfristigen Bereich lassen sich die Versorgungsnetzwerke ansiedeln und im operativen kurzfristigen Bereich finden sich die direkt auf den Produktionsprozess einwirkenden Planungsinstrumente.

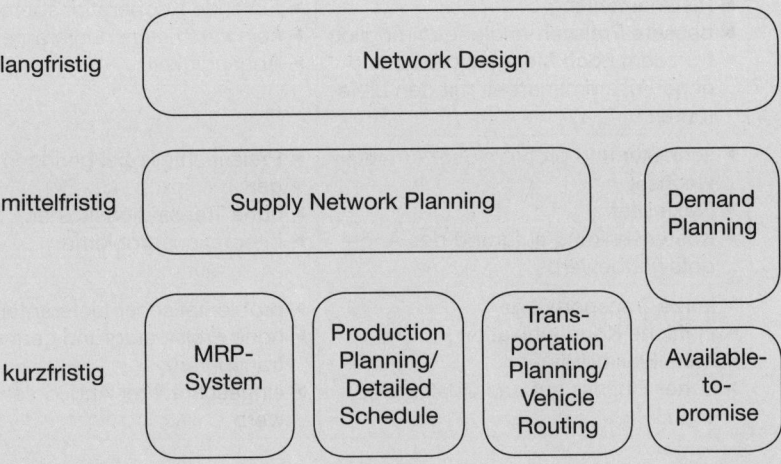

45: Data Mining

Analysemethoden im Data Mining können sein:

Bildung von Klassen	bestimmte Verhaltensweisen einer Gruppe
Regression	Herausfiltern gleich bleibender Anteile
Zeitreihen	konstante Werte über einen Zeitraum
Cluster	Zusammenfassen aufgrund bestimmter Merkmale
Assoziation	Verknüpfung gemeinsam auftretender Ereignisse
Sequenzen	Verteilung über einen bestimmten Zeitraum

46: Sourcing-Strategien

Die jeweiligen Vor- und Nachteile bei der Anwendung von Sourcing-Strategien sind:

Sourcing-Art	Vorteile	Nachteile
single	▶ enge und vertrauensvolle Lieferantenbeziehung ▶ einfache Koordination ▶ Einbezug bei neuen Projekten ▶ permanente Lieferantenentwicklung ▶ Beschaffung großer Mengen zu niedrigen Preisen ▶ bekanntes Qualitätsniveau	▶ mögliche Lieferengpässe ▶ sehr hohe Abhängigkeit ▶ unerwünschter Know-how-Transfer ▶ schwieriger Wechsel auf neue Zulieferer ▶ mangelnde Wettbewerbsangebote
dual	▶ Risikoaufteilung ▶ bessere Preisverhandlungen möglich ▶ trotzdem noch Mengenvorteile und enge Zusammenarbeit mit den Lieferanten	▶ fehlende Kooperationsbereitschaft ▶ kein kurzfristiger Lieferantenwechsel ▶ Abhängigkeit
multiple	▶ schneller und problemloser Anbieterwechsel ▶ Flexibilität ▶ Kostensenkung aufgrund des Angebotswettbewerbs	▶ Preisnachteile bei geringen Losmengen ▶ hohe Transaktionskosten ▶ Integrationsprobleme
local	▶ kurze Transportwege ▶ einfache Kommunikation ▶ hohe Flexibilität ▶ hoher Einfluss auf das Qualitätsniveau	▶ problematischer Lieferantenwechsel ▶ hohe Preise aufgrund geringe Markttransparenz ▶ eingeschränkter Angebotswettbewerb

global	▸ weltweite Auswahl der leistungs- stärksten Lieferanten ▸ günstigster Beschaffungspreis auf- grund hoher Markttransparenz ▸ Kostensenkungspotenzial ▸ gleichzeitig Erschließung neuer Ab- satzmärkte	▸ lange Transportwege ▸ Zoll- und Bürokratieprobleme ▸ kulturelle Differenzen ▸ juristische und politische Probleme ▸ mangelnde Zuverlässigkeit ▸ unsicheres Qualitätsniveau
modular	▸ spezialisierte und kompetente Part- ner ▸ weniger, aber spezialisierte Zulieferer ▸ kürzere Entwicklungszeiten ▸ Lagerkostenreduktion aufgrund von Just-in-Time-Lieferung ▸ Lieferant trägt Verantwortung für Qualität des Gutes	▸ gegenseitige Abhängigkeit ▸ Know-how-Verlust ▸ Gefahr, dass Zulieferer direkt an den Markt liefert ▸ höhere Komplexität durch Zunahme von Varianten

47: Lieferantenbewertung

Je nach Branche und Intensität der Zulieferbeziehung kann eine Checkliste zur Lieferantenbewertung unterschiedlich aussehen. Beispielhaft für einen Zulieferer der Automobilindustrie:

Bereich	Kriterium
Qualität und Zuverlässigkeit	▸ Fehlerquote bei Anlieferung, Weiterverarbeitung und beim Kunden ▸ Zahl der Rücklieferungen ▸ Kosten durch Zusatzaufwand aufgrund von Fehlern ▸ Termintreue und Lieferzeiten ▸ Flexibilität und Lieferfähigkeit
Zusammenarbeit	▸ Reaktion bei Änderungen ▸ Reaktion bei Fehlermeldungen ▸ Wirksamkeit von Korrekturmaßnahmen ▸ Bereitschaft zur gemeinschaftlichen Problemlösung ▸ Erfolg von Verbesserungsprogrammen ▸ Kommunikationsverhalten
Innovation	▸ technologische Kompetenz ▸ Bereitschaft zu gemeinsamer Entwicklung ▸ Anbindung der DV-Systeme
Kosten	▸ Einstandspreis ▸ Konditionengestaltung ▸ Garantie- und Kulanzverhalten ▸ Initiativen zur Kostensenkung

48: Outsourcing: Chancen und Risiken

Bei der Überlegung zum Outsourcing müssen die jeweiligen Vor- und Nachteile abgewogen werden. Oft wird das in Form einer Nutzwertanalyse durchgeführt, indem ein Team die wesentlichen Kriterien und deren relative Bedeutung festlegt und anschließend die Alternativen mit Punktwerten einschätzt. Durch Multiplikation der Bedeutung mit der Bewertung und anschließendes Aufaddieren erhält man für jede Alternative einen Punktwert. Je höher dieser relativ zu den anderen Möglichkeiten ist, umso mehr ist dieser Lösungsansatz zu bevorzugen. Als Vorteile sind zu nennen:

Eigenfertigung (make)	Fremdfertigung (buy)
kurze Entscheidungswege	niedrigere Kosten für Lager und Kapitalbindung
schnellere Reaktion möglich	flexiblere Anpassung an Nachfrageschwankungen
bessere Zusammenarbeit der Fachbereiche	geringeres Risiko von Überkapazitäten
bessere Geheimhaltung	Nutzen des Zulieferer-Know-how
Erhöhen der Kernkompetenz	Konzentration der Kapazitäten von Personal und Betriebsmittel auf das Kerngeschäft
wirksamere Qualitätskontrolle	Senken der Overheadkosten der Fertigung

Bezüglich der Outsourcingüberlegungen sind zu berücksichtigen:

Chancen des Outsourcing	Risiken des Outsourcing
Konzentration auf die Kernkompetenz	evtl. Weggabe von Kernkompetenzen
Risikostreuung	Wahl eines falschen Partners
Anbieten von Zusatzleistungen	Zulieferer kann zum Konkurrenten werden
Kostenreduzierung	Unzuverlässigkeit der Beziehung
Kapitalfreisetzung	Gefahr der Abhängigkeit
keine eigenen Investitionen	Imageschaden im Markt

49: Vor- und Nachteile von Beständen

Als Vor- und Nachteile von Beständen gelten:

positive Wirkungen	negative Wirkungen
▶ Versorgungssicherheit für die Produktion ▶ hohe Lieferfähigkeit ▶ Ermöglichen wirtschaftlicher Losgrößen ▶ Puffer bei Störungen ▶ keine Kosten aufgrund von Fehlmengen ▶ Ermöglichen konstanter Produktionsauslastung	▶ schlechte Lieferflexibilität ▶ hohe Kapitalbindung ▶ unabgestimmte Kapazitäten ▶ Verderb und Schwund ▶ Nacharbeitskosten bei Änderungen im laufenden Produkt

50: Planungs- und Steuerungskonzepte

Die einzelnen Konzepte eignen sich je nach Aufgabenstellung gut (+), bedingt (0) oder nicht (-) für die unterschiedlichen Produktionstypen.

Typ Konzept	Auftragsorientierte Einzelfertigung	Gemischte Serienfertigung	Marktorientierte Massenfertigung
MRP II	0	+	+
Fortschrittszahlen	–	+	+
Kanban	0	+	+
Belastungorientierte Auftragsfreigabe	+	0	–

51: Nutzwertanalyse

(1) In der Nutzwertanalyse werden die Bewertungen pro Kriterium mit der Gewichtung multipliziert und anschließend addiert. Das ergibt:

Kriterium	Gewicht	Bewertung für den Standort (1 = schlecht ... 5 = sehr gut)					
		A	Mult.	B	Mult.	C	Mult.
Arbeitsmarkt	0,3	4	1,2	3	0,9	2	0,6
Nähe zum Markt	0,2	3	0,6	2	0,4	4	0,8
Lebensqualität	0,1	4	0,4	2	0,2	5	0,5
Steuerliche Last	0,4	2	0,8	5	2,0	3	1,2
Summe			3,0		3,5		3,1

Der Standort mit der höchsten Bewertung ist B.

(2) Nach Neufestlegung der Gewichtung ergibt sich bei gleicher Einzelbewertung:

Kriterium	Gewicht	Bewertung für den Standort (1 = schlecht ... 5 = sehr gut)					
		A	Mult.	B	Mult.	C	Mult.
Arbeitsmarkt	0,3	4	1,2	3	0,9	2	0,6
Nähe zum Markt	0,4	3	1,2	2	0,8	4	1,6
Lebensqualität	0,1	4	0,4	2	0,2	5	0,5
Steuerliche Last	0,2	2	0,4	5	1,0	3	0,6
Summe			3,2		2,9		3,3

Durch die subjektive Festlegung der Gewichtung ist jetzt Standort B der schlechteste Standort. Die Nutzwertanalyse darf nur als Indikator genutzt werden, da sonst auch Manipulationen möglich werden.

52: Infofluss in der Supply Chain

Das Supply Chain-Konzept soll in kürzester Zeit die effizienteste und effektivste Versorgung des Marktes sicherstellen.

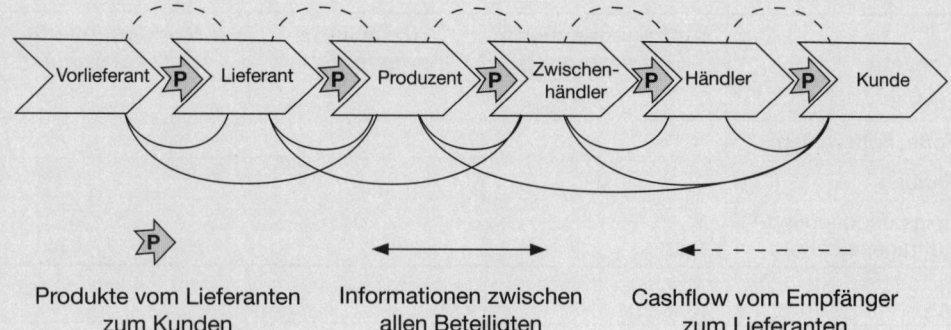

| Produkte vom Lieferanten zum Kunden | Informationen zwischen allen Beteiligten | Cashflow vom Empfänger zum Lieferanten |

53: Supply Chain-Design

Je nach Struktur der Supply Chain und den Besonderheiten der Branche entstehen für die Planungsaktivitäten unterschiedliche Konsequenzen.

Branchenbeispiel	Planungskonsequenzen
Automobilindustrie	▶ stufenweise Produktionsplanung ▶ Änderungen dynamisch ▶ Planung nach Just-in-Time und Just-in-Sequence ▶ kurzer Planungshorizont ▶ Wertschöpfungspartnerschaft
Chemie- und Pharmaindustrie	▶ prognosebasierte Produktionsplanung ▶ integrierte Versorgungsplanung ▶ komplexe Warenströme ▶ Koordination dezentraler Systeme
Elektroindustrie	▶ global orientierte Produktionsplanung ▶ starke Prozessorientierung ▶ Bestandsführung beim Kunden
Konsumgüterindustrie	▶ kundenorientierte Prozessorganisation ▶ kollaborative Systeme in Logistik und IT ▶ Austausch von Prognose- und Marktdaten

54: Wirtschaftliches QM

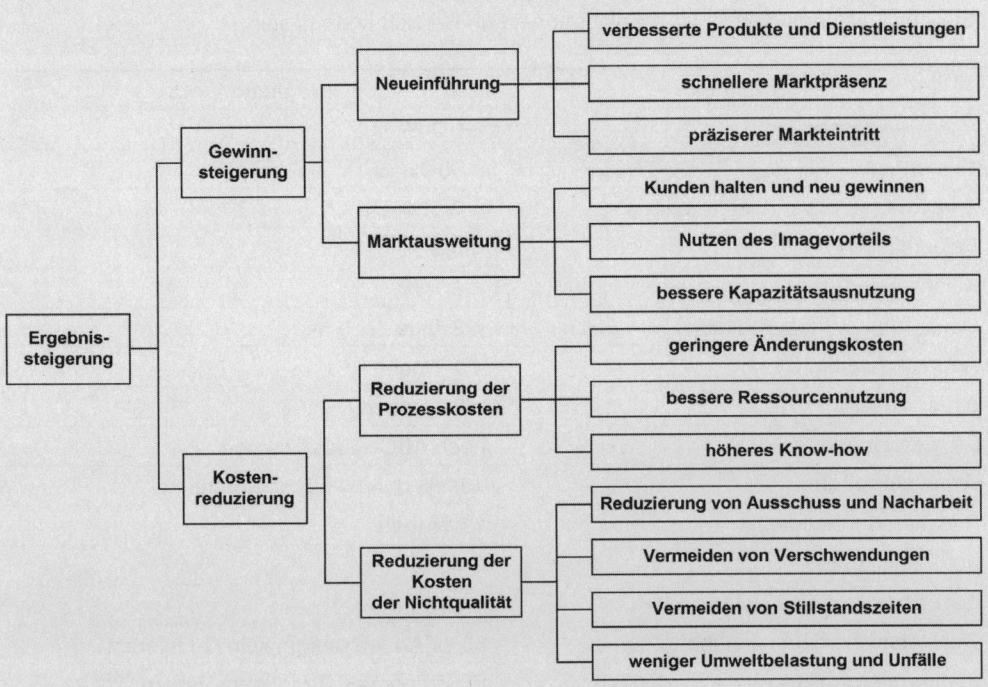

55: Nichtmonetäre Kennzahlen

Mögliche Leistungskennzahlen im nichtmonetären Bereich können sein:

Kennzahlen	mögliche Werte
Ausschussquote	< 0,2 %
Termintreue	> 99 %
Zurückweisung von Liefermengen	< 0,5 %
Reklamationen	< 0,3 %
Kulanzfälle	< 0,1 %
Dauer Angebotsbearbeitung	< 2 Tage
Auftragsdurchlaufzeit	< 1 Woche
ø-Lieferzeit	< 2 Wochen
Kundenbetreuung	nach ABC-Klassifizierung
Frühwarnsystem	100 % durch Risikobetrachtung
Reaktion Kundendienst	12 Stunden
Kundenfluktuation	< 15 %
qualitätsbezogene Kosten	< 10 %
Qualitätssicherungsvereinbarungen	80 % A-Lieferanten, kein C-Lieferant
Kenngrößen zur Kundenzufriedenheit	Einstufung als A-Lieferant, Preise
Erfolgsquoten von Angeboten	branchenabhängig (1:2 bis 1:20)
Verbesserungsvorschläge pro Mitarbeiter	10 pro Jahr
Schulungsstunden pro Mitarbeiter	25 pro Jahr

56: Zielhierarchie

Beginnend von der Unternehmensphilosophie und den daraus abgeleiteten strategischen Unternehmenszielen werden für jeden Verantwortungsbereich individuelle Ziele vereinbart.

Beispielhafte Unternehmens-Zielhierarchie

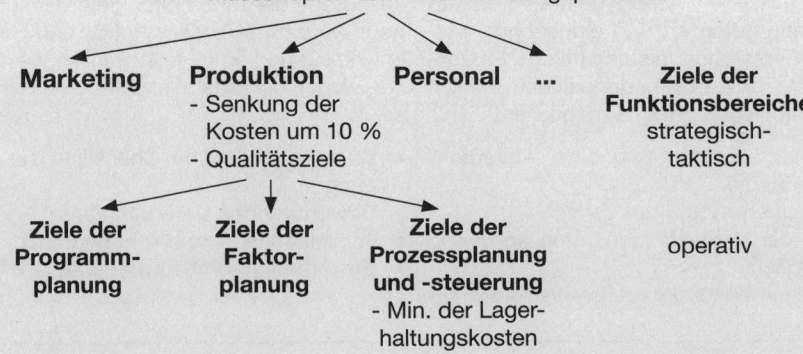

Unternehmensphilosophie
langfristiger Erhalt und Weiterentwicklung
des Unternehmens

strategische Unternehmensziele
- hoher Return on Investment (ROI)
- Ausschöpfen von Kostensenkungspotenzial

Marketing   **Produktion**   **Personal**   **...**   **Ziele der Funktionsbereiche**
- Senkung der   strategisch-
Kosten um 10 %   taktisch
- Qualitätsziele

Ziele der Programm-planung   **Ziele der Faktor-planung**   **Ziele der Prozessplanung und -steuerung**   operativ
- Min. der Lager-haltungskosten

Neben der Weitergabe der Inhalte von Ebene zu Ebene ist eine übergreifende Betrachtung anzustellen, ob der eigentliche Sinn der Unternehmensstrategie in jeder Ebene auch verstanden wird.

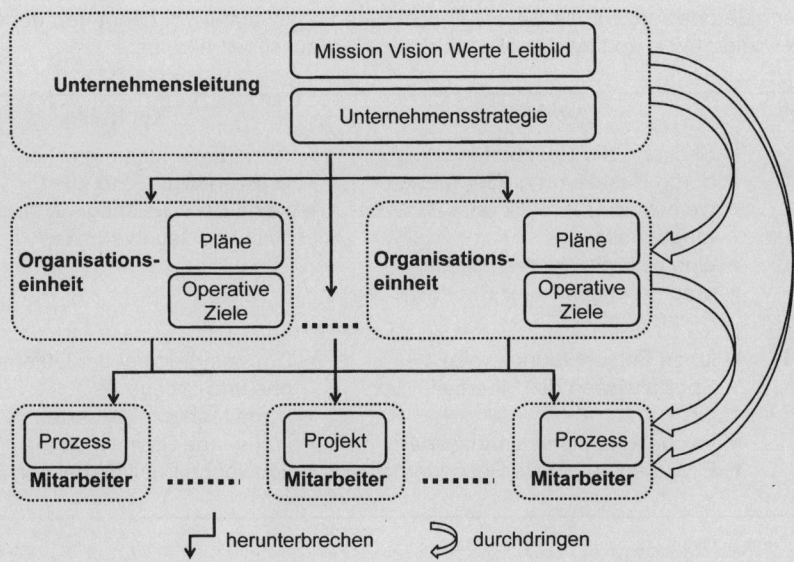

Die geraden Pfeile symbolisieren die Umformulierung von Politik und Strategie für die jeweils untergeordnete Organisationseinheit. Durch dieses Herunterbrechen können wesentliche Ansätze in den tieferen Ebenen verloren gehen. Die Durchdringung wird durch die geschwungenen Pfeile dargestellt. Mit ihnen werden Politik und Strategie einer Organisationseinheit oder eines Mitarbeiters mit Politik und Strategie der Unternehmensleitung verglichen.

57: Vergleich BSC und TQM

Als hauptsächliche Aspekte lassen sich nennen:

Balanced Scorecard	EFQM-Modell
Kernthese: Wenn Innovationen richtig gesteuert, Mitarbeiter richtig gefördert und einbezogen werden, dann entstehen leistungsfähige Prozesse, die hohe Kundenzufriedenheit und letztlich den geschäftlichen Erfolg ermöglichen! ▶ dient der Überwachung einer Unternehmensstrategie ▶ stetige Überprüfung des Erfolgs ▶ Anzahl der dargestellten Daten so gering wie möglich ▶ strategisch besonders relevante Informationen	**Kernthese:** Je besser die Mitarbeiter gefördert und betreut werden, je besser Politik und Strategie entwickelt und umgesetzt werden, desto besser werden die Ergebnisse des Unternehmens sein! ▶ stellt umfangreiche Checkliste zur Verfügung ▶ Bewertung des Unternehmens ▶ Informationsmenge nicht begrenzt ▶ Bewertung in größeren Abständen

58: Zentrale/dezentrale Beschaffung

Ob eine zentrale oder dezentrale Beschaffungsstrategie gewählt wird, hängt von der Einschätzung der jeweiligen Vor- und Nachteile ab, die wie folgt aussehen können:

Strategie	Vorteile	Nachteile
zentral	▶ Senkung der Beschaffungskosten durch Bestellung großer Mengen ▶ weltweiter Überblick über Beschaffungsquellen ▶ eine zentrale Ansprechstelle ▶ unternehmensweiter Überblick der Bedarfe	▶ lange Entscheidungswege ▶ schwerfällige Strukturen ▶ keine Berücksichtigung länderspezifischer Gegebenheiten
dezentral	▶ kurze Entscheidungswege ▶ Spezialwissen der Mitarbeiter vor Ort ▶ flexibel und schnell anpassbar ▶ Eingehen auf lokale Besonderheiten	▶ Doppelarbeit bei der Lieferantensuche und- pflege ▶ keine Marketingexperten ▶ zu geringe Bestellmengen ▶ schwache Position bei den Zulieferern

59: MRO-Produkte

MRO-Produkte für die verbrauchsorientierte Beschaffung sind:

Produktion	Dienstleistungen
▶ Bürobedarf (Bleistifte, Papier, usw.) ▶ Büromöbel ▶ Büroausstattung (Faxgeräte, Kopierer usw.) ▶ Telekommunikationsprodukte ▶ Werbegeschenke und -material ▶ Computer (Desktops, Laptops, Monitore usw.) ▶ Drucker ▶ Software ▶ Kennzeichnungsmaterial ▶ Ersatzteile für Maschinen ▶ Werkzeuge ▶ Schmiermittel ▶ Laborbedarf	▶ Hotel- und Reisebuchungen ▶ Cafeteria und Catering ▶ Kopier- und Druckservice ▶ Post- und Kurierservices ▶ Transport und Taxibestellungen ▶ Unternehmensberatung ▶ Bankdienstleistungen ▶ Zeitarbeit ▶ IT-Berattung und Hotline-Dienste ▶ Schulungen ▶ Reinigungs- und Sicherheitsdienst ▶ Autoleasing ▶ Recruitung

60: Virtuelles Unternehmen

Die teilnehmenden Unternehmen müssen bestimmte Voraussetzungen erfüllen und sich an bestimmte Spielregeln halten:

• Einhaltung einer bestimmten Qualität
• flexible und medienbruchfreie Übermittlung von Daten und Informationen
• faire Verteilung der Kosten und Gewinne
• kooperatives Verhalten
• Akzeptanz einer Schlichtungsstelle
• Einhaltung bestimmter Informationspflichten
• Erfüllung bestimmter Aufnahmekriterien.

Die Abwicklung eines konkreten Auftrags findet wie folgt statt

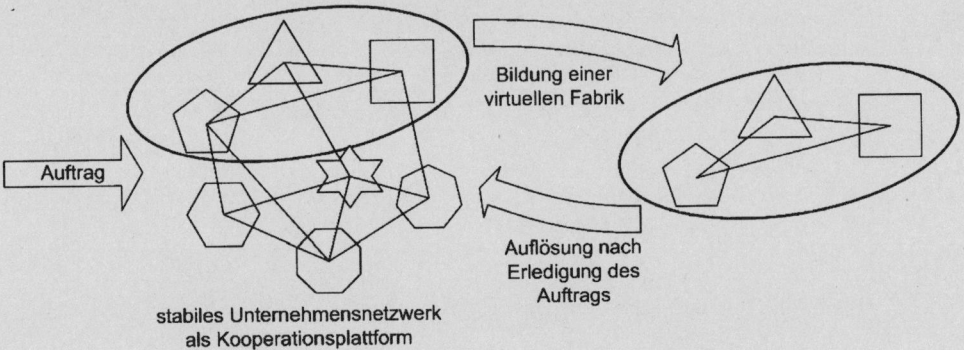

Auftrag

Bildung einer virtuellen Fabrik

Auflösung nach Erledigung des Auftrags

stabiles Unternehmensnetzwerk als Kooperationsplattform

STICHWORTVERZEICHNIS

STICHWORTVERZEICHNIS

Das *Kompakt-Training Praktische Betriebswirtschaft* ermöglicht es Studierenden, Fortzubildenden sowie Fach- und Führungskräften, sich rasch und fundiert betriebswirtschaftliches Wissen anzueignen oder bereits erworbenes Wissen zu reaktivieren.

Es eignet sich auch sehr gut zum Selbststudium, nicht zuletzt wegen seiner besonderen Gestaltungsmerkmale:

- Kompakte, praxisbezogene Darstellung
- Systematischer und lernfreundlicher Aufbau
- Viele einprägsame Beispiele, Tabellen und Abbildungen
- 50 praxisbezogene Übungen mit Lösungen
- MiniLex mit 150–200 Stichworten

Einführung in die BWL
Olfert

Personalwirtschaft
Olfert

Organisation
Olfert/Rahn

Unternehmensführung
Olfert/Pischulti

Projektmanagement
Olfert

Dienstleistungsmanagement
Biermann

Risikomanagement
Ehrmann

Marketing
Weis

Strategische Planung
Ehrmann

Finanzierung
Olfert/Reichel

E-Business
Ebel

Controlling
Ziegenbein

Investition
Olfert/Reichel

Buchführung
Zschenderlein

Kostenrechnung
Olfert

Bilanzen
Grefe

Bilanzanalyse
Langenbeck

Internationale Rechnungslegung nach IFRS
Ditges/Arendt

Produktionswirtschaft
Ebel

Logistik
Ehrmann

Materialwirtschaft
Oeldorf/Olfert

Außenhandel
Jahrmann

Balanced Scorecard
Ehrmann

Leasing
Bender

Wirtschaftsrecht
Steckler

Wirtschaftsmathematik
Führer